Mac OS X 10.4 – Tiger

Mac OS X 10.4 – Tiger

ISBN 3-905403-02-1

1. Auflage 2005

Autor: Dipl. Ing. ETH Gion Andrea Barandun
Lektorat: Dipl. Ing. ETH Manfred Caviezel, Dr. Ivo Huonder, Fabienne Charrière

Koordination: pumera GmbH; Dr. Ivo Huonder
Cover: Dr. sc. techn. Chris Dippel

Druck: Kösel GmbH&Co. KG, Am Buchweg 1, D-87452 Altusried-Krugzell

pumera GmbH, Calandaweg 6, CH-7015 Tamins
http://www.pumera.ch
E-Mail: info@pumera.ch
Tel: +41 (0)79 778 96 46
Fax:+41 (0)81 936 40 77

Trotz sorgfältigem Lektorat lassen sich Fehler nie ganz vermeiden. Autor und Verlag sind Ihnen für Anregungen und Hinweise dankbar. Sie erreichen uns unter oben erwähnter E-Mail-Adresse.

Vorwort

Mit Mac OS X brachte Apple am 24. März 2001 ein modernes, einfach zu bedienendes Betriebssystem auf den Markt, das für die Zukunft gut gerüstet ist. Mit Tiger, dem vierten grossen Release, führt Apple neue Technologien wie Spotlight und Automator ein, die wegweisend sind. Mehr als 200 Neuerungen sind seit Panther dazu gekommen – sie machen das Arbeiten mit dem Mac noch einfacher, schneller und effizienter.

Die vielen positiven Reaktionen auf unsere letzten Bücher haben uns sehr gefreut – und zu einer Neuauflage veranlasst. Viele Leser schätzten die farbigen Illustrationen und unseren Ansatz, das Betriebssystem mit vielen Bildern zu erklären. Auch im vorliegenden Buch sind wir deshalb bemüht, das Arbeiten mit Tiger Schritt für Schritt zu erläutern und bildlich zu unterlegen. Zudem haben wir das Buch neu strukturiert und dabei mehr Wert auf themenzentriertes Arbeiten gelegt. Auf vielfachen Leserwunsch ist nun auch ein Glossar integriert.

Wünsche und Anregungen haben wir – wenn immer möglich – gerne berücksichtigt. Für Kritik und weitere Anregungen sind wir daher dankbar. Bitte teilen Sie uns Ihre Meinungen und Vorschläge mit – schreiben Sie an: info@pumera.ch.

Zürich, im Juni 2005

Gion Andrea Barandun Manfred Caviezel

1 **Was ist Mac OS X** 21
1.1 Warum Mac OS X? 22
1.2 Aufbau von Mac OS X 23
1.2.1 UNIX, was ist das? 23
1.2.2 Die Fusion von UNIX und Mac OS 24
1.2.3 Offene Standards 26
1.3 Das klassische Mac OS im Vergleich mit Mac OS X 27
1.3.1 Das transparente System 27
1.3.2 Multiuser 27
1.3.3 Fehlertoleranz 28
1.3.4 Stabilität 28
1.3.5 „Macht er jetzt was?“ 28

2 **Installation von Mac OS X** 29
2.1 Vorbereiten des Macs 29
2.1.1 Systemvoraussetzungen 29
2.1.2 HFS+ Journaled? 30
2.1.3 Partitionieren? 30
2.1.4 Partitionen und Sicherheit 32
2.1.5 Allgemeine Hinweise 32
2.2 Migration zu Tiger 33
2.2.1 Vorbereitungen 34
Übernahme von programmspezifischen Daten 34
Browser Bookmarks 35
2.3 Von Mac OS 9 zu Tiger 36
2.3.1 Neuer Computer 36
Variante 1: altes Mac OS 9 mit Software übernehmen 36
Variante 2: Classic und Classic-Anwendungen neu installieren 38
Variante 3: Classic wird nicht benötigt 38
2.3.2 Alter Computer wird weiterverwendet 39
Variante 1: Zwei Partitionen, Mac OS 9 bootfähig 39
Variante 2: Nur eine Partition, mit oder ohne Classic 41
2.3.3 Benutzerdaten von Mac OS 9 übernehmen 41
Office-Vorlagen übernehmen 41
E-Mail-Daten importieren 41
Browser Bookmarks importieren 42
2.4 Von früheren Mac OS X zu Tiger 43
2.4.1 Neuer Computer 43
2.4.2 Computer wird übernommen 43
Backup des vorhandenen Systems mit Carbon Copy Cloner 44

2.4.3 Installationsvarianten bei vorhandenem Mac OS X 45
Aktualisierung des vorhandenen Systems 45
Installation mit Sichern der Benutzerdaten 46
Neuinstallation (Löschen und Installieren) 48
2.4.4 Empfohlenes Vorgehen 48
2.4.5 Daten aus früheren Mac OS X-Installationen manuell übernehmen 49
Schlüsselbund 49
Mail 49
Adressbuch 50
iCal 50
iChat 50
Netzwerkeinstellungen 50
2.4.6 Migrations-Assistent 50
2.4.7 Classic 52
2.5 Von Windows zu Tiger 52
2.5.1 Datenübernahme 52
Benutzerdaten 53
Browser Bookmarks 53
Kontakte, Termine und E-Mails 53
2.6 Installationsvorgang 53
2.6.1 Software von der DVD installieren 53
Starten von der DVD 53
Wahl der Sprache 54
Auswahl und Vorbereiten der Festplatte 54
Typ der Installation 55
Neustart 56
2.6.2 Konfiguration des Systems 56
Landeseinstellungen 56
Migrations-Assistent 56
Tastaturlayout 56
Netzwerk 56
Apple ID 57
Registrierungsinformationen 58
Lokalen Benutzer anlegen 58
Zeitzone einrichten 58
Datum und Uhrzeit einstellen 58

3 Ablagestruktur und Multiuser 59
3.1 Aufbau der Festplatte 59
3.2 Unsichtbare Dateien 63
3.3 Multiuser 65

3.4 Rechte der einzelnen Benutzer 65
Rechte des roots 65
Rechte des Administrators 66
Rechte der Benutzer 67
3.5 Die Library-Ordner 67
3.5.1 Hinzufügen einer QuickTime-Komponente 68

4 Einrichten der Tiger-Umgebung 71
4.1 Der Schreibtisch 71
4.2 Menüs 73
4.3 Systemeinstellungen 74
4.4 Das Dock 76
4.5 Erscheinungsbild 80
4.6 Landeseinstellungen 82
Tastaturübersicht 84
Zeichenpalette 85
Wechseln der Tastaturlayouts 86
4.7 Schreibtisch und Bildschirmschoner 86
4.7.1 Schreibtischhintergrund 86
4.7.2 Bildschirmschoner 89
4.8 Datum und Uhrzeit 91
4.9 Bedienungshilfen 94
4.10 Sprache 95
4.11 Feintuning mit TinkerTool 95
4.12 Finder-Einstellungen 96
4.13 Fenster und Navigation 99
4.13.1 Fenstereinstellungen anpassen 99
Darstellung 99
Symboldarstellung (Icon-Darstellung) 100
Listendarstellung 101
Spaltendarstellung 103
Symbolleiste 106
Etiketten 109
Fenstermanipulationen 110
4.13.2 Navigieren im Finder 112
4.13.3 Fensterlogik 117

5 Datei- und Ordnermanipulation 119
5.1 Drag & Drop 119
5.2 Kopieren und Bewegen 121
5.3 Kontextmenü 123

5.4 Sichern, Öffnen und Löschen 124
5.4.1 Sichern 124
5.4.2 Öffnen 132
5.4.3 Löschen 136
5.5 Bilder als Diaschau wiedergeben 136
5.6 ZIP-Archive erzeugen 139
5.7 Ordneraktionen 140
5.8 Dateinamen 143
5.9 Objektinformation 144
5.10 Zuordnung von Dateien und Programmen 147
5.10.1 Type, Creator und Resourcefork 147
5.10.2 Suffix 147
5.10.3 Konvertierung zwischen den Systemen 147
5.10.4 Programme und Dokumente 148
Suffix ändern 149
5.11 Ändern von Icons 151

6 UNIX – back to the roots 153

6.1 Das Terminal 154
6.2 Nützliche UNIX-Befehle 161
6.2.1 Syntax 161
6.2.2 Navigation im Dateisystem 162
pwd – print working directory 162
cd – change directory 162
ls – list directory 165
6.2.3 Kopieren, Bewegen, Löschen 167
cp – copy files 167
mv - rename/move 171
mkdir - make directory 172
rm – remove files 172
6.2.4 Prozesse 174
6.2.5 Hilfe 175
6.2.6 Tipps und Tricks 179
wildcards 179
Pipes 180
clear 180
Historisches 180

7 Zugriffsrechte 183

7.1 Organisation der Zugriffsrechte 183
7.2 Zugriffsrechte in Finder und Terminal 185

7.2.1 Zugriffsrechte für Ordner 187
7.2.2 Zugriffsrechte für Dateien 189
7.3 Vergabe der Zugriffsrechte 189
7.3.1 Zugriffsrechte mit dem Terminal bearbeiten 190
7.3.2 Zugriffsrechte via Informationsfenster bearbeiten 192
7.3.3 Modifikation über Zusatz-Tools 195

8 Spotlight - Suchen mit Tiger 197
8.1 Funktionsprinzip von Spotlight 197
8.2 Konfiguration von Spotlight 199
8.3 Suchvorgang 201
8.3.1 Suchen im Spotlight Menü und Fenster 201
8.3.2 Tipps & Tricks 206
Suche einschränken 206
Suche nach exaktem Text 207
Suche mit logischen Operatoren 208
Spotlight als Programmstarter 209
8.3.3 Suchen im Finder 209
Suchen direkt im Finderfenster 209
Suchen im Menü Ablage 213
8.4 Intelligente Ordner 214
8.5 Weitere Einstellungen 216
8.5.1 Einschränkungen von Spotlight 216
8.5.2 Problembehebung 219
8.6 Suchen in Programmen 220

9 Hardwarekonfiguration 223
9.1 Monitore 223
9.1.1 Allgemeine Einstellungen 223
9.1.2 Anschluss von mehreren Anzeigegeräten 225
Synchronbetrieb (auf beiden Monitoren erscheint das gleiche Bild) 225
Dual Video (Unterschiedliche Bilder auf den Monitoren) 226
Fernseher anschliessen 227
9.1.3 Drehbare Monitore 229
9.2 Ton 230
9.3 Tastatur und Maus 232
Tastatur 233
Maus und Trackpad 234
Bluetooth 235
Tastatur-Kurzbefehle 235
Funktionstasten direkt belegen 237

9.4 Energie sparen 238
9.4.1 Ruhezustand 239
9.4.2 Optionen 240
9.4.3 iBooks/PowerBooks 242
Unterwegs 243
9.4.4 Zeitplan 243

10 Benutzer verwalten 245
10.1 Einrichten von Benutzern 245
10.1.1 Neue Benutzer anlegen oder bearbeiten 245
10.1.2 Verwaltete Benutzer 249
Mail 250
Finder & System 253
iChat 258
Safari 258
Dictionary 260
10.1.3 Nachträgliches Editieren eines Benutzers 260
Kurzname 260
10.1.4 Benutzer löschen 260
10.1.5 Startobjekte 261
10.2 Anmeldung (Login Window) 262
10.2.1 Am System anmelden (einloggen) 263
10.2.2 Vom System abmelden (ausloggen) 266
10.3 Schneller Benutzerwechsel 267
10.4 Der root-Benutzer 269

11 Netzwerk 273
11.1 Netzwerkeinstellungen 274
11.1.1 Anschlüsse 274
11.1.2 Umgebungen 275
11.2 Konfiguration der Netzwerkzugänge 278
11.2.1 Lokales Netzwerk (LAN) 278
Ethernetspezifische Einstellungen 280
Airportspezifische Einstellungen 281
11.2.2 Internetzugang via Modem 283
11.2.3 Internetzugang via Mobiltelefon 286
11.3 Sharing 288
11.3.1 FileSharing-Einstellungen 288
11.3.2 Verbindung mit Mac OS X-Computern herstellen 289
Zugriff via Bonjour (lokal) 289
Zugriff via TCP/IP (lokal) 289

	Zugriff via TCP/IP übers Internet	291
11.3.3	Verbindung zwischen zwei Mac OS X-Computern herstellen	292
	Verbindung via FireWire Target Mode	292
	Verbindung via (gekreuztes) Ethernet-Kabel	293
	Verbindung via Airport (Netzwerk anlegen)	295
11.3.4	Verbindungen mit Mac OS 9-Computern	296
	Zugriff via AppleTalk	296
	Verbinden von X (Client) nach 9 (Server)	297
	Verbinden von 9 (Client) nach X (Server)	298
11.3.5	Verbindung mit Windows-Computern	299
	Von Mac nach Windows (lokal, gleiches Subnet)	300
	Von Mac nach Windows via Internet	302
	Von Windows nach Mac (lokal und via Internet)	303
11.3.6	Zugriffsrechte für FileSharing	305
	Zugriff als Administrator	306
	Zugriff als registrierter Benutzer (der kein Administrator ist)	308
	Zugriff als Gast	309
	Der Ordner Öffentlich	309
	SharePoints	312
	Zugriffskontrolle	316
	Für alle Benutzer (Shared) im Benutzer-Ordner	317
11.3.7	WebSharing (Apache Webserver)	318
11.3.8	FTP-Zugriff	321
	Verbindung zum FTP-Server herstellen	322
	FTP-Server unter Mac OS X aktivieren und konfigurieren	323
11.3.9	ssh-Zugang	325
11.3.10	Secure FTP	327
11.3.11	Secure copy (scp)	327
11.3.12	Printer Sharing	328
11.4	FireWall	328
11.5	Internet Sharing	331
11.6	„Fehlende“ Internet-Einstellungen	332
11.7	Netzwerksicherheit	333
11.8	Netzwerk unter Classic	333
11.9	Bluetooth	333
11.9.1	Koppeln eines Bluetooth-Geräts	335
12	**Drucken & Faxen**	**339**
12.1	Schriften unter Mac OS X	339
12.1.1	Schriftbibliotheken	339
12.1.2	Formate	341

12.1.3 Erweiterte Funktionen 342
12.2 Schriftsammlung 343
12.2.1 Schriften installieren 344
12.2.2 Bibliotheken erstellen 346
12.2.3 Schriftsammlungen anlegen 346
12.2.4 Aktivieren, Deaktivieren und Löschen 347
12.2.5 Effizientes Arbeiten mit Sammlungen und Bibliotheken 348
12.2.6 Weitere Funktionen 349
Voransicht einer Schrift 349
Defekte Schriften 350
12.2.7 Utilities 350
Sonderzeichen wählen 350
Schriftenverwaltung 350
12.3 Druckereinrichtung 351
12.3.1 Netzwerk-Drucker 352
Bonjour-Drucker 352
AppleTalk-Drucker 353
TCP/IP-Drucker 354
Manuelles Wählen der PPD 355
Weitere Optionen 356
12.3.2 USB-Drucker 357
12.3.3 Drucker-Dienstprogramm 358
Nachträgliche Konfiguration der Drucker 359
Papierformat und Standarddrucker 360
Drucker-Pool 361
12.3.4 Erzeugen von Schreibtischdruckern 362
12.3.5 Schicken von Druckaufträgen 364
Speichern von Voreinstellungen 365
12.3.6 Verwalten von Druckaufträgen 367
12.3.7 Erzeugen von PostScript- (PS-) oder PDF-Dateien 369
12.3.8 Drucken von PostScript-Dokumenten 370
Ghostscript 371
Von ps nach PDF mit Vorschau 371
12.4 Faxen 371
Faxe empfangen 372
Faxe versenden 373

13 Classic 377
13.1 Optimieren der Classic-Umgebung 378
13.2 Classic-Kontrollfeld 381
13.2.1 Starten und Stoppen von Classic 381

13.2.2 Weitere Optionen 382
13.2.3 Speicher/Versionen 383
13.3 Classic in Betrieb 384
13.4 Netzwerk unter Classic 385
13.5 Drucken aus Classic 385

14 Programme 387

14.1 Installation und Löschen 388
14.1.1 Softwaredistribution 388
14.1.2 Drag & Drop-Installation 389
14.1.3 Paketinstallation 390
14.1.4 Installationsprogramm 391
14.1.5 Löschen von Programmen 392
14.2 Classic-Anwendungen 393
14.3 Kommunikation und vernetztes Büro 394
14.3.1 Adressbuch 394
Landkarte zeigen 396
Telefonnummern einblenden 397
Nummernwahl via Adressbuch 398
SMS schicken 398
Eingehende Anrufe anzeigen und bearbeiten 398
Synchronisierung mit Outlook (Exchange Server) 399
LDAP-Server 399
Eigene Erweiterungen 399
14.3.2 Mail 400
14.3.3 iCal 402
14.3.4 Safari 403
14.3.5 iChat 404
14.4 iLife 405
14.4.1 iTunes 406
14.4.2 iMovie 406
14.4.3 iDVD 406
14.4.4 iPhoto 406
14.4.5 GarageBand 406
14.5 Weitere vorinstallierte Software 406
14.5.1 QuickTime Player 407
QuickTime Kontrollfeld 407
14.5.2 Digitale Bilder 408
14.5.3 Vorschau 410
14.5.4 Dictionary 410
14.5.5 Notizzettel 410

	14.5.6	Grapher	411
14.6	Überblick nützlicher Software		411
	14.6.1	Office	411
		Microsoft Office 2004	411
		OpenOffice	412
		AppleWorks	412
		iWork	412
		FileMaker Pro 7 (und 7 Server)	412
		Adobe Acrobat und Adobe Reader	412
		VirtualPC 7	413
		WordLookup	413
		OmniDictionary	413
	14.6.2	Grafik	413
		Adobe Illustrator CS2	413
		Adobe Photoshop CS2	413
		Macromedia Freehand MX 2004	414
		OmniGraffle	414
		ConceptDraw	414
		GraphicConverter 4.9.x	414
		Free Ruler	414
	14.6.3	Internet	414
		Internet Explorer	414
		Mozilla oder Netscape	415
		Firefox	415
		Opera	415
		iCab	415
		OmniWeb	415
		Adobe GoLive CS2	416
		Macromedia Dreamweaver MX 2004	416
		WebDesign	416
		All Thumbs	416
		Galerie	416
		Interarchy	416
		MT Newswatcher	416
		ICQ	417
		FileSharing	417
	14.6.4	Audio	417
		EasyWMA	417
	14.6.5	Video	417
		mplayer	417

VLC (Video Lan Client) 417
Xine 418
14.6.6 CD's brennen 418
Roxio Toast 418
Roxio Jam 418
14.7 Schneller Zugriff auf Programme 418
14.7.1 Dock 418
14.7.2 Exposé 419
14.7.3 Programmumschalter 423
14.7.4 DragThing 423
14.7.5 Dienste 424
14.8 Dashboard 426
14.8.1 Dashboard und Widgets konfigurieren 427
Widgets aktivieren und deaktivieren 427
Widgets konfigurieren 427
14.8.2 Eigene Widgets hinzufügen 428
14.9 Programmabstürze 429
14.9.1 Absturz von Mac OS X-Programmen 429
14.9.2 Prozesse 430
Aktivitäts-Anzeige 430
Terminal 431
14.9.3 Absturz von Classic-Programmen 432

15 Automator 433

15.1 Automator-Ablauf erstellen 434
15.1.1 Beispiel: Fotos verkleinern und per E-Mail verschicken 435
15.2 Ablauf als Programm sichern 443
15.3 Ablauf als Ordneraktion ausführen 445
15.4 Ablauf als Plug-In sichern 446
15.4.1 Beispiel: Grafikformat direkt im Finder ändern 446
15.5 Ablauf fürs Skriptmenü sichern 448
15.5.1 Beispiel: Text aus einer Webpage in TextEdit einsetzen 449

16 Software-Aktualisierung 451

16.1 Konfiguration und Update-Vorgang 452
16.1.1 Software Update durchführen 453
16.1.2 Updates ignorieren 454
16.2 Updates archivieren 455
16.3 Protokoll 456

17 **Sicherheit** **457**

17.1 FileVault 457

17.1.1 FileVault für einen Benutzer aktivieren 458

17.1.2 Kennwort zurücksetzen 461

17.1.3 FileVault und Backups 461

17.1.4 FileVault und Spotlight 464

17.2 Sicherheitseinstellungen 464

17.3 Mehrbenutzer-Struktur 465

17.3.1 Passwortwahl 465

17.3.2 Der root-Benutzer 466

17.4 Internet 466

17.4.1 Downloads 466

17.4.2 Firewall 467

17.5 Schlüsselbund 467

17.5.1 Schlüsselbund-Passwort ändern 468

17.5.2 Erhöhte Sicherheit 469

17.5.3 Schlüsselbunde importieren 469

Den kompletten (alten) Schlüsselbund importieren 469

Nur einige Objekte importieren 471

17.5.4 Passwörter im Klartext einblenden 472

17.5.5 Sichere Notizen 474

17.5.6 Zugriff nach Updates 474

17.6 Open Firmware-Passwort 475

17.7 Startvolume 478

17.7.1 Wahl des Startvolumes 478

17.7.2 FireWire Target Modus 479

17.7.3 Schutzmassnahmen 479

Classic 479

17.8 Viren 480

17.9 Spuren beseitigen 480

17.9.1 Papierkorb sicher löschen 480

17.9.2 Volume sicher löschen 480

18 **Synchronisierung und .mac** **481**

18.1 Übersicht 481

18.2 .mac 482

18.2.1 Aktivierung 483

Noch keine .mac-Daten vorhanden 484

.mac enthält bereits Daten 485

18.2.2 Schlüsselbund 486

18.3 Exchange Server 487
18.4 Mobiltelefone und Handhelds 487
18.4.1 Mobiltelefone via Bluetooth 487
18.4.2 Synchronisierung von Palm Devices 489
18.5 iPod 489
18.6 Gleichzeitiger Abgleich aller Geräte 490

19 Datensicherung & Backup 491

19.1 Backups 492
19.1.1 Vollbackup 492
19.1.2 Differentielles Backup 492
19.1.3 Inkrementelles Backup 492
19.1.4 Begriffe 493
19.2 CDs und DVDs für Vollbackups brennen 493
19.2.1 Systemeinstellungen für CDs und DVDs 493
19.2.2 Rohlinge direkt brennen 494
19.2.3 Brenn-Ordner 496
19.2.4 Brennen von Sessions mit dem Festplatten-Dienstprogramm 497
19.2.5 Datensicherheit 500
19.3 Backups auf externe Festplatten erstellen 500
19.3.1 Festplatten initialisieren und partitionieren 501
19.3.2 Manuelle Backups 502
19.3.3 Backup mit Plan 503
Einrichten des Backups 503
Manuelles Durchführen des Backups 509
Vollautomatische Backups 511
19.3.4 Zurückkopieren nach Datenverlust 512
19.4 Synchronisation 512
19.4.1 Funktionsweise einer Synchronisation 512
19.4.2 Synchronisieren mit Synk 514

20 Problembehebung 517

20.1 Vorbeugende Massnahmen... 517
20.1.1 Backup 517
20.1.2 Systemwartung 518
20.2 Probleme mit Programmen und dem System 518
20.2.1 Standardmassnahmen 518
20.2.2 Preferences löschen 518
20.2.3 Programm neu installieren 519
20.2.4 Programm über das Netzwerk abschiessen 519
20.2.5 Neustart über das Netzwerk auslösen 520

20.2.6 Neuinstallation (Daten erhalten) 521
20.2.7 Zugriff von Mac OS 9 521
20.3 Verlorene Icons 522
20.4 Probleme beim Aufstarten 522
20.4.1 Verbose Mode 523
20.4.2 Open Firmware zurücksetzen 523
20.4.3 Sicherer Systemstart 523
20.5 Datenträger 524
20.5.1 Festplattenstruktur reparieren 524
20.5.2 Zugriffsrechte reparieren 524
20.5.3 Single User-Modus 525
20.5.4 CD oder DVD wird nicht ausgeworfen 526
20.6 Kernel Panic 527
20.7 Passwort vergessen 527
20.8 Systeminformationen 528
20.8.1 Über diesen Mac 528
20.8.2 Apple System Profiler 529
20.9 Zusätzliche Tools und Hilfe 530
20.9.1 Systempflege und Optimierung 530
20.9.2 Bin ich allein..? 530

21 Informationsquellen 531
21.1 Apple im Internet 531
21.2 Deutschsprachige Angebote zu Mac OS X 532
21.2.1 Begriffe, Fachjargon, ... 532
21.3 Englischsprachige Angebote zu Mac OS X 532
21.3.1 Software Development 533
21.3.2 Der Mac und andere Plattformen 533
21.3.3 Software 533
21.3.4 Tutorials & How To's 534
21.4 Mailinglisten 534
21.5 Newsgroups 534

Anhang A Glossar 535

Anhang B Namensgebung (d/e) im Finder 539

Anhang C Liste der Tastaturbefehle (Auswahl) 540
Anhang C.1 Die wichtigsten Finder-Shortcuts 540
Anhang C.2 Rechnerstart 540
Anhang C.3 Problembehebung 541

Anhang C.4 Arbeiten im Finder 541
Anhang C.5 Fenster 542
Anhang C.6 Dock 542

Anhang D Spotlight-Bezeichnungen für Art und Datum 543

Was ist Mac OS X

1

„To see tomorrow's PC, look at today's Macintosh." – BYTE magazine, Oktober 1995

Im Januar 1984 wurde der Macintosh geboren. Er war der erste Computer, den jedermann bedienen konnte. Er war der erste Computer, der eine Maus und eine grafische Oberfläche zu einem erwachsenen Produkt kombinierte. Er war der erste Computer, der den Menschen, nicht die Maschine in den Mittelpunkt stellte. Er war der erste Computer, der funktionierte, wie man es erwartete.

In den folgenden Jahren wurde der Mac und sein Betriebssystem, das Mac OS, kontinuierlich weiterentwickelt. Dank der grafischen Benutzeroberfläche, Aldus PageMaker, Adobe PostScript und dem Apple LaserWriter startete der Mac seinen Siegeszug vor allem im grafischen Gewerbe. Immer neue Funktionen, Multimedia-Inhalte, Internetfähigkeit, ... wurden dem Mac OS hinzugefügt. Bis 1995 – und der Einführung von Windows 95 – war die Einfachheit der Bedienung und die Performance des Systems konkurrenzlos. Das sprichwörtliche „Plug & Play" (etwa „Einstecken und Loslegen") kennzeichnet den Macintosh ebenso. Treiberprobleme und nicht erkannte Hardware sind so gut wie unbekannt.

Um das Jahr 2001 sah die Welt etwas anders aus: Das Microsoft-Imperium hat mit Windows 95, 98, 2000 und schliesslich XP die Macintosh-Oberfläche und die Bedienung weitgehend kopiert, allerdings ohne deren Eleganz und Logik je zu erreichen. Im Kern ist das Mac OS allerdings auf dem Stand von 1984 stehen geblieben – es bietet weder Speicherschutz (so dass sich Applikationen nicht gegenseitig ins Gehege kommen können und schliesslich der ganze Computer abstürzt) noch präemtives Multitasking (so dass ein Programm nicht den ganzen Rechner lahmlegen kann, sondern dass das Betriebssystem entscheidet, welches Programm gerade arbeiten darf). Diese Technologien dürfen aber einem modernen Betriebssystem nicht mehr fehlen. Obwohl Apple diese Tatsache schon in den frühen 90er Jahren erkannt hat, wurde dieses moderne System erst mit Mac OS X Realität.

Nach diversen Anläufen war es aber am 24. März 2001 soweit: Mac OS X, das neue Betriebssystem von Apple hat das Licht der Welt erblickt – mit Sicherheit das wichtigste Ereignis in der Firmengeschichte seit 1984 und der Einführung des iMac 1998. X steht für 10 – der Nachfolger von Mac OS 9. Ausgesprochen wird es deshalb eigentlich „Mac OS Ten", wenn auch viele Leute von „Mac OS X" reden.

Mac OS X ist eng mit der Geschichte von Steve Jobs, einem der Gründer von Apple, verbunden. 1985 verliess er Apple, um einen neuen, noch besseren Computer zu bauen (den NeXT), aber im Februar 1997 kam er wieder zu „seiner" Firma zurück. Nachdem Apple es nicht geschafft hatte, selber das Betriebssystem der Zukunft in angemessener Zeit zu entwickeln, hatte man entschieden, ein anderes System zu kaufen und es als Basis für das nächste Mac OS zu verwenden. Dabei gab es zwei Kandidaten: BeOS, ein sehr modernes aber wenig verbreitetes System, dessen Gründer der ehemalige Apple-Entwicklungschef Jean-Louis Gassée war, und NeXT (NeXTStep bzw. OpenStep), dessen Vater Steve Jobs war. Die Verhandlungen mit Be scheiterten (den Gerüchten zufolge wegen überrissener Forderungen von Be), so dass man sich schliesslich mit NeXT einig wurde – Apple übernahm die Firma für 400 Millionen US$. Be selber wurde übrigens im Jahre 2001 von Palm Inc. gekauft.

NeXT produzierte am Anfang einen eigenen Computer mit eigenem Betriebssystem. Weil sich das Gerät aber am Markt nicht durchsetzen konnte, konzentrierte man sich auf die Software (eine Entwicklungsumgebung), welche man für verschiedene Plattformen anbot (UNIX, Windows). NeXT war in schlechtem Zustand, als Apple die Firma kaufte. Ein Teil ihrer Technologie lebt aber weiter: einige Mac OS X-Anwendungen (z. B. OmniWeb) kommen direkt von der NeXT-Umgebung.

1.1 Warum Mac OS X?

Mac OS X ist eine Kombination von zwei Betriebssystemen, wie sie unterschiedlicher nicht sein könnten: auf der einen Seite steht das Mac OS, das jede Aufgabe grafisch löst. Es gibt keine Kommandozeilen oder ähnliches wie etwa bei DOS. Auf der anderen Seite ist UNIX, das seine enorm mächtigen Werkzeuge der Tatsache verdankt, dass es modular aufgebaut ist und sich nur über die Tastatur mit Texteingabe steuern lässt.

Wieso sollte man nun zwei so unterschiedliche Systeme kombinieren? UNIX ist ein unheimlich leistungsfähiges System, das seit den frühen 70er Jahren immer weiterentwickelt wurde. Obwohl es noch älter als das Mac OS ist, besitzt es alle Voraussetzungen für ein modernes Betriebssystem. Allerdings ist die Oberfläche – gelinde gesagt – gewöhnungsbedürftig. Wenn man nun aber eine ansprechende, leicht zu bedienende Oberfläche über den UNIX-Kern „stülpen“ könnte, so hätte man mit einem Schlag das wohl leistungsfähigste System auf dem Markt: schnell, stabil und einfach zu bedienen. Genau das hat Apple gemacht.

1.2 Aufbau von Mac OS X

Mac OS X ist eine Kombination aus UNIX und grafischer Oberfläche. Während für den Benutzer unsichtbar in den Tiefen des Systems ein äusserst stabiler UNIX-Kern arbeitet, erfolgt die Bedienung – zwar mit „designmässig“ erheblich veränderter Oberfläche – im gewohnten Mac-Feeling.

1.2.1 UNIX, was ist das?

UNIX wurde ursprünglich von AT&T entwickelt, teilte sich dann in zwei Entwicklungsrichtungen, wobei die eine von der University of Berkeley weitergeführt wurde (BSD = Berkeley Standard Distribution). Beide Richtungen beeinflussen sich aber immer noch gegenseitig und weisen Gemeinsamkeiten auf. Im Laufe der Zeit sind bei verschiedenen Firmen mehrere – im Kern identische, aber im Detail unterschiedliche – Betriebssysteme entstanden: Solaris von Sun, AIX von IBM, AU/X früher bei Apple, usw. Daneben gibt es noch das frei erhältliche Linux, das (grundsätzlich) auch eine UNIX-Variante ist (konzeptionell aber etwas unterschiedlich).

UNIX besteht aus einem sogenannten Kernel (Kern), der sowohl für die direkte Kommunikation mit der Hardware wie auch für Netzwerkfunktionen und Systemroutinen zuständig ist. Eine Ebene darüber laufen die Prozesse ab (Core Services). Jeder Vorgang unter UNIX (z. B. ein Programmstart, ein Kopiervorgang, die Uhr, ...) ist ein Prozess (process). Das Betriebssystem „wacht“ über diese Prozesse und schaut, dass sie sich nicht in die Quere kommen. Mit dem Kernel und den Core Services verfügt UNIX über die wichtigsten technologischen Merkmale eines stabilen und schnellen Betriebssystems:

- präemtives Multitasking

  Das Betriebssystem entscheidet, welcher Prozess zu welcher Zeit wieviel Rechenleistung bekommt. Ein Prozess kann nicht den ganzen Rechner blockieren.

- Multithreading

  Innerhalb einer Anwendung können mehrere Vorgänge „parallel“ ausgeführt werden (sogenannte Threads). In Wirklichkeit schaltet das System sehr schnell zwischen den einzelnen Threads um, wobei der „langsame“ Anwender nichts davon merkt...

- Speicherschutz

  Jede Anwendung arbeitet in einem definierten Speicherbereich. Eine Anwendung kann nicht in den Speicher einer anderen Anwendung schreiben. Das System läuft in seinem eigenen, geschützten Speicher. Dieser Punkt ist wichtig für die Stabilität des Systems (Leb‘ wohl, Fehler 10...)

- Virtueller Speicher („swap“)

  Wenn der Arbeitsspeicher knapp wird, dann verwendet das System Teile der Festplatte als Arbeitsspeicher. Es macht dies im Hintergrund, ohne dass der Anwender dafür Einstellungen vornehmen muss. Die Verwaltung des virtuellen Speichers ist sehr viel effizienter als in Mac OS 9. Die Bezeichnung „virtueller Speicher“ für diesen Mechanismus ist eigentlich nicht ganz korrekt, hat bei Apple aber Tradition...

- Dynamische Speicherzuteilung

  Unter Mac OS 9 und früher konnte es vorkommen, dass man einem Programm manuell (über das Informationsfenster) mehr Speicher zuteilen musste. Unter Mac OS X geschieht das automatisch, ohne dass der Benutzer darauf Einfluss nehmen kann. In Mac OS 9 kann ein Programm Speicher beanspruchen, ohne darin aktiv zu sein – in Mac OS X beanspruchen inaktive (aufgestartete) Programme keinen Speicherplatz.

- Symmetrisches Multiprocessing

  Das System erkennt, wenn mehrere Prozessoren vorhanden sind. Es verteilt die Arbeit automatisch auf beide Prozessoren. Ein Prozessor mehr bedeutet somit im Idealfall fast 100% Leistungszuwachs!

- Trennung von Hardware und Anwendungen

  Alle Prozesse laufen über das Kernel Environment ab. Keine Anwendung kann direkt auf die Hardware zugreifen.

1.2.2 Die Fusion von UNIX und Mac OS

UNIX ist ein modular aufgebautes Betriebssystem. Es ist fast beliebig erweiterbar. Dem klassischen UNIX fehlt aber eine grafische Benutzeroberfläche, es ist nur über sogenannte Terminals zu bedienen. Zu den Zeiten, als Computer noch halbe Gebäude füllten, waren die Benutzer an Stationen (eigentlich: Monitore) – eben Terminals – gebunden, die über serielle Schnittstellen mit dem Rechner verbunden waren. In heutigen Systemen wird ein Terminal emuliert (also per Software erzeugt), so dass man die Befehle in ein Fenster des Bildschirms statt an einer Arbeitsstation eingibt.

Über diesen UNIX-Kern hat Apple nun eine grafische Oberfläche – Aqua – gestülpt, damit das System auch für „Laien“ bedienbar wird. Es gibt zwar auch grafische Oberflächen bei anderen UNIX-Varianten, etwa bei Solaris, dort wird das aber eher als Notlösung denn als Standard angesehen; der Hauptteil der Bedienung erfolgt über das Terminal.

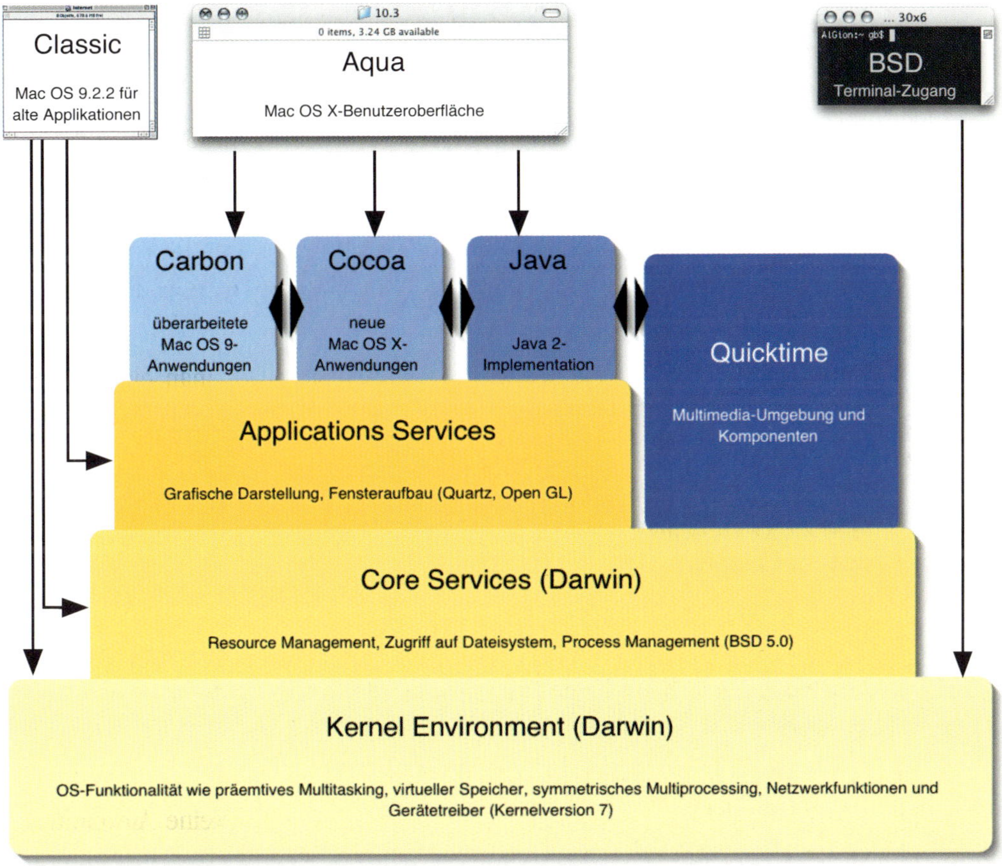

Abbildung 1-1 Mac OS X-Architektur

Den UNIX-Unterbau von Mac OS X bezeichnet Apple als *Darwin*. Darwin ist Open Source. Was bedeutet das? Während die meisten Betriebssystemhersteller den Quellcode eines Systems geheim halten, hat Apple den gesamten Code von Darwin offen gelegt. Jeder, der sich interessiert, kann Darwin kostenlos bei Apple herunterladen und beginnen, dafür Erweiterungen und Programme zu schreiben. Diese fliessen wiederum in die Entwicklung von neuen Darwin-Versionen mit ein. Apple realisiert damit ein Konzept, wie es bisher nicht dagewesen ist: auf der einen Seite ein Open Source-Projekt mit Darwin, auf der anderen Seite ein nach wie vor verschlossener Programmcode für die höheren Betriebssystemfunktionen.

Vielleicht sieht so das Konzept der Zukunft aus: eine breite Basis, welche an der Verbesserung des Systems mithelfen kann, im Hintergrund aber ein kommerzielles Unternehmen, welches Support bietet und auch eine gewisse Marktmacht (Programmangebot, Treiberentwicklung) inne hat.

Für den Aufbau des Bildschirms und die grafische Darstellung sind die Application Services verantwortlich – hier ist zum Beispiel die direkte Erzeugung von PDF-Dateien integriert. Mit OpenGL wird ein offener Standard für die Bildschirmdarstellung unterstützt. QuickTime steht, sozusagen traditionsgemäss bei Apple, für Multimedia-Inhalte zur Verfügung. Erst jetzt folgen die eigentlichen Anwendungen – und hier wird es ein wenig komplizierter. Es gibt fünf Arten von Programmen, die unter Mac OS X laufen:

- Cocoa (sprich „Coucou“)

  Anwendungen, die für Mac OS X geschrieben wurden und *nur* unter Mac OS X laufen, also nicht unter Mac OS 9. Hier gehören auch Anwendungen dazu, die von NeXT kommen, wie OmniWeb oder WebObjects.
- Carbon

  „Carbonisierte“ Anwendungen, also konvertierte Mac OS 9-Anwendungen, die an Mac OS X angepasst wurden. Dazu muss zwischen 10 und 30% des Programmcodes neu geschrieben werden. Diese Programme laufen direkt unter Mac OS X und 9.
- Classic

  Alte Mac OS 9-Anwendungen laufen in einer Kompatibilitätsumgebung weiter, sofern sie nicht sehr spezielle Systemerweiterungen und/oder direkten Hardwarezugriff benötigen.
- Java

  Neben SUNs Solaris ist Mac OS X das einzige Betriebssystem, welches direkte Java 2-Unterstützung bietet.
- UNIX

  Da Mac OS X über ein BSD-Subsystem verfügt (Darwin), laufen auch UNIX-Programme wie auf einem „gewöhnlichen“ UNIX-System. Es sind einige Spezialkenntnisse vonnöten, um solche Programme installieren und nutzen zu können.

1.2.3 Offene Standards

Apple setzt mit Mac OS X und den damit ausgelieferten Anwendungen stark auf offene Standards (wie z. B. mp3 oder AAC, MPEG4, rendezvous, SyncML und weitere). Darunter versteht man Formate, deren Aufbau jedem, der sich dafür interessiert, zugänglich sind. Damit haben auch kleine Anbieter eine Chance, im freien Markt etwas zu erreichen. Im krassen Gegensatz dazu versucht Microsoft, ihre proprietären Standards durchzusetzen und die Vormachtstellung damit weiter auszubauen. Die nächsten Jahre werden darüber entscheiden, ob Inhalte von mehreren Anbietern in offenen Systemen kommen, oder sich alle (und wirklich alle) Microsoft fügen müssen.

1.3 Das klassische Mac OS im Vergleich mit Mac OS X

1.3.1 Das transparente System

Mac OS 9 und seine Vorgänger sind extrem transparent. Jede Datei hat ihren logischen Platz. Im Ordner *Systemerweiterungen* liegen Systemerweiterungen, mit den Kontrollfeldern wird der Mac konfiguriert usw. Es gibt zwar unsichtbare Dateien, um die muss sich der Benutzer aber nie kümmern. Wenn etwas nicht funktioniert, kann man mit gedrückter shift-Taste (ohne Systemerweiterungen) aufstarten. Mac OS X besteht aus mehr als 25‘000 Dateien, viele davon unsichtbar aber trotzdem unverzichtbar für das Funktionieren des Systems.

Die Umstellung auf Mac OS X ist für den Mac OS 9-Benutzer ziemlich gewöhnungsbedürftig. Hat man sich aber erst mit der Struktur von Mac OS X angefreundet (vor allem die Mehrbenutzerumgebung), so erscheint einem dieses sehr bald logischer und transparenter als das alte System.

1.3.2 Multiuser

UNIX ist von Haus aus ein Multiuser-System. Mehrere Benutzer teilen sich einen Computer. Das trifft nicht für alle Macs zu. Trotzdem muss aufgrund der UNIX-Struktur mindestens ein Benutzer – der Administrator – eingerichtet werden.

Diese Struktur ist zentral für das Verständnis des Aufbaus der Festplatte und damit verbunden für die Installation von Software. Nicht jede Änderung hat unbedingt Auswirkungen auf alle Benutzer. In diesem Zusammenhang muss man die gewohnte Umgebung aus Mac OS 9 völlig vergessen.

Aufgrund dieser Struktur „gehören“ die Dateien jeweils einem Benutzer (sowie einer Gruppe), und er kann nur die Dateien verändern, die ihm gehören oder bei denen er von anderen Benutzern das Recht bekommen hat, sie zu modifizieren. Daneben gibt es einen Benutzer (*root* genannt), der alles darf. Wenn man sich als *root* einloggt, muss man also äusserst vorsichtig sein, sonst kann man das System unter Umständen so beschädigen, dass nichts mehr funktioniert. Ausserdem gibt es weitere (scheinbar sinnlose) Benutzer (z. B. *www*, *daemon*), die für Systemprozesse zuständig sind.

1.3.3 Fehlertoleranz

Mac OS 9 ist grundsätzlich sehr fehlertolerant. Auch wenn „kritische" Dateien gelöscht werden, funktioniert das System noch. Ausserdem ist es z. B. nicht möglich, den aktiven Systemordner zu löschen. UNIX verhindert solche Aktionen ebenfalls, allerdings nur solange man nicht als *root* eingeloggt ist (fast alle Systemprozesse gehören dem *root*). Als *root* ist man aber nur in Ausnahmefällen angemeldet. Stark vereinfacht kann man sagen: Mac OS 9 geht davon aus, dass der Benutzer nicht weiss, was er tut. UNIX geht davon aus, dass der (*root-*) Benutzer genau weiss, was er tut.

1.3.4 Stabilität

Jeder Mac-Benutzer hat schon einmal einen „Totalabsturz" miterlebt. Die Maus bewegt sich nicht mehr, der Computer reagiert nicht mehr auf Tastaturbefehle – es hilft nur noch ein Neustart. Solche Abstürze sind unter Mac OS X die absolute Ausnahme. Es ist von der Konzeption her fast unmöglich, dass das System so hängen bleibt. Wohl können einzelne Anwendungen abstürzen, das System läuft aber weiter.

1.3.5 „Macht er jetzt was?"

Zum Teil hat man unter Mac OS 9 das Gefühl, der Computer sei abgestürzt, dabei arbeitet er noch an einer Berechnung. Man kann nicht zu einer anderen Anwendung umschalten, lediglich die Uhr dreht sich unter Umständen. Eine Anwendung kann die komplette Rechenleistung für sich beanspruchen, ohne die anderen Anwendungen (inkl. Finder) zu berücksichtigen. Unter Mac OS X verwaltet das System selber die Rechenzeit und teilt sie den einzelnen Anwendungen zu. Man kann also, während in Photoshop eine Graustufenumwandlung läuft, auf den Webbrowser umschalten und die pumera-Homepage besuchen. Das System entscheidet, welcher Prozess wieviel Rechenzeit bekommt. Diese Art der Prozesssteuerung nennt man präemtives Multitasking. Unter Mac OS 9 gab es lediglich kooperatives Multitasking: ein Prozess konnte von sich aus einem anderen Zeit geben. Deshalb war es z. B. möglich, im Hintergrund zu drucken und gleichzeitig weiterzuarbeiten.

Innerhalb einer Anwendung können die Prozesse weiter aufgesplittet werden: Photoshop kann in einer Datei eine Änderung der Auflösung berechnen und gleichzeitig auf eine andere Datei einen Relief-Filter anwenden. Das nennt man Multithreading.

Installation von Mac OS X

2

„Aller Anfang ist schwer." – Unwahre Behauptung, jedenfalls was die Installation von Mac OS X anbelangt.

In diesem Kapitel erfahren Sie, was Sie bei der Installation von Mac OS X beachten müssen. Sie setzen noch Mac OS 9 oder Schlimmeres (z. B. Windows) ein? Kein Problem! Nach der Lektüre dieses Kapitels wissen Sie, wie Sie Daten von dort übernehmen können. Und falls Sie sich überlegen, ob man die Festplatte immer noch partitionieren soll oder nicht, finden Sie auch darauf eine Antwort.

Wer bereits ein installiertes Mac OS X vor sich hat, kann dieses Kapitel überspringen. Für alle Anderen gilt: eine Komplettinstallation von Mac OS X (ohne Mac OS 9 bzw. Classic) dauert je nach Computer zwischen 40 und 60 Minuten (ohne Entwicklungsumgebung XCode).

2.1 Vorbereiten des Macs

2.1.1 Systemvoraussetzungen

Mac OS X Tiger verlangt im Minimum einen G3-Prozessor. Es lässt sich auf allen Rechnern mit eingebauter FireWire-Schnittstelle installieren. Damit scheiden insbesondere die beigen G3-Rechner, die Original-iMacs mit Schubladen-CD-Laufwerk sowie die „Pismo"-PowerBook G3 aus. Tiger ist weitgehend auf G4- und G5-Prozessoren optimiert. Einige Grafikfunktionen erfordern eine leistungsfähige Grafikkarte mit mindestens 32 MB oder mehr Videospeicher. Tiger wird auf DVD geliefert. Eine CD-Version ist gegen einen Unkostenbeitrag bei Apple bestellbar[1]. Mac OS X braucht viel Arbeitsspeicher. Apple spricht von 256 MB als Mindestanforderung – komfortabel arbeiten kann man mit

1. http://www.apple.com/chde/macosx/mediaexchange/

512 MB oder mehr. Generell werden USB- und FireWire-Peripheriegeräte unterstützt. SCSI-Geräte werden z.T. erkannt und unterstützt, sind aber eher problematisch. Auch ältere USB-Hardware kann Probleme bereiten. Eine generelle Aussage, welche Hardware läuft und welche nicht, kann kaum gemacht werden. Im Einzelfall sollte man dies im Voraus abklären – entweder auf der Homepage des Herstellers oder beim Apple-Händler.

2.1.2 HFS+ Journaled?

Um Tiger zu installieren, braucht man eine HFS-plus (kurz HFS+) oder UFS formatierte Festplatte mit mindestens 1.3 GB freiem Speicherplatz. HFS (Mac OS Standard) wird nicht mehr unterstützt. UFS ist ein Festplattenformat aus der UNIX-Welt und macht für den Privatanwender wenig Sinn. Es findet dann Verwendung, wenn man einen Mac OS X-Rechner z. B. als reinen Webserver einsetzen will und somit eher an den eingebauten BSD-UNIX-Fähigkeiten als an Mac OS X als solches interessiert ist. UFS unterscheidet strikte zwischen Gross- und Kleinschreibung, HFS+ nicht. Ausserdem kann man auf UFS formatierten Platten kein Mac OS 9 installieren (für die Classic-Umgebung), da es die Aufteilung der Dateien in Daten- und Resource-Zweig nicht unterstützt (siehe „Zuordnung von Dateien und Programmen“ auf Seite 147). Seit Panther ist HFS+ automatisch auf „Journaled“ eingestellt. Das bedeutet, dass über Änderungen auf der Festplatte ständig Buch geführt wird und bei einem Crash die Datensicherheit besser gewährleistet ist. Denn dank des Journals ist es möglich, die Festplatte wieder in einen konsistenten Zustand zu bringen. Einen Überblick über die Journaling-Funktion gibt Artikel 107249 in der Knowledge Base von Apple[1].

2.1.3 Partitionieren?

Apple rät, Mac OS X inklusive aller Programme und Benutzerdaten auf eine Partition zu installieren, also die Festplatte nicht zu partitionieren – die Benutzer- und die Systemdaten sind dank der Struktur von Mac OS X genügend gut getrennt. Falls man noch Mac OS 9-Programme einsetzen will, gehört auch ein Classic-Systemordner auf diese Partition. Grundsätzlich sollte man das auch so tun, denn das Partitionieren der Festplatte (Aufteilen einer Festplatte in mehrere „virtuelle“ Festplatten) macht nur in Ausnahmefällen Sinn:

- Häufiges Arbeiten mit sehr grossen Dateien (z. B. Videoschnitt)

  Videodateien können sehr gross werden. Falls man häufig mit Programmen wie Final Cut Pro oder DVD Studio Pro arbeitet, ist es sinnvoll, für deren Dateien eine separate, möglichst grosse Partition zu reservieren. Vorteil: auf einer solchen separaten Partition

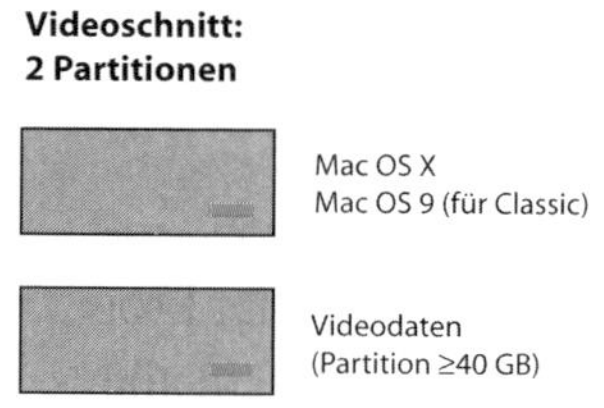

1. http://docs.info.apple.com/article.html?artnum=107249

liegen keine anderen (Benutzer-) Daten, weshalb das Volume kaum defragmentiert wird. Damit bleibt die Platte schnell, was insbesondere für Videodaten wichtig ist.

- Erzeugen einer „sauberen" Partition mit Mac OS 9 (nicht als Classic!)

  Obwohl mit Tiger praktisch alle Programme in einer Mac OS X-Version vorliegen, wird es Anwender geben, die noch mit einem „unberührten", sprich nicht als Classic verwendeten Mac OS 9 arbeiten wollen – unter Umständen auch, weil man nicht alle Programme neu kaufen will. Ein solches System kann auf einer separaten Partition angelegt werden – für Classic verwendet man ein anderes Mac OS 9, auf derselben Partition wie Tiger. Die Anzahl der Geräte, die noch Mac OS 9 bootable sind (also direkt in Mac OS 9 starten können), nimmt allerdings immer weiter ab. Insbesondere neue Macs lassen Mac OS 9 nur noch innerhalb von Classic zu, aber nicht als Startsystem!

- Eine separate Partition für die Datensicherung verwenden

  Man kann auch eine Partition für die Datensicherung anlegen, auf die man z. B. das eigene Homeverzeichnis regelmässig kopiert. Sehr viel besser dafür geeignet ist allerdings eine externe FireWire-Festplatte, denn eine reine Backup-Partition der internen Festplatte bewahrt bei einem Hard- oder Softwareschaden unter Umständen nicht vor Datenverlusten.

- Verwendung von zwei Mac OS X-Installationen

  Gerade beim Umstieg auf ein neues Betriebssystem kann es sein, dass es zu Kompatibilitätsproblemen mit noch nicht aktualisierten Anwendungen kommt. In diesem Fall könnte man auf einer Partition das bisher verwendete Betriebssystem installiert lassen, während man auf einer zweiten Partition einen neuen, sauberen Tiger einrichtet.

Partitionen haben einen grossen Nachteil: sie sind entweder zu gross oder zu klein, aber nie genau richtig. Einerseits wird einen die angeborene Vorsicht dazu veranlassen, alle Partitionen „gross genug" zu machen. Andererseits wird der natürliche Jäger- und Sammlertrieb im Laufe der Zeit dazu führen, dass sich auch „genügend grosse" Partitionen mit Daten füllen und die anfängliche Logik (Programme hier, Daten da) zugunsten von zusätzlichem Speicherplatz aufgegeben wird („also gut, dann speichere ich das halt auf die Programmpartition..."). Nur die wenigsten Menschen haben genügend Disziplin, nicht benötigte Daten zu löschen und sich an die eigene Logik zu halten.

Falls auf dem Startvolume kein Speicherplatz mehr zur Verfügung steht, kann das zu einer unangenehmen Situation führen. Zwar wird man seit Panther gewarnt, dass der Speicherplatz knapp wird, das funktioniert aber nur dann, wenn sich die Festplatte langsam füllt. Falls man „in einem Ruck“ eine sehr grosse Datei erzeugt und speichert, sodass die Harddisk zu 100% gefüllt ist, können z. B. die Finder-Voreinstellungen nicht mehr gesichert werden. Nachdem man wieder Platz geschaffen hat und einen Neustart ausführt, sind alle Werte auf den Standard zurückgesetzt. Man hat zwar keine Datenverluste erlitten, muss aber einige Konfigurationen erneut vornehmen. Auf dem Startvolume sollte deshalb grundsätzlich immer mehr als 1GB freier Speicherplatz verfügbar sein.

2.1.4 Partitionen und Sicherheit

Wenn man mehrere Partitionen mit startfähigen Systemen (9 oder X) hat, kann man beim Einschalten des Rechners mit der alt-Taste wählen, von welchem System man aufstarten will (nur bei sogenannten NewWorld ROM-Rechnern, und natürlich nur, sofern der Rechner überhaupt noch direkt in Mac OS 9 starten kann) – das funktioniert nicht, wenn nur eine Partition vorhanden ist. Nicht ausser Acht lassen sollte man dabei, dass diese Funktion die Sicherheit durch die Benutzerauthentifizierung von Mac OS X zerstört. Bei mehreren startfähigen Partitionen kann jeder, der Zugang zum Computer hat, durch Drücken der alt-Taste beim Einschalten von einer Partition mit Mac OS 9 starten. Mac OS 9 kennt die Benutzerrechte aus Mac OS X nicht, so dass ein Bösewicht Zugriff auf alle Daten sämtlicher Benutzer hätte! Dieser Effekt tritt beim Benutzen der Classic-Umgebung innerhalb von Mac OS X nicht auf, da dann die Benutzerrechte greifen. Natürlich kann auch jeder, der eine System-CD hat, durch Drücken der C-Taste von der CD aufstarten. Ein unerlaubtes Ändern des Startvolumes lässt sich nur durch die Vergabe eines Open Firmware-Passworts verhindern (siehe „Open Firmware-Passwort“ auf Seite 475).

2.1.5 Allgemeine Hinweise

Bei allen Geräten muss man stets die aktuellen Firmware-Updates installieren, sonst startet die Installation gar nicht. Diese werden via Software-Aktualisierung in Mac OS 9 oder Mac OS X angeboten, oder man kann sie von der Homepage von Apple[1] herunterladen. Vor dem Installieren von Firmware-Upgrades empfiehlt sich ein Backup der Daten. Die aktuelle Firmware-Version nach Computermodellen sortiert findet man in einem Support-Artikel bei Apple[2].

Die Festplatte sollte wegen der UNIX-Basis von Mac OS X einen Namen ohne Leerschlag erhalten, das standardmässig und eher aus nostalgischen Gründen vorhandene „Macintosh HD“ ist also nicht die beste Variante. Im Normalfall führen Sonderzeichen im Namen

1. http://www.info.apple.com/support/downloads.html
2. http://docs.info.apple.com/article.html?artnum=86117

nicht zu Problemen, aber sicher ist sicher. Wem kein guter Name einfällt, kann sich Rat im Internet holen, nämlich auf der „Macintosh HD * Call me names“-Seite[1].

Vor der Installation sollte man (wie immer) ein Backup der wichtigen Daten machen.

2.2 Migration zu Tiger

Die folgenden Abschnitte befassen sich – nach Herkunftssystem geordnet – mit dem Migrieren der Daten und der Inbetriebnahme von Tiger. Bevor man sich an die Installation von Tiger macht, sollte man das grundsätzliche Vorgehen vor Augen haben:

1. Die Benutzerdaten des Ursprungsrechners müssen zur Übernahme in Tiger vorhanden sein (als Kopie oder auf dem alten Rechner). Bestimmte Benutzerdaten sind auf den ersten Blick nicht so offensichtlich zu finden, müssen aber trotzdem berücksichtigt werden.
2. Tiger muss installiert werden (siehe „Installationsvorgang“ auf Seite 53), falls nicht ein neuer Rechner mit vorinstalliertem Tiger angeschafft wurde.
3. Die Daten des Ursprungsrechners müssen nun in Tiger übernommen werden.

Es gibt zwei mögliche Fälle: Wenn ein neuer Computer gekauft wurde, sind die Daten auf dem alten noch vorhanden und dieser kann gewissermassen als Backup dienen. Wird der alte Computer weiterverwendet, dann muss man von den Daten ein Backup auf ein externes Medium anfertigen. Der Datentransfer kann so erfolgen:

- Transfer via externe Festplatte, z. B. iPod

  Externe Festplatten (FireWire oder USB2) können sowohl am PC wie auch am Mac verwendet werden. Für den Datentransfer vom PC aus ist es wichtig, dass die Festplatte Windows (FAT) formatiert ist – der Mac erkennt dieses Format problemlos, während Windows keine Mac-formatierten Medien anzeigen kann.

- CD/DVD brennen (dient gleich auch als längerfristiges Backup)

  Um die Daten nicht nur zu kopieren, sondern um gleich noch ein Backup vom PC zu erstellen bevor er entsorgt wird, eignen sich CDs oder DVDs. Bei dieser Methode sollte man aber bedenken, dass es bei sehr vielen Daten mühsam ist, diese auf CDs zu sichern – eine CD fasst 700MB, bei einer (gefüllten) Festplatte von 80GB kommen so über 100 CDs zusammen... Auch hier gilt: der Mac kann CDs im Windows-Format ohne Probleme lesen.

1. http://www.macintoshhd.org/

- Memory Stick (USB Flash-Speicher)

  USB Memory Sticks gibt es mittlerweile schon in Grössen bis 8GB. Falls die Datenmenge also nicht zu gross ist, kann man sich durchaus überlegen, den Transfer auf diese Weise durchzuführen. Die Preise der Sticks steigen mit zunehmender Grösse allerdings exponentiell an. Bei der Datenübernahme von Windows den Stick als PC-Volume initialisieren.

- Transfer via Netzwerk

  Aktiviert man beim Mac das sogenannte Windows File Sharing, kann man bequem vom PC aus auf den Mac zugreifen (via „Netzlaufwerke verbinden") und die Daten kopieren. Eine genaue Beschreibung dieses Vorganges findet man unter „Von Windows nach Mac (lokal und via Internet)" auf Seite 303. Von Mac zu Mac funktioniert der Transfer über die Netzwerktechnologie „Bonjour", bzw. über Apple Filing Protocol (AFP) via TCP/IP (siehe „Sharing" auf Seite 288). Wenn viele Daten vorhanden sind, sollte man entsprechend Zeit für den Kopiervorgang einplanen.

- Via FireWire kopieren (Target Modus)

  Für Mac zu Mac-Verbindungen kann man ein FireWire-Kabel und den sogenannten Target-Modus benutzen, bei dem die Festplatte des alten Macs am neuen als externes Volume angezeigt wird (siehe „Verbindung via FireWire Target Mode" auf Seite 292).

- Festplatte umbauen (für fortgeschrittene Anwender)

  Wer technisch versiert ist, kann die Festplatte des alten Macs in den neuen einbauen, sofern dies von der Kompatibilität her geht. Falls das nicht möglich sein sollte, kauft man für die alte Festplatte ein externes FireWire-Gehäuse und baut sie dort ein. Auf diese Weise hat man gleich noch ein Backup-Medium für später.

2.2.1 Vorbereitungen

Übernahme von programmspezifischen Daten

Diverse Daten vom alten Rechner wollen migriert sein. Es lohnt sich, einen Augenblick nachzudenken, was alles dazugehört. Einen Teil der Datenübernahme bilden Programmdaten, die an ganz bestimmten Orten abgelegt werden müssen, damit sie weiterhin verfügbar sind. Es handelt sich dabei z. B. um:

- Browser Bookmarks (Lesezeichen, Favoriten)
- E-Mail-Daten (E-Mail-Konten, Mails, Adressen, Signaturen, Filter, Regeln)
- Dokumentenvorlagen (Office)
- Playlists (iTunes)
- Druckerbeschreibungen (siehe „Druckereinrichtung" auf Seite 351)

Auf die einzelnen Punkte wird jeweils bei der systemspezifischen Migration eingegangen. Die Lesezeichen legt jeder Browser in einem anderen Ordner ab – je nach dem von wo man kommt (Betriebssystem, Browser) und wohin man geht (Tiger, Browser) muss man sie deshalb unterschiedlich behandeln. Eine Übersicht bietet der nächste Abschnitt.

Browser Bookmarks

Wer über viele Jahre seine Internetlinks gesammelt hat, würde sie ungern verlieren – der Import aus dem vorherigen System muss klappen. Die Auswahl an Browsern unter Mac OS X ist sehr gross und nicht jeder zeigt alle Seiten an. Deshalb ist es nützlich zu wissen, wo die verschiedenen Programme ihre Lesezeichen speichern:

- Netscape 7.x
  ~/Library/Mozilla/Profiles/<Profilname>/<kryptischer Name>.slt/bookmarks.html
- Mozilla
  ~/Library/Mozilla/Profiles/<Profilname>/<kryptischer Name>.slt/ bookmarks.html
  Netscape und Mozilla benutzen dasselbe Profil! Es ist nicht möglich, beide Programme gleichzeitig mit demselben Profil zu starten.
- Firefox
  ~/Library/Application Support/Firefox/Profiles/default.iqj/bookmarks.html
- Camino
  ~/Library/Application Support/Camino/bookmarks.plist
- Internet Explorer
  ~/Library/Preferences/Explorer/Favorites.html
- iCab
  ~/Library/Preferences/iCab Preferences/Hotlist.html
- Opera
  ~/Library/Preferences/Opera Preferences/Bookmarks
- OmniWeb
  ~/Library/Application Support/OmniWeb 5/Bookmarks.html
- Safari
  ~/Library/Safari/Bookmarks.plist

Hier kommt der Mehrbenutzer-Charakter (siehe „Multiuser“ auf Seite 65) von Mac OS X wieder einmal voll zum Tragen: die Lesezeichen befinden sich alle im Ordner eines Benutzers, sind also nur für diesen zugänglich! Das ist wichtig, falls man z. B. in Netscape Communicator mehrere Identitäten angelegt hatte und nun die Bookmarks nach Mac OS X importiert.

Einige Programme fragen beim ersten Aufstarten, ob man Bookmarks importieren will (z. B. iCab). Bei den anderen muss man einfach die Datei mit den Lesezeichen aus Mac OS 9 gemäss der obigen Liste in das richtige Verzeichnis in Mac OS X kopieren bzw. bewegen. Wiederum andere (z. B. Safari) bieten eine Importfunktion für Bookmarks an.

2.3 Von Mac OS 9 zu Tiger

Mac OS X ist nun seit vier Jahren auf dem Markt – wer noch mit Mac OS 9 arbeitet, hatte also sicher gute Gründe, noch nicht umzusteigen. Insofern sind diese Benutzer in einer besonderen Situation – nicht selten sind sie auf die Classic-Umgebung, manchmal sogar noch auf ein startfähiges Mac OS 9 (und einen dafür nötigen Computer) angewiesen.

Die folgenden Seiten behandeln die Szenarien:

1. Umstieg auf Tiger mit einem neuen Computer
    - Variante 1: Classic soll verwendet werden – dabei wird das von früher vorhandene, gut funktionierende Mac OS 9 inklusive aller Software übernommen.
    - Variante 2: Classic und alle Classic-Anwendungen werden neu installiert.
    - Variante 3: Es wird kein Classic mehr benötigt.
2. Umstieg auf Tiger mit dem „alten" Computer
    - Variante 1: Es werden zwei Partitionen eingerichtet, die eine für Mac OS X (und evtl. Classic), die zweite für ein startfähiges Mac OS 9. Dieses wird vom Ursprungssystem übernommen.
    - Variante 2: Es wird nur eine Partition eingerichtet – dann stehen dieselben Varianten wie mit einem neuen Computer (oben beschrieben) zur Verfügung.

Bei allen Methoden müssen die Benutzerdaten übernommen werden (siehe „Benutzerdaten von Mac OS 9 übernehmen" auf Seite 41). Auf die beschriebenen Möglichkeiten soll nun detailliert eingegangen werden:

2.3.1 Neuer Computer

Variante 1: altes Mac OS 9 mit Software übernehmen

1. Update auf Mac OS 9.2.2 (auf dem alten Computer)

   Will man das bestehende Mac OS 9 übernehmen, muss man es auf den letzten Stand bringen. Dabei ist es wichtig, vor der Aktualisierung jeweils im Kontrollfeld *Erweite-*

rungen Ein/Aus die Umgebung *Mac OS 9.2.x komplett* auszuwählen, damit keine Systemerweiterungen und Kontrollfelder von Drittherstellern aktiv sind (nach dem Umschalten einen Neustart ausführen!). Danach führt man das Update auf Mac OS 9.2.2 aus. Die Updater von 9.0.x auf 9.2.2 können bei Apple kostenlos heruntergeladen werden[1].

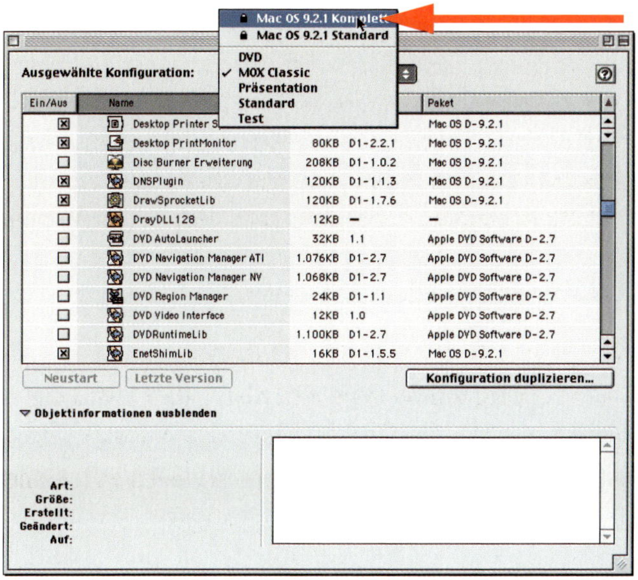

Abbildung 2-1 Umschalten auf Mac OS 9.x komplett

2. Mac OS X auf dem neuen Rechner installieren

   Eine genaue Anleitung dazu liefert das Kapitel „Installationsvorgang“ auf Seite 53. Falls man einen neuen Rechner hat, der schon mit Tiger ausgeliefert wird, folgt man einfach den Anweisungen auf dem Bildschirm.

3. System-, Programm- und Datenübernahme

   Die Daten vom alten Rechner müssen nun übernommen werden. Dazu verwendet man eine der unter „Migration zu Tiger“ auf Seite 33 beschriebenen Methoden. Wichtig: die Ordner *Systemordner* und *Applications (Mac OS 9)* müssen auf die oberste Hierarchiestufe der Festplatte im neuen Rechner kopiert werden (also die gleiche Stufe, wo sich auch die Ordner *System*, *Programme* und *Benutzer* befinden. Die eigentlichen Benutzerdaten landen im Ordner *Privat* des jeweiligen Benutzers (siehe „Benutzerdaten von Mac OS 9 übernehmen“ auf Seite 41).

1. http://docs.info.apple.com/article.html?artnum=75288-de

Variante 2: Classic und Classic-Anwendungen neu installieren

In diesem Fall braucht man den alten Computer nur noch als Backup. Das Vorgehen ist wie folgt:

1. Mac OS X installieren

   Mac OS X auf dem neuen Rechner installieren, wie in „Installationsvorgang" auf Seite 53 beschrieben. Falls man einen neuen Rechner hat, der schon mit Tiger ausgeliefert wird, folgt man einfach den Anweisungen auf dem Bildschirm.

2. Classic installieren

   Wenn man auf neuen Geräten ohne Mac OS 9-Unterstützung die Classic-Umgebung nutzen will, muss man diese mit Hilfe einer der mit dem Computer mitgelieferten CDs oder DVDs installieren. Welches Installationspaket man dazu verwenden muss, steht in der Dokumentation. Nach dem Doppelklick auf dieses Installationspaket startet das Standard-Installationsprogramm. Nun folgt man einfach den Anweisungen auf dem Bildschirm – falls aufgefordert, tippt man das Administrator-Passwort ein. Schliesslich erscheint ein Fenster, bei dem man die Optionen zum Wiederherstellen eingeben kann. Es ist möglich, die mit dem Computer gelieferten *Programme*, die *Entwickler-Werkzeuge* (Developer Tools, Xcode), *iDVD* (bei Geräten mit eingebautem DVD-Brenner) sowie den *Classic Support* wiederherzustellen. Falls man nicht an allen Optionen interessiert ist, deaktiviert man einfach einzelne Komponenten. Um Classic verwenden zu können, ist einzig *Classic Support* nötig. Nach der Wahl der Installationsoptionen klickt man auf *Installieren* und wartet, bis der Vorgang beendet ist.

3. Classic-Programm installieren

   Innerhalb der Classic-Umgebung installiert man die Programme, die man verwenden möchte (siehe „Classic" auf Seite 377).

4. Benutzerdaten übernehmen

   Gemäss „Benutzerdaten von Mac OS 9 übernehmen" auf Seite 41 vorgehen.

Variante 3: Classic wird nicht benötigt

In diesem Fall ist die Installation schnell erledigt:

1. Mac OS X installieren

   Mac OS X auf dem neuen Rechner installieren, wie in „Installationsvorgang" auf Seite 53 beschrieben. Falls man einen neuen Rechner hat, der schon mit Tiger ausgeliefert wird, folgt man einfach den Anweisungen auf dem Bildschirm.

2. Benutzerdaten übernehmen

   Gemäss „Benutzerdaten von Mac OS 9 übernehmen“ auf Seite 41 vorgehen.

2.3.2 Alter Computer wird weiterverwendet

Wird der alte Computer weiterverwendet, muss man die darauf befindlichen Daten auf ein externes Medium, am besten eine FireWire-Festplatte, zur Zwischenlagerung kopieren.

Variante 1: Zwei Partitionen, Mac OS 9 bootfähig

Wer noch häufig auf Mac OS 9-Programme angewiesen ist, die innerhalb von Classic nicht oder nur eingeschränkt gebraucht werden können, wird diese Variante wählen.

1. Update auf Mac OS 9.2.2

   Gemäss der Beschreibung unter 1 im Abschnitt „Variante 1: altes Mac OS 9 mit Software übernehmen“ auf Seite 36 vorgehen.

2. Kopieren aller Daten auf die externe FireWire-Festplatte

   Von den Daten des Computers wird ein Vollbackup angefertigt. Diese Daten werden nachher einerseits für die Partition mit Mac OS 9 (System und Anwendungen Mac OS 9) und für die Partition mit Mac OS X (Benutzerdaten) verwendet.

3. Mac OS X installieren, dabei auch gleich die Festplatte partitionieren

   Startet man von der Tiger-DVD auf, so hat man nach der Wahl der Sprache im *Installationsprogramm* über das Menü *Dienstprogramme* Zugriff auf das *Festplatten-Dienstprogramm* (Abbildung 2-2).

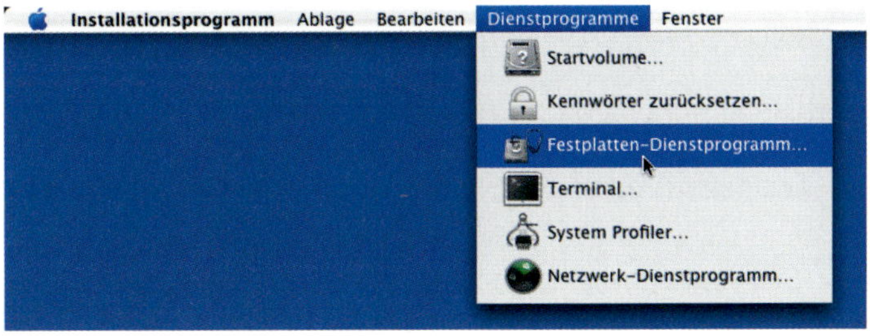

Abbildung 2-2 Festplatten-Dienstprogramm aus der Tiger-Installation starten

Dieses benutzt man, um die interne Festplatte in zwei Partitionen zu teilen: die erste für Tiger, so gross wie möglich. Die zweite für Mac OS 9, so gross wie nötig.

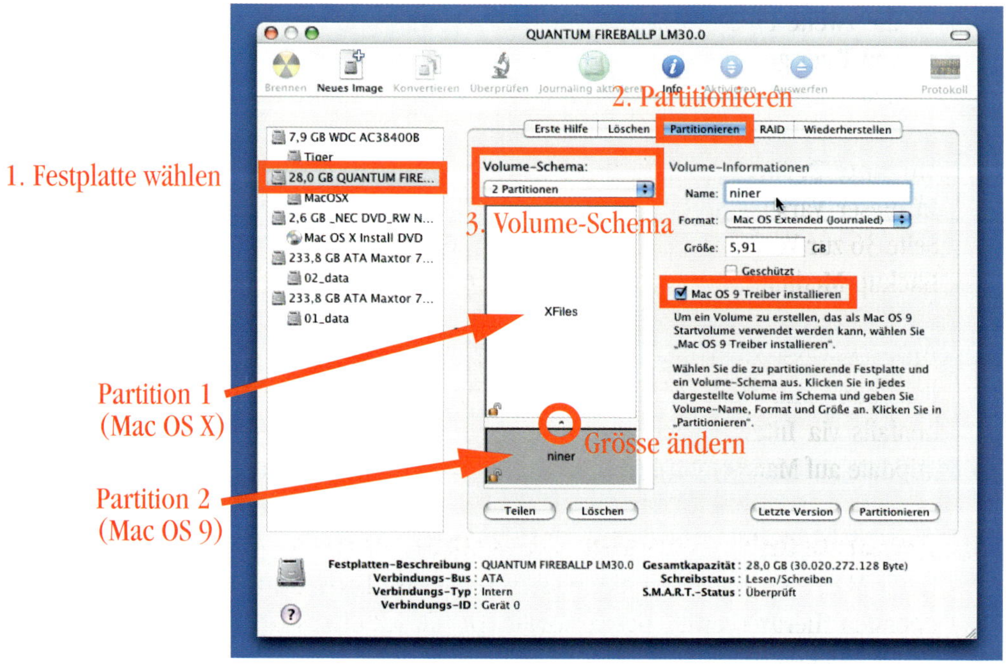

Abbildung 2-3 Festplatten-Dienstprogramm zur Partitionierung vor der Installation

In der linken Spalte des *Festplatten-Dienstprogramm* wählt man die Festplatte aus, die man partitionieren möchte (in Abbildung 2-3: *28.0 GB QUANTUM FIRE...*). Falls mehrere Festplatten vorhanden sind, erscheinen alle in dieser Liste (inklusive der Tiger-DVD). Im Register *Partitionieren* im rechten Teil des Fensters wählt man als *Volume-Schema* die Einstellung *2 Partitionen*. Danach stellt man deren Grösse durch Ziehen mit der Maus am Punkt zwischen den beiden Partitionen ein. Im Feld *Name* benennt man die beiden Volumes. Für die Mac OS 9-Partition muss das Markierungsfeld *Mac OS 9 Treiber installieren* aktiviert werden – falls ein Computer Mac OS 9 als Startsystem gar nicht unterstützt (nicht „bootfähig" ist), dann erscheint diese Option nicht! Mit Klick auf *Partitionieren* wird der Vorgang ausgelöst. Dabei werden alle Daten auf der Festplatte gelöscht und das eingestellte Volume-Schema erzeugt. Mit *Beenden* aus dem Menü *Ablage* gelangt man wieder zum Installationsprogramm zurück und installiert Tiger auf der grösseren Partition gemäss der Anleitung in „Installationsvorgang" auf Seite 53.

4. Zurückkopieren von Benutzerdaten sowie Mac OS 9 und Anwendungen

Nach der Installation kopiert man die Benutzerdaten vom Backup auf die Mac OS X-Partition (wie in „Benutzerdaten von Mac OS 9 übernehmen" auf Seite 41 beschrieben). Der Systemordner und der Ordner *Applications (Mac OS 9)* wird hingegen auf die zweite Partition kopiert. Falls zusätzlich noch eine Classic-Umgebung innerhalb von Tiger gewünscht wird, können diese Ordner auch noch auf die oberste Ebene der Mac OS X-Partition kopiert werden.

Variante 2: Nur eine Partition, mit oder ohne Classic

In dieser Variante stehen die gleichen Möglichkeiten wie unter „Neuer Computer" auf Seite 36 zur Verfügung. Einziger Unterschied: die Datenübernahme geschieht jeweils vom Backup-Medium, nicht vom alten Rechner.

Falls das Gerät noch ohne Classic-Support-CD ausgeliefert wurde, ist man gezwungen, das „alte" Mac OS 9 zu übernehmen, wenn man Classic braucht. Dieses muss gegebenenfalls via Internet von Mac OS 9.0.x nach 9.2.2 upgedatet werden (wie unter 1 in „Update auf Mac OS 9.2.2 (auf dem alten Computer)" auf Seite 36 beschrieben).

2.3.3 Benutzerdaten von Mac OS 9 übernehmen

Unter Mac OS 9 speichern die meisten Leute ihre Daten im Ordner *Dokumente* auf der obersten Hierarchiestufe der Festplatte. Der Inhalt dieses Ordners gehört in den Ordner *Privat* (gekennzeichnet durch das Häuschen) des jeweiligen Mac OS X-Benutzers und kann gemäss den vorgegebenen Ordnern (Dokumente, Filme, Musik, ...) gerade sinnvoll verteilt werden.

Office-Vorlagen übernehmen

Im Falle der Office-Dokumentenvorlagen ist die Übernahme denkbar einfach. Die persönlichen Vorlagen müssen aus dem Ordner */Applications (Mac OS 9)/Microsoft Office 2001/Vorlagen/Eigene Vorlagen* in den Ordner */Programme/Microsoft Office X/Vorlagen/Eigene Vorlagen* bewegt werden. Falls die Objekte an beiden Orten noch gebraucht werden, können sie an einem Ort als Alias-Dateien vorhanden sein. Damit ist ein Abgleich zu jedem Zeitpunkt gewährleistet. Natürlich kann man die eigenen Vorlagen auch in einen Ordner innerhalb des persönlichen Verzeichnisses verschieben, z. B. *~/hmeier/Dokumente/Office Vorlagen*.

E-Mail-Daten importieren

Die Übernahme der E-Mail-Daten gestaltet sich je nach verwendetem E-Mail-Programm unterschiedlich:

- Entourage 2001 nach Entourage 2004 (Office-Paket von Microsoft)

  Die Daten aus Entourage 2001 können direkt in Entourage 2004 importiert werden. Das kann eine Weile in Anspruch nehmen, vor allem wenn viele Mails vorhanden sind. Entourage 2004 fragt beim ersten Start nach, ob Daten importiert werden sollen. Falls ja, muss man den Ordner einer Office-Identität angeben, der aus Mac OS 9 importiert werden soll. Der Pfad lautet normalerweise: */Dokumente/Microsoft-Benutzerdaten /Office 2001-Identitäten/<Name der Identität>*. Ebenfalls einfach ist der Import aus Microsoft Outlook Express 5 – die Benutzerdaten befinden sich dort unter */Dokumente/Microsoft-Benutzerdaten/Identitäten/<Name der Identität>*. Eine Identität war unter Mac OS 9 ein Benutzer des jeweiligen Programms, da sowohl Outlook Express wie auch Entourage mehrere Benutzer verwalten konnten.

Entourage 2004 ist mit Microsoft Exchange kompatibel, was vor allem für Leute interessant ist, deren Firma einen Exchange Server betreibt.

- Mail (von Apple)

  Das in Mac OS X integrierte Programm *Mail* eignet sich insbesondere dann, wenn man nicht auf die Exchange-Integration von Entourage angewiesen ist. Im Zusammenspiel mit dem Adressbuch, iCal und iSync ist Mail, was die Integration ins System angeht, unschlagbar. Es versteht nun auch Exchange-Termine und kann diese in iCal eintragen, allerdings kann man nicht auf Termindaten von anderen Exchange-Benutzern zugreifen.

  Mail kann Daten aus verschiedenen Programmen importieren (Menü *Ablage - Postfächer importieren...*). Falls man aus Entourage importieren will, muss dieses ebenfalls (in Classic oder Mac OS X) installiert werden und die E-Mails müssen innerhalb des Programmes vorhanden sein. Dazu muss sich der Ordner *Microsoft-Benutzerdaten* im */Dokumente-* (Classic) bzw. */Users/<Benutzername>/Dokumente*-Ordner (Mac OS X) befinden. Falls nötig, kann man Entourage über die Import-Funktion den Ordner *Microsoft-Benutzerdaten* angeben.

Browser Bookmarks importieren

Falls die Bookmarks in Mac OS X und 9 verwendet werden sollen, ist es sinnvoll, am einen Ort nur einen Alias der Bookmark-Datei abzulegen.

Die Lesezeichen findet man unter Mac OS 9:

- Netscape Communicator 4.x
  /Systemordner/Preferences/Netscape Users/<Profilname>/Bookmarks.html
  (<Profilname>; Name des Netscape-Benutzerprofils, z. B. Hans Meier)
- Internet Explorer
  /Systemordner/Preferences/Explorer/Favorites.html
- iCab
  /Systemordner/Preferences/iCab Preferences/Hotlist.html

- Opera
  /Systemordner/Preferences/Opera Preferences/Bookmarks

2.4 Von früheren Mac OS X zu Tiger

2.4.1 Neuer Computer

Wer einen neuen Rechner hat, der kann den alten gleich als Backup benutzen und nach der Installation die Daten von dort importieren. Der Prozess sieht dann wie folgt aus:

1. Tiger auf dem neuen Rechner installieren

   Mac OS X auf dem neuen Rechner installieren, wie in „Installationsvorgang" auf Seite 53 beschrieben. Falls man einen neuen Rechner hat, der schon mit Tiger ausgeliefert wird, folgt man einfach den Anweisungen auf dem Bildschirm.

2. Daten aus der früheren Installation übernehmen

   Entweder werden die Daten während oder nach der Installation via Migrations-Assistenten („Migrations-Assistent" auf Seite 50) übernommen, oder sie können manuell kopiert werden („Daten aus früheren Mac OS X-Installationen manuell übernehmen" auf Seite 49).

2.4.2 Computer wird übernommen

Tiger ist nicht als Update erhältlich, sondern nur als Vollversion. Trotzdem kann man damit bestehende 10.2.x- oder 10.3.x-Systeme auf 10.4 aktualisieren, wie das früher z. B. mit Mac OS 9.0.4 auf Mac OS 9.1 möglich war. Puma (10.1) kann nicht upgedatet werden, sondern verlangt eine Neuinstallation. Das Installationsprogramm bietet drei Optionen (diese werden ab Seite 45 detailliert erklärt):

- Update der bestehenden Installation: *Mac OS X aktualisieren*.
- Saubere Installation von 10.4 mit Erhalten der Benutzerdaten. Die Option heisst *Archivieren und Installieren*. Wenn *Benutzer und Netzwerkeinstellungen beibehalten* angekreuzt wird, muss man das System nicht neu konfigurieren, sondern die aktuellen Einstellungen werden übernommen. Andernfalls landen auch die Benutzerdaten in einem Ordner *Previous Systems*, von dem aus man die Daten in die neu erstellten Benutzerordner bewegen kann.
- Installation mit Initialisieren der Festplatte (bzw. Neuinstallation, falls kein System auf der Festplatte vorhanden ist). Die Option heisst *Löschen und Installieren*.

Um Daten von früheren Mac OS X zu übernehmen, kann auch der Migrations-Assistent verwendet werden – speziell dann, wenn ein neuer Computer angeschafft wurde. Dieser wird während der Installation angezeigt und bietet an, Daten von anderen Installationen zu übernehmen, entweder von einer anderen Partition oder einem via FireWire Target-Modus angeschlossenen Computer. Er kann aber auch nach der Mac OS X-Installation zur Datenübernahme gestartet werden.

Backup des vorhandenen Systems mit Carbon Copy Cloner

Um von der aktuellen Mac OS X-Installation ein bootfähiges Vollbackup zu erstellen, bedient man sich der Donation Ware Carbon Copy Cloner[1] (manuell kann man vollständige Mac OS X-Installationen im Finder nicht kopieren). Damit erstellt man eine 1:1 Kopie von einer Festplatte mit installiertem Mac OS X. Wenn die Kopie auf einer externen FireWire-Platte angelegt wird, kann man den Mac auch direkt von dieser FireWire-Platte starten (bei älteren Platten unter Umständen nicht möglich). Das Prinzip ist in Abbildung 2-4 dargestellt. Carbon Copy Cloner funktioniert unter Mac OS X 10.2 und 10.3 und wird im Moment an 10.4 angepasst.

Das Gute an diesem Vorgehen: Sollte irgendetwas schief gehen, kann man problemlos zum alten System zurückkehren. Ausserdem dient der Klon als Backup der gesamten System- und Benutzerdaten, das man noch eine Weile aufbewahren sollte: Hat man vergessen, irgendwelche Daten zu übernehmen, sind sie immer noch auf der externen Festplatte.

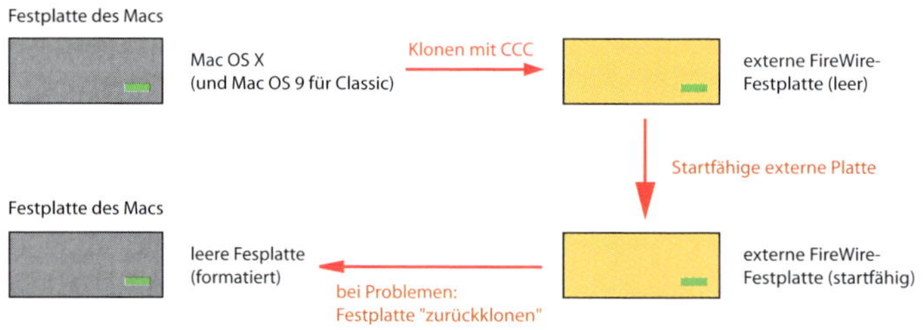

Abbildung 2-4 Vollbackups mit Carbon Copy Cloner (CCC)

1. http://www.bombich.com/software/ccc.html

Um mit Carbon Copy Cloner eine startfähige Kopie anzufertigen, geht man folgendermassen vor:

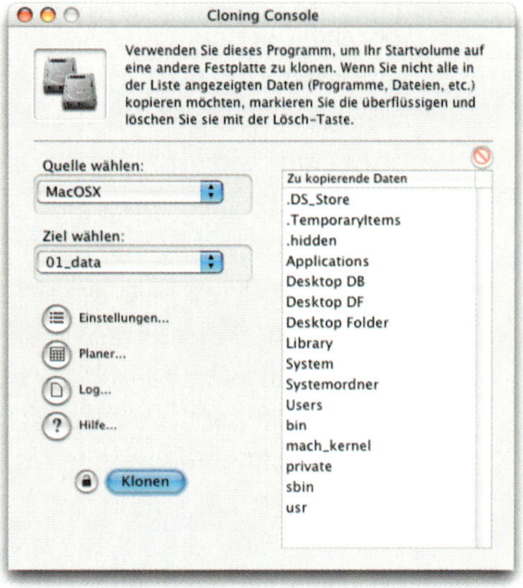

1. Unter *Quelle wählen:* muss man das Volume selektieren, da man kopieren will. Der Inhalt erscheint in der Liste rechts. Objekte, die man nicht kopieren möchte (und von denen man sicher ist, dass es sie für den Klonvorgang nicht braucht!) entfernt man mit Klick auf die Verbotstafel.
2. Unter *Ziel wählen:* wählt man die externe FireWire-Festplatte.
3. In den *Einstellungen...* wählt man die Option *Bootfähig machen*, damit vom Klon aufgestartet werden kann. Auf der externen Platte können sich schon Daten befinden, man sollte sie aber alle in einen Ordner verschieben und diesen eindeutig benennen. Wichtig: Dieser Ordner sollte nicht den gleichen Namen wie ein Ordner haben, der während des Klonvorgangs kopiert wird. Wenn man ganz sicher gehen will, sollte man die externe Festplatte vor dem Klonen initialisieren.
4. Vor dem Klonen klickt man in das *Schloss* (Administrator-Passwort wird verlangt).
5. Mit Klick auf *Klonen* startet der Kopiervorgang.

Nach Abschluss des Kopiervorgangs könnte der Mac von der externen Festplatte aufgestartet werden (alt-Taste gleich nach dem Einschalten drücken, um das Startvolume zu wählen). Man hat also alle Funktionen zur Verfügung, die man auch beim Starten über die interne Festplatte hatte.

Nun folgt die eigentliche Tiger-Installation, wie sie in „Installationsvorgang" auf Seite 53 beschrieben ist. Steigt man von einem Rechner mit installiertem 10.2 oder neuer um, bietet es folgende Möglichkeiten:

2.4.3 Installationsvarianten bei vorhandenem Mac OS X

Aktualisierung des vorhandenen Systems

Mac OS X 10.4 kann einfach über ein bestehendes 10.3 oder sogar 10.2 installiert werden. Dieser eher als „quick and dirty" bekannte Weg erspart natürlich den unter „Installation mit Sichern der Benutzerdaten“ beschriebenen Konfigurationsaufwand, birgt aber das Risiko, Datenleichen aus früheren Installationen mitzuschleppen. Dieses Risiko ist umso höher, je mehr Software man installiert hat. Besonders Programme, die tief ins System eingreifen (und Daten in den Ordner */System/...* ablegen), bereiten Probleme. Grundsätzlich sollte man davon absehen, ein System auf diese Weise zu aktualisieren.

Installation mit Sichern der Benutzerdaten

Die zweite Option erzeugt ein sauberes Mac OS X 10.4. Alle benötigten Dateien, die mit Tiger kommen, werden neu installiert. Das Installationsprogramm kopiert aber eigene Bestandteile des vorhanden Mac OS X 10.2 oder 10.3 in die neuen Ordner (bei aktivierter Option *Benutzer und Netzwerkeinstellungen beibehalten*). Das betrifft insbesondere die Ordner:

- /Programme (Programme von Apple werden durch die neuen Versionen ersetzt, die anderen Programme bleiben erhalten)
- /Benutzer (die Ordner der Benutzer bleiben unverändert)

Die vorhandenen und weiterhin benötigten Ordner, z. B. Applications (Mac OS 9), werden nicht verändert. Wenn die Installation abgeschlossen ist, sollte man ein 10.4 vorfinden, das wie das ehemalige 10.x konfiguriert ist. Einige Dinge muss man allerdings noch selber konfigurieren, da der Installer nicht auf alle Eventualitäten vorbereitet ist (siehe weiter unten). Im Ordner *Previous Systems/Previous System 1* findet man die Dateien und Ordner des vorherigen Systems: *Applications*, *etc*, *Library*, *private*, *mach.sym*, *System*, *Users*, *var*. Wenn man die Developer-Tools installiert hatte, gibt es auch noch einen Ordner *Developer*.

Aus den Ordnern in *Previous System* muss man einige Daten in die entsprechenden, neu angelegten Ordner von 10.4 kopieren. Falls beim Kopieren oder Bewegen Fehlermeldungen auftreten, man verfüge nicht über genügend Zugriffsrechte, kann man über den Informationsdialog die Rechte anpassen. Wie üblich bei solchen Manipulationen muss man sich als Administrator authentifizieren.

Die Datei *mach.sym* sowie den Ordner *System* kann man ignorieren (sie werden mit 10.4 neu angelegt).

Die Ordner innerhalb von */Previous Systems*, denen man Beachtung schenken sollte, sind: *Library* und *Applications*.

- /Library (nicht ~/Library)

  Dieser Ordner (quasi die Systemerweiterungen) stellt das grösste Problem bei der Migration dar. Das Installationsprogramm von 10.4 bewegt einige Ordner und

Dateien (besonders von Apple-Programmen) in den neuen Ordner, andere werden hingegen nicht bewegt.

Wenn man nicht alle Programme neu installieren möchte, vergleicht man am besten den alten und den neuen /Library-Ordner miteinander und bewegt (im neuen Ordner) nicht vorhandene Objekte aus dem alten Ordner hinein. Dabei werden aufgrund der Zugriffsberechtigungen einige Objekte kopiert, andere bewegt (das ist normal). Für Ordner, die sowohl in der alten wie auch in der neuen Library vorhanden sind, wird die Sache etwas komplizierter. Hier muss man die Unterordner öffnen, den Inhalt vergleichen und dann die entsprechenden Daten kopieren. Wenn man einfach „blind" die neuen Ordner durch die alten ersetzt, läuft man Gefahr, neuere Versionen (z. B. Browser Plug-ins) durch ältere zu ersetzen. Wenn man sich hingegen nicht durch die Unterordner bewegt und davon ausgeht, dass der neue Ordner dem alten entspricht, läuft man Gefahr, gewisse Softwarekomponenten nicht mehr installiert zu haben (z. B. nicht standardmässig installierte Browser- oder QuickTime-Plug-ins).

Schliesslich gibt es einige spezielle Punkte, die man beachten sollte:

- Die Drucker sollten unter Tiger neu angelegt werden. Da sehr viele Drucker jetzt standardmässig unterstützt werden, ist die Wahrscheinlichkeit gross, dass man den Druckertreiber nicht manuell installieren muss. Andernfalls sollte man auf der Internetseite des Herstellers nachschauen, ob eventuell neue Druckertreiber vorliegen.
- Falls der Computer als Webserver im Einsatz war, muss man die Dokumente aus dem alten Ordner */Library/WebServer/Documents* an ihren neuen Platz bewegen (gleicher Pfad).

- /Applications

  Alle ursprünglich installierten Programme wurden in den neuen */Programme*-Ordner bewegt. Falls man innerhalb des AppleScript-Ordners aber Dokumente abgelegt hat, wurden diese nicht mitbewegt und man muss sie nun manuell verschieben. Die vor der Installation vorhandenen Programme von Apple (z. B. *Mail*, *Adressbuch*) wurden durch die neuen Versionen aus Tiger ersetzt.

Schliesslich bleiben noch die – unsichtbaren – Ordner *etc* und *var*. Hier gibt es einige Dateien, die unter Umständen wichtig sind:

- *var/log* enthält die System Logfiles. Falls diese einem wichtig sind, sollte man sie kopieren.

- *var/root* ist das Homeverzeichnis des roots, wo dessen Dokumente und Ordner gespeichert sind. Wenn sich hier wichtige Daten befinden, müssen auch sie gesichert werden.
- *var/mail* und *etc/hostconfig* sind wichtig, falls *sendmail* verwendet wurde.

Nachdem alle Dateien an den richtigen Ort bewegt wurden, sollte man den Rechner neu starten. Wenn man einige Tage ohne Probleme gearbeitet hat, kann man den *Previous System*-Ordner schliesslich löschen. Natürlich ist es möglich, dass sich einige Programme (oder Startobjekte) nicht öffnen lassen – das kann eine generelle Inkompatibilität mit 10.4 sein.

Neuinstallation (Löschen und Installieren)
Die dritte Option entspricht einer Neuinstallation. Falls man sich dafür entscheidet, muss man vorher alle persönlichen Daten sichern (z. B. auf eine externe FireWire-Festplatte, am besten wie in „Backup des vorhandenen Systems mit Carbon Copy Cloner" auf Seite 44 beschrieben) und sie nach der Installation zurückkopieren. Die Option, ein 10.4 ohne jegliche Vorgeschichte zu installieren, ist die sauberste Methode. Allerdings dauert die Installation auf diese Weise auch am längsten, da man typischerweise auch alle Programme neu installiert (und nicht einfach vom Backup herüberkopiert). Bei dieser Option wird die Festplatte initialisiert. Dabei gehen alle darauf enthaltenen Daten verloren!

2.4.4 Empfohlenes Vorgehen

Die Option „Aktualisierung des vorhandenen Systems" auf Seite 45 hat sich unter 10.3 wie auch unter 10.4 als nicht zuverlässig erwiesen. Viele Systeme sind nachher langsam oder sogar instabil. Die *Archivieren und Installieren*-Option funktioniert besser, ist aber auch nicht über alle Zweifel erhaben. Wenn immer möglich sollte man zur sauberen Installation (mit Initialisierung der Festplatte) greifen, auch wenn der Zeitaufwand erheblich sein kann. Dafür bekommt man ein einwandfreies System, das garantiert stabil läuft.

In jedem Fall gilt: vor dem Update unbedingt ein Backup machen!

Nach der Installation von Tiger startet man – falls nötig, je nach Installationsvariante – den Transfer des vorher gesicherten Datenbestands. Entweder manuell, wie im nächsten Abschnitt beschrieben, oder automatisch, wie in „Migrations-Assistent" auf Seite 50 gezeigt.

2.4.5 Daten aus früheren Mac OS X-Installationen manuell übernehmen

Normalerweise werden Daten von einer externen Festplatte (Backup) oder direkt von einem via FireWire Target-Modus angeschlossenen Mac übernommen.

Alle Mac OS X-Versionen sind gleich aufgebaut: es gibt einen Ordner mit Programmen, einen Ordner für die Benutzer usw. Wer diesen Aufbau schon kennt, kann entsprechend seine Daten wie Browser Bookmarks, Dokumentenvorlagen usw. in die neuen (gleichnamigen) Ordner von Tiger kopieren. Die meisten dieser Daten liegen in den Ordnern *~/Dokumente* und *~/Library*. Grundsätzlich funktioniert das auch mit Elementen, die von Installationsprogrammen platziert wurden (z. B. QuickTime-Erweiterungen im Ordner */Library/QuickTime*). Der sauberste Weg ist allerdings, Software neu zu installieren – damit ist man sicher, dass die Programme zuverlässig laufen. Nicht vergessen sollte man selber installierte Schriftarten (entweder in */Library/Fonts* oder *~/Library/Fonts*).

Falls man vor der Installation die Festplatte gelöscht hat und die Daten von einem Backup zurückspielt, sollte man folgende Aktionen vor dem ersten Starten der Programme durchführen:

Schlüsselbund

Im Schlüsselbund sind alle Passworte (z. B. E-Mail, Webseiten, ftp-Server, ...) gespeichert. Mit Eingabe des Login-Passwortes beim Anmelden des Systems gibt man den eigenen Schlüsselbund frei und muss nicht jedes Passwort einzeln eingeben. Das Schlüsselbund-Passwort eines frisch aufgesetzten Systems entspricht dem Login-Passwort. Wie man einen Schlüsselbund von einem alten System importiert und dessen Passwort ändert, steht im Kapitel „Schlüsselbund“ auf Seite 467. Die Konfiguration des Schlüsselbundes erfolgt mit Vorteil als allererstes.

Mail

Die eigentlichen E-Mail-Daten liegen in *~/Library/Mail*. Hier befinden sich die Mailboxen von allen eingerichteten Konten. Ausserdem braucht man zusätzlich noch die Datei *com.apple.mail.plist* im Ordner *~/Library/Preferences* – dort sind alle Konto-Einstellungen definiert. Als erstes sollte man diese Datei in den neuen *~/Library/Preferences-Ordner* kopieren, und *Mail* danach starten. Da mit Tiger nicht mehr jedes Postfach als .mbox-File gespeichert wird, sondern jedes einzelne Mail auch eine einzelne Datei ist (damit sie von Spotlight indiziert werden kann), sollte man nun die *Postfächer importieren...*-Funktion aus dem Menü *Ablage* von Mail benutzen, um E-Mails ins neue System zu migrieren.

Adressbuch

Die Kontakte sind im Ordner *~/Application Support/AdressBook* gespeichert – einfach das Backup des Ordners kopieren. Die Voreinstellungs-Datei muss nicht kopiert werden.

iCal

Die alten Kalenderdaten von iCal liegen in *~/Library/Calenders*, es handelt sich um Dateien mit der Erweiterung .ics. In iCal 2 (Tiger) können solche Dateien im Menü *Ablage* unter *Importieren...* eingefügt werden. Dabei muss die Option *iCal Datei importieren* gewählt werden.

iChat

Die Kontakte werden über das AIM- bzw. .mac-Profil identifiziert. Man kann aber alle com.apple.ichat.*-Dateien (* Stern steht dabei für irgendeine Kombination mehrerer Zeichen) in den neuen *~/Library/Preferences*-Ordner kopieren.

Netzwerkeinstellungen

Wenn man verschiedene Umgebungen definiert hat, möchte man eventuell nicht alle neu eingeben. In diesem Fall kann man die Netzwerkeinstellungen von Panther weiterverwenden. Die Datei */Library/Preferences/SystemConfiguration/preferences.plist* muss dazu übernommen werden. In Jaguar befindet sich diese Datei unter */private/var/db/SystemConfiguration/preferences.xml*, muss in *preferences.plist* umbenannt und in den Ordner */Library/Preferences/SystemConfiguration* kopiert werden.

2.4.6 Migrations-Assistent

Anstatt alle Daten manuell zu übernehmen, kann man auch den *Migrations-Assistenten* bemühen (das Programm befindet sich in */Programme/Dienstprogramme*).

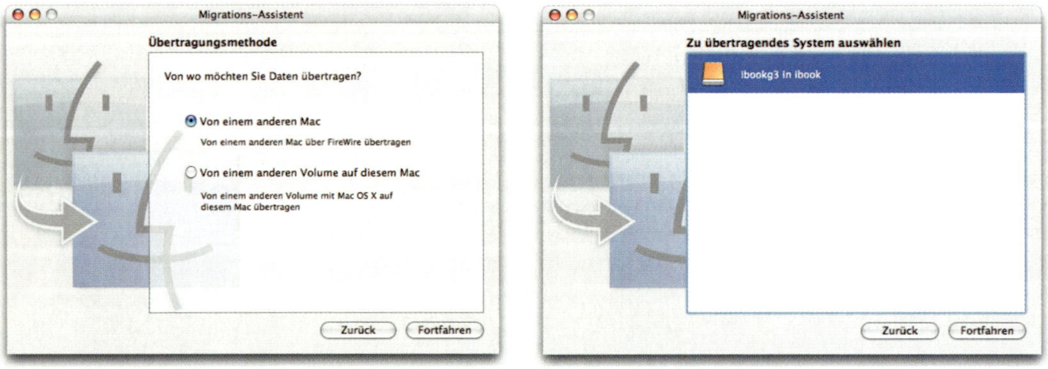

Abbildung 2-5 Migrations-Assistent starten und Volume wählen

Allerdings ist es nicht möglich, die Datenübernahme auf ein einziges Programm zu beschränken. Grundsätzlich entspricht die Verwendung des Assistenten der Möglichkeit *Archivieren und Installieren* der Mac OS X-Installation.

Die zu importierenden Daten können sich auf einem anderen Mac oder einem anderen Volume befinden (Abbildung 2-5, links). Im ersten Fall wird der zweite Mac via FireWire Target Mode (siehe „Verbindung via FireWire Target Mode" auf Seite 292) verbunden. Im folgenden Dialog werden die Benutzer ausgewählt, deren Daten importiert werden sollen (Abbildung 2-6, links). Daneben kann man auch *Programme*, Dateien und Ordner auf der obersten Hierarchiestufe der Festplatte sowie Elemente des */Library*-Ordners übertragen (Abbildung 2-6, rechts). Falls man – extra um Probleme zu vermeiden – die Neuinstallation gewählt hat, sollte man davon absehen, diese Daten mit Hilfe des Migrations-Assistenten zu übertragen – sonst treten unter Umständen genau die Probleme auf, die man verhindern wollte.

Abbildung 2-6 Datenimport konfigurieren

Schliesslich kann man noch Netzwerkeinstellungen (Umgebungen), Zeitzoneneinstellungen und Sharing-Voreinstellungen übernehmen (Abbildung 2-7, links). Vor allem die Umgebungen sind hier interessant, gerade wenn man mehrere davon definiert hat und nicht alle Informationen wie Telefonnummer oder Benutzernamen neu eingeben will. Mit Klick auf *Übertragen* startet der Datenimport.

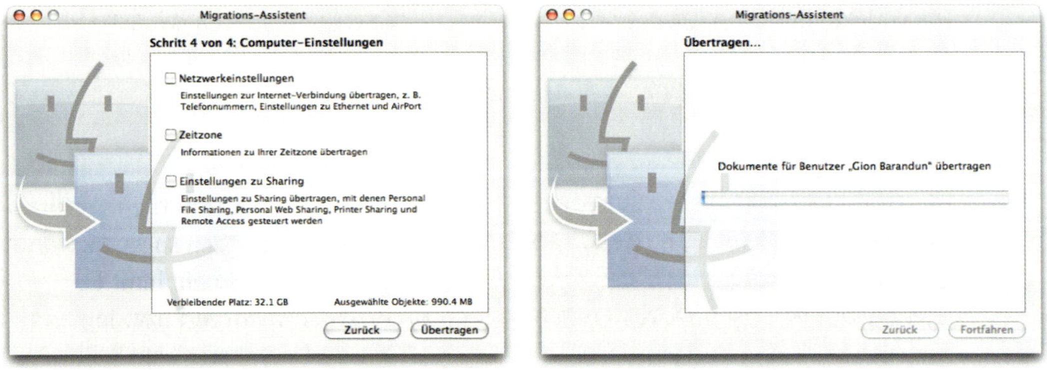

Abbildung 2-7 Weitere Importinformationen

2.4.7 Classic

Wird die Classic-Umgebung gewünscht, so muss man sie von der Rechner-CD (nicht von der Tiger-DVD) nachinstallieren (siehe „Variante 2: Classic und Classic-Anwendungen neu installieren“ auf Seite 38 unter Punkt 2). Natürlich kann man ein funktionierendes Classic auch einfach vom Backup kopieren.

2.5 Von Windows zu Tiger

Wer den Schritt macht, von Windows zu Mac OS X zu wechseln, wird zwangsläufig einen neuen Computer vor sich haben. In diesem Sinne geht es bei diesem Wechsel nur darum, Daten von der alten Plattform auf die neue zu übernehmen. Neben den offensichtlichen Datenbeständen (in Windows meistens unter „Meine Dokumente“ gespeichert) gibt es aber auch noch weitere Daten, die man schnell vergisst, z. B. Browser Bookmarks oder E-Mails. Obwohl man den optisch meist wenig ansprechenden Windows PC natürlich schnell loswerden möchte, hat man hier die Möglichkeit, das Gerät noch so lange aufzubewahren, bis alle Daten auf dem Mac sind und dort „funktionieren“...

2.5.1 Datenübernahme

Die Datenübernahme von Windows-Computern gestaltet sich nicht immer ganz einfach. Während die reinen „Arbeitsdaten“ wie Textdokumente oder Bilder und Filme relativ einfach zu übernehmen sind, verlangen Browser Bookmarks, Kontakte und E-Mails schon mehr Geduld. Eine generell gültige Anleitung gibt es nicht – zu viele Programme und Systeme können in diesen Prozess involviert sein.

Benutzerdaten
Die Objekte innerhalb des persönlichen Benutzerverzeichnisses von Windows werden in Mac OS X strukturiert in den Ordner mit dem Kurznamen des Besitzers kopiert. Damit hat man die eigentlichen Dokumente schon mal gesichert.

Browser Bookmarks
Die Lesezeichen von *Internet Explorer* unter Windows können exportiert werden und zwar im Menü *Datei* unter *Importieren und Exportieren...* Da sich sogar Microsoft an die allgemein übliche Konvention gehalten hat, die Bookmarks in ein html-File zu speichern, kann es einfach kopiert und in den neuen Browser importiert bzw. in den richtigen Ordner kopiert werden – mehr dazu unter „Browser Bookmarks" auf Seite 35.

Kontakte, Termine und E-Mails
Die meisten PC User brauchen *Outlook* oder *Outlook Express* als E-Mail Client. Leider speichert dieses Programm alle Daten in einer Datenbank, deren Format nicht so einfach zugänglich ist. Obwohl es möglich ist, zumindest die Kontakte in ein Text-File zu exportieren und über Umwege ins Adressbuch zu befördern, ist diese Variante nicht sehr komfortabel. Zum Glück gibt es aber das Programm Outlook2Mac[1], welches die Daten aus Outlook in die entsprechenden Mac-Programme *Adressbuch*, *iCal* und *Mail* importiert. Es kostet nur 10 $ und kann zuerst in einer eingeschränkten Version ausprobiert werden. Ein weiteres Programm für den Import ist Emailchemy[2]. Aufgrund der fast unendlichen Anzahl von möglichen Konfigurationen funktionieren aber auch diese Programme nicht immer.

Das Programm Move2Mac[3] soll alle PC-Daten in einem Ruck auf den Mac bewegen – ob das allerdings funktioniert, hängt stark von der vorliegenden Konfiguration ab.

2.6 Installationsvorgang

2.6.1 Software von der DVD installieren

Starten von der DVD
Man kann entweder das Installationsprogramm auf der eingelegten DVD doppelklicken – das Fenster mit dem Installationsprogramm öffnet sich beim Einlegen automatisch –

1. http://www.littlemachines.com/
2. http://www.weirdkid.com/products/emailchemy/index.html
3. http://www.detto.com/move2mac/

und das Administrator-Passwort eingeben. Der Computer kann auch ganz einfach mit eingelegter Mac OS X-DVD und gedrückt gehaltener C-Taste aufgestartet werden. Nach einiger Zeit erscheint das Apple-Logo und eine Uhrenanimation. Danach wird die Installation initialisiert. Während der Installation folgt man den Anweisungen auf dem Bildschirm.

Wahl der Sprache

Als erstes muss man die bevorzugte Sprache wählen. Diese begleitet einen nicht nur durch die Installation, sondern wird auch die Standardsprache beim installierten System werden. Mac OS X ist so aufgebaut, dass es mehrere Sprachen als Module enthält. Jeder Benutzer kann die von ihm bevorzugte Sprache wählen und sie jederzeit wechseln. Damit kann mit der eigentlichen Installation begonnen werden. Der Installationsassistent begrüsst einen zur Installation (*Fortfahren* klicken), danach muss man den Software-Lizenzvertrag akzeptieren und gelangt schliesslich zur Wahl des Installations-Volumes.

Auswahl und Vorbereiten der Festplatte

Im Dialog zur Wahl der Festplatte (Abbildung 2-8, links) muss man aufpassen! Klickt man zu schnell auf *Fortfahren*, verpasst man nämlich die Wahl der Installationsoptionen. Je nach Ausgangslage wird dann einfach ein vorhandenes System aktualisiert, statt sauber neu installiert. Unter dem Knopf *Optionen...* verbirgt sich die Wahl der Installationsart (Abbildung 2-8, rechts). Dabei stehen die Möglichkeiten *Mac OS X aktualisieren* („Aktualisierung des vorhandenen Systems" auf Seite 45), *Archivieren und Installieren* („Installation mit Sichern der Benutzerdaten" auf Seite 46) sowie *Löschen und Installieren* („Neuinstallation (Löschen und Installieren)" auf Seite 48) zur Verfügung. Achtung: bei der Neuinstallation wird die Festplatte komplett gelöscht und alle Daten darauf gehen verloren!

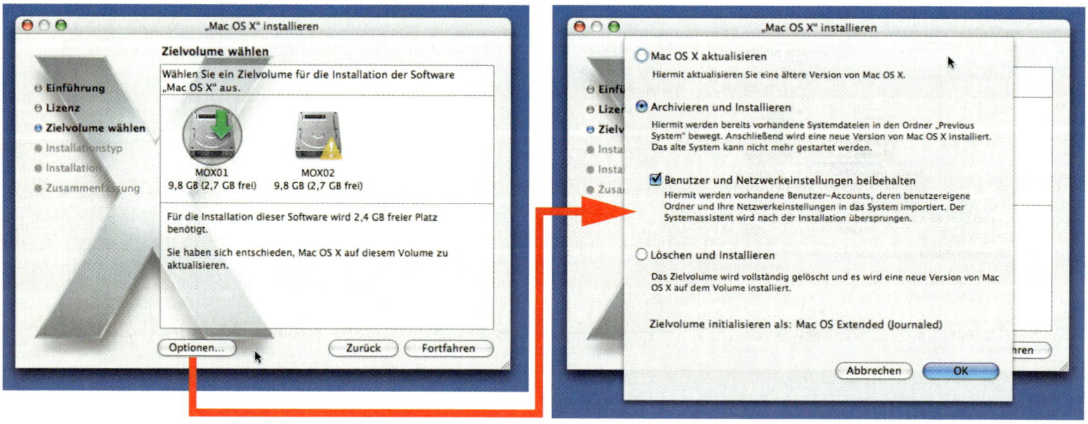

Abbildung 2-8 Festplatte wählen, Installationstyp bestimmen

Typ der Installation

Schliesslich folgt die Frage nach der Art der Installation. Neben der Möglichkeit *Einfache Installation*, welche standardmässig vorgeschlagen wird, kann man durch Klick auf den Button *Anpassen* unten links die Installationsoptionen detaillierter bestimmen. Wann sollte man das tun? Die einfache Installation kopiert alle Daten in allen Sprachen auf die Festplatte und braucht dadurch entsprechend viel Platz. Deshalb sollte man die Gelegenheit nutzen, ein bisschen Speicherplatz zu sparen. Bestandteile, die man nicht benötigt, können weggelassen werden. Das betrifft insbesondere folgende Punkte:

- *Druckertreiber*: Tiger installiert standardmässig eine grosse Liste an Druckertreibern (Abbildung 2-9, links). Besonders bei stationären Geräten weiss man im Allgemeinen, welche Drucker angeschlossen werden und kann deshalb recht grosszügig Objekte deaktivieren. Bei mobilen Geräten macht die Installation von mehreren Treibern dann Sinn, wenn man auf (fast) alles vorbereitet sein will. Dennoch: die meisten Treiber holt man innert kürzester Zeit vom Internet. Ausserdem können die Treiber auch nachträglich noch von der Tiger DVD installiert werden, indem man *Optional Installs* doppelklickt.
- *Sprachpakete*: Hier sollte man nur die Sprachen wählen, die man auch wirklich braucht. Neben dem Festplattenplatz erspart man sich auch die Installationszeit, um jedes Paket auf die Festplatte zu kopieren. Bei der Installationsoption *Archivieren und Installieren* kann man die Sprachpakete allerdings nicht ändern (es wird das vorhandene aktualisiert).

Mit Klick auf *Installieren* werden die für Mac OS X benötigten Dateien auf die Festplatte kopiert.

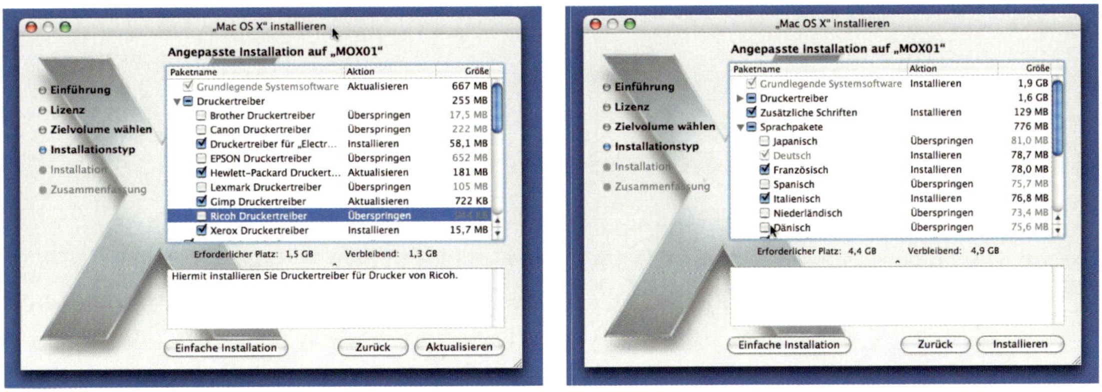

Abbildung 2-9 Einfache oder angepasste Installation

Neustart

Nachdem alle Dateien von der DVD kopiert wurden, muss das System neu gestartet werden. Falls der Benutzer das nicht selber macht, wird nach 30 Sekunden automatisch ein Neustart ausgelöst. Man gelangt nun nach einer kurzen Eingangsanimation zu den Basiseinstellungen für den Computer.

2.6.2 Konfiguration des Systems

Diese Einstellungen müssen nicht vorgenommen werden, falls man *Archivieren und Installieren* (mit Erhalt der Benutzerdaten) oder *Mac OS X aktualisieren* gewählt hat.

Landeseinstellungen

Als erstes muss das Land gewählt werden, in dem man sich aufhält. Falls man den Namen in der Liste nicht findet, muss *Alle einblenden* aktiviert werden.

Migrations-Assistent

Nun bietet der Migrations-Assistent an, Daten zu übertragen. Die erste Option, *Meine Informationen von einem anderen Mac übertragen*, verlangt nach einem via FireWire Target-Modus verbundenen Gerät. *Meine Informationen von einer anderen Partition auf diesem Mac übertragen* erwartet eine alte Installation auf einer anderen Partition der internen Festplatte. Das kann auch später noch nachgeholt werden (mehr dazu unter „Migrations-Assistent" auf Seite 50). Falls man keinen Datenimport wünscht, aktiviert man *Meine Informationen nicht übertragen*.

Tastaturlayout

Als nächstes muss das Tastaturlayout gewählt werden, mit dem man arbeiten möchte. Normalerweise genügt eines davon, man kann aber später mehrere aktivieren (siehe „Landeseinstellungen" auf Seite 82), wenn man z. B. häufig zwischen *Schweiz, französisch* und *Schweiz, deutsch* wechseln muss.

Netzwerk

Falls der Computer via Ethernet oder Airport ein Netzwerk findet, schlägt Mac OS X automatisch vor, dieses Netz zu verwenden. Über den Button *Andere Netzwerkkonfiguration* hat man aber die Möglichkeit, im nächsten Dialogfeld noch weitere Einstellungen vorzunehmen. Mittels *Mein Computer stellt keine Verbindung zum Internet her* wird die Netzwerkkonfiguration auf später verschoben. Auch eine Reihe weiterer Verbindungstechnologien können direkt hier konfiguriert werden:

- *Drahtlose AirPort Technologie* steht zur Verfügung, falls eine Airport-Karte von Apple im Computer eingebaut ist und Zugang zu einem drahtlosen Netzwerk besteht. Dann kann man ohne Kabel (mit einer Reichweite von ca. 50 m) auf ein

Netzwerk (egal welcher Art) zugreifen. Airport Extreme erlaubt eine Datenübertragungsrate von ca. 54 Mbit.

- *Telefonmodem*: der Anschluss ans Internet erfolgt über ein analoges (V34, V90, V92, bei den neueren Geräten eingebaut) oder ein ISDN- (Integrated Services Digital Network) Modem. ISDN ist ein bisschen schneller als analog und gestattet den Anschluss von mehreren Geräten, wobei zwei gleichzeitig benutzt werden können (man kann also telefonieren und gleichzeitig surfen). Typische Geschwindigkeiten: Modem, analog: 56 kbit; ISDN: 64 kbit.
- *Kabelmodems* sind in den letzten Jahren vermehrt von den Betreibern der Fernsehkabel-Netzwerke angeboten worden. Sie bieten hohe Geschwindigkeiten bei relativ niedrigen Kosten (nachdem die Grundgebühren fürs Fernsehen ja sowieso anfallen). Ein Kabelmodem ist real acht bis 50 mal schneller als ein analoges Modem. Typische Geschwindigkeit für Privatanwender: 512 kbit bis 3 Mbit (=2‘000 kbit).
- *DSL-Modems* nutzen die DSL- (auch ADSL-) Technologie, bei der die normalen Telefonleitungen benutzt werden, um Signale mit sehr hohen Frequenzen zu übermitteln. Dadurch ist eine schnellere Übermittlung als mit normalen Modems möglich. Die ADSL-Abdeckung in Europa ist mittlerweile sehr gut und die Preise bewegen sich in der Region des konkurrierenden Kabelmodems. Typische Geschwindigkeiten: 512 kbit bis 2 Mbit.
- *Lokales Netzwerk (Ethernet)* beschreibt z. B. ein Firmennetzwerk, wo die einzelnen Computer via einer schnellen Netzwerkschnittstelle (RJ-45, „Ethernet“) Zugriff auf ein gemeinsames Netzwerk haben, welches auch die Verbindung zum Internet herstellt. Firmennetzwerke sind um einen Faktor 100 bis 1000 schneller als Modems. Typische Geschwindigkeiten: 10 Mbit (=10‘000 kbit) bis 1 Gbit (=10‘000‘000 kbit).

Apple ID

Mit einer Apple ID kann man sich bei Apple auf gewissen Webseiten registrieren, um z. B. Support in Anspruch zu nehmen. Es gibt hier zwei Möglichkeiten:

- Falls man bereits über eine Apple ID verfügt, kann man sie direkt eingeben (in diesem Fall hätte man sich schon einmal bei Apple im Internet[1] registriert). Falls man bereits über einen .mac-Account verfügt, kann man den eigenen Benutzernamen (<ich>@mac.com) eingeben. Mehr zu .mac unter „Synchronisierung und .mac“ auf Seite 481).
- Falls man keine Apple ID hat, klickt man einfach auf *Fortfahren*, ohne etwas einzutragen.

1. http://www.apple.com

Registrierungsinformationen
Hier können einige persönliche Angaben gemacht werden (Name, Adresse). Falls man das nicht will, kann man einfach Apfel-Q drücken: ein Dialogfeld erscheint, in dem man die Registrierung überspringen kann – die Installation wird normal fortgesetzt.

Falls man die persönlichen Angaben macht, folgt noch eine Abfrage, in welchem Umfeld der Computer eingesetzt wird und ob man gerne weitere Informationen erhalten möchte (was man verneinen sollte, es sei denn, man bekommt gerne Werbung). Die Registrierungsinformationen werden übermittelt, sobald das erste Mal eine Internetverbindung besteht.

Lokalen Benutzer anlegen
Nun muss man einen ersten Benutzer einrichten. Dieser ist zugleich Administrator und darf z. B. Programme installieren. Er erhält einen richtigen Namen, eine Kurzform (Login-Name; seit Panther darf dieser nun auch mehr als acht Zeichen enthalten) und ein Passwort (zweimal anzugeben, um Tippfehler auszuschliessen – hier werden ebenfalls alle Zeichen berücksichtigt, nicht nur die ersten acht wie früher). Wenn das Passwort und dessen Bestätigung nicht übereinstimmen, wird eine Warnmeldung angezeigt. Eine Merkhilfe kann zusätzlich angegeben werden. Sie wird bei dreimaliger Falscheingabe des Passworts eingeblendet – allerdings stellt sie dadurch auch ein Sicherheitsrisiko dar (Erraten des Passworts).

Zeitzone einrichten
Nun muss die Zeitzone konfiguriert werden. Sie ist wichtig, damit z. B. ein E-Mail nicht beim Empfänger ankommt, bevor man es überhaupt abgeschickt hat (sowas wie ein E-Mail-Paradoxon...). Auf der Landkarte kann man ungefähr dort hinklicken, wo man sich aufhält, um dann nachher in der Liste unten die nächstgelegene Ortschaft zu wählen.

Datum und Uhrzeit einstellen
Nachdem man die Zeitzone gewählt hat, gibt man Datum und Uhrzeit an, damit alle Zeitinformationen festgelegt sind. Durch Klicken auf den Kalender oder die Uhr werden diese aktiviert – man kann nun das Datum eingeben (Wahl aus dem Kalender oder direkte Eingabe im Feld *Heutiges Datum*) sowie die Uhr einstellen. Bei der Uhr ist es möglich, direkt die Zeiger zu packen und zu verstellen. Im oberen Feld *Aktuelle Uhrzeit* (und durch die Angabe *vorm.* bzw. *nachm.* rechts der Uhr) wird angegeben, ob Vormittag oder Nachmittag gewählt wurde. Fast einfacher ist allerdings die direkte Eingabe der Uhrzeit ins Feld *Aktuelle Uhrzeit*... Mit Klick auf *Einstellen* werden die Änderungen aktiv.

Damit ist der Installationsprozess abgeschlossen – mit Klick auf *Fortfahren* und im abschliessenden Dialog auf *Fertig* gelangt man zur Oberfläche von Mac OS X.

Ablagestruktur und Multiuser 3

„Ordnung muss sein!“ – mahnende Worte aller Mütter an ihre Kinder, letztlich aber meistens vergebens.

In diesem Kapitel wird beschrieben, wie ein Computer unter Mac OS X organisiert wird, wo sich welche Dateien und Ordner befinden und wie man sich auf der Festplatte zurechtfindet. Mac OS X ist für mehrere Benutzer konzipiert, auch wenn vielleicht nur eine Person den Rechner braucht – diese Tatsache bringt gewisse Möglichkeiten aber auch Einschränkungen mit sich.

3.1 Aufbau der Festplatte

Mac OS X „erwartet“ eine gewisse Logik in der Dateiablage. Das wird schon durch die standardmässig vorhandenen Ordner ersichtlich.

Die Hierarchie in Mac OS X sieht folgendermassen aus (vgl. auch Abbildung 3-3):

1. Netzwerkname des Geräts

   Was früher unter Mac OS 9 der – nur über das Netzwerk sichtbare – *Gerätename* war (aus dem Kontrollfeld *FileSharing*), ist jetzt in Mac OS X die oberste Hierarchiestufe in der Festplattenstruktur. Es ist das Fenster, das erscheint, wenn man auf den iMac in der Seitenleiste klickt (falls in den Finder *Einstellungen* unter Seitenleiste der Punkt *Computer* markiert ist).

2. Volumes

   Das Fenster *Computer* enthält alle vorhandenen Volumes. Falls die entsprechende Option auch in den *Finder-Einstellungen* („Finder-Einstellungen“ auf Seite 96) aktiviert ist, erscheinen die Volumes auch auf dem Schreibtisch (quasi als Simulation unter Mac OS X). Volumes sind z. B. CDs und DVDs, externe FireWire-Festplatten oder auch Netzwerklaufwerke (Servervolumes).

Abbildung 3-1 Volumes im Finder

3. Oberste Hierarchiestufe des Startvolumes (Abbildung 3-2 links)

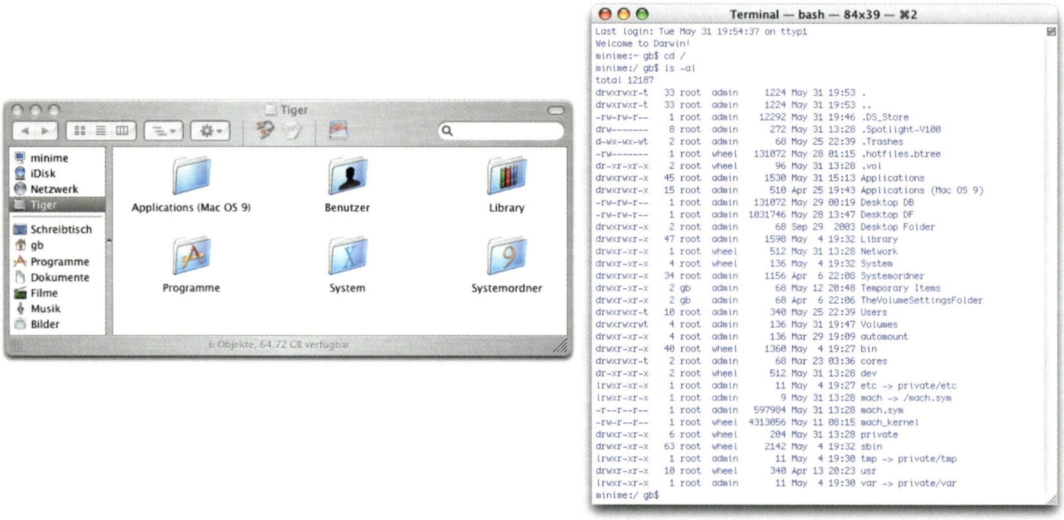

Abbildung 3-2 Festplatte in Mac OS X (rechts mit unsichtbaren Dateien im Terminal aufgelistet)

Diese oberste Stufe (erste Ebene, in UNIX mit / bezeichnet) enthält einige Ordner, die immer vorhanden sind und weitere, die von der auf dem betreffenden Gerät installierten Software abhängen. Ausserdem befinden sich hier noch mehrere unsichtbare Ordner und Dateien, die von Mac OS X und vom UNIX-Subsystem angelegt werden (siehe Abbildung 3-2, rechts; sichtbar gemacht im Terminal, siehe „ls – list directory“ auf Seite 165).

Seit Jaguar werden die Standard-Ordner im Finder grundsätzlich in der eingestellten Standardsprache angezeigt – die Namen sind aber vielmehr wie ein „Schleier“ über die englischen Namen gelegt, als wirklich vorhanden. Das sieht man, wenn man sich im Terminal mit dem `ls`-Befehl den Inhalt der Festplatte anzeigen lässt: hier erscheinen nur die englischen Bezeichnungen. Eine Liste der wichtigsten deutschen und entsprechenden englischen Bezeichnungen findet man in Tabelle B-1 in „Namensgebung (d/e) im Finder“ auf Seite 539.

Das bedeutet natürlich auch, dass für Manipulationen aus dem Terminal heraus immer mit den englischen Ordnernamen gearbeitet werden muss.

- *Programme* (englisch: *Applications*)

  In diesem Ordner befinden sich standardmässig alle Mac OS X-Anwendungen. Neue Programme sollte man auch in diesen Ordner installieren, denn obwohl Programme auch von anderen Ordnern aus funktionieren, stehen unter Umständen einige Funktionen, wie etwa die Dienste, sonst nicht zur Verfügung (siehe „Dienste“ auf Seite 424).

- *Applications (Mac OS 9)*

  Die Anwendungen, die noch unter Mac OS 9 laufen, werden hier installiert – egal ob man sie direkt von Mac OS 9 aus verwendet, oder durch die Classic-Umgebung in Mac OS X. Der Ordner ist nur vorhanden, falls Classic installiert ist.

- *Dokumente* (englisch: *Documents*)

  Der Ordner *Dokumente* auf der obersten Hierarchiestufe ist das Mac OS 9-Pendant zum *Dokumente*-Ordner im Benutzerordner eines jeden Mac OS X-Benutzers. Einige (Classic-) Programme legen ihn sofort an, falls er noch nicht vorhanden ist (z. B. Outlook Express) – nach der Installation von Mac OS X existiert er aber noch nicht. Bei einer Migration von Mac OS 9 auf X kann man den Inhalt des (alten) *Dokumente*-Ordners aus Mac OS 9 in den neuen *Dokumente*-Ordner des jeweiligen Benutzers kopieren.

- *Library*

  Der Ordner *Library* kann am ehesten mit den Systemerweiterungen von früher verglichen werden. Auf ihn wird genauer in „Die Library-Ordner“ auf Seite 67 eingegangen.

- *System*

  Hier befinden sich alle Dateien, die Mac OS X braucht, um überhaupt funktionieren zu können. Das ist nur die halbe Wahrheit, da noch sehr viele unsichtbare Ordner vorhanden sind, die ebenfalls zum System gehören.

- *Systemordner*

  Das ist der *Systemordner* von Mac OS 9, sei es für die Classic-Umgebung oder für ein eigenständiges, startfähiges System. Er ist natürlich nur vorhanden, falls Classic Support oder Mac OS 9 installiert wurden.
- Desktop Folder

  Falls Mac OS 9 installiert ist, existiert auch dieser Ordner – man kann ihn aber ignorieren, da alle Classic-Programme den Schreibtisch (Desktop) des eingeloggten Benutzers verwenden, wenn man eine Datei speichern will.

- Weitere Ordner können von bestimmten Programmen erzeugt werden, ohne dass sie von Anfang an vorhanden gewesen wären. Das hängt sehr von der installierten Software ab.

4. *Benutzer* (englisch: *Users*, Ordner mit den persönlichen Benutzerordnern)

Auch auf der ersten Ebene der Festplatte befindet sich der Ordner *Benutzer*. Hier sind die Daten aller Benutzer eines Mac OS X-Computers gespeichert. Ausserdem existiert hier ein Ordner *Für alle Benutzer* (englisch: *Shared*), der für alle Benutzer gedacht ist, um gemeinsam genutzte Dokumente abzulegen.

5. Persönlicher Benutzerordner (Home-Verzeichnis)

Der Ordner mit dem Kurznamen des Users in */Benutzer*, ist der Platz, wo man seine persönlichen Daten ablegen sollte. Dieser ist bereits weiter strukturiert (*Filme*, *Dokumente*, ...). Unter Unix wird der persönliche Benutzerordner mit einer Tilde ~ bezeichnet. Deshalb wird häufig von hier aus referenziert, z B. *~/Library* für den Ordner */Users/<aktueller Benutzerkurzname>/Library*.

Falls man nicht Administrator ist, hat man auch nur zu diesem Ordner (und zum *Für alle Benutzer*-Ordner) Zugang und muss seine persönlichen Daten hier speichern. Auch hier gilt wieder: die deutschen Namen sind nur Trugbilder, im Terminal tauchen die englischen Namen auf!

In einigen Punkten gaukelt der Finder dem Benutzer allerdings eine falsche Welt vor: Die Anzeige von externen Volumes auf dem Desktop ist nicht mehr als eine Hommage an Mac OS 9. Die ganze Wahrheit über den Aufbau der Festplattenstruktur erfährt man erst, wenn man das Terminal konsultiert – siehe „UNIX – back to the roots“ auf Seite 153.

Dort erfährt man auch, wie man den Benutzerordner über die Kommandozeile findet und wo Netzwerkvolumes oder andere Datenträger wirklich gemountet werden.

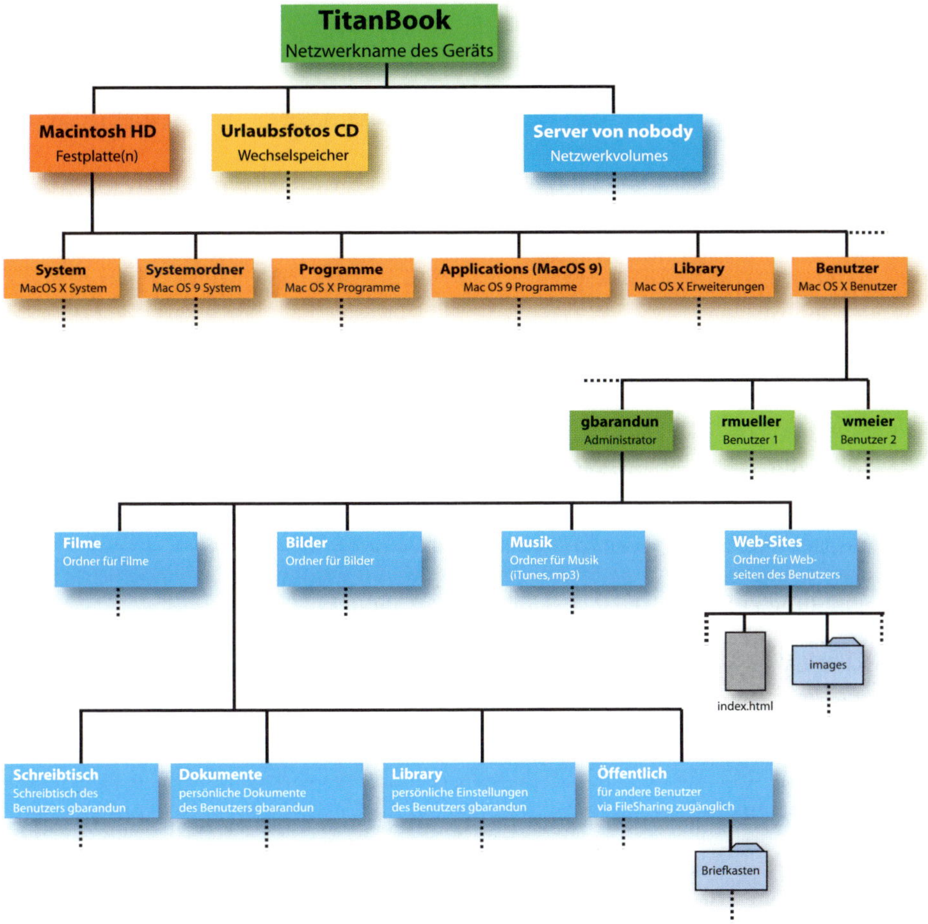

Abbildung 3-3 Hierarchie in Mac OS X

3.2 Unsichtbare Dateien

Neben den sichtbaren Ordnern und Dateien gibt es in Mac OS X auch jede Menge Unsichtbares (wie in Abbildung 3-2 rechts gezeigt). Es existieren z. B. die Ordner */usr/sbin* und */usr/bin*, wo – vereinfacht gesagt – UNIX-Programme (bin = binaries) installiert werden. Einige Installationsprogramme legen Dateien in diese Ordner ab. Meist liegen diese Programme als sogenannte Packages (*.pkg) vor, die mit dem universellen Apple-*Installationsprogramm* im Ordner */Programme/Dienstprogramme* installiert werden.

Mit den unsichtbaren Dateien und Ordnern wird man im Normalfall nicht konfrontiert. Erst wenn man typische UNIX-Anwendungen, wie etwa MySQL-Datenbanken, UNIX-Texteditoren oder ähnliches verwenden will, wird man sich damit beschäftigen müssen. Via Terminal kann man auch durch die unsichtbaren Objekte navigieren (näheres dazu in Kapitel „UNIX – back to the roots" auf Seite 153). Daneben gibt es gewisse Programme (siehe „Feintuning mit TinkerTool" auf Seite 95), mit denen man auch im Finder unsichtbare Objekte sichtbar machen kann.

Es gibt zwei Arten von unsichtbaren Daten:

- Unter Mac OS X will Apple nicht, dass man das „UNIX-Fundament" sieht. Deshalb sind die unter UNIX normalerweise sichtbaren Ordner wie */etc*, */bin*, */dev* hier unsichtbar. Dabei wird ein Attribut (visible) auf 0 gesetzt (nicht wahr, also unsichtbar).
- Unter UNIX gibt es ebenfalls unsichtbare Dateien. Diese werden dadurch erzeugt, dass ihr Dateiname mit einem Punkt beginnt. Deshalb ist beispielsweise der Ordner *.Trashes* unsichtbar.

Abbildung 3-4 zeigt die oberste Hierarchiestufe / (für das Startvolume). Mit dem Befehl `ls -a` im Terminal werden alle Dateien und Ordner (auch unsichtbare) aufgelistet. Der Finder hingegen zeigt nur sichtbare Dateien und Ordner. Für das Terminal sind nur Dateien, die mit einem Punkt beginnen, unsichtbar! (siehe „Navigation im Dateisystem" auf Seite 162).

Abbildung 3-4 Oberste Hierarchiestufe im Terminal und im Finder

3.3 Multiuser

Mac OS X ist „von Haus aus“ ein Multiuser-Betriebssystem. Das bedeutet, dass es Benutzer mit mehr (Administratoren) und Benutzer mit weniger Rechten gibt (die z. B. keine Programme in den Ordner */Programme* installieren dürfen). Daneben gibt es noch den root (System Administrator), der alles darf. Jeder Benutzer erhält einen persönlichen Ordner innerhalb von */Benutzer*, zu dem nur er (und der root) Zugang haben (der Administrator würde durch Löschen des betreffenden Benutzers allerdings auch Zugang erhalten, siehe „Benutzer löschen“ auf Seite 260). Das Home-Verzeichnis des roots befindet sich in */private/var/root*.

In den folgenden Kapiteln wird im Allgemeinen davon ausgegangen, dass man als Administrator eingeloggt ist. Warum? Der Umsteiger von Mac OS 9 ist generell gewohnt, seinen Rechner selber zu verwalten – also Programme zu installieren und Daten an beliebigen Orten abzulegen. Nicht selten ist er der einzige Benutzer des Rechners. Zwar kann man auch als Nicht-Administrator Programme installieren oder geschützte Systemeinstellungen bearbeiten, man muss sich aber jedes Mal als Administrator identifizieren.

Trotzdem ist die Multiuser-Geschichte eine sehr nützliche Sache, wenn z. B. die ganze Familie sich einen iMac teilt: so kann jeder sein persönliches Verzeichnis haben, zu dem nur er Zugriff hat, und das Familienoberhaupt als Administrator entscheidet, welche Software installiert wird... Der einzelne Benutzer kann immer noch Programme in seinem persönlichen Ordner installieren – wenn er sie in den Ordner *~/Applications* (erzeugen, falls nicht vorhanden) legt, funktionieren sogar die Dienste (beim nächsten Login, siehe „Dienste“ auf Seite 424).

Es ist auch möglich, mehrere Administratoren einzurichten – dafür aktiviert man beim Erzeugen eines neuen Benutzers einfach die Option *Der Benutzer darf diesen Computer verwalten* (Abbildung 10-2 auf Seite 247).

3.4 Rechte der einzelnen Benutzer

Rechte des roots

- Verändern aller Ordner und Dateien
- Einsicht in alle Benutzer-Ordner

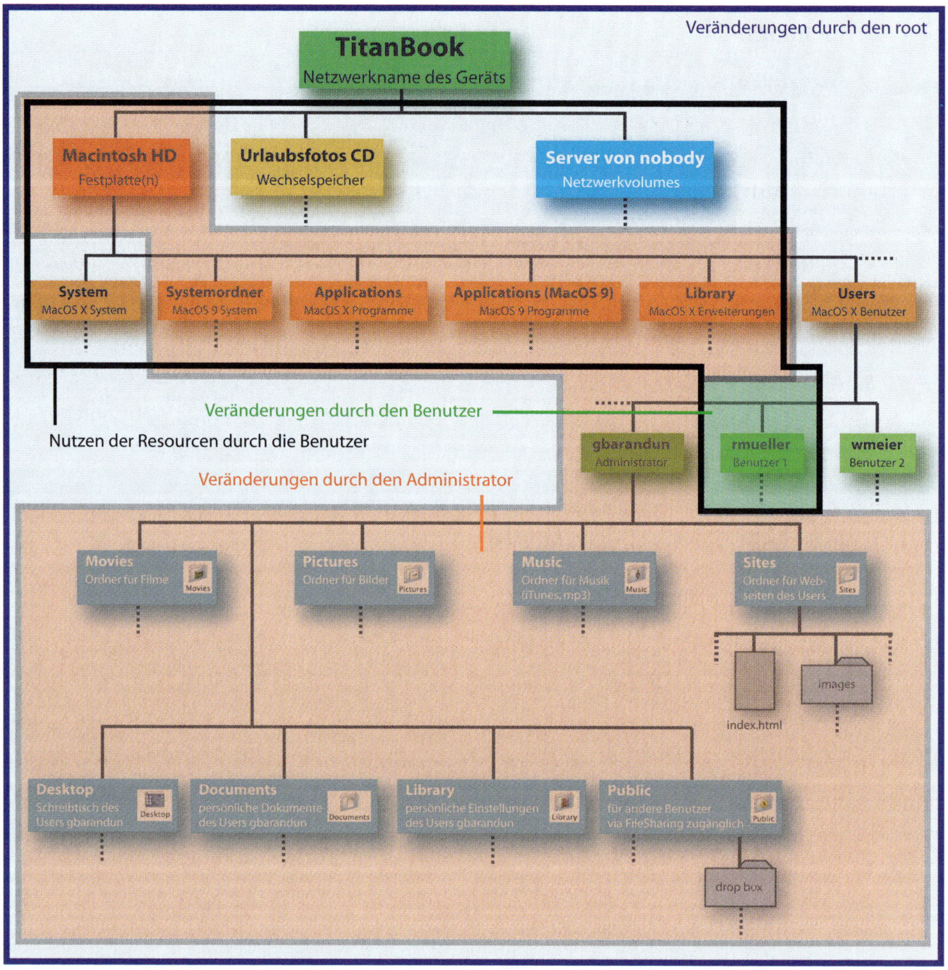

Abbildung 3-5 Grafische Darstellung der Zugriffsrechte

Rechte des Administrators

- Programme installieren im Ordner */Programme*
- Schriften hinzufügen, die alle benutzen können
- Änderungen in geschützten Bereichen der Systemeinstellungen
- Ordner ausserhalb des eigenen Benutzer-Ordners erzeugen
- Konten für weitere Benutzer einrichten
- Die Programme NetInfo Manager und Festplatten-Dienstprogramm bedienen
- Aber: Der Administrator hat keinen Zugriff auf die Ordner der anderen Benutzer!

Rechte der Benutzer

- Benutzen der Programme im */Programme*-Ordner
- Vollzugriff auf den eigenen Benutzer-Ordner

Jeder Benutzer kann hingegen die Ressourcen aus dem globalen Library- oder dem Programme-Ordner nutzen (Abbildung 3-5, schwarzer Rahmen).

Weil es mehrere Benutzer gibt, muss man sich am Computer „ein- und ausloggen“. Das erfolgt einerseits über den Login Screen (siehe „Am System anmelden (einloggen)“ auf Seite 263) für das Einloggen und andererseits über den Menüpunkt *Abmelden...* im Apfelmenü (oder Apfel-shift-Q) für das Ausloggen. Seit Panther können mehrere Benutzer gleichzeitig eingeloggt sein (siehe „Schneller Benutzerwechsel“ auf Seite 267).

3.5 Die Library-Ordner

Im Home-Verzeichnis existiert der schon erwähnte Library-Ordner, durch den das Funktionsspektrum des Macintosh erweitert werden kann (z. B. Drucker hinzufügen). Allerdings existiert der Library-Ordner gleich 3 mal (bzw. 4 mal, unter Einbezug des Netzwerks – bzw. noch mehr, da ja jeder definierte Benutzer einen Library-Ordner hat). Wieso das? Hier kommt die Mehrbenutzerfunktionalität von Mac OS X voll zum Tragen. Die Unterschiede der einzelnen Ordner sind:

- */System/Library*

  Hier platziert der Installer von Mac OS X seine Erweiterungen. Nicht einmal der Administrator kann diesen Ordner verändern (einzig der root könnte das). Die enthaltenen Erweiterungen sind für alle Benutzer von Bedeutung.

  Wenn man ein Programm installiert, wird bei Verwendung des universellen *Installationsprogramms* in */Programme/Dienstprogramme* das Administrator-Passwort verlangt. Dabei wird kurzzeitig auch der root aktiviert, sodass Erweiterungen auch in den */System/Library*-Ordner gelegt werden könnten.

- */Library*

  In diesen Ordner kann der Administrator Erweiterungen installieren, die dann *allen* Benutzern zur Verfügung stehen. Ein normaler User (= Nicht-Administrator) kann diesen Ordner nicht verändern. Die enthaltenen Erweiterungen sind für alle Benutzer von Bedeutung.

- */Benutzer/~/Library*

  Hier kann jeder Benutzer seine eigenen Erweiterungen installieren, die er für seine Arbeit braucht. Diese Erweiterungen stehen anderen Benutzern nicht zur Verfügung!

Die im Library-Ordner enthaltenen Ordner sind mehr oder weniger selbsterklärend, deshalb an dieser Stelle nur ein Beispiel:

3.5.1 Hinzufügen einer QuickTime-Komponente

QuickTime bietet zum Abspielen von Filmen eine Reihe von sogenannten Codecs (Kodierer/Dekodierer) an, mit denen Dateien unterschiedlicher Formate wiedergegeben werden können. Ein beliebter Codec ist das DivX-Format und seine Verwandten – sie erlauben extrem hohe Kompressionsraten bei ausgezeichneter Bild- und Tonqualität. Zwei populäre Varianten davon sind 3ivx[1] und DivX 5.x[2], die im Internet angeboten werden. Keiner dieser Codecs liegt allerdings der originalen QuickTime-Software bei.

Eine weitere Codec-Variante ist XviD. Auch dafür gibt es eine Komponente, welche QuickTime dieses Format beibringt. Nach dem Download[3] erscheint im Finder ein DiskImage, welches die eigentliche Erweiterung (Codec) mit dem Namen *XviD_Codec v0.5.1.component* und ein Programm zum Einstellen der Parameter für den Decoder (*XviD_PreferencesController*) enthält.

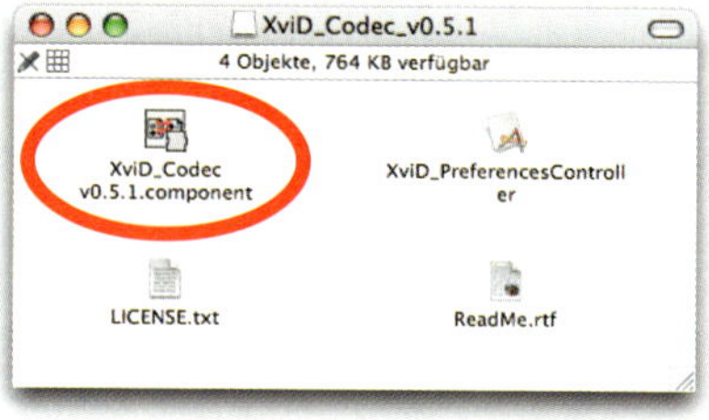

Um diesen Codec innerhalb von QuickTime verfügbar zu machen, muss man ihn in den Ordner */Library/QuickTime* legen (Abbildung 3-6).

1. http://www.3ivx.com/
2. http://www.divx.com/divx/mac/
3. http://people.ee.ethz.ch/~naegelic/index.php

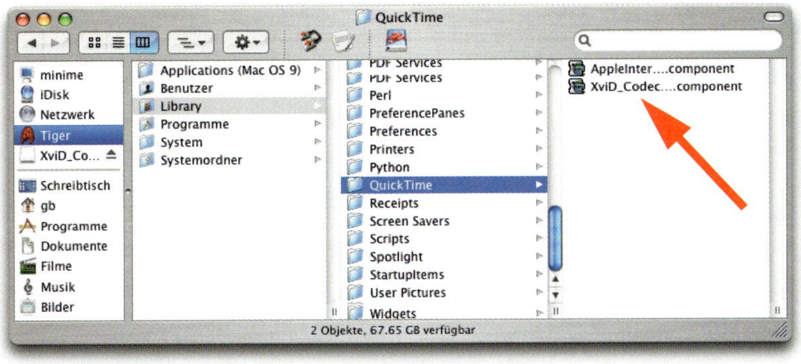

Abbildung 3-6 XviD-Komponente im richtigen Ordner platziert

Damit der Codec aktiv wird, muss man den QuickTime-Player neu starten. Damit kann jeder Benutzer die DivX-Filme schauen. Natürlich kann man den Codec auch in den Ordner */Benutzer/~/Library/QuickTime* legen – dann steht er anderen Benutzern aber nicht zur Verfügung.

Einrichten der Tiger-Umgebung 4

„Einfachheit ist das Resultat der Reife." – Johann Christoph Friedrich von Schiller in weiser Voraussicht über die Entwicklung von Mac OS X, obwohl er vermutlich noch nichts von Tiger wusste...

Der Monitor ist die Schnittstelle zwischen Mensch und Computer. Was auf dem Monitor angezeigt wird, sollte deshalb möglichst auf den jeweiligen Benutzer zugeschnitten sein. Je besser die beiden Umgebungen „Mensch" und „Mac" zueinander passen, umso effizienter und leichter ist die Zusammenarbeit. Nutzen Sie deshalb die Möglichkeit, Ihren Mac auch Ihren Arbeitsgewohnheiten anzupassen! Icon- oder Listendarstellung, Etiketten verwenden, das Dock konfigurieren, die Erscheinung anpassen – in diesem Kapitel erfahren Sie mehr darüber.

4.1 Der Schreibtisch

Schaltet man den Mac ein, erscheint mit dem Finder als erstes der Schreibtisch von Tiger. Die einzelnen Elemente sind:

- Volumes

  Festplatten, CDs usw. erscheinen auf dem Schreibtisch, sofern das in den Finder-Voreinstellungen (Abbildung 4-26) so eingestellt ist. Volumes erscheinen ebenfalls in der Seitenleiste. Der Papierkorb befindet sich im Dock – das hat den Vorteil, dass er immer erreichbar ist (und nicht durch Fenster verdeckt werden kann).

- Menüleiste

  Wie beim Mac üblich, ist die Menüleiste am oberen Bildschirmrand fixiert und ändert sich je nach aktivem Programm. Der Name des aktiven Programmes steht immer unmittelbar rechts neben dem Apple-Menü.

- Dock

  Das Dock ist eine Komponente, die Mac OS X neu eingeführt hat. Im Dock sind alle gerade laufenden Programme, alle (minimierten) Fenster eingeblendeter Programme und weitere Objekte aufgeführt. Mehr darüber auf Seite 76. Das Dock kann am linken, rechten oder unteren Bildschirmrand angezeigt werden.

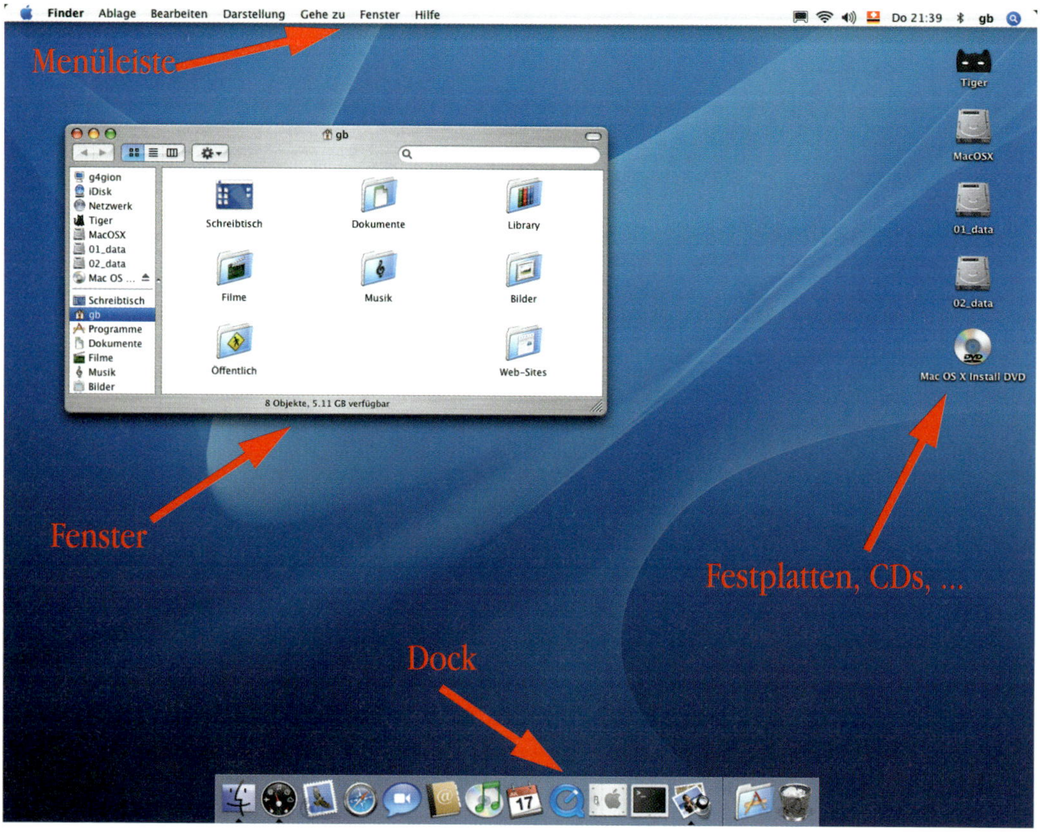

Abbildung 4-1 Elemente des Schreibtisches

4.2 Menüs

Die Menüleiste von Tiger entspricht der Abbildung 4-2:

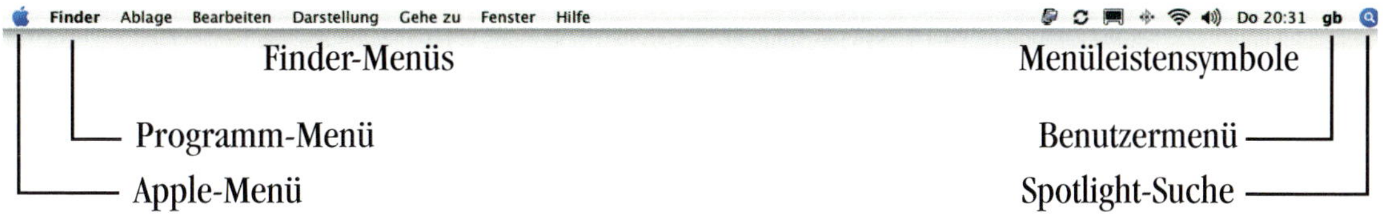

Abbildung 4-2 Menüleiste des Finders

Das Benutzermenü ist nur vorhanden, falls in den *Systemeinstellungen* der *schnelle Benutzerwechsel* (im Kontrollfeld *Benutzer*) aktiviert wurde (siehe „Schneller Benutzerwechsel" auf Seite 267).

Die Menüleistensymbole können je nach vorhandener Hardware, installierter Software und aktivierten Optionen (z. B. Bluetooth, Airport) anders aussehen. Ihre Funktion und Aktivierung wird jeweils bei der entsprechenden Komponente erklärt.

Mit Hilfe der Menüs können alle für den Finder und die Arbeit mit Mac OS X möglichen Aktionen ausgeführt werden. Ein Überblick der Funktionen:

- *Apple*-Menü: „Sammelsurium" von Funktionen, die häufig gebraucht werden. Von hier aus gelangt man direkt zu den *Systemeinstellungen*, und kann den Computer in den Ruhezustand versetzen, ausschalten oder neu starten.
- *Programm*-Menü: Trägt den Namen des Programms, das gerade im Vordergrund ist. Bei fast allen Programmen findet man hier die *Einstellungen*, welche die grundlegende Konfiguration festlegen. Ausserdem kann ein Programm ausgeblendet werden. Dabei läuft es zwar im Hintergrund weiter, ist aber nicht sichtbar.
- Menü *Ablage*: Alles, was mit der Dateiablage oder direkten Dateimanipulationen zu tun hat, findet sich hier. Fast alle Programme verfügen über dieses Menü, hier befindet sich der *Speichern*- und der *Drucken...*-Befehl. Bei den Office-Programmen von Microsoft heisst dieses Menü (in Anlehnung an Windows) *Datei*.
- Menü *Bearbeiten*: Wer kennt „copy - paste" (kopieren und einsetzen) nicht? Alle Programme legen diese praktischen Funktionen ins *Bearbeiten*-Menü.
- Menü *Darstellung*: Wie soll ein Fenster im Finder aussehen? Darstellungsoptionen und das Erscheinungsbild von Leisten werden hier festgelegt.
- Menü *Gehe zu*: Ein seltsamer Name, aber genau das macht dieses Menü – mit den aufgeführten Menüpunkten gelangt man schnell an wichtige Orte (Ordner *Privat*,

Programme, ...). Ausserdem hat man Kontakt zur Aussenwelt über den *Mit Server verbinden...*-Dialog: Hier baut man eine Verbindung zu Computern in einem Netzwerk auf (siehe „Netzwerk" auf Seite 273).

- Menü *Fenster*: Um zwischen Fenstern umzuschalten oder alle Fenster einzublenden, bedient man sich den Befehlen in diesem Menü.
- Menü *Hilfe*: Wenn man mal nicht weiter weiss, gelangt man von hier aus zur *Mac Hilfe*, die einen vielleicht unterstützen kann. Einige Hilfetexte brauchen eine Verbindung ins Internet.

4.3 Systemeinstellungen

Ein Teil der Benutzerumgebung, die einen beim Einschalten des Macs empfängt, ist das Resultat von Einstellungen, die im Programm *Systemeinstellungen* vorgenommen werden. Die *Systemeinstellungen* (oder *System Preferences*) sind mit den Kontrollfeldern aus Mac OS 9 oder der Systemsteuerung aus Windows vergleichbar. Die Systemeinstellungen können im *Apple*-Menü oder im Dock aufgerufen werden (Abbildung 4-3). Es erscheint ein Fenster, in welchem man die entsprechende Schaltfläche wählt und die Optionen konfigurieren kann (Abbildung 4-4). Die Bezeichnung *Kontrollfelder* wird deshalb auch hier unter Mac OS X für die einzelnen Einstellungen übernommen. Die *Systemeinstellungen* sind nichts anderes als ein Programm im Ordner */Programme*.

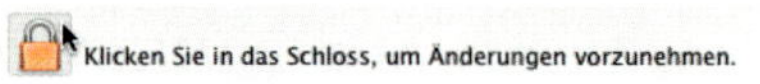

Bei den Systemeinstellungen kommt ebenfalls der Multiuser-Charakter von Mac OS X zum Tragen: Nur der oder die Administrator(en) können alle Einstellungen verändern. Die gewöhnlichen Benutzer können Felder, die mit einem Schloss gekennzeichnet sind, nicht oder nur eingeschränkt bearbeiten. In den Überschriften zu den folgenden Kontrollfeldern steht ein Schloss 🔒, wo diese Einschränkungen für normale Benutzer gelten (nicht Administrator). Das verschlossene Symbol deutet darauf hin, dass die entsprechenden Einstellungen im Moment gesperrt sind und nicht verändert werden können. Deshalb sind auch Eingabefelder bei dieser Einstellung grau hinterlegt und können nicht aktiviert werden. Dazu klickt man zuerst ins Schlosssymbol 🔒 – es erscheint ein Dialog, in dem man Administratorname und Kennwort eingeben muss. Nun sind die Einstellungen editierbar und das Schloss wird geöffnet dargestellt 🔓.

Die Objekte der Systemeinstellungen sind thematisch geordnet (Persönlich, Hardware, Internet & Netzwerk, System). Man kann selber neue Objekte installieren, die dann in der Kategorie *Sonstige* erscheinen (siehe „SharePoints" auf Seite 312). Mit *Alle einblenden* kommt man jeweils zum Fenster aus Abbildung 4-4 zurück.

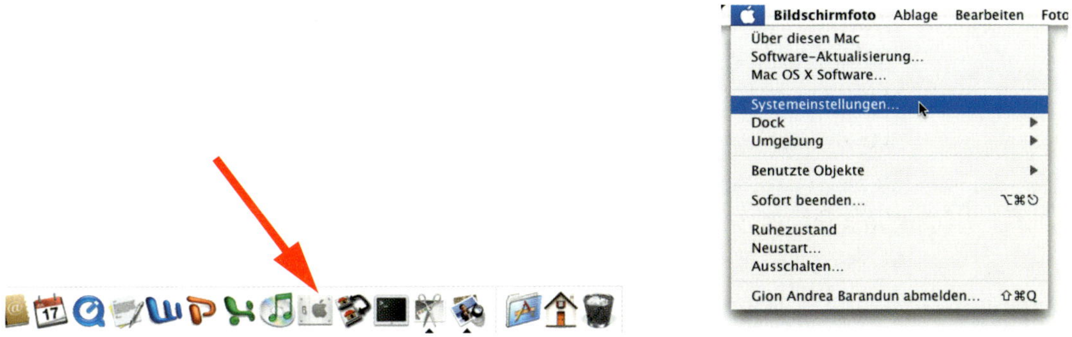

Abbildung 4-3 Aufrufen der Systemeinstellungen (Dock und Apple-Menü)

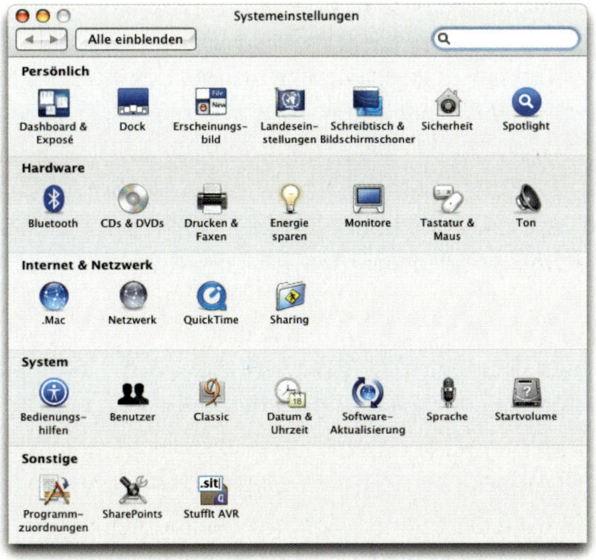

Abbildung 4-4 Systemeinstellungen

Die Änderungen in der Kategorie *Persönlich* der *Systemeinstellungen* wirken sich (ausser bei *Sicherheit* teilweise) nur auf den gerade eingeloggten Benutzer, der die Einstellungen vornimmt, aus. Auf diese Weise kann jeder Benutzer seine individuelle Umgebung gestalten. In den folgenden Abschnitten wird deshalb auf die Einstellungen eingegangen, welche das Erscheinungsbild der Tiger-Umgebung beeinflussen. Das sind die Kontrollfelder der Kategorie *Persönlich* (z. B. *Dock*, *Erscheinungsbild*, *Landeseinstellungen*, ...) sowie der Kategorie *System* (*Bedienungshilfen*, *Datum & Uhrzeit*, *Sprache*). Die Einstellungen unter Dashboard & Exposé stehen mehr im Zusammenhang mit dem Arbeiten mit mehreren Programmen, und werden deshalb unter „Schneller Zugriff auf Programme“ auf Seite 418 erklärt. Dem Thema *Sicherheit* ist ein eigenes Kapitel gewidmet („Sicherheit“ auf Seite 457), ebenso der neuen Suchtechnologie Spotlight („Spotlight - Suchen mit Tiger“ auf Seite 197).

4.4 Das Dock

Das Dock dient als universelles Tool, wenn es darum geht:

- Programme zu starten und zu beenden
- zwischen Programmen umzuschalten oder Programme auszublenden
- Ordner und Dokumente schnell griffbereit zu haben oder zu minimieren
- gewisse Programmfunktionen „fernzusteuern“
- Zugriff auf den Papierkorb zu haben

Im Dock sind standardmässig einige Programme abgelegt (Safari, Mail, Systemeinstellungen, ...) und es enthält den Papierkorb, der vom Schreibtisch verschwunden ist.

Zwischen Programmen und Dokumenten gibt es eine feine Trennlinie (Abbildung 4-5). Klickt man mit der Maus auf diese Trennlinie, ändert der Cursor seine Form und man kann die Grösse des Docks verändern. Drückt man dabei noch die ctrl-Taste, können gewisse Einstellungen des Docks (Vergrösserung, Position, Effekt beim Ablegen) direkt verändert oder das Kontrollfeld *Dock* der *Systemeinstellungen* geöffnet werden.

Abbildung 4-5 Das Dock von Mac OS X

Das Dock kann den eigenen Wünschen angepasst werden. Objekte, die man nicht braucht, zieht man einfach hinaus und lässt sie fallen (eine kleine Wolkenanimation erscheint). Objekte, die man gerne im Dock haben möchte, zieht man hinein. Die Symbole sind wie Aliase oder Verknüpfungen. Wenn man ein Programm schon gestartet hat und sein Symbol auch nach dessen Beendigung im Dock halten möchte, kann man dies mit Klick auf das Programmsymbol im Dock (Maustaste gedrückt halten bis ein „Kontext-Menü“ erscheint) und den Befehl *Im Dock behalten* erreichen. Falls man ein Programm-Icon im Dock verschiebt, bleibt es nach dem Beenden des Programms ebenfalls im Dock erhalten.

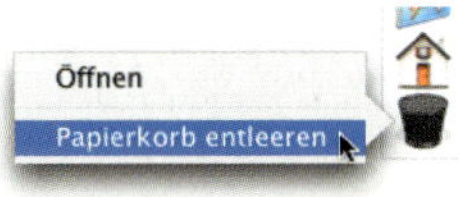

Aus dem Dock kann man auch den Papierkorb direkt leeren (es erscheint keine Sicherheitsabfrage).

Links (bzw. bei vertikaler Anordnung über) der Trennlinie können nur Anwendungen, rechts davon bzw. darunter nur Ordner und Dokumente (und Aliase) platziert werden (Abbildung 4-5, links).

Wie oben ersichtlich, kann man das Dock unten, links oder rechts des Monitors anordnen. Besonders bei den überbreiten Bildschirmen der Powerbooks oder des iMac scheint die Anordnung rechts (oder links) ideal. Da man das Dock auch ausblenden kann (es erscheint, sobald man den Bildschirmrand mit der Maus erreicht), stört es so auch nicht die Festplattensymbole, die sich auf der rechten Seite befinden. Somit hat man am rechten Bildschirmrand schnellen Zugriff auf Volumes und Dock.

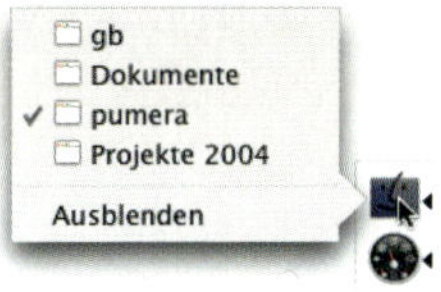

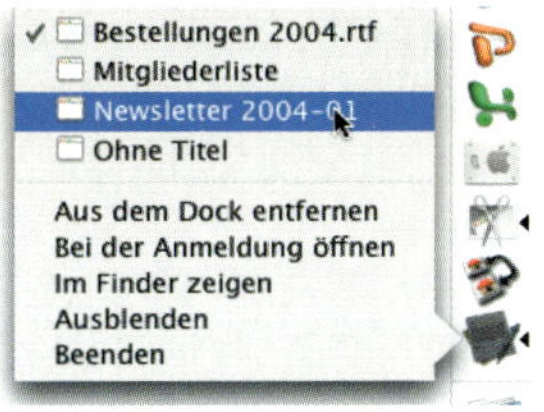

Beim Überfahren mit der Maus zeigen die Objekte im Dock Informationen an, wie z. B. den Namen des Programms. Klickt man ein Objekt an, stehen die entsprechenden Optionen in einem Aufklappmenü zur Verfügung (z. B. die geöffneten Fenster im Finder). Anwendungen mit einem Pfeil sind gerade aktiv. Durch Anklicken des Icons kann ebenfalls ein Menü aufgerufen werden, um zwischen den in dieser Anwendung offenen Fenstern umzuschalten, das Programm auszublenden oder es zu beenden.

Einige Programme bieten via Programmsymbol im Dock auch weitere Optionen an. Der mp3-Player iTunes von Apple lässt sich komplett übers Dock steuern. Neben Anzeige von Titel und Interpret kann man die Wiedergabe stoppen, pausieren oder zu einem anderen Titel wechseln.

Wenn man bei vielen geöffneten Fenstern den Überblick verloren hat, kann man einige davon ins Dock minimieren. Mit Klick in die gelbe Taste links in der Titelleiste oder Doppelklick in die Titelleiste verschwinden sie dann mit einer kleinen Animation im Dock – bei gedrückter shift-Taste wird diese Animation übrigens stark verlangsamt. Ein kleiner Test der Rechenleistung kann gemacht werden, wenn man einen QuickTime-Film weiterlaufen lässt während man das Fenster langsam minimiert...

Die ins Dock minimierten Fenster werden mit einem kleinen Icon versehen, welches angibt, zu welchem Programm sie gehören. Wenn man die Dockgrösse aber stark reduziert, sind die Icons kaum noch zu erkennen...

Minimierte Fenster von ausgeblendeten Programmen verschwinden aus dem Dock, bis man wieder in das betreffende Programm wechselt.

Im Dock können auch eigene Objekte (Ordner, Dokumente, Alias-Dateien) platziert werden (via Drag & Drop). Klickt man auf solch einen Ordner im Dock, wird ein Finderfenster mit dessen Inhalt geöffnet. Man kann aber auch durch die Ordnerhierarchie navigieren: Dazu bleibt man bei gedrückter Maustaste auf dem Ordner, bis sein Inhalt sichtbar wird (Abbildung 4-6). Nun fährt man einfach mit der Maus entlang des gewünschten Pfades. Anstatt mit der Maus kann man auch mit der Tastatur und den Pfeiltasten navigieren: ist das Fenster mit dem Ordnerinhalt erst einmal geöffnet, drückt man den Anfangsbuchstaben des gewünschten Objekts, und der Auswahlbalken springt zum ersten Element, das mit diesem Buchstaben beginnt. Mit den Pfeiltasten (nach oben und nach unten) kann man in der Liste navigieren. Pfeil nach rechts öffnet einen Ordner, und man gelangt eine Ebene tiefer. Leider kann man keine Objekte tief in der Hierarchie der Festplatte ablegen, indem man sie auf einen Ordner im Dock zieht und ggf. noch weiter durch die Festplattenstruktur bewegt – die aufspringenden Ordner funktionieren im Dock also nicht.

Abbildung 4-6 Navigation durch Ordnerhierarchie

Schaltet man mit gedrückter alt-Taste zu einem anderen Programm um, blendet Mac OS X die vorher aktive Applikation mitsamt allen offenen Fenstern aus.

Das Dock hat wie oben erwähnt auch ein eigenes Kontrollfeld in den *Systemeinstellungen*. Diese Einstellungen betreffen nur die Optik des Docks:

- Dock-Grösse: so klein wie möglich, so gross wie nötig.
- Vergrösserung: Laola-Effekt beim Überfahren des Docks mit der Maus.
- Position des Docks: unten, links oder rechts.
- Minimierungseffekt: Animation, mit der ein Fenster durch Klick auf das „Minuszeichen" in der Titelleiste ins Dock verschwindet (*Trichter* oder *Linear*).
- Animation: beim Öffnen eines Programms, das dann ja automatisch im Dock auftaucht, „hüpft" das Programmsymbol im Dock auf und ab.

- Auto-Hide: das Dock wird automatisch am linken/unteren/rechten Bildschirmbereich versteckt. Sobald mit der Maus der Bildschirmrand erreicht wird, taucht es wieder auf.

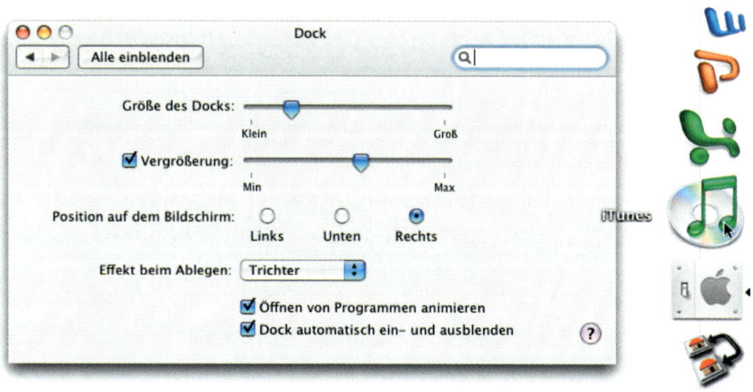

Abbildung 4-7 Systemeinstellungen für das Dock

Die Systemeinstellungen für das Dock können auch direkt aus dem *Apple*-Menü aufgerufen werden.

4.5 Erscheinungsbild

Das Kontrollfeld *Erscheinungsbild* enthält ungefähr die gleichen Funktionen wie unter Mac OS 9. Bis Jaguar hiess dieses Kontrollfeld *Allgemein*.

Falls beim *Erscheinungsbild* auf *Graphit* statt *Blau* umgestellt wird, erscheinen die Rollbalken und die Knöpfe in der Fenstertitelleiste in grau. Die Erscheinung wird so etwas diskreter, verliert aber auch an Aussagekraft (Farbkodierung der Knöpfe). Erst wenn man mit der Maus über die Knöpfe fährt, werden die Zeichen +, – oder x eingeblendet.

Bei den Rollpfeilen kann man angeben, ob sie sich (beide zusammen) am Ende der Scrollleiste oder oben (nach oben scrollen) bzw. unten (nach unten scrollen) befinden sollen. Mit der Freeware *TinkerTool* (siehe „Feintuning mit TinkerTool" auf Seite 95) kann zudem auch die Option eingeschaltet werden, dass sich beide Rollpfeile an beiden Enden befinden sollen.

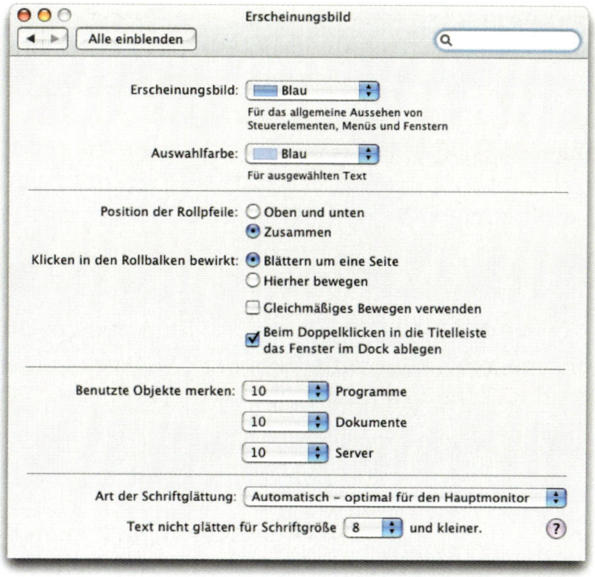

Abbildung 4-8 Kontrollfeld *Allgemein*

Für den Menüpunkt *Benutzte Objekte* im Apple-Menü kann man einstellen, wie viele Objekte (Programme, Dokumente und Server) erscheinen sollen.

Die Zeichenglättung am Bildschirm kann für verschiedene Monitore und Geschmäcker angepasst werden – hier ist Ausprobieren angesagt, um die individuell beste Einstellung zu finden. Je geringer die Glättung eingestellt wird, umso schneller ist die Darstellung auf dem Bildschirm.

Die Schriftenglättung sorgt für die Darstellung von weichen Kanten bei Buchstaben. Es ist Geschmacksache, ab welcher Schriftgrösse man die Zeichen glätten will.

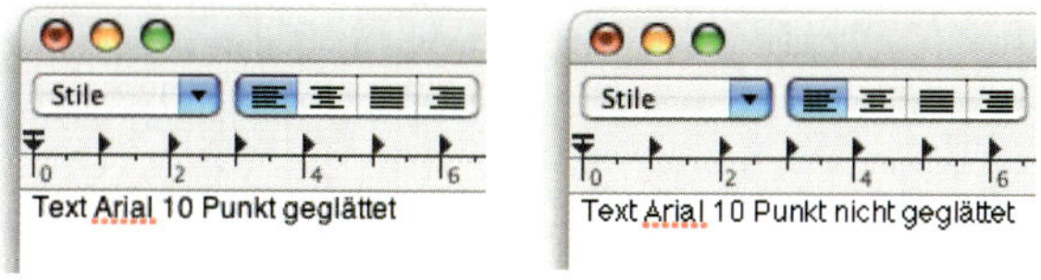

Abbildung 4-9 Schriftenglättung

Bei eingeschalteter Schriftenglättung und kleiner Schrift erscheint die Bildschirmdarstellung unter Umständen verschwommen, besonders auf Flachbildschirmen – falls einen das stört, muss die Einstellung entsprechend geändert werden (Glättung erst ab grösserer Schrift aktivieren).

4.6 Landeseinstellungen

Der Finder und alle standardmässig installierten Programme von Mac OS X beinhalten bereits eine Reihe von Sprachen, die „on the fly" gewechselt werden können. Man muss sich lediglich aus- und wieder einloggen, dann ist die vorher ausgewählte Sprache aktiv. So kann jeder Benutzer des Computers die für ihn passende Sprache wählen. Das alles geschieht im Kontrollfeld *Landeseinstellungen*.

Die bevorzugte Sprache kann im Register *Sprachen* ganz einfach mit der Maus an die oberste Stelle gezogen werden (via Drag & Drop, Abbildung 4-10). Die festgelegte Reihenfolge bestimmt die Priorität der Sprachen. Programme, welche diese Funktion unterstützen (die also mit mehreren Sprachpaketen geliefert werden), erscheinen nach Möglichkeit in der ausgewählten obersten Sprache. Falls diese nicht vorhanden ist, wird die zweite gewählt, usw. Wenn man die Einstellungen hier ändert, muss man sich aus- und wieder einloggen, damit die Änderungen aktiv werden.

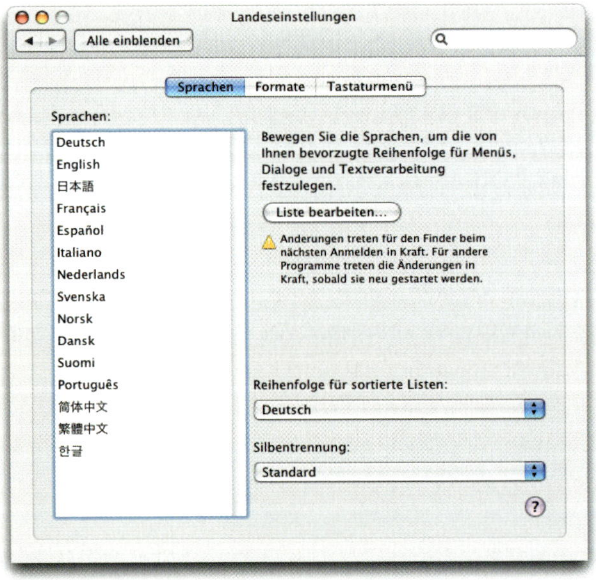

Abbildung 4-10 Spracheinstellungen

Steht eine Sprache zuoberst auf der Liste, die man bei der Installation von Mac OS X bewusst weggelassen hat, so erscheint der Finder (und einige, aber nicht alle vorinstallierten Programme) nicht in dieser Sprache. Alle Software, die verschiedene Sprachen unterstützt und im gewünschten Modul auch vorhanden ist, passt sich aber den Einstellungen an.

Daneben werden hier auch die Einstellungen bezüglich Zeit-, Datums- und Zahlenformat vorgenommen (im Register *Formate*, Abbildung 4-11).

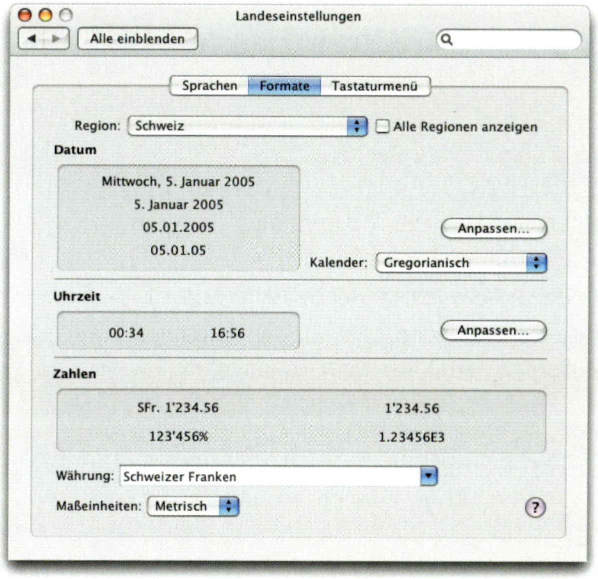

Abbildung 4-11 Zahlenformate

Die Einstellung des Zahlenformats kann z. B. in Zusammenhang mit der Verwendung einer Tabellenkalkulation wie Excel wichtig sein: während in Deutschland das Komma als Dezimaltrennzeichen und der Punkt als Tausendertrennzeichen verwendet werden, sind es in der Schweiz der Punkt bzw. der Apostroph. Mit *Anpassen...* können jeweils individuelle Einstellungen vorgenommen werden (z. B. Umstellung zwischen 12/24 Stunden-Anzeige).

Schliesslich muss das bevorzugte Tastaturlayout gewählt werden (Register *Tastaturmenü*, Abbildung 4-12, links; sortiert nach der Spalte *Ein*). Es können mehrere Formate angekreuzt werden, die dann im Tastaturmenü (Abbildung 4-12, rechts) je nach Bedarf zur Auswahl stehen. Das Markierungsfeld *Tastaturmenü in der Menüleiste anzeigen* aktiviert dessen Anzeige – neu kann jetzt auch der Name der Eingabequelle mit eingeblendet werden, was relativ viel Platz braucht.

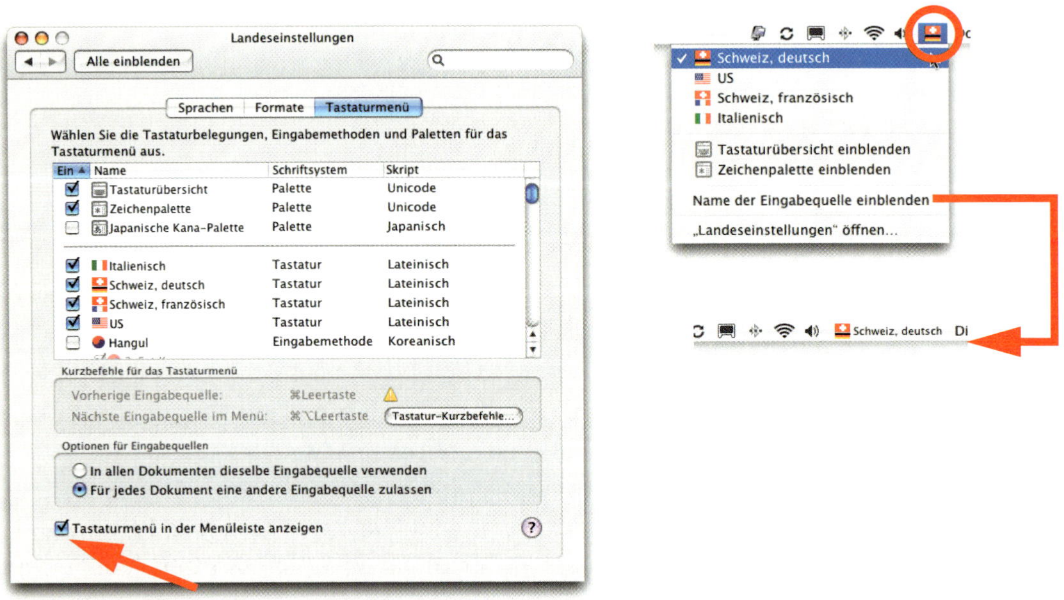

Abbildung 4-12 Tastaturlayout

Neben den eigentlichen länderspezifischen Layouts gibt es auch noch zwei Paletten, die man aktivieren sollte: *Tastaturübersicht* und *Zeichenpalette*. Beide können aus jedem Programm heraus über das Tastaturmenü aufgerufen werden.

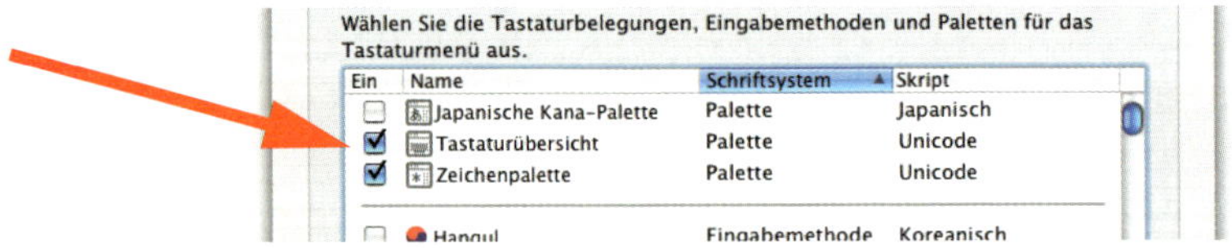

Abbildung 4-13 Tastaturübersicht und Zeichenpalette aktivieren

Tastaturübersicht

Mit der Tastaturübersicht kann man eine Tastatur simulieren und nachschauen, welche Zeichen einem zur Verfügung stehen (wenn man exotische Zeichen sucht). Hat man ein Zeichen gefunden, kann man es durch Klicken auch direkt in ein aktives Dokument einfügen (Abbildung 4-14, Zeichen ©).

Abbildung 4-14 Sonderzeichen über die Tastaturübersicht einfügen

Zeichenpalette

Wenn man die Zeichenpalette aktiviert, erscheint eine frei schwebende Palette, aus der Buchstaben und Sonderzeichen ausgewählt und mit Klick auf *Einsetzen* (oder Doppelklick) ins aktuelle Dokument eingefügt werden können.

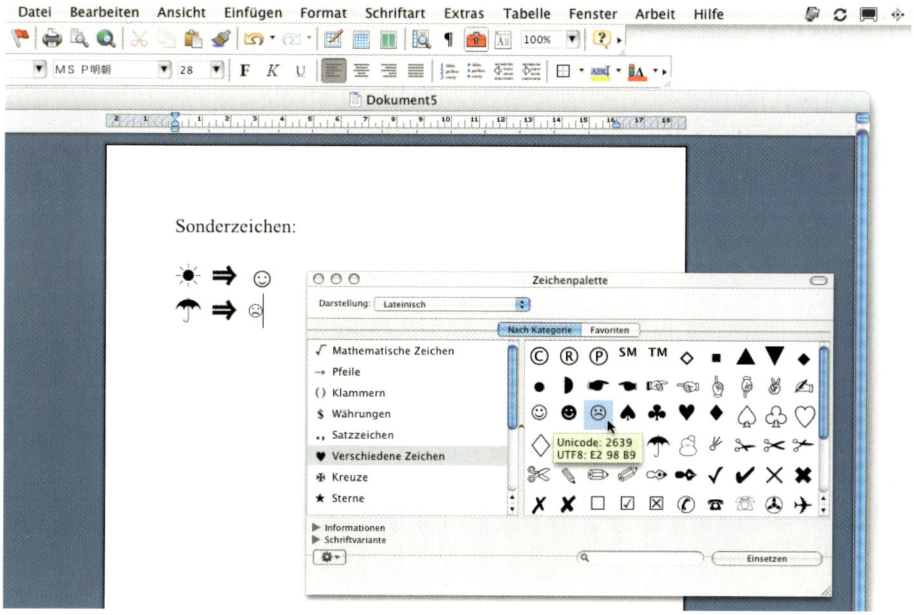

Abbildung 4-15 Einsetzen von Zeichen ins geöffnete Dokument

Das Einsetzen aus der Zeichenpalette funktioniert nicht mit allen Programmen – vor allem ältere Versionen quittieren das Einsetzen zum Teil mit Unverständnis und tragen völlig andere Zeichen ein als gewählt. Eine Alternative kann in diesem Fall das Programm PopChar[1] sein, welches seine Dienste darüberhinaus auch in der Classic-Umgebung zur Verfügung stellt.

Wechseln der Tastaturlayouts

Zwischen den einzelnen Tastaturlayouts kann (könnte) mit einem Shortcut umgestellt werden. Dummerweise belegt der Standard-Shortcut für Spotlight (Apfel-Leertaste) die gleiche Kombination wie der Wechsel zwischen den Tastaturlayouts. Da die meisten Benutzer aber sowieso nie mehr als ein Tastaturlayout brauchen, ist das nicht so gravierend – der Shortcut dafür sollte deshalb deaktiviert bleiben (siehe „Tastatur-Kurzbefehle“ auf Seite 235). Wer will, kann natürlich auch einen anderen Shortcut für den Layoutwechsel definieren (z. B. ctrl-Apfel-Leertaste und ctrl-Apfel-alt-Leertaste).

Wenn man doch einmal ein anderes Layout wählt, kann im Register *Tastaturmenü* eingestellt werden, wie Mac OS X sich dabei verhalten soll. Wählt man *In allen Dokumenten dieselbe Eingabequelle verwenden*, so wirkt sich ein Wechsel des Tastaturlayouts auf alle geöffneten Dokumente eines Programmes aus (bei allen ist dann das gleiche Layout eingestellt) – und somit auch für alle Programme. Ist *Für jedes Dokument eine andere Eingabequelle zulassen* aktiv, so ist das Tastaturlayout an das Dokument gekoppelt und jedes Dokument kann ein anderes Layout haben. Beim Wechsel in den Finder wird jeweils das gerade aktive Layout übernommen. Besonders praktisch wäre es natürlich, wenn das Tastaturlayout mit dem Dokument abgespeichert würde. Dann würde beim erneuten Öffnen des Dokumentes auch gleich wieder auf das richtige Layout umgeschaltet – leider ist das aber (noch) nicht möglich.

4.7 Schreibtisch und Bildschirmschoner

Die Umgebungseinstellungen für den Schreibtisch und den Bildschirmschoner sind in einem Kontrollfeld zusammengefasst.

4.7.1 Schreibtischhintergrund

Im Register *Schreibtisch* wird der Schreibtischhintergrund gewählt. Man gelangt auch direkt vom Finder aus via ctrl-Klick auf den Schreibtisch (Kontext-Menü) zu diesem Kontrollfeld. Zur Auswahl stehen einige von Apple zur Verfügung gestellte Themen (*Apple Hintergrundbilder, Natur, Pflanzen, Schwarz & Weiss, Abstrakt*) und *Einfarbige Hintergrundbilder*. Der Ordner *Bilder* innerhalb des persönlichen Benutzerordners wird ebenfalls automatisch in die Liste auf der linken Seite eingefügt (Abbildung 4-16). Aller-

1. http://www.macility.com/products/popcharx/

dings werden nur Bilder angezeigt, die sich direkt im Ordner *Bilder*, und nicht in einem Unterordner darin befinden. Falls *iPhoto* installiert ist, erscheint auch das iPhoto *Fotoarchiv* sowie alle Ordner und Alben, die dort definiert wurden. Bei sehr grossen Alben dauert es eine gewisse Zeit, bis sie geladen sind. Um ein Bild als Hintergrund zu definieren, wählt man in dieser Liste eine Kategorie, dann stehen die einzelnen Bilder auf der rechten Seite zur Auswahl.

Abbildung 4-16 Schreibtischhintergrund

Darüber hinaus können auch Bilder im GIF-, TIFF- oder JPEG-Format (auch PDF) ausgewählt werden. Dazu muss man mittels *Ordner auswählen...* einfach den Ordner angeben, in welchem sich die Bilder befinden. Der Ordner mit den darin enthaltenen Bildern wird dann automatisch in die Liste (Abbildung 4-17) mit aufgenommen.

Die Bilder, die von den Mac OS X-Bildschirmschonern gebraucht werden, kann man natürlich auch als Bildschirmhintergrund verwenden. Sie befinden sich im Ordner */System/Library/Screen Savers/*. Hier gibt es mehrere Pakete, die den gleichen Namen tragen wie der entsprechende Screensaver. Um an die darin enthaltenen Bilder zu kommen, muss man sich den Paketinhalt anzeigen lassen (mittels ctrl-Klick). Schliesslich gelangt man so z. B. in den Ordner */System/Library/Screen Savers/Beach.slideSaver/Contents/Resources/*, wo sich die eigentlichen Bilder im jpg-Format befinden. Diese kann man nun in den Ordner *Bilder* (oder einen anderen Ordner) kopieren und den Ordner als Quelle für Schreibtischbilder bestimmen.

Abbildung 4-17 Angabe eines Ordners mit Desktop-Bildern

Je nach Qualität und Auflösung kann man die Bilder auf folgende Arten darstellen (zu wählen im Pulldown-Menü rechts neben der Bildvorschau):

- *Bildschirmfüllend*: Ein zentrierter Ausschnitt wird bildschirmfüllend dargestellt. Am besten bei grossen Bildern, die mindestens in der Monitorauflösung vorliegen.
- *Bildschirmfüllend vergrössern*: Das ganze Bild wird vergrössert bzw. verkleinert dargestellt, sodass alles sichtbar ist. Wenn das Bildformat nicht mit dem Monitorformat übereinstimmt, wird das Bild verzerrt. Diese Darstellung ist nur bei Bildern, wo die Verzerrung nicht stört, sinnvoll (z. B. abstrakte Formen).
- *Zentriert*: Das Bild wird in der Monitorfläche zentriert in Originalgrösse dargestellt. Bei kleinen Bildern erscheint ein Rand rund um das Bild. Bei sehr grossen Bildern sieht man hier nur noch einen kleinen Ausschnitt.
- *Gekachelt*: Das Bild wird mehrmals in Originalgrösse auf dem Monitor dargestellt (gekachelt angeordnet). Grosse Bilder werden nicht gekachelt angezeigt.

Gute Adressen für Schreibtischbilder sind die Internetseite von Macdesktops[1] oder Desktopia[2].

1. http://www.macdesktops.com
2. http://www.desktopia.com

Wenn man Abwechslung wünscht, kann man den Bildschirmhintergrund in bestimmten Zeitabständen automatisch wechseln lassen. Die Bilder ändern sich innerhalb des in der linken Spalte ausgewählten Ordners in dem im Feld *Bild ändern* eingestellten Intervall. Die Reihenfolge kann auch zufällig sein (Markierung rechts).

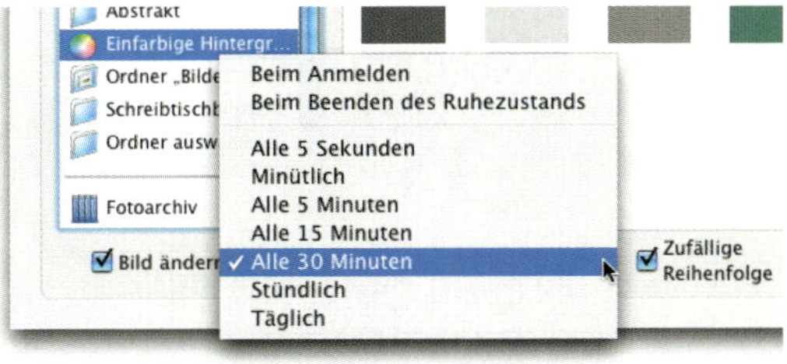

4.7.2 Bildschirmschoner

Mac OS X verfügt über einen integrierten Bildschirmschoner, der mit weiteren Modulen sehr einfach erweitert werden kann. Alle Bildschirmschonermodule befinden sich im Ordner *Screen Savers* innerhalb der verschiedenen *Library*-Ordner. Moderne Monitore verfügen über genügend Schutzmechanismen gegen das „Einbrennen" von Standbildern, die einen Bildschirmschoner eigentlich überflüssig machen – diese Funktion existiert mehr zur Unterhaltung, bzw. um den Passwortschutz des Bildschirms zu aktivieren. Einige Module, die besonders aufwändige Grafikeffekte verwenden, „schonen" den Computer denn auch nicht, sondern belasten Prozessor und Grafikkarte erheblich – das erkennt man daran, dass sich das Lüftergeräusch nach dem Start des Bildschirmschoners erhöht (oder die Lüfter erst dann einsetzen). Besonders bei mobilen Geräten im Batteriebetrieb sollte man auf solche Bildschirmschoner verzichten, da sie die Akkulaufzeit des Geräts verringern.

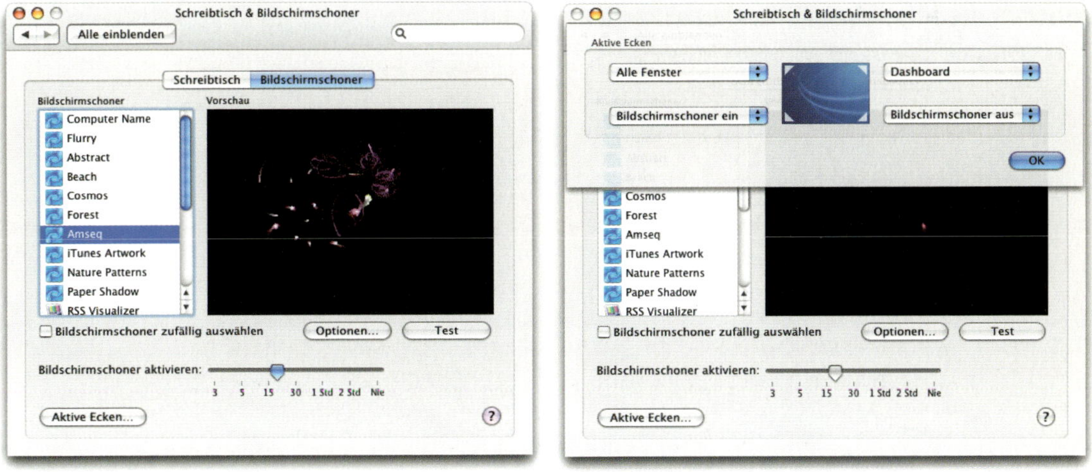

Abbildung 4-18 Kontrollfeld *Bildschirmschoner*

Screensaver-Module sollten also im Normalfall im Ordner */Benutzer/~/Library/Screen Savers/* platziert werden. Sie tragen das Suffix *.saver (Suffix = Dateinamenerweiterung). Vom Administrator können die Module auch in den Ordner */Library/Screen Savers* gelegt werden, so dass sie allen Usern zur Verfügung stehen.

Aus der Liste auf der linken Seite des Fensters (Abbildung 4-18, links) kann ein bestimmtes Modul ausgewählt werden. Einige Module verfügen über Einstellungen (z. B. Prozessorauslastung, Geschwindigkeit einer Bewegung etc.), die über die Schaltfläche *Optionen* konfiguriert werden können. Mittels *Test* kann man sich den Bildschirmschoner dann vorführen lassen. Mit dem Schieberegler *Bildschirmschoner aktivieren* kann die Verzögerung eingestellt werden, nach welcher der Bildschirmschoner bei Inaktivität ausgelöst wird.

Auch hier stehen bei installierter Anwendung wieder die Fotos von iPhoto zur Verfügung, nach Ordnern und Alben gegliedert. Die Bilder daraus werden (je nach Einstellung unter *Optionen...*) zufällig oder der Reihe nach mit oder ohne Effekte wiedergegeben.

Abbildung 4-19 iPhoto Album als Bildschirmschoner

Unter *Aktive Ecken...* können den Ecken des Bildschirms Funktionen zugeordnet werden. Diese Funktionen treten beim Bewegen der Maus in eine Ecke in Aktion. Es kann aus zwei (bzw. drei) verschiedenen Funktionen gewählt werden:

- Bildschirmschoner wird sofort ausgelöst
- Bildschirmschoner wird nie ausgelöst
- (keine Funktion für die betreffende Ecke)

Und so aktiviert man die gewünschte Funktion (Abbildung 4-18, rechts): In der Auswahlliste wählt man einfach für die entsprechende Ecke die Funktion, die man haben möchte. In unserem Beispiel wird der Bildschirmschoner sofort ausgelöst, wenn man mit der Maus in die linke untere Ecke fährt, hingegen nie aktiviert, wenn sich der Mauszeiger in der rechten unteren Ecke befindet. Da auch Exposé („Exposé“ auf Seite 419) und Dashboard (siehe „Dashboard“ auf Seite 426) die Bildschirmecken verwenden, muss man diese Funktionen aufeinander abstimmen (innerhalb des Kontrollfeldes *Dashboard & Exposé* stehen die Optionen für den Bildschirmschoner auch zur Verfügung).

Die aktiven Ecken sind zwar eine praktische Funktion, man muss sich aber damit abfinden, dass man sie ein paar Mal versehentlich auslöst (wenn man ins Apple-Menü gelangen will oder Spotlight braucht).

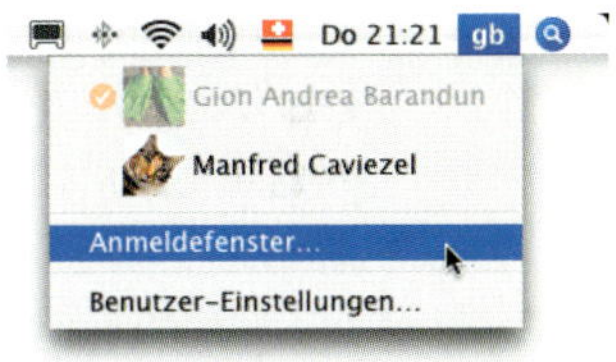

Es ist möglich, den Computer ohne Aktivierung des Bildschirmschoners zu sperren: Im Kontrollfeld *Benutzer* unter *Anmelde-Optionen* muss das Häkchen bei *Schnellen Benutzerwechsel ermöglichen* aktiv sein (siehe „Schneller Benutzerwechsel“ auf Seite 267). Dann erscheint ein zusätzliches Menü mit dem Namen des gerade eingeloggten Benutzers oben rechts in der Menüleiste. Dort hat man dann die Möglichkeit, den Punkt *Anmeldefenster...* zu wählen, womit man zur Anmeldung von Mac OS X gelangt – die Programme laufen aber weiter. Um weiter zu arbeiten, authentifiziert man sich einfach erneut.

4.8 Datum und Uhrzeit

Obwohl innerhalb der *Systemeinstellungen* nicht in der Kategorie *Persönlich*, hat dieses Kontrollfeld auch etwas mit der Umgebung des Benutzers zu tun. Hier stellt man Datum und Uhrzeit ein, wählt das Format der Anzeige und gibt einen Time Server (Netzwerkzeit) an. Auch die Uhr in der Menüleiste wird hier konfiguriert. Das Kontrollfeld gehört eigentlich in die *System*-Kategorie – Einstellungen, die hier gemacht werden, haben Auswirkung auf das gesamte System: Versandzeit von Mails und Änderungsdatum von Dateien basieren beispielsweise darauf. Deshalb sollten die Einstellungen auch immer korrekt sein (siehe auch „Backups auf externe Festplatten erstellen“ auf Seite 500).

Falls *Datum & Uhrzeit autom. einstellen* unter *Datum & Uhrzeit* aktiviert ist, wird bei einer Internetverbindung die interne Uhr mit einer Zeitbasis im Internet (Time Server) abgeglichen. Für den Benutzer geschieht das unbemerkt. Eine Zeitbasis erhält die genaue

Zeit von einer Atomuhr, welche in einer Million Jahre nur Bruchteile einer Sekunde falsch geht (für die meisten also genau genug...). Wenn immer möglich sollte diese Option benutzt werden.

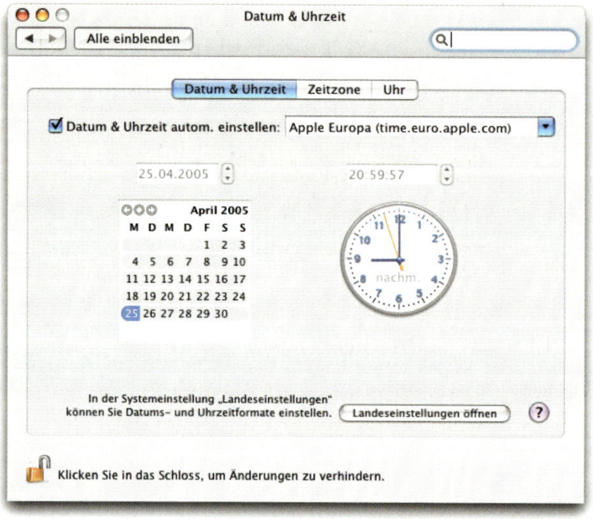

Abbildung 4-20 Kontrollfeld *Datum & Uhrzeit*

Im unteren Teil stellt man das Datum und die Uhrzeit manuell ein (nur möglich, wenn das Häkchen beim Time Server nicht vorhanden ist). Man kann auch direkt die Zeiger der Analoguhr bewegen (wie früher...)!

Voraussetzung für den Abgleich mit einem Timeserver ist die Wahl der richtigen *Zeitzone*. Das geschieht im gleichnamigen Register. Wenn man auf der Karte genau genug zielt, erwischt man meistens sogar die gewünschte Stadt. Andernfalls landet man zumindest in der richtigen Zeitzone und kann nachher noch aus der Liste *Nächste Stadt* die Ortschaft auswählen.

Abbildung 4-21 Zeitzone

Die Menüleistenuhr wird im letzten Register *Uhr* konfiguriert. Anstatt in der Menüleiste kann die Uhr auch als freischwebendes Fenster angezeigt werden und ist dann ständig im Weg – dafür ist bei digitaler Anzeige auch das Datum sichtbar.

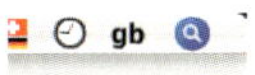

Die Menüleistenuhr kann entweder als Text oder als Icon (Analoguhr, nur mit geschultem Auge ablesbar) dargestellt werden.

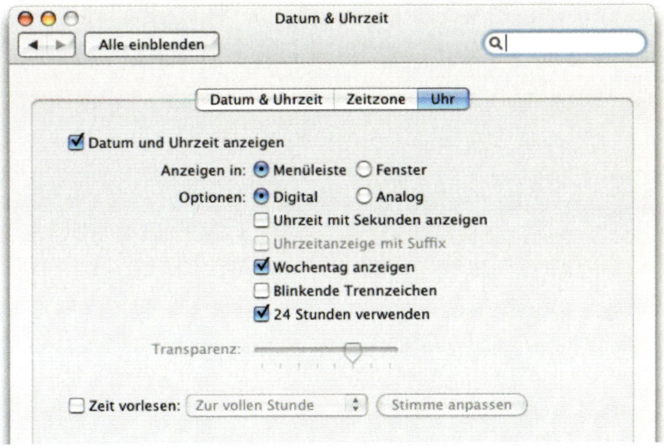

Abbildung 4-22 Einstellungen der Menüleistenuhr

4.9 Bedienungshilfen

Die Funktionen der Bedienungshilfe wurden mit jeder neuen Mac OS X-Version erheblich ausgebaut. Im Register *Sehen* können Vergrösserungseffekte eingeschaltet werden, die den Bildschirminhalt näher heranzoomen lassen. Das *VoiceOver Utility* liefert (gesprochene) Beschreibungen der Elemente auf dem Bildschirm und erlaubt die Steuerung mit der Tastatur.

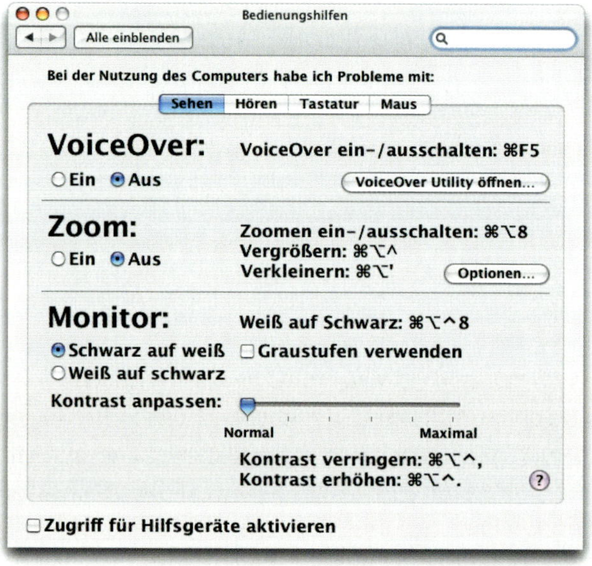

Abbildung 4-23 Bedienungshilfen: Sehen

Die Vergrössern-Funktion kann zum Anschauen kleiner QuickTime-Filme nützlich sein: die Qualität ist auf diese Weise bei einigen Formaten besser, als wenn der Film im QuickTime Player auf doppelte Grösse gebracht wird. Die Option *Bildverbesserung (verwenden Sie zum Umschalten* ⌥⌘\) muss dabei aktiv sein.

Das zweite Register *Hören* bietet Hilfe für Gehörlose (bzw. bei stumm geschaltetem Computer) an (Abbildung 4-24): während früher unter Mac OS 9 die Menüleiste bei stumm geschaltetem Computer blinkte, wenn ein Warnton ertönen sollte, kann nun der ganze Bildschirm blinken (wird für einen kurzen Augenblick heller). Falls die Option aktiv ist, blinkt der Bildschirm allerdings auch dann, wenn der Ton nicht stumm geschaltet ist.

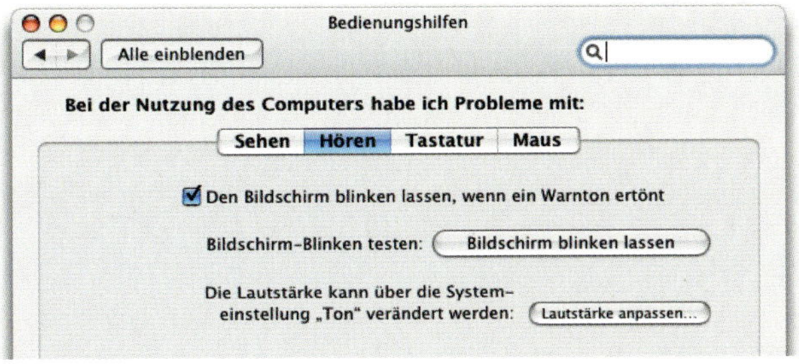

Abbildung 4-24 Bedienungshilfen: Hören

Die beiden anderen Register (*Tastatur* und *Maus*) enthalten weitere Funktionen für die Tastatursteuerung oder die Einfinger-Bedienung.

4.10 Sprache

Das Kontrollfeld *Sprache* dient dem Vorlesen von (englischen) Texten sowie der Eingabe von Befehlen über das Mikrofon (die ebenfalls englisch erfolgen müssen). Tatsächlich werden diese Funktionen (noch) von den wenigsten Anwendern gebraucht, weshalb an dieser Stelle nicht näher darauf eingegangen wird. Die Implementierung der Funktion ist allerdings mit jeder Version von Mac OS X besser geworden, auch wenn noch nicht gerade Zustände wie auf dem Raumschiff Enterprise herrschen, wo jeder gesprochene Befehl vom Computer einwandfrei verstanden wird. Natürlich hängt das auch mit der Aussprache zusammen: Je mehr der Computer versteht, umso akzentfreier ist das englisch...

4.11 Feintuning mit TinkerTool

TinkerTool wurde bereits weiter vorne erwähnt und gestattet es, gewisse versteckte Systemfunktionen freizuschalten. Es darf auf keiner Mac OS X-Installation fehlen. Bis Jaguar war es ein PreferencePane, nun ist es ein eigenständiges Programm. Einige Features sind:

- Transparente Dock-Icons für ausgeblendete Programme
- Rollpfeile an beiden Enden des Scrollbalkens
- Schriftarten im Finder ändern
- Terminal-Fenster beim Überfahren mit der Maus aktivieren

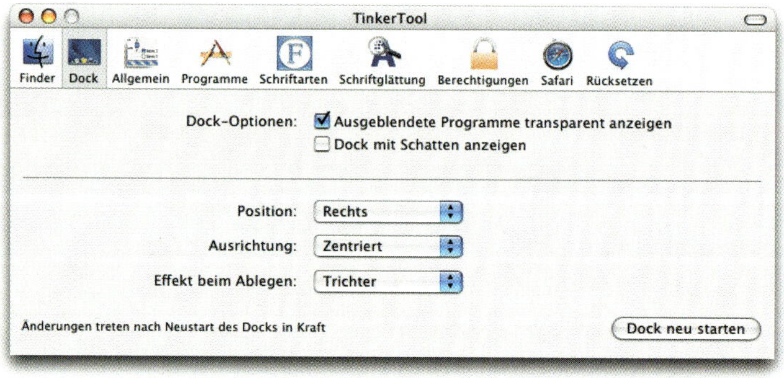

Abbildung 4-25 TinkerTool

TinkerTool ist Freeware und kann vom Internet heruntergeladen werden[1].

4.12 Finder-Einstellungen

Die Voreinstellungen des Finders werden bei aktivem Finder unter dem Menü *Finder - Einstellungen...* aufgerufen.

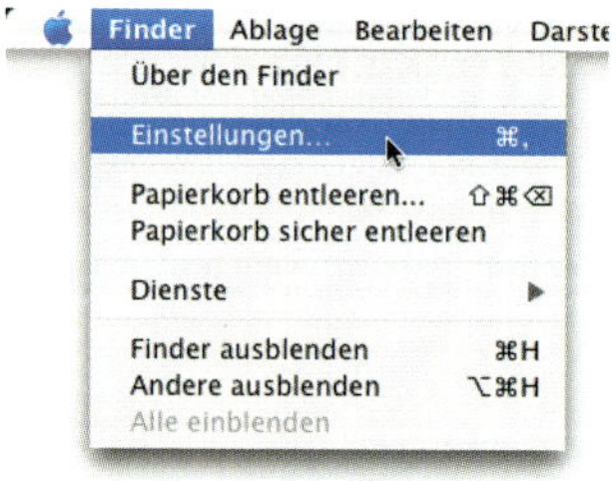

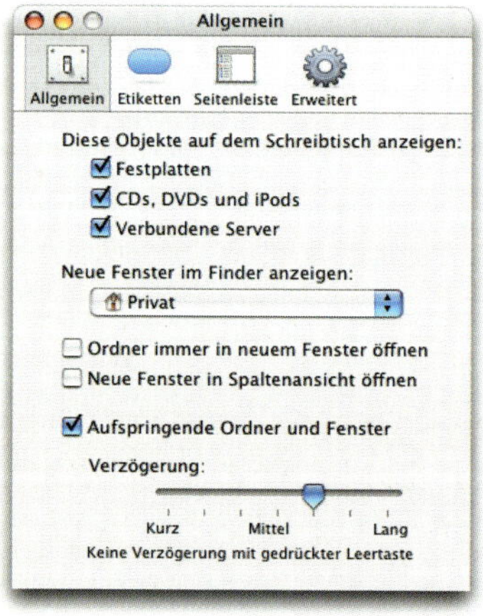

Abbildung 4-26 Finder-Einstellungen (Allgemein)

Unter *Allgemein* wird festgelegt, welche Symbole auf dem Schreibtisch angezeigt werden. Standardmässig sind das Festplatten, CDs und DVDs sowie Servervolumes.

1. http://www.bresink.de/osx/index-de.html

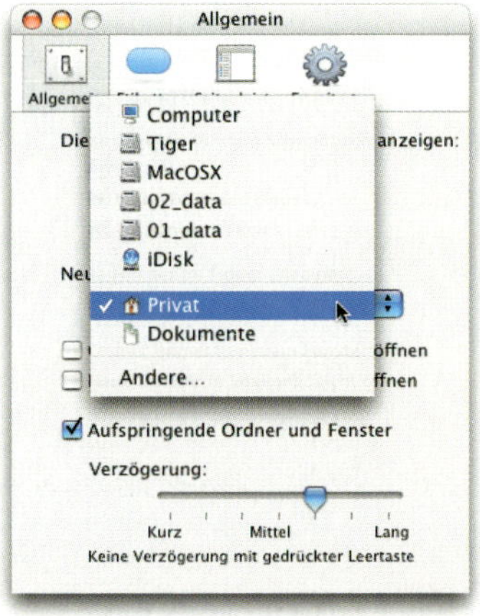

Ausserdem kann angegeben werden, was der Finder beim Öffnen eines neuen Fensters zeigen soll: den *Computer*, den Ordner *Privat* (das sogenannte Home-Verzeichnis), ein bestimmtes lokales Volume, die iDisk oder einen Ordner, den man selber angeben kann. Am sinnvollsten ist wohl der Ordner *Privat* oder *Computer*. Ein neues Fenster öffnet man direkt aus dem Menü Ablage, oder mit der Tastenkombination Apfel-N. Um einen neuen Ordner zu erzeugen, drückt man hingegen die Tastenkombination Apfel-shift-N (oder wählt den Weg über das Kontextmenü oder das Menü *Ablage*). Neu erzeugte Ordner erben nicht die Darstellungseinstellungen vom übergeordneten Ordner, sondern erscheinen in der Standard-Icon-Darstellung (wie das Fenster in Abbildung 4-1). Es können durchaus zwei Fenster mit exakt dem gleichen Inhalt (die den gleichen Ordner darstellen) im Finder geöffnet sein – ähnlich zwei Webbrowser-Fenstern, welche die gleiche Seite zeigen. Ein Fenster kann auch den Inhalt des Schreibtisches oder des Computers (= Festplatten, Netzwerk etc.) zeigen – ähnlich wie in Windows der „Arbeitsplatz". Mit Mac OS 9 war das nicht möglich.

Falls *Ordner immer im neuen Fenster öffnen* aktiviert wird (Abbildung 4-26), wird bei Doppelklick auf einen Ordner ein neues Fenster mit dessen Inhalt geöffnet. Die Standardeinstellung in Mac OS X ist anders: ähnlich einem Webbrowser wird nur *ein* Fenster zum Durchbrowsen der Dateihierarchie gebraucht.

Seit Mac OS X 10.2 sind die *aufspringenden Ordner* wieder vorhanden. Will man ein Objekt in einen tief in der Festplattenhierarchie verschachtelten Ordner bewegen, geht das mit dieser Methode sehr einfach: jedesmal, wenn man das Objekt auf einen Ordner zieht, öffnet sich dieser nach einer kurzen Verzögerung, und man dringt so immer tiefer in die Hierarchie ein. Am Ziel angekommen, lässt man das Objekt einfach fallen. In den Finder *Einstellungen* wird festgelegt, wie gross die Verzögerung bis zum Aufspringen eines Ordners sein soll – fortgeschrittene Benutzer werden diese Zeitspanne eher kurz einstellen. Die aufspringenden Ordner funktionieren auch mit den Elementen der Seitenleiste (Abbildung 4-27).

Von Mac OS 9 zurückgekehrt sind schon mit Panther die sogenannten Etiketten, farbige Markierungen der Ordner. Sie wurden von alt eingesessenen Macianern im neuen Finder am meisten vermisst. In den Finder *Einstellungen* kann man festlegen, welche Farbe welche Bedeutung haben soll – standardmässig steht lediglich der Name der Farbe neben dem Etikett. Mehr dazu in „Etiketten" auf Seite 109.

Die Seitenleiste am linken Rand der Fenster (Abbildung 4-27) erlaubt den schnellen Zugriff auf häufig verwendete Elemente. Im oberen Teil des Bereichs *Seitenleiste* der Finder *Einstellungen* kann festgelegt werden, welche Art von Elementen angezeigt werden soll (Festplatten, Netzwerkvolumes, ...). Im unteren Teil können noch explizit der *Schreibtisch*, der Ordner *Privat* sowie der Ordner *Programme* ausgewählt werden. Die Seitenleiste kann im Finder einfach mit weiteren Elementen ergänzt werden, die man (in die untere Hälfte) hineinzieht (Abbildung 4-45). Die Elemente der Seitenleiste tauchen auch in den Öffnen-/Sichern-Dialogen wieder auf (siehe Seite 124).

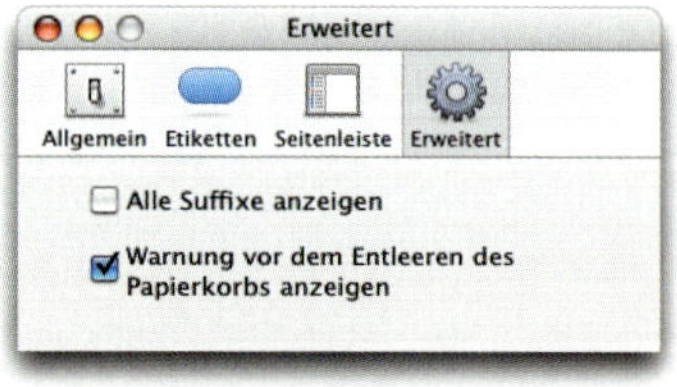

Im Bereich *Erweitert* nimmt man Einstellungen zum Entleeren des Papierkorbes sowie zur Anzeige der Dateisuffixe vor. Die Warnung vor dem Entleeren des Papierkorbs kann ausgeschaltet werden – via Dock (Seite 76) wird der Papierkorb jedoch stets ohne Warnung entleert. Zum Teil kann es sinnvoll sein, die Dateisuffixe (z. B. „.jpg" für JPEG-Bilder oder „.tiff" für TIFF-Bilder) einzublenden. Man kann diese Option via Informationsfenster (Apfel-I) für jede Datei einzeln einstellen. Sinnvoll ist die Anzeige z. B. beim Erstellen einer Webseite (*.html-Dokumente, *.jpg-Bilder) oder zur besseren Übersicht, falls man Dokumente mit Windows-Anwendern austauscht (z. B. *.doc-Dateien von Microsoft Word). Man kann die Anzeige der Suffixe auch global aktivieren (*Alle Suffixe anzeigen*), was aber meist wenig Sinn macht.

4.13 Fenster und Navigation

Abbildung 4-27 zeigt ein Standardfenster unter Mac OS X. Das Design der Fenster hat sich im Vergleich zu Mac OS 9 radikal verändert. Auch innerhalb der verschiedenen Mac OS X-Inkarnationen hat sich das Aussehen der Fenster verändert. Mit Panther hielt der sogenannte „Brushed Metall"-Look – bekannt etwa durch den QuickTime Player oder iTunes – auch im Finder Einzug. Man kann sich streiten, ob dies nun schöner ist, die Funktionalität leidet aber sicherlich nicht.

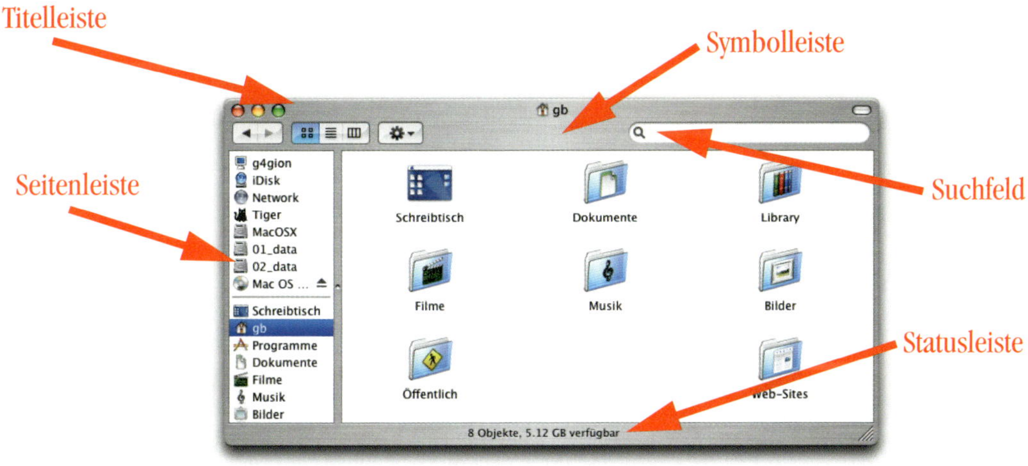

Abbildung 4-27 Standard-Darstellung

Dank dieses Fensterdesigns ist es möglich, die Fenster an allen Kanten zu packen und zu verschieben.

4.13.1 Fenstereinstellungen anpassen

Darstellung

Wie in Mac OS 9 kann jedes Fenster seine eigenen Einstellungen haben (Optionsfeld *Nur dieses Fenster* in Abbildung 4-28). Daneben gibt es eine globale Einstellung, welche für neue Ordner gilt (*Alle Fenster*). Um die Einstellungen vorzunehmen, wählt man *Darstellungsoptionen einblenden* aus dem Menü *Darstellung*.

Das Fenster zur Einstellung der Darstellung sieht je nach Darstellungsart (Symbole, Liste, Spalten) etwas anders aus (vergleiche dazu auch Seite 101).

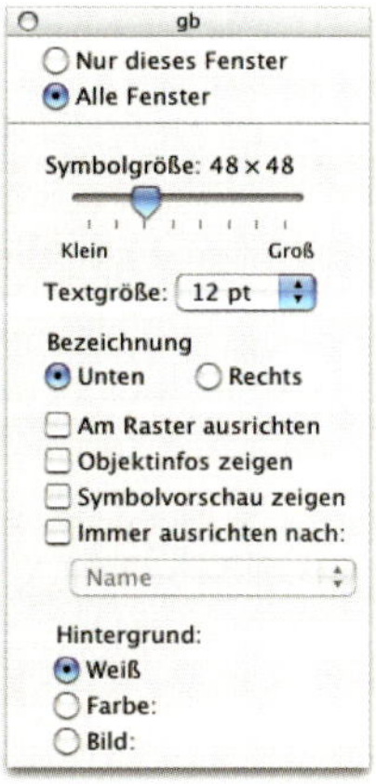

Abbildung 4-28 Allgemeine Einstellungen für neue Ordner

Symboldarstellung (Icon-Darstellung)
Folgende Optionen stehen zur Verfügung:

- Die Symbolgrösse kann für jedes Fenster individuell und stufenlos eingestellt werden (dabei wird die Symbolgrösse in Punkten angegeben, minimal: 16 x 16 Punkte und maximal: 128 x 128 Punkte).
- Die Textgrösse kann zwischen zehn und 16 Punkt eingestellt werden.
- Der Name kann unten oder rechts stehen.
- Es können weitere Objektinformationen eingeblendet werden (z. B. Anzahl enthaltener Objekte in einem Ordner, Auflösung von Bildern).
- Die Symbole können am (unsichtbaren) Raster ausgerichtet werden, damit die Fenster etwas geordnet wirken. Falls man ein Dokument trotz aktivierter Option ausserhalb des Rasters platzieren will, verschiebt man es mit gedrückter Apfeltaste.
- Es kann die Symbolvorschau aktiviert werden. Einige Bilddateien enthalten eine Vorschau, die im Finder angezeigt wird. Falls diese Vorschau nicht vorhanden ist, kann mit dieser Einstellung eine Vorschau „erzwungen" werden (was aber nicht bei allen Bildern funktioniert).
- Die Symbole können nach Name, Erstellungsdatum, Änderungsdatum, Grösse, Art oder Etikett ausgerichtet werden.
- Jedes Fenster kann eine eigene Hintergrundfarbe haben (Wahl durch Klicken in das Farbfeld, das erscheint).
- Jedes Fenster kann ein Hintergrundbild haben.

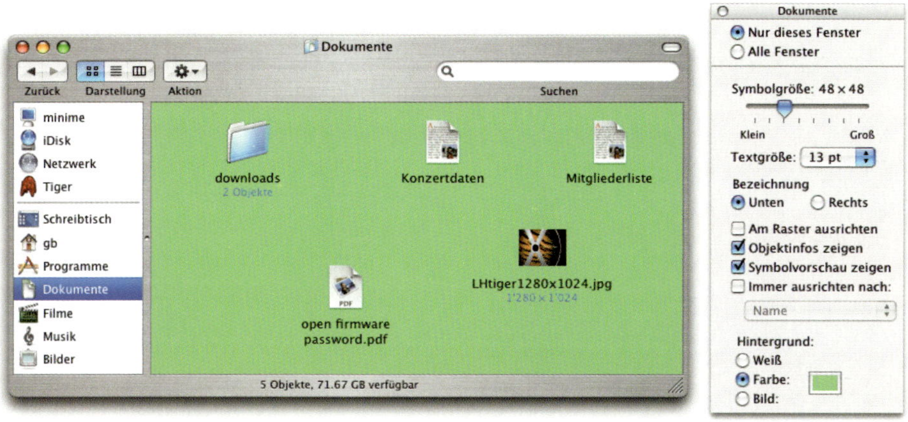

Abbildung 4-29 Fenstereinstellungen (Hintergrundfarbe, Vorschau)

Um ein individuell eingestelltes Fenster (*Nur dieses Fenster* ist in den Darstellungsoptionen aktiv) wieder auf Standardeinstellungen (die zuletzt bei *Alle Fenster* gemachten Einstellungen) zurückzubringen, ruft man einfach die Darstellungsoptionen auf und klickt in *Alle Fenster*. Die individuellen Anpassungen werden dann zurückgesetzt.

Listendarstellung

Auch hier kann wieder zwischen globalen (*Alle Fenster*) und lokalen (*Nur dieses Fenster*) Einstellungen gewählt werden.

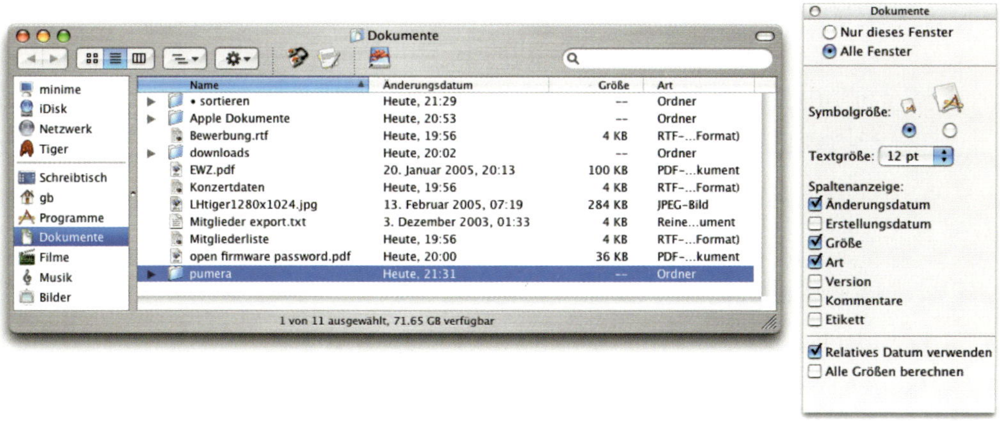

Abbildung 4-30 Fenster in Listendarstellung

Sonderzeichen am Dateinamenanfang werden zuoberst (vor A) eingeordnet. Die Sortierreihenfolge (A - Z bzw. Z - A) kann wiederum geändert werden, indem man auf die Spaltenbeschriftung klickt. Die farbige Spaltenmarkierung zeigt an, nach welcher Spalte der Inhalt im Moment sortiert ist, und der Pfeil deutet an, ob die Sortierordnung auf- oder absteigend ist. Um nach einer anderen Spalte zu sortieren, klickt man einfach auf deren Spaltenbeschriftung.

Bei der Dateiauswahl muss man ein paar Punkte beachten:

- Will man eine zusammenhängende Mehrfachauswahl treffen, wählt man das oberste (oder unterste) Element, drückt die shift-Taste und wählt dann das unterste (bzw. oberste) Element. Alle Elemente dazwischen werden automatisch markiert.
- Man kann auch mit gedrückter Maustaste über die entsprechenden Elemente fahren, um auf diese Art eine Auswahl zu treffen. Der Mauszeiger muss dabei über einem der Elemente angesetzt werden und darf sich nicht ausserhalb des Auswahlbereichs (etwa in einem leeren Bereich unterhalb der letzten Datei) befinden. Ausserdem darf nicht in den Namen selber, sondern nur in den Bereich hinter (oder vor) dem Namen einer Datei geklickt werden (sonst wird das Element verschoben!).

  Will man nun die ausgewählten Elemente verschieben, packt man eines davon am Namen (oder am Icon) und verschiebt die ganze Auswahl. Achtung: nicht hinter den Namen klicken, sonst wird die Auswahl aufgehoben!

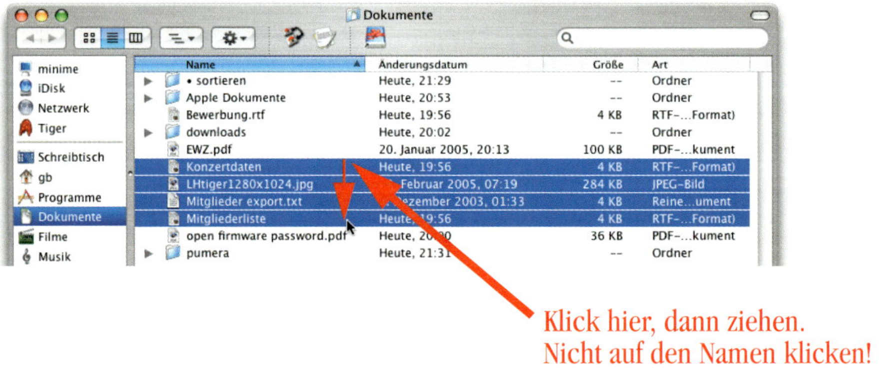

Abbildung 4-31 Zusammenhängende Auswahl mit der Maus

- Um nur einige Elemente auszuwählen, die nicht zusammenhängend sind, wählt man mit gedrückter Apfel-Taste jedes einzelne an. Um diese Auswahl zu verschieben, klickt man wieder auf einen Namen oder ein Symbol und führt die Aktion aus.

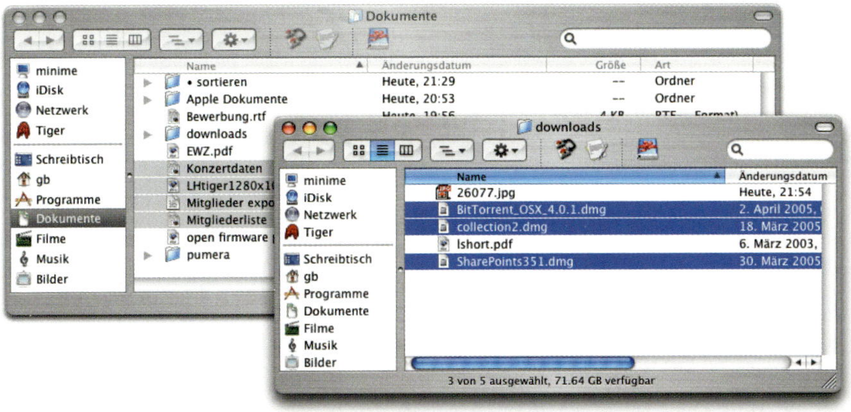

Abbildung 4-32 Selektierte Objekte in mehreren Fenstern

Wenn man in einem Fenster einige Dateien ausgewählt hat und dann in ein anderes Fenster wechselt, bleibt die Auswahl im ersten Fenster bestehen (Abbildung 4-32). Im zweiten Fenster kann man wieder Objekte auswählen und dann ins erste Fenster wechseln (Achtung: nur auf die Titelleiste und nicht in den Fensterinhalt klicken, sonst wird die Auswahl des Fensters aufgehoben). Nun sind in beiden Fenstern Dateien ausgewählt. Man kann beliebig zwischen Fenstern wechseln, ohne dass die jeweilige Auswahl in einem Fenster aufgehoben würde.

Spaltendarstellung

Die Spaltendarstellung wurde mit Mac OS X neu eingeführt. Diese Darstellung wird ausserdem (neben der Listendarstellung) in den *Öffnen-/Sichern*-Dialogen verwendet. Im Grunde stellt die Spaltendarstellung die ganze Hierarchie der Festplatte in einem horizontalen Verlauf dar:

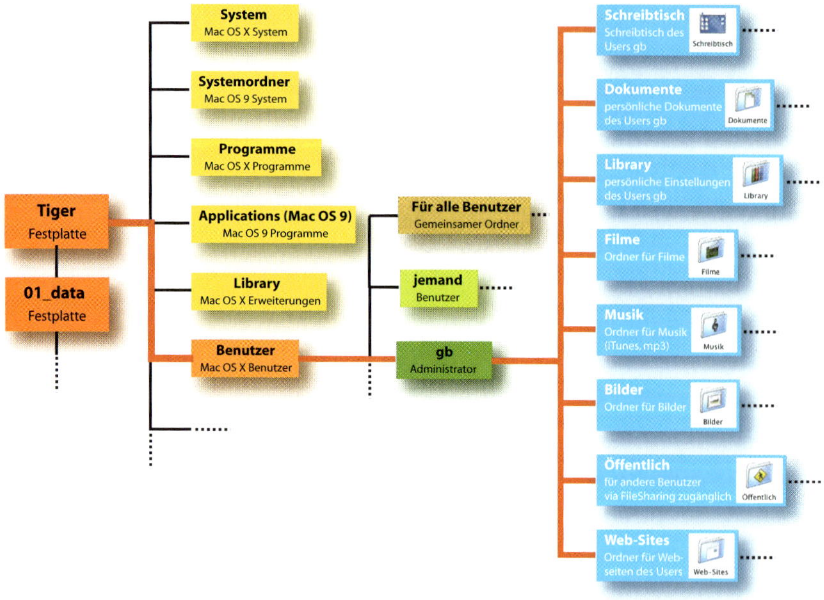

Abbildung 4-33 Spaltendarstellung

Man navigiert einfach durch die Hierarchie, indem man den jeweils gewünschten Ordner auswählt. Sein Inhalt wird dann in der Spalte rechts von ihm angezeigt. Der Vorgang wird wiederholt, bis man die gesuchte Datei gefunden hat. Mit der Seitenleiste ist der Vorgang noch raffinierter geworden, da nicht immer der komplette Pfad angezeigt werden muss, sondern von einem Ordner der Seitenleiste ausgegangen werden kann.

Für die Spaltendarstellung gibt es nur drei Darstellungsoptionen: die Textgrösse, das Einblenden der Symbole (Datei- und Ordner-Icons) und die Dateivorschau. Bei einigen

Dateitypen ist die Spaltendarstellung nämlich in der Lage, eine Voransicht der Dateien zu liefern:

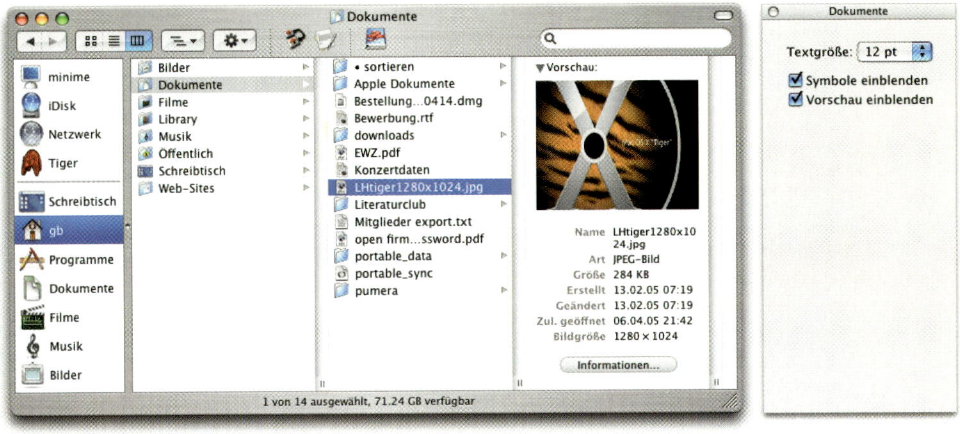

Abbildung 4-34 Spaltendarstellung mit Voransicht

Auf diese Weise können mp3-Dateien oder QuickTime-Filme direkt im Finder abgespielt werden:

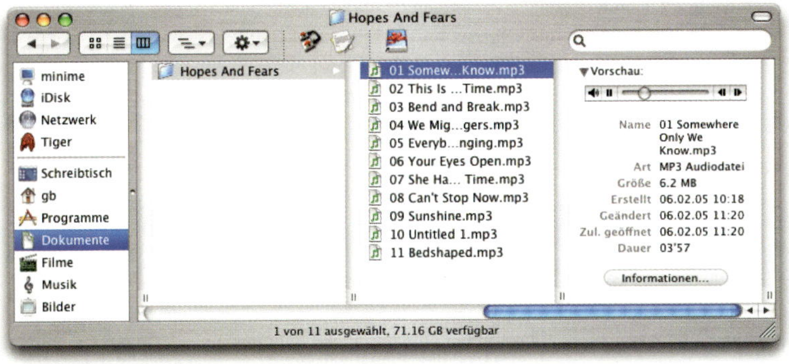

Abbildung 4-35 Direkte mp3-Wiedergabe im Finder

Um die Spaltenbreite einer Spalte zu ändern, packt man die kleine Markierung zuunterst bei den Spaltentrennlinien und schiebt sie nach links oder rechts. Um alle Spalten zu verändern, drückt man dabei die alt-Taste (dabei wird für alle Spalten automatisch die gleiche Breite eingestellt). Ein Doppelklick auf die Markierung stellt gerade die optimale Spaltenbreite ein, bei der alle Objekte mit komplettem Namen sichtbar sind.

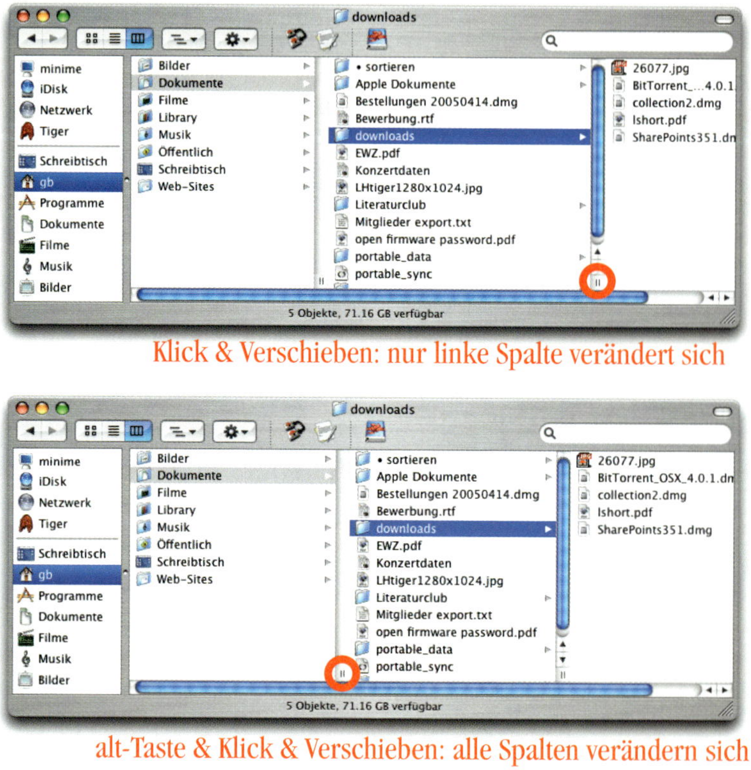

Abbildung 4-36 Ändern der Spaltenbreite

Symbolleiste

Die Symbolleiste lässt sich konfigurieren. Dies geschieht im Menü *Darstellung* unter *Symbolleiste anpassen...* (nur aktiv, wenn ein Finderfenster geöffnet ist).

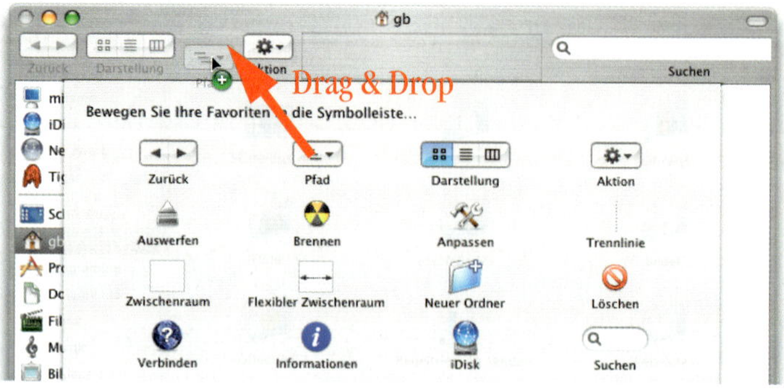

Abbildung 4-37 Anpassen der Symbolleiste

Dort kann man aus einer Palette an Standardsymbolen auswählen, die man der Symbolleiste hinzufügt. Die Elemente können einfach mit Drag & Drop hinzugefügt oder gelöscht werden (Abbildung 4-37). Mit Klick auf *Fertig* werden die Änderungen bestätigt und sind für alle folgenden Fenster gültig.

Anstelle von Elementen aus der Palette können auch andere Elemente (die man häufig braucht) zur Symbolleiste hinzugefügt werden. Falls man sich nicht im *Symbolleiste anpassen...*-Modus befindet, muss man bei gedrückt gehaltener Maustaste einen Augenblick warten, bis das Pluszeichen erscheint und das Element hinzugefügt werden kann (Abbildung 4-38).

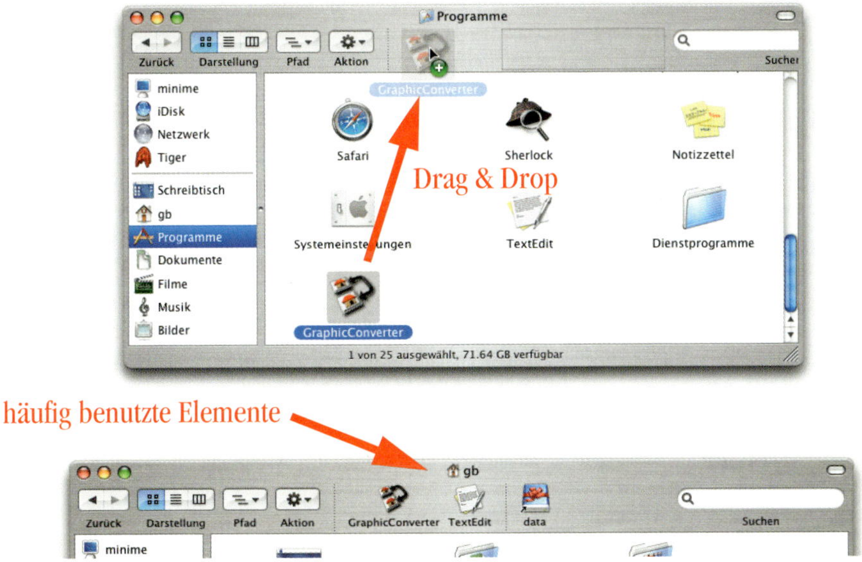

Abbildung 4-38 angepasste Symbolleiste

Diese eigenen Objekte, die man hinzufügt, konkurrieren quasi mit der Seitenleiste. Es macht wenig Sinn, Ordner sowohl in der Seitenleiste wie auch in der Symbolleiste zu platzieren. Stattdessen sollte man nach Objekten unterscheiden: Die Elemente der Seitenleiste tauchen auch in den *Öffnen-/Sichern*-Dialogen wieder auf. Deshalb sollte man hier vor allem häufig gebrauchte Ordner hineinziehen. Die Symbolleiste verwendet man dafür für Programme – diese machen in den *Öffnen-/Sichern*-Dialogen sowieso keinen Sinn, in der Symbolleiste hingegen öffnet man damit Dokumente via Drag & Drop. Auch für häufig genutzte Server eignet sich die Symbolleiste: auf diese Weise gelangt man ohne den *Mit Server verbinden...*-Dialog direkt zum Login für ein entferntes Volume – dabei sollte man ein Alias des Servervolumes in die Titelleiste ziehen, damit das Icon nicht verloren geht. Die Alias-Dateien kann man z. B. im Ordner *~/Dokumente/Server* sichern.

Um ein Symbol zu entfernen, wird dieses mit der Maus gepackt und ausserhalb des Fensters losgelassen. Dies ist allerdings nur im *Symbolleiste anpassen*-Modus möglich. Alternativ kann man aber die Symbole über das Kontextmenü entfernen (via ctrl-Klick bzw. rechte Maustaste auf das betreffende Objekt).

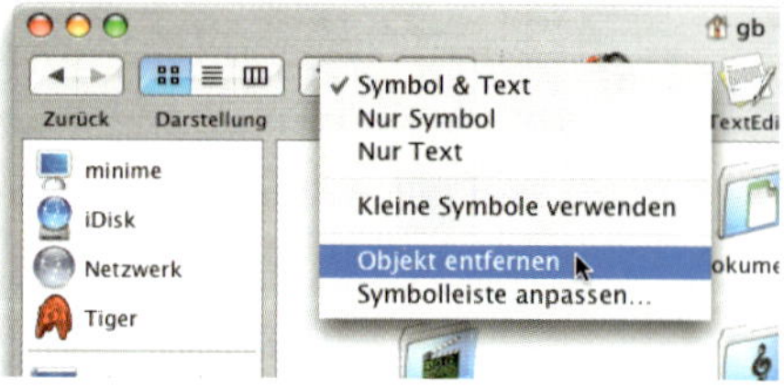

In der Statusleiste werden die Anzahl Objekte (ggf. ausgewählte Objekte) und der freie Speicherplatz angezeigt. Bei Fenstern ohne Symbolleiste kann die Statusanzeige im Menü *Darstellung* ein- und ausgeblendet werden (Abbildung 4-39).

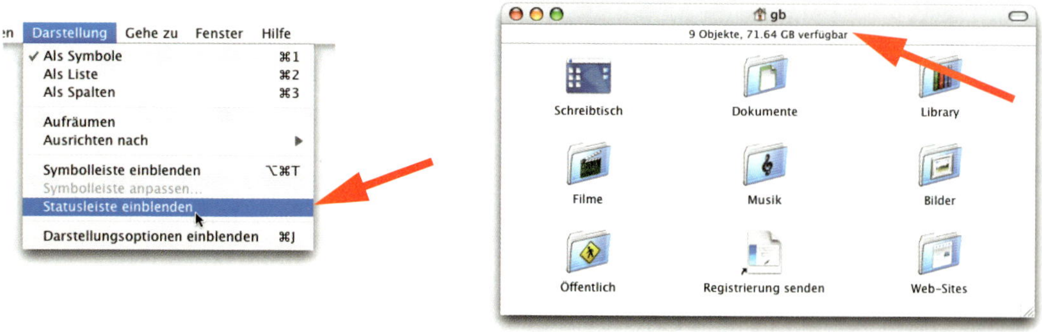

Abbildung 4-39 Statusanzeige ein- und ausblenden

Im *Symbolleiste anpassen*-Modus (Abbildung 4-37) kann man wählen, ob in der Symbolleiste Symbol und Text, bzw. nur Symbol oder nur Text angezeigt werden sollen. Da die Symbole recht eindeutig und gut zu merken sind, genügt es meistens, nur diese anzuzeigen. Falls man in diesem Fall eigene Ordner zur Symbolleiste hinzugefügt hat, sollte man sie mit einem aussagekräftigen Icon versehen haben (wie in Abbildung 4-38). Wie man Icons anpasst, wird in „Ändern von Icons" auf Seite 151 beschrieben.

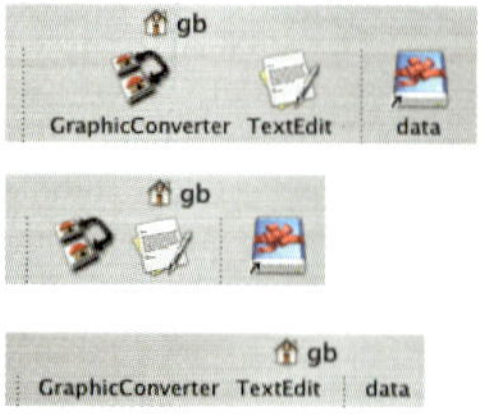

Die Symbolleiste kann auch über das Kontextmenü noch weiter konfiguriert werden. Dort kann man die Grösse der Symbole beeinflussen und auch direkt wählen, ob man Symbol, Text oder beides sehen will.

Die Symbole sind mit einem Alias vergleichbar. Wenn man ein Objekt auf ein Ordnersymbol in der Symbolleiste bewegt, wird es in diesem Ordner abgelegt. Um eine Datei zu öffnen, kann man sie auf das Symbol einer Anwendung ziehen.

Abbildung 4-40 Drag & Drop eines Objektes auf ein Symbolleistenobjekt

Etiketten

Mit den Etiketten lässt sich der Name eines Objektes einfärben. Leider führt das dazu, dass nicht immer auf Anhieb klar ist, was nun Etikett und was Auswahl ist (Abbildung 4-41). Wird ein Objekt mit Etikett ausgewählt, ist in der Listenansicht (Seite 101) lediglich noch ein Kreis davor entsprechend eingefärbt (Abbildung 4-41, rechts). In der Symbolansicht wird der Name mit der Etikettfarbe umrahmt.

Abbildung 4-41 Etiketten: links Ordner „downloads“ nicht ausgewählt, rechts ausgewählt

Die Etiketten können über das Menü *Ablage* oder über das Kontextmenü ausgewählt werden (Abbildung 4-42). Falls man ein Etikett wieder entfernen möchte, wählt man einfach das Kreuz zu Beginn der Liste im Kontextmenü aus.

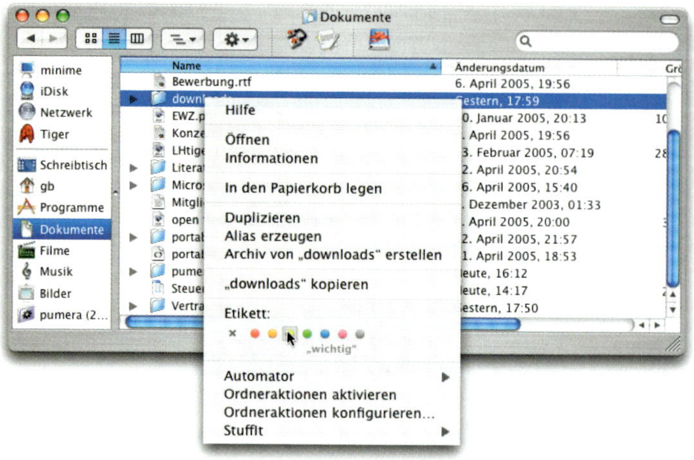

Abbildung 4-42 Etikett über das Kontextmenü zuweisen

Die einem Etikett zugewiesenen Namen werden in den *Finder-Einstellungen* (siehe Seite 96) festgelegt.

Fenstermanipulationen

Unter Mac OS X können Fenster im Hintergrund direkt geschlossen, vergrössert oder ins Dock minimiert werden (ohne sie vorher zu aktivieren, Abbildung 4-43). Überfährt man die Titelleiste eines Fensters im Hintergrund mit der Maus, so werden die Knöpfe in dem Moment farbig, in dem die Maus sie überfährt. Wenn man nun in den Schliessen-Knopf klickt, wird das im Hintergrund inaktive Fenster geschlossen.

Abbildung 4-43 Fenster im Hintergrund schliessen

Wenn man ein Fenster im Hintergrund verschieben will, muss man beim Verschieben die Apfel-Taste gedrückt halten, damit das Fenster nicht aktiviert wird.

und Ziehen – Fenster wird nicht aktiviert

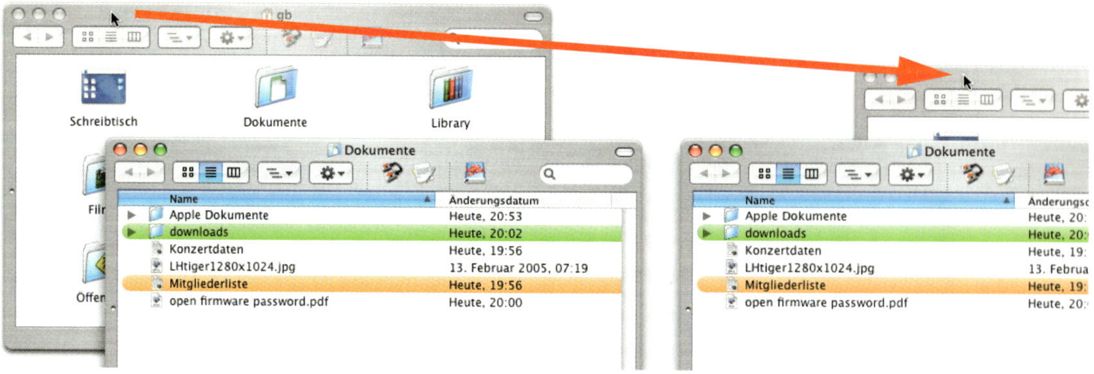

Abbildung 4-44 Fenster im Hintergrund verschieben

4.13.2 Navigieren im Finder

Im unteren Teil der Seitenleiste können (via Drag & Drop, Abbildung 4-45) häufig benützte Elemente platziert werden. Wählt man ein Element an, erscheint dessen Inhalt in der rechten Fensterhälfte. Um ein Element wieder aus der Seitenleiste zu entfernen, zieht man es einfach mit der Maus aus dem Fenster hinaus. Diese Einstellung hat dann Gültigkeit für alle folgenden Fenster.

Abbildung 4-45 Konfiguration der Seitenleiste

Um ein Objekt direkt in einen Ordner der Seitenleiste zu verschieben, zieht man es einfach auf das entsprechende Icon und lässt es fallen.

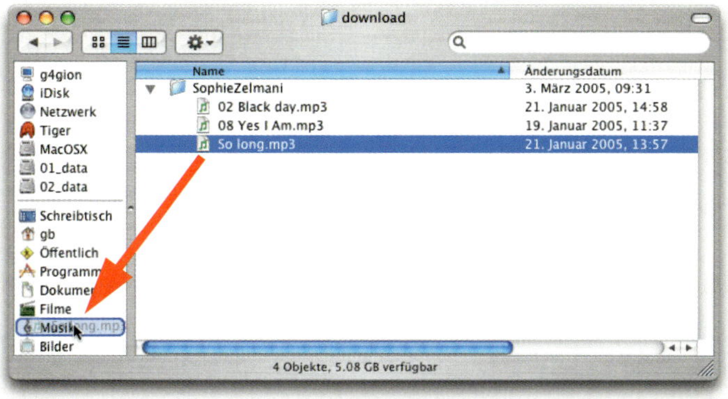

Abbildung 4-46 Verschieben einer Datei direkt in ein Element der Seitenleiste

Wechselmedien können ebenfalls in der Seitenleiste angezeigt werden, falls dies in den Finder *Einstellungen* (Seite 98) so konfiguriert wurde. Neben deren Icon erscheint dann ein Auswurf-Knopf, mit dem das Medium entfernt („ungemountet“) werden kann.

Die Seitenleiste kann auch vollständig ausgeblendet werden. Dazu klickt man einfach den kleinen Punkt, der die Seitenleiste vom Rest des Fensters trennt, doppelt an. Das Fenster sieht dann so wie in Abbildung 4-47 (rechts) aus. Um die Seitenleiste wieder einzublenden, genügt ein erneutes Doppelklicken auf den Punkt. Die Icon-Grösse der Elemente in der Seitenleiste passt sich automatisch der Grösse des Fensters an. Anders gesagt: je mehr Icons in der Seitenleiste sind, umso kleiner werden sie angezeigt.

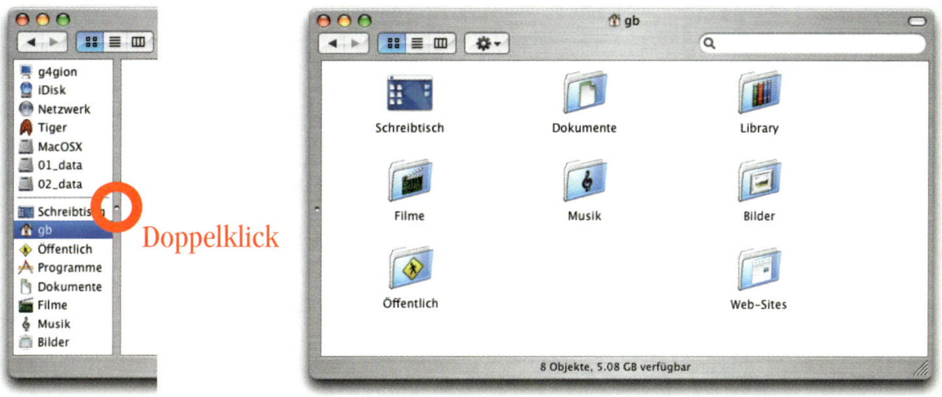

Abbildung 4-47 Seitenleiste ausblenden

Die farbigen Knöpfe links oben am Fenster übernehmen folgende Funktionen:

- rot: schliessen
  (rot bei gedrückter alt-Taste: alle Fenster schliessen)
- gelb: ins Dock minimieren (alternativ: Doppelklick auf die Titelleiste)
  (gelb bei gedrückter alt-Taste: alle Fenster einer Anwendung minimieren)
- grün: maximieren, bzw. auf optimale Grösse bringen
- weiss, oben rechts: Blendet alle Leisten ausser der Titelleiste ein und aus (alternativ: Apfel-alt-T).

Die Navigation durch die Ordnerhierarchie im Finder funktioniert bei ein- oder ausgeblendeter Symbolleiste anders (vgl. Abbildung 4-48):

- Falls sie ausgeblendet wird, öffnen sich doppelgeklickte Ordner in einem neuen Fenster (wie aus Mac OS 9 bekannt).
- Falls sie eingeblendet wird, öffnen sich doppelgeklickte Ordner im gleichen Fenster. Das Fensterchaos im Finder wird dadurch stark gemildert.

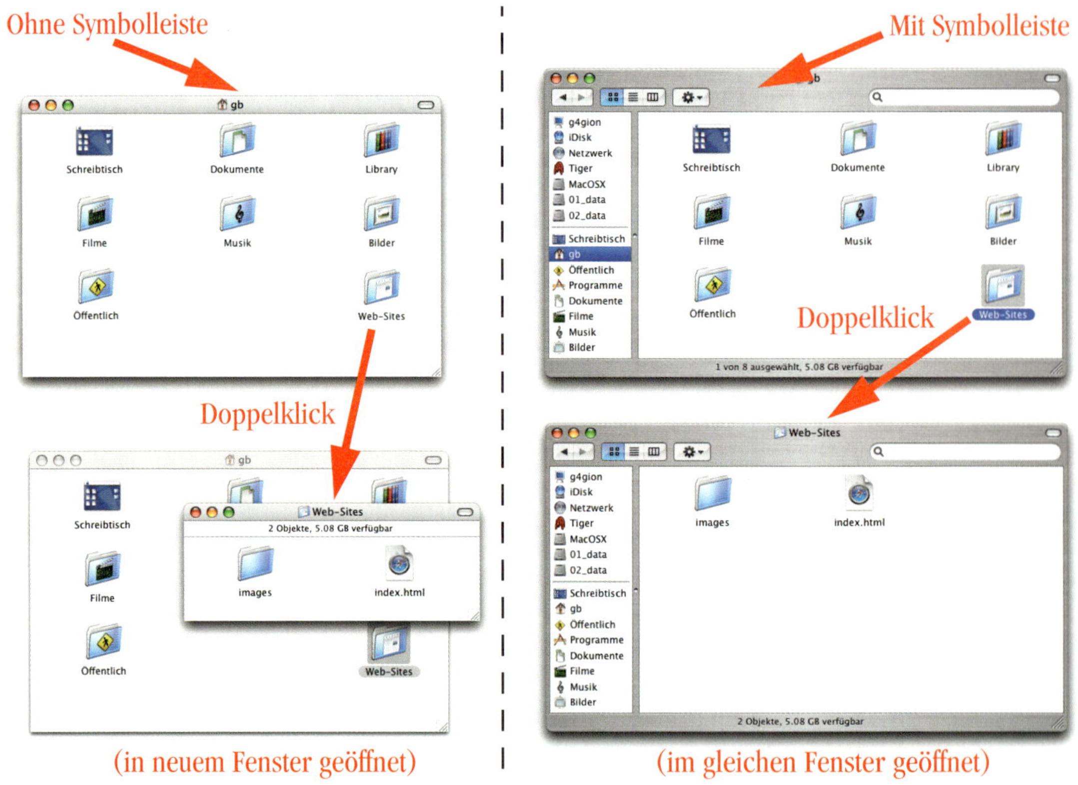

Abbildung 4-48 Fensterdarstellung: Symbolleiste

Will man aus einem Fenster mit Symbolleiste einen Ordner in einem neuen Fenster öffnen, drückt man während des Doppelklicks die Apfel-Taste.

Man kann auch vollständig mit der Tastatur navigieren. Falls die Symbolleiste eingeblendet ist (es ist immer nur ein Fenster geöffnet):

- eine Hierarchiestufe höher: Apfel-Pfeil nach oben
- eine Hierarchiestufe tiefer (Ordner öffnen): Objekt auswählen (Pfeiltasten auf der Tastatur oder Anfangsbuchstabe des Ordners) und Apfel-Pfeil nach unten. Das funktioniert in der Symbol- und Listendarstellung; in der Spaltendarstellung wird der Inhalt direkt in der rechten Spalte dargestellt, man kann komplett mit den Pfeiltasten navigieren.
- Apfel-O öffnet einen ausgewählten Ordner, Apfel-shift-O öffnet den Ordner in einem neuen Fenster
- In Listendarstellung: Inhalt eines Ordners anzeigen (Ordner „aufklappen): Objekt auswählen und Pfeil nach rechts; mit Pfeil nach links Ordner wieder zuklappen.

Falls die Symbolleiste ausgeblendet ist:

- Navigieren mit den Pfeilen (wie oben) ist ebenfalls möglich. In der Spaltenansicht kann man wieder komplett im gleichen Fenster navigieren.
- eine Hierarchiestufe höher: Apfel-Pfeil nach oben (wird in einem neuen Fenster geöffnet, falls nicht bereits vorhanden) oder Apfel-alt-Pfeil nach oben (altes Fenster verschwindet, Inhalt wird in neuem geöffnet).
- eine Hierarchiestufe tiefer (Ordner öffnen): Objekt auswählen (Pfeiltasten auf der Tastatur oder Anfangsbuchstabe des Ordners) und Apfel-Pfeil nach unten (wird in einem neuen Fenster geöffnet), bzw. Apfel-alt-Pfeil nach unten (im gleichen Fenster geöffnet).
- Apfel-O öffnet einen ausgewählten Ordner in einem neuen Fenster, Apfel-alt-O öffnet ein neues Fenster und lässt das alte verschwinden.

Mit Apfel-ö und Apfel-ä navigiert man wie in einem Webbrowser durch die Geschichte eines Fensters (zurück bzw. vor, früher Apfel und Pfeil nach links bzw. rechts – wer wohl auf die glorreiche Idee kam, diesen Shortcut zu ändern...).

Mit Apfel-Klick auf den Namen der Titelleiste wird der Pfad zum offenen Fenster angezeigt. Bei eingeblendeter Symbolleiste erscheint nach dem Loslassen der Maus innerhalb dieses Pfades der betreffende Ordner im aktiven Finderfenster. Ohne Symbolleiste wird dafür ein neues Fenster geöffnet.

Das funktioniert auch mit Dokumentenfenster der meisten Programme (z. B. mit TextEdit, Abbildung 4-49, rechts). Lässt man die Maustaste auf einem der Ordner in der Hierarchie los, so wird dieser in einem neuen Fenster im Finder dargestellt (bzw. das Fenster in den Vordergrund gebracht, falls es schon geöffnet war).

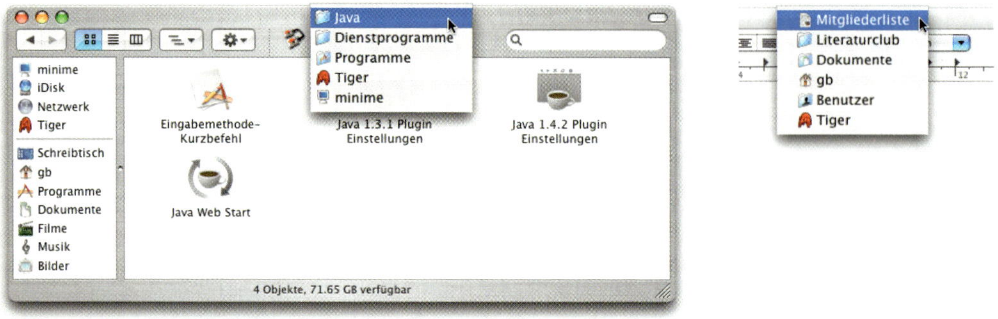

Abbildung 4-49 Anzeige des Pfades

Im Menü *Gehe zu* kann man eine Netzwerkverbindung aufbauen (*Mit Server verbinden...*, siehe „Sharing" auf Seite 288), es enthält aber auch eine Reihe von Shortcuts zu einigen Standardordnern (*Computer*, *Privat*, *iDisk*, *Programme*). Das Untermenü *Benutzte Ordner* ist eine Ergänzung zu *Benutzte Objekte* aus dem Apple-Menü.

Abbildung 4-50 Unsichtbare Ordner mit *Gehe zum Ordner...* öffnen

Mittels *Gehe zum Ordner...* im Menü *Gehe zu* kann man direkt zu einem Ordner navigieren, sofern einem der Pfad bekannt ist. Das ist insbesondere für unsichtbare Ordner interessant, da man diese sonst im Finder nicht einfach so öffnen kann. Um z. B. zum Ordner */usr/share/tcsh/* zu gelangen, wählt man *Gehe zum Ordner...* und tippt dann „/usr/share/..." usw. (Abbildung 4-50). Die Ordnernamen werden nach der ersten Ebene mit einem Klick auf die Tabulatortaste oder nach einem kurzen Augenblick automatisch vervollständigt, sofern sie eindeutig sind.

4.13.3 Fensterlogik

In Mac OS X ist die Reihenfolge der Fensterdarstellung nicht an die Programme gekoppelt. Man könnte sagen: die Darstellung ist fenster- und nicht programmorientiert (wie unter Windows). In Abbildung 4-51 ist das Fenster *gb* (Finder) im Vordergrund, das nächste Fenster hingegen ist *Ohne Titel 3* aus TextEdit und das letzte Fenster ist *Programme* (Finder). Das heisst, das Fenster *Ohne Titel 3* aus TextEdit hat sich quasi zwischen die beiden Finder-Fenster geschoben. Wie entsteht diese Situation? Falls TextEdit mit dem Dokument *Ohne Titel 3* aktiv war, und man mit der Maus ins Fenster *gb* klickt, so wird eben nur dieses Fenster, nicht aber der „ganze" Finder aktiviert. Wenn man will, dass *alle* Fenster einer Applikation in den Vordergrund kommen, bringt man die Anwendung einfach durch einen Klick in ihr Programm-Icon im Dock in den Vordergrund oder wählt *Alle nach vorne bringen* aus dem Menü *Fenster* (falls das Programm schon im Vordergrund ist).

Abbildung 4-51 Fensterreihenfolge

Die Anordnung der Fenster auf diese Art hat speziell bei Drag & Drop-Vorgängen grosse Vorteile: während früher immer erst die Fenster von verschiedenen Applikationen so angeordnet werden mussten, dass einem beim Drag & Drop nichts in die Quere kam, müssen auf diese Weise fast immer nur noch die beiden relevanten Fenster sichtbar sein – egal in welcher Anwendung.

Datei- und Ordnermanipulation 5

„Der Weg ist das Ziel." – alte Bergsteigerweisheit, für die effiziente Datenverwaltung in Mac OS X aber zum Glück überhaupt nicht zutreffend.

Das Festlegen des grundlegenden Erscheinungsbildes und die Elemente des Finders wurden im letzten Kapitel erklärt. Nun geht es darum, wie man mit Dateien und Ordnern arbeitet, Dokumente öffnet und speichert sowie Informationen anzeigt. Mac OS X bietet eine Fülle von Einstellungen und Befehlen an, die das Arbeiten erleichtern – hier lernen Sie diese kennen.

5.1 Drag & Drop

Unter Drag & Drop versteht man das „Ziehen & Loslassen" von Objekten zur Durchführung einer bestimmten Aktion. Dabei wird vom Betriebssystem bzw. von den beteiligten Programmen eine gewisse Intelligenz erwartet, was denn der Benutzer zu tun gedenkt – zieht man z. B. eine *.jpg-Datei auf das Mail-Icon im Dock, so weiss das Programm, dass man ein neues E-Mail mit dem Bild als Attachement erstellen will. Die einzelnen Schritte sind also:

- Objekt anklicken und Maustaste gedrückt halten
- Objekt auf ein anderes Objekt verschieben (dieses ändert meistens seine Farbe um anzuzeigen, dass es die Aktion versteht)
- Maustaste loslassen
- (Aktion wird ausgeführt)

Es gibt kein anderes Betriebssystem, welches Drag & Drop so konsequent implementiert hat wie Mac OS X. Durch das Ziehen einer E-Mail-Adresse aus einem Textdokument auf den Schreibtisch kann man beispielsweise ein URL-Clipping entstehen lassen, das bei

Doppelklick das E-Mail-Programm öffnet und eine neue Nachricht an die enthaltene E-Mail-Adresse erstellt.

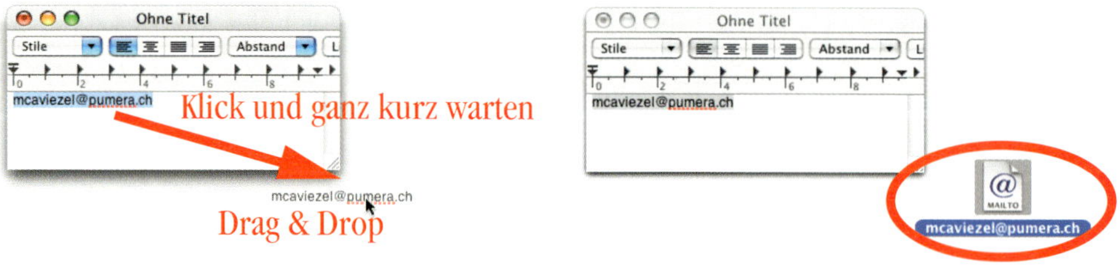

Abbildung 5-1 Drag & Drop einer E-Mail-Adresse

Um Drag & Drop-Vorgänge mit Textobjekten durchzuführen, muss der betreffende Text zuerst markiert werden. Das markierte Objekt „packen", und bei gedrückter Maustaste darauf achten, dass sich der Mauszeiger in einen Pfeil verwandelt (evtl. einen Augenblick mit gedrückter Maustaste warten). Dann lässt sich die Auswahl an den Zielort verschieben. Wenn der Mauszeiger kein Pfeil ist, so meint der Mac, man wolle die Auswahl aufheben oder verändern.

Der Inhalt von Text-Clippings kann via Apfel-C und Apfel-V kopiert und eingesetzt werden, oder durch einen erneuten Drag & Drop-Vorgang (quasi in umgekehrter Richtung) platziert werden.

Man kann auch Dokumente öffnen, indem man sie via Drag & Drop auf ein Programmsymbol zieht (Abbildung 5-2). Sobald man das Dokument-Icon über dem Programm-Icon platziert hat, verändert das Programm-Icon seine Farbe (wird aktiv), um zu zeigen, dass man die Maustaste loslassen kann und das Dokument geöffnet wird.

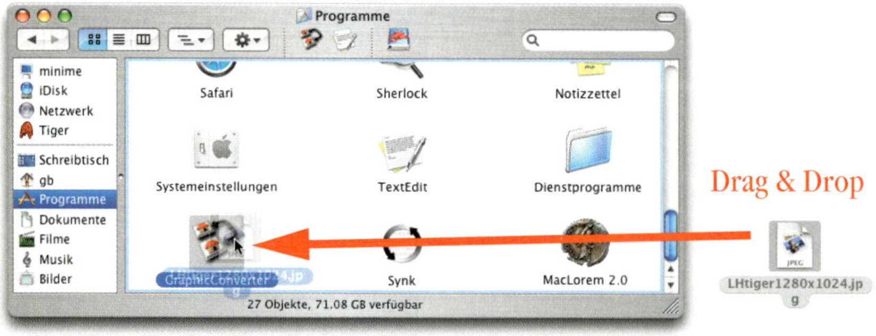

Abbildung 5-2 Öffnen durch Drag & Drop

Manchmal „bockt" das Programm dabei, weil es meint, es könnte das Dokument nicht öffnen. Das Programm-Icon ändert in diesem Fall seine Farbe nicht und das „Drop" kann nicht abgeschlossen werden. Dann muss man während des Drag & Drop-Vorganges die Apfel- und die alt-Taste drücken, um das Programm zu zwingen, das Dokument zu öffnen (falls es dann trotzdem nicht geht, wird man vom Programm darauf hingewiesen). Diese Methode (Apfel-alt-Drag & Drop auf das Programm-Icon) funktioniert auch mit den Programmsymbolen im Dock oder in der Symbolleiste.

Alle Drag & Drop-Vorgänge (auch das Kopieren und Bewegen, siehe nächstes Kapitel) können durch Drücken der esc-Taste jederzeit abgebrochen werden. Danach einfach die Maus loslassen – nicht ist geschehen.

5.2 Kopieren und Bewegen

Im Folgenden soll nur kurz auf einige Regeln hingewiesen werden:

- Verschieben zwischen Volumes: Zwischen verschiedenen Volumes wird normalerweise kopiert, die Dateien bleiben am Ursprungsort also erhalten. Will man Dateien zwischen zwei Volumes bewegen, so hält man die Apfel-Taste beim Ziehen mit der Maus gedrückt.
- Kopieren von Volumes auf die Festplatte: Während man unter Mac OS 9 eine CD oder ein anderes Volume auf die Festplatte ziehen konnte und dabei ein neuer Ordner mit dessen Namen am Zielort angelegt wurde, funktioniert das bei Mac OS X nicht mehr – stattdessen wird am Ziel ein Alias des Volumes erzeugt. Will man das Volume kopieren, muss man die alt-Taste drücken.
- Kopieren in Abhängigkeit der Benutzerrechte: Ob ein Dokument kopiert oder bewegt wird, hängt auch von den Benutzerrechten ab – ein Objekt, bei dem man als Nicht-Eigentümer nur Lesezugriff hat, wird kopiert, nicht bewegt. Andernfalls muss man zuerst die Zugriffsrechte ändern.
- Will man ein Objekt an einen Ort verschieben, zu dem man ungenügende Zugriffsrechte (keine Schreibrechte) hat, erscheint eine Meldung mit der Möglichkeit, sich als Administrator zu authentifizieren, um die Aktion dennoch durchzuführen.

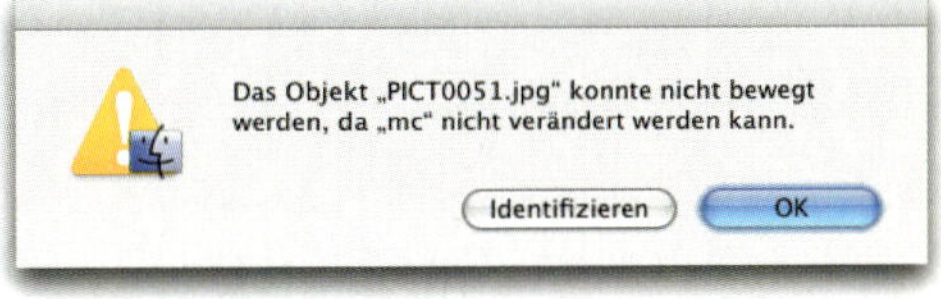

- Will man ein Objekt löschen, für das man nicht genügend Rechte hat, muss man sich ebenfalls als Administrator identifizieren.

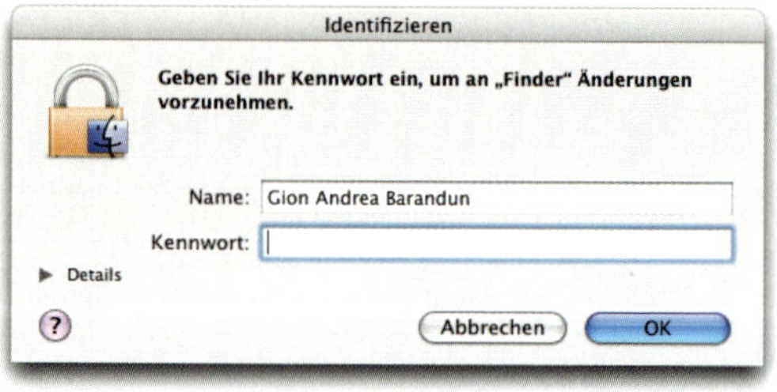

- Erzeugen von Alias-Dateien: Beim Ziehen mit der Maus hält man die Apfel- und die alt-Taste gedrückt – so wird vom verschobenen Objekt ein Alias erzeugt.

Der Cursor zeigt jeweils an, welche Aktion durchgeführt wird:

- Grünes Pluszeichen: kopieren
- Gekrümmter Pfeil: Alias erzeugen
- kein Symbol (nur Pfeil): Objekt wird verschoben

Bedingt durch die neue Logik im Finder, wonach der Inhalt eines Ordners immer im gleichen Fenster dargestellt wird (und nicht ständig ein neues Fenster geöffnet wird), muss man beim Kopieren oder Bewegen manchmal „manuell" ein neues Fenster öffnen. Um das Dokument *Newsletter 2005-02* in Abbildung 5-3 aus dem Ordner *Projekte 2004* in den übergeordneten Ordner *pumera* zu bewegen, öffnet man den Ordner *Projekte 2004* mit Apfel-Doppelklick. Damit erscheint er in einem neuen Fenster. Nun kann man die Datei bewegen, da man ja zwei Fenster hat. Das zweite Fenster (in das man hinkopieren oder hinbewegen möchte) muss nicht ganz sichtbar sein. Sobald man das gepackte Objekt über dieses Fenster bewegt und eine Weile festhält, wird nämlich das ganze Fenster sichtbar. Durch die Seitenleiste kann man allerdings via Spring Loaded Folders die Dateien ebenfalls recht praktisch bewegen.

Die Befehle *Kopieren* (Apfel-C) und *Einsetzen* (Apfel-V) haben sich im Finder etwas verändert: während unter Mac OS 9 der Befehl *Kopieren* bei einer aktivierten Datei im Finder stets nur deren Namen (nicht aber die Datei selber) kopiert hat, wird bei Mac OS X die ganze Datei kopiert. Diese kann an einem anderen Ort eingesetzt werden. Der Befehl *Duplizieren* (Apfel-D, zum Duplizieren einer Datei) ist aber nach wie vor im Menü *Ablage* verfügbar. Will man nur den Namen der Datei kopieren, so muss man diesen zuerst aktivieren. Dabei wird folgendermassen vorgegangen: Datei auswählen, in den Namen der Datei klicken und einen Augenblick warten. Es bildet sich ein Rahmen und der Text ist ausgewählt (nicht zu schnell hintereinander klicken, sonst wird die Datei geöffnet). Jetzt kann der Name geändert oder kopiert werden. Falls man den Dateinamen in ein anderes Programm (nicht den Finder) einsetzen will, genügt das „Kopieren" der ganzen Datei – der Mac weiss, dass nur der Name gemeint ist. Der *Ausschneiden*-Befehl funktioniert hingegen im Finder mit Dateien nicht.

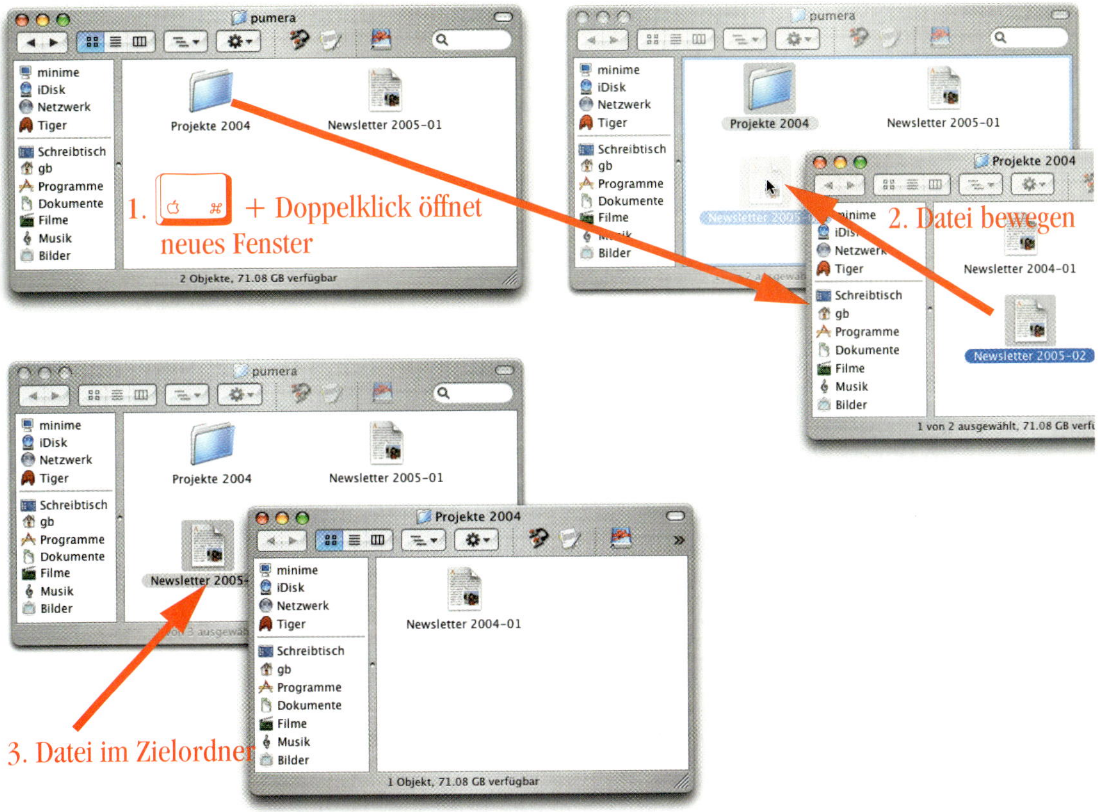

Abbildung 5-3 Bewegen einer Datei

5.3 Kontextmenü

Nach wie vor vorhanden ist das Kontextmenü, bei dem via ctrl-Klick (bei gedrückter ctrl-Taste die Maustaste drücken) ein kontextsensitives Menü geöffnet wird, in dem mögliche Operationen für das gewählte Objekt zur Verfügung stehen.

Falls eine Maus mit mehreren Tasten angeschlossen ist, erreicht man das Kontextmenü über die rechte Maustaste. Erweiterungen für das Kontextmenü gibt es z. B. bei der Komprimierungs-Software StuffitDeluxe[1] (Abbildung 5-4).

1. http://www.allume.com

Neben dem Kontextmenü existiert noch die *Aktionen*-Taste in der Symbolleiste. Sie stellt die gleiche oder eine ähnliche Funktionalität wie das Kontextmenü zur Verfügung und dient ebenfalls dazu, „Aktionen" mit dem ausgewählten Objekt durchzuführen.

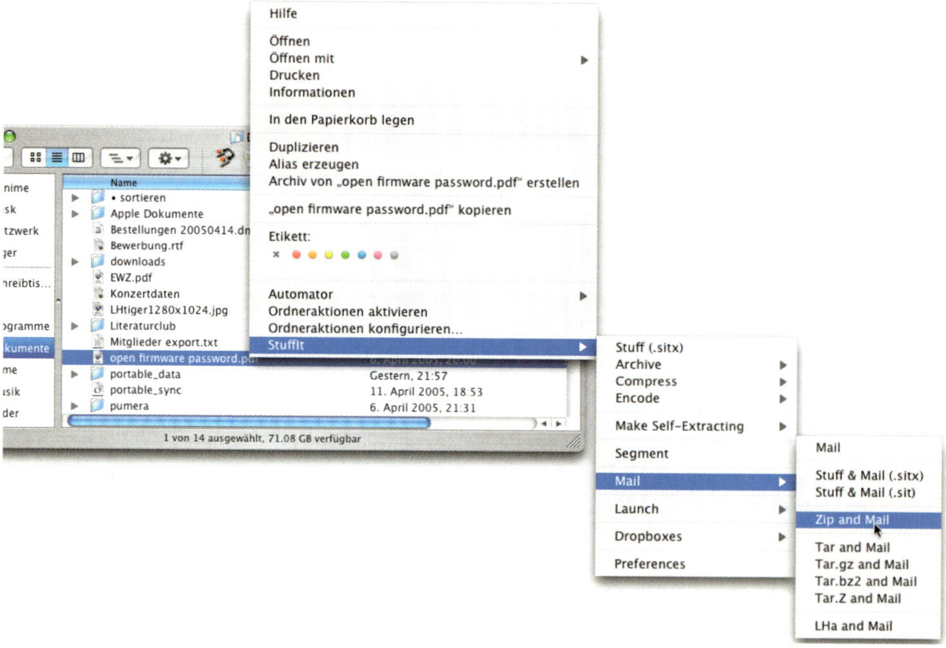

Abbildung 5-4 Kontextmenü in Mac OS X

5.4 Sichern, Öffnen und Löschen

5.4.1 Sichern

Hat man eine neue Datei (etwa in TextEdit) erzeugt, so will man sie zuerst einmal sichern. Während in Mac OS 9 die Dialoge quasi freischwebend über dem ganzen Bildschirm waren, sind sie in Mac OS X an das Fenster des Dokuments gekoppelt, das man sichern will. Versucht man ein Fenster zu schliessen, ohne Änderungen zu speichern, erscheint eine Warnmeldung. Apple nennt diese Dialoge „Sheets".

Der Dialog rechts in Abbildung 5-5 kann durch die Wahl eines anderen Speicherortes aus der Auswahlliste *Ort* (Abbildung 5-6, links) oder durch das Einblenden der gesamten Ordnerhierarchie (Abbildung 5-6, rechts) durch Klick auf das Feld mit dem Dreieck erweitert werden. In der Liste (Abbildung 5-6, links) erscheinen automatisch Einträge der Seitenleiste.

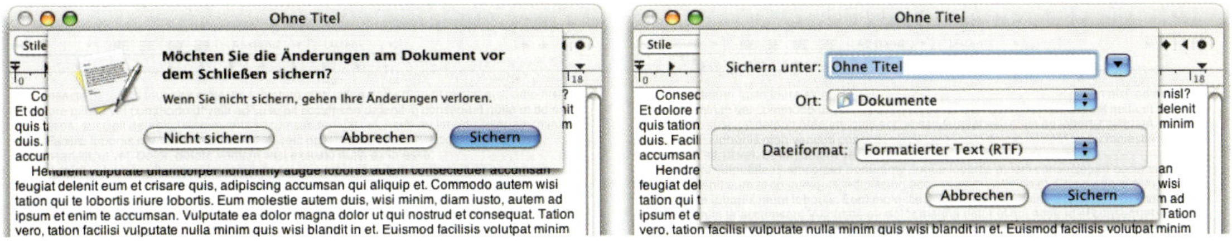

Abbildung 5-5 Dialoge als „Sheets“

Die erweiterten Dialoge (Abbildung 5-6, rechts) übernehmen die Fenstergestaltung aus dem Finder: links taucht die Seitenleiste genauso wie im Finder eingerichtet auf. Ebenfalls vorhanden sind die Navigationspfeile, mit denen man – wie in einem Webbrowser – durch die „Ordnergeschichte“ navigieren kann.

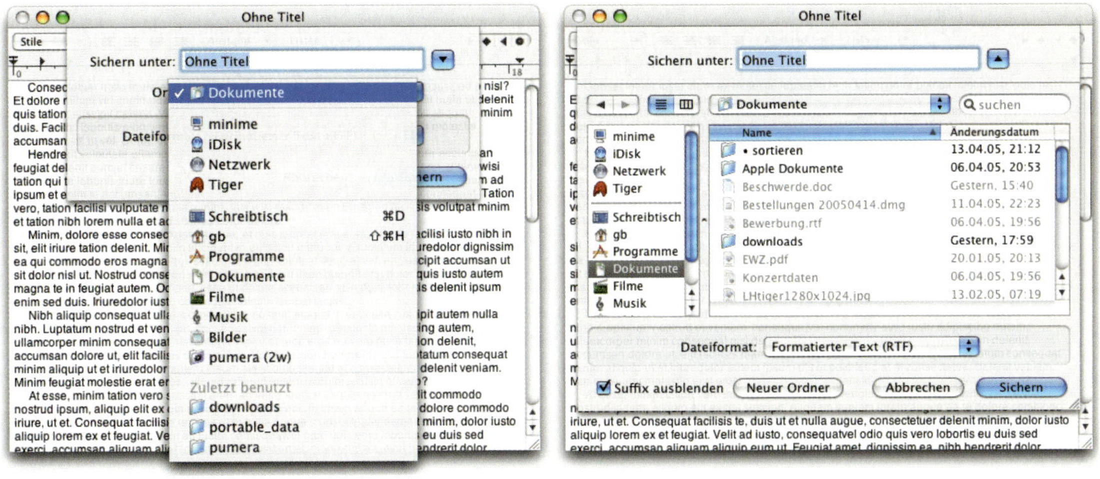

Abbildung 5-6 Optionen bei der Anzeige des Sichern-Dialogs

Die Ordnerhierarchie kann auf zwei Arten angezeigt werden: als Liste oder als Spalten (wie im Finder). Die Listendarstellung erlaubt es, die Daten nach Name oder Datum, jeweils auf- oder absteigend zu sortieren, was z. T. eine erhebliche Erleichterung sein kann, v. a. beim Öffnen von Dateien (wenn man die neuste oder älteste Datei sucht). Zwischen den Darstellungsarten wird durch Klick auf die Anzeige-Icons umgeschaltet.

Will man in der Listendarstellung die Daten sortieren, klickt man einfach auf die Spaltenbeschriftung (*Name* bzw. *Änderungsdatum*). Um die Sortierreihenfolge zu ändern, klickt man nochmals – der Pfeil rechts der Spaltenbeschriftung zeigt die Sortierordnung.

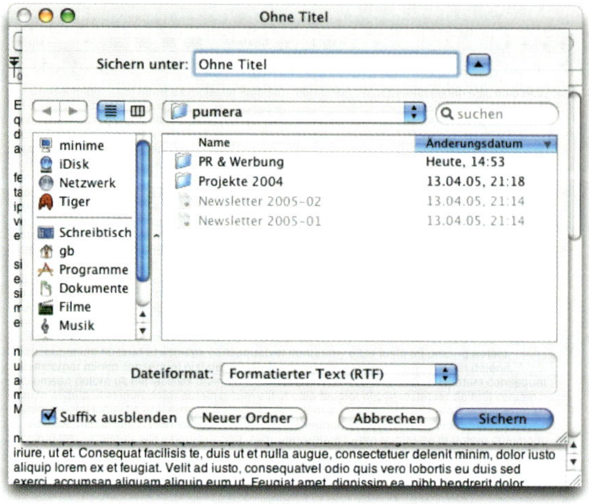

Abbildung 5-7 Listendarstellung, absteigend nach Datum sortiert

Die Navigation innerhalb der Fenster kann auch komplett über die Tastatur erfolgen. Mit der Tabulatortaste wechselt man zwischen den Feldern *Sichern unter*, *suchen*, Seitenleiste und dem Inhalt des aktiven Ordners. In der Listendarstellung funktioniert die Navigation folgendermassen:

- In der Seitenleiste kann man mit den Pfeiltasten (nach oben bzw. unten) ein Element auswählen.
- Im Fenster des aktiven Ordners kann man ebenfalls mit den Pfeiltasten Elemente auswählen und sich dann mit Apfel-Pfeil nach unten in die Hierarchie hinein, bzw. mit Apfel-Pfeil nach oben aus der Hierarchie hinaus bewegen. Falls noch nichts ausgewählt ist, aktiviert Pfeil nach unten das erste Element der Liste, Pfeil nach oben das letzte.
- Tippt man auf einen Buchstaben auf der Tastatur, so springt die Auswahl in der Liste auf den ersten Ordner, der mit diesem Buchstaben beginnt. Diese Methode funktioniert allerdings bei Deutsch als Standardsprache nicht bei allen Ordnern. Das hängt damit zusammen, dass einige von Mac OS X erzeugte Ordner in Englisch anders heissen und die deutschen Namen nur zum Schein „eingeblendet“ werden (es funktioniert aber auch nicht, wenn man den Anfangsbuchstaben der englischen Bezeichnung antippt, z. B. „u“ für Users, also Benutzer).

In der Spaltendarstellung kann man ebenfalls mittels Tastatur navigieren:

- In der Seitenleiste kann ebenfalls mit den Pfeiltasten ein Element gewählt werden.
- Apfel-Pfeil nach oben bringt einen höher in der Festplattenhierarchie.

- Mit Pfeil nach rechts und Pfeil nach links bewegt man sich innerhalb der Spalten. Antippen eines Buchstabens wählt wiederum den entsprechenden Ordner (mit den gleichen Einschränkungen wie bei der Listenansicht).

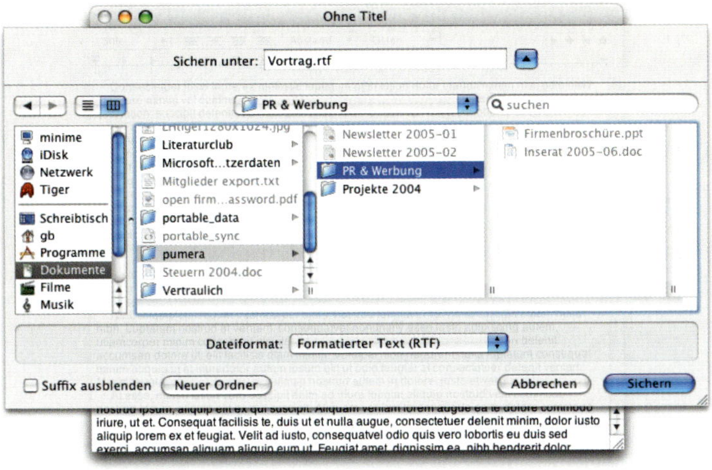

Abbildung 5-8 Spaltendarstellung

Durch Drücken der Return-Taste wird die Datei gespeichert.

Man kann das Fenster zur Anzeige des Speicherorts vergrössern, so dass mehr Spalten dargestellt werden – Mac OS X wird sich diese Grösse merken und sie beim nächsten Einblenden des Dialogfelds wieder verwenden. Natürlich kann man hier auch einen neuen Ordner erzeugen (er landet dann im gerade aktivierten Ordner).

Falls man nur den Namen, nicht aber den Ort des Ordners kennt, in den man speichern möchte, hat man mit Tiger jetzt auch die Möglichkeit, danach zu suchen. Dazu dient das auch im Finder vorhandene *Suchen*-Feld in den erweiterten Dialogen. Gibt man den Namen des Ordners ein (Abbildung 5-9, oben), werden die entsprechenden Fundstellen angezeigt und man kann sie direkt auswählen, um die Datei zu speichern (Abbildung 5-9, unten). Dabei tauchen in der Suchleiste neben *Computer* und *Privat* auch der gerade in der Seitenleiste aktive Ordner auf. Deshalb muss man beachten, dass das richtige Objekt aktiv ist, besonders falls man eine externe Festplatte angeschlossen hat (die z. B. bei aktiviertem Objekt *Privat* nicht durchsucht würde!). Mehr über die neuen Suchfunktionen von Tiger findet man im Kapitel „Objektinformation" auf Seite 144.

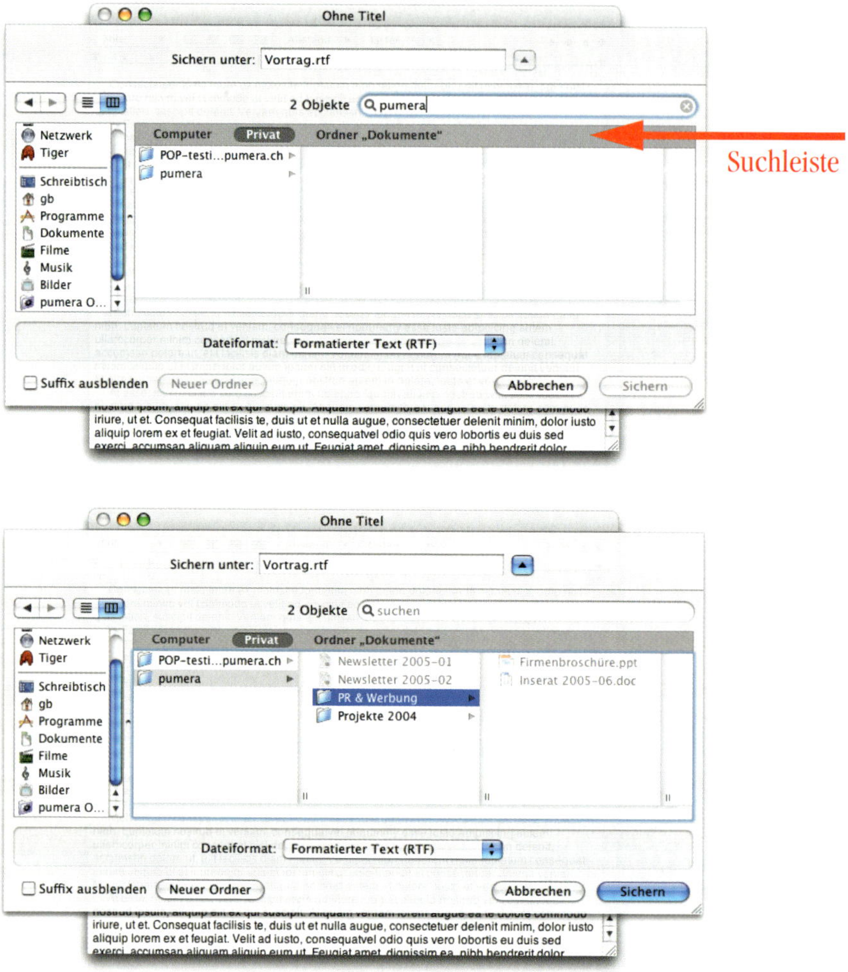

Abbildung 5-9 Nach Ordner suchen

Falls man im Speicherort schon eine Datei mit dem gleichen Namen hat, die man überschreiben will, oder die ungesicherte Datei unter ähnlichem Namen speichern will, kann man es sich sparen, den ganzen Namen nochmals anzugeben. Stattdessen klickt man einfach auf den Namen der schon vorhandenen Datei und dieser wird sofort ins Feld *Sichern unter:* übernommen.

In Abbildung 5-10 soll das neue Dokument unter dem Namen „Mietvertrag_neu" gespeichert werden. Im Speicherort, dem Ordner „Projekte offen", existiert bereits ein Objekt „Mietvertrag". Durch Klick in den Namen dieses Objekts ändert sich der Name der zu sichernden Datei automatisch in „Mietvertrag.rtf". Nun muss man nur noch den Cursor hinter „Mietvertrag“ im Feld *Sichern unter* platzieren, „_neu“ einfügen und die Datei speichern. Falls man das ursprüngliche Dokument „Mietvertrag“ ersetzen will, kann man den Namen auch unverändert lassen und im nachfolgenden Dialog bestätigen, dass man die Datei überschreiben will.

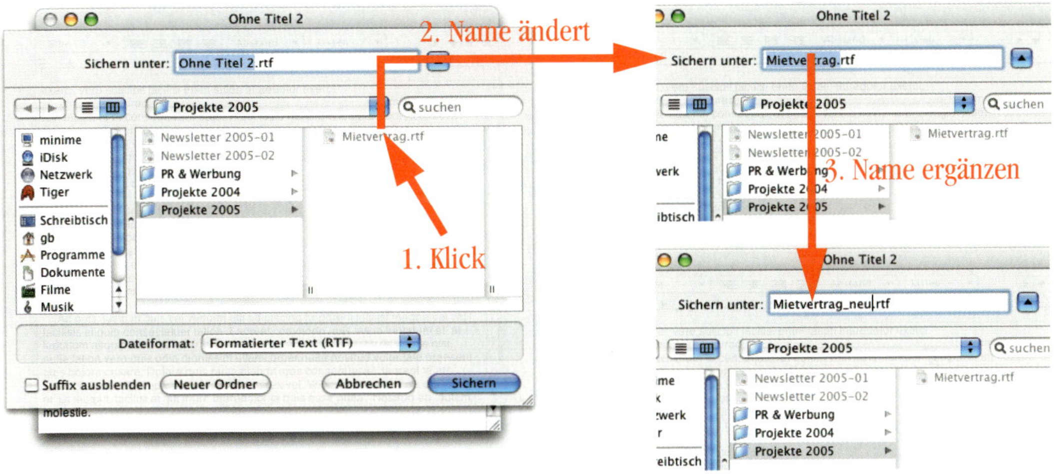

Abbildung 5-10 Dokument unter ähnlichem Namen speichern

Beim Speichern aus vielen Anwendungen kann man zudem angeben, ob das Suffix ausgeblendet werden soll. Einige Programme (wie z. B. Word) zeigen noch eine Option an, ob das Dateisuffix überhaupt angefügt werden soll. Vor allem wenn man Daten mit Windows-Usern austauscht (sie z. B. per E-Mail verschicken will), sollte man das Dateisuffix stets anhängen (Windows erkennt daran die Zuordnung zum Programm).

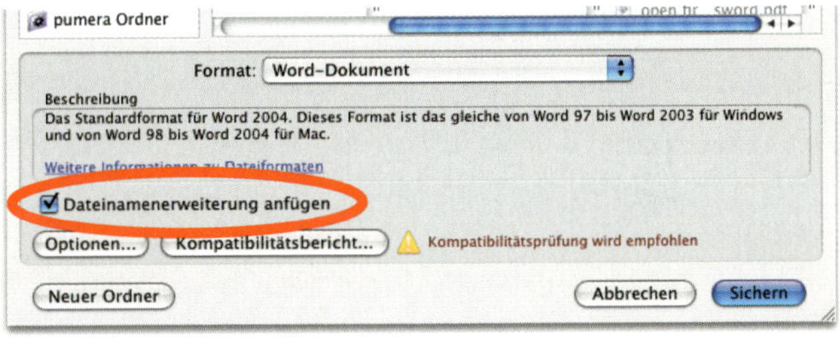

Oft ist es so, dass der Ordner, in dem man die Datei speichern will, im Finder gerade geöffnet oder in einem Fenster aufgelistet ist. In diesem Fall kann man diesen Ordner einfach in die Listen- oder Spaltenansicht hineinziehen (Drag & Drop) und er wird als Speicherziel verwendet (Abbildung 5-11). Falls der Ordner, in dem man die Datei speichern will, als Fenster im Finder geöffnet ist, kann man mit Drag & Drop das Icon aus der Titelleiste packen und in den Sichern-Dialog verschieben.

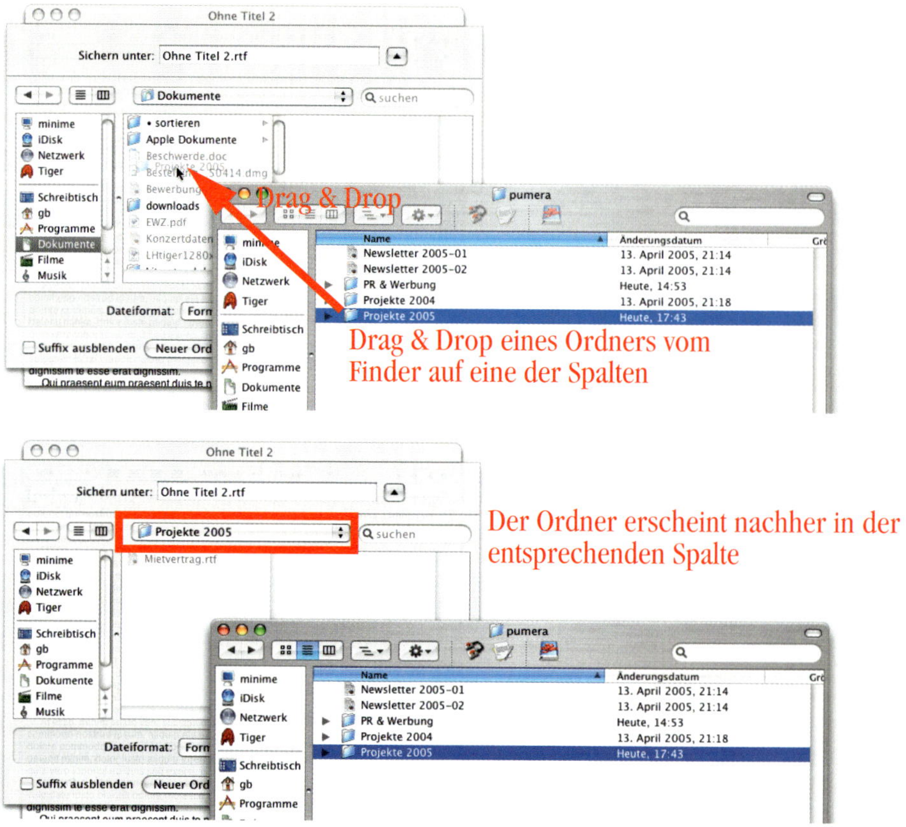

Abbildung 5-11 Auswahl des Speicherziels via Drag & Drop

Wenn man das Dokumenten-Icon eines geöffneten (und gesicherten) Dokumentes aus einem Cocoa-Programm auf den Desktop (oder in ein anderes Finder-Fenster) zieht, wird dort ein Alias von diesem Dokument erstellt (Abbildung 5-12).

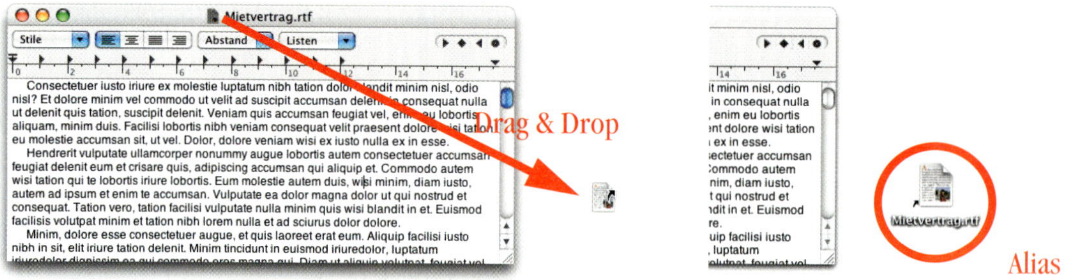

Abbildung 5-12 Erzeugen eines Alias

Einige Programme bieten beim Speichern noch weitere Optionen – wie etwa das Format – an. In Word z. B. sieht der Dialog deshalb leicht anders aus und bietet zusätzliche Optionen.

Programme wie GraphicConverter, die eine Vielzahl an Formaten und Optionen bereitstellen, verfügen über einen eigenen Speichern-Dialog, der dem Original aber sehr ähnlich ist:

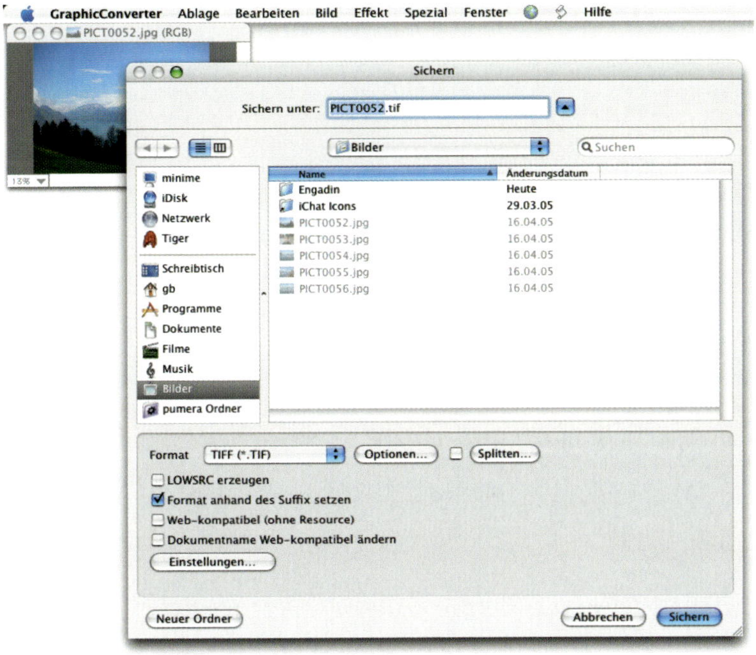

Abbildung 5-13 Speichern-Dialog von GraphicConverter

Durch Aktivieren entsprechender Markierungsfelder und Konfiguration von Optionen und Einstellungen kann sehr genau eingestellt werden, mit welchen Eigenschaften die Datei gespeichert werden soll (z. B. Grösse, Qualität, Kompression).

Es gibt übrigens eine schnelle Methode herauszufinden, ob ein Dokument in der vorliegenden Version gespeichert wurde oder nicht: Im (roten) Schliessfeld (Abbildung 5-14) erscheint immer dann ein Punkt, wenn ein Dokument bearbeitet wurde, die Änderungen aber noch nicht gespeichert sind. Ist der Punkt nicht vorhanden, ist das Dokument in der vorliegenden Version auch gesichert. Bei einigen Programmen (z. B. TextEdit) wird zusätzlich das Datei-Icon in der Titelleiste transparent dargestellt, solange das Dokument nicht gesichert ist.

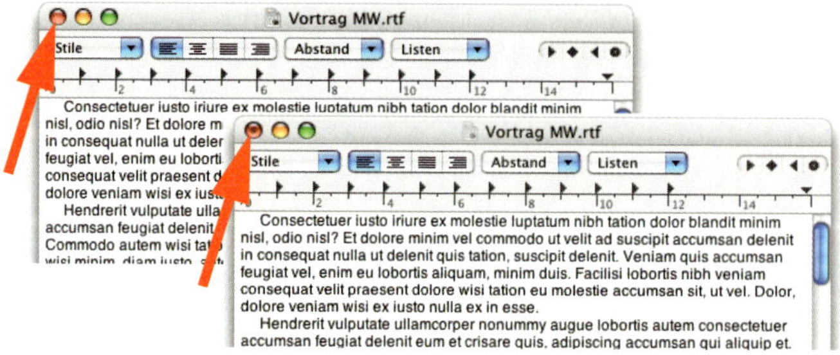

Abbildung 5-14 Schliessfeld mit Anzeige des Speicherstatus

Will man ein Dokument schliessen, ohne es zu sichern, erscheint eine Warnmeldung. Diese Dialoge lassen sich ebenfalls per Tastatur steuern, allerdings ist die Bedienung nicht in allen Programmen gleich.

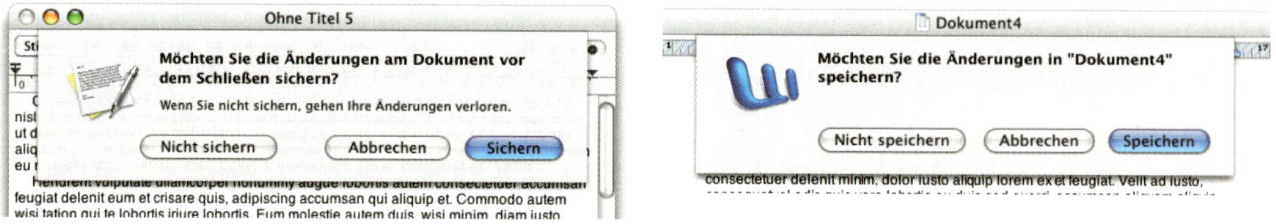

Abbildung 5-15 Änderungen vor dem Schliessen sichern?

Den Button *Nicht sichern* bedient man in den meisten Programmen mit Apfel-D („Don't save"), den Button *Abbrechen* mit der esc-Taste oder mit Hilfe der Kombination Apfel-Punkt, den Button *Speichern* mit der Enter-Taste. In einigen Programmen funktioniert der *Nicht sichern*-Befehl über Apfel-N (gemäss der deutschen Übersetzung), manchmal funktioniert aber gar keine Tastenkombination. Die Befehle *Abbrechen* und *Speichern* werden aber in fast allen Programmen und Dialogfeldern mit den oben erwähnten Tastenkombinationen gesteuert.

5.4.2 Öffnen

Die Öffnen-Dialoge unterscheiden sich nicht wesentlich von den Sichern-Dialogen. Die oben erwähnten Funktionen (etwa die Navigation mit Tastaturkürzeln) stehen ebenso zur Verfügung. Durch Betätigung der Return-Taste wird die ausgewählte Datei geöffnet.

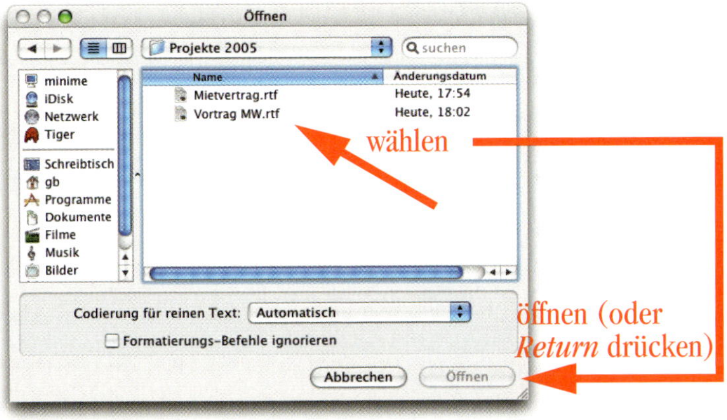

Abbildung 5-16 Öffnen-Dialog (TextEdit)

Auch hier gibt es wieder einen Trick mit dem Dokumenten-Icon in der Titelleiste des Fensters eines geöffneten Dokuments. Wenn man dieses Icon auf ein Programmsymbol im Dock (oder ein Programm-Alias auf dem Schreibtisch, in der Symbolleiste, ...) zieht, wird das Dokument mit diesem Programm geöffnet (falls das möglich ist). Diese Methode funktioniert nur, wenn das Dokument gespeichert ist (auf den roten Knopf achten!). Das kann dann nützlich sein, wenn man z. B. mit *Vorschau* ein Bild bearbeitet, aber auf zusätzliche Funktionen angewiesen ist und das Bild deshalb im *GraphicConverter* öffnen will.

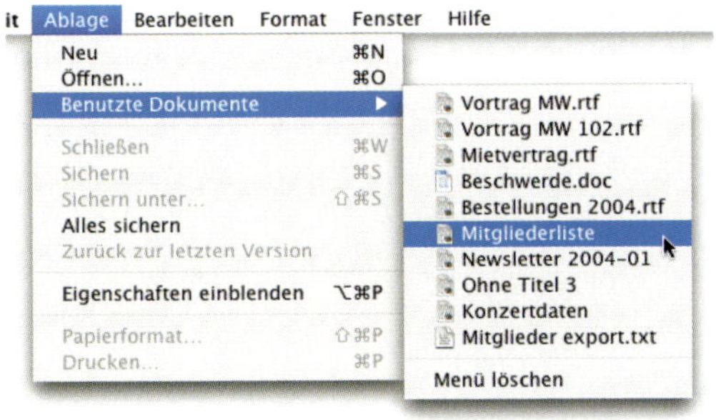

Abbildung 5-17 Zuletzt benutzte Dokumente

In den Öffnen-Dialogen kann man auch mehrere Dokumente auswählen: mit Hilfe der Shift-Taste wird ein zusammenhängender Bereich (Abbildung 5-18, links), mit Hilfe der Apfel-Taste werden mehrere nicht zusammenhängende Dokumente (Abbildung 5-18, rechts) ausgewählt.

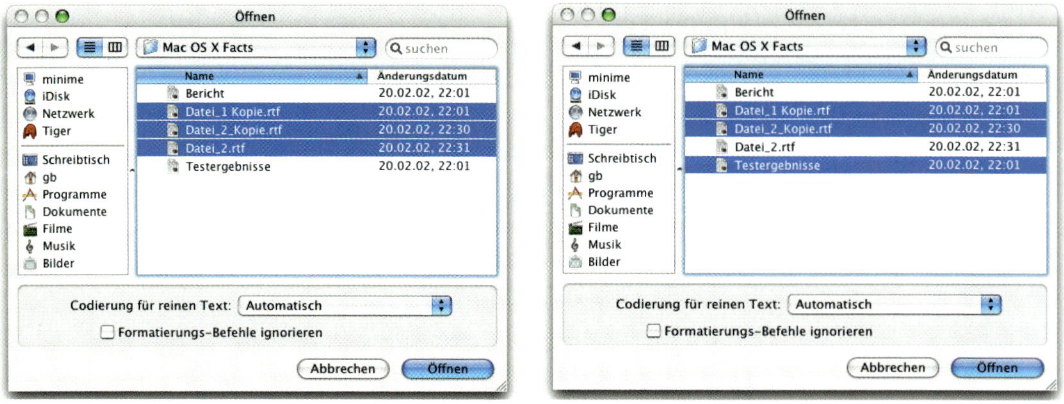

Abbildung 5-18 Öffnen mehrerer Dokumente gleichzeitig

Die Öffnen-Dialoge spielen im Vergleich zu den Sichern-Dialogen eine „untergeordnete" Rolle, da es mehrere Möglichkeiten gibt, eine Datei zu öffnen (aber nur eine, um sie zu sichern):

- Doppelklick
- *Öffnen* oder *Öffnen mit* im Kontext-Menü wählen
- Drag & Drop auf ein Programm-Icon
- Drag & Drop auf ein Dock-Symbol
- Aus dem Programm öffnen (*Öffnen*-Dialog)
- Aus dem Programm öffnen (Liste der zuletzt verwendeten Dokumente, Abbildung 5-17)
- Aus dem Apple-Menü öffnen (*Benutzte Objekte*)
- Neues Dokument erzeugen

Anstatt ein Dokument immer mit dem Standardprogramm zu öffnen (welches immer dann startet, wenn man das Dokument doppelklickt), kann es sein, dass man z. B. ein PDF-Dokument mit dem Programm *Adobe Reader* statt mit der *Vorschau* öffnen will. Dazu kann man entweder mit Drag & Drop vorgehen, oder das *Öffnen mit*-Menü (in *Ablage*) bzw. das Kontextmenü-Pendant verwenden (meistens praktischer).

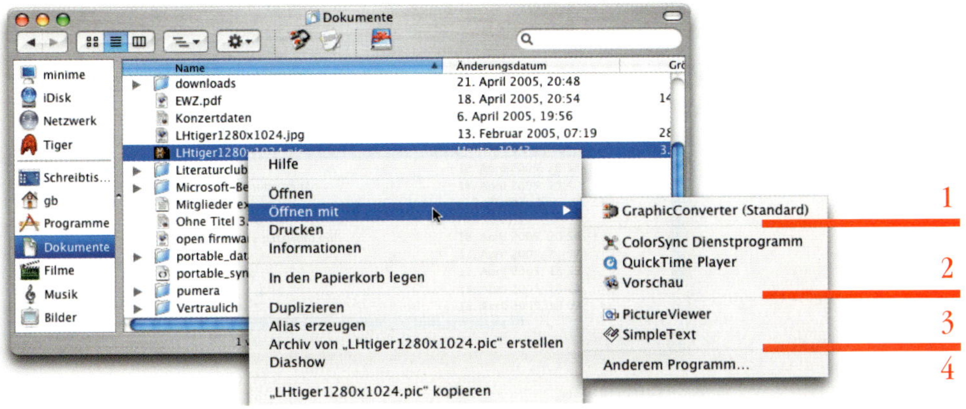

Abbildung 5-19 Öffnen via Kontextmenü

Das Kontextmenü wird mit gedrückter Control-Taste (bzw. mit der rechten Maustaste) und Klick auf das zu öffnende Dokument (Abbildung oben) aufgerufen. Im nun erscheinenden Kontextmenü fährt man auf den Punkt *Öffnen mit* und wählt das gewünschte Programm. Die Liste ist viergeteilt (Abbildung 5-19):

1. Standardprogramm zum Öffnen des gewählten Dateityps
2. Mac OS X-Programme, welche die Datei öffnen können
3. Classic-Programme (falls das Dokument über Type/Creator-Informationen verfügt und Mac OS 9 ebenfalls installiert ist).
4. Zuunterst kann man manuell ein Programm zum Öffnen auswählen (*Anderem Programm...*). Im folgenden Dialog (ähnlich den *Öffnen-/Sichern*-Dialogen) muss man in der Auswahlliste *Aktivieren* fast immer auf *Alle Programme* schalten, da sonst nur die schon in der Liste vorhandenen Programme angezeigt werden (Abbildung 5-20). Danach kann man ein Programm auswählen, mit welchem man die Datei öffnen will. Das System weiss nicht immer, ob ein bestimmtes Programm eine bestimmte Datei auch wirklich verarbeiten kann – das verdeutlicht die Warnung unter dem Auswahlfenster. Falls ein Dokument nicht geöffnet werden kann, erscheint eine Fehlermeldung.

   Falls man in Zukunft dieses Dokument immer mit dem ausgewählten Programm öffnen möchte, markiert man das Auswahlfeld *Immer mit diesem Programm öffnen* (Abbildung 5-20).

Abbildung 5-20 Programm manuell wählen

5.4.3 Löschen

Um eine Datei oder einen Ordner zu löschen, muss man das Objekt zuerst einmal in den Papierkorb bewegen. Das kann wie schon seit Urzeiten einfach über einen Drag & Drop-Vorgang (des Objektes auf den Papierkorb im Dock) oder noch schneller über den Menübefehl *In den Papierkorb legen* (Menü *Ablage*) bzw. dessen zugehörigen Shortcut Apfel-Rückschritttaste geschehen.

Der Befehl *Papierkorb entleeren...* im Menü *Finder* ruft (da von drei Punkten gefolgt) nochmals einen Bestätigungsdialog vor der Leerung des Papierkorbes auf. Falls man dies nicht möchte, muss man in den Finder *Einstellungen* die Warnung vor dem Entleeren abschalten („Finder-Einstellungen“ auf Seite 96).

Seit Panther ist es möglich, den Papierkorb sicher zu entleeren. Das bedeutet, dass nicht einfach der Eintrag der Dateien im Inhaltsverzeichnis der Festplatte gelöscht wird, sondern dass die eigentlichen Dateien beim Löschen mit Leerdaten überschrieben werden. Somit ist es auch mit Zusatz-Tools nicht möglich, einmal gelöschte Dateien wiederherzustellen. Bei einer grossen Datenmenge (besonders bei vielen kleinen Dateien) dauert diese Art des Löschens allerdings sehr lange!

5.5 Bilder als Diaschau wiedergeben

Mit Tiger wurde eine neue Funktion eingeführt, dank der Bilddateien direkt aus dem Finder heraus als Diashow dargestellt werden können. Dazu wählt man ganz einfach alle Bilder aus, die man sehen möchte (falls man gerade alle Dateien in einem Ordner wiedergeben will, geht das besonders schnell mit Apfel-A) und wählt aus dem Kontextmenü (ctrl-Klick auf eine der ausgewählten Dateien, Abbildung 5-21, links) oder dem *Aktionen*-Menü in der Symbolleiste des Fensters den Befehl *Diashow* (Abbildung 5-21, rechts).

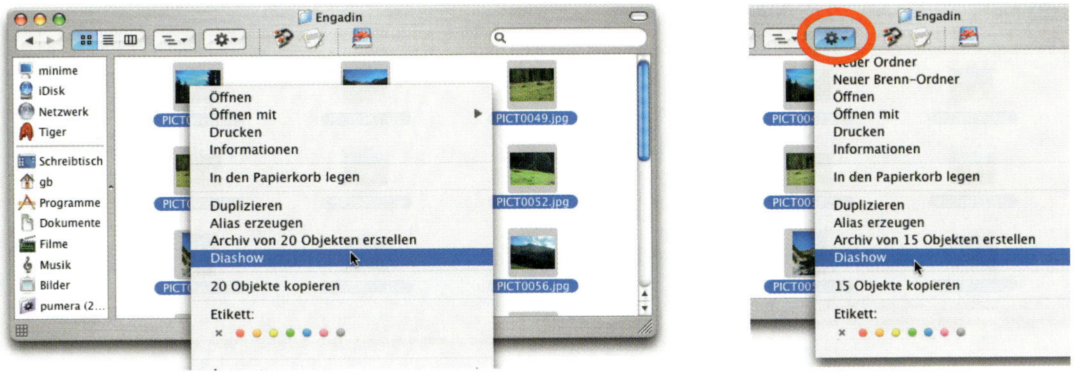

Abbildung 5-21 Ausgewählte Bilder als Diashow vorführen

Abbildung 5-22 Diashow (mit Steuerung)

Der Bildschirm wird schwarz und die Diashow beginnt nach einem Augenblick (bei sehr vielen ausgewählten Dateien kann das einen Moment dauern). Falls man die Maus während der Wiedergabe bewegt, wird ein Navigationsmenü eingeblendet, mit dem man die Diashow steuern kann (auch via Tastatur), nämlich (Abbildung 5-22, von links nach rechts):

- nächstes Bild (Tastatur: Pfeil nach rechts)
- Wiedergabe/Pause (Leertaste)

- vorheriges Bild (Pfeil nach links)
- Übersicht anzeigen (kein Shortcut)
- Bilder auf Bildschirmgrösse skalieren oder in Originalgrösse zeigen (kein Shortcut)
- Präsentation beenden (esc)

Im Übersichtsmodus fährt man mit der Maus über die einzelnen Bilder und kann durch Klicken eines auswählen und die Diashow von dort aus fortführen (Abbildung 5-23). Die Übersicht kann ebenfalls mit der esc-Taste verlassen werden (man kehrt zum vorher aktiven Bild zurück, falls die Maus nicht über ein anderes bewegt wurde, sonst zu diesem).

Abbildung 5-23 Diashow (Übersicht)

Die Wiedergabe in der Reihenfolge der Dateinamen (wie das normalerweise geschieht, denn Digitalkameras nummerieren die Fotos chronologisch durch) funktioniert im Moment nur aus der Spaltenansicht. Aus der Symbol- oder Listenansicht werden die Bilder chaotisch, allerdings nach dem immer gleichen Muster, wiedergegeben. Es ist zu hoffen, dass dieser „Effekt" möglichst bald mit einem Update behoben wird.

5.6 ZIP-Archive erzeugen

In der Windows-Welt ist zip (und das Programm WinZip) der Quasi-Standard für Komprimierungs-Software, ähnlich wie es sit bzw. sitx und Stuffit beim Mac sind. Mit der Einführung von Panther konnte Mac OS X standardmässig zip-Dateien öffnen und auch erzeugen, was den Datenaustausch zwischen den Plattformen erleichtert: Dieses Feature kann praktisch sein, um eine oder mehrere Dateien in ein Archiv zu packen und via E-Mail zu verschicken, da sie gepackt weniger Platz brauchen. Bei bereits komprimierten Daten (z. B. jpg-Bilder, mp3-Dateien) macht die Komprimierung meistens wenig Sinn, da diese Dateien schon intern komprimiert wurden. Eine weitere Anwendung ist die Umgehung von Virenfiltern beim E-Mail Versand – häufig ist es so, dass Firmen Anhänge im Word-Format (unnötigerweise sogar manchmal im pdf-Format) nicht zulassen, um sich vor Viren zu schützen, aber zip-Dateien ohne Probleme den Filter passieren.

Um ein zip-Archiv zu erzeugen, wählt man im Finder die Dateien aus, die man im Archiv haben möchte. Über das Kontextmenü oder das Menü *Ablage* gelangt man wiederum zum Befehl *Archiv von <Anzahl> Objekten* erstellen (Abbildung 5-24). Falls nur ein Objekt ausgewählt wurde, heisst der Befehl *Archiv von <Objektname> erstellen*.

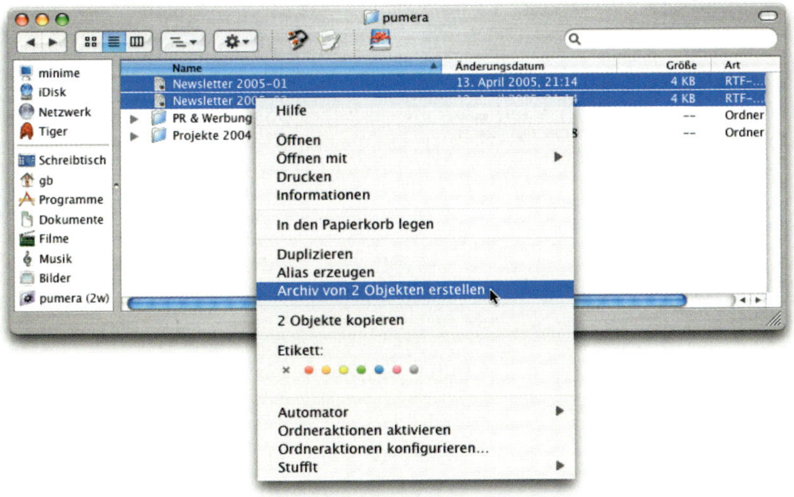

Abbildung 5-24 zip-Archiv erstellen

Während der Archiverzeugung – die einen Augenblick dauern kann – wird ein Statusfenster mit dem Fortschritt eingeblendet.

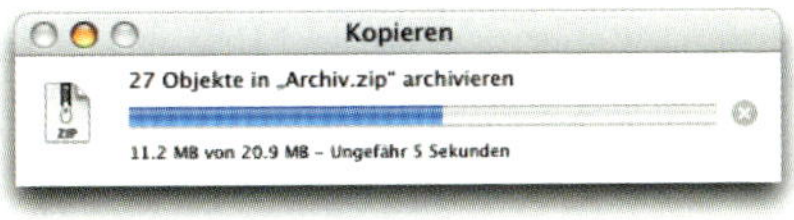

Nach dem Erzeugen eines Archivs von mehreren Objekten sollte man es noch umbenennen.

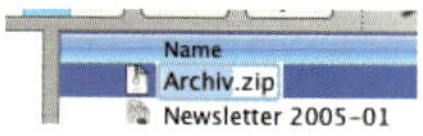

Ein zip-Archiv kann im Finder durch Doppelklick geöffnet werden - bei grösseren Archiven wird während der Dekomprimierung ein Statusfenster eingeblendet, kleine Archive werden praktisch ohne Verzögerung ausgepackt.

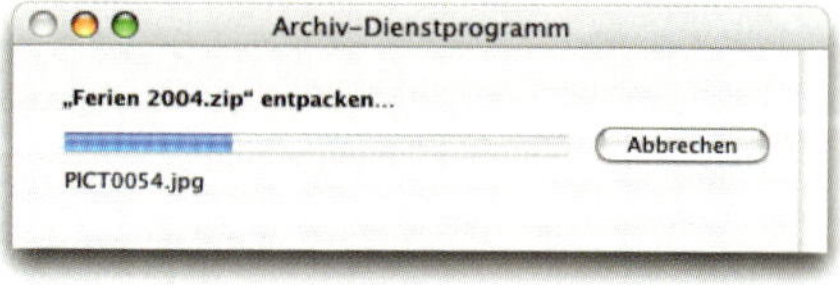

Der Finder kann keine passwortgeschützen ZIP-Archive öffnen, sondern quittiert den Öffnungsversuch einer solchen Datei mit einer wenig aussagekräftigen Fehlermeldung. Falls man mit solchen Dateien arbeiten will, kann man zu Stuffit von Allume[1] greifen.

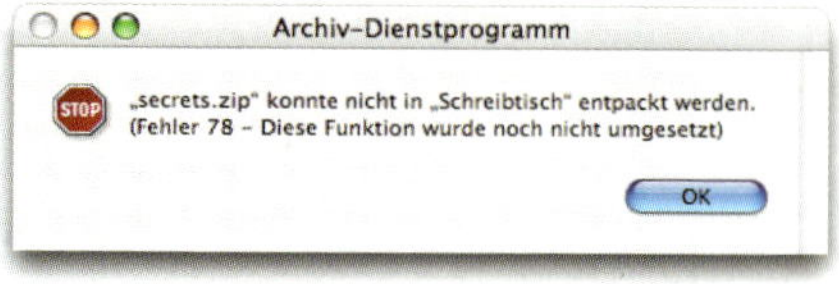

5.7 Ordneraktionen

Ordneraktionen sind AppleScripts, die an einen Ordner „gehängt“ werden können. AppleScript ist eine Programmiersprache, mit der Abläufe am Mac automatisiert werden können, mit der aber auch einfache Programme geschrieben werden. Keine Angst! Es sind keine Programmierkenntnisse notwendig, um Ordneraktionen zu verwenden. Das Prinzip ist folgendes: wenn immer ein Ordner verändert wird (z. B. wenn eine Datei aus dem Ordner entfernt wird), tritt eine Aktion in Kraft (z. B. eine Warnmeldung, dass eine Datei aus dem Ordner entfernt wurde).

Wo kann eine Ordneraktion nützlich sein? Ein gutes Beispiel ist der Ordner *Briefkasten* in *~/Öffentlich*. Wenn der Mac in einem Netz *FileSharing* aktiviert hat, können andere Benutzer Objekte in den *Briefkasten* legen. Um zu erfahren, ob das geschehen ist, müsste der Besitzer des Macs aber immer wieder im *Briefkasten* nachschauen, ob sich dessen Inhalt verändert hat. Hängt man nun ein AppleScript an den *Briefkasten*-Ordner, das informiert, wenn ein Objekt darin abgelegt wird, dann erfährt der Besitzer durch eine Warnmeldung davon. Ein solches Script ist bei Tiger schon dabei, man muss es lediglich

1. http://www.allume.com/

noch an den Ordner koppeln. Dazu aktiviert man als erstes einmal die Ordneraktionen über das Kontextmenü (Abbildung 5-25):

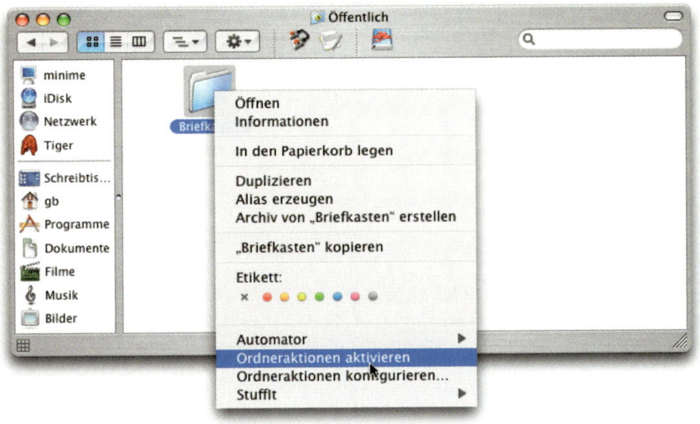

Abbildung 5-25 Ordneraktionen einschalten

Als nächstes muss man eine Ordneraktion an den betreffenden Ordner koppeln (Abbildung 5-26). Wiederum im Kontextmenü findet man den Befehl *Ordneraktion anhängen...* (erst verfügbar, wenn die Ordneraktionen aktiviert wurden).

Abbildung 5-26 Ordneraktion anhängen

Im folgenden Dialogfeld wählt man nun ein Script aus, welches der gewünschten Ordneraktion entspricht. Die Scripts befinden sich in */Library/Scripts/Folder Action Scripts*. In unserem Fall, wo eine Meldung beim Hinzufügen einer neuen Datei zum Ordner angezeigt werden soll, wählt man das Script *add - new item alert.scpt* (Abbildung 5-27).

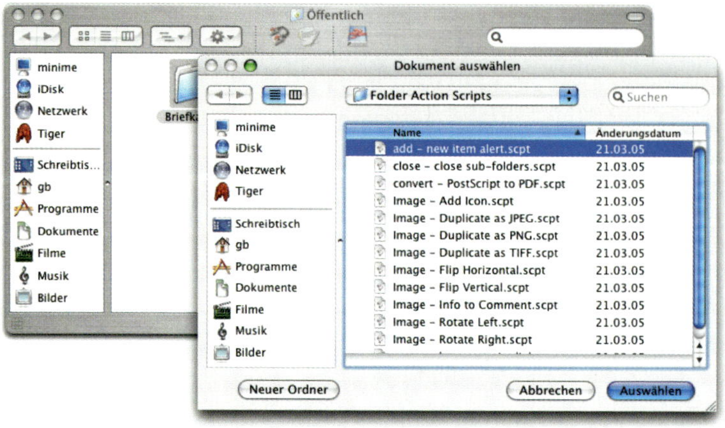

Abbildung 5-27 Ordneraktion auswählen

Sobald nun in Zukunft ein Objekt in den Ordner *Briefkasten* abgelegt wird, erscheint die Meldung aus Abbildung 5-28. Wie man sieht, werden die englischen Ordnernamen (*Drop Box*) verwendet, auch das Script selber ist englisch (wer sich eingehender mit AppleScript befasst und den *Skripteditor* bedienen lernt, kann das natürlich ändern). Mit Klick auf *Yes* wird der Briefkasten geöffnet.

Abbildung 5-28 Meldung über neue Datei(en) im Briefkasten

Die Ordneraktionen lassen sich fast beliebig erweitern, auch mit eigenen Scripts. Natürlich sind dazu einige AppleScript-Kenntnisse erforderlich – gute Anlaufstellen dafür sind zuerst einmal die Folder Action Script[1]-Seite von Apple, sowie Macscripter.net[2]. Bei Apple lassen sich noch ein paar Beispiel-Scripts herunterladen. Diese (wie auch alle anderen eigenen Scripts) sollten in den Ordner *~/Library/Scripts/Folder Action Scripts* platziert werden, der ggf. neu erzeugt werden muss (sie funktionieren nur von dort aus, oder natürlich auch aus dem Ordner */Library/Scripts/Folder Action Scripts*).

1. http://www.apple.com/applescript/folderactions/
2. http://www.macscripter.net/

5.8 Dateinamen

Seit der Einführung von HFS+ mit Mac OS 8.1 wurden lange Dateinamen eigentlich unterstützt (mit bis zu 255 Zeichen). Trotzdem war es unter Mac OS 9 nicht möglich, Dateinamen mit mehr als 31 Zeichen zu vergeben – erst mit Mac OS X können solche Namen verwendet werden. Wann macht es aber überhaupt Sinn, längere Dateinamen mit mehr als 31 Zeichen zu verwenden?

- mp3-Dateien: Billy Joel - Greatest Hits Vol. III - We didn't start the fire.mp3
- Einschluss von Daten: 2001_11_24 Brief Umzug Herr Hugentobler

Abbildung 5-29 Lange Dateinamen (Eingabe und Anzeige)

Angezeigt werden im Finder allerdings nur Bruchstücke davon. Erst wenn man mit der Maus über den Namen fährt, erscheint dieser nach kurzer Zeit vollständig (siehe Abbildung rechts). Wenn man den vollständigen Namen sofort sehen will, drückt man beim Überfahren mit der Maus die alt-Taste.

Leider ist es so, dass noch nicht alle Programme in den Sichern-Dialogen lange Dateinamen zulassen. Alle Programme können solche Dateien aber öffnen.

Besondere Vorsicht ist geboten, wenn noch Daten mit Mac OS 9 ausgetauscht werden sollen. Mac OS 9 schneidet lange Dateinamen gnadenlos ab, so dass man unter Umständen nicht mehr weiss, welche Datei vorliegt. Versucht man von Mac OS X aus Daten via Netzwerkverbindung auf einen Mac OS 9-Rechner zu kopieren, und ein Dateiname hat mehr als 31 Zeichen, so wird der Kopiervorgang unter gewissen Bedingungen abgebrochen (siehe „Verbinden von X (Client) nach 9 (Server)“ auf Seite 297). Man kann dies umgehen, indem man umgekehrt vorgeht und von Mac OS 9 aus auf den Mac OS X-Rechner zugreift (Mac OS 9 schneidet dann die zu langen Dateinamen ab, siehe „Verbinden von 9 (Client) nach X (Server)“ auf Seite 298).

Es ist nach wie vor nicht möglich, den Doppelpunkt (:) in Dateinamen zu verwenden – im Finder – ebenso in einigen Programmen – erscheint beim Versuch eine Fehlermeldung. Andere ersetzen ihn automatisch durch einen Bindestrich (-). Der Doppelpunkt ist beim Mac das Verzeichnis-Trennzeichen. Auch auf den Schrägstrich (/) sollte man verzichten. Normalerweise treten keine Probleme auf, der Schrägstrich ist aber das Verzeichnis-Trennzeichen unter UNIX (und Windows). Falls man Dateien via Terminal manipulieren will, sollte man auch auf Umlaute verzichten, da das Terminal damit nicht umgehen kann.

Zwischen UNIX (dem Terminal) und Mac OS X (dem Finder) erfolgt die Umwandlung von / (Schrägstrich) und : (Doppelpunkt) automatisch: im Terminal bedeutet ein Doppelpunkt in einem Dateinamen einen Schrägstrich im Finder und umgekehrt, allerdings versteht das Terminal die direkte Eingabe eines Doppelpunktes nicht als Verzeichnis-Trennzeichen.

5.9 Objektinformation

Das Informationsfenster ist reichhaltiger geworden. Bei Dateien werden die folgenden Punkte angezeigt (Abbildung 5-30):

- Spotlight Kommentare
- Allgemein
- Weitere Information
- Name & Suffix
- Öffnen mit
- Übersicht
- Eigentümer und Zugriffsrechte

Um die Details der einzelnen Angaben zu sehen, klickt man jeweils auf das kleine Dreieck links der Bezeichnung. Der Informationsdialog erweitert sich dadurch nach unten.

Sofern der Dateityp es unterstützt, kann in der *Übersicht* ein Bild oder sogar eine komplette Voransicht der Datei wiedergegeben werden (Abbildung 5-30, links).

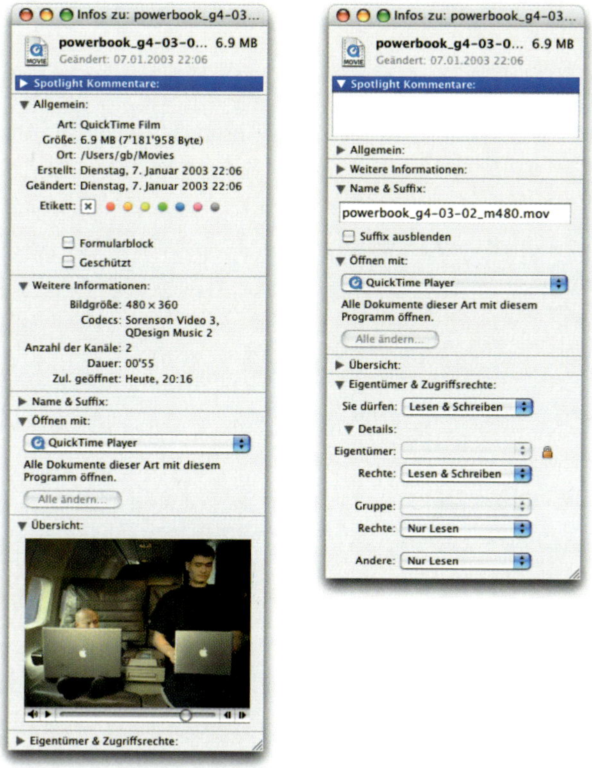

Abbildung 5-30 Informationsfenster mit unterschiedlichen Optionen

Im Feld *Spotlight Kommentare* können Stichworte zum Objekt eingegeben werden, die dann in einer Suchabfrage gefunden werden. Das frühere Kommentarfeld ist verschwunden.

Im Bereich *Allgemein* werden Informationen über Art, Grösse, Speicherort sowie Erstellungs- und Änderungsdatum einer Datei angezeigt. Unter *Weitere Informationen* werden dateispezifische Eigenschaften angezeigt, z. B. Seitenanzahl und Bildgrösse bei pdf-Dateien, oder Dauer und verwendete Kodierung für QuickTime Filme. In der Fläche *Name und Suffix* wird der Dateiname geändert (wie im Finder) und das Suffix kann ein- und ausgeblendet werden.

Mit *Öffnen mit* kann man das Programm auswählen, mit welchem die Datei zukünftig geöffnet werden soll („Zuordnung von Dateien und Programmen" auf Seite 147).

Interessant ist der Punkt *Eigentümer und Zugriffsrechte*. Unter 10.1 und früher konnten zwar die Zugriffsrechte für Eigentümer, Gruppe und Andere gesetzt werden, es konnte aber nicht angegeben werden, wem und zu welcher Gruppe die Datei gehört. Die Änderung der Zugriffsrechte wird detailliert in „Vergabe der Zugriffsrechte" auf Seite 189 erklärt.

Man kann auch von mehreren Dateien ein Informationsfenster anzeigen lassen, etwa um die gesamte Grösse berechnen zu lassen, oder das Dateisuffix mit einem Klick für alle ausgewählten Dateien ein- oder auszublenden. Dazu markiert man zuerst die betreffenden Dateien im Finder und wählt bei gedrückter Wahltaste den Befehl *Informationen einblenden* aus dem Menü *Ablage*, alternativ funktioniert auch der Shortcut alt-Apfel-I.

Abbildung 5-31 Mehrfache Information

Bei Ordnern sehen die Informationsdialoge anders aus: Zuoberst erscheinen Grösse und letzte Änderung des Ordners, die aber auch wieder unter *Allgemein* auftauchen. Der Punkt *Öffnen mit* fehlt (er wäre auch sinnlos).

Wichtig ist auch hier wieder die Möglichkeit zum Ändern der Zugriffsrechte.

5.10 Zuordnung von Dateien und Programmen

5.10.1 Type, Creator und Resourcefork

Unter Mac OS 9 sind zwei sogenannte Dateiattribute dafür zuständig, dass das System weiss, mit welchem Programm es eine Datei öffnen muss:

Type(z. B. JPEG)
Creator(z. B. GKON)

Im obigen Beispiel handelt es sich um eine JPEG-Datei, die vom GraphicConverter geöffnet wird. Der Benutzer merkt allerdings nichts von Type und Creator. Unter Mac OS 9 bestehen Dateien deshalb grundsätzlich aus zwei Teilen: Daten- und Ressource-Teil (Datafork und Resourcefork). Die Information über Type und Creator sind im Ressource-Teil der Datei gespeichert. Je nach Type und Creator erhält eine Datei auch ein bestimmtes Icon. Dafür ist in Mac OS 9 die Schreibtischdatei zuständig. HFS+, das Standardfestplattenformat von Mac OS X, unterstützt ebenfalls Resourceforks. Um Type und Creator zu ändern, kann man das Programm FileInfo[1] benutzen.

5.10.2 Suffix

Daneben gibt es (wie unter Windows) die Dateinamenerweiterungen (Suffixe), z. B. *.doc für Word-Dokumente oder eben *.jpg für JPEG-Dokumente. Diese Dateisuffixe kommen nur zum Tragen, wenn die Type- und Creator-Einträge fehlen (etwa wenn man das Dokument via E-Mail von einem Windows-Benutzer bekommt oder ein JPEG vom Internet heruntergeladen hat).

Das Schöne an Type und Creator ist, dass man zwei JPEG-Dateien zwei unterschiedliche Programme zuweisen kann. Bei einer Identifizierung nur über das Dateisuffix ist das unmöglich.

5.10.3 Konvertierung zwischen den Systemen

Mit Mac OS X will Apple eigentlich von den Resourceforks wegkommen, um grössere Kompatibilität mit den unterschiedlichen Dateisystemen zu schaffen[2]. Die Schreibtischdatei wurde durch die Launch Services ersetzt. Unter Mac OS X spielen Dateisuffixe deshalb eine grössere Rolle. Obwohl sie nicht sichtbar sind (standardmässig), existieren sie

1. http://www.panix.com/~shopsinm/
2. HFS, HFS+ und AFP unterstützen das multiple forks format.
UFS, SMB und NFS unterstützen nur single fork format.
NTFS (unter Windows verwendet) unterstützt multiple forks, nutzt es aber nicht

für alle Dateien (z. B. für Programme: *Graphicconverter.app*). In den Finder-Einstellungen kann die Suffix-Anzeige für alle Dateien ständig aktiviert werden. Sonst verwaltet man diese Funktion via Informationsfenster (siehe „Objektinformation“ auf Seite 144). Type und Creator existieren aber nach wie vor weiter. In diesem Zusammenhang ist es auch wichtig zu wissen, dass UFS-formatierte Festplatten Resourceforks nicht unterstützen. Bei Kopiervorgängen zwischen HFS- und UFS-Festplatten werden auf der USF-Festplatte deshalb unsichtbare Dateien mit Informationen über den Resourcefork angelegt. Das Anlegen der unsichtbaren Dateien geschieht auch auf Servervolumes, die nicht HFS+ formatiert sind. Mac OS X-Benutzer sehen diese Dateien natürlich nicht, aber User, die von Windows auf den Server zugreifen, wundern sich über die für sie sichtbaren zusätzlichen Dateien. Die Dateien haben die Bezeichnung „._dateiname“ (also z. B. für die Datei *Text.rtf*: *._Text.rtf*). Neben diesen Dateien zum Erhalt des Resourceforks legt Mac OS X auch Dateien mit dem Namen .DS_Store an. Sie enthalten Informationen über das Aussehen der Fenster, also z. B. Positionierung der Elemente im Fenster und Darstellung des Inhalts (Anordnung, Darstellungsart, ...). Seit Panther sollten diese Dateien auf Servervolumes nicht mehr angelegt werden. Dies ist insbesondere beim Dateiaustausch mit Windows-Benutzern von Vorteil. Das Erzeugen der ._dateiname-Files kann man allerdings nicht verhindern.

5.10.4 Programme und Dokumente

Wenn man einer Datei über den Informationsdialog ein Programm zuweist, mit dem man sie öffnen will, so ist das die stärkste Eigenschaft einer Datei.

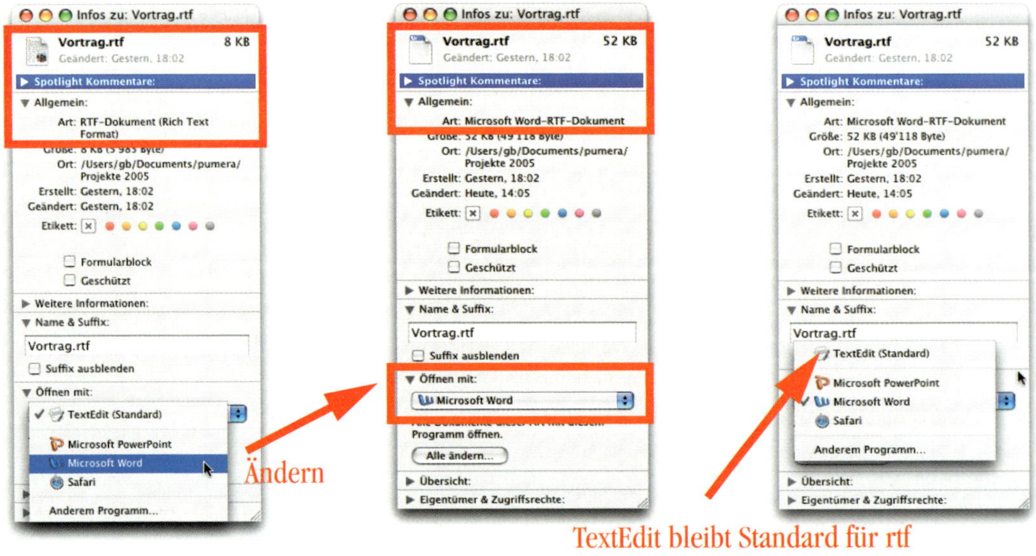

Abbildung 5-32 Ändern der Dokumentenart (für ein Dokument)

Der Finder geht nach folgendem Muster vor: Öffne die Datei nach dem vom Benutzer zugewiesenen Programm, nach ihrem Creator, nach ihrem Type und schliesslich nach ihrem Suffix. Ein Beispiel (Abbildung 5-32): die Datei „Vortrag.rtf" wurde mit TextEdit erzeugt, sie soll aber in Zukunft mit Microsoft Word geöffnet werden. Dazu ändert man im Informationsdialog den Eintrag *Öffnen mit:* und wählt das neue Programm. Die Art der Datei ändert sich – das Standardprogramm zum Öffnen von allen anderen rtf-Dokumenten bleibt aber TextEdit.

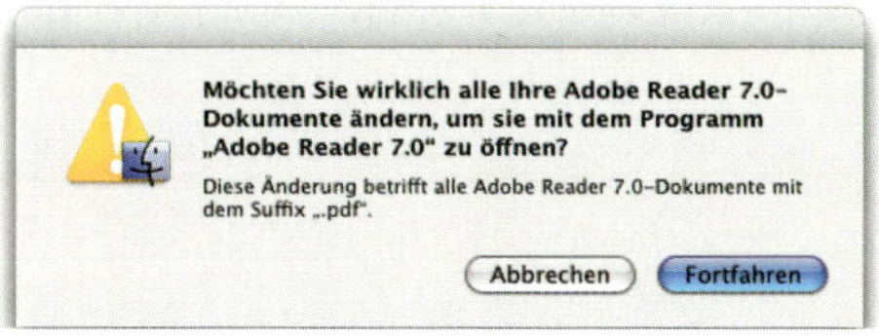

Erst wenn man *Alle ändern...* wählt und die folgende Warnmeldung bestätigt, werden alle rtf-Dokumente mit Word geöffnet. Falls man also einen bestimmten Dateityp immer mit einem bestimmten Programm öffnen will (z. B. *.pdf-Dateien immer mit dem Programm Adobe Reader), erreicht man dies mit anschliessendem Klick auf *Alle ändern...*. Die (etwas verwirrend formulierte) Warnmeldung muss in diesem Fall mit *Fortfahren* bestätigt werden.

Suffix ändern

In einigen Fällen kann es nötig sein, das Suffix zu ändern, z. B. wenn man eine Datei aus dem Internet heruntergeladen hat, die ein falsches oder gar kein Suffix verwendet. Ganz entfernen sollte man das Suffix eigentlich nie, da es vor allem beim Datenaustausch mit Windows wichtig ist. Wenn man im Finder das Suffix im Dateinamen löscht, wird intern lediglich das Häkchen bei *Suffix ausblenden* hinzugefügt, nicht aber das Suffix wirklich entfernt. Deshalb müsste man zum Löschen das Informationsfenster bemühen: Nach dem Entfernen des Suffixes im Informationsdialog schliesst man diesen (folgende Meldung bestätigen) oder man drückt die Enter-Taste, um die Änderung zu bestätigen (ebenfalls den Dialog mit OK abschliessen). Falls man die Option *Alle Suffixe zeigen* in den Finder *Einstellungen* aktiviert hat, kann man die Dateinamenerweiterungen auch direkt im Finder löschen (da das Ausblenden ja keinen Sinn machen würde). Eine Änderung des Suffix kann hingegen immer direkt im Finder erfolgen (Abbildung 5-33), und zwar egal ob es ein- oder ausgeblendet ist – das neue Suffix wird einfach an den Dateinamen angehängt (bei ausgeblendetem Suffix) bzw. anstelle des schon vorhandenen eingetippt. Der Finder warnt aber auch hier nochmals und verlangt eine Bestätigung.

Wenn man oft Dateien mit Windows-Benutzern austauscht, sollte man die Suffixe immer verwenden, da Windows lediglich an der Dateinamenerweiterung erkennt, welche Datei zu welchem Programm gehört. Welches Suffix zu welchem Programm gehört, erfährt man im Internet auf der File Extension Source FILExt[1].

1. http://filext.com/

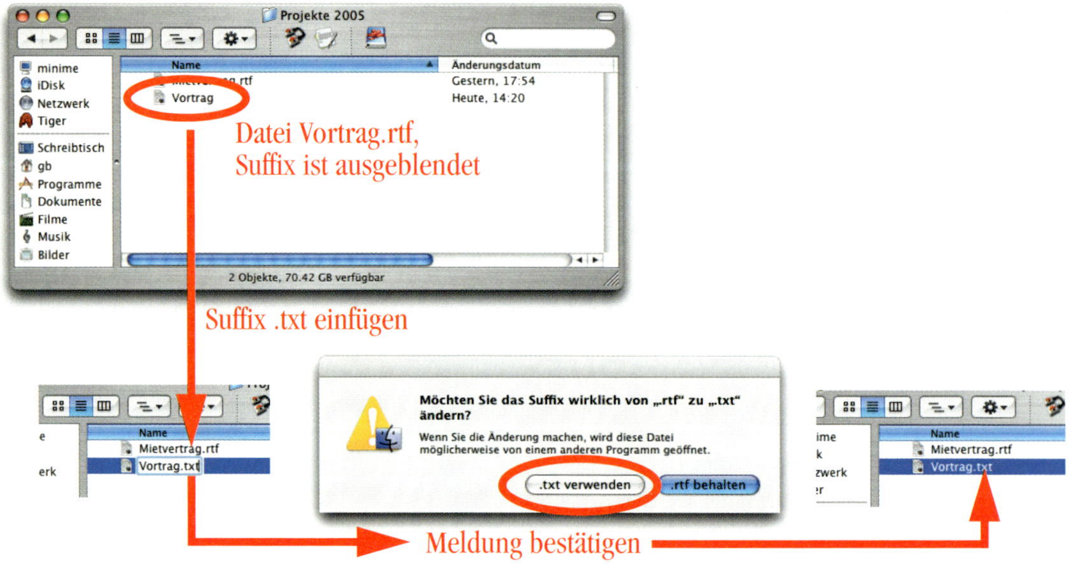

Abbildung 5-33 Ändern des (ausgeblendeten) Suffixes im Finder

Nachdem die Suffixe nun quasi zum Dateinamen dazugehören, kann es vorkommen, dass scheinbar zwei Dateien mit dem gleichen Namen in einem Ordner sind: um sie klar unterscheiden zu können, muss man die Suffixanzeige einschalten.

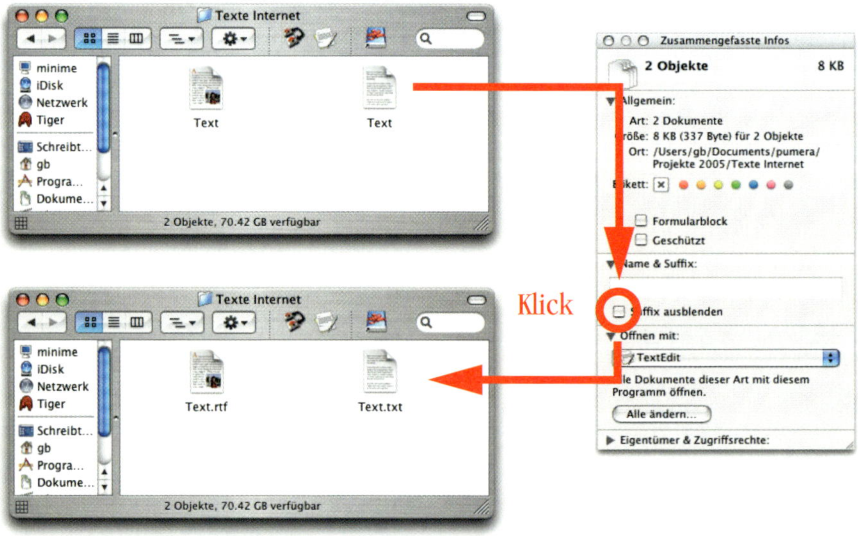

Abbildung 5-34 Scheinbare gleichnamige Dateien

5.11 Ändern von Icons

Unter Mac OS X sind die Icons neu 128 mal 128 Pixel gross (also sehr gross...) – aber via Darstellungsoptionen kann die Grösse stufenlos eingestellt werden. Im Internet gibt es mehrere Seiten (z. B. http://www.iconfactory.com, http://www.xicons.com), wo – mit viel Liebe gemachte – Icon Sets zum Download angeboten werden.

Abbildung 5-35 Sind sie nicht wunderschön..?

Das Ändern von Icons funktioniert folgendermassen: Im Finder wird die betreffende Datei (oder der betreffende Ordner) mit dem gewünschten Icon aktiviert (einmal angeklickt). Mit Apfel-I wird dann die Information zu diesem Objekt abgerufen. Im Informationsfenster klickt man ins Icon und wählt *Kopieren* aus dem Menü *Bearbeiten* (oder drückt Apfel-C). Im Informationsfenster des zweiten Objekts wählt man nun ebenfalls das Icon an und wählt *Einsetzen* aus dem Menü *Bearbeiten* (oder drückt Apfel-V). Um wieder zum Standard-Icon zurückzukehren, wählt man einfach das Icon im Informationsdialog an und drückt die Rückschritttaste. Voraussetzung: man verfügt über genügend Zugriffsrechte für das zu ändernde Objekt.

UNIX – back to the roots

6

„Computer! Hallo, Computer?“ – Scotty in StarTrek IV – The voyage home, zu einem Mac Plus.

UNIX ist dieses für „Normalsterbliche“ unbedienbare Kommandozeilen-System – das ist jedenfalls eine weit verbreitete Meinung. Vielleicht schreckt die textbasierte Bedienung viele Leute ab, aber eines ist klar: mit dem Terminal hat man ein extrem mächtiges Werkzeug, um Vorgänge effizient und schnell durchzuführen. Dieses Kapitel will ein wenig die „Angst“ vor der Kommandozeile nehmen und das Ausprobieren fördern. Aber wer sich nicht dafür interessiert, kann dieses Kapitel ohne Probleme überspringen und beim nächsten weiter lesen.

Da der Macintosh gemäss einigen „Fachleuten“ sowieso ein „Computer für Frauen“ ist, und „richtige Männer“ entweder mit einem PC unter Windows „arbeiten“ (weil man den im offenen Gehäuse betreibt) oder UNIX benutzen (weil die Terminalbefehle den Eindruck erwecken, als komme man(n) draus), hat Mac OS X hier die Chance, wieder Boden gut zu machen...

Einige werden sich wohl fragen, ob das Thema UNIX überhaupt etwas in einem Macintosh-Buch verloren hat. In den folgenden Kapiteln wird mehrmals auf das Terminal verwiesen und wie man dort Befehle eingibt, um gewisse Aufgaben zu erledigen. Deshalb ist es sinnvoll, an dieser Stelle eine kleine UNIX-Einführung zu machen. Wer sich nicht dafür interessiert, der kann diesen Abschnitt überspringen und die Passagen in den folgenden Kapiteln, die sich mit kryptischen Eingabezeilen befassen, einfach überlesen... Um mit Mac OS X produktiv arbeiten zu können, braucht man UNIX nicht unbedingt. Es ist aber nie verkehrt zu wissen, wie ein System „tief drinnen“ funktioniert – und es gibt auch gewisse Aufgaben, die sich mit UNIX schneller lösen lassen.

Für einen „eingefleischten“ Mac User ist die kommandozeilenbasierte Bedienung einer UNIX-Maschine ein Alptraum. Warum baut Apple ausgerechnet ein neues Betriebssystem auf UNIX auf? Zum einen sicher, weil es das leistungsfähigste Betriebssystem auf dem Markt ist. Zum anderen hat Apple die UNIX-Wurzeln so kaschiert, dass der Normalanwender nichts damit zu tun haben wird. Der Poweruser kann aber im Terminal arbeiten, wie wenn er an einer „gewöhnlichen" UNIX-Maschine sitzen würde.

! Die folgenden Seiten geben einen straffen und unvollständigen Überblick über UNIX-Funktionen. Wer sich eingehender mit UNIX befassen will, sollte spezialisierte Literatur kaufen (oder sehr lange im Internet surfen...). An alle UNIX-Profis: einige Zusammenhänge im folgenden Abschnitt sind stark vereinfacht worden – die Details würden aber Einsteiger in die UNIX-Welt nur verwirren und letztlich wenig zum Verständnis beitragen. !

Die Festplatte ist in Mac OS X relativ klar strukturiert. Man sollte diese Struktur im Hinterkopf haben, wenn man mit UNIX arbeitet (siehe „Ablagestruktur und Multiuser" auf Seite 59).

Gerade für den Umgang mit UNIX spielt die Multiuser-Umgebung von Mac OS X wiederum eine wichtige Rolle: jede Datei und jeder Ordner gehören jemandem und alle anderen haben nicht unbedingt das Recht, daran etwas zu ändern.

6.1 Das Terminal

Das Terminal spricht nur englisch. Die deutschen Ordnerbezeichnungen im Finder kennt es nicht. In diesem Kapitel werden deshalb grundsätzlich die englischen Bezeichnungen der Ordner verwendet – eine Liste mit den Übersetzungen befindet sich im Anhang „Namensgebung (d/e) im Finder" auf Seite 539. Die Erscheinung des Terminals in den Screenshots auf den folgenden Seiten weicht zur Verbesserung der Darstellung z. T. von den Standardeinstellungen ab.

Die Kommunikation mit dem Betriebssystem („UNIX") erfolgt nicht direkt, sondern durch eine Schale (shell = engl. Schale, Muschel), welche den Betriebssystemkern umgibt. Diese Shell, dargestellt durch das Terminal-Programm, ist der Interaktionspartner für Befehlseingaben. Es gibt verschiedene Arten von Shells, die einen unterschiedlichen Befehlsumfang haben. Standardmässig wird seit Mac OS X Panther die sogenannte bash-Shell verwendet. Bis und mit Jaguar wurde die tc-Shell (tcsh, „Ti-Si-Shell") als Standard verwendet, daneben gibt es z. B. auch die c-Shell (csh, „Si-Shell") und weitere. Quasi die „Mutter" aller Shells ist die Bourne-Shell (sh).

Welcher Typ Shell verwendet werden soll, kann man in den Terminal *Einstellungen* ändern (Abbildung 6-1, links). In das Feld *Diesen Befehl ausführen (vollständigen Pfad angeben)* trägt man die Shell ein, die man als Standard verwenden will, z. B. /bin/tcsh oder /bin/csh (diese Shell wird beim Öffnen eines neuen Terminalfensters aktiv). Ausserdem kann man temporär die Shell wechseln, indem man einfach ihren Namen eintippt (Abbildung 6-1, rechts). Die gewählte Shell bleibt aktiv, bis man `exit` eingibt und zur vorherigen Shell zurückkehrt.

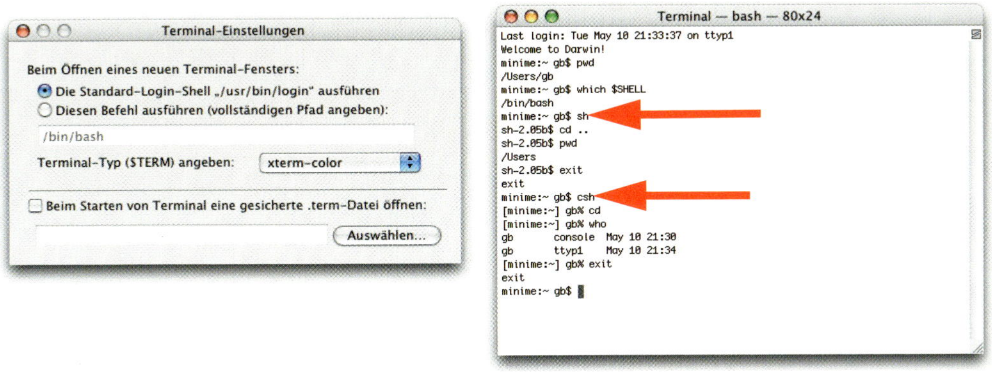

Abbildung 6-1 Wechsel der Shell

Das Programm, in dem man die seltsamen UNIX-Befehle eingibt, nennt sich *Terminal*. Der Name stammt aus früheren Zeiten, als man Computer (nicht PCs, sondern Grossrechner) via Terminals bediente (Zugangsstationen: im Wesentlichen ein Monitor und eine Tastatur). Diese Terminals an sich sind „dumm", da sie keine Rechenkapazität haben. Sie dienen nur zur Kommunikation mit dem eigentlichen Rechner. Die realen Terminals wurden dann durch „virtuelle" Terminals (Terminal-Programme) ersetzt. Das Programm *Terminal* liegt im Ordner */Applications/Utilities/Terminal*.

Einstellungen wie Schriftart und -grösse, Farbe und Hintergrund werden im Menü *Terminal - Fenstereinstellungen...* gemacht (Abbildung 6-2). Mindestens ein Terminalfenster muss geöffnet sein, damit der Menüeintrag zur Verfügung steht. Neben einigen Einstellungen, die vor allem für UNIX-Experten interessant sind, wird der „Normalanwender" wohl vor allem das Erscheinungsbild des Terminals anpassen wollen. Das geschieht in den Unterpunkten *Darstellung*, *Farbe* und *Fenster*.

Unter *Darstellung* kann das Erscheinungsbild des Cursors und die verwendete Schrift gewählt werden, wobei man die Glättung stets ausgeschaltet lassen sollte (Abbildung 6-2, links). Im aktiven Fenster kann die Schriftgrösse jederzeit über die Tastatur mit Apfel + (Apfel-shift-1) bzw. Apfel - verändert werden.

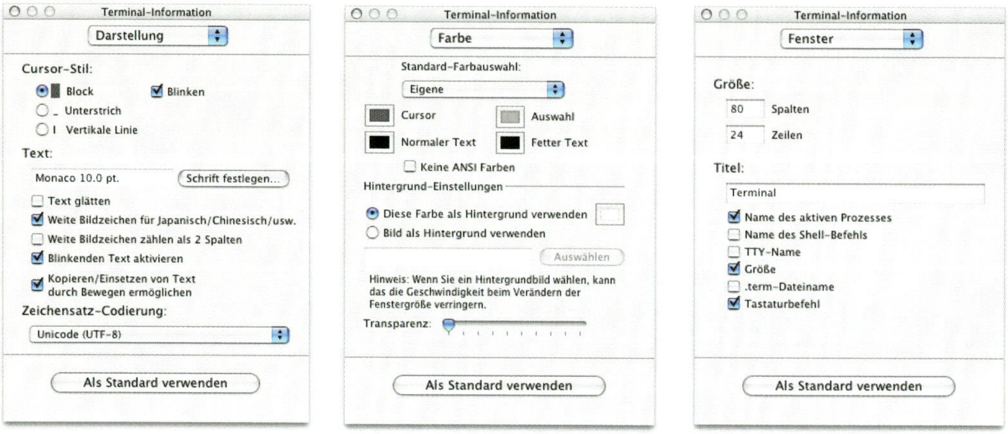

Abbildung 6-2 Fenstereinstellungen für das Terminal (Auswahl)

Die Farbe von Cursor, Text, fettem Text und der Auswahl sowie die Hintergrundfarbe des Terminals werden in der Schaltfläche *Farbe* gewählt (Abbildung 6-2, Mitte). Es hat sich bewährt, weiss oder eine dunkle Farbe für den Hintergrund zu verwenden und diese leicht transparent zu wählen. Neben dem „Aha-Effekt" bei jedem, der das zum ersten Mal sieht, hat die Transparenz den Vorteil, dass man den darunterliegenden Text noch erkennen und ihn somit im Terminal verwenden kann, wenn man z. B. eine komplizierte Befehlsabfolge nachvollziehen will. Wenn man eine dunkle Hintergrundfarbe wählt, sollte man für den Text und den Cursor entsprechend komplementäre, helle Farben verwenden.

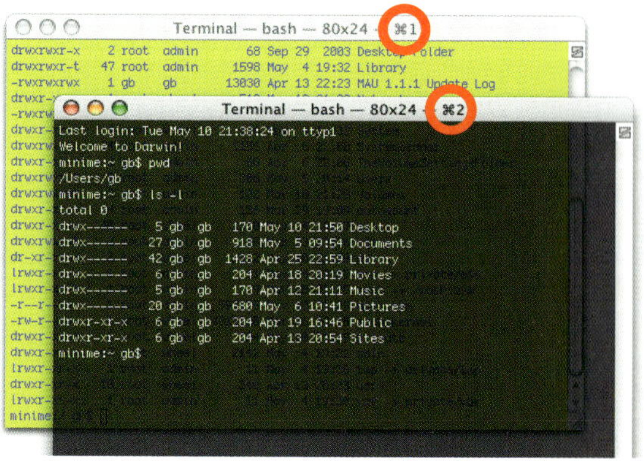

In der Schaltfläche *Fenster* (Abbildung 6-2, rechts) sieht man die Grösse (in Spalten und Zeilen) des Terminalfensters sowie den Titel. Für die Titelleiste kann es praktisch sein, den *Tastaturbefehl* einzuschalten – wenn man mehrere Terminalfenster geöffnet hat, sieht man sofort, mit welcher Tastenkombination man zu welchem Fenster gelangt.

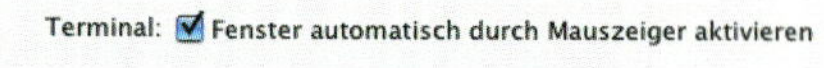

Mit dem Programm TinkerTool (siehe „Feintuning mit TinkerTool" auf Seite 95) kann man ausserdem eine versteckte Funktion freischalten, die immer das Terminalfenster aktiviert, über dem die Maus sich gerade befindet.

Die gewählten Werte aus den Fenstereinstellungen betreffen immer nur das gerade aktive Terminalfenster. Wenn man die Einstellungen zukünftig als Standard verwenden will, muss man vor dem Schliessen der Fenstereinstellungen die Schaltfläche *Als Standard verwenden* drücken (Abbildung 6-2).

Wenn das Terminal gestartet wird, öffnet sich automatisch ein neues Fenster mit einem sogenannten Eingabeprompt, der je nach Netzwerkumgebung unterschiedlich sein kann.

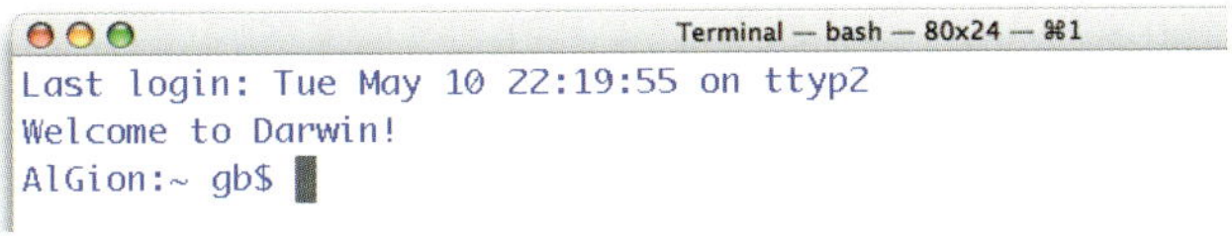

Abbildung 6-3 Terminal unter Mac OS X

Der Eingabeprompt aus Abbildung 6-3 lautet:

```
AlGion:~ gb$
```

Das bedeutet, dass der Netzwerkname des Rechners *AlGion* lautet. Das ist immer so, wenn kein Netzwerk zur Verfügung steht, oder man z. B. mit einem Modem mit dem Internet verbunden ist. Ausserdem wird signalisiert, dass man sich in seinem Homedirectory befindet (~) und der eingeloggte User *gb* heisst. In der Abbildung unten lautet der Eingabeprompt:

```
imes-leo-175-dhcp:~ gb$
```

Ein Netzwerkname erscheint, wenn der Computer innerhalb eines Netzwerks einen Namen von einem Domain Name Server (DNS) erhalten hat.

Der Eingabeprompt ändert sich, wenn man in ein anderes Verzeichnis wechselt (siehe dazu „Navigation im Dateisystem" auf Seite 162). Es erscheint dann:

```
AlGion:/Applications/Utilities gb$
```

wenn man im Ordner */Applications/Utilities* ist (Abbildung 6-4).

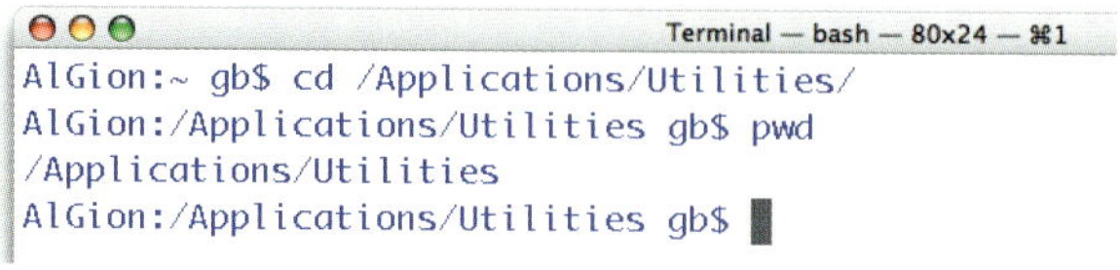

Abbildung 6-4 Eingabeprompt in Abhängigkeit des Verzeichnisses

Es können auch mehrere Terminalfenster gleichzeitig geöffnet sein – das ist sehr praktisch, wenn man z. B. einen Befehl eingeben will, zu dem man noch Hilfe braucht: in einem Terminal arbeitet man, das andere benutzt man für die Anzeige der Hilfe (zur Terminalhilfe siehe „Hilfe“ auf Seite 175). Um zwischen den geöffneten Terminalfenstern umzuschalten, kann man die Tastenkombinationen Apfel-1, Apfel-2 usw. (oder das Menü *Fenster*) benutzen.

Abbildung 6-5 Umschalten zwischen geöffneten Terminalfenstern

Wenn man beim Starten des Terminals z. B. immer drei Fenster in einer bestimmten Anordnung haben möchte, so kann man eine Startdatei sichern: Im Menü *Shell* wählt man den Befehl *Sichern unter...* (Abbildung 6-6).

Im folgenden Dialog muss man die Optionen *Alle Fenster* und *Diese Datei beim Start von Terminal öffnen* aktivieren (Abbildung 6-6). Die Terminaleinstellungen sollten in den Ordner *~/Library/Application Support/Terminal* gespeichert werden. Nun erscheinen bei jedem Start des Terminals die drei Fenster in der bestimmten Anordnung. Um diese Einstellung wieder rückgängig zu machen, entfernt man in den Terminaleinstellungen (Abbildung 6-1, links) das Häkchen bei der Option *Beim Starten von Terminal eine gesicherte .term-Datei öffnen*. Diese Option wurde vorher beim Speichern als Startdatei aktiviert, und der Speicherort in der Pfadangabe ergänzt. Wenn nur das Häkchen deaktiviert wird, bleibt die .term-Datei trotzdem erhalten (und kann später wieder verwendet werden).

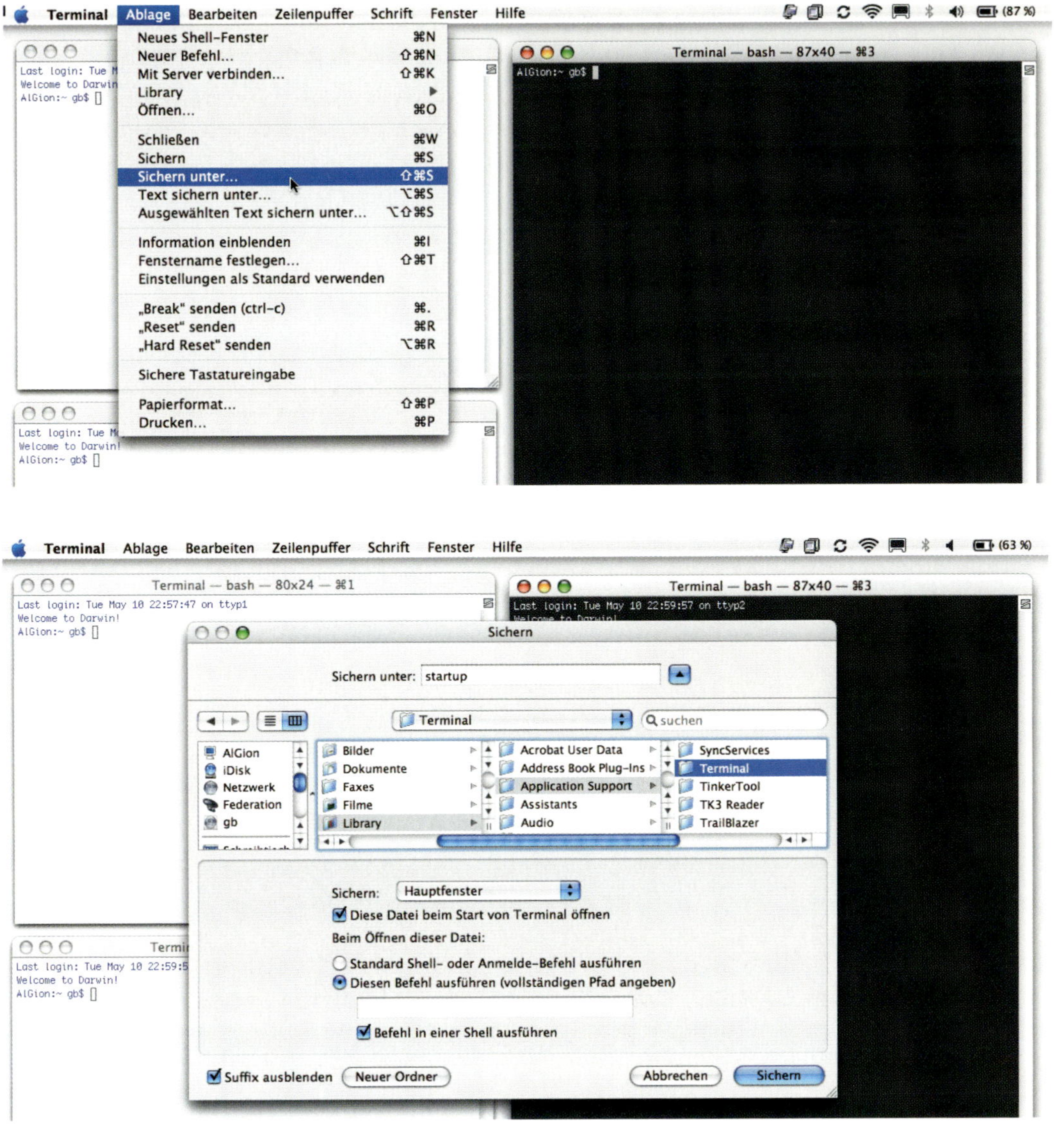

Abbildung 6-6 Sichern einer Startdatei für das Terminal

Um schnellen Zugriff auf verschiedene Terminal-Startdateien zu haben, speichert man sie im oben erwähnten Ordner. Dann tauchen sie nämlich im Menü *Ablage - Library* auf.

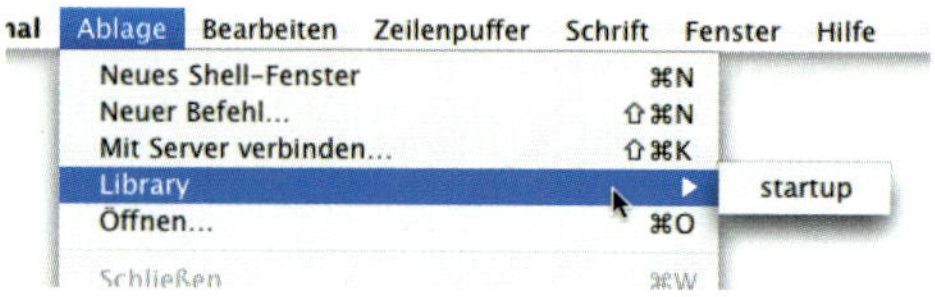

Es ist auch möglich, in einer solchen Terminaldatei direkt einen Befehl auszuführen. Um zu sehen, welche Prozesse laufen, wird der Befehl `top` verwendet. Mit `top -u` werden die Prozesse nach Auslastung sortiert („Prozesse“ auf Seite 174). Will man direkt aus dem Library-Menü ein rotes Fenster (entsprechende Einstellungen in den Farboptionen vornehmen) mit den Prozessen nach CPU-Auslastung sortiert öffnen können, speichert man eine Terminaldatei (z. B. *~/Library/Application Support/Terminal/top_u.term*) mit der Option *Diesen Befehl ausführen (vollständigen Pfad angeben)*. Als Befehl wählt man in diesem Fall `/usr/bin/top -u` (Abbildung 6-7). Dabei darf man den führenden Slash / vor *usr* erst nach der Eingabe von *usr* tippen, sonst erwartet das Terminal eine Pfadangabe. Öffnet man nun die Terminaldatei *top_u* aus dem Menü *Library* im Terminal, so erscheint sofort ein rotes Fenster mit der Prozessliste, sortiert nach CPU-Auslastung.

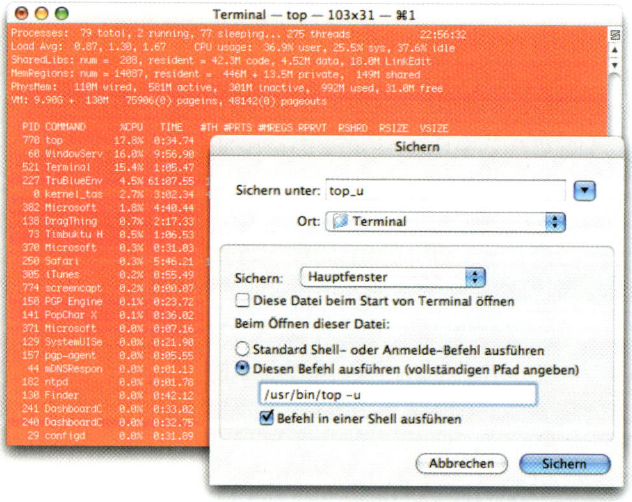

Abbildung 6-7 Terminaldatei mit Befehl

Falls das Terminal nicht mehr richtig funktioniert und man zu den Standardeinstellungen zurückkehren möchte, kann man die Datei *~/Library/Preferences/com.apple.Terminal.plist* löschen. Der Pfad zur Startdatei (falls definiert) verschwindet, die Datei selber und alle Terminaldateien im Ordner *~/Library/Application Support/Terminal* bleiben aber erhalten und können in den Terminal *Einstellungen...* wieder aktiviert werden, damit sie im *Library*-Menü zur Verfügung stehen.

6.2 Nützliche UNIX-Befehle

Um Manipulationen vorzunehmen, muss man nach dem Eingabeprompt etwas eingeben. Durch Drücken des Zeilenschalters wird die Aktion ausgelöst. Eine Auswahl von solchen Manipulationen folgt auf den nächsten Seiten. Terminal-Befehle sind `violett und in Monaco-Schrift` dargestellt. Auf den Eingabeprompt wird aber verzichtet.

Das Terminal von Mac OS X ist nicht wie andere UNIX-Terminals: es unterscheidet (manchmal) nicht zwischen Gross- und Kleinschreibung von Datei- und Ordnernamen, während alle anderen UNIX-Systeme (und deren Terminals) das sehr streng tun. Warum manchmal? Beim `cd`-Befehl (siehe weiter unten) wird nicht unterschieden, beim Vervollständigen von Namen hingegen schon. Hier muss man während der Eingabe ausprobieren und zwischen Gross- und Kleinschreibung wählen.

6.2.1 Syntax

Das Terminal erwartet eine bestimmte Logik bei der Eingabe der Befehle, die sogenannte Syntax:

Syntax	`Kommando [-Option] [Parameter]`

Auch in der Hilfe wird diese Syntax jeweils berücksichtigt (siehe „Hilfe" auf Seite 175).

`Kommando` bezeichnet den eigentlichen Befehl, also z. B. `pwd` oder `cd`. Eine `Option` kann, muss aber nicht angegeben werden. Sie wird gebraucht, um zusätzliche Informationen in den Befehl zu integrieren, z. B. eine genauere Auskunft zu verlangen oder einem Ordner genau definierte Zugriffsrechte mitzugeben. Sind mehrere Optionen angegeben und sind sie durch einen vertikalen Strich | getrennt, bedeutet dies: entweder/oder – es können nicht beide Optionen gleichzeitig verwendet werden. Die `Parameter` sind die Objekte, auf die sich der Befehl und die Optionen beziehen, also z. B. Dateien und Ordner.

Durch Drücken der Pfeiltasten *nach oben* bwz. *nach unten* kann man die zuletzt verwendeten Befehle erneut aufrufen. Um eine Shell zu verlassen, tippt man exit oder drückt ctrl-D. Um einen Befehl abzubrechen (z. B. wenn sich ein Prozess aufgehängt hat), drückt man ctrl-C.

6.2.2 Navigation im Dateisystem

pwd – print working directory

Der pwd-Befehl gibt als Resultat den Pfad des gerade aktuellen Verzeichnisses (Ordner, *directory*) an. Wenn ich mich z. B. im Ordner *iTunes* (innerhalb des Ordners *Music* im Userordner *gb*) befinde, lautet das Resultat (Abbildung 6-8):

```
pwd
/Users/gb/Music/iTunes
```

Es wird immer der absolute Pfad wiedergegeben. Mit absolutem Pfad ist der Weg durch das Dateisystem von der obersten Hierarchiestufe / („root“) bis zur Datei gemeint. Im Gegensatz dazu bezeichnet ein relativer Pfad den Weg vom aktuellen Standort bis zu einem bestimmten anderen Ort.

Öffnet man ein neues Terminalfenster, landet man standardmässig im eigenen *Home-Verzeichnis*, hier:

```
/Users/gb
```

(Abbildung 6-8, erste beiden Zeilen). Das *Home-Verzeichnis* wird mit einer *Schlangenlinie* ~ (auch Tilde genannt) bezeichnet.

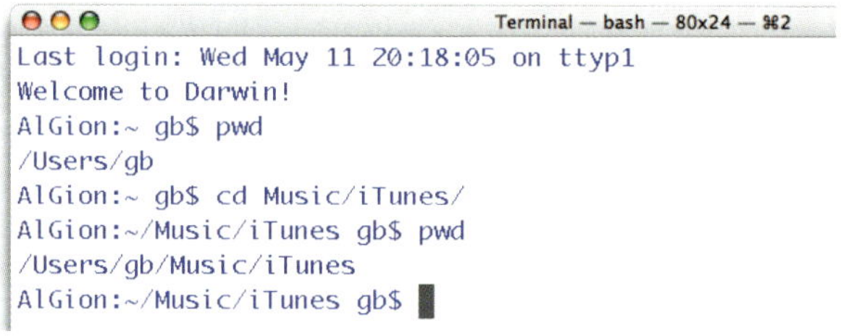

Abbildung 6-8 pwd, cd

cd – change directory

Mittels cd-Befehl kann ich von einem Ordner in den nächsten navigieren. Wenn ich mich im User-Ordner *gb* befinde, kann ich z. B. mit:

```
cd Music/iTunes
```

in den Ordner *mp3* wechseln (Abbildung 6-8, fünfte Zeile). `cd` interpretiert den Pfad folglich relativ zum aktuellen Standort (mit `pwd` zu ermitteln). Wenn ich in den *Applications*-Ordner wechseln will, muss ich:

```
cd /Applications
```

eingeben. Hier handelt es sich wieder um einen absoluten Pfad. Der relative Pfad wäre

```
cd ../../Applications
```

gewesen (zwei Stufen hoch, dann in Applications). Daneben gibt es noch einige spezielle Befehle:

`cd ..`	ein Verzeichnis nach oben
`cd ../../..`	drei Verzeichnisse nach oben
`cd /`	in die oberste Hierarchiestufe wechseln (/ „root")
`cd .`	im gleichen Verzeichnis bleiben (./ bezeichnet das aktuelle Directory)
`cd`	ins Home-Verzeichnis (~) wechseln
`cd -`	ins zuletzt verwendete Verzeichnis wechseln

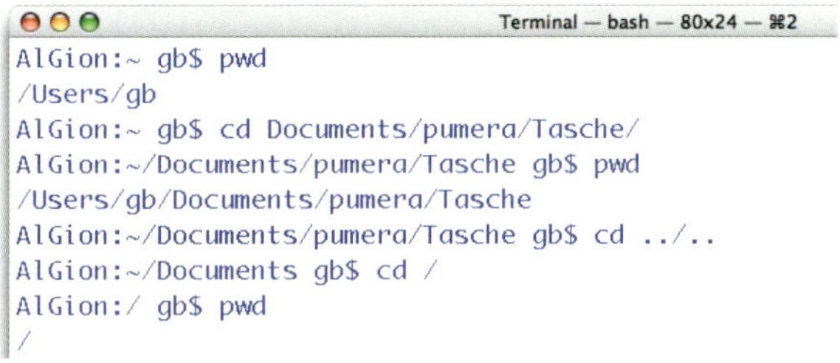

Abbildung 6-9 cd

Falls man im Finder ein Volume gemountet hat (Netzwerk, CD, externe Harddisk), findet man dieses unter:

```
cd /Volumes/
ls -l
```

Abbildung 6-10 Volumes unter /Volumes/

Hier sieht man, dass der Finder die Volumes nur zum Schein auf dem Desktop bzw. auf der obersten Hierarchiestufe der Festplatte anzeigt. Unter UNIX gibt es eine Hierarchie, die vom obersten Verzeichnis / aus startet, im Finder startet die Hierarchie vom Objekt *Computer* aus.

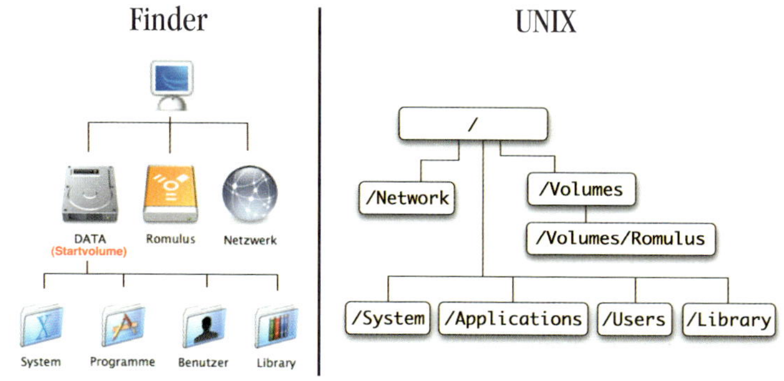

Abbildung 6-11 Hierarchien im Finder und unter UNIX

Netzwerkobjekte im lokalen Netz erscheinen unter /Network

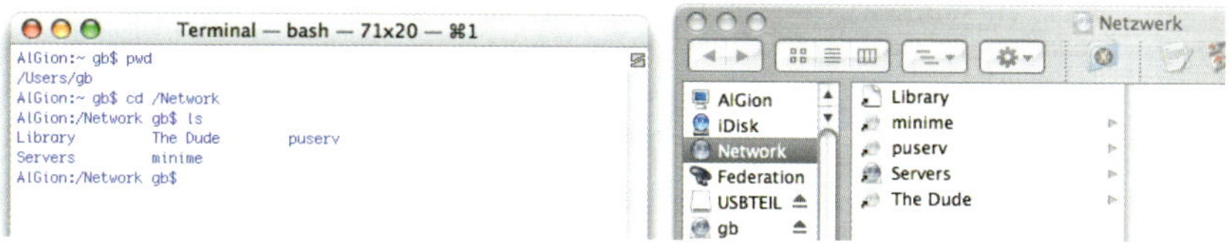

Abbildung 6-12 Lokales Netzwerk

Das Terminal kann Namen, die man nach `cd` eingibt, ergänzen. Falls man in einen Ordner (ein Directory) mit dem Namen „PowerMac" wechseln will, kann man `cd Pow` (`cd P`, `cd Po`, ...) eingeben und dann den Tabulator drücken. Der Rest des Namens wird ergänzt, durch Drücken der Enter-Taste gelangt man in das Directory. Falls es mehrere Ordner gibt, die mit *Pow* anfangen (z. B. *PowerMac G4*, *PowerBook G3*, *PowerBook G4*), listet sie das Terminal nach erneutem Druck der Tabulatortaste auf, um eine nochmalige Eingabe bis zur eindeutigen Unterscheidbarkeit zu verlangen (siehe Abbildung 6-13; hier: `cd PowerM`). In diesem Fall unterscheidet das Terminal Gross- und Kleinschreibung!

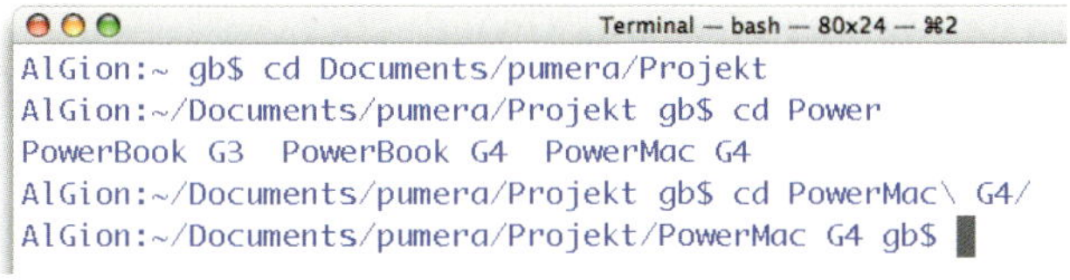

Abbildung 6-13 cd (2)

Ordner- und Dateinamen, die Leerzeichen enthalten, muss man entweder in Anführungszeichen schreiben oder man muss vor dem Leerzeichen einen Backslash \ (Apfel-shift-7) eingeben (oder man bedient sich der gerade erwähnten Methode, bei der die Namen ergänzt werden). Auch vor anderen Sonderzeichen (z. B. Klammern) muss man einen \ eingeben (Abbildung 6-13).

Anstatt den Pfad einzugeben, kann man nach Eingabe von `cd` und einem Leerschlag auch einfach einen Ordner aus dem Finder ins Terminalfenster hineinziehen (Drag & Drop). Wenn der gewünschte Ordner schon geöffnet ist, packt man sein Icon in der Titelleiste des Finderfensters (einen Augenblick warten, bis es aktiv wird) und zieht dieses ins Terminalfenster. Nach dem Drücken des Zeilenschalters landet man im gewählten Ordner.

Um herauszufinden, welche Objekte innerhalb eines Ordners enthalten sind, braucht man:

ls – list directory

ls liefert eine Liste der im aktuellen Directory enthaltenen Files. Im Benutzerordner wären das die standardmässig vorhandenen Ordner *Documents*, *Music*, *Movies*, usw.:

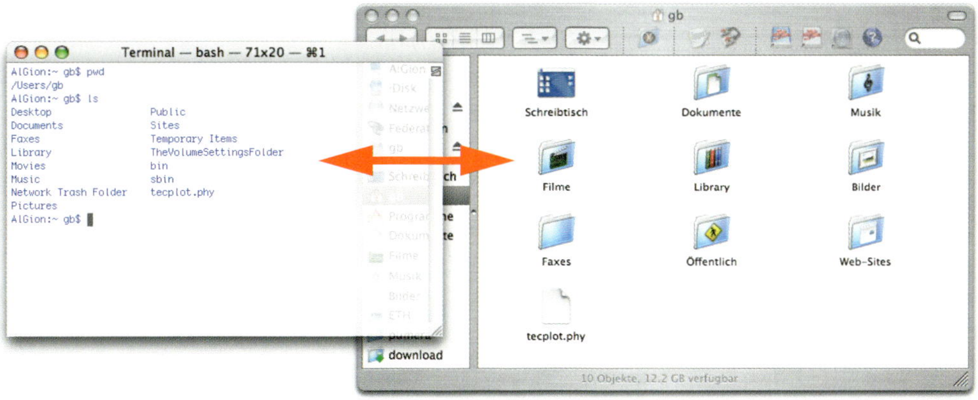

Abbildung 6-14 ls

Je nach Konfiguration kann es vorkommen, dass man auch Ordner sieht, die vom System angelegt werden, wie *Network Trash Folder* oder *TheVolumeSettingsFolder*, allerdings im Finder unter Mac OS X unsichtbar sind (nicht aber für das Terminal). Es gibt noch weitere für das Terminal und den Finder unsichtbare Dateien. Es sind Dateien, die vom UNIX-Subsystem angelegt oder auch von einigen Programmen erzeugt werden. Solche Dateien beginnen mit einem Punkt im Namen, z. B. *.Trash*. Um auch sie anzuzeigen, gibt man `ls -a` ein („alle Dateien“):

```
Terminal — bash — 80x24 — ⌘1
minime:~ gb$ pwd
/Users/gb
minime:~ gb$ ls -a
.                       .bash_history           Music
..                      .profile                Pictures
.CFUserTextEncoding     Desktop                 Public
.DS_Store               Documents               Sites
.TemporaryItems         Library
.Trash                  Movies
minime:~ gb$ ▌
```

Abbildung 6-15 ls -a

Die Punkte am Anfang der Liste bedeuten:

.	Das aktuelle Verzeichnis (siehe `cd .`)
..	Das nächsthöhere Verzeichnis (parent directory, siehe `cd ..`)

```
Terminal — bash — 80x24 — ⌘1
minime:~ gb$ ls -al
total 56
drwxr-xr-x   16 gb    gb      544 May 11 19:30 .
drwxrwxr-t    9 root  admin   306 May  5 20:14 ..
-rw-r--r--    1 gb    gb        3 Apr 21 21:25 .CFUserTextEncoding
-rw-r--r--    1 gb    gb    15364 May 11 20:32 .DS_Store
drwxrwxrwt    3 gb    gb      102 May  5 09:44 .TemporaryItems
drwx------    2 gb    gb       68 May 11 19:30 .Trash
-rw-------    1 gb    gb      770 May 10 22:48 .bash_history
-rw-r--r--    1 gb    gb      181 Apr 13 20:23 .profile
drwx------    5 gb    gb      170 May 11 21:06 Desktop
drwx------   27 gb    gb      918 May  5 09:54 Documents
drwx------   42 gb    gb     1428 Apr 25 22:59 Library
drwx------    6 gb    gb      204 Apr 18 20:19 Movies
drwx------    5 gb    gb      170 Apr 12 21:11 Music
drwx------   20 gb    gb      680 May  6 10:41 Pictures
drwxr-xr-x    6 gb    gb      204 Apr 19 16:46 Public
drwxr-xr-x    6 gb    gb      204 Apr 13 20:54 Sites
minime:~ gb$
```

Abbildung 6-16 ls -al

Wenn man noch detailliertere Informationen über die Dateien und Ordner braucht, z. B. deren Zugriffsrechte, so benutzt man den Befehl:

```
ls -l
```

Man kann die beiden Befehle auch kombinieren:

```
ls -al
```

zeigt alle Dateien (auch unsichtbare) mit detaillierten Informationen (Abbildung 6-16).

Was die einzelnen Spalten bedeuten, wird in „Organisation der Zugriffsrechte" auf Seite 183 genauer erklärt.

Mit `ls -R` kann man sich den Inhalt rekursiv, also mit allen Unterverzeichnissen, auflisten lassen (Vorsicht, das kann dauern!).

6.2.3 Kopieren, Bewegen, Löschen

cp – copy files

Um Dateien und Ordner zu kopieren, existiert der `cp`-Befehl. Am besten lässt er sich anhand eines Beispiels erklären (vgl. Abbildung 6-17): Im Ordner *Quelle* befinden sich die beiden Dokumente *Datei_1.rtf* und *Datei_2.rtf*. Diese sollen in den Ordner *Ziel* kopiert werden. Beide Ordner befinden sich in *~/Documents*. Die Dateiendungen *.rtf werden im Finder normalerweise nicht angezeigt (siehe „Zuordnung von Dateien und Programmen" auf Seite 147), müssen aber im Terminal eingegeben werden, da dort der genaue Dateiname erwartet wird.

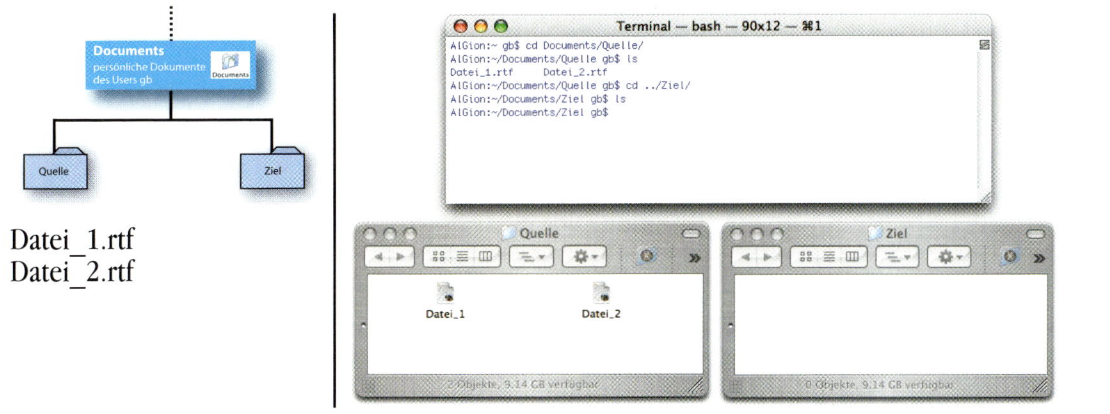

Abbildung 6-17 Ausgangssituation

Es gibt nun mehrere Möglichkeiten, die Dateien zu kopieren. Der cp-Befehl erwartet folgende Syntax:

```
cp [-R [-H | -L | -P]] [-f | -i] [-p] Quelldatei Zieldatei
cp [-R [-H | -L | -P]] [-f | -i] [-p] Quelldatei ... Zielordner
```

Um nur eine Datei zu kopieren, muss ich also zuerst mal in den Quellordner (der Ordner, von wo ich die Datei kopieren will) wechseln:

```
cd ~/Documents/Quelle
```

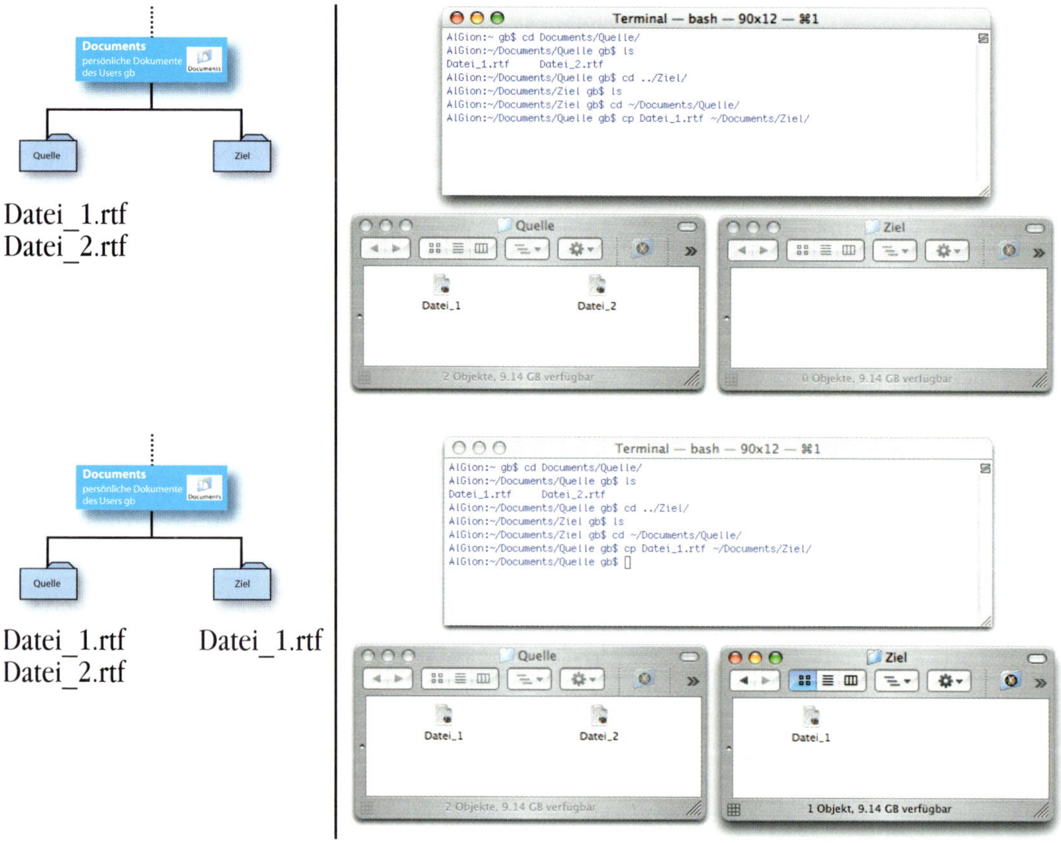

Abbildung 6-18 cp (1)

Danach kann ich Datei_1.rtf kopieren:

```
cp Datei_1.rtf ~/Documents/Ziel
```

(absoluter Pfad) oder um Datei_2.rtf zu kopieren:

```
cp Datei_2.rtf ../Ziel
```

(relativer Pfad). Im zweiten Beispiel bedeutet `../Ziel`: eine Ebene nach oben, dann in den Ordner *Ziel*, was gleichbedeutend ist mit *~/Documents/Ziel*.

Will man beide Dateien auf einmal kopieren, tippt man:

```
cp Datei_1.rtf Datei_2.rtf ~/Documents/Ziel
```

Es ist nicht nötig, sich im Quellverzeichnis zu befinden. Man kann auch den kompletten Pfad angeben, also z. B.

```
cp ~/Documents/Quelle/Datei_2.rtf ~/Documents/Ziel
```

Falls die Zieldatei eine Kopie der Quelldatei sein soll, aber anders heissen soll, kann man ihren Namen direkt im `cp`-Befehl unterbringen. Im untenstehenden Beispiel ist das aktuelle Verzeichnis (via `pwd` zu ermitteln) das *Home-Verzeichnis* ~:

```
cp Documents/Quelle/Datei_2.rtf Documents/Ziel/Datei_2_Kopie.rtf
```

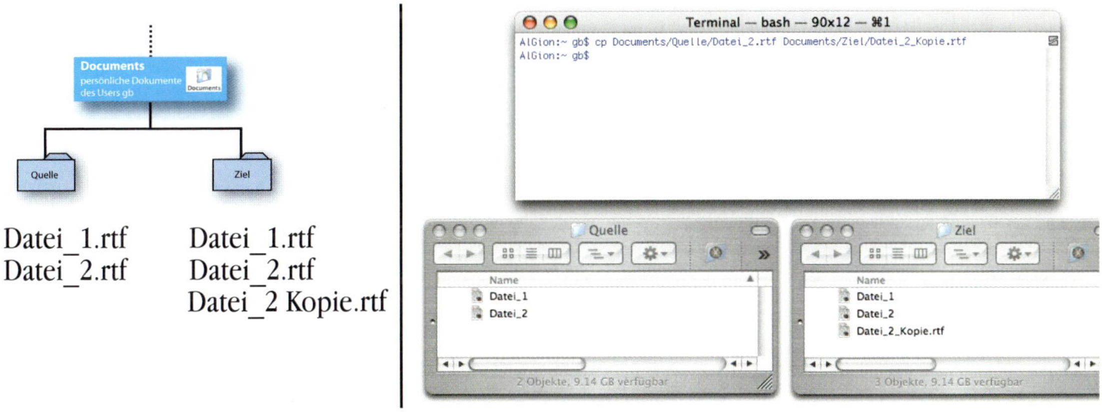

Abbildung 6-19 cp (2)

Um einen kompletten Ordnerinhalt zu kopieren, wird die `-R` Option gebraucht.

Es gibt zwei Fälle:

```
cp -R Quelle/ ~/Documents/Ziel
```

kopiert nur den Inhalt aus dem Ordner *Quelle* in den Ordner *Ziel*.

```
cp -R Quelle ~/Documents/Ziel
```

(kein Schrägstrich / nach *Quelle*) kopiert den Ordner *Quelle* mitsamt seinem Inhalt in den Ordner *Ziel*.

Falls der Ordner *Ziel* noch nicht vorhanden ist (beispielsweise beim Kopieren in den Unterordner *~/Documents/Daten*), muss dieser nicht zuerst noch erzeugt werden – durch Eingabe des Zielpfades geschieht das automatisch:

```
cp -R Quelle/ ~/Documents/Daten/Ziel
```

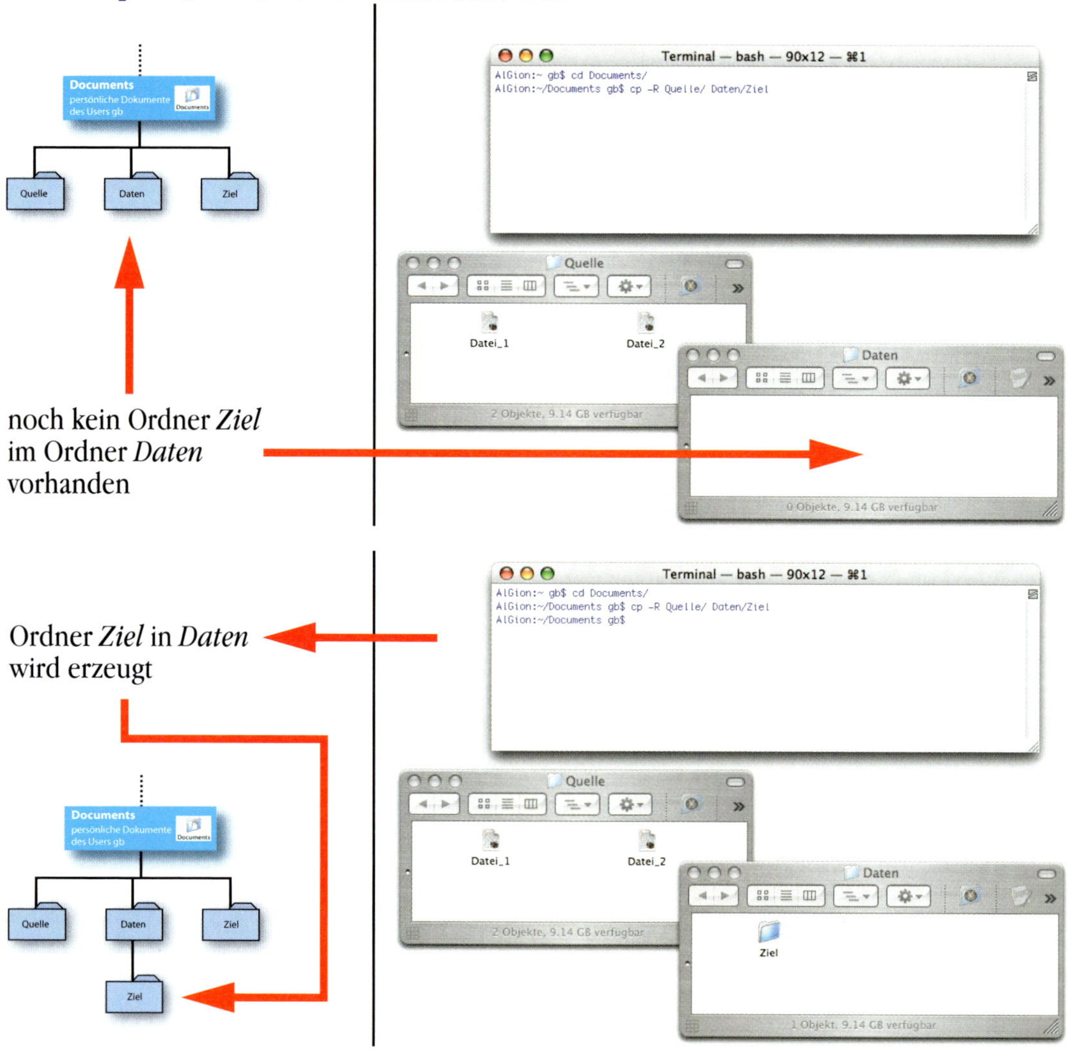

Abbildung 6-20 cp (3)

mv - rename/move

Syntax	mv [-f | -i | -n] [-v] file source target mv [-f | -i | -n] [-v] file source ... directory

Das Kommando mv hat zwei Funktionen. Im ersten Fall wird angenommen, dass der letzte Operand (`target`) keinen bereits existierenden Ordner bezeichnet. Somit kann `mv` zum Umbenennen einer Datei verwendet werden:

```
mv Datei_1.rtf Datei_2.rtf
```

Falls die Datei Datei_2.rtf bereits existiert, wird sie überschrieben! Mit der Option

```
mv -i Datei_1.rtf Datei_2.rtf
```

kann man das vermeiden. Das System wird dann fragen, ob man die Datei wirklich überschreiben will, was mit `y` oder `n` (*yes* oder *no*) bestätigt wird.

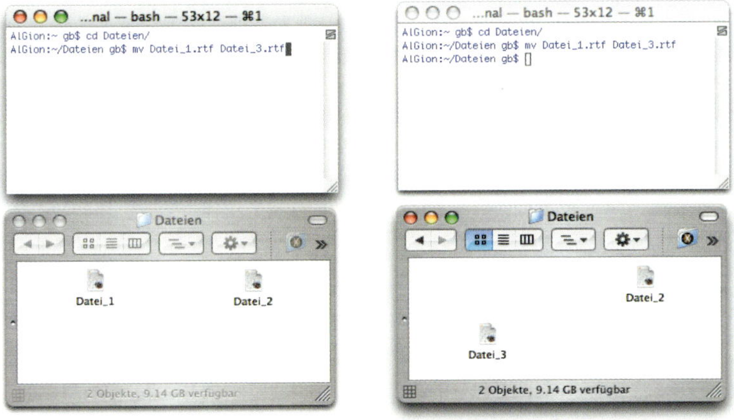

Abbildung 6-21 mv

Zweitens kann man eine Datei in ein anderes Verzeichnis verschieben. Um die *Datei_2.rtf* in den Ordner *Projekte* zu bewegen tippt man:

```
mv Datei_2.rtf Projekte
```

Falls das Objekt *Datei_2.rtf* im Verzeichnis *Projekte* bereits existiert, wird es überschrieben. Mit der Option `-i` kann man das verhindern. Dann erscheint nämlich eine Meldung, die bestätigt werden muss, um die Datei tatsächlich zu überschreiben.

mkdir - make directory

Dieser Befehl erzeugt einen Ordner im aktuellen Verzeichnis. Um also z. B. im *Dateien-*Ordner (der sich im Ordner *Dokumente* befindet) einen weiteren Ordner *Vorlagen* anzulegen, tippt man

```
cd
cd Documents/Dateien
mkdir Vorlagen
```

Mit dem ersten Befehl landet man im Home-Verzeichnis, mit dem zweiten im Ordner *Documents/Dateien* und mit dem dritten erzeugt man den neuen Ordner.

rm – remove files

Mit dem Befehl `rm` kann man Dateien löschen. Vor allem ungeübte Benutzer sollten äusserst vorsichtig damit umgehen und ihn anfangs immer mit der `-i` Option benützen! Mit `-i` wird der Befehl interaktiv ausgeführt und jedes Löschen muss bestätigt werden.

```
rm Datei_5.rtf
```

löscht die Datei *Datei_5.rtf* im aktuellen Ordner:

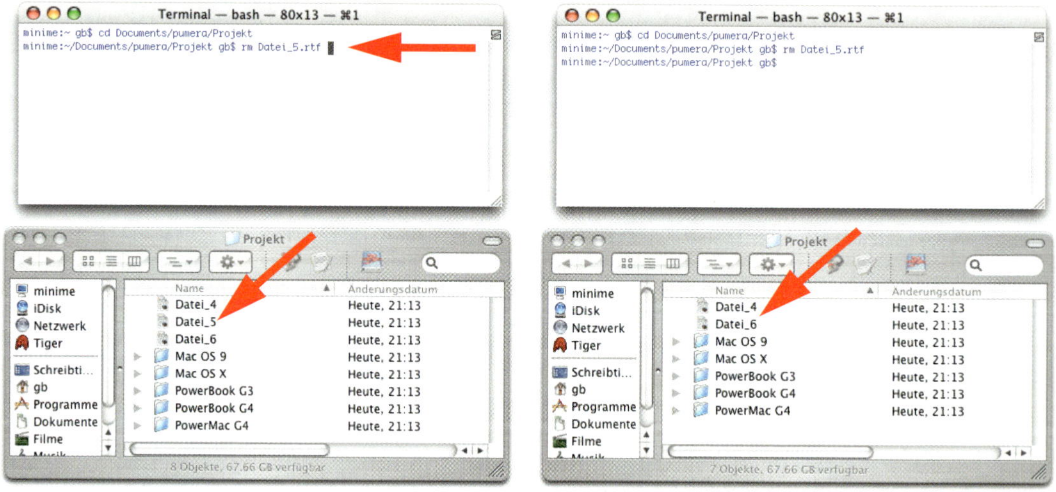

Abbildung 6-22 rm (1)

```
rm -d Ordnername
```

löscht einen Ordner, aber nur, sofern dieser leer ist. Falls er nicht leer ist, erscheint eine Fehlermeldung (siehe Abbildung rechts).

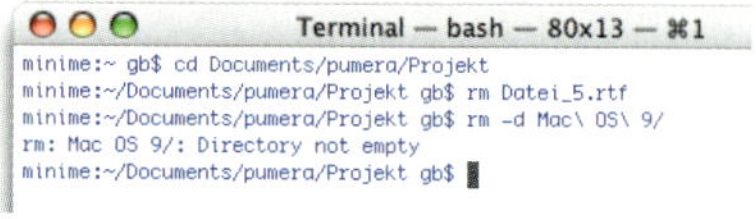

Wenn der Ordner noch Dateien enthält, man ihn aber sicher löschen will, wählt man:

```
rm -R Ordnername
```

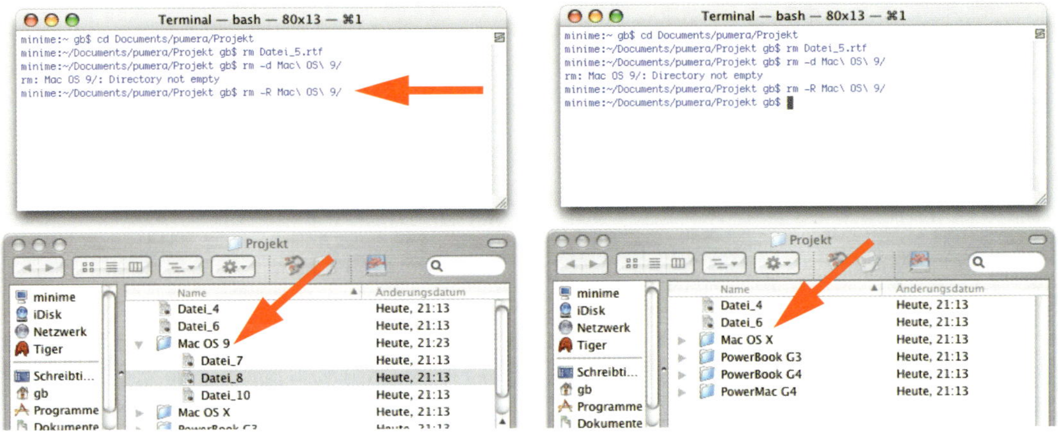

Abbildung 6-23 rm (2)

Es können auch sogenannte wildcards (siehe auch Seite 179) verwendet werden:

```
rm Datei*.rtf
```

löscht alle Dateien im aktuellen Ordner, die mit *Datei* beginnen und mit dem Suffix *.rtf* aufhören. Der * ist dabei ein Platzhalter (wildcard) für eine beliebige Anzahl beliebiger Zeichen. Alle Dateien im aktuellen Ordner mit der Endung .rtf werden durch Eingabe von `rm *.rtf` gelöscht (In Abbildung 6-24 wurde das Suffix *.rtf* via Informationsfenster zum besseren Verständnis wieder sichtbar gemacht).

Der Befehl `rm` verschiebt die Dateien nicht in den Papierkorb, sondern löscht sie sofort! Besonders der Befehl `rm -R` ist gefährlich, da er vom aktuellen Standort aus alles löscht (sofern man genügend Zugriffsrechte hat)! Falls man als *root* eingeloggt den Befehl `rm -R /` ausführt, ist die Festplatte nachher (fast) leer. Deshalb Vorsicht beim Tippen: wenn man nach dem Schrägstrich / noch etwas eingeben will, aber aus Versehen auf die Enter-Taste drückt oder einen Leerschlag eintippt, kann das fatale Folgen haben...

Dateien, die mit einem Bindestrich (-) beginnen, können mit `rm` nicht direkt gelöscht werden. Die Syntax lautet dann:

```
rm ./-Dateiname
```

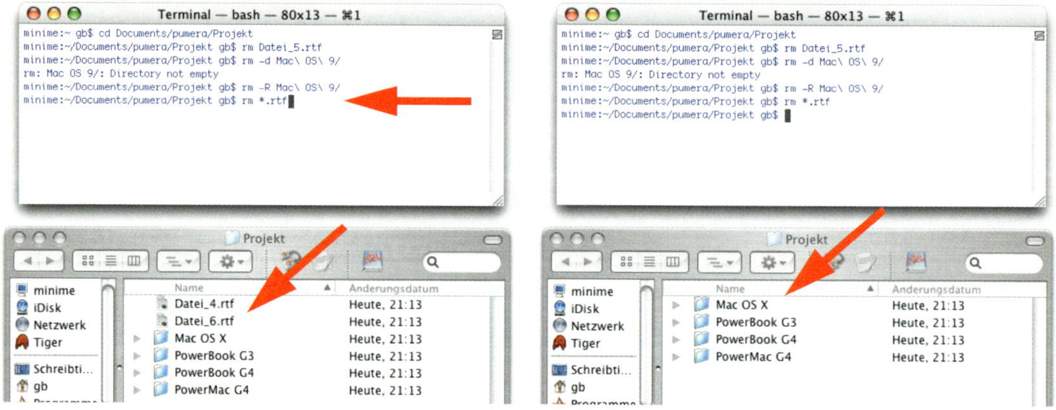

Abbildung 6-24 rm (3)

6.2.4 Prozesse

Alles, was unter einem UNIX-System „läuft", ist ein Prozess. Ein Programm und ein Terminalbefehl sind Prozesse. Um sich alle laufenden Prozesse anzuzeigen, tippt man:

```
top
```

Sortiert nach Prozessorauslastung (siehe Abbildung 6-25):

```
top -u
```

Die Anzeige aktualisiert so lange, bis man ctrl-C drückt (abbricht). Näheres hierzu im Kapitel „Prozesse" auf Seite 430. `top` zeigt ausserdem Informationen über das Speichermanagement an. Am besten nimmt man die Hilfe („Hilfe" auf Seite 175) zu `top` in Anspruch, um näheres darüber zu erfahren.

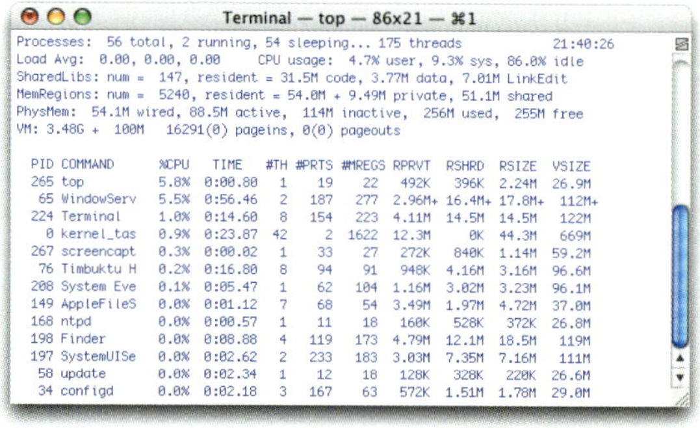

Abbildung 6-25 top -u

`ps` liefert Informationen über laufende Prozesse, die von einem Terminal kontrolliert werden. Meistens bringt das in Mac OS X nicht sehr viel. Mit der Option `-x` können aber auch andere Prozesse angezeigt werden. Mit der Option `-a` werden Prozesse aller User angezeigt. Die `-u` Option schliesslich zeigt zusätzliche Informationen wie z. B. CPU- oder Memory-Auslastung an. Der Befehl `ps -aux` liefert also recht detaillierte Informationen über gerade laufende Prozesse:

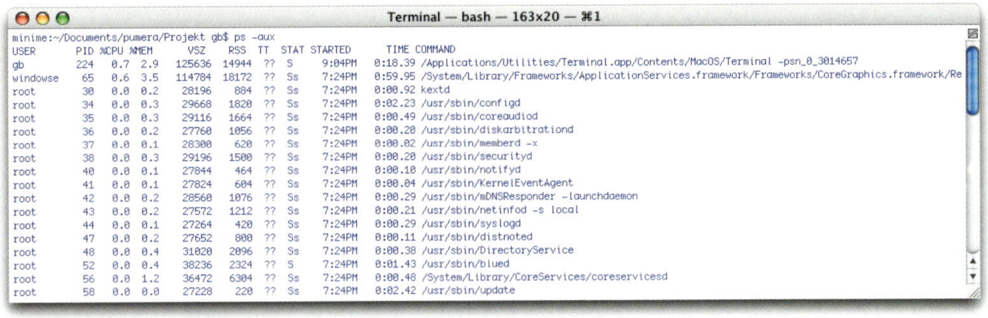


```
minime:~/Documents/pumera/Projekt gb$ ps -aux
USER       PID %CPU %MEM    VSZ   RSS  TT  STAT STARTED      TIME COMMAND
gb         224  0.7  2.9  125636 14944  ??  S     9:04PM   0:18.39 /Applications/Utilities/Terminal.app/Contents/MacOS/Terminal -psn_0_3014657
windowse    65  0.6  3.5  114784 18172  ??  Ss    7:24PM   0:59.95 /System/Library/Frameworks/ApplicationServices.framework/Frameworks/CoreGraphics.framework/Re
root        30  0.0  0.2   28196   884  ??  Ss    7:24PM   0:00.92 kextd
root        34  0.0  0.3   29668  1820  ??  Ss    7:24PM   0:02.23 /usr/sbin/configd
root        35  0.0  0.3   29116  1664  ??  Ss    7:24PM   0:00.49 /usr/sbin/coreaudiod
root        36  0.0  0.2   27760  1056  ??  Ss    7:24PM   0:00.20 /usr/sbin/diskarbitrationd
root        37  0.0  0.1   28300   620  ??  Ss    7:24PM   0:00.02 /usr/sbin/memberd -x
root        38  0.0  0.3   29196  1500  ??  Ss    7:24PM   0:00.20 /usr/sbin/securityd
root        40  0.0  0.1   27844   464  ??  Ss    7:24PM   0:00.10 /usr/sbin/notifyd
root        41  0.0  0.1   27824   604  ??  Ss    7:24PM   0:00.04 /usr/sbin/KernelEventAgent
root        42  0.0  0.2   28560  1076  ??  Ss    7:24PM   0:00.29 /usr/sbin/mDNSResponder -launchdaemon
root        43  0.0  0.2   27572  1212  ??  Ss    7:24PM   0:00.21 /usr/sbin/netinfod -s local
root        44  0.0  0.1   27264   420  ??  Ss    7:24PM   0:00.29 /usr/sbin/syslogd
root        47  0.0  0.2   27652   800  ??  Ss    7:24PM   0:00.11 /usr/sbin/distnoted
root        48  0.0  0.4   31020  2096  ??  Ss    7:24PM   0:00.38 /usr/sbin/DirectoryService
root        52  0.0  0.4   38236  2324  ??  S     7:24PM   0:01.43 /usr/sbin/blued
root        56  0.0  1.2   36472  6304  ??  Ss    7:24PM   0:00.48 /System/Library/CoreServices/coreservicesd
root        58  0.0  0.0   27228   220  ??  Ss    7:24PM   0:02.42 /usr/sbin/update
```

Abbildung 6-26 ps -aux

Man kann auch Prozesse vom Terminal aus beenden. Das wird in „Prozesse" auf Seite 430 ausführlicher erklärt.

Wenn man diese Terminalfunktionen häufiger brauchen möchte, platziert man das Programm *Terminal* am besten im Dock.

6.2.5 Hilfe

Durch Eingabe des Befehls `man` (Manual) gelangt man zur Hilfe zu einem bestimmten Befehl:

```
man [Terminalbefehl]
```

also z. B.:

```
man pwd
```

Es folgen Erklärungen zum Befehl, zur Syntax und zu möglichen Optionen sowie Argumenten. Einige Erklärungen enthalten auch ein Beispiel am Schluss. Mit Druck auf die Leerschlagtaste kann man „eine Seite", mit Druck auf die Enter-Taste „eine Zeile" weiter blättern und mit Druck auf Q kann man die Ausgabe der Hilfe vorzeitig beenden.

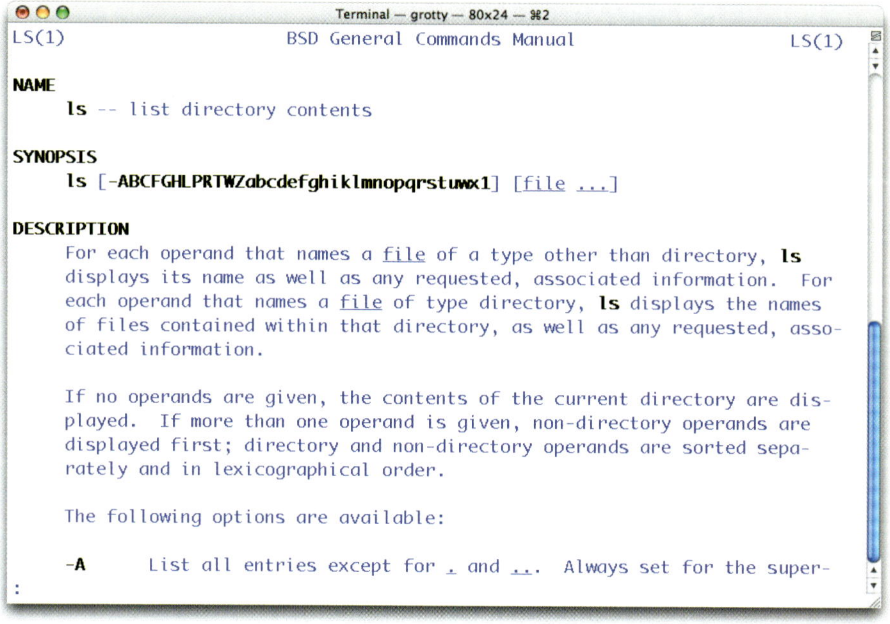

Abbildung 6-27 man ls

Für den Befehl `ls` bedeutet:

`ls [-ABCFGHLPRTWZabcdfghiklmnopqrstuwx1] [file ...]`

`ls`	Name des Befehls
`[-ABCFGHLPRTWZabcdfghiklmnopqrstuwx1]`	Optionen
`[file ...]`	Parameter (hier Datei/Ordnername)

Objekte in eckigen Klammern können, müssen aber nicht eingegeben werden.

also z. B. `ls -l ReadMe.pdf` zeigt detaillierte Informationen der Datei *ReadMe.pdf*.

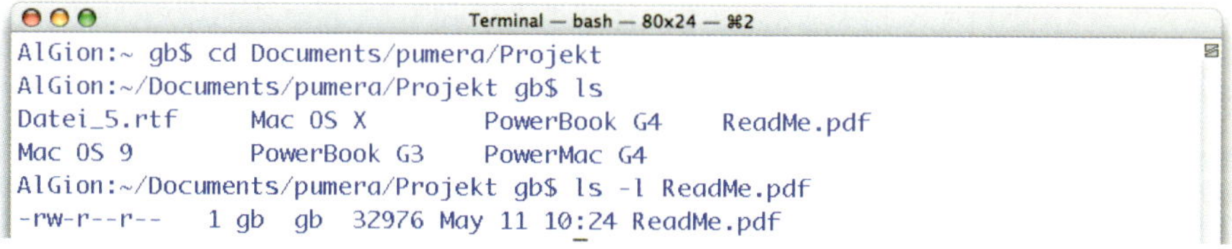

Abbildung 6-28 ls -l (man)

In den Hilfetexten sollte man stets die *See also*-Sektion beachten, da dort vielleicht ein ähnlicher Befehl aufgelistet ist, den man verwenden kann.

Wenn man nach einem Begriff sucht, kann man den Befehl

```
man -k <Begriff>
```

eingeben. `man -k smb` listet die Befehle auf, die etwas mit dem Begriff *smb* (SAMBA Netzwerkprotokoll, siehe „Verbindung mit Windows-Computern" auf Seite 299) zu tun haben – aus der Liste findet man dann heraus, welchen Befehl man verwenden kann. Diese Methode ist immer dann praktisch, wenn man den Befehl nicht kennt.

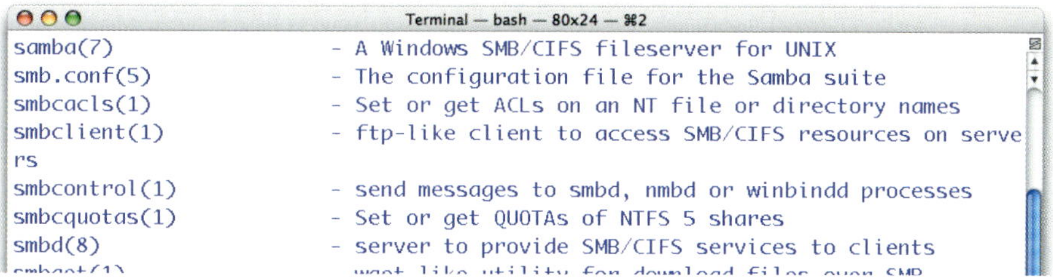

Abbildung 6-29 man -k

Möchte man eine Seite der Hilfe ausdrucken, erfolgt das am besten über den Befehl:

```
man -t [Befehl] > dateiname.ps
```

Damit leitet man das Ergebnis von `man -t` (PostScript-Datei) über einen Befehl in die Datei *dateiname.ps* um (der Pfeil > sorgt dafür, dass der Output nicht auf dem Bildschirm erscheint, sondern in die Datei umgeleitet wird). Dank den Fähigkeiten des Programms *Vorschau* kann man die ps-Datei im Finder einfach doppelklicken und sie wird in ein pdf konvertiert. Nun hat man eine formatierte Manualseite, die man ausdrucken kann. Im Beispiel (Abbildung 6-30):

```
man -t ls > ls.ps
```

erzeugt die Datei *ls.ps* im aktuellen Verzeichnis (hier: ~). Es kann auch ein absoluter Pfad angegeben werden.

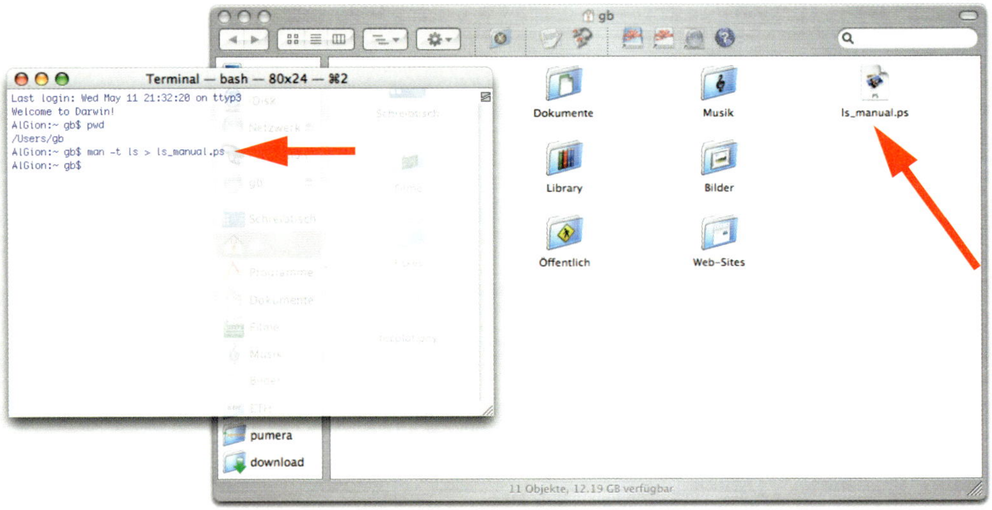

Abbildung 6-30 Erzeugen des ps-Files aus dem Manual

Durch Doppelklick wird sie von *ps* nach *pdf* konvertiert und in *Vorschau* dargestellt.

Abbildung 6-31 ps-File in pdf umgewandelt (Vorschau)

Mit dem Befehl `help` kann man sich kurze Hinweise zu einem Befehl anzeigen lassen, also z. B.:

```
help pwd
```

Allerdings existiert nicht zu jedem Befehl ein Eintrag.

6.2.6 Tipps und Tricks

wildcards

Wenn immer man einen Befehl auf mehrere Dateien oder Ordner anwenden will, kann man wildcards verwenden:

* Das *-Zeichen (shift-3) steht dabei für eines oder mehrere beliebige Zeichen. `cp *.jpg Quelle Ziel` kopiert alle jpg-Dateien vom Quellordner in den Zielordner.

? Das Fragezeichen steht für irgendein (einzelnes) Zeichen.

> Der Pfeil nach rechts schreibt das Ergebnis eines Befehls in eine Datei (anstatt auf den Bildschirm). Falls die Datei schon existiert, wird sie überschrieben.

```
ls -al . > ordnerinhalt.txt
```

schreibt eine Liste der im aktuellen Verzeichnis enthaltenen Dateien in das File *ordnerinhalt.txt*. Die Datei *ordnerinhalt.txt* landet ebenfalls in diesem Verzeichnis. Die Angabe des Suffix .txt ist nicht nötig (das Terminal erzeugt sowieso eine reine Textdatei), aber auf diese Weise erhält die Datei im Finder ein Icon und ist eindeutig identifizierbar.

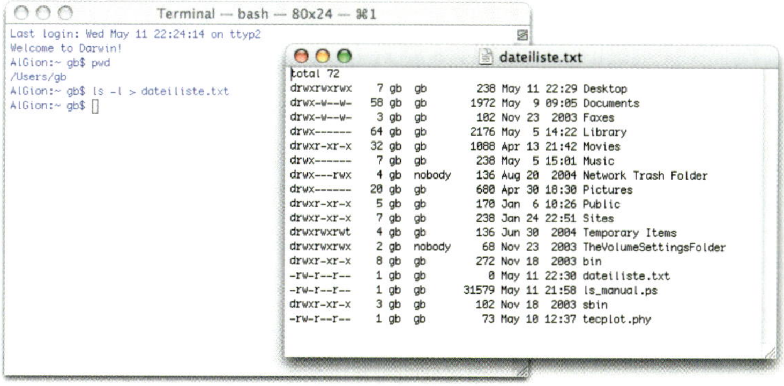

Abbildung 6-32 Ausgabe eines Befehls in eine Datei

>> Der Doppelpfeil >> fügt das Ergebnis eines Befehls ans Ende einer Datei an (die Datei wird nicht überschrieben).

< Der Pfeil nach links lädt den Inhalt einer Datei ins Terminalfenster. Der Befehl `cat < ordnerinhalt.txt` stellt den Inhalt von *ordnerinhalt.txt* im Terminal dar.

Pipes

UNIX-Befehle können ineinander verschachtelt werden. Man spricht dann von „Pipes“. Um zwei Befehle miteinander zu kombinieren, benutzt man zwischen ihnen einen vertikalen Strich | (alt-7). Ein Beispiel: ich möchte wissen, ob der Prozess *TruBlueEnvironment* (das ist die Classic-Umgebung) gerade läuft. Ich könnte nun im Terminal `ps -aux` eingeben und nach `TruBlueEnvironment` suchen. Die Suche kann ich aber auch dem `grep`-Befehl überlassen. Mit der Kombination `ps -aux | grep Tru*` erhalte ich folglich alle Prozesse, in denen das Suchmuster `Tru*` – also *Tru* gefolgt von irgendwelchen Zeichen vorkommt. Eine Pipe sagt: Führe den ersten Befehl aus (hier `ps -aux`) und nimm dessen Ergebnis (hier die Prozessliste) als Input für den zweiten Befehl (hier `grep Tru*`).

Abbildung 6-33 Pipes

Neben dem eigentlichen `TruBlueEnvironment`-Prozess taucht auch der Suchprozess (`grep Tru*`) auf.

clear

Wenn man viele Befehle in ein Terminalfenster eingegeben hat, kann man das Terminalfenster mit dem Befehl `clear` „leeren“. Es erscheint dann wieder der Eingabeprompt zuoberst im Fenster, wie beim Start des Terminals. Der Tastaturshortcut dafür ist Apfel-K.

Historisches

Im Verzeichnis /usr/share/calendar/ befinden sich einige Kalenderdateien, die geschichtliche Ereignisse auflisten. Mit dem Befehl

```
cat /usr/share/calendar/* | grep 1974
```

bekommt man eine Liste von Ereignissen, die dieses Jahr geprägt haben (Abbildung 6-34).

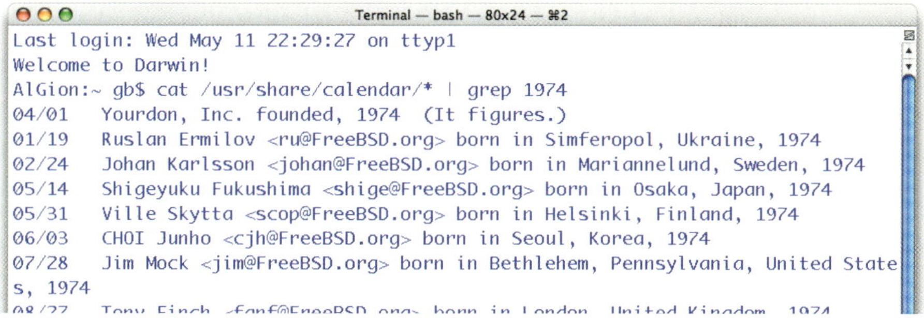

Abbildung 6-34 Ein bisschen Geschichte

Die Fehlermeldung zuunterst im Text rührt daher, dass es noch weitere verschachtelte Ordner gibt, deren Inhalt nicht dargestellt werden kann. Dazu muss man den Befehl noch erweitern:

```
cat /usr/share/calendar/de_DE.ISO8859-1/* | grep 1974
```

(um deutsche Ereignisse von 1974 zu sehen).

Neben dieser kleinen Spielerei gibt es auch eine sehr nützliche Kalenderfunktion. Durch Eingabe des Befehls `cal` (Abbildung 6-35, links) wird der aktuelle Monat als kleine Tabelle dargestellt.

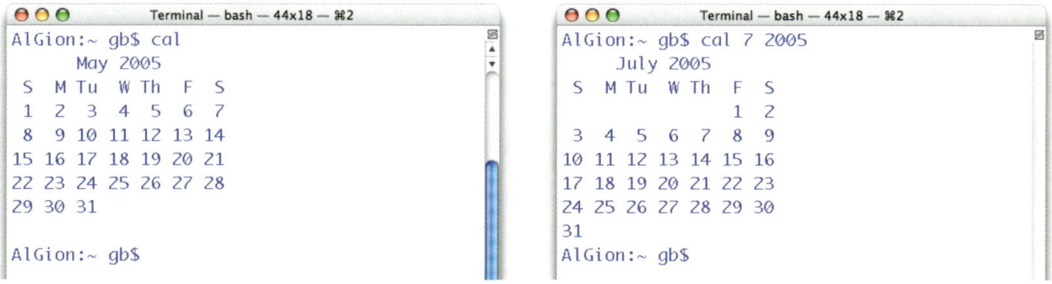

Abbildung 6-35 Kalender im Terminal

Mit der Angabe einer Option kann man sich auch andere Monate anzeigen lassen:

```
cal 3 2005
```

zeigt den März des Jahres 2005 an (Abbildung 6-35, rechts). Um das ganze Jahr 2005 anzuzeigen, lässt man einfach die Zahl 3 (für den Monat) weg (`cal 2005` funktioniert auch). Das ist schneller als jedes Dashboard Widget..!

Mit der Option `-j` kann man sich den fortlaufenden Tag eines Jahres anzeigen lassen. So findet man beispielsweise mit `cal -j 11 2009` heraus, dass der erste Sonntag im November 2009 der 305. Tag dieses Jahres sein wird...

Mit iCal kann man sich natürlich auch zukünftige oder vergangene Daten anzeigen lassen, allerdings dauert das länger, und iCal reicht auch nicht soweit zurück.

Zugriffsrechte

7

„Mancher vergisst nur deshalb seine Pflichten, weil er stets an seine Rechte denkt." – Sprichwort.

Mac OS X basiert bekanntlich auf einem UNIX-System. Diese Systeme arbeiten stark mit Benutzern und Gruppen, die bestimmte Rechte haben – dies bedeutet, dass nicht jeder Benutzer jede Datei verändern kann. Im Alltag spielt das meistens keine Rolle – es kann aber von Interesse sein, wenn eine Datei nicht mehr geöffnet werden kann, etwa bei der Datenmigration von Windows. Ein Blick auf die Benutzerrechte bringt oft die Lösung.

7.1 Organisation der Zugriffsrechte

Dass Mac OS X für mehrere Benutzer ausgelegt ist, sieht man schon am Ordner *Benutzer*. Dort werden nämlich die sogenannten *Home-Verzeichnisse* der einzelnen Benutzer aufbewahrt. Diese Ordner haben immer die gleiche Struktur:

Abbildung 7-1 Benutzerordner (Home-Verzeichnis)

UNIX ist von Grund auf als Mehrbenutzersystem konzipiert. Jede Datei und jeder Ordner gehört jemandem. Man unterscheidet zwischen:

Benutzer (user)   Gruppe (group)   Andere (world, others)

Eine Datei oder ein Ordner gehören jeweils einem bestimmten *Benutzer*, der das Objekt erzeugt hat. Daneben gibt es user, die vom System erzeugt werden, mit denen der Normalanwender aber nicht weiter konfrontiert wird.

Ein Benutzer gehört zu einer oder mehreren *Gruppen*. Eine Gruppe ist dann nötig, wenn verschiedene Leute (Benutzer) Zugriff auf die gleichen Dateien und Ordner haben sollen. Nur dank den Gruppen ist das überhaupt möglich – würden nur die Benutzer existieren, könnte auch nur der Benutzer auf seine Datei zugreifen.

Mit *Andere* meint man den Rest, der zu keiner Gruppe gehört.

Um herauszufinden, wer man selber ist, kann man einen der folgenden Befehle ins Terminal eingeben:

```
whoami
echo $USER
```

Die Gruppe(n) findet man mit

```
groups
```

heraus (ein Benutzer kann zu mehreren Gruppen gehören).

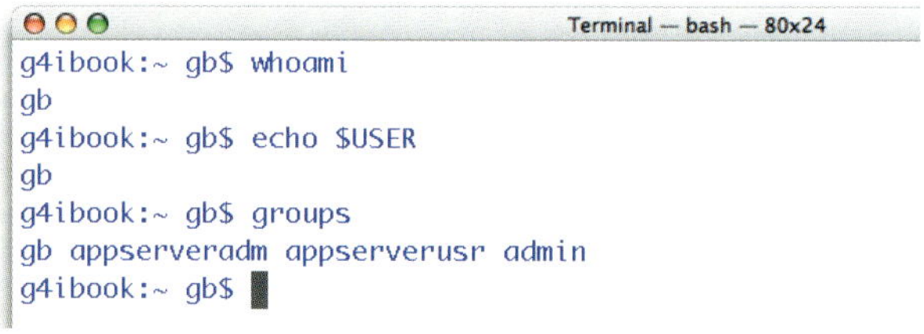

Abbildung 7-2 Wer bin ich..?

Für jede dieser Kategorien hat eine Datei oder ein Ordner Rechte zugeteilt bekommen. Die Rechte sind:

Lesen (read, `r`)   Schreiben (write, `w`)   Ausführen (execute, `x`)

Damit ergibt sich eine Matrix für mögliche Rechte und Benutzer:

Tabelle 7-1 Benutzerrechte (Matrix)

	read	**write**	**execute**
user	?	?	?
group	?	?	?
world	?	?	?

Die Rechte für die Dateien, Ordner und Programme werden von Mac OS X automatisch vergeben.

Interessant wäre die Zugehörigkeit einer Datei zu einem Benutzer und einer Gruppe insbesondere für FileSharing – da dies allerdings nicht mehr so einfach funktioniert wie unter Mac OS 9 (siehe „Sharing" auf Seite 288), macht es im Moment wenig Sinn, Benutzer oder Gruppen zu ändern. Bis Jaguar gehörten alle lokalen Benutzer eines Mac OS X-Computers zur Gruppe „staff". Mit Panther hat sich das geändert: es existiert zu jedem Benutzer eine Gruppe, die gleich heisst wie das Kürzel des jeweiligen Benutzers. Will man also einem anderen Benutzer Zugang zu einer Datei erlauben, reicht es nicht mehr, einfach der Gruppe Lese- und Schreibrecht zu geben – stattdessen muss die Datei entweder komplett freigegeben werden (für alle Benutzer), oder sie muss einer speziellen Gruppe, zu der jeder Beteiligte Zugriff hat, zugeordnet werden. Der zweite Weg erfordert Manipulationen an der NetInfo-Datenbank, was weder trivial noch ungefährlich ist. Die beste Methode ist jedoch die Verwendung des Freeware-Tools Sharepoints[1], mit dem man beliebige Verzeichnisse freigeben kann und welches es auch erlaubt, virtuelle Benutzer und Gruppen einzurichten („SharePoints" auf Seite 312). Da Sharepoints jeweils nur die Rechte für das freigegebene Verzeichnis ändert, muss man ggf. die darin untergebrachten Ordner und Dateien manuell modifizieren oder man verwendet dazu ein Tool wie Chop[2], welches rekursiv arbeitet.

7.2 Zugriffsrechte in Finder und Terminal

Die Vergabe der Rechte, den Besitzer einer Datei oder eines Ordners und die Gruppenzugehörigkeit findet man über den Informationsdialog im Finder (Apfel-I) oder den Befehl

1. http://www.hornware.com/sharepoints/
2. http://www.zenonez.com/chop/index.html

`ls -l` im Terminal heraus. Die mit `ls -l` erzeugte Liste beinhaltet (durch Leerzeichen getrennt) folgende Informationen:

· Dateityp und Zugriffsrechte	`-rw-r--r--`
· Anzahl der Verweise auf die Datei	`1`
· Benutzername (Eigentümer)	`gb`
· Gruppenname	`gb`
· Grösse der Datei in Bytes	`347`
· Datum der letzten Änderung	`May 16 10:20`
· Dateiname (Filename)	`vortrag_20050512.rtf`

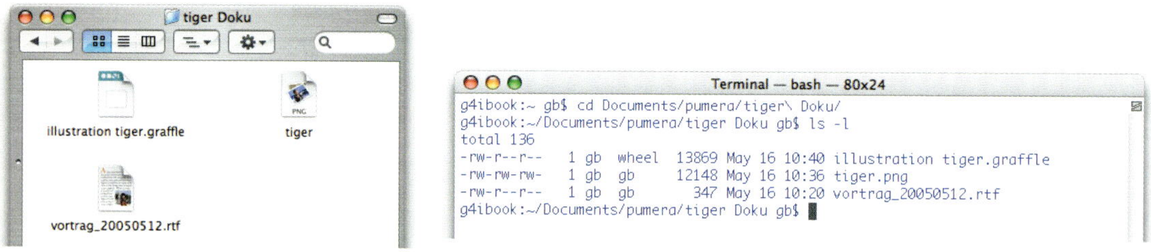

Abbildung 7-3 Anzeige der Zugriffsrechte im Terminal

Die erste Spalte enthält zehn Zeichen mit Informationen über Dateityp und Zugriffsrechte, die einer genaueren Erklärung bedürfen:

Tabelle 7-2 Zugriffsrechte mit ls -l

	user			group			world		
d	r	w	x	r	w	x	r	w	x

Das erste Zeichen bezeichnet den Dateityp

-	Normales File
d	Directory
l	Symbolischer Link (Pfadangabe zu einer Datei/einem Ordner)

Die nächsten neun Zeichen sind in Dreiergruppen mit Zugriffsrechten für Eigentümer, Gruppe und Andere aufgeteilt. Die Zugriffsrechte für Ordner und Dateien werden auf UNIX-Ebene unterschiedlich realisiert.

7.2.1 Zugriffsrechte für Ordner

Für Ordner (Directories) haben diese Zeichen folgende Bedeutung:

-	Kein Zugriff
r	Lesezugriff (ls, also Anzeige des Inhalts eines Ordners)
w	Schreibzugriff (Dateien anlegen, löschen, umbenennen)
x	Öffnen des Ordners erlaubt (`cd` in dieses Directory erlaubt)

Im Finder von Mac OS X können die Zugriffsrechte nicht so fein vergeben werden:

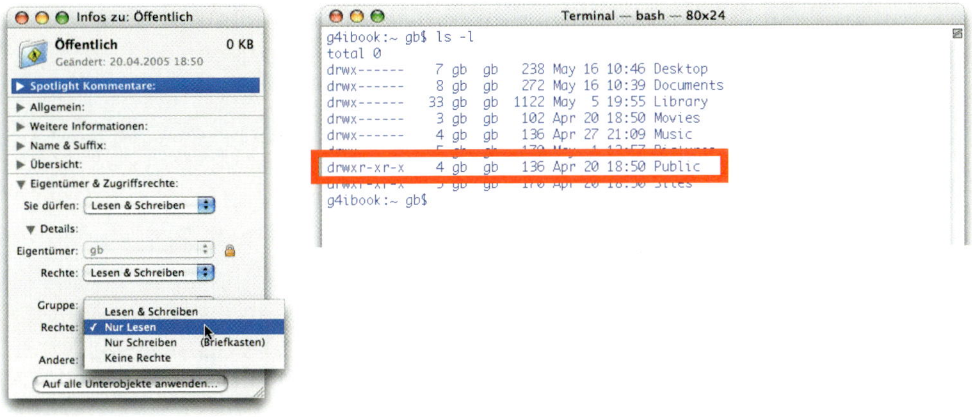

Abbildung 7-4 Vergleich der Zugriffsrechte

Im Finder hat man drei Möglichkeiten, welche drei Kombinationen auf der UNIX-Ebene entsprechen:

Tabelle 7-3 Zugriffsrechte für Ordner im Finder von Mac OS X und in UNIX

Rechte	Mac OS X	UNIX	Beispiel
Vollzugriff	Lesen & Schreiben	rwx	Public für Besitzer
Ordnerinhalt anzeigen und Dateien herauskopieren	Nur Lesen	rx	Public für Gruppe und alle anderen
Dateien hineinkopieren	Nur Schreiben	wx	Drop Box für Gruppe und alle anderen
Kein Zugriff	Keine	-	Documents für Gruppe und alle anderen

Man kann also im Finder keine Ordner anlegen, die nur r-, w- oder x-Zugriff haben – das ist nur im Terminal mit dem Befehl `chmod` möglich (siehe weiter unten). Diese Eigenschaften hätten folgende Auswirkungen:

- nur r: der Ordnerinhalt kann aufgelistet werden (nur im Terminal, da im Finder ja in den Ordner gewechselt werden müsste). Es kann aber weder etwas in den Ordner kopiert (kein w), noch in den Ordner gewechselt werden (kein x). Enthaltene Dateien können nicht geöffnet werden. Das wäre erst möglich, wenn Ausführzugriff (x) gewährt wird.
- nur w: es können weder Dateien in den Ordner kopiert (kein x) noch angezeigt werden (kein r). Es macht kaum Sinn, einem Ordner nur Schreibzugriff w zu geben.
- nur x: in diesen Ordner kann – nur im Terminal – gewechselt werden (mit `cd`), die enthaltenen Dateien können aber nicht angezeigt werden (kein r). Wenn man weiss, wie eine enthaltene Datei heisst, kann man sie aber mit `cat Dateiname` anzeigen lassen (dafür braucht man mindestens Leserecht r für die Datei). Es können keine Dateien in den Ordner kopiert werden, da man kein Schreibrecht w hat. Aus einem Ordner, der nur das Zugriffsrecht x besitzt, kann ein Programm gestartet werden, sofern man seinen Namen kennt (der Ordnerinhalt kann ja nicht aufgelistet werden). Im Terminal funktioniert das mit dem Befehl `open Programmname.app`.

Wenn eine Datei keinen Schreibzugriff (w) erlaubt, heisst das nicht, dass sie nicht gelöscht werden kann. Wenn der Ordner, in dem sich die Datei befindet, mit Schreibzugriff versehen ist, kann man sie immer noch löschen. Man muss also den Schreibzugriff für den Ordner deaktivieren. Am besten stellt man sich den Ordner als Datei mit Einträgen (den Ordnerinhalten) vor.

Zum Teil gibt es Ordner, welche als Zugriffsrechte folgende Einstellungen haben:

```
drwxrwxr-t
```

Das `t` bedeutet, dass das Sticky Bit des Ordners gesetzt ist. Das bedeutet, dass nur der Eigentümer (und der root) Inhalte dieses Ordners löschen können, egal was bei den Gruppenrechten steht. Der Benutzer-Ordner */Benutzer* und der Ordner *Für alle Benutzer* sind z. B. Vertreter dieser Kategorie. Der Ordner *Für alle Benutzer* gehört dem Eigentümer *System* (*root* im Terminal) und der Gruppe *wheel*. Wenn nun ein Benutzer des Mac OS X-Computers innerhalb von *Für alle Benutzer* einen Ordner anlegt, kann nur er (und der root) den Ordner wieder löschen, auch wenn der Ordner mit Vollzugriff für alle Benutzer versehen ist. Das hängt mit dem gesetzten Sticky Bit des übergeordneten Ordners (*Für alle Benutzer*) zusammen.

7.2.2 Zugriffsrechte für Dateien

Für Dateien (Files) haben die Zugriffssymbole folgende Bedeutung:

-	Kein Zugriff
r	Lesezugriff (der Inhalt der Datei kann angezeigt werden)
w	Schreibzugriff (die Datei kann modifiziert, gelöscht und gesichert werden)
x	Ausführbare Datei (UNIX erkennt daran ein Programm)

Tabelle 7-4 Zugriffsrechte für Dateien im Finder von Mac OS X und UNIX

Rechte	Mac OS X	UNIX
Datei verändern	Lesen und Schreiben	rw
Datei öffnen	Nur Lesen	r
Kein Zugriff	Keine	-

Im Beispiel aus Abbildung 7-3 existieren für die Datei *vortrag_20050512.rtf* folgende Zugriffsrechte:

```
-rw-r--r--   1 gb   gb   347 May 16 10:20 vortrag_20050512.rtf
```

Das bedeutet, dass die Datei kein Ordner ist (`-` und nicht `d` zu Beginn), dass der Eigentümer *gb* Vollzugriff hat und dass die Gruppe und alle anderen die Datei anschauen können, aber keinen Schreibzugriff haben.

7.3 Vergabe der Zugriffsrechte

Über den Informationsdialog kann man den Besitzer und die Gruppe einer Datei oder eines Ordners sowie deren Rechte für den Besitzer, die Gruppe und alle anderen ändern (vgl. Abbildung rechts). In UNIX geschieht dies über das Terminal.

In diesem Abschnitt wird zuerst die Änderung der Rechte via Terminal besprochen. Wieso? Die Änderung im Informationsdialog sind auf den ersten Blick vielleicht einfacher – im Terminal ist man aber viel schneller, und hat man das Prinzip einmal verstanden, ist es auch gar nicht mehr kompliziert!

7.3.1 Zugriffsrechte mit dem Terminal bearbeiten

Via Terminal erfolgt die Änderung der Dateirechte über den `chmod`-Befehl. Der symbolische Modus verlangt folgendes Format:

```
chmod [wer] Operation Zugriff [Objekt]
```

Für `wer` kann eine Kombination von `u` für User, `g` für Gruppe und `o` für alle anderen (others) oder `a` für `ugo` stehen. Bei der Operation kann `+` für Hinzufügen, `-` für Wegnehmen und `=` für Setzen eines Rechts stehen. Der Zugriff kann aus einer Kombination von `r` für Lesen, `w` für Schreiben und `x` für Ausführen bestehen. Unter Objekte steht der Name des zu manipulierenden Elements.

Um der Datei *illustration tiger.graffle* (Abbildung 7-5) Schreibrecht für die Gruppe und Andere zu geben, werden die folgenden Schritte durchlaufen (Achtung: backslash \ nach *illustration* eingeben, da ein Sonderzeichen folgt!). Zuerst kann man überprüfen, wie die Rechte im Moment vergeben sind:

```
ls -l illustration \tiger.graffle
```

Mit der Antwort:

```
-rw-r--r--   1 gb  wheel  13869 May 16 10:40 illustration tiger.graffle
```

Seit Tiger speichern einige (aber nicht alle) Programme die Dokumente unter der Gruppe *wheel* – das ist zwar nicht weiter tragisch, solange man keine Gruppen verwendet, aber ein lästiger Fehler, der hoffentlich bald behoben werden wird. Um nun die Rechte zu ändern, tippt man:

```
chmod go+w illustration\ tiger.graffle
```

Und zur erneuten Überprüfung `ls -l` mit dem Resultat:

```
-rw-rw-rw-   1 gb  wheel  13869 May 16 10:40 illustration tiger.graffle
-rw-rw-rw-   1 gb  gb     12148 May 16 10:36 tiger.png
-rw-rw-r--   1 gb  gb       347 May 16 10:20 vortrag_20050512.rtf
```

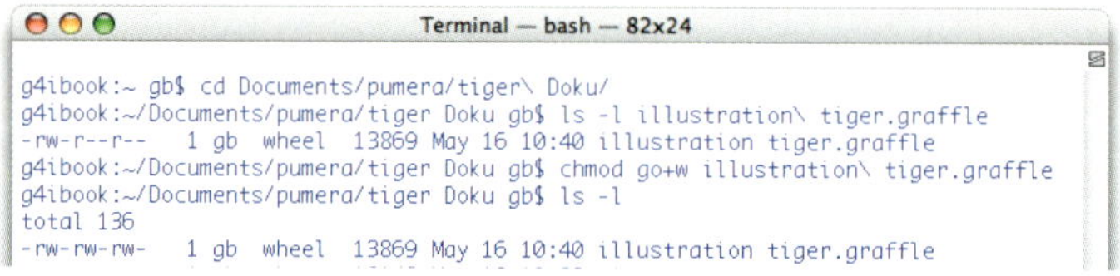

Abbildung 7-5 Symbolische Zugriffsrechte-Änderung

Die Rechte wurden geändert!

Um die Zugriffsrechte zu definieren, wird häufig auch die oktale Darstellung verwendet. Die Oktalzahl erhält man, indem man die Zugriffsrechte für Benutzer, Gruppe und Andere in der Reihenfolge, wie sie von ls geliefert werden, notiert und für jede Berechtigung eine 1 und für jedes Zugriffsverbot eine 0 aufschreibt. Die so erhaltene Binärzahl kann in eine Oktalzahl umgewandelt und als Argument für `chmod` verwendet werden. Folgendes Beispiel wird gemäss Tabelle 7-5 interpretiert:

```
-rw-r--r--   1 gb  gb  347 May 16 10:20 vortrag_20050512.rtf
```

Tabelle 7-5 Ermitteln der Oktalzahl für *chmod*

		user			group			world		
Symbol	-	r	w	x	r	-	x	r	-	x
binär	n	1	1	1	1	0	1	1	0	1
	2^m	2^2	2^1	2^0	2^2	2^1	2^0	2^2	2^1	2^0
Produkt	$n \cdot 2^m$	4	2	1	4	0	1	4	0	1
oktal	Σ	7			5			5		

Man erhält also die Zahl 644. Diese Zahl ist eindeutig, d. h., es gibt keine andere Kombination von Zugriffsrechten, welche auch 644 ergeben würde. Um nun z. B. die Zugriffsrechte so zu ändern, dass die Gruppe Vollzugriff, alle anderen aber nur noch Lesezugriff haben, tippt man im Terminal:

```
chmod 664 vortrag_20050512.rtf
```

Für den User bleibt 6, für die Gruppe neu 6 (weil Vollzugriff), für Andere bleibt alles beim alten. Mit `ls -l` kann man prüfen, ob man erfolgreich war.

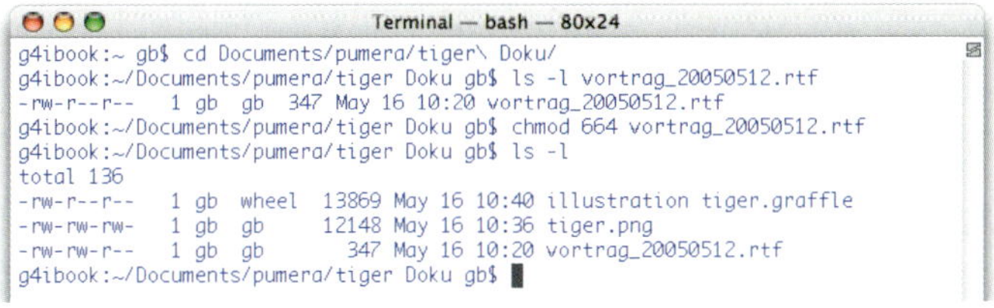

Abbildung 7-6 Änderung der Zugriffsrechte mit chmod

Die folgende Zeile zeigt, dass das Ergebnis richtig ist:

```
-rw-rw-r--   1 gb  gb       347 May 16 10:20 vortrag_20050512.rtf
```

7.3.2 Zugriffsrechte via Informationsfenster bearbeiten

Neben der Methode über das Terminal existiert auch die einfachere (aber nicht immer schnellere) Methode, die Zugriffsrechte via Informationsfenster zu ändern.

Hier gibt es zwei Szenarien:

1. Die Datei gehört mir

   In diesem Fall können die Zugriffsrechte für Eigentümer (eher weniger sinnvoll, da dieser fast immer *Lesen & Schreiben* können soll) sowie für die Gruppe einfach durch Wahl eines Wertes aus dem Aufklappmenü gesetzt werden.

   Ebenso kann man den Eigentümer oder die Gruppe ändern: dazu klickt man zuerst ins Schloss, worauf die entsprechenden Aufklappmenüs aktiv werden. Nun kann man den neuen Eigentümer bzw. die neue Gruppe wählen. Sobald das Menü losgelassen wird, muss aber das Passwort zur Bestätigung eingegeben werden (Abbildung 7-7).

Abbildung 7-7 Bestätigung zum Ändern der Gruppe

2. Die Datei gehört jemand anderem (oder dem System, ...)

In diesem Fall muss man zuerst den Eigentümer der Datei ändern, um die Zugriffsrechte ändern zu können. Das ist meistens nicht sehr praktisch – gerade wenn bei Systemdateien die Zugriffsrechte falsch gesetzt sind, muss der Eigentümer nachher (und ggf. die Gruppe) wieder auf den ursprünglichen Namen zurückgesetzt werden. Solche Manipulationen sind im Terminal via `sudo`-Befehl wesentlich flexibler (und schneller) vorzunehmen.

Ein Beispiel (vgl. auch Abbildung 7-8 bis Abbildung 7-10): Der Benutzer *Manfred Caviezel (mc)* hat mir die Datei *Teilnehmerliste.rtf* in den *Briefkasten (Drop Box)* gelegt (bewegt, nicht kopiert – der Kopiervorgang würde die Zugriffsrechte verändern). Diese Datei soll nun (via FileSharing) auch anderen Benutzern zur Verfügung stehen: in Mac OS X wird sie deshalb später in den Ordner *Öffentlich* (*Public*) gelegt. Andere Benutzer sollen auch Änderungen an der Datei vornehmen dürfen – dazu brauchen sie Schreibrecht: die Zugriffsrechte für *Andere* müssen also auf *Lesen & Schreiben* gesetzt werden. Die Datei soll nach wie vor dem Erzeuger (*mc*) gehören. Um das im Finder zu tun, wären folgende Schritte notwendig:

- Information zur Datei aufrufen
- Wenn nötig: Schloss öffnen
- Ändern des Eigentümers (Administrator-Passwort wird benötigt)
- Ändern der Zugriffsrechte für *Andere*
- Ändern des Eigentümers auf den ursprünglichen Wert

Im Terminal beschränkt sich diese Manipulation auf den Einzeiler:

```
sudo chmod o+w Teilnehmerliste.rtf
```

und die Eingabe des Administrator-Passwortes. Dazu muss man sich bereits in der Drop Box (Briefkasten) befinden, was man mit

```
cd ~/Public/Drop\ Box
```

erreicht (den Pfad mit Hilfe der Tabulatortaste vervollständigen!). Alternativ kann man natürlich den ganzen Pfad bis zur Datei angeben, ohne zuerst in die *Drop Box* zu wechseln. Die Änderung der Benutzerrechte kann noch in der *Drop Box* vorgenommen werden, die Datei kann anschliessend in den Ordner *Public* verschoben werden.

Abbildung 7-8

Ausgangslage: „Fremde Datei“, die Zugriffsrechte von *Anderen* sollen auf *Lesen & Schreiben* gesetzt werden

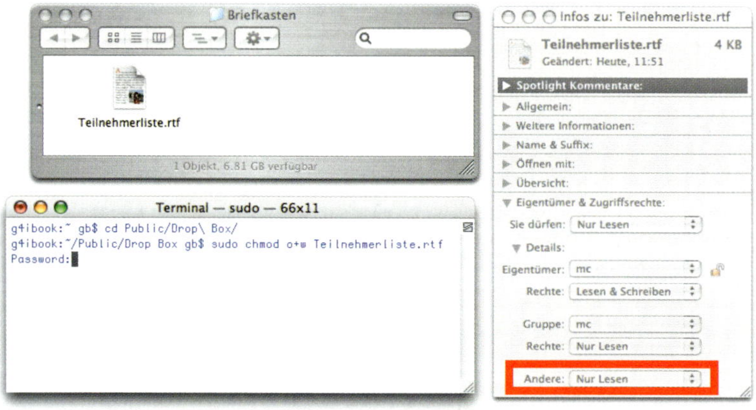

Abbildung 7-9

Eingabe des Befehls und des Administrator-Passworts im Terminal

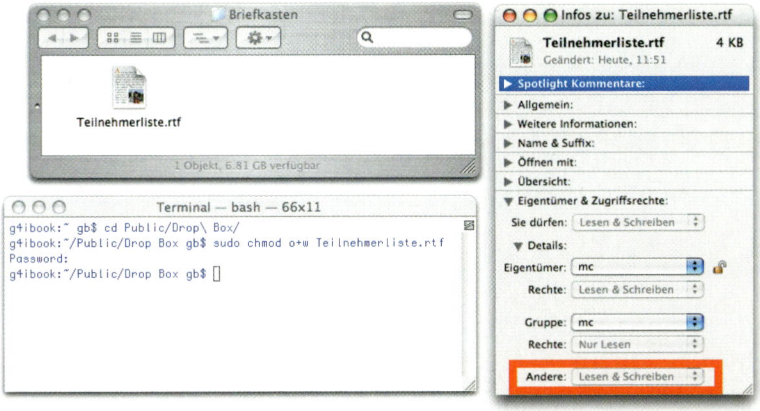

Abbildung 7-10 Änderung war erfolgreich (Zugriffsrechte im Informationsfenster sind geändert)

Das obige Beispiel ist natürlich vergleichsweise banal. Wenn der Eigentümer aber sshd oder smmsp heisst, muss man sich das schon gut merken. Und wenn die Datei in einem unsichtbaren Verzeichnis liegt, muss man auch erst einmal dorthin kommen... (via Terminal kein Problem).

7.3.3 Modifikation über Zusatz-Tools

Es existieren noch weitere Programme (z. B. BatChmod[1] oder Super Get Info[2]) zur Modifikation der Zugriffsrechte. Mit diesen Tools kann man die Rechte wie unter Unix (siehe „Zugriffsrechte mit dem Terminal bearbeiten" auf Seite 190) feiner einstellen als über den Informationsdialog (vgl. Abbildung 7-11).

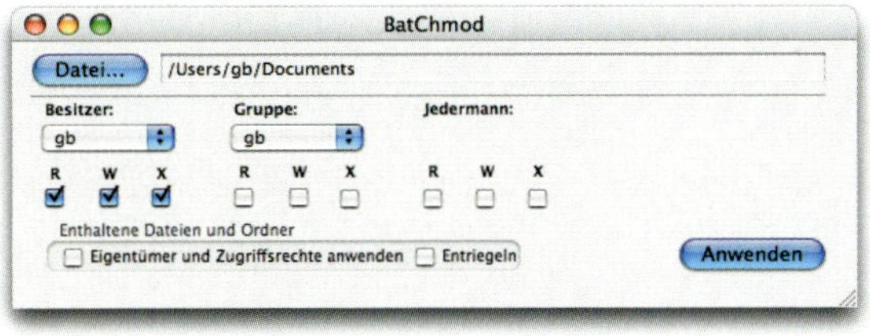

Abbildung 7-11 BatChmod zum Ändern der Zugriffsrechte

1. http://macchampion.com/arbysoft/
2. http://www.barebones.com/products/super/index.shtml

Spotlight - Suchen mit Tiger 8

„Wer sucht, der findet!" – eine an dieser Stelle allzu offensichtliche Weisheit, aber immer wieder gerne zitiert...

Eines der Highlights von Tiger ist die neue Suchtechnologie *Spotlight*. Neben der Suche nach Dateinamen gestattet sie auch das Finden von Inhalten oder von sogenannten Metadaten, also Informationen über den Datei-Inhalt. Und sogar zum Starten von Programmen kann man Spotlight brauchen.

Einfache Gemüter halten Ordnung - Genies überblicken das Chaos. Bei der allgemeinen Euphorie um neue Suchmaschinen (Spotlight in Tiger, dessen spätes Pendant in der nächsten Windows-Version, Google Desktop) möchte man meinen, dass nur Chaoten einen Computer besitzen. In der Tat ist es natürlich sehr angenehm, einen Suchbegriff einzugeben und innert kürzester Zeit alle möglichen Fundstellen präsentiert zu bekommen. Ungleich schwieriger gestaltet sich da eine Suche auf dem Büroschreibtisch, wo das richtige Dokument meist tief unter Stapeln von anderen Dokumenten begraben ist. Dennoch sollte einen Spotlight nicht dazu verleiten, eine „flache Hierarchie" anzustreben und Dokumente wahllos in nur einen Ordner (schlimmstenfalls den Desktop) zu pakken. Mit dem Finder hat man das beste Werkzeug, Logik und Ordnung in die Dateiablage zu bringen, und davon sollte man auch Gebrauch machen. Wenn man dann einmal etwas nicht findet, kann man guten Gewissens zu Spotlight greifen. Natürlich bietet diese Suchmaschine noch einige weitergehende Funktionen, wie wir gleich sehen werden.

8.1 Funktionsprinzip von Spotlight

Spotlight gestattet nicht nur die Suche nach Dateinamen im Finder, sondern es sucht auch nach Inhalten, z. B. in Word- oder pdf-Dokumenten und in E-Mails. Damit eröffnen sich natürlich ganz neue Perspektiven, denn alle Fundstellen werden in einem übersichtlichen Fenster gruppiert und nach Kategorien dargestellt.

Um diese Art Suche überhaupt bewerkstelligen zu können, legt Spotlight für jedes Dateisystem (jedes Volume) einen Index („Spotlight Store") an, in dem die Datei-Informationen raffiniert gespeichert werden. Nebst der Information über den Dateiinhalt (also z. B. den Text eines pdf-Dokumentes) werden auch Metadaten gespeichert. Unter Metadaten versteht man „Daten über Daten", also Informationen über die Daten, die in einer Datei enthalten sind. Das könnte die Höhe und Breite eines Bildes sein, aber auch das Datum der letzten Änderung usw. Verschiedene Programme und Datenquellen speichern die unterschiedlichsten Metadaten ab, theoretisch sind der Phantasie keine Grenzen gesetzt. Digitalkameras speichern als Metadaten beispielsweise Kameratyp, Verschlusszeit, Auflösung und noch weitere Eigenschaften eines Bildes ab. Informationen über Titel, Interpret und Dauer einer mp3-Datei sind ebenfalls Metadaten.

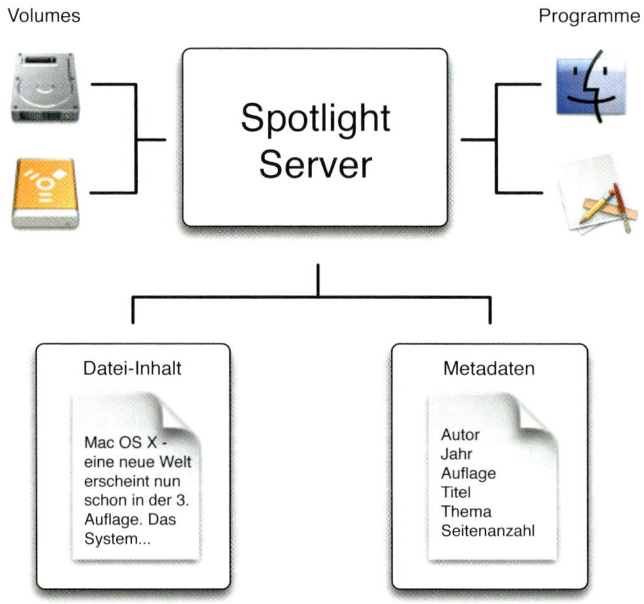

Abbildung 8-1 Spotlight Struktur[1]

Da die Art und der Umfang der Metadaten offenbar von der verwendeten Software und vom vorliegenden Dateityp abhängt, ist Spotlight so flexibel aufgebaut, dass es via Plug-Ins (in */Library/Spotlight/*) erweitert werden kann. In der Grundinstallation durchsucht Tiger eine ganze Reihe von Dokumententypen, darunter jpg-, png-, tiff- und GIF-Bilder, pdf- und ps-Dokumente, Microsoft Office Dateien sowie die Daten der Apple-Programme iCal, Adressbuch, Safari (Bookmarks) und Mail. Software-Entwickler können also die

1. http://developer.apple.com/macosx/Tiger/spotlight.html

Suche in den Metadaten der mit ihren Programmen erzeugten Objekten ergänzen. So existieren z. B. für das Layout-Programm RagTime[1] oder das Grafikprogramm OmniGraffle[2] bereits Spotlight Plug-ins.

Jedesmal, wenn nun eine Datei geändert und wieder gespeichert wird, aktualisiert Tiger im Hintergrund die Spotlight-Informationen. Dies geschieht so schnell, dass der Benutzer nichts davon merkt.

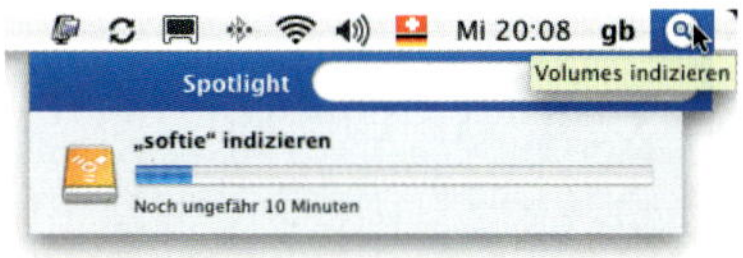

Beim ersten Aufstarten des Macs, oder wenn ein neues Volume angeschlossen wird, muss allerdings die ganze Festplatte indiziert werden, was durch anhaltenden Festplattenzugriff deutlich zu spüren ist (und im Spotlight-Menü auch angezeigt wird). Auch nach diesem Vorgang ist der Mac noch eine Weile damit beschäftigt, die ganzen Informationen über Metadaten und Dateiinhalt zusammenzutragen – das ist allerdings nur mehr im Terminal sichtbar, wo der Prozess `mdimport` angezeigt wird. Bei grossen Datenbeständen kann die komplette Indexierung mehrere Stunden in Anspruch nehmen.

Der Spotlight Store (wo die Spotlight-Informationen gespeichert sind) wird – wie oben erwähnt – für jedes Volume separat und auf diesem Volume angelegt. Trotzdem bleiben die Zugriffsrechte intakt: Spotlight zeigt nur Ergebnisse an, die dem suchenden Benutzer auch wirklich zugänglich sind. Dadurch wird auch der Datenschutz für andere Benutzer gewährleistet – mit einer Einschränkung: Daten, die direkt im Home-Verzeichnis (Ordner *Privat*) des Benutzers gespeichert werden, sind auch für andere Benutzer durchsuchbar, obwohl sie keine Veränderungen an diesen Dateien vornehmen können. Dass der Spotlight Store volumegebunden erstellt wird, ist für externe Festplatten sehr praktisch: schliesst man eine solche an einen anderen Mac unter Tiger an, ist sofort alles durchsuchbar!

8.2 Konfiguration von Spotlight

Die Voreinstellungen zu Spotlight werden in den *Systemeinstellungen* unter *Spotlight* vorgenommen. Im Register *Suchergebnisse* (Abbildung 8-2) wird eingestellt, welche Kategorien für den Suchvorgang verwendet werden. Die Reihenfolge der gefundenen Suchresultate wird einfach durch Anordnen der Kategorien (Drag & Drop) eingestellt.

1. http://www.ragtime.de
2. http://www.omnigroup.com/applications/omnigraffle/

Falls das Häkchen bei einer Kategorie entfernt wird, taucht diese in den Suchergebnissen gar nicht mehr auf.

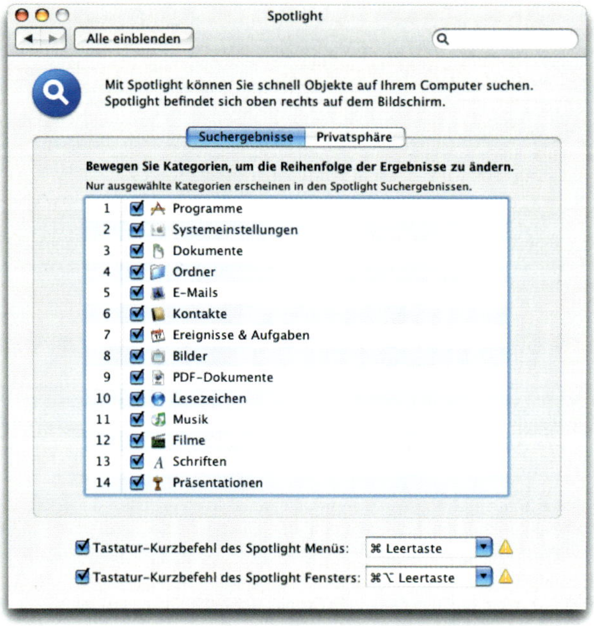

Abbildung 8-2 Spotlight-Kategorien

Im Register *Privatsphäre* (Abbildung 8-3) können Objekte angegeben werden, die Spotlight nicht durchsuchen soll. Auch hier kann via Drag & Drop ein Ordner oder ein ganzes Volume einfach hineingezogen werden. Alternativ kann via Klick auf das Plus-Zeichen das Objekt auch via Dialogfeld angegeben werden. Um es wieder zu entfernen, wählt man es aus und klickt auf das Minus-Zeichen.

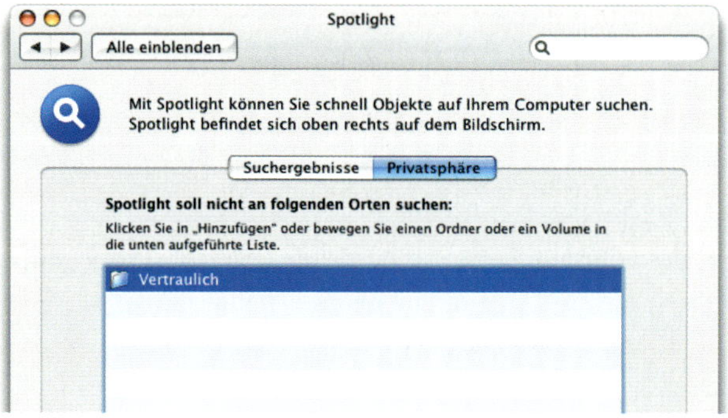

Abbildung 8-3 Einschränken des Suchbereichs

Im unteren Bereich des Spotlight-Fensters kann ein Tastaturkürzel angegeben werden, mit dem man das *Spotlight Menü* oder das *Spotlight Fenster* („Suchvorgang“ auf Seite 201) aufrufen kann. Standardmässig ist dies Apfel-Leertaste bzw. Apfel-alt-Leertaste. Diese Tastaturbelegung kollidiert mit dem Befehl zum Wechseln zwischen verschiedenen Eingabemethoden („Wechseln der Tastaturlayouts“ auf Seite 86) und wird mit einem gelben Warndreieck gekennzeichnet (Abbildung 8-2). Mit Klick auf das Dreieck gelangt man zum Kontrollfeld *Tastatur & Maus*, ins Register *Tastatur-Kurzbefehle* (siehe Seite 235), wo der Konflikt behoben werden kann. Die meisten Benutzer wechseln die Tastaturbelegung nie oder sehr selten, deshalb kann dieser Shortcut deaktiviert werden (Abbildung 8-4). Mit der esc-Taste oder erneutem Drücken von Apfel-Leertaste verschwindet das Spotlight Menü wieder.

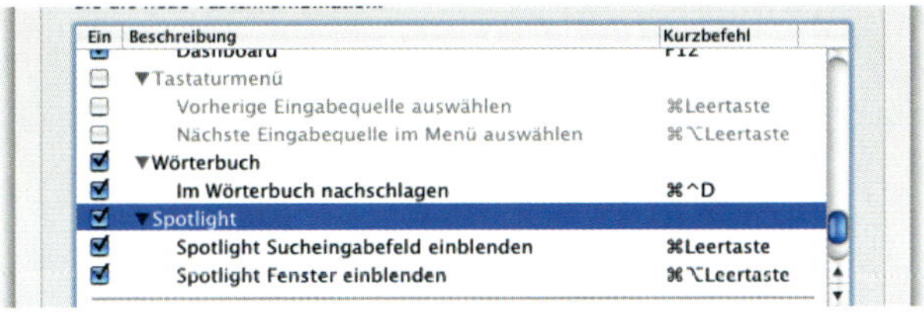

Abbildung 8-4 Tastatur-Shortcuts einstellen

8.3 Suchvorgang

Um mit Spotlight nach Dateien und Inhalten zu suchen, gibt es mehrere Möglichkeiten:

- Suche über das *Spotlight Menü* in der rechten oberen Bildschirmecke
- Suche über das *Spotlight Fenster* (mit Tastaturbefehl oder aus den Suchergebnissen des *Spotlight Menü* aufrufen)
- Suche im Finder aus dem Menü *Ablage - Suchen* (Apfel-F)
- Suchen in Programmen, die Spotlight direkt unterstützen (z. B. *Systemeinstellungen*, *Mail*, in diesem Fall wird natürlich nur im betreffenden Programm gesucht)

8.3.1 Suchen im Spotlight Menü und Fenster

Klickt man auf das Spotlight Menü, so klappt ein kleines Fenster mit einem Eingabefeld aus der Menüleiste herunter, in das man den Suchbegriff eingeben kann. Falls mehrere Begriffe eingetippt werden, sucht Spotlight mit einer UND Verknüpfung – alle Begriffe müssen vorkommen, nicht nur einer (ODER). Spotlight sucht in Echtzeit (während man eingibt) nach Ergebnissen, die sofort in einer Liste angezeigt werden (Abbildung 8-5). Die Liste wird nach den Kategorien geordnet, die im Kontrollfeld Spotlight (Abbildung 8-2) angegeben wurden. Will man also die Anordnung der Ergebnisanzeige ändern, zieht man einfach die Kategorien im Spotlight-Kontrollfeld (Abbildung 8-2) via Drag & Drop in die entsprechende Reihenfolge.

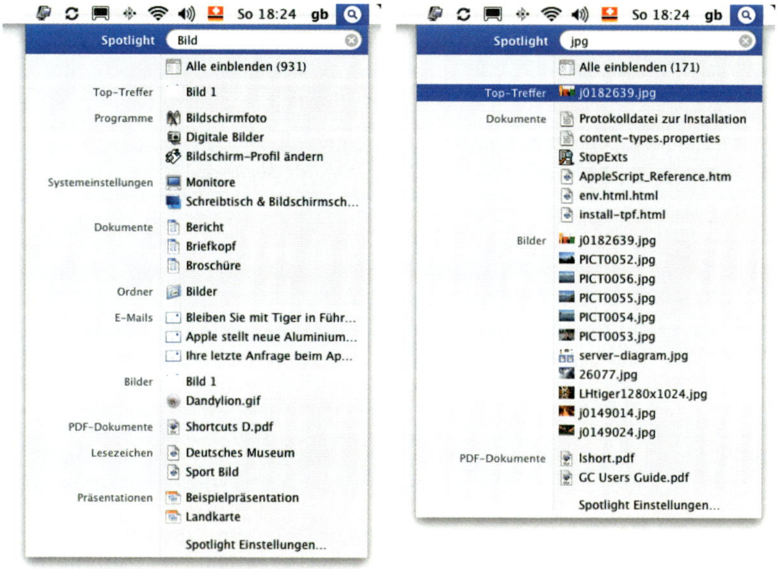

Abbildung 8-5 Spotlight Suchergebnisse

Spotlight arbeitet so, dass zuletzt verwendete Dateien priorisiert behandelt werden, da als weitere Metainformation das Datum gespeichert ist, wann eine Datei zuletzt betrachtet wurde: sie taucht als *Top-Treffer* in der Suche auf. Um ein Objekt aus der Trefferliste zu öffnen, klickt man es einfach an oder navigiert mit den Pfeilen dorthin und drückt die Enter-Taste. Der Top-Treffer kann auch einfach durch Drücken und Halten der Apfel-Taste ausgewählt werden. Durch gleichzeitiges Betätigen der Enter-Taste (Zeilenschalter) kann man den Top-Treffer öffnen.

Um den übergeordneten Ordner eines Objektes zu öffnen, hält man beim Klick auf dieses Objekt die Apfel-Taste gedrückt.

Wenn man den eingegebenen Suchbegriff ändern will, kann man durch Drücken der esc-Taste das ganze Eingabefeld löschen. Durch nochmaliges Drücken der esc-Taste verschwindet das Spotlight Menü wieder. Wenn sehr viele Treffer gefunden wurden und man das gesuchte Objekt nicht gerade erblickt, gelangt man mit Klick auf *Alle einblenden* in der Trefferliste ins *Spotlight Fenster*. Dort werden die kompletten Suchergebnisse in einer Tabelle dargestellt.

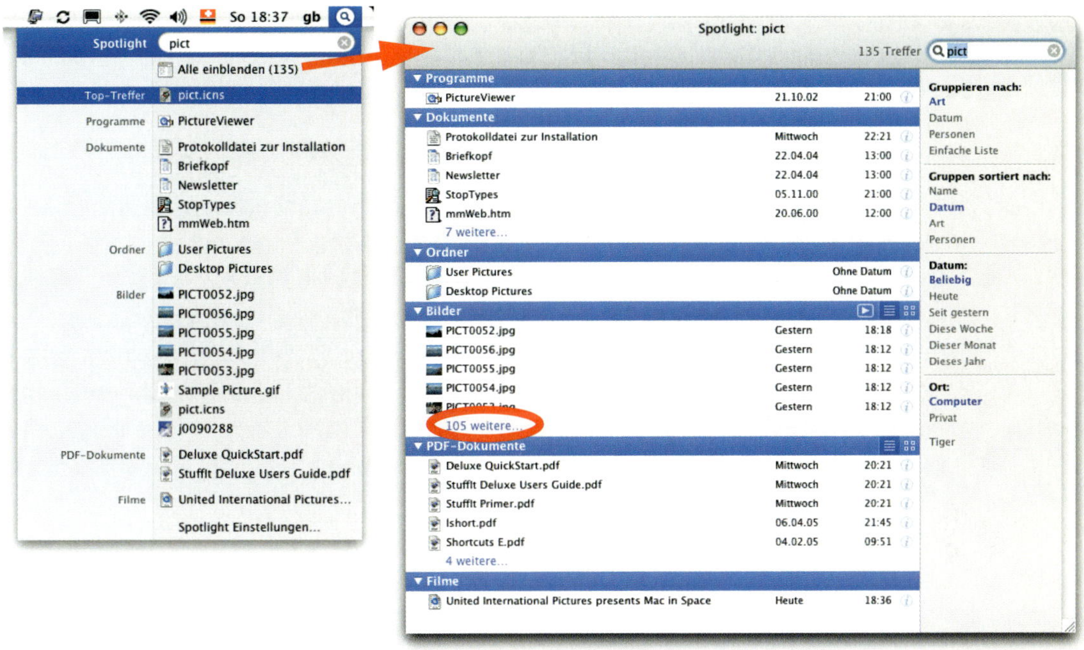

Abbildung 8-6 Spotlight Fenster

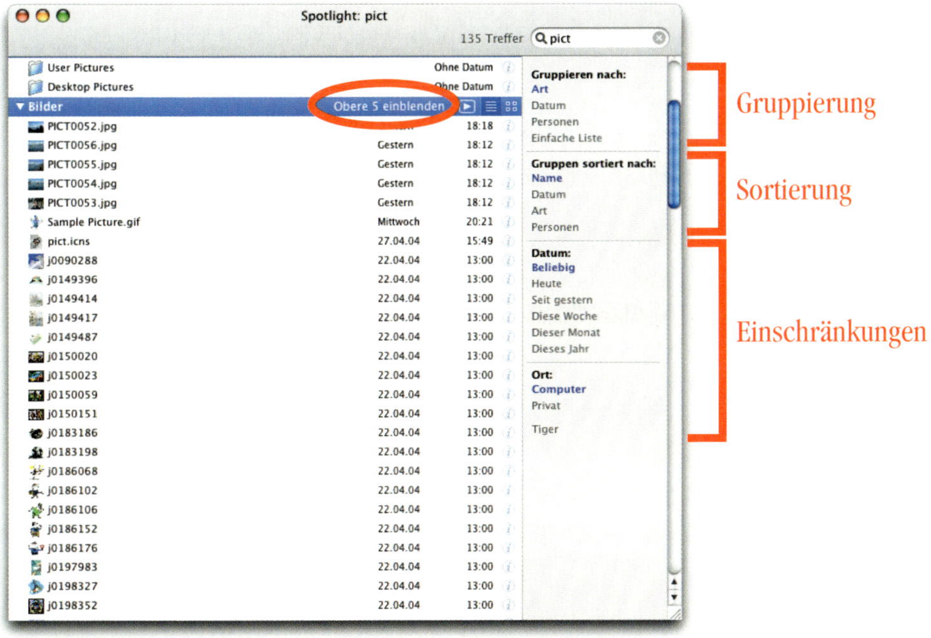

Abbildung 8-7 Komplette Trefferliste für Bilder, Kriterien festlegen

Um alle Suchergebnisse zu sehen, erweitert man die Trefferliste durch Klick auf den Text *<Anzahl> weitere*, also z. B. *105 weitere...* für die Kategorie Bilder in Abbildung 8-6. Ein Doppelklick auf die gewünschte Datei öffnet sie. Um wieder zur ursprünglichen Ansicht zu gelangen, minimiert man die Trefferliste wieder, mit Klick auf *Obere 5 einblenden* (Abbildung 8-7).

Im Spotlight Fenster hat man die Möglichkeit, die Treffer nach unterschiedlichen Kriterien anzuordnen und zu sortieren (Abbildung 8-7). Dazu klickt man einfach auf die Beschriftungen rechts im Fenster. Standardmässig werden die Daten nach Art gruppiert (also gemäss den Kategorien, die in den Systemeinstellungen festgelegt wurden). Nun kann man die Suchergebnisse nach diversen Kriterien (z. B. Ort, Datum) einschränken. Meistens sind nur Suchergebnisse im eigenen Benutzerverzeichnis relevant, weshalb man unter Ort *Privat* wählen kann. Häufig sucht man auch nach gerade erst veränderten Daten, welche über das Datum und die Einschränkung auf einen bestimmten Zeitraum gefunden werden können.

Die Anordnung nach *Personen* (Abbildung 8-8) sucht nach den oben erwähnten Metadaten, in diesem Fall nach dem Autor eines Dokuments. In Microsoft Word beispielsweise wird diese Information im Dialogfeld *Eigenschaften* aus dem Menü *Datei* erfasst.

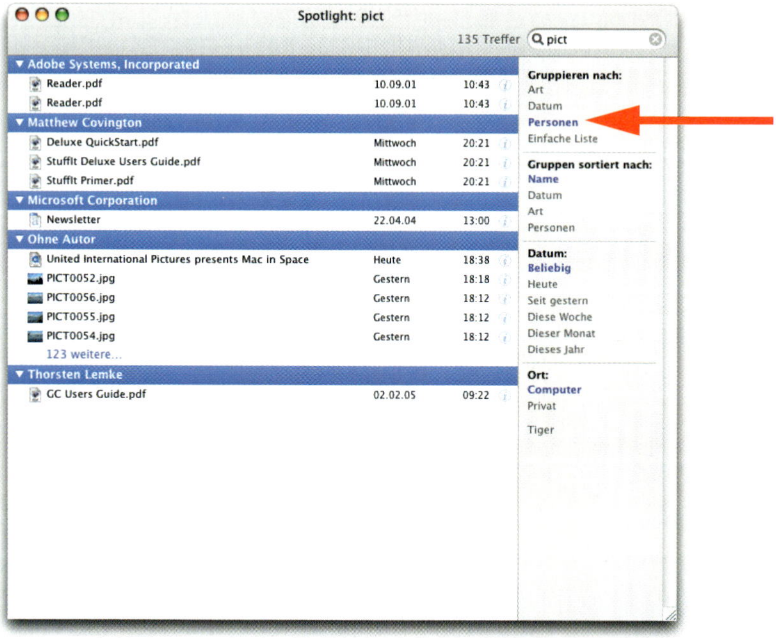

Abbildung 8-8 Anzeige nach Personen

Zu den einzelnen Suchresultaten lassen sich weitere Informationen einblenden, indem man auf die Schaltfläche klickt (Abbildung 8-9). Je nach Art des Objekts und vorhandener Metainformation werden unterschiedliche Details (neben Standardinformationen wie Ort, Grösse, Erstellungs- und Änderungsdatum) angezeigt. Um die zusätzlichen Informationen wieder auszublenden, wird die Schaltfläche rechts des Dateinamens mit dem nach oben zeigenden Pfeil verwendet.

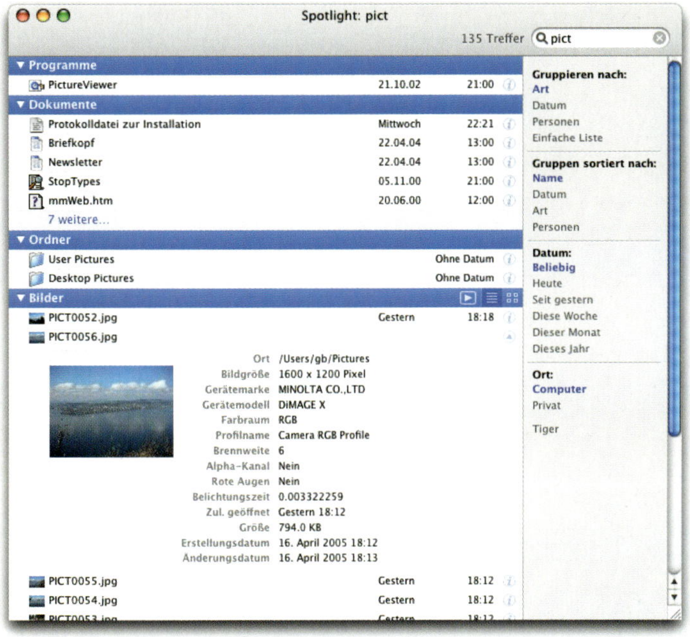

Abbildung 8-9 Objektinformationen

Insbesondere für Bild- oder pdf-Dokumente kann die Anzeige als Datei-Icons sinnvoll sein (statt als Liste). Dazu klickt man einfach auf die Schaltfläche, die den Symbolleisten-Icons im Finder nachempfunden ist (Abbildung 8-10).

Für die Suchergebnisse in der Kategorie *Bilder* gibt es noch eine weitere nützliche Funktion, mit der die Treffer als Diaschau dargestellt werden können (genau gleich wie aus einem Finderfenster heraus, siehe „Bilder als Diaschau wiedergeben" auf Seite 136). Um zu starten, klickt man auf das Play-Icon in der Bilder-Leiste (Abbildung 8-11). Falls keine Bilder in der Trefferliste markiert sind, werden alle Suchergebnisse wiedergegeben. Falls man nur einen Teil der Ergebnisse als Diashow darstellen will, muss man zuerst die betreffenden Dateien markieren (shift-Taste um einen ganzen Bereich zu markieren, Apfel-Taste für einzelne Dateien).

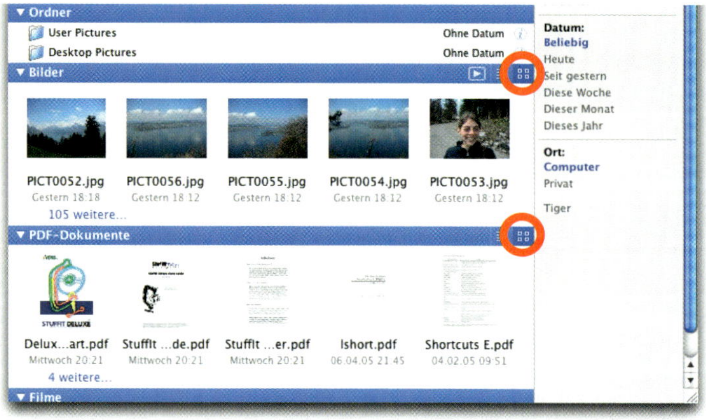

Abbildung 8-10 Anzeige als Icons

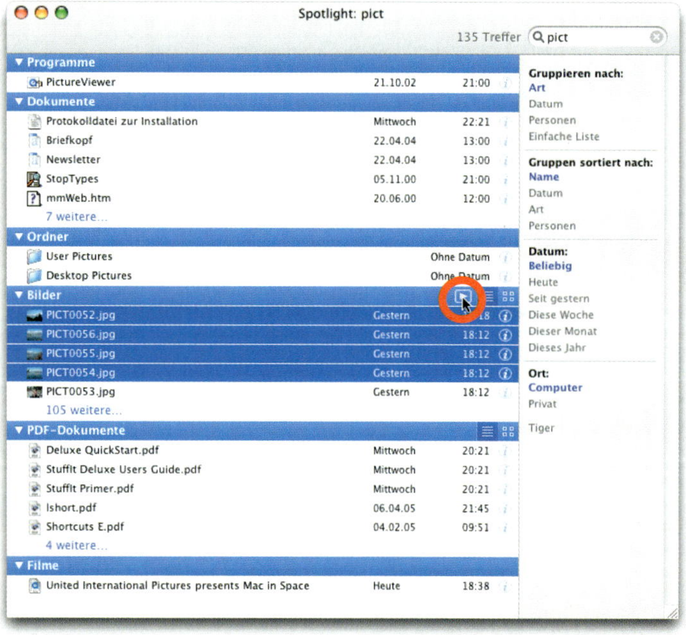

Abbildung 8-11 Diashow mit markierten Dateien starten

8.3.2 Tipps & Tricks

Suche einschränken

Die Suche in Spotlight kann manuell eingeschränkt werden, wenn man etwa nur eine bestimmte Dokumentenart wie PDF- oder Word-Dateien sucht. In diesem Fall kann der

Name (oder ein Wort des Inhalts der Datei) mit einem Zusatz ergänzt werden. Sucht man nur nach PDF-Dokumenten, wäre das der Zusatz *Art:pdf* (Abbildung 8-12).

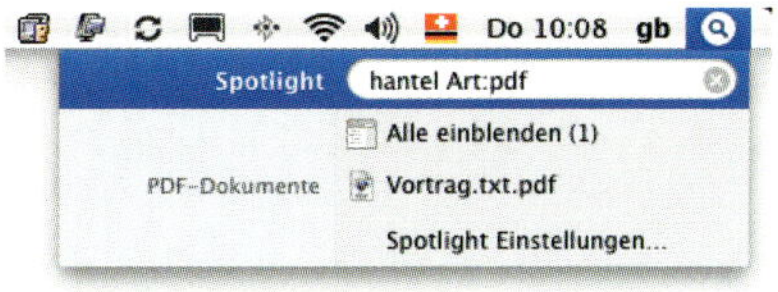

Abbildung 8-12 Filtern nach Datei-Art

Es können Einschränkungen nach Art oder Datum gemacht werden. Eine Auswahl davon befindet sich in Tabelle D-1 auf Seite 543. Der Nachteil dieser Methode ist, dass man die Bezeichnungen auswendig kennen muss - normalerweise ist deshalb das einfache Suchen schneller, aber die Ergänzung kann nützlich sein, wenn zu einem Treffer tausende Suchresultate angezeigt werden.

Natürlich kann man auf diese Weise auch nur nach einer Kategorie von Dateien suchen, mittels einer Abfrage wie *Art:Musik* (Abbildung 8-13).

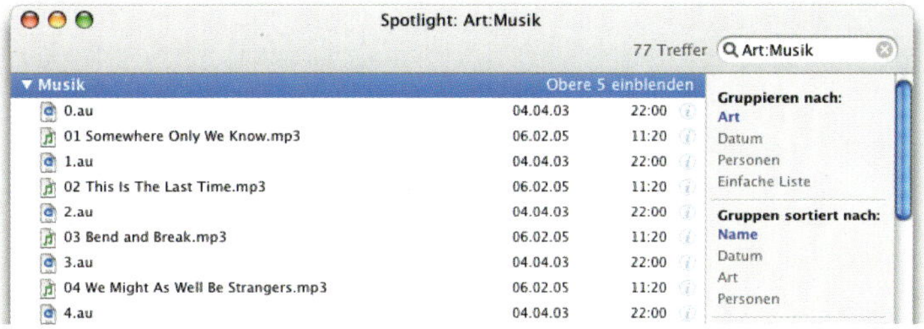

Abbildung 8-13 Nach Musik suchen

Suche nach exaktem Text

Werden in Spotlight zwei oder mehr Suchbegriffe eingegeben, so wird nur nach Dokumenten gesucht, die alle Suchbegriffe enthalten (UND-Suche). Manchmal sucht man aber nicht nur nach mehreren Begriffen, sondern man kennt die genaue Abfolge dieser Begriffe. Setzt man diese Wortfolge in Anführungs- und Schlusszeichen, so werden nur Resultate gezeigt, wo genau diese Wortkombination vorkommt. Allerdings funktioniert diese Art der Suche nicht für den Datei-Inhalt, sondern nur für Namen und Metadaten (z. B. den Spotlight Kommentar).

Suche mit logischen Operatoren

Mehrere Wörter in einer Spotlight Abfrage werden mit dem logischen UND verbunden – es müssen also ALLE eingegebenen Begriffe vorkommen. Daneben gibt es noch zwei andere wichtige logische Verknüpfungen: ODER (irgendein Begriff muss vorkommen) sowie NICHT (der Begriff darf nicht vorkommen). Ein Beispiel: welche Dokumente enthalten die Begriffe Puma oder Cheetha und den Begriff Tiger. Logisch formuliert:

(Puma ODER Cheetha) UND Tiger

In Spotlight muss diese Abfrage wie folgt eingegeben werden:

(Puma|Cheetha) Tiger

Abbildung 8-14 ODER Suche

Es ist zu beachten, dass vor und nach dem | kein Leerzeichen sein darf. Den Strich | erreicht man mit alt-7 (auf der schweizerdeutschen Tastatur).

Um Dokumente zu finden, die Puma, nicht aber Tiger enthalten, also logisch formuliert:

Puma NICHT Tiger

tippt man:

Puma(-Tiger)

Abbildung 8-15 NICHT Suche

Auch hier muss die Klammer *(* direkt ohne Leerschlag an das erste Suchwort angefügt werden.

Spotlight als Programmstarter

Standardmässig werden Programme bei der Suche mit Spotlight zuoberst angezeigt. Das ist nicht unpraktisch, wenn man das Programm direkt starten will. Vor allem bei Programmen, die man selten braucht, aber deren Namen man noch ungefähr kennt, gelangt man über die Suche mit Spotlight sofort zur Anwendung.

Abbildung 8-16 Programme aus Spotlight aufrufen

8.3.3 Suchen im Finder

Neben der Suche im Spotlight Menü bzw. Fenster gibt es immer noch die Suche direkt im Finder. Diese greift aber auch auf die Informationen von Spotlight zurück.

Suchen direkt im Finderfenster

Jedes Finderfenster mit Symbolleiste verfügt über ein Suchen-Feld oben rechts (sofern man die Standarddarstellung nicht geändert hat). Hier kann einfach der Suchbegriff eingegeben werden und im Fenster erscheinen ebenfalls in Echtzeit die Suchresultate. Diese

Suche bezieht die Inhalte von Dateien sowie die Metadaten aus Spotlight mit ein (z. B. Autor)!

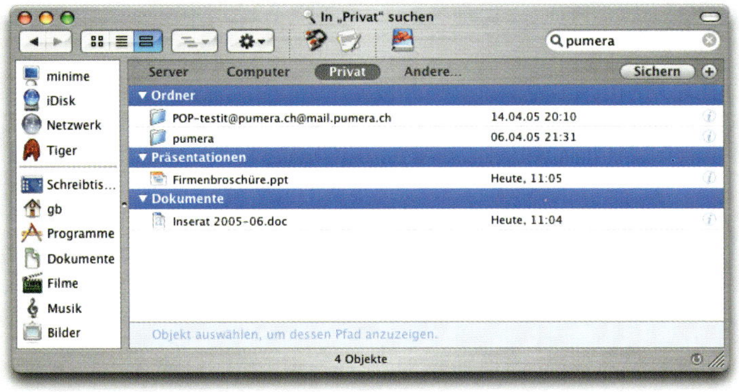

Abbildung 8-17 Suchresultate im Finder

Direkt unter der Symbolleiste des Fensters erscheint ein Bereich, der angibt, wo überall gesucht wird. Um z. B. nur in den Dateien des aktiven Benutzers zu suchen, wird die Schaltfläche *Privat* gewählt. Diese Einstellungen bleiben auch für die nächsten Suchvorgänge (sogar nach Neustart) aktiv. Über den Punkt *Andere...* können spezifisch Ordner oder Volumes angegeben werden, die durchsucht werden sollen. Meistens ist die Suche aber so schnell, dass das gar nicht nötig ist.

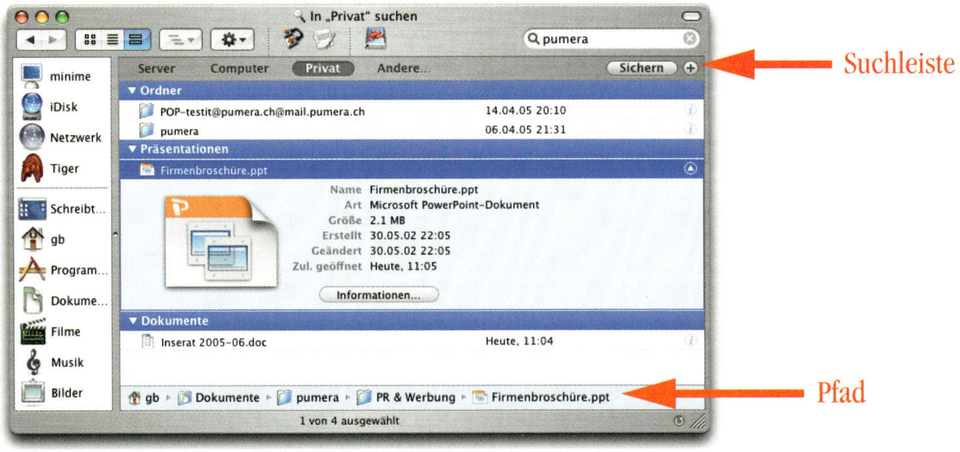

Abbildung 8-18 Zusätzliche Informationen

Wählt man ein Suchergebnis an, erscheint zuunterst im Fenster die Pfadangabe zu diesem Objekt (Abbildung 8-18). Falls der Pfad sehr lang ist und die Namen der einzelnen

Ordner innerhalb des Pfades nicht sichtbar sind, fährt man mit der Maus über sie, damit sie eingeblendet werden. Durch Klick auf das Informations-Icon (in Listenansicht) gelangt man zu detaillierteren Angaben über die Datei – ähnlich wie bei der Spotlight-Suche. Ausserdem erscheint die Schaltfläche *Informationen...*, um die umfangreichen Objektinformationen aufzurufen (siehe „Objektinformation“ auf Seite 144).

Mit ctrl-Klick auf eine Datei in der Ergebnisliste hat man über das Kontextmenü ebenfalls zusätzliche Optionen, wie die Anzeige des Informationsfensters, das Öffnen des übergeordneten Ordners oder das Löschen der Datei (Abbildung 8-19). Auch die zugehörigen Shortcuts (z. B. Apfel-Rückschritttaste für das Bewegen einer Datei in den Papierkorb) funktionieren.

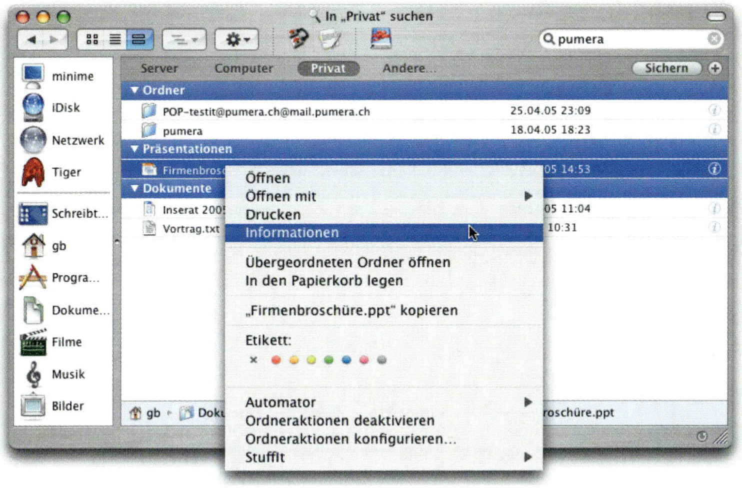

Abbildung 8-19 Kontextmenü für Suchresultate

Um die Suchabfrage einzuschränken, können weitere Kriterien hinzugefügt werden, indem man auf das Pluszeichen rechts in der Suchleiste klickt. Aus dem Aufklappmenü links wählt man dann weitere Suchkriterien aus – falls man nur Dateien sehen will, die „pumera“ im Namen oder im Inhalt haben und die seit gestern geändert wurden, stellt man die Suche gemäss Abbildung 8-20 ein. Um ein Kriterium wieder zu entfernen, klickt man auf das Minus-Zeichen in der Suchleiste.

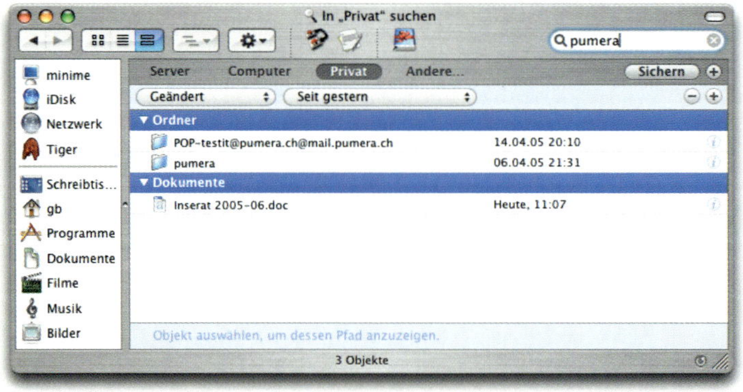

Abbildung 8-20 Suche nach Name und Änderungsdatum

Die Kriterien, nach denen gesucht werden kann, entsprechen den Informationen, die in Spotlight zur Verfügung stehen, und weiteren Eigenschaften wie z. B. Sichtbarkeit einer Datei im Finder. Falls man besonders häufig nach einer bestimmten Eigenschaft sucht, kann man diese dem Aufklappmenü hinzufügen, indem man unter *Andere...* ein Kriterium auswählt und das Häkchen unter *Als Favorit sichern* aktiviert (Abbildung 8-21, rechts, wo die Metainformation *Blitz* hinzugefügt wird).

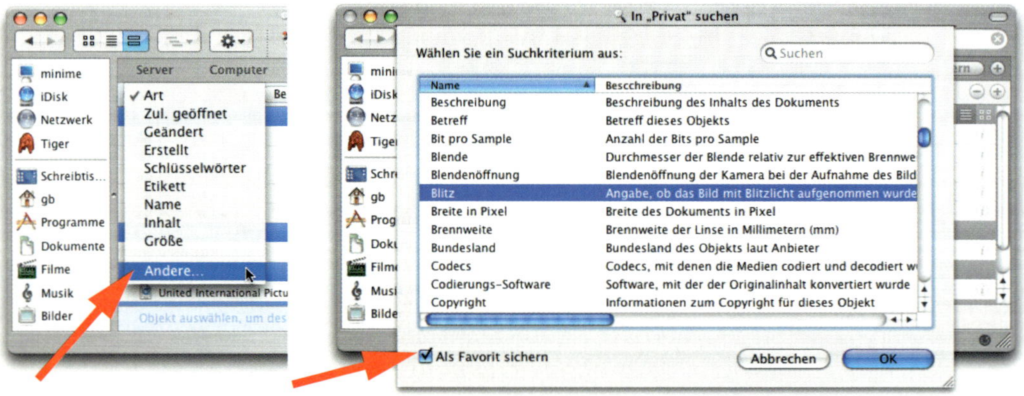

Abbildung 8-21 Kriterium zu Favoriten hinzufügen

Diese Eigenschaft taucht zukünftig im Aufklappmenü auf (Abbildung 8-22).

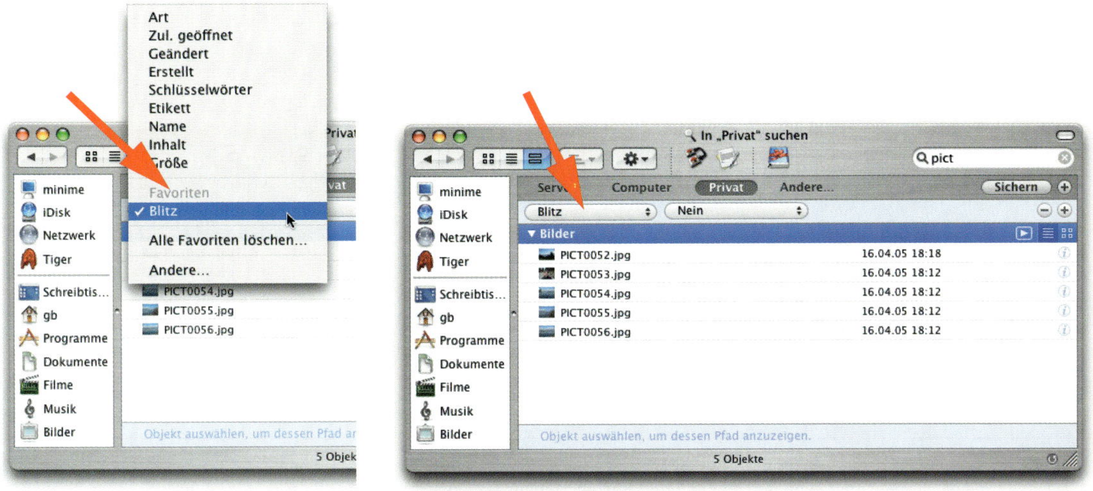

Abbildung 8-22 Neue Eigenschaft im Menü

Suchen im Menü *Ablage*

Wenn man im Finderfenster direkt sucht, wird meistens nach einem Dateinamen, -inhalt oder einer durch Text charakterisierten Metainformation gesucht (z. B. Interpret). Es kann vorkommen, dass man aber nach anderen, nicht mit einem Wort fassbaren Eigenschaften einer Datei sucht, etwa ob sie sichtbar ist oder wann sie verändert wurde.

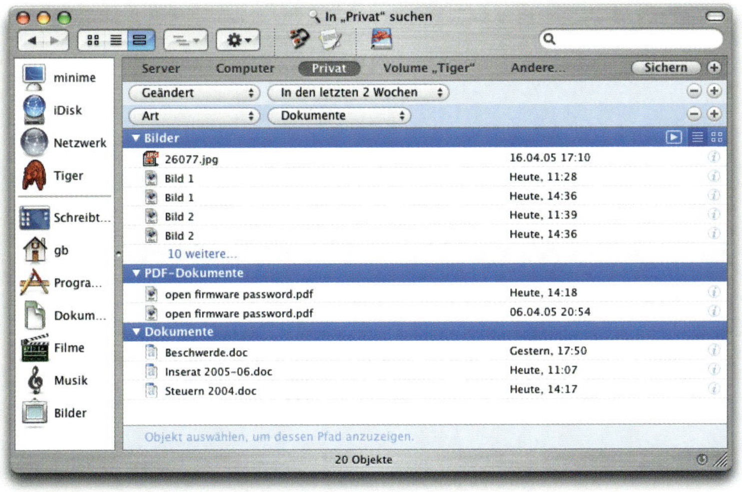

Abbildung 8-23 Dokumente, die innerhalb der letzten zwei Wochen geändert haben

Dazu braucht man am besten direkt den *Suchen...*-Befehl im Finder (im Menü *Ablage*, Apfel-F). Es erscheint ein Fenster im Finder, in dem die Suchkriterien direkt eingegeben werden können. Hier legt man also die Kriterien fest, bevor mit der eigentlichen Suche begonnen wird – im Finderfenster ist es gerade umgekehrt, da ja noch während des Eintippens die Suche schon losgeht, bzw. die Suchkriterien erst nachher eingeschränkt werden. Mit den + und - Zeichen kann man Kriterien hinzufügen bzw. entfernen. Sucht man nun beispielsweise alle Dokumente, die innerhalb der letzten zwei Wochen geändert haben, entspricht die Suchabfrage den Einstellungen aus Abbildung 8-23.

Dabei ist unter Umständen ein wenig Ausprobieren angesagt: *Dokumente* schliesst Bilder, pdf-Dokumente und Office-Dateien mit ein, nicht aber „einfachere" Textdokumente (wie txt- oder rtf-Dateien), die ja streng genommen auch zum Überbegriff „Dokument" gehören. Diese werden in der Kategorie *Text* erfasst.

Auch wenn man nur an den Dateinamen, nicht aber an den Metadaten interessiert ist, kann die Suche mit Apfel-F schneller sein: Einfach die Kriterien auf *Dateiname enthält* einstellen, und es werden ausschliesslich die Dateinamen, nicht aber Inhalte oder Metainformationen gesucht.

Obwohl die Mac Hilfe das Gegenteil behauptet, werden Ordner, die in den Spotlight-Voreinstellungen unter *Privatsphäre* definiert wurden, auch von der Finder-Suche nicht erfasst! Das hat vor allem Auswirkungen auf externe Festplatten: wurden sie in die Liste unter *Privatsphäre* aufgenommen, ist es nicht mehr möglich, darauf nach Objekten zu suchen, auch nicht nach Dateinamen. Es ist zu hoffen, dass Apple hier mit einem Update noch nachbessert. In der Zwischenzeit kann man z. B. das kostenlose EasyFind[1] verwenden. CDs und DVDs lassen sich wie gewohnt nach Dateinamen durchsuchen.

8.4 Intelligente Ordner

Die Suchabfragen, die im Finder gemacht werden (egal ob direkt in einem Fenster oder über den Menübefehl *Suchen...*), können gespeichert werden, falls man sie wieder einmal verwenden will (oder falls man häufig nach denselben Begriffen sucht). Apple spricht in diesem Zusammenhang von *Intelligenten Ordnern*. Ein Suchfenster kann im übertragenen Sinn auch als Ordner gesehen werden: Statt dass der Inhalt statisch ist und nur verändert wird, wenn der Benutzer eine Datei darin speichert oder löscht, ist der Inhalt dynamisch und über ein Suchkriterium festgelegt. In Abbildung 8-24 wird nach allen Dokumenten gesucht, deren Inhalt (und/oder Metadaten) oder Name das Wort

1. http://www.devon-technologies.com/products/freeware/applications.php

„pumera“ enthält und die in den letzten zwei Wochen geändert wurden. Über die Schaltfläche *Sichern...* gelangt man zu einem Dialog, wo der Suchabfrage ein Name gegeben wird.

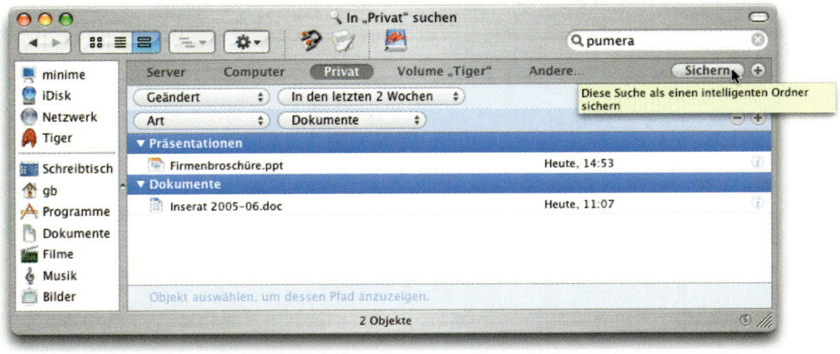

Abbildung 8-24 Suchabfrage speichern

Mit den Kriterien der Suchabfrage wird ein intelligenter Ordner erstellt, der im Ordner *~/Library/Gesicherte Suchabfragen* gespeichert wird (und nicht wie im Dialogfeld komischerweise angegeben im Ordner *Schreibtisch/Gesicherte Suchabfragen*). Falls man ihn besonders häufig braucht, kann man ihn direkt zur Seitenleiste hinzufügen (Abbildung 8-25). Er taucht dann auch in den Öffnen- und Sichern-Dialogen auf, was durchaus sinnvoll sein kann: Beim Öffnen einer Datei werden durch die Auswahl eines intelligenten Ordners alle Daten, welche die Suchkriterien erfüllen, angezeigt (was einen Augenblick dauern kann). Beim Sichern machen nur Abfragen Sinn, die sich auf Ordner beziehen, die wiederum als Speicherort der Datei ausgewählt werden können. Der intelligente Ordner bleibt auch dann in *~/Library/Gesicherte Suchabfragen* erhalten, wenn man ihn später aus der Seitenleiste entfernt (lediglich der Link aus der Seitenleiste wird gelöscht).

Anstatt den Weg über den *Suchen...*-Befehl oder das Suchfeld in der Symbolleiste zu nehmen, kann man auch direkt im Menü *Ablage* den Befehl *Neuer intelligenter Ordner* wählen. Auch diese Ordner werden in *~/Library/Gesicherte Suchabfragen* gespeichert.

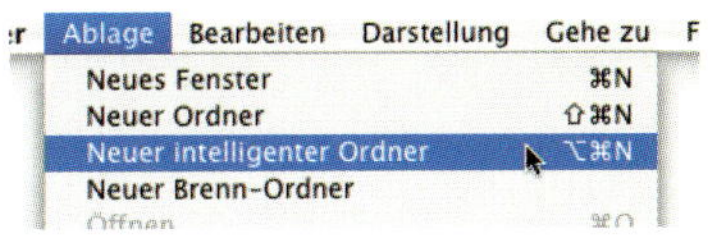

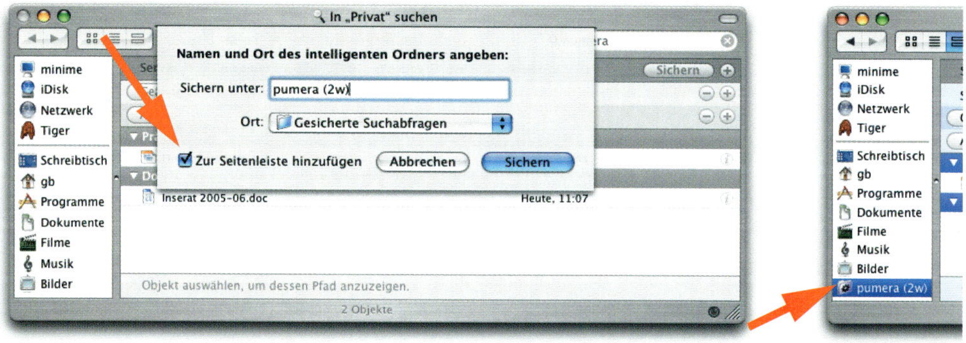

Abbildung 8-25 Suchabfrage benennen und zur Seitenleiste hinzufügen

Deshalb kann es praktisch sein, z. B. auf dem Desktop oder in der Seitenleiste einen Alias von *~/Library/Gesicherte Suchabfragen* zu erzeugen, damit man möglichst schnellen Zugriff auf alle intelligenten Ordner hat. Sobald ein intelligenter Ordner geöffnet wird, erscheinen die Suchergebnisse in seinem Fenster. Mit Klick auf *Bearbeiten* (Abbildung 8-26) kann man ggf. die Suchabfrage anpassen.

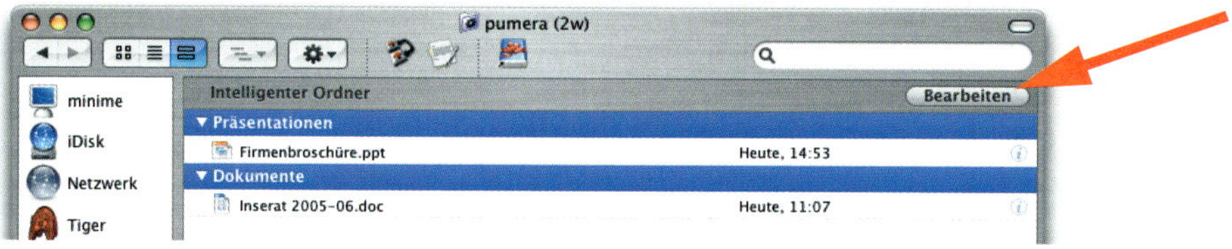

Abbildung 8-26 Intelligenter Ordner

8.5 Weitere Einstellungen

8.5.1 Einschränkungen von Spotlight

Spotlight indiziert nicht alle Ordner auf der Festplatte. Insbesondere die unsichtbaren UNIX-Verzeichnisse werden ausgenommen. Es sind dies die Ordner: */private*, */tmp*, */var*, */etc*, */usr*, */bin*, */sbin*, */dev*, */automount*, */cores*. Auch wer die Developer Tools installiert, kann den Ordner */Developer/ADC Reference Library* nicht durchsuchen. Die Liste der ausgeschlossenen Orte ist in Spotlight integriert und kann nicht direkt verändert werden, von Apple gibt es aber keine Dokumentation zu den ausgeschlossenen Verzeichnissen. Zum einen ist es sicher nicht falsch, den „Normalanwender“ nicht verwirren zu wollen, wenn ihm hunderte Suchresultate aus verborgenen Ordnern präsentiert würden. Zum anderen gibt es aber sehr wohl Benutzer, die auf Dateien in den unsichtbaren Ordnern angewiesen sind, wenn sie sich etwa mit php oder LaTeX beschäftigen.

Wenn man weiss, in welchem (unsichtbaren) Ordner sich eine gesuchte Datei versteckt, ist es relativ einfach, mit *Gehe zum Ordner...* aus dem Menü *Gehe zu* zuerst dorthin zu gelangen und dann direkt die Suchabfrage einzugeben. Wenn man aber nicht weiss, wo sich die Datei befindet, wird es schwierig.

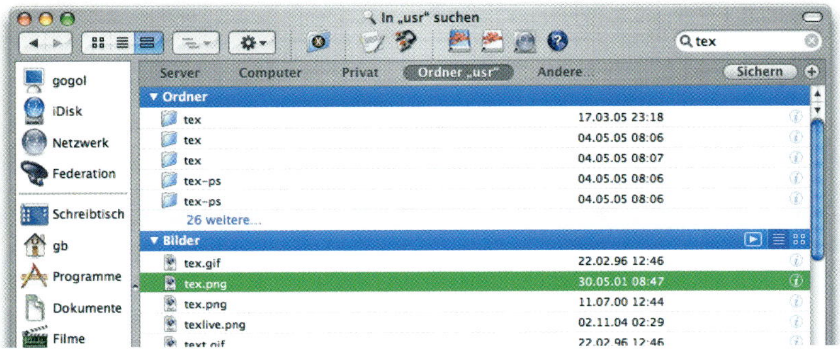

Abbildung 8-27 Suchen im unsichtbaren Ordner /usr

Es gibt aber via Terminal die Möglichkeit, bestimmte Ordner explizit von Spotlight erfassen zu lassen, auch wenn Apple das in der Grundeinstellung verhindert hat. Hierzu wird der Befehl `mdimport -f <Pfad zum Ordner>` benötigt. Um z. B. den Ordner /usr hinzuzufügen, tippt man:

```
mdimport -f /usr
```

Das Ausführen des Befehls kann eine Weile dauern, abhängig von der Grösse und Anzahl enthaltener Dateien des Ordners. Der Nachteil dieser Methode: der Ordner wird nicht dynamisch erfasst, sondern muss immer wieder manuell auf diese Weise zum Spotlight Store hinzugefügt werden, wenn sich etwas ändert – nicht gerade komfortabel.

Um ein Verzeichnis dynamisch (so dass es immer wieder erneut indiziert wird) zum Spotlight Store hinzuzufügen, sind kompliziertere Methoden erforderlich:

1. Das Verzeichnis muss explizit zu den Verzeichnissen hinzugefügt werden, die indiziert werden. Der Spotlight Index und die zugehörigen Datenbanken befinden sich im Ordner */.Spotlight-V100* auf jedem Volume. Innerhalb dieses Ordners befinden sich mehrere Dateien, unter ihnen:
   - store.db und .store.db – zwei Metadaten-Indizes

- ContentIndex.db – der Index der Dateiinhalte
- _exclusions.plist – Liste der ausgeschlossenen Objekte (in *Privatsphäre* definiert)
- _rules.plist – eine Liste von Regeln, auf die gleich eingegangen wird

Mit dem Terminal kann man sich den Inhalt des Ordners /.Spotlight-V100 anzeigen lassen (Abbildung 8-28). Es wird ein Administrator-Passwort benötigt, um das zu tun! Am einfachsten erfolgt dies mit dem Befehl `sudo bash` (Achtung – root Zugriff!):

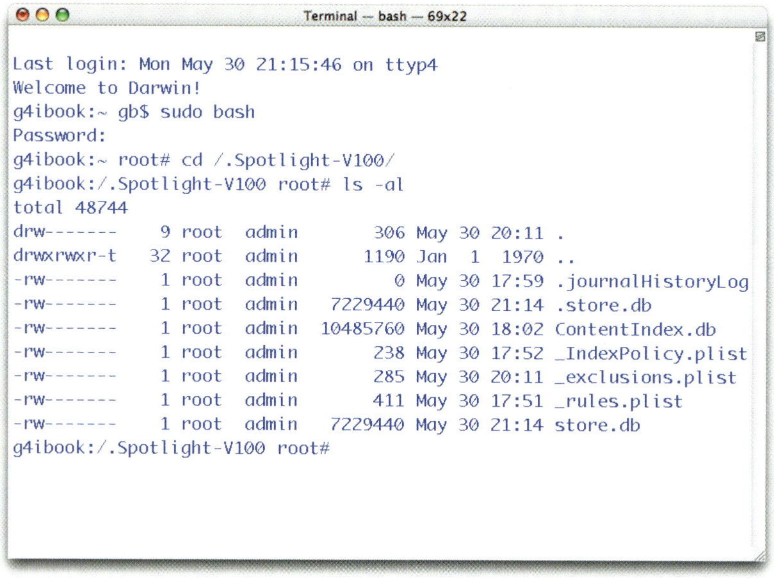

Abbildung 8-28 Inhalt von /.Spotlight-V100

2. Die Datei _rules.plist enthält unter anderem eine Liste von Objekten, die der Benutzer explizit indizieren lassen kann. In der Grundkonfiguration ist diese Liste leer, die Datei sieht so aus:

```
<?xml version="1.0" encoding="UTF-8"?>
<!DOCTYPE plist PUBLIC "-//Apple Computer//DTD PLIST 1.0//EN"
"http://www.apple.com/DTDs/PropertyList-1.0.dtd">
<plist version="1.0">
<dict>
        <key>EXCLUDE</key>
        <array/>
        <key>INCLUDE</key>
        <array/>
        <key>NOTE</key>
        <string>Specify paths to include or exclude, preceeding rules
which target user-homes with ~/</string>
</dict>
</plist>
```

Innerhalb des INCLUDE statements müssen nun mit pico die Verzeichnisse hinzugefügt werden, die auch durchsucht werden sollen. Nach der Eingabe von `pico _rules.plist` navigiert man innerhalb der Datei mit den Pfeiltasten zur richtigen Stelle und ergänzt die Datei genau so wie in Abbildung 8-29 (natürlich mit allen gewünschten *Verzeichnissen* jeweils zwischen den <string>*/Pfad zum Verzeichnis*</string> statements).

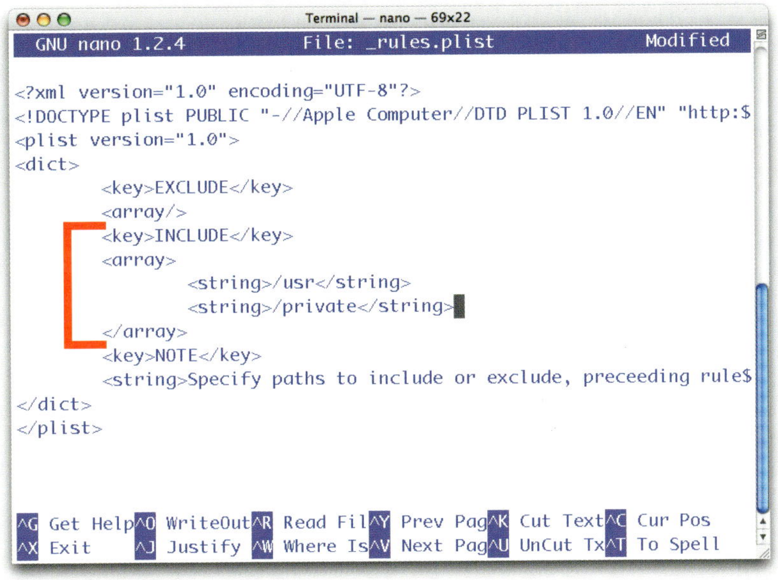

Abbildung 8-29 _rules.plist editieren

Mit ctrl-X, gefolgt von der Return-Taste und Y (ebenfalls Return drücken), wird die Datei gespeichert. Nach den Änderungen sollte man den root-Modus mit `exit` unbedingt wieder verlassen.

3. Nun muss man noch eine Neuindizierung des Volumes auslösen. Das geschieht mit `sudo mdutil -E /`. Leider muss immer der Index des gesamten Volumes neu angelegt werden, wenn in der _rules.plist-Datei etwas geändert wird – und das kann dauern. Von nun an werden aber alle Objekte innerhalb von */usr* und */private* (bzw. den angegebenen Verzeichnissen) auch indiziert – je nach Dateityp inklusive Inhalt und Metadaten, aber zumindest kann nach dem Dateinamen gesucht werden.

Mehr über die verwendeten Befehle findet man in den Hilfetexten (man pages).

8.5.2 Problembehebung

Probleme können vor allem dann auftreten, wenn ein Objekt während der Indizierung in die Liste *Privatsphäre* hinzugefügt wird, und nachher doch noch indiziert werden soll.

Meistens hilft eine Neuindizierung des Volumes. Vorher sollte man die Benutzerrechte reparieren („Zugriffsrechte reparieren“ auf Seite 524). Wie schon oben erwähnt, wird zur Neuindizierung der Befehl sudo mdutil -E /Volumes/<Volumename> (für das Startvolume sudo mdutil -E /) verwendet. Nach der Eingabe des Befehls dauert es einen Moment, bis die Neuindizierung beginnt, und je nach Datenmenge nochmals einen bis mehrere Momente, bis die ganze Festplatte wieder erfasst ist.

Auch Panther kannte die Suche nach Dateiinhalten (nicht aber nach Metadaten). Dort wurden die Indexdateien aber jeweils im betreffenden Ordner abgelegt. Falls man von Panther nach Tiger upgedated hat, wurden diese Files nicht entfernt. Tiger braucht sie aber nicht – und je nach Ordner können sie einen erheblichen Speicherbedarf haben. Leider ist es mit Tiger so gut wie unmöglich, nach unsichtbaren Dateien zu suchen – das Attribut *Sichtbarkeit* innerhalb der zusätzlichen Suchkriterien funktioniert (noch) nicht. Deshalb muss man auch hier EasyFind bemühen (oder natürlich das Terminal), um die *.FBCIndex*-Dateien und die zugehörigen Ordner *.FBCLockFolder* zu finden. In EasyFind können sie über das Kontextmenü gelöscht werden (Abbildung 8-30, folgende Meldung mit *Löschen* bestätigen).

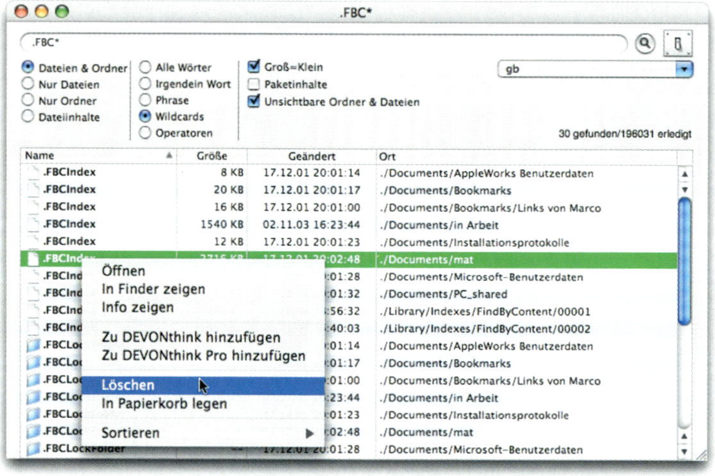

Abbildung 8-30 Löschen mit EasyFind

8.6 Suchen in Programmen

Neben der Suche im Finder bzw. vom Spotlight Menü oder Fenster aus, gibt es auch Programme, welche die Spotlight-Suche direkt integrieren. Eines davon ist das Programm *Systemeinstellungen*. War früher (bis 10.3) in der Symbolleiste Platz für häufig genutzte

Kontrollfelder, so erscheint dort jetzt ein Suchfeld, in das man Begriffe eingeben kann. Die einzelnen Kontrollfelder werden dann wie mit Spots beleuchtet, wenn der gesuchte Begriff etwas mit ihnen zu tun hat. Ausserdem erscheint ein Fenster mit Suchvorschlägen (Abbildung 8-31). Je weiter der Suchbegriff eingeschränkt wird, umso weniger Kontrollfelder tauchen noch auf.

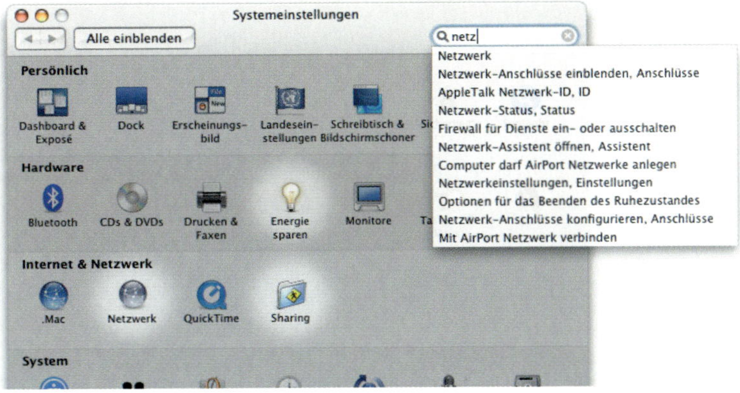

Abbildung 8-31 Spotlight in den Systemeinstellungen

Im RSS Reader von Safari (siehe „Safari" auf Seite 403) existiert ebenfalls eine Spotlight nachempfundene Suche.

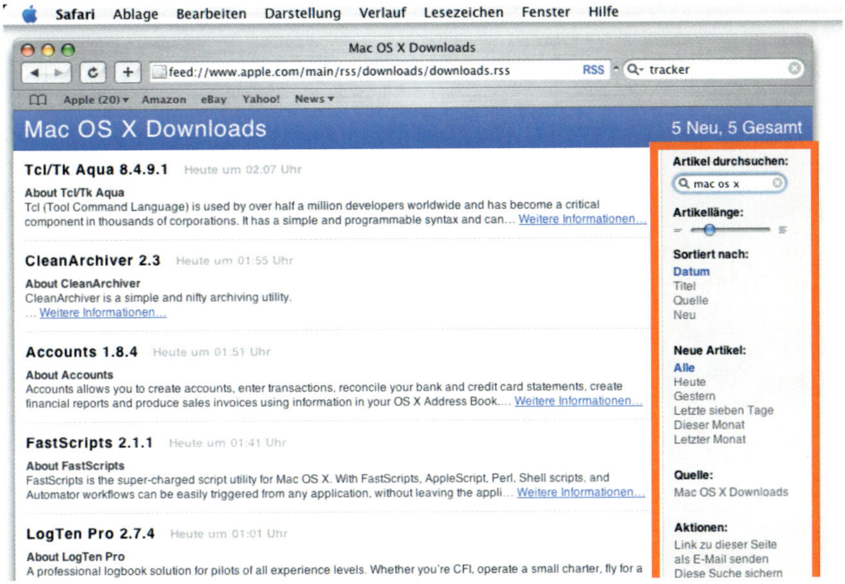

Abbildung 8-32 RSS in Safari, Suche in der rechten Spalte

Es ist nun auch möglich, die Bookmarks und den Verlauf von Safari zu durchsuchen (im Suchfenster muss vor dem Eintippen *alle Sammlungen* aktiv sein).

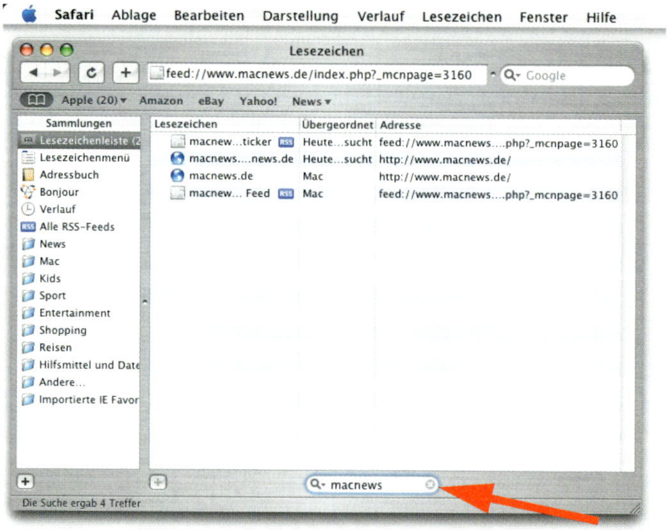

Abbildung 8-33 Suche in den Lesezeichen und im Verlauf

Genauso greift natürlich auch die Suche in Mail auf Spotlight zurück. Ähnlich wie im Finder wird hier angegeben, welche Ordner und Postfächer durchsucht werden sollen (Suchleiste). Ausserdem können auch innerhalb von Mail intelligente Postfächer definiert werden, die z. B. alle ungelesenen Mails enthalten (siehe „Mail" auf Seite 400).

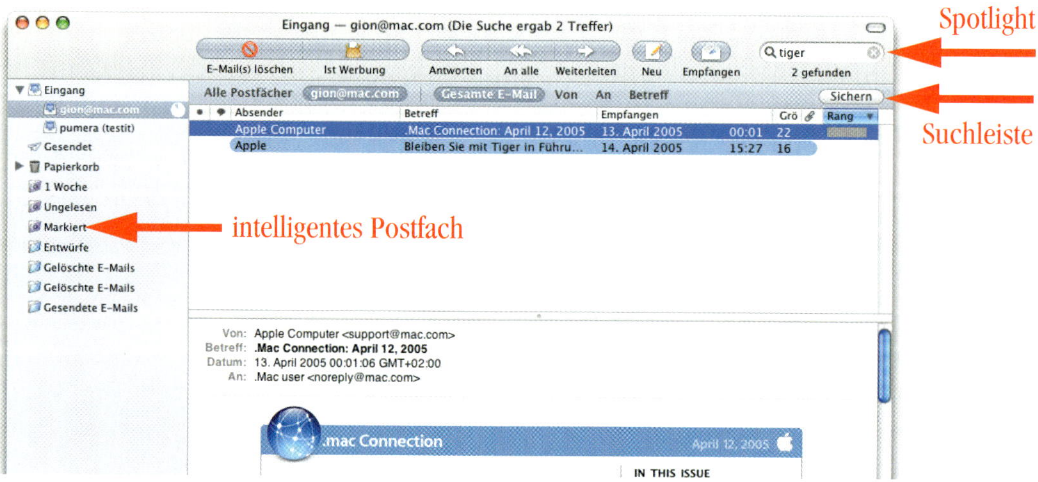

Abbildung 8-34 Suche in *Mail* mit Spotlight

Hardwarekonfiguration 9

„Schneid' den roten Draht durch!" – manchmal ist es von Vorteil, wenn man weiss, wie ein System konfiguriert ist.

Der Computer und die Peripheriegeräte, die mit ihm zusammenarbeiten, werden allgemein als Hardware bezeichnet. Damit diese Zusammenarbeit und auch die mit dem Mensch vor dem Computer optimal läuft, müssen einige Konfigurationen vorgenommen werden: Wie wird der Bildschirm, der Ton angesteuert? Wie kann ich bei mobilen Geräten Energie sparen und die Batterie schonen?

Die folgenden Seiten beschäftigen sich mit einigen Kontrollfeldern der Kategorie *Hardware*: *Monitore*, *Ton*, *Tastatur und Maus* sowie *Energie sparen*. Die anderen Kontrollfelder dieser Kategorie werden an anderer Stelle behandelt: *Bluetooth* unter den Netzwerkfunktionen (Seite 333), *CDs & DVDs* unter Backup (Seite 493) sowie *Drucken und Faxen* im gleichnamigen Kapitel (Seite 339).

9.1 Monitore

Der Bildschirm als Schnittstelle zwischen Mensch und Computer ist vielleicht das erste, was man konfigurieren möchte. Dazu dient das Kontrollfeld *Monitore*. Je nach vorhandener Hardware (Computer, Grafikkarte, Monitor, Fernseher, Beamer, ...) sieht das Kontrollfeld anders aus.

9.1.1 Allgemeine Einstellungen

Hier werden Auflösung und Farbtiefe, bei Röhrenmonitoren zusätzlich noch die Frequenz eingestellt (Abbildung 9-2). Wenn immer möglich sollte man Frequenzen über 75 Hz wählen. Während Röhrenmonitore bei verschiedenen Auflösungen ein scharfes Bild liefern, sind Flachbildschirme für eine bestimmte Auflösung ausgelegt und sind nur bei dieser einen Auflösung wirklich scharf (der höchste Wert, den man einstellen kann, z. B. 1280 x 854 Bildpunkte beim Aluminium 15" PowerBook G4).

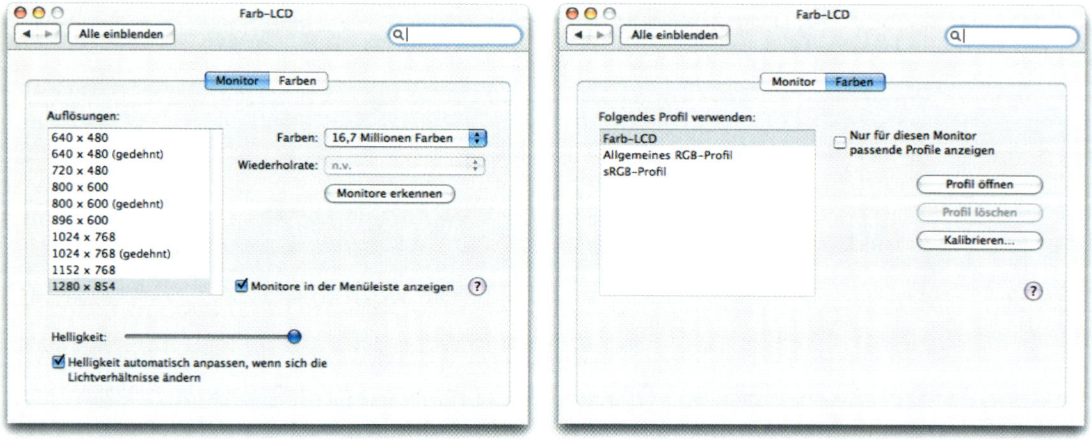

Abbildung 9-1 Kontrollfeld *Monitore*

Wenn man bei einigen Monitoren die Auflösung umschaltet, hat man 15 Sekunden Zeit, die neuen Einstellungen zu akzeptieren. Anderenfalls (auch wenn das Bild verschwindet oder verzerrt ist) wird nach dieser Zeit wieder zu den vorherigen Einstellungen zurückgeschaltet. Für Röhrenmonitore kann die Frequenz im Register Monitor (Abbildung 9-2) unterschiedlich eingestellt werden (grundsätzlich so hoch wie möglich).

Monitore in der Menüleiste anzeigen (im Register *Monitor*) fügt der Menüleiste ein Symbol mit einem Monitor hinzu, über das die Auflösung sowie die Farbtiefe verändert werden können (für alle angeschlossenen Monitore). Mit *Benutzte Einstellungen merken* stellt man ein, wie viele der zuletzt benutzten Auflösungen im Menü eingeblendet werden sollen.

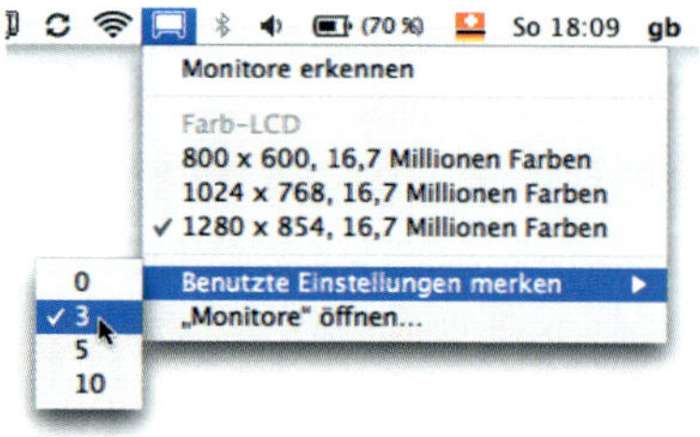

Die neuesten PowerBooks können abhängig von der Umgebungsbeleuchtung die Display-Helligkeit automatisch einstellen – eine sinnvolle Option, die sehr gut funktioniert.

Unter *Farben* kann ein Profil für den Monitor ausgewählt werden (in Zusammenarbeit mit ColorSync).

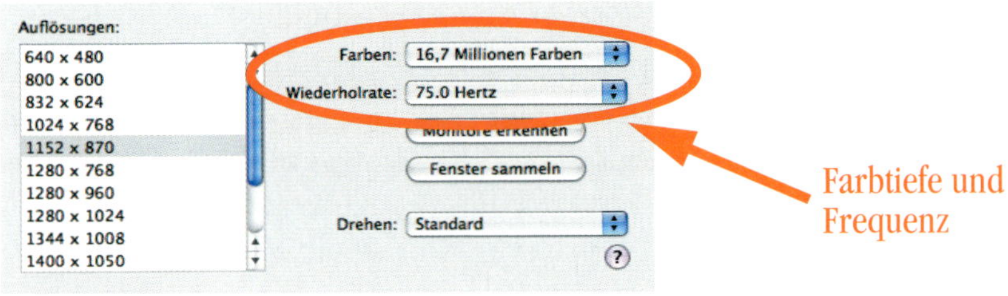

Abbildung 9-2 Monitor-Kontrollfeld (VGA-Röhrenmonitor)

9.1.2 Anschluss von mehreren Anzeigegeräten

Unter Anzeigegeräten versteht man ganz allgemein Monitore, Fernseher, Beamer usw., eben alle Geräte, die ein Videosignal darstellen können („Bildschirm" ist nur die deutsche Übersetzung von „Monitor"). In der Computerwelt und in der von Apple verwendeten Terminologie wird meistens nur der Begriff Monitor – oder eben Bildschirm – verwendet. Deshalb wird diese Konvention auch auf den folgenden Seiten angewandt.

Vielfach wird neben dem Hauptbildschirm noch ein zweiter angeschlossen, etwa um einen QuickTime Film im Fernseher oder auf dem Beamer zu betrachten, oder eine Präsentation vor Publikum zu halten. Je nach Gerät und Grafikkarte werden diese Quellen unterschiedlich angesteuert.

Man kann zusätzliche Monitore anschliessen (z. B. bei PowerBooks), ohne dass der Computer zuvor in den Ruhezustand versetzt werden muss. Das Betriebssystem merkt automatisch, dass ein zusätzlicher Bildschirm verfügbar ist. Sollte dieser einmal trotzdem nicht sofort erkannt werden, kann man das System zwingen, eine erneute Monitorerkennung durchzuführen (*Monitore erkennen* im Monitor-Status in der Menüleiste). Danach sollten alle angeschlossenen Bildschirme (egal ob VGA-Monitor, Fernseher, Beamer, ...) ein Signal erhalten und nach einer kurzen Verzögerung ein Bild anzeigen.

Synchronbetrieb (auf beiden Monitoren erscheint das gleiche Bild)

Ältere Geräte und Computer des unteren Preissegments (iBook, eMac) können lediglich im sogenannten Mirror-Betrieb eingesetzt werden. Dabei erscheint auf beiden Monitoren das exakt gleiche Bild. Bei den neueren iBooks wäre die Grafikkarte zwar fähig, zwei unterschiedliche Bilder auf dem internen und externen Monitor zu zeigen, Apple hat diese Funktion aber unterdrückt, um zusätzliche Argumente zum Kauf eines PowerBooks zu schaffen. Für Mutige existieren im Internet Tipps[1] und ein Programm, um die iBooks

1. http://www.rutemoeller.com/mp/ibook/ibook_e.html

auf Dualmonitorbetrieb zu tunen (Achtung: die Garantie geht – falls es schief läuft – bei dieser Aktion verloren. Unbedingt die ReadMe's lesen!).

Geräte, deren Grafikkarte unterschiedliche Bilder auf den angeschlossenen Monitoren unterstützt, müssen für den Mirror-Betrieb erst synchronisiert werden. Dazu klickt man in die Checkbox *Bildschirme synchronisieren* im Register *Anordnen* (Abbildung 9-3). Dabei wird sich fast immer die Auflösung eines Monitors ändern und die Icons auf dem Desktop werden verschoben. Mac OS X merkt sich aber deren Position und verschiebt sie nach erneutem Ändern der Auflösung (z. B. beim Beenden des Synchronbetriebes) wieder an ihren angestammten Platz. Wird der neue Monitor sofort nach dem Anschliessen erkannt, kann die Synchronisation auch über das Menüsymbol erfolgen, wo der Eintrag *Synchronisation einschalten* erscheint.

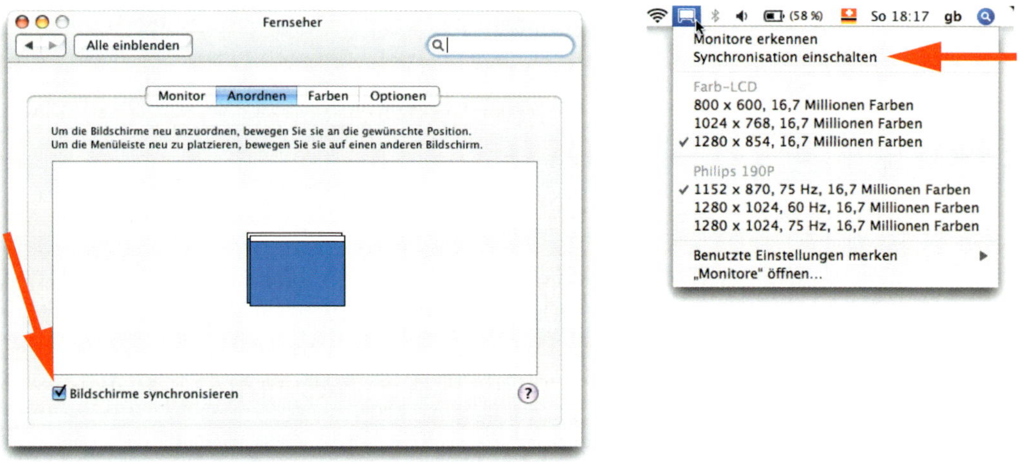

Abbildung 9-3 Bildschirme synchronisieren

Der Synchronbetrieb der Bildschirme wird z. B. für Beamerpräsentationen benötigt, wenn der Redner auf dem Bildschirm dasselbe sehen will wie das Publikum auf der Leinwand, und er auf diese Weise zum Publikum (und nicht zur Wand) reden kann.

Um via Beamer, externen Monitor oder TV-Gerät eine DVD schauen zu können, ist es nötig, die Bildschirme zu synchronisieren (in Mac OS 9 musste man noch den externen Monitor zum Hauptmonitor machen).

Dual Video (Unterschiedliche Bilder auf den Monitoren)

Der Mehrmonitor-Betrieb mit unterschiedlicher Anzeige dient vor allem zur Vergrösserung der Arbeitsfläche. So kann bequem auf dem einen Monitor ein Bild bearbeitet werden, während auf dem anderen alle Paletten dazu zur Verfügung stehen. Ein anderes

Szenario ist eine Präsentation, bei der via Beamer die eigentlichen Folien gezeigt werden, auf dem zweiten Bildschirm aber Notizen für den Redner erscheinen (sowohl mit Microsoft PowerPoint[1] wie auch bei Keynote[2] möglich).

Falls mehrere Grafikkarten bzw. Monitoranschlüsse vorhanden sind und der Dual Video-Betrieb unterstützt wird, bietet Mac OS X ein weiteres Register *Anordnen* an, mit dem die relative Position der Monitore zueinander definiert werden kann (Abbildung 9-4). Dazu packt man einfach einen Bildschirm (Abbildung 9-4, links, eine der blauen Flächen) mit der Maus und zieht ihn dorthin, wo man ihn haben möchte. Der Hauptbildschirm wird durch die Menüleiste (weisser Streifen oben in einer der blauen Flächen) gekennzeichnet. Um den Hauptbildschirm zu ändern, zieht man diesen Streifen auf die andere blaue Fläche. Da die Bildschirme nicht synchronisiert sind, erscheint auch auf jedem separat ein Dialogfeld, wie in Abbildung 9-4: *Farb-LCD* für den Hauptbildschirm und *Philips 190P* für den erweiterten Bildschirm. Möchte man beide Fenster auf demselben Monitor sehen, klickt man in die Schaltfläche *Fenster sammeln*.

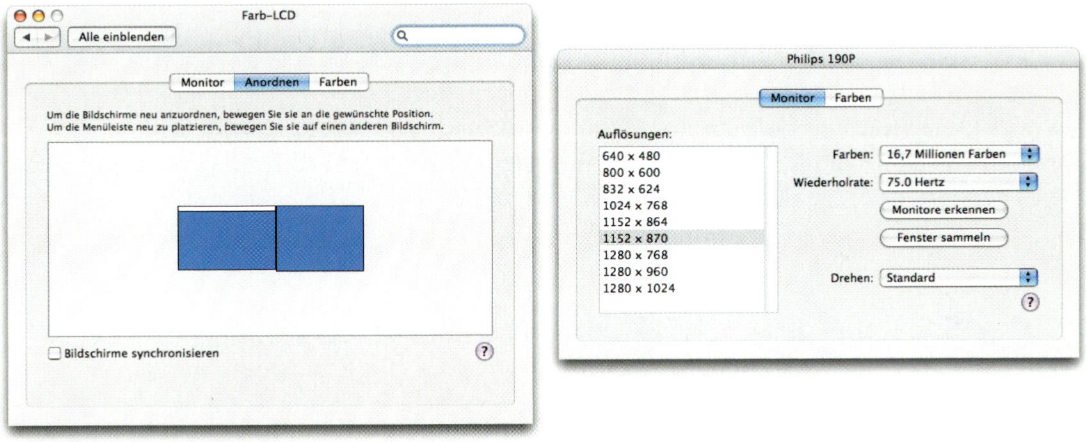

Abbildung 9-4 Monitore anordnen

Fernseher anschliessen

Beim Anschluss eines Fernsehers (was im laufenden Betrieb geschehen kann) muss man meistens die Taste *Monitore erkennen* drücken, damit die Anschlüsse nach neuen Bildschirmen abgesucht werden. Der Anschluss eines TV Gerätes erfordert fast immer ein Adapterkabel vom Mac auf einen Cinch-Anschluss (Abbildung 9-5). Viele Fernseher verfügen allerdings nur über einen Scart-Eingang, was ein weiteres Adapterkabel notwendig

1. http://www.microsoft.com/mac
2. http://www.apple.com/chde/iwork/

macht. Der Apple Composite Video Adapter ist gerätespezifisch und sieht bei iBooks und PowerBooks unterschiedlich aus.

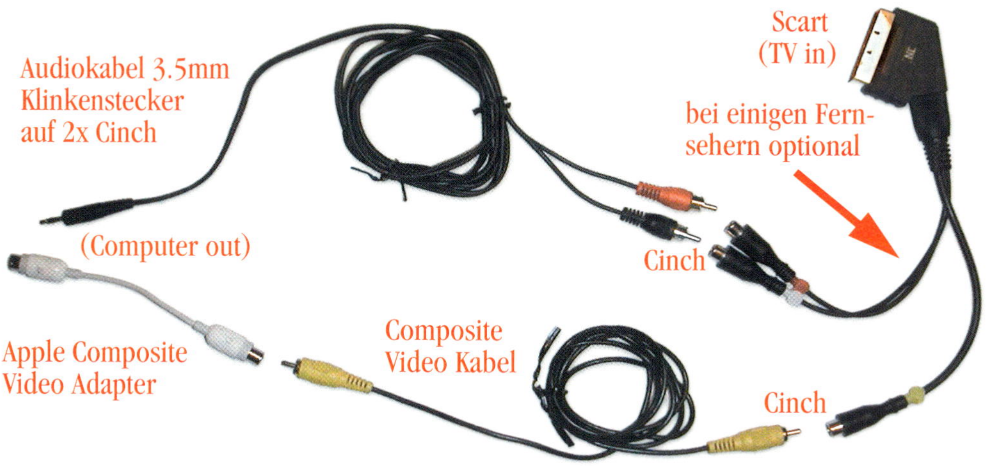

Abbildung 9-5 Kabel zum Anschluss eines Fernsehers

Das Tonsignal wird vom Kopfhöreranschluss genommen (siehe auch „Ton" auf Seite 230) und bei Scart mit dem Videosignal kombiniert, sonst in die separaten Audio-Cinch-Eingänge des Fernsehgerätes gesteckt. Beim Kauf der Kabel sollte man beachten, ob man – je nach schon vorhandenen Kabeln – Buchsen oder Stecker benötigt.

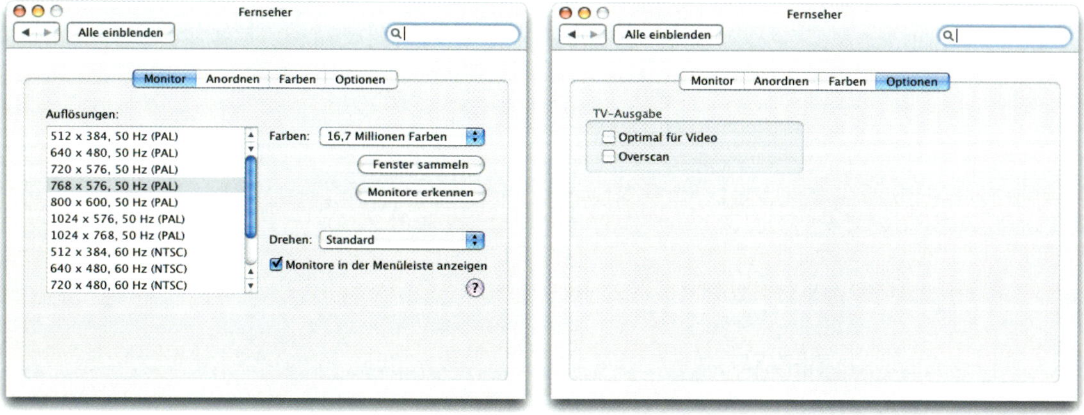

Abbildung 9-6 Fernseher anschliessen

Das Register *Optionen* beim Anschluss eines Fernsehers bietet zwei weitere Einstellungen: *Optimal für Video* optimiert die Bildschirmausgabe für bewegte Bilder, *Overscan* erweitert die Anzeige auf den gesamten Schirm bei Fernsehern, die das unterstützen (bei anderen verschwinden die Randbereiche unter Umständen an den Seiten des Geräts).

Falls Darstellungsprobleme oder Fehlermeldungen auftreten, sollte man mehrere Bildschirmauflösungen und Farbtiefen ausprobieren. Beim Anschluss von externen VGA-Monitoren oder Beamern kann es hilfreich sein, vor dem Synchronisieren auf dem internen und externen Bildschirm die gleiche Auflösung zu wählen.

9.1.3 Drehbare Monitore

Mit Tiger werden nun auch wieder drehbare Monitore unterstützt, die vor allem in Büroumgebungen praktisch sind: man kann damit nämlich eine A4 Seite im Hochformat komplett sehen. Dazu wählt man im Register *Monitor* unter *Drehen:* den entsprechenden Winkel (90° bei Monitoren, die im Uhrzeigersinn gedreht werden, 270° bei solchen, die gegen den Uhrzeigersinn gedreht werden). Schreibtischhintergrund-Bilder können dieser Einstellung allerdings nicht mehr angepasst werden, sondern werden immer bildschirmfüllend dargestellt. Sehr gut eignen sich aber hochformatige Fotos für diese Einstellung (Abbildung 9-7).

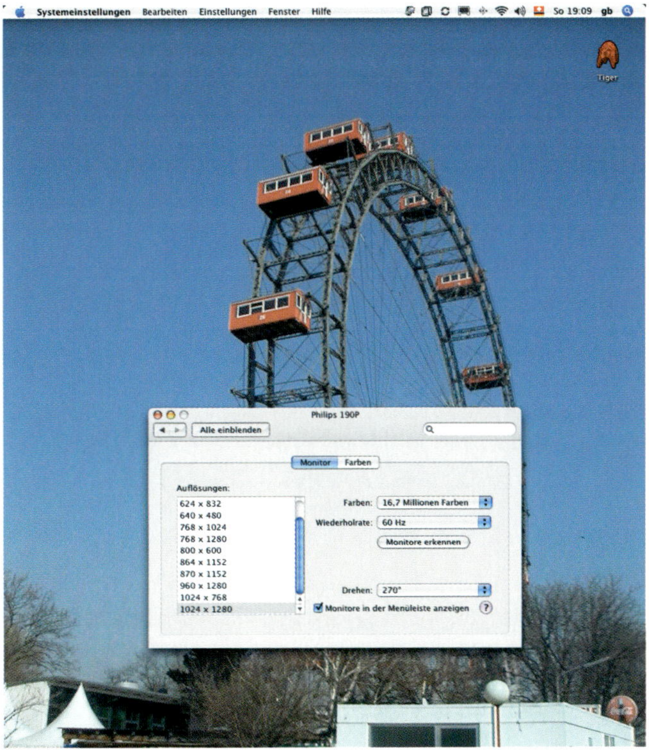

Abbildung 9-7 Monitor in Hochformat

9.2 Ton

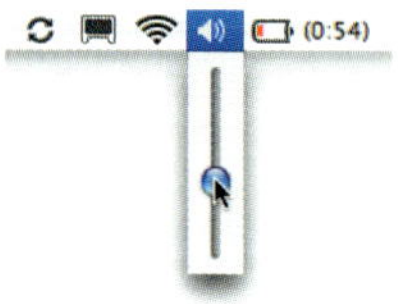

Mit dem Kontrollfeld *Ton* legt man die Systemlautstärke, die Balance, die Warntonlautstärke und den Eingangspegel fest. Wiederum kann die Anzeige der Lautstärke in der Menüleiste aktiviert werden.

Das Hinzufügen von eigenen Warntönen funktioniert ähnlich wie die Installation von eigenen Bildschirmschonern: neue Warntöne (im AIFF-Format) müssen in den Ordner */Benutzer/~/Library/Sounds/* (nur für den Benutzer ~ verfügbar) oder in den Ordner */Library/Sounds/* (für alle Benutzer verfügbar) gelegt werden. Falls der Ordner noch nicht existiert, kann man einfach einen neuen Ordner erzeugen und ihn *Sounds* nennen. Warntöne, die ein Administrator in */Library/Sounds* abgelegt hat, erscheinen im Kontrollfeld als *Systemweit*, während persönliche Warntöne in */Benutzer/~/Library /Sounds* als *Eigene* aufgeführt werden. Die originalen Warntöne mit der Bezeichnung *Integriert* (die nicht verändert werden können) befinden sich im Ordner */System/Library/Sounds/.* Hier kann man – ausser als root – nichts hinzufügen. Alle neuen Warntöne erscheinen erst beim nächsten Start der *Systemeinstellungen*.

Der Schieberegler ganz unten im Kontrollfeld regelt die globale Lautstärke, der Regler im Register *Toneffekte* die Lautstärke des Warntons.

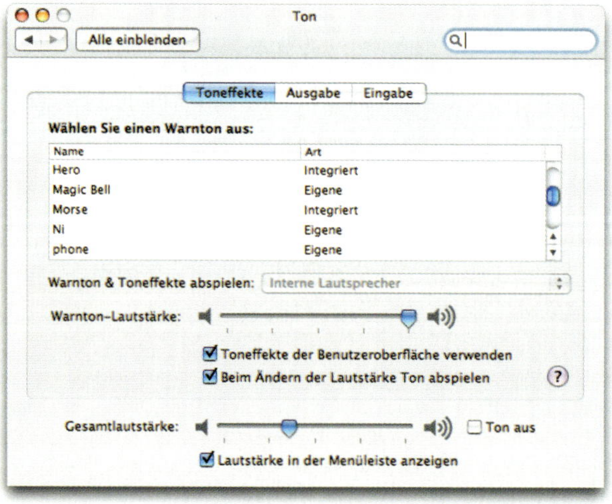

Abbildung 9-8 Kontrollfeld *Ton*

Unter *Ausgabe* wird gewählt, auf welchen angeschlossenen Ausgabegeräten der Ton wiedergegeben werden soll (interne Lautsprecher, Soundsticks, ...). Ausserdem wird hier die Balance eingestellt.

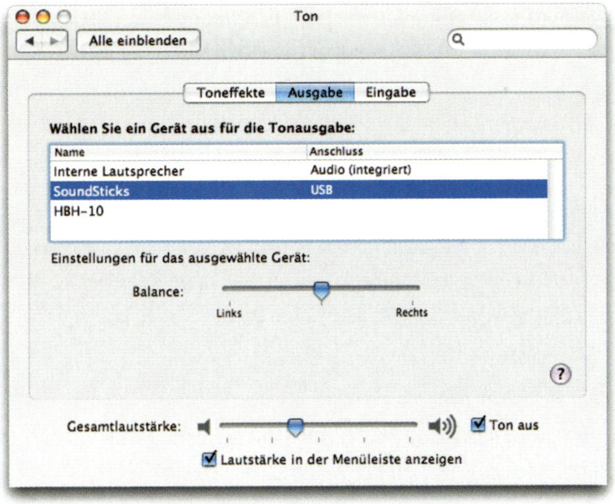

Abbildung 9-9 Tonausgabe

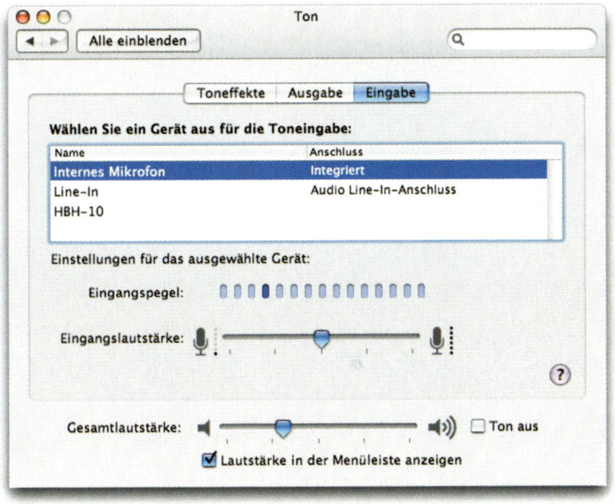

Abbildung 9-10 Toneingabe

Bei *Eingabe* kann eine Quelle für Tonaufnahmen angegeben werden. Meistens steht ein eingebautes Mikrophon sowie ein sogenannter Line-In zur Verfügung. Nicht alle Computer verfügen über einen Line-In[1]. Alternativ gibt es deshalb Adapter, die via USB Tonsignale aufzeichnen können. Auch kompatible Bluetooth Headsets (in Abbildung 9-10 *HBH-10*) werden erkannt und können z. B. in iChat eingesetzt werden.

An den Line-In schliesst man z. B. ein Kassettendeck (mit einem Übergangskabel von Cinch auf 3.5mm Klinkenstecker) an. Wenn man Schallplatten digitalisieren möchte, ist es aber nicht möglich, den Plattenspieler direkt mit einem solchen Kabel anzuschliessen, da dessen Signal noch weiter verstärkt werden muss. Man kann aber z. B. einen Ausgang der Stereoanlage, an welcher der Plattenspieler angeschlossen wird, mit dem Computer verbinden, oder den Kopfhörerausgang der Stereoanlage benutzen. Dazu verwendet man das oben erwähnte Kabel und bringt an die Cinch-Buchsen einen Adapter für 6.3mm Klinkenstecker zum Anschluss an den Kopfhörerausgang der Stereoanlage an.

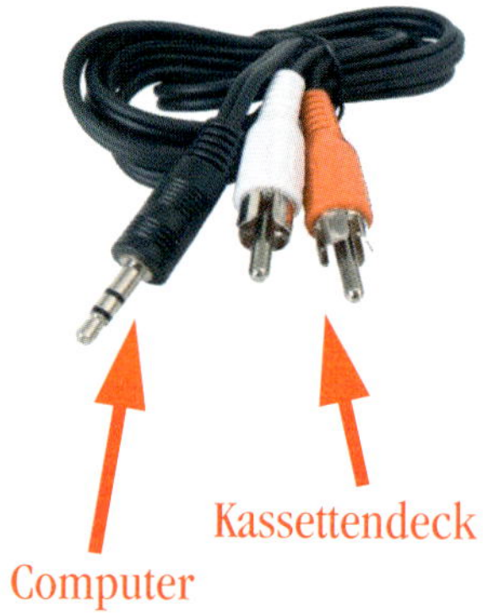

Um Signale des Line-In aufzunehmen, dient z. B. der zum Lieferumfang von Roxio Toast Titanium[2] gehörende CD Spin Doctor. Dieser ist speziell geeignet für Aufnahmen von Schallplatten. Seit Version 7 kann auch der QuickTime Player Audio und Video aufzeichnen, allerdings nur in der kostenpflichtigen Pro-Version. Eine Alternative ist das sehr einfache und kostenlose Audio In[3].

9.3 Tastatur und Maus

Tastatur, Maus und/oder Trackpad sind in einem Kontrollfeld zusammengefasst. Die Erscheinung dieses Kontrollfelds ist deshalb von der vorhandenen Hardware abhängig: Es erscheinen eine unterschiedliche Anzahl Register mit ebenfalls unterschiedlichen Bezeichnungen. Falls man neue Hardware anschliesst, muss man die Systemeinstellungen beenden und wieder öffnen, damit die betreffenden Register geladen werden.

---

1. Line-in vorhanden: PowerMacs, PowerBooks (ausser dem ersten PowerBook G4 Titanium), iMac G5, iMac G4 17“ 1GHz und USB 2.0, iMac G3

   Line-in nicht vorhanden: iBooks und der Mac mini, einige iMac G4 Flat Panel und 17“ Flat Panel
2. http://www.roxio.de/german/products/toast6/index.html
3. http://home3.swipnet.se/~w-34826/

Tastatur

Mit Hilfe dieses Kontrollfelds werden die Wiederholrate und die Ansprechverzögerung der Tastatur angegeben. Die neueren PowerBooks verfügen darüber hinaus über eine Tastaturbeleuchtung, die hier konfiguriert werden kann.

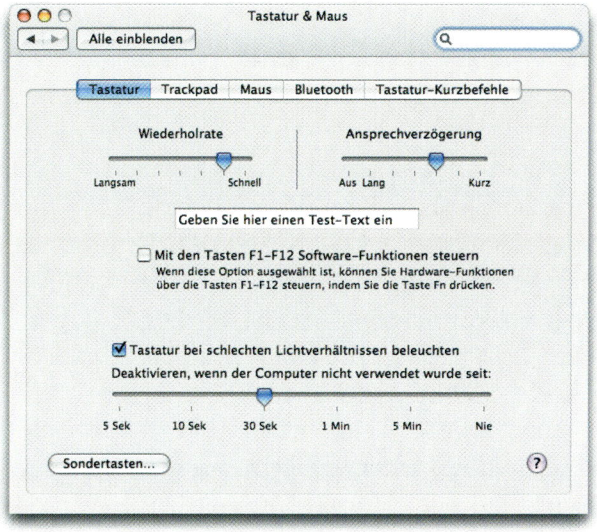

Abbildung 9-11 Tastatureinstellungen

Die Funktionstasten sind bei portablen Geräten standardmässig mit Steuerungsfunktionen für die Hardware belegt (z. B. Bildschirmhelligkeit, Lautstärke). Um auf die eigentlichen Funktionen, die im Register *Tastatur-Kurzbefehle* selbst eingestellt werden können (siehe Seite 235), zurückzugreifen, muss man dann die Taste fn links unten auf der Tastatur drücken. Will man diesen Prozess umkehren (Hardwarefunktionen mit fn, Softwarefunktionen ohne fn), aktiviert man *Mit den Tasten F1-F12 Software-Funktionen steuern*.

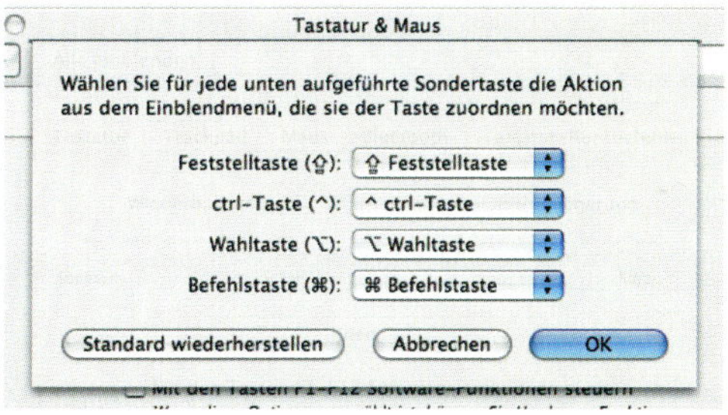

Über die Schaltfläche *Sonderzeichen...* gelangt man zu einem Dialog, wo diverse Sondertasten neu belegt werden können. Dies macht besonders für Umsteiger von Windows Sinn, die ihre alte PC-Tastatur z. B. am Mac mini weiterverwenden wollen – sie können damit die Windows-Sondertasten auf die Mac-Sondertasten abstimmen („Windows"- und „alt"-Taste sind sonst vertauscht).

Maus und Trackpad

Unter Mac OS X erkennt das Betriebssystem automatisch, ob eine Maus mit rechter Taste und Scrollrad angeschlossen ist. Klicken auf die rechte Taste entspricht dem ctrl-Klick (Kontextmenü). Die Einstellungen des Kontrollfelds im Register *Maus* betreffen Mausgeschwindigkeit (*Zeigerbewegung*) und *Doppelklick-Intervall*. Ausserdem kann die *Mausrad-Geschwindigkeit* für Mäuse mit Scrollrad festgelegt werden. Und endlich denkt Apple auch an die Linkshänder: mit *Primäre Maustaste* kann der ctrl-Klick auch auf die linke Maustaste gelegt werden (die rechte Maustaste wird in diesem Fall zur primären Taste).

In Abbildung 9-12 sind ein Trackpad (PowerBook oder iBook) und eine externe USB-Maus vorhanden, deshalb erscheinen zwei Register. Wenn nur das Trackpad oder nur die Maus vorhanden wären, würde nur eine der beiden Schaltflächen angezeigt. Falls ein Trackpad vorhanden ist, kann man folgende Optionen festlegen: Das Trackpad kann zum Klicken (statt der Taste) und auch zum Bewegen (einmal antippen, ein zweites mal antippen und direkt ziehen) verwendet werden. Das Bewegen durch Antippen ist gewöhnungsbedürftig und erfordert einiges an Fingerspitzengefühl. Sehr nützlich ist die Möglichkeit *Versehentliche Trackpad-Eingaben ignorieren unter Trackpad-Optionen*. So wird verhindert, dass bei zufälliger Berührung des Trackpads während einer Tastatureingabe der Cursor woanders hinspringt. Vor allem in Textverarbeitungs-Programmen ist das sehr praktisch. Beim Anschluss einer Maus kann man das Trackpad auch ganz ausschalten (ebenfalls unter *Trackpad-Optionen*).

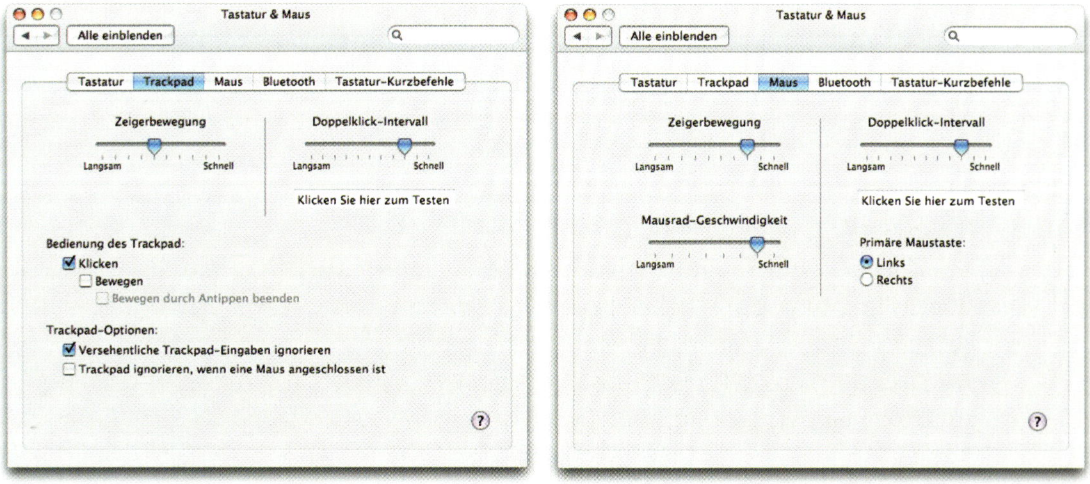

Abbildung 9-12 Kontrollfelder *Trackpad* und *Maus*

Bluetooth

Apple und andere Hersteller bieten seit einiger Zeit Mäuse und Tastaturen an, die via Bluetooth funktionieren. Im Register *Bluetooth* kann man feststellen, ob solche Geräte gekoppelt sind und wie der Batteriestatus ist (nicht bei allen Geräten verfügbar). Mit Klick auf *Neues Gerät konfigurieren...* kann man auch von hier aus ein Bluetooth-Gerät koppeln (über den Bluetooth-Assistenten).

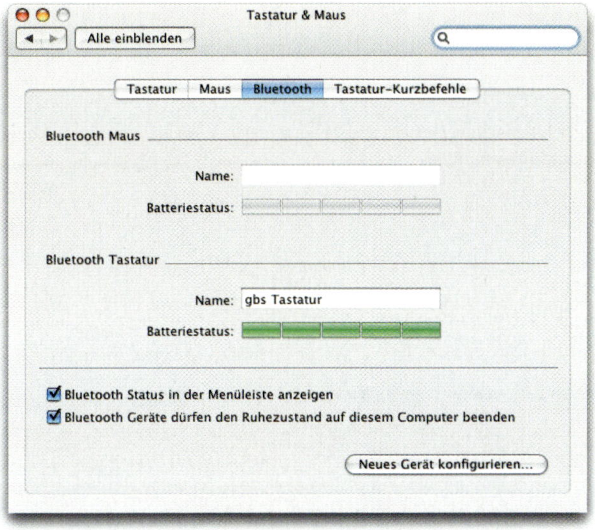

Abbildung 9-13 Bluetooth-Eingabegeräte konfigurieren

Neben den Bluetooth-Mäusen gibt es auch andere Funkmäuse, die nicht über dieses Protokoll kommunizieren. Meistens haben sie einen USB-Funkadapter, der im Rechner eingesteckt wird.

Tastatur-Kurzbefehle

Mit Hilfe der Tastatur-Kurzbefehle kann man Tastenkombinationen mit Programmfunktionen belegen. Die Funktionalität ist allerdings weit von den aus Mac OS 9 gewohnten Möglichkeiten entfernt – es können z. B. keine Shortcuts angegeben werden, mit denen ein bestimmter Ordner geöffnet wird, oder eine Funktionstaste so belegt werden, dass sie ein Programm startet (ausser einige von Apple vorgegebene). Stattdessen können ganz bestimmte Menübefehle in einem oder in allen Programmen auf eine Tastenkombination gelegt werden.

Die *Tastatursteuerung* (Abbildung 9-14, links) kontrolliert den Mac mit der Tastatur (ohne Verwendung der Maus). Durch Drücken von ctrl-F2 (bzw. ctrl-fn-F2 bei PowerBooks und iBooks) wird dann die Menüleiste aktiviert – mit den Pfeiltasten kann man nach links und rechts sowie nach oben und unten navigieren. Mit dem Zeilenschalter wählt man einen Befehl aus oder mit esc verlässt man die Menüs wieder, ohne einen Befehl auszuführen. Mit ctrl-F3 aktiviert man das Dock (Navigation wie in den Menüs), usw.

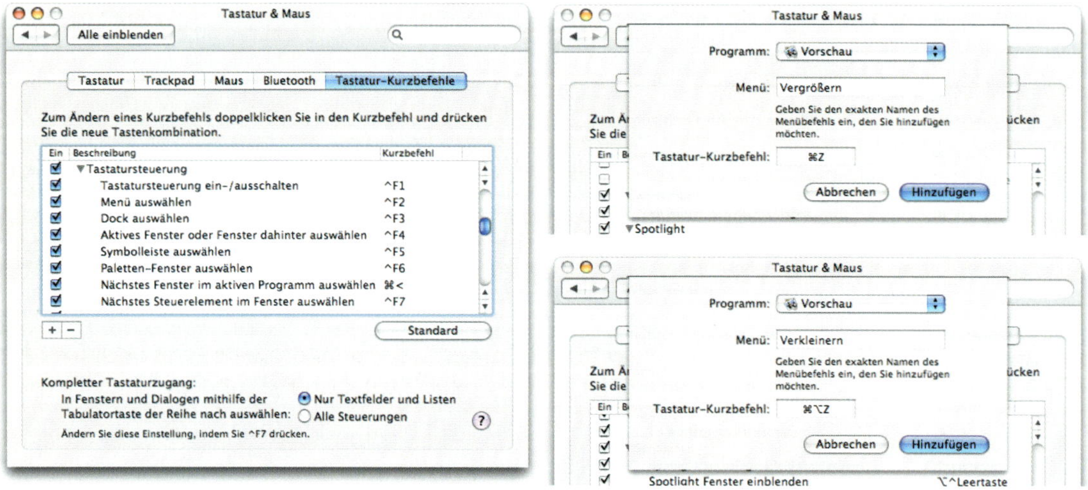

Abbildung 9-14 Tastatursteuerung und eigene Shortcuts

Eigene Tastatur-Shortcuts kann man erzeugen, um den Rechner weiter an die eigenen Arbeitsgewohnheiten anzupassen. Ein Beispiel: Während der Shortcut Apfel-Z in den meisten Programmen für den *Rückgängig*-Befehl (Menü *Bearbeiten*) verwendet wird, möchte der Benutzer im Programm *Vorschau* die Kombination Apfel-Z und alt-Apfel-Z fürs Ein- und Auszoomen verwenden. Um einen neuen Tastatur-Kurzbefehl zu erzeugen, klickt man auf das Plus-Symbol unterhalb der Liste (Abbildung 9-14, links). Im folgenden Dialog wählt man *Vorschau* aus dem Auswahlmenü *Programm*. Wenn man einen Kurzbefehl für alle Programme definieren will, wählt man dort dementsprechend *Alle Programme*. Im Feld *Menü:* trägt man dann die exakte Bezeichnung des Befehls aus dem Menü ein, klickt mit der Maus in das Feld Tastatur-Kurzbefehl und drückt die gewünschte Tastenkombination. Abbildung 9-14 zeigt das für die Befehle *Vergrössern und Verkleinern*, die auf die Tastenkombinationen Apfel-Z bzw. alt-Apfel-Z gelegt werden (für *Vorschau*). Um die Shortcuts zu aktivieren, müssen die Programme neu gestartet werden.

Das in Menübefehlen häufig vorkommende Auslassungszeichen … wird mit alt-. erzeugt (schweizerdeutsches Tastaturlayout). Im Zweifelsfall kann man die *Tastaturübersicht* aus dem Tastaturmenü zu Rate ziehen (siehe Seite 84). In der Kurzbefehl-Liste bedeutet die halbe Badewanne ⌥ die alt-Taste und das Dach ^ die ctrl-Taste.

Bei Vergabe von Kombinationen muss man aufpassen, dass sie nicht schon innerhalb der *Tastatur-Kurzbefehle* vergeben sind – bei den Einträgen unter *Tastatur-Kurzbefehle für Programme* erscheint nämlich keine dementsprechende Warnung.

Die Shortcut-Einträge können nachträglich direkt in der Liste bearbeitet werden (Abbildung 9-15). Dabei muss in die Menübezeichnung hineingeklickt werden (um den Menüeintrag zu ändern) bzw. in die Tastenkombination (um sie durch eine andere zu ersetzen).

Falls ein Menü bereits einen Shortcut hat (z. B. Apfel-C für *Kopieren*), wird dieser überschrieben und funktioniert nicht mehr, bis die benutzerdefinierte Tastenkombination gelöscht wird (im Menü erscheint auch die neue Belegung). Auch wenn ein Befehl einen anderen Shortcut hatte, wird dieser durch die benutzerdefinierten Einträge überschrieben. Mit dem Löschen eines Eintrags (Klick auf das Minus-Zeichen, Abbildung 9-15) wird aber alles wieder auf die ursprüngliche Einstellung zurückgesetzt.

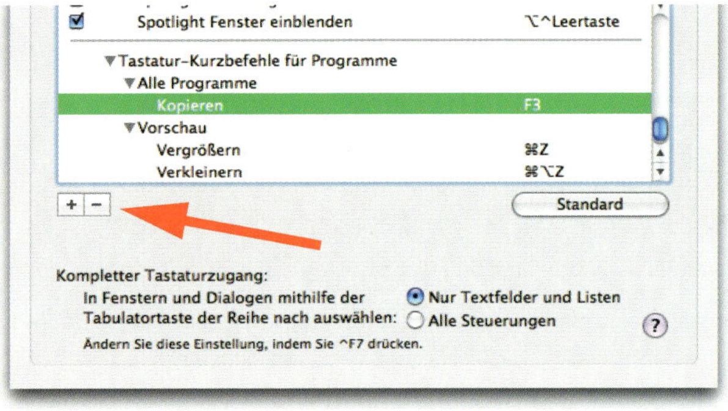

Abbildung 9-15 Shortcut löschen

Ein Kurzbefehl, der für *Alle Programme* definiert wurde, gilt nur für die Programme, die auch innerhalb des Pulldown-Menüs beim Hinzufügen des Shortcuts auftauchen. Einige Programme (z. B. die Microsoft Office Suite) unterstützen globale Shortcuts nicht.

Funktionstasten direkt belegen

Falls man Ordner, Programme oder Dokumente direkt mit einer Funktionstaste öffnen will, muss man zusätzliche Software installieren. Ein PreferencePane, das diese Funktion bietet, ist One Key[1]: man kann die Objekte einfach via Drag & Drop auf die Auswahlfelder ziehen (Abbildung 9-16).

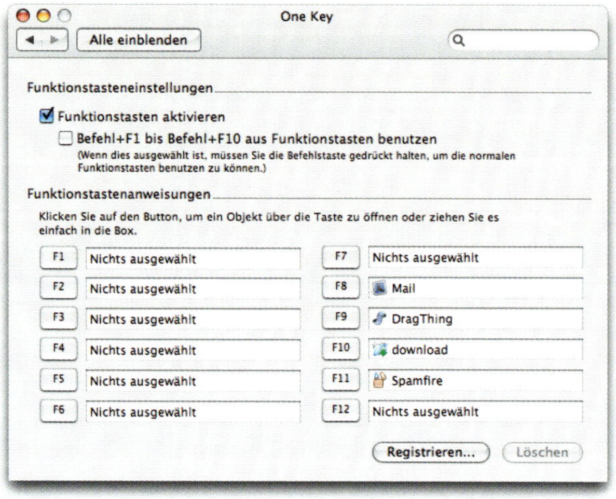

Abbildung 9-16 One Key

9.4 Energie sparen

Mit dem Release von Panther haben die Energiesparfunktionen wieder den Stand von Mac OS 9 erreicht. Insbesondere sind die Zeitpläne zum Ein- und Ausschalten des Macs wieder zurückgekehrt. Wenn man die Optionen hier optimal ausnutzt, kann man:

- die Lebensdauer des Monitors erhöhen,
- die Batterie bei portablen Geräten schonen und
- Energie sparen.

Der automatische Ruhezustand kann unter Umständen durch Netzwerkaktivität verhindert werden. Da die Verzögerung beim Aufwachen aus dem Ruhezustand unter Mac OS X aber praktisch verschwunden ist (ca. 1 Sekunde), spricht nichts dagegen, auch bei kurzen Arbeitspausen den Computer manuell in den Ruhezustand zu versetzen. Das kann man via Apple-Menü aus allen Programmen machen.

1. http://www.everydaysoftware.net/onekey/index.html

9.4.1 Ruhezustand

Das Kontrollfeld *Energie sparen* öffnet sich im Standardmodus mit sehr wenigen Optionen. Wer feinere Einstellungen vornehmen will, muss auf *Details einblenden* klicken.

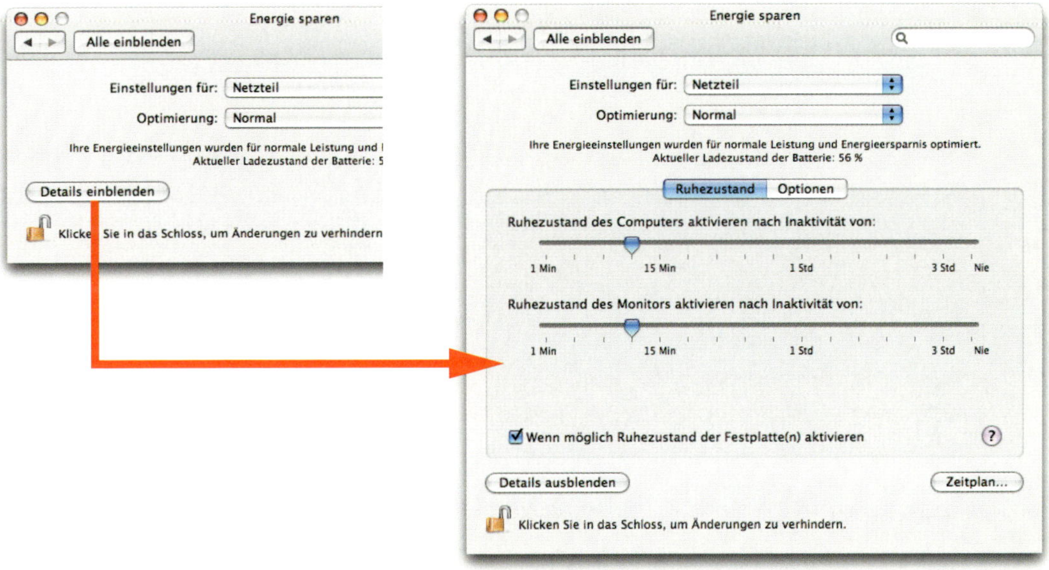

Abbildung 9-17 Kontrollfeld *Energie sparen*

Die Einstellungen in diesem Kontrollfeld erfolgen bei portablen Geräten jeweils separat für *Batterie* oder *Netzteil* (auszuwählen im Einblendmenü *Einstellungen für:*). Das Gerät wechselt dann automatisch, je nach dem ob Netz- oder Batteriebetrieb erfolgt. Anstatt eigene Einstellungen zu erfassen, kann man auch auf vordefinierte Varianten aus dem Pulldown-Menü *Optimierung:* zurückgreifen.

Im ersten Register *Ruhezustand* wird eingestellt, nach welcher Zeit das Gerät in den Schlafmodus gehen soll (Abbildung 9-17, rechts). Der Monitor selber kann ebenfalls in einen Ruhezustand versetzt werden (früher als der Computer), um Strom zu sparen. Vor allem bei portablen Geräten sollte man unbedingt die Option *Wenn möglich Festplatte(n) in den Ruhezustand versetzen* aktivieren, um die Akkulaufzeit zu verlängern. Verändert man ausgehend von einer Standardeinstellung eine Option, wird im Auswahlmenü *Optimierung:* der Eintag *Eigene* angezeigt.

Falls man die Zeit bis zur Aktivierung des Ruhezustandes kürzer als bis zur Aktivierung des Bildschirmschoners wählt, warnt Mac OS X davor und bietet an, die Einstellungen des Bildschirmschoners anzupassen.

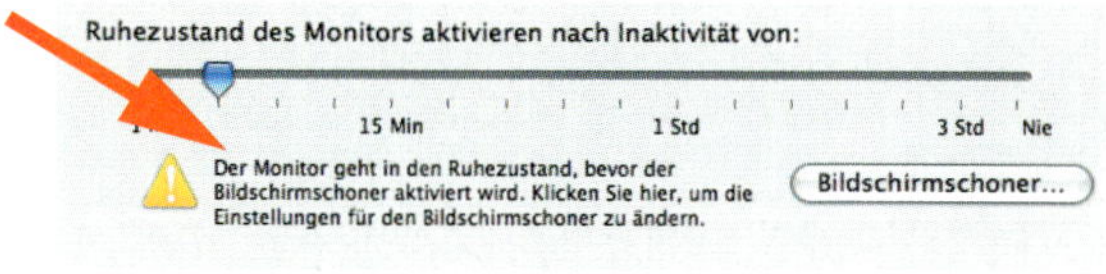

Achtung: Geräte im Ruhezustand sind nicht geschützt, falls nicht die Option *Kennwort verlangen beim Beenden des Ruhezustands oder des Bildschirmschoners* im Kontrollfeld *Sicherheit* („Sicherheitseinstellungen" auf Seite 464) aktiviert wurde.

Portable Geräte kann man zur Aktivierung des Ruhezustandes einfach schliessen. Bei anderen Macs kann man die Einschalttaste drücken, um den Ruhezustand zu aktivieren (falls dies in den Systemeinstellungen *Energie sparen* im Register *Optionen* so konfiguriert ist).

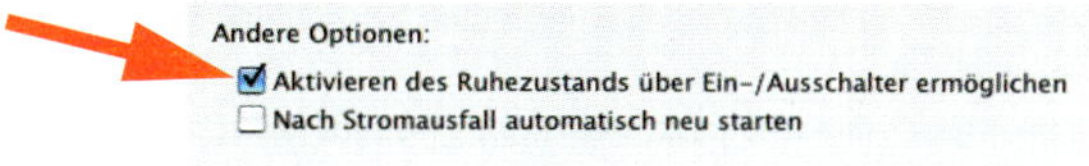

Alternativ drückt man bei iBooks und PowerBooks (und Geräten mit Ein-/Ausschalter auf der Tastatur) den Ein-/Ausschalter, bei anderen Geräten ctrl-Auswurftaste ⏏ bzw. ctrl-F12, worauf ein Dialog erscheint.

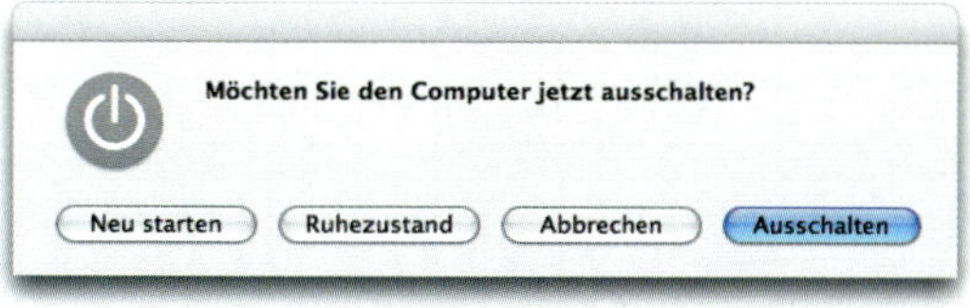

Der Dialog kann direkt durch Drücken der Knöpfe oder über die Tastatur gesteuert werden (ohne Apfel-Taste):

· R	Neustart (Restart)
· S	Ruhezustand (Sleep)
· Return	Ausschalten
· esc	Abbrechen

Wird ein Gerät aus dem geschützten Modus geweckt und erfolgt keine Passworteingabe, fällt es nach einer Minute wieder in den Ruhezustand zurück.

9.4.2 Optionen

Im Register *Optionen* unter *Aufwachen* kann eingestellt werden, dass das Gerät bei Modemaktivität (wenn jemand anruft) aus dem Ruhezustand erwacht. Dasselbe gilt für administrative Netzwerk-Zugriffe (bei iBooks und PowerBooks nur bei Netzbetrieb möglich, Abbildung 9-18, rechts). Über die Hardware-Ethernetadresse kann ein Computer somit angesprochen werden, obwohl er im Ruhezustand ist (siehe „Erweiterte Ethernet-Einstellungen“ auf Seite 280).

Unter *Andere Optionen* tauchen weitere, zum Teil gerätespezifische Einstellungen auf: Sofern das Gerät es unterstützt, kann bei Batteriebetrieb automatisch die Bildschirmhelligkeit reduziert werden. Vor der Aktivierung des Ruhezustandes ist das sowieso sinnvoll.

Besonders für Geräte, die auch als Server eingesetzt werden, ist die Option *Nach Stromausfall automatisch neu starten* praktisch – somit stehen die Daten im Netzwerk so schnell wie möglich wieder zur Verfügung.

Die *Prozessor-Leistung* kann ebenfalls den Bedürfnissen angepasst werden. Die Einstellung *Automatisch* sollte man aber nur in Ausnahmefällen ändern, etwa wenn man besonders rechenintensive Prozesse laufen lässt (Einstellung *Maximal*, z. B. Videobearbeitung) oder besonders stromsparend arbeiten will (Einstellung *Minimal* wenn man unterwegs ist).

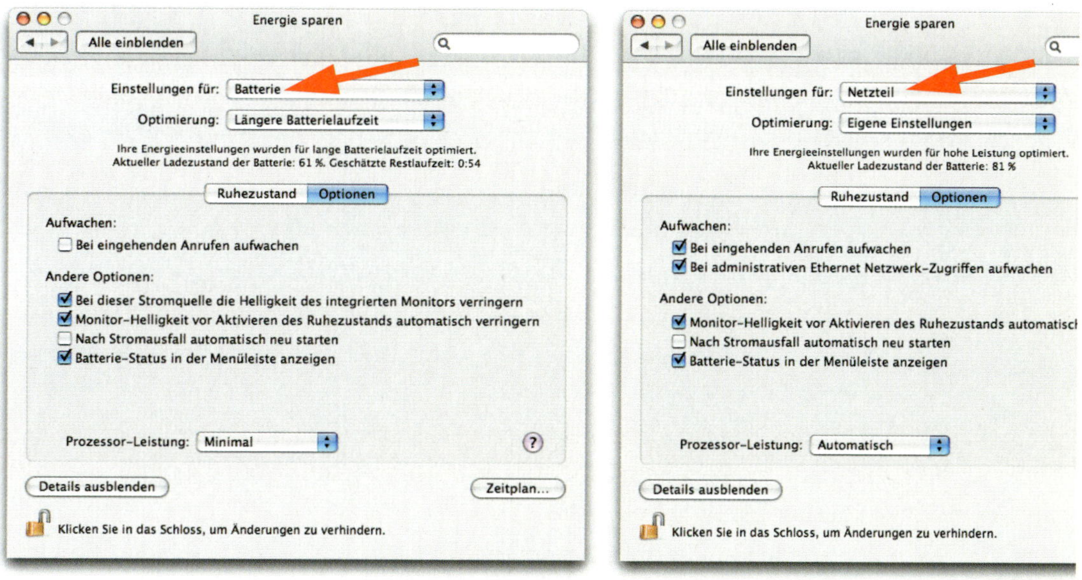

Abbildung 9-18 Optionen des Energiesparmodus

9.4.3 iBooks/PowerBooks

Der Batterieladezustand kann in der Menüleiste angezeigt werden. Dazu aktiviert man die entsprechende Option im Register *Optionen*. In der Menüleiste kann man zwischen *Prozent* (Ladezustand der Batterie) oder in *Zeit* (Batterielaufzeit bzw. Ladedauer) umschalten. Ausserdem hat man direkten Zugriff auf die Optimierungen, die bei den Energiesparoptionen festgelegt wurden.

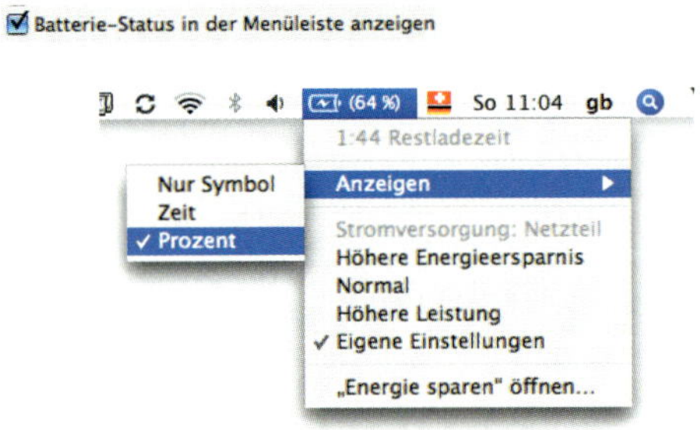

Sobald die Restlaufzeit der Batterie unterhalb den Grenzwert sinkt, wird eine Warnmeldung, man solle das Netzteil wieder anschliessen, angezeigt. Die Meldung erscheint etwa eine Viertelstunde bevor der Computer automatisch in den Ruhezustand geht.

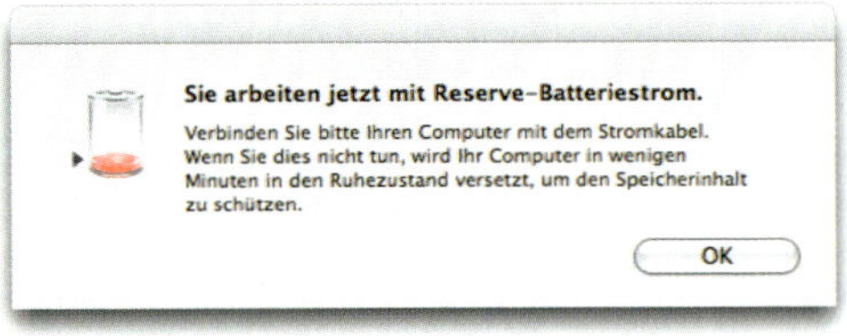

Um die volle Batteriekapazität auch über längere Zeit zu erhalten, ist es wichtig, dass man mit der Batterie möglichst schonend umgeht. Bei Lithium-Ionen Akkus (Li-Ion), wie sie in den neueren portablen Geräten zum Einsatz kommen, bedeutet das:

- Entladung im Normalfall nur bis ca. 30-40%. Im Gegensatz zu Nickel-Cadmium (NiCd) oder Nickel-Metallhydrid (NiMH) kennen Lithion-Ionen Akkus keinen Memory-Effekt.
- Einmal im Monat eine Entladung, bis das Gerät in den Ruhezustand fällt, falls das Gerät nur wenig genutzt wird. Es ist wichtig, dass „die Elektronen sich bewegen", wie es Apple umschreibt...
- Hohe Temperaturen für den Akku vermeiden. Niemals das PowerBook im Sommer bei hohen Temperaturen im Auto lassen. Der Akku könnte dauerhaften Schaden nehmen und Kapazität verlieren.
- Bei langer Arbeit mit dem Netzteil den Akku entfernen, sobald er aufgeladen ist.
- Bei längerem Nichtgebrauch den Akku bei ca. 40% Ladung an einem kühlen Ort (ideal: ca. 10° C) lagern.

Wenn die Ladestandsanzeige bzw. die Restlaufdauer nicht mehr zuverlässig angezeigt werden, kann man die Batterie rekalibrieren:

1. Batterie vollständig aufladen.

2. Gerät vom Netz trennen und arbeiten, bis es aufgrund des tiefen Ladezustandes der Batterie in den Ruhezustand fällt.
3. Batterie bei ausgeschaltetem Gerät vollständig aufladen.

Bei den neueren PowerBooks kann man auch mit mehreren Akkus arbeiten. Die interne Stützbatterie erlaubt das Auswechseln eines Akkus, wenn das Gerät im Ruhezustand (und nicht am Stromnetz angeschlossen) ist.

Auch wenn man alle diese Massnahmen berücksichtigt, Lithium-Ionen Akkus haben eine bestimmte Lebenszeit und die Anzahl der Zyklen ist begrenzt. Schon nach der Herstellung beginnt der Akku zu altern und an Kapazität zu verlieren. Dieser Prozess findet auch statt, wenn der Akku nicht gebraucht wird. Es lohnt sich deshalb nicht, billige Occassion-Li-Ion-Akkus zu kaufen – man sollte im Gegenteil immer auf das Herstellungsdatum achten! Als Richtwert gilt eine Lebenszeit von drei bis vier Jahren für Li-Ion Akkus.

Unterwegs

Wer mit einem iBook oder PowerBook möglichst lange netzunabhängig arbeiten möchte, sollte die folgenden Regeln einhalten:

- Die Bildschirmhelligkeit ist auf ein nötiges Minimum zu reduzieren.
- Alle nicht gebrauchten Netzwerkanschlüsse sollten deaktiviert werden (Airport, Bluetooth). Am besten legt man eine Netzwerkkonfiguration *Offline* an, wo alle Anschlüsse inaktiv sind (siehe Abbildung 11-3 auf Seite 278).
- Die Energiesparoptionen auf *Längere Batterielaufzeit* stellen.
- Tastaturbeleuchtung deaktivieren.
- Nur die Programme öffnen, die man wirklich braucht.
- Auf aufwändige Bildschirmschoner verzichten.
- Wenn das Gerät kurz nicht gebraucht wird, in den Ruhezustand versetzen.
- Keine externen Stromverbraucher (USB-Mäuse, 2.5“ FireWire-Festplatten, ...) anschliessen.

9.4.4 Zeitplan

Es ist möglich, dem Computer mit Klick auf *Zeitplan* einen Ablauf vorzugeben, nach welchem er sich ein- und ausschalten soll (Abbildung 9-19). Der Mac ist dann jeden Morgen, wenn man zur Arbeit kommt, schon eingeschaltet und wird abends automatisch heruntergefahren bzw. fällt in den Ruhezustand, falls man das einmal vergessen sollte.

Die Zeitpläne können an einem bestimmten Tag, an Wochentagen oder an Wochenenden ausgeführt werden.

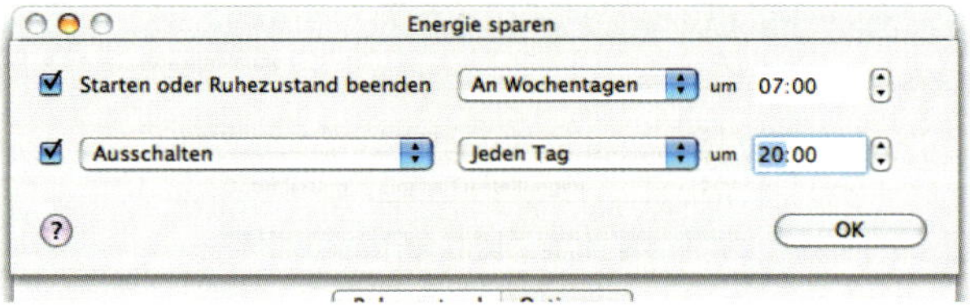

Abbildung 9-19 Ein- und Ausschalten via Zeitplan

Benutzer verwalten 10

„Einer hat immer noch Platz." – Erkenntnis des Pendlers bei der morgentlichen Busfahrt.

Mit Mac OS X kann man sehr komfortabel mehrere Benutzer einrichten, die sich einen Rechner teilen. Nicht jeder Benutzer darf gleich viel: Programme installieren, Netzwerkeinstellungen ändern und weitere Funktionen bleiben den Administratoren vorbehalten. Ausserdem können Eltern festlegen, was ihre Kinder am Computer so anstellen dürfen.

Das Kontrollfeld *Benutzer* (Abbildung 10-1)in den *Systemeinstellungen* bietet folgende Möglichkeiten:

- Einrichten von Benutzern
- Nachträgliches Bearbeiten von Benutzern (Login-Bild, Kennwort, ...)
- Ändern von Eigenschaften für einen Benutzer (Zugriff auf Computer und Programme einschränken)
- Löschen von Benutzern
- Aktivieren der automatischen Anmeldung
- Anmelde-Bildschirm (Login-Fenster) konfigurieren
- Startobjekte definieren (nur aktiver Benutzer)

10.1 Einrichten von Benutzern

10.1.1 Neue Benutzer anlegen oder bearbeiten

Nachdem standardmässig (bei der Installation) der Administrator eingerichtet wird, möchte man unter Umständen einen Benutzer einrichten, der weniger Rechte besitzt und den Computer nicht administrieren darf. Das erfolgt in den *Systemeinstellungen* unter *Benutzer*. Es ist nicht zwingend notwendig, einen neuen Benutzer einzurichten. Die

Arbeit als Administrator-Benutzer hat sich bewährt, da man so über genügend Rechte verfügt, um z. B. Programme in */Programme* zu installieren. Es kann aber sinnvoll sein, einen Gast-Benutzer einzurichten (z. B Benutzername: jemand, Passwort: 1234, oder ganz ohne Passwort), so dass man andere Leute am eigenen Computer einloggen lassen kann, ohne dass diese aber Zugriff auf die Daten eines anderen Benutzers haben oder Programme in */Programme* installieren, kritische Daten löschen oder globale System-einstellungen verändern können. Ausserdem kann jeder Benutzer seine persönliche Umgebung gestalten und nach seinen Wünschen ausstatten. Beim Einloggen trifft er immer auf die Situation, die er gewohnt ist. Für den Computer zu Hause wird das der Normalfall sein: solche Geräte befinden sich nur selten in einem (lokalen) Netzwerk, aber vielfach teilen sich mehrere Benutzer einen Mac.

Abbildung 10-1 Kontrollfeld Benutzer

Es können auch Benutzer ohne Passwort angelegt werden. Beim Einrichten eines neuen Benutzers werden in diesem Falle die Einträge *Kennwort* und *Bestätigen* einfach leer gelassen (Abbildung 10-2).

Im Programm *Systemeinstellungen* (Abbildung 10-1) klickt man auf *Benutzer.* Zuerst muss man ins Schloss klicken, denn mit Tiger wurde eine zusätzliche Sicherheits-massnahme eingeführt: Der Administrator muss sich nochmals authentifizieren, will er bei den Benutzern Änderungen vornehmen. Mit Klick auf das kleine Pluszeichen unter der Benutzerliste wird ein neuer Benutzer erzeugt. Man gelangt zum Fenster aus Abbildung 10-2, wo man Name, Kurzname und Kennwort festlegen muss (leer lassen, falls man kein Kennwort wünscht).

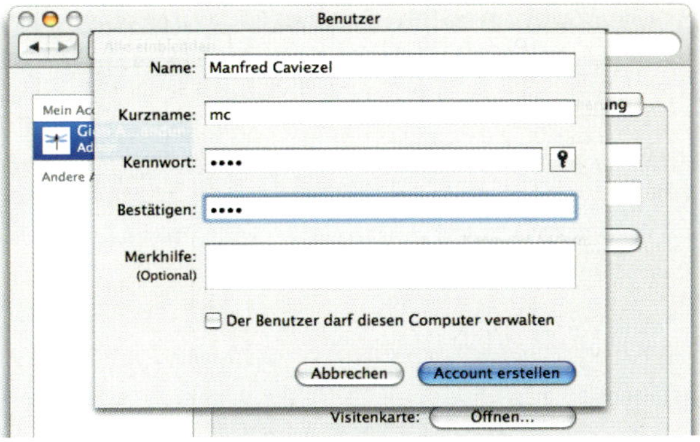

Abbildung 10-2 Erzeugen eines neuen Benutzers

Der neue Benutzer muss anders als bereits bestehende Benutzer heissen (Name, Kurzname). Es kann auch ein „Hinweis“ auf das Passwort eingegeben werden, was allerdings selten Sinn macht. Nach dreimaliger Falscheingabe des Passworts beim Login wird der Text aus *Merkhilfe* als Hinweis gezeigt. Falls man das Häkchen bei *Der Benutzer darf diesen Computer verwalten* aktiviert, erzeugt man einen weiteren Administrator (der also auch Anwendungen im Ordner */Programme* installieren und globale Systemeinstellungen verändern könnte). Mit Klick auf *Account erstellen* wird der Benutzer schliesslich angelegt.

Um das Passwort zu erzeugen, existiert nun ein Kennwort-Assistent, der mit Klick auf den Schlüssel in Abbildung 10-2 aufgerufen wird. Man kann auf zwei Arten vorgehen:

- Passwort mit hoher Sicherheit generieren und hoffen, dass man es nicht vergisst

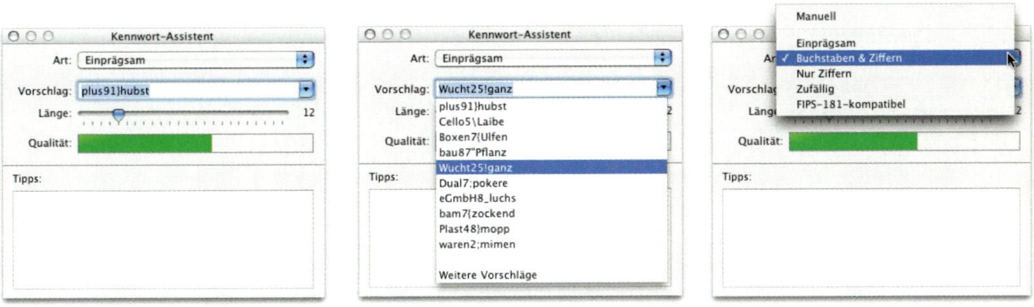

Abbildung 10-3 Kennwort-Assistent (generiertes Passwort)

Der Assistent schlägt standardmässig ein Passwort der Kategorie *Einprägsam* vor. Dieses besteht aus Zahlen, Buchstaben und Sonderzeichen, enthält aber zumindest

Brocken von aussprechbaren Zeichenfolgen. In der Liste *Vorschlag* kann ein anderes Passwort gewählt werden. Das Feld *Qualität* zeigt die Sicherheit des Passwortes an (falls es grau dargestellt wird, das Passwort in der Liste *Vorschlag* nochmals auswählen). Rot steht für besonders unsicher, grün für sicher.

Wer anstelle von „einprägsamen" Zeichenfolgen lieber nur *Buchstaben & Ziffern* oder nur Ziffern hätte, kann das in der Liste *Art* ebenfalls auswählen.

- Passwort eintippen und Sicherheit anzeigen lassen

  Die etwas intuitivere Methode ist, selber ein Passwort zu wählen und dieses auf seine Sicherheit zu überprüfen. Am sichersten sind Passwörter mit Zahlen und Buchstaben und zusätzlich einem Sonderzeichen. Man sollte möglichst keine Begriffe verwenden, die in Lexika oder ähnlichem vorkommen, und die Passwortlänge sollte acht oder mehr Zeichen sein.

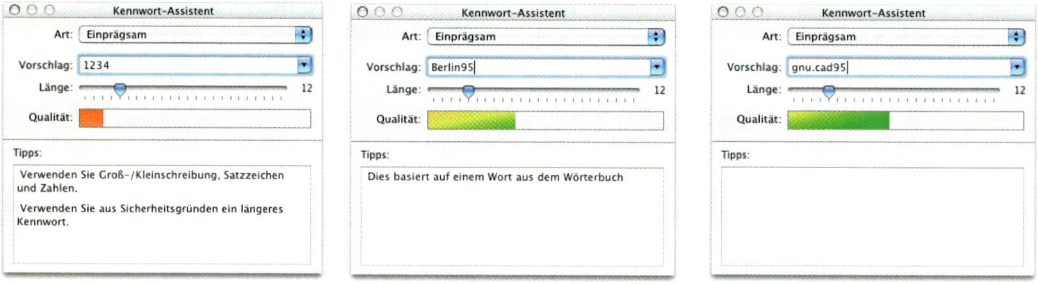

Abbildung 10-4 Kennwort-Assistent (eigenes Passwort)

Beim Festlegen des Passwortes sollte man nicht vergessen, dass Sonderzeichen wie {, /, | oder] nicht bei allen Tastaturbelegungen auf der gleichen Taste liegen. Das kann beim Login eine Rolle spielen, falls nicht die gewohnte Tastaturbelegung aktiv ist (insbesondere beim `>console` Login, siehe „Am System anmelden (einloggen)" auf Seite 263).

Im Register *Bild* wählt man ein Bild für den Benutzer aus. Neben standardmässig vorhandenen Bildern von Apple kann man auch ein eigenes Bild auswählen, wenn man auf *Bearbeiten...* klickt oder ein Bild ins Feld des aktuellen Bildes zieht (Drag & Drop). Falls man im Programm *Adressbuch* seine eigenen Daten erfasst hat und auch ein persönliches Bild vorhanden ist, wird dieses hier übernommen (umgekehrt übrigens auch – mehr zu diesem Programm unter „Adressbuch" auf Seite 394). Der Button *Bearbeiten...* führt zu einem Fenster, in dem man mit einer angeschlossenen iSight-Kamera[1] direkt ein Bild schiessen und einfügen kann. Mit Klick auf *Wählen...* ist es auch möglich, ein schon vorhandenes Bild irgendwo in der Ordnerhierarchie als Benutzerbild zu definieren. Mit-

1. http://www.apple.com/chde/isight/

tels des Schiebereglers kann dann der Bildausschnitt und die Bildgrösse gewählt werden (das Bild kann auch im Rahmen bewegt werden).

Abbildung 10-5 Benutzerbild wählen

Das Register *Startobjekte* im *Benutzer*-Kontrollfeld erscheint nur beim gerade eingeloggten Benutzer (siehe „Startobjekte" auf Seite 261).

10.1.2 Verwaltete Benutzer

Als Administrator kann man die Zugriffsrechte eines „normalen" Standardbenutzers weiter verfeinern. Dazu wählt man in der linken Spalte den Account eines Benutzers aus (der nicht gerade eingeloggt ist) und kann dann im Register *Kindersicherung* die entsprechenden Einstellungen vornehmen (nur für Benutzer, die keine Administratorrechte haben). Dabei werden in folgenden Programmen zusätzliche Einschränkungen aktiv:

- Mail
- Finder & System
- iChat
- Safari
- Dictionary

Wird eine Kategorie aktiviert (durch Klicken in das Markierungsfeld), ändert die Benutzerbezeichnung von *Standard* zu *Verwaltet*. Unter *Konfigurieren...* (bzw. *Informationen...* bei Dictionary) werden die detaillierten Optionen festgelegt.

Abbildung 10-6 Benutzer weiter einschränken

Mail

Nicht selten möchten Eltern (oder Lehrer) ein wenig Kontrolle darüber haben, mit wem ihre Kinder E-Mails austauschen. Vom Abwehren von Spam bis zum Verhindern unerlaubter Registrierungen oder Einkauf gegen Kreditkarte kann die Kindersicherung von Mail zum Einsatz kommen. Allerdings darf man sich nicht der Illusion hingeben, nun das absolut sichere System gefunden zu haben. Gerade für den durchschnittlichen Achtjährigen stellt die Einschränkung vermutlich kein Hindernis dar, auch mit „unerlaubten" Personen zu kommunizieren – schliesslich gilt die Beschränkung nur für einen Computer und nur für das Programm *Mail*, also nicht für andere Mail-Programme oder sogar Webmail-Angebote. Wie dem auch sei, im Kontrollfeld wird festgelegt, mit welchen Personen (E-Mail-Adressen) der eingeschränkte Benutzer E-Mails austauschen darf. Alle in der Liste erwähnten Adressen sind erlaubt, mit Klick auf das Plus-Zeichen können Adressen hinzugefügt, mit Klick auf das Minus-Zeichen wieder entfernt werden. Wird die Option *Genehmigung für andere E-Mails über diese E-Mail-Adresse erteilten* aktiviert, kann der Benutzer um Erlaubnis fragen, wenn er mit weiteren Personen Nachrichten austauschen will (Abbildung 10-7). Im Moment muss dieses Häkchen gesetzt werden, sonst werden auch unerlaubte Mails durchgelassen. Es ist zu hoffen, das Apple dieses Problem mit einem kommenden Update behebt.

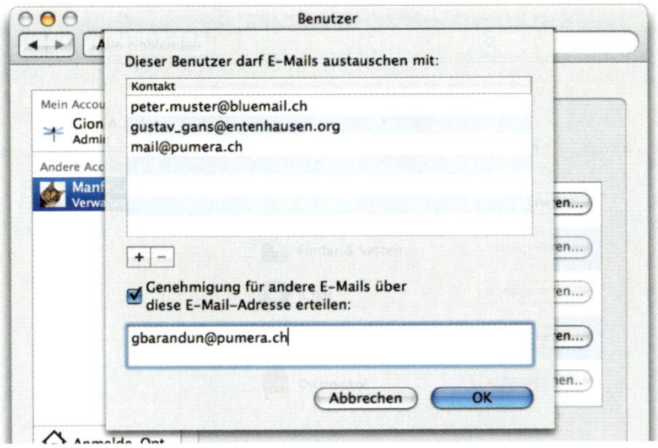

Abbildung 10-7 Liste der zugelassenen E-Mail-Adressen

Und so funktioniert‘s: Schickt der Benutzer eine E-Mail an eine Adresse, die nicht zugelassen ist, erhält er eine Fehlermeldung mit dem Hinweis, dass er sich die Genehmigung für diesen Kontakt beim Administrator holen kann. In diesem Fall wird die E-Mail bis zur Erlaubnis im Ordner *Entwürfe* gespeichert (Abbildung 10-8).

Abbildung 10-8 Warten auf Genehmigung

Der Account-Administrator erhält nun eine E-Mail-Anfrage (Abbildung 10-9), ob der entsprechende Benutzer die Erlaubnis erhalten soll, mit dem gewünschten Kontakt Mails austauschen zu dürfen. Mit Klick auf *Immer erlauben* wird diese Genehmigung erteilt, andernfalls nicht. Sobald der auf die Erlaubnis wartende Benutzer *Mail* startet, wird die Liste aus Abbildung 10-7 um den neuen, erlaubten Kontakt erweitert.

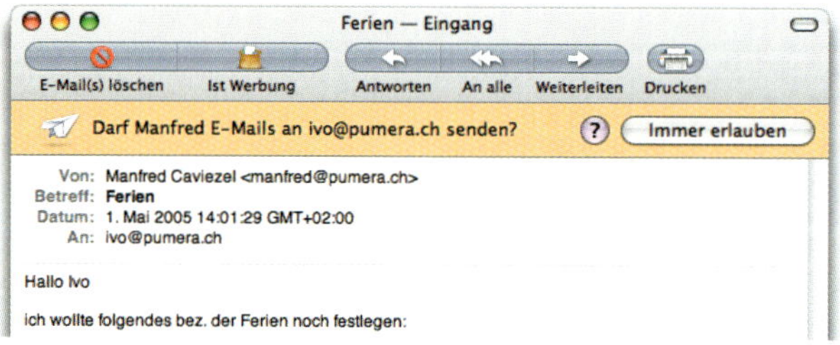

Abbildung 10-9 Genehmigung erteilen?

Der eingeschränkte Benutzer selbst wiederum erhält in seinem E-Mail-Programm die Nachricht, dass er den Entwurf versenden darf (Abbildung 10-10).

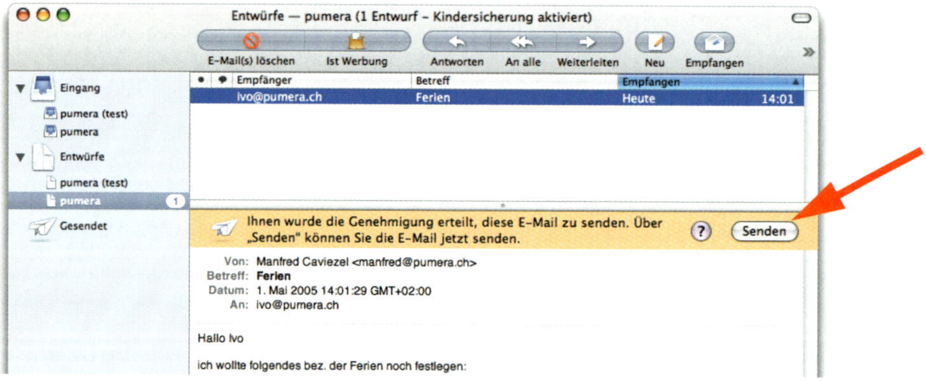

Abbildung 10-10 E-Mail darf versendet werden

Bekommt der eingeschränkte Benutzer eine E-Mail von einer Person, die nicht in der Liste der zulässigen Kontakte ist, dann wird ebenfalls zuerst der Account-Administrator informiert. Dieser kann auf die gleiche Weise die Genehmigung wieder erteilen. Die Genehmigung bezieht sich immer sowohl auf Senden wie auf Empfangen von Mails

Abbildung 10-11 Eingehende E-Mails zulassen

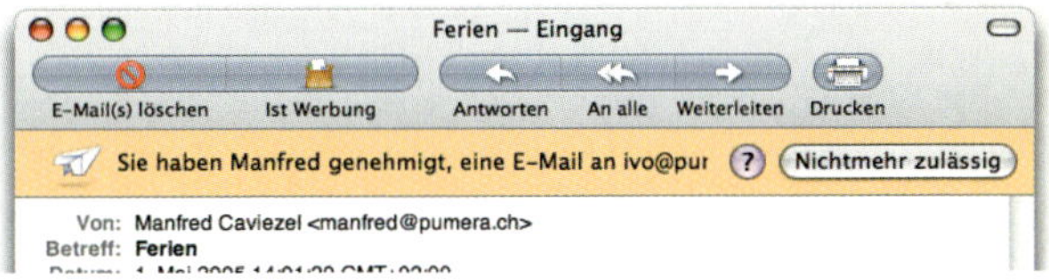

Nach dem Erteilen der Genehmigung ändert sich das entsprechende Feld auf *Nichtmehr zulässig* und die Erlaubnis kann widerrufen werden. Bis dieses Feld betätigt wird, ist aber die entsprechende E-Mail-Adresse der Liste der erlaubten Kontakte hinzugefügt worden (kann aber natürlich auch manuell mit Klick auf das Minus-Zeichen wieder entfernt werden). Der eingeschränkte Benutzer wird über das Löschen eines Kontaktes jeweils nicht informiert – er sieht lediglich eine erneute Warnmeldung beim Sendeversuch, und kann dann wieder um Erlaubnis fragen.

Finder & System

Für Finder & System stehen zwei Optionen zur Verfügung, wie stark der Benutzer eingeschränkt werden kann:

1. Bestimmte Einschränkungen
2. Einfacher Finder

Unter dem Punkt *Bestimmte Einschränkungen* (Abbildung 10-12) kann relativ fein eingestellt werden, welche Möglichkeiten ein Benutzer hat. Die Optionen sind:

- *Jede Systemeinstellung öffnen*

  Ist der Punkt aktiv, kann der Benutzer zwar das Programm *Systemeinstellungen* öffnen, er kann die gesicherten Kontrollfelder aber nicht bearbeiten – dazu wird ein Administrator-Kennwort benötigt. Falls der Punkt deaktiviert ist, können einige Systemeinstellungen überhaupt nicht ausgewählt werden und erscheinen ausgeblendet.
- *Kennwort ändern* (dazu muss *Jede Systemeinstellung öffnen* aktiv sein)

- *Das Dock bearbeiten*
- *CDs/DVDs brennen*
- *Drucker verwalten*
- *Hilfsprogramme erlauben*

  Unter Hilfsprogrammen versteht man an dieser Stelle Programme, die von anderen Programmen aufgerufen oder gebraucht werden. Mit der Aktivierung dieses Markierungsfeldes gibt man einem Programm die Erlaubnis, alle benötigten Hilfsprogramme aufzurufen. Ein Beispiel: um einen URL-Link aus einem TextEdit Dokument zu öffnen, wird das „Hilfsprogramm" Safari gebraucht. Das funktioniert falls:

  - (TextEdit erlaubt ist)
  - Safari erlaubt ist
  - Bei *Hilfsprogramme erlauben* ist egal, was aktiviert ist

  oder

  - (TextEdit erlaubt ist)
  - Safari nicht erlaubt ist
  - *Hilfsprogramme erlauben* aktiv ist.

  In diesem Fall kann man von einer Art „Sicherheitslücke" sprechen, da der eingeschränkte Benutzer auf diese Weise Zugriff auf ein für ihn gesperrtes Programm bekommt. Erst wenn *Hilfsprogramme erlauben* wieder deaktiviert wird, funktioniert der Schutz. Es gilt also abzuwägen, was der Benutzer können muss und was er nicht können darf...

  Das Beispiel ist natürlich relativ trivial – es ist beinahe unmöglich, jede erdenkliche Kombination von Hilfsprogrammen und -prozessen zu erkennen. Wer sicher sein will, erlaubt deshalb keine Hilfsprogramme.

Jede dieser Optionen kann aktiviert oder deaktiviert werden. Ausserdem kann man die Benutzung von Programmen einschränken (Abbildung 10-13), falls man das Markierungsfeld *Nur folgende Programme verwenden* anklickt.

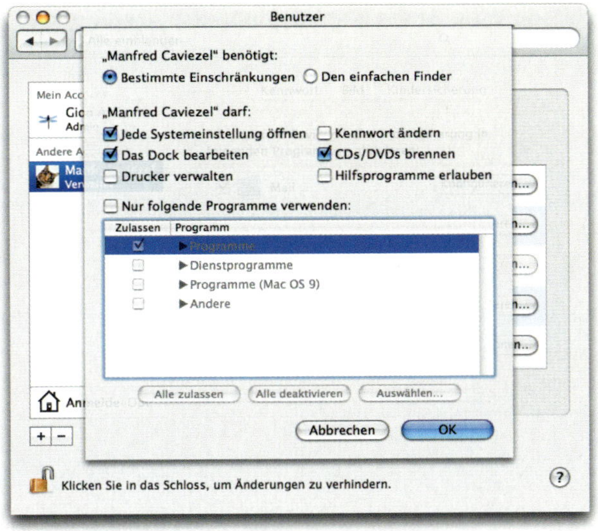

Abbildung 10-12 Eingeschränkten Benutzer anlegen

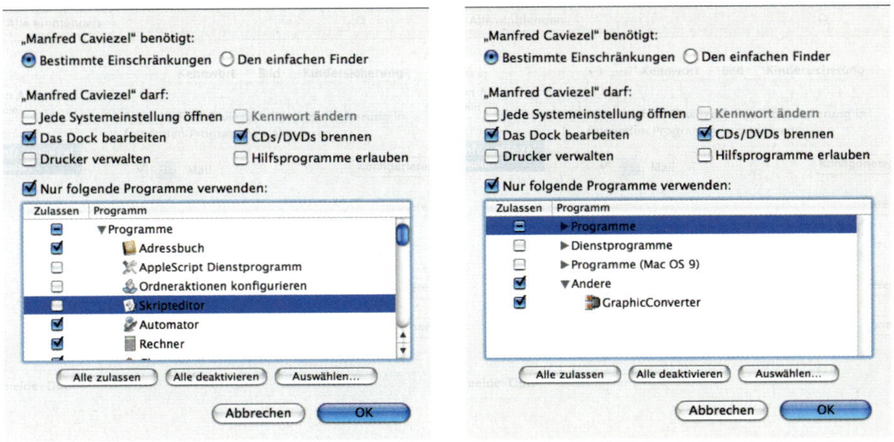

Abbildung 10-13 Zugriff auf Programme einschränken

In dieser Liste können die Programme in den Ordnern */Programme*, */Programme/Dienstprogramme* und */Applications (Mac OS 9)* aktiviert oder deaktiviert werden. Auch einzelne Programme lassen sich ein- oder ausschalten (auf das Dreieck vor dem entsprechenden Ordner klicken, Programme mit Häkchen markieren bzw. Häkchen löschen, Abbildung 10-13, links). Am schnellsten funktioniert das, wenn man entweder alle oder keine Programme aktiviert (mittels der entsprechenden Schaltflächen *Alle zulassen* bzw. *Alle deaktivieren*) und dann einzelne Programme deaktiviert (bei vielen zugelassenen) bzw. aktiviert (bei wenig zugelassenen). Wenn nur gewisse Programme zugelassen sind, erscheint ein Minuszeichen in der Markierung vor dem entsprechenden Ordner.

Zusätzlich können auch weitere eigene Programme hinzugefügt werden, die sich nicht in den oben genannten Standardordnern befinden. Mit Klick auf *Auswählen...* kann man das Programm angeben, zu welchem man dem Benutzer Zugang ermöglichen möchte (Abbildung 10-13, rechts). Voraussetzung ist natürlich, dass der eingeschränkte Benutzer auch Zugriff auf den Ordner hat, in dem sich das Programm befindet (man kann beispielsweise den Ordner *Für alle Benutzer* verwenden). Diese Programme erscheinen in der Liste unter *Andere*.

Leider ist es nicht so, dass ein eingeschränkter Benutzer im Ordner */Programme* nur die Anwendungen sieht, die er benutzen darf. Stattdessen werden alle Programme aufgeführt und es erscheint lediglich eine Fehlermeldung beim Versuch, ein nicht erlaubtes Programm zu öffnen.

Der *einfache Finder* bringt die grössten Einschränkungen mit sich und erlaubt nur die Benutzung explizit angegebener Programme in der Auswahlliste.

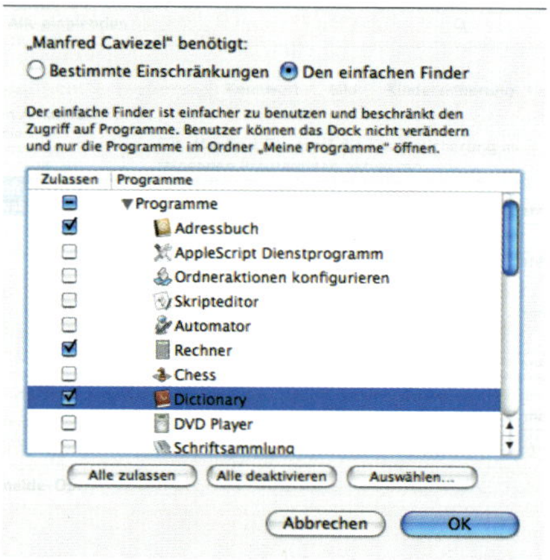

Abbildung 10-14 Einfachen Finder konfigurieren

Diese Programme werden im Dock in den Ordner *Meine Programme* platziert. Im Finder erscheint nur gerade das Menü *Ablage* (mit dem einzigen Eintrag *Schliessen*).

Abbildung 10-15 Schreibtisch bei einfachem Finder

Auch sonst ist der Finder auf eine spartanische Notlösung reduziert: Der Benutzer hat nur gerade Zugriff auf seinen *Dokumente*-Ordner (aus den Öffnen-/Sichern-Dialogen allerdings auch auf den Rest seines Benutzerordners), ausserdem auf den Ordner *Für alle Benutzer*. Die Icons im Finder müssen nicht doppelgeklickt werden, ein einfacher Klick zum Öffnen genügt.

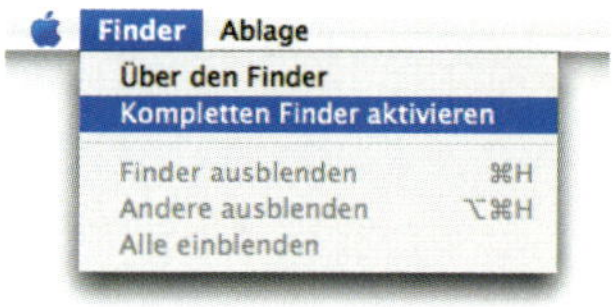

Mit dem Befehl *Kompletten Finder aktivieren* im Menü *Finder* gelangt man (mit einem Administrator-Passwort) zum normalen Finder, mit den Rechten eines eingeschränkten Benutzers. Der Befehl *Zurück zum einfachen Finder* bringt einen wieder an den Ausgangspunkt.

Die Implementierung des einfachen Finders soll an das von früher bekannte *AtEase* anknüpfen, allerdings ist die Umsetzung zum Teil etwas unglücklich: zwar kann der so eingeschränkte Benutzer tatsächlich nur die Programme aus dem Dock (im Ordner „*Meine Programme*") direkt starten. Befindet sich im Ordner *Für alle Benutzer* aber

z. B. ein URL-Clipping, öffnet es sich anstandslos, auch wenn *Safari* nicht in der Liste der erlaubten Programme ist (wie in Abbildung 10-15). Auf diese Weise ist es auch möglich, dass ein eingeschränkter Benutzer ins Internet gelangt, obwohl man genau das mit dem Abschalten sämtlicher Browser erreichen wollte. Eine andere Lücke tut sich auf, falls das Terminal zu den erlaubten Programmen im einfachen Finder gehört (wohl eher selten): Der Befehl `open <Programmname.app>` (zuerst `cd` ins richtige Verzeichnis) öffnet nämlich auch gesperrte Programme! Früher bestand diese Lücke auch für den eingeschränkten Benutzer, Tiger hat sie aber zumindest dort geschlossen (sofern *Hilfsprogramme erlauben* deaktiviert ist!).

Wer also nicht damit leben kann, erzeugt am besten einen eingeschränkten Benutzer und entzieht ihm manuell die Rechte für die gewünschten Programme. Für diese Benutzer ist es so nicht mehr möglich, gesperrte Programme zu öffnen (auch nicht via Doppelklick auf ein zugewiesenes Dokument).

Natürlich wird es nur in absoluten Ausnahmefällen so sein, dass man einem eingeschränkten Benutzer Zugriff auf das Programm *Terminal* gewährt.

iChat
Die Einschränkung der Benutzer hier ist ähnlich der aus Mail. Nur wer in der Liste enthalten ist, darf auch als Chat-Partner gewählt werden. Die Namen können direkt aus dem Adressbuch (des Administrators) entnommen werden (mit Klick auf das Plus-Zeichen). Im Gegensatz zu Mail fehlt hier die Möglichkeit, den Administrator direkt um Erlaubnis für weitere Kontakte zu bitten.

Safari
Die Einschränkung bei Safari betrifft die Internetadressen, die aufgesucht werden können. Wird diese Option markiert, kann der Benutzer nur Internetadressen ansehen, die in der Lesezeichenleiste (Abbildung 10-16) stehen. In diesem Zusammenhang ist natürlich wichtig, dass der Benutzer nicht die Möglichkeit hat, andere Browser (Internet Explorer, Firefox, ...) zu starten, die eventuell installiert sind. Diese müssen aus der Liste der zugelassenen Programme entfernt werden!

Abbildung 10-16 Lesezeichen in Safari

Die Konfiguration erfolgt nicht im Kontrollfeld *Benutzer*, sondern direkt in Safari, und zwar beim eingeschränkten Benutzer selber. Nur der Administrator kann hier die Lesezeichen verwalten (gekennzeichnet durch das Schloss bei der Schaltfläche *Alle Lesezeichen einblenden*) – der Benutzer hat lediglich Zugriff auf die Lesezeichenleiste!

Um eine Seite hinzuzufügen, gibt man ganz normal die Adresse in der Adresszeile ein und bestätigt mit Enter. Es erscheint eine Fehlermeldung, dass die Seite nicht in der Lesezeichenleiste enthalten ist – mit Klick auf *Web-Site hinzufügen...* (und Eingabe von Name und Kennwort eines Administrators) wird sie der Lesezeichenleiste hinzugefügt (Abbildung 10-17).

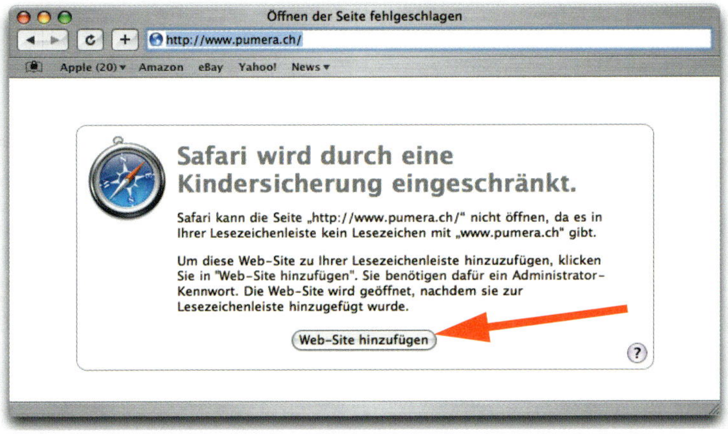

Abbildung 10-17 Adresse hinzufügen

Um zu verhindern, dass die Lesezeichenleiste vor lauter Bookmarks aus ihren Nähten platzt, kann der Administrator auch alle Lesezeichen einblenden, um sie zu verwalten. Dies geschieht mit Klick auf das *Alle Lesezeichen einblenden*-Symbol in der Lesezeichenleiste (gefolgt wiederum von Name und Kennwort). In der Übersicht können weitere Ordner erzeugt oder Bookmarks gelöscht werden.

Die Funktion ist sicher praktisch, schränkt den Benutzer unter Umständen aber erheblich ein. Viele Internetseiten brechen ihr Angebot auf verschiedene Domains um: wenn die Seite http://www.yahoo.de zugelassen ist, bedeutet das nicht automatisch, dass auch http://de.yahoo.com enthalten ist. Das wäre aber zur Nutzung des deutschen Yahoo-Angebots nötig. Sobald also die Domain ändert, wird die Verlinkung (falls gesperrt) unterbunden. Falls hingegen die Seite http://www.yahoo.com erlaubt ist, so sind alle Subleveldomains (die auf http://... .yahoo.com lauten) zugelassen.

Dictionary
Hier bewirkt das Häkchen den Ausschluss von obszönen Ausdrücken und ähnlichem im Programm Dictionary (mit dem im Moment allerdings nur englische Wörter nachgeschlagen werden können).

10.1.3 Nachträgliches Editieren eines Benutzers

Um an einem einmal eingerichteten Benutzer Veränderungen vornehmen zu können, muss man ihn lediglich in der linken Spalte selektieren und die Optionen rechts entsprechend den Wünschen anpassen (nur als Administrator möglich). Man kann allerdings keine Benutzer editieren, die gerade eingeloggt sind (am orangen Häkchen zu erkennen). Der aktive Benutzer (egal ob Administrator oder nicht) kann natürlich auch editiert werden, sofern man über genügend Zugriffsrechte verfügt.

Abbildung 10-18 Editieren eines Benutzers

Auf diese Weise kann man auch das Kennwort eines Benutzers ändern, und zwar im Register *Kennwort*. Dabei wird das Schlüsselbund-Passwort nicht geändert, sondern muss mit dem Programm *Schlüsselbund* vom jeweiligen Benutzer angepasst werden (mehr dazu in „Schlüsselbund" auf Seite 467).

Kurzname
Der Kurzname eines Benutzers kann nachträglich nur sehr mühsam geändert werden, jedenfalls wenn man das korrekt machen will. Neben Manipulationen im NetInfo Manager und im Terminal (ändern des Kurznamens und des Ordners *Privat*) müssten noch diverse Manipulationen im Terminal durchgeführt werden, um die Benutzerrechte wieder gerade zu biegen. Die einzige von Apple empfohlene Methode ist das Anlegen eines neuen Benutzers und die Übernahme der Daten des alten Benutzers.

10.1.4 Benutzer löschen

Will man einen Benutzer löschen, klickt man auf das Minuszeichen unterhalb der Account-Liste (Abbildung 10-19). Nur Administratoren können Benutzer (inkl. anderer

Administratoren) löschen. Falls nur ein Administrator eingerichtet ist, verhindert das System dessen Löschung, da sonst ein Zustand ohne Administratoren entstehen würde.

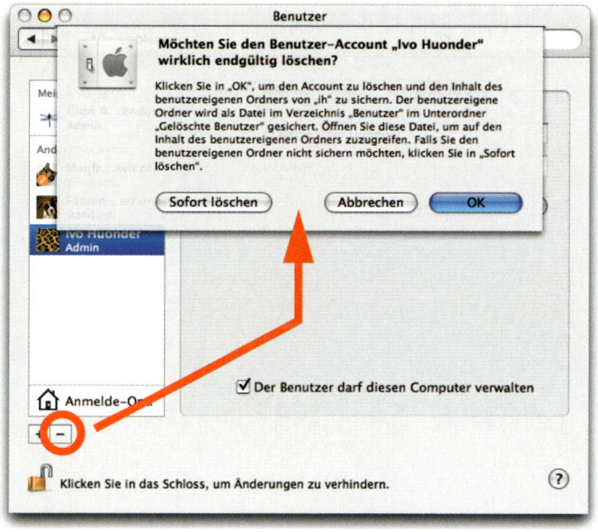

Abbildung 10-19 Benutzer löschen

Im Dialog kann man nun wählen, was mit den Daten des betreffenden Benutzers geschehen soll. Ist man daran nicht mehr interessiert, wählt man *Sofort löschen*. Alle Spuren des Benutzers werden unwiderruflich gelöscht.

Klickt man auf *OK*, wird im Ordner */Benutzer/Gelöschte Benutzer/* ein Disk Image mit den Daten erzeugt (es trägt den Kurznamen des gelöschten Benutzers, im Beispiel aus Abbildung 10-19 *ih.img*). Das Image kann von allen Administratoren geöffnet werden (andere Benutzer gelangen nicht in den Ordner *Gelöschte Benutzer*). Das Disk Image kann von einem Administrator auch gelöscht werden.

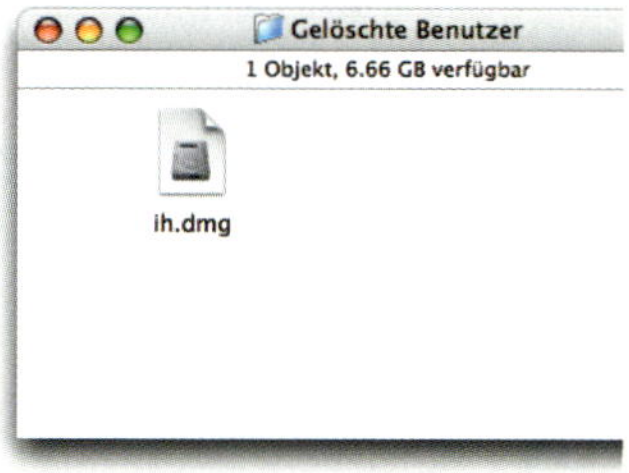

10.1.5 Startobjekte

Die Kategorie *Startobjekte* wird nur angezeigt, falls in der Benutzerliste der gerade eingeloggte Benutzer ausgewählt wurde. Eingeschränkte Benutzer haben nur Zugriff, falls *Jede Systemeinstellung öffnen* bei der Konfiguration des System- und Finderzugriffs aktiviert wurde. In die Liste platziert man Objekte, die beim Login automatisch gestartet werden. Möchte man z. B. immer als erstes seine E-Mails lesen, zieht man das Programm *Mail* aus dem *Programme*-Ordner in die Liste. Alternativ klickt man auf das kleine Plus-zeichen unter der Liste und wählt im folgenden Dialog ein Objekt aus. Aktiviert man das Häkchen für Ausblenden, werden die Programme im Hintergrund geöffnet und man muss z. B. via Dock umschalten, um das Programm im Vordergrund zu haben. Neben Programmen kann man auch Ordner oder Dokumente in die Liste ziehen. So könnte man sich etwa immer den eigenen Benutzerordner, eine To-Do-Liste oder ähnliches beim Einloggen öffnen lassen. Einige Programme platzieren (ungefragt) Elemente in die Startobjekte, da sie diese zum richtigen Funktionieren benötigen.

Um Elemente zu entfernen, wählt man sie in der Liste aus und klickt auf das Minuszeichen.

Abbildung 10-20 Startobjekte des eingeloggten Benutzers

10.2 Anmeldung (Login Window)

Wenn sich mehrere Benutzer einen Rechner teilen, ist es sinnvoll, dass nach dem Einschalten des Rechners ein Anmelde-Bildschirm erscheint, wo sich der jeweilige Benutzer authentifizieren kann. Die Konfiguration erfolgt innerhalb des Kontrollfeldes *Benutzer* mit der Option *Anmelde-Optionen* unterhalb der Benutzerliste (Abbildung 10-21). Zur Erhöhung der Sicherheit ist es auch bei nur einem Benutzer sinnvoll, immer dieses sogenannte Login Window einzublenden. Falls im Feld *Autom. anmelden als:* ein Häkchen ist, muss man dieses also entfernen.

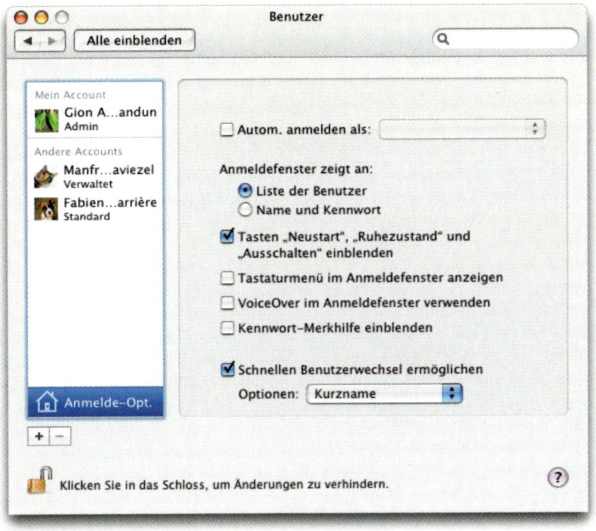

Abbildung 10-21 Anmelde-Optionen

Wird der Punkt *Kennwort-Merkhilfe einblenden* markiert, wird nach dreimaliger Falscheingabe des Passwortes beim Login ein Hinweis auf dieses eingeblendet (der Hinweis wurde beim Einrichten des Benutzers – falls gewünscht – eingegeben). Im Allgemeinen sollte man dieses Feld nicht aktivieren, da es die Sicherheit senkt.

10.2.1 Am System anmelden (einloggen)

Im Anmeldefenster kann man zwischen zwei Darstellungen wählen:

1. *Liste der Benutzer*

   Diese Option blendet eine Auswahl aller existierenden Benutzer für den Computer ein. Mit Klick auf einen Benutzer gelangt man zu einem weiteren Feld, wo man das Passwort eingeben muss. Falls schon Benutzer eingeloggt sind (siehe „Schneller Benutzerwechsel" auf Seite 267), werden sie mit einem orangen Häkchen und dem Hinweis *Zur Zeit angemeldet* gekennzeichnet. Mit dem Knopf *Zurück* bei der Passworteingabe gelangt man wieder zur Benutzerwahl.

   Falls der root-Benutzer aktiviert wurde („Der root-Benutzer" auf Seite 269), erscheint eine Schaltfläche *Andere...*, mit der man sich auch als root anmelden kann – es folgt der Dialog wie beim Login mit *Name und Kennwort*.

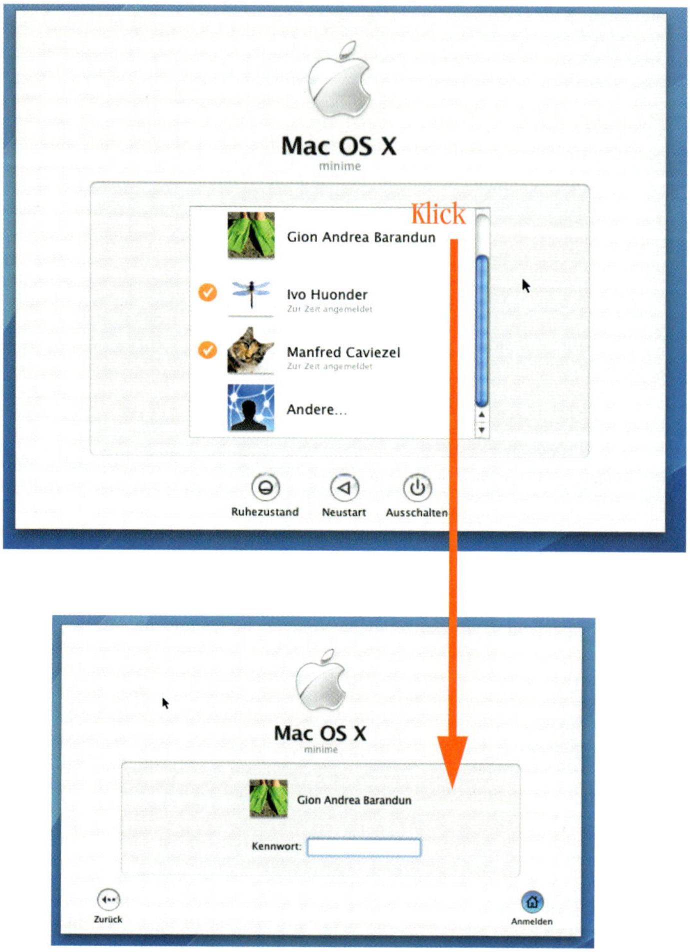

Abbildung 10-22 Einloggen mit Benutzerliste

Anstatt einen Benutzer mit der Maustaste anzuklicken, kann man auch mit den Pfeiltasten auf der Tastatur navigieren und mit der Enter-Taste schliesslich einen Benutzer auswählen.

2. *Name und Kennwort*

In diesem Fall wird keine Liste, sondern nur zwei Felder mit *Name* und *Kennwort* eingeblendet. Man muss also den Benutzernamen wissen, um sich einloggen zu können (den vollständigen Namen oder den Kurznamen). Seit 10.2 merkt sich Mac OS X den Namen des zuletzt eingeloggten Benutzers nicht mehr – das Feld *Name* im Login-Fenster ist deshalb immer leer (Abbildung 10-23, links). Das bietet zusätzliche Sicherheit, da man auch den Kurznamen (oder den Benutzernamen) kennen muss.

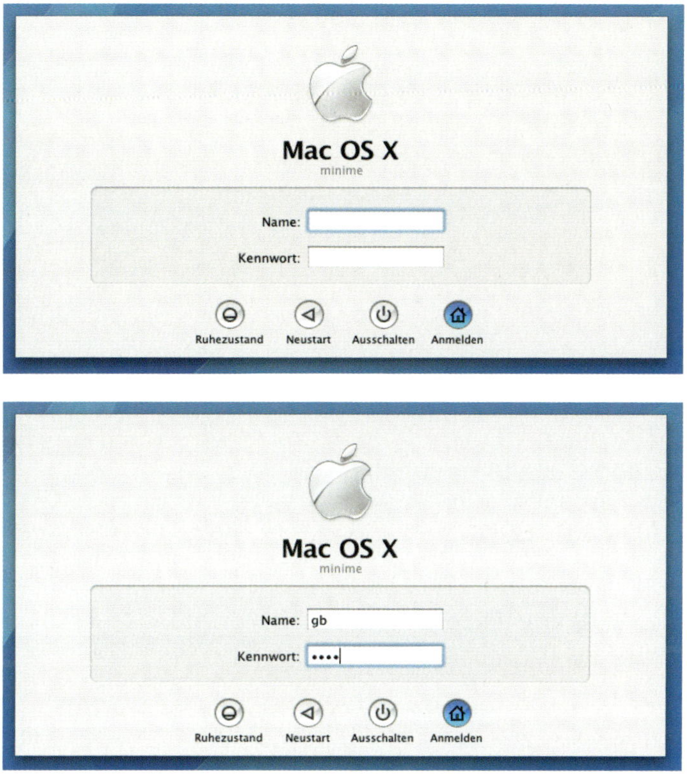

Abbildung 10-23 Einloggen mit Name und Kennwort

Falls man als Name `>console` tippt (ohne Passwort, nur auf *Anmelden* klicken), gelangt man in den „console mode" von Mac OS X, wobei der ganze Bildschirm zu einem Terminalfenster wird. Hier kann man alle Manipulationen vornehmen, die man auch im Programm *Terminal* machen könnte. Mit `reboot` kann man den Computer dann wieder neu starten (bzw. mit `exit` zu Aqua zurückkehren). Anwendungen von Drittherstellern, die schon beim Login aktiv sind (z. B. Timbuktu[1]), können den console mode verhindern.

Falls man den root-Benutzer nicht aktiviert hat und den console-Login nutzen will, *muss* man als Login-Option die Methode *Name und Kennwort* verwenden.

Wird die Option *Tasten „Ruhezustand", „Neustart" und „Ausschalten" einblenden* aktiviert, kann man vom Login-Fenster aus mit den jeweiligen Tasten diese Befehle ausführen (siehe Abbildung 10-23). Andernfalls verschwinden die Tasten ganz. Eine Person

1. http://www.netopia.com/software/products/tb2/

ohne Konto auf dem Rechner kann also höchstens noch den Stromstecker herausziehen, um einen Neustart auszulösen.

10.2.2 Vom System abmelden (ausloggen)

Um sich vom System abzumelden, wählt man *<Benutzername> abmelden…* aus dem Apple-Menü (oder den Shortcut Apfel-shift-Q).

Es folgt ein Dialog mit der Frage, ob man sich wirklich abmelden wolle. Nach 120 Sekunden wird er automatisch bestätigt. Will man den Dialog nicht sehen, drückt man bei der Wahl des Menüeintrages die alt-Taste (oder Apfel-alt-shift-Q).

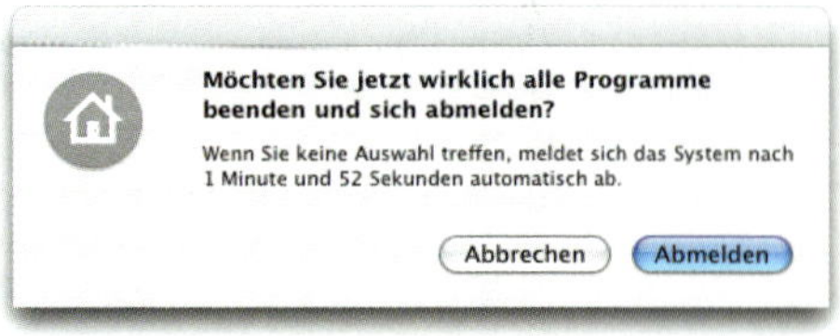

Wird in den Benutzer-Einstellungen das Feld *Tastaturmenü im Anmeldefenster anzeigen* markiert, erscheint ein zusätzliches Menü im Login-Fenster, wo man die Tastaturbelegung auswählen kann. Das ist dann praktisch, wenn man häufig verschiedene Tastaturbelegungen verwendet und im Kennwort Zeichen hat, die nicht in allen Belegungen auf der gleichen Taste liegen (z. B. sind Y und Z in der deutschen und englischen Tastaturbelegung vertauscht!).

Abbildung 10-24 Tastaturmenü beim Login

10.3 Schneller Benutzerwechsel

Der unscheinbare Knopf *Schnellen Benutzerwechsel ermöglichen* (Abbildung 10-25) schaltet seit 10.3 eine ungemein praktische Funktion frei: es können gleichzeitig mehrere Benutzer an einem Mac OS X-Computer eingeloggt sein („Fast User Switching"). Dabei laufen beim Wechsel vom einen Benutzer zum andern alle Programme des ersten weiter – der erste Benutzer muss sich also nicht mehr ausloggen (und dabei alle Programme beenden), um dem zweiten Benutzer die Möglichkeit zu geben, schnell ein persönliches Dokument zu bearbeiten. Die Grenze für die Anzahl eingeloggter Benutzer stellt der verfügbare Arbeitsspeicher dar – alle Prozesse von allen Benutzern stellen einzelne Threads dar und irgendwann wird der Computer deutlich langsamer, da viel Speicher auf die Festplatte ausgelagert werden muss. Sobald Fast User Switching aktiviert wird, erscheint ein Menü mit dem Namen des gerade eingeloggten Users in der rechten oberen Bildschirmecke. Unter *Optionen* kann angegeben werden, was eingeblendet werden soll: der vollständige Name des Benutzers (braucht unter Umständen sehr viel Platz in der sowieso schon überfüllten Menüleiste), der Kurzname oder nur gerade ein Icon (aus dem Icon ist nicht ersichtlich, welcher Benutzer gerade eingeloggt ist).

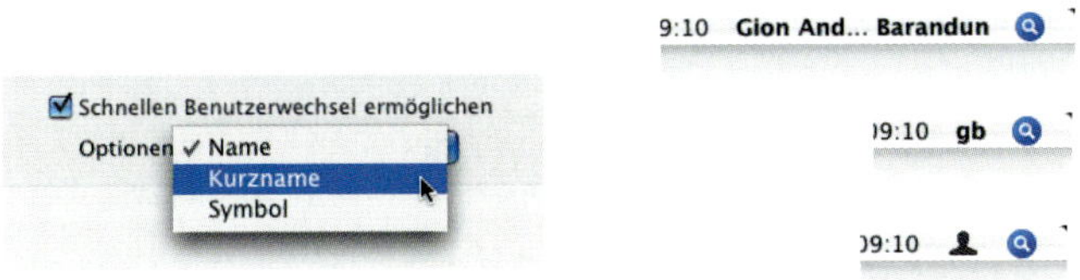

Abbildung 10-25 Schneller Benutzerwechsel

Wenn man über einen Rechner mit QuartzExtreme-Unterstützung verfügt, wird beim Wechseln des Benutzers eine Würfelanimation gezeigt, die schon so manchen in Erstaunen versetzt hat – böse Zungen behaupten, einige Leute hätten nur deshalb zwei Benutzer eingerichtet...

Um von einem Benutzer zum anderen zu wechseln, wählt man einfach den gewünschten Namen aus dem Benutzermenü rechts oben. Danach erscheint ein Login-Fenster, wie man es vom normalen Login her gewohnt ist, nur schwebt es über den gerade aktiven Programmen. Auch aus dem Bildschirmschoner heraus ist das Wechseln des Benutzers möglich – von hier aus gelangt man zum normalen Login-Fenster.

Nach der Eingabe des Passwortes folgt die Würfelanimation, schon ist der andere Benutzer eingeloggt. Die aktiven User werden im Benutzermenü wiederum mit einem orangen Häkchen gekennzeichnet. Mit dem Menüeintrag *Anmeldefenster...* gelangt man zum normalen Login-Fenster. Auf diese Weise kann man den Computer sperren, so dass sich nur Berechtigte einloggen können.

Wenn man sich endgültig ausloggen will, wählt man *<Benutzername> abmelden...* aus dem Apple-Menü. Auch so gelangt man zum Login-Fenster. Falls sich nun ein bereits eingeloggter Benutzer am System anmeldet, erscheint ebenfalls die Würfelanimation, um zu zeigen, dass der Benutzer eben bereits eingeloggt war. Loggt sich ein noch nicht angemeldeter Benutzer ein, bleibt die Animation aus.

Wenn jemand versucht (egal ob Administrator oder nicht), den Computer auszuschalten – direkt im Finder oder vom Login-Dialog – solange noch jemand anderes eingeloggt ist, erscheint eine Warnmeldung (Abbildung 10-26). Um den Rechner nun wirklich auszuschalten, ist ein Administratorkennwort nötig. Falls die anderen Benutzer noch geöffnete, ungesicherte Dokumente haben, gehen alle Änderungen darin verloren.

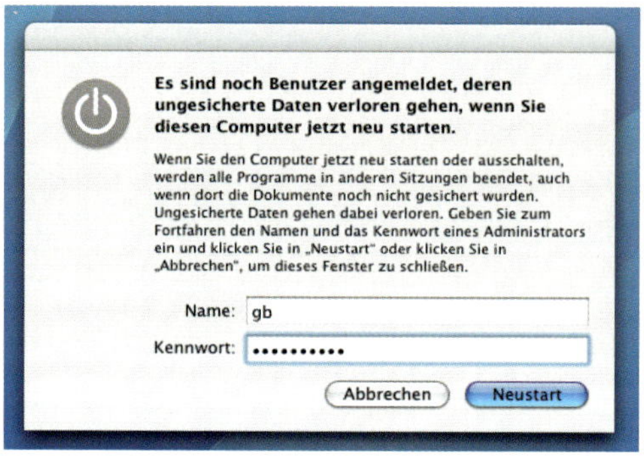

Abbildung 10-26 Benutzerdaten gehen beim Neustart verloren

Bis Panther war *Abbrechen* der Standardbutton, mit Tiger ist es nun *Neustart* (bzw. *Ausschalten*). Deshalb ist ein bisschen Vorsicht angebracht...

Vieles was mit dem Einrichten und Administrieren von Benutzern in Verbindung steht, hat auch Auswirkungen auf die Sicherheit. Mehr darüber im gleichnamigen Kapitel auf Seite 457.

10.4 Der root-Benutzer

Der root-Benutzer ist quasi der Super-Administrator des Computers, der alles darf. Der Begriff „root" ist in diesem Zusammenhang nicht zu verwechseln mit dem obersten Verzeichnis auf der Festplatte „/", was manchmal auch als „root" bezeichnet wird. Er hat Zugriff auf sämtliche Dateien des Systems und aller User. Der Administrator, der beim Installieren von Mac OS X eingerichtet wird, ist *nicht* der root! Das erkennt man beispielsweise daran, dass der Administrator die Dateien von einzelnen Usern nicht sehen oder löschen kann – der root kann das.

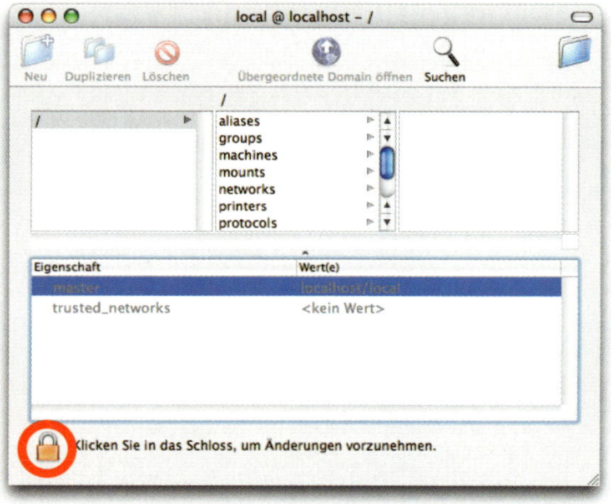

Abbildung 10-27 root-Benutzer aktivieren

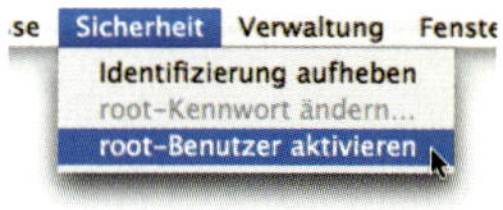

Der root-Benutzer existiert aber. Um ihn zu aktivieren, muss man ihn mittels Programm *NetInfo Manager* (im Ordner */Applications/Utilities/NetInfo Manager*) freischalten. Man muss sich dabei als Administrator identifizieren: zuerst klickt man in das Schloss (Abbildung 10-27), um die Bearbeitung zu ermöglichen. Dann wählt man im Menü *Sicherheit* den Punkt *root-Benutzer aktivieren* (bei der ersten Aktivierung fragt der *NetInfo Manager* nach einem neuen root-Passwort). Nachher kann man wieder ins Schloss klicken, um die Manipulation zu beenden.

Gewisse Objekte kann nur der root manipulieren. Es kann z. B. vorkommen, dass ein Installationsprogramm einer Software ein unlöschbares *Installer Log File* generiert. Nicht einmal der Administrator kann es in den Papierkorb bewegen, weil er nicht genügend Zugriffsrechte hat. Als root ist dies aber möglich.

Via *Terminal* kann man auch nur zeitweilig zum root werden. Dazu dient der folgende Befehl:

```
sudo
```

Mit `sudo` (Super User Do) kann man einen Befehl ausführen, als ob man ein anderer Benutzer (typischerweise der root) wäre. Der `sudo`-Befehl funktioniert auch dann, wenn kein root-Benutzer eingerichtet wurde oder dieser nicht aktiviert ist.

Dem `sudo` Befehl folgt das UNIX-Kommando, welches man eigentlich ausführen will, also z. B.:

```
sudo cp Quelldatei Zieldatei
```

um eine Datei als root zu kopieren. Nach dem `sudo` Befehl muss man zuerst das Administrator-Passwort eingeben (*nicht* das root-Passwort), damit der Befehl ausgeführt wird. Nach der ersten Eingabe eines sudo-Befehls können während der nächsten fünf Minuten weitere sudo-Befehle ohne erneute Passwortabfrage folgen (danach muss das Administrator-Passwort erneut eingegeben werden).

Mit dem Befehl

```
su
```

(Super User) wird man solange zum root, bis man im Terminal `exit` eingibt und damit wieder zum „normalen" Benutzer zurückkehrt. Alle Befehle, die ausgeführt werden, macht man als root. Das Terminal zeigt deshalb einen veränderten Eingabeprompt:

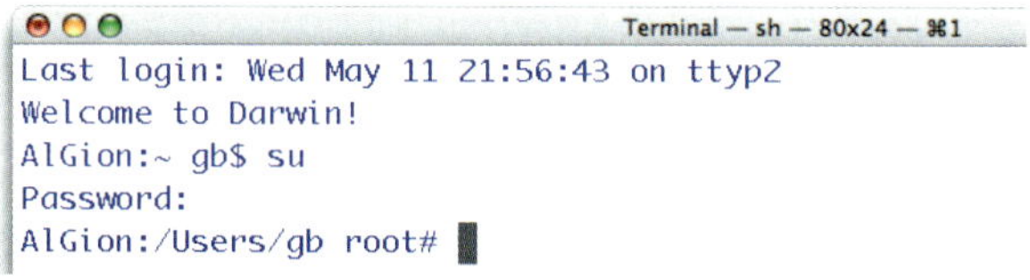

Abbildung 10-28 Terminal im root-Modus

Der Befehl `su` steht nur zur Verfügung, wenn im NetInfo Manager der root-Benutzer aktiviert wurde. Nach Eingabe von `su` wird das root-Passwort verlangt (und *nicht* das Administrator-Passwort). Mit `sudo bash` (und dem Administrator-Passwort) erlangt man ebenfalls root-Rechte, der root muss dazu aber nicht aktiviert sein!

Beide Befehle (`sudo` und `su`) können nur ausgeführt werden, wenn man als Administrator eingeloggt ist. Im Allgemeinen sollte man darauf verzichten, den `su`-Befehl zu verwenden und immer mit dem `sudo`-Befehl arbeiten.

Grundsätzlich sollte man darauf verzichten, den root zu aktivieren, da auch der Login Screen von Mac OS X die direkte Anmeldung als root gestattet. Falls man sich wirklich direkt als root anmeldet, sollte man ein aussagekräftiges Hintergrundbild installieren, das einen davon abhält, allzu lange als root unterwegs zu sein.

Abbildung 10-29 root Desktop zur Abschreckung

Netzwerk

11

„Follow the white rabbit!" – mit Mac OS X findet man in jedem Netzwerk Anschluss.

Endlich ins Internet. Auf den Computer des Kollegen zugreifen. Wireless am Flughafen surfen. Einem Windows-Benutzer Zugriff auf den Mac ermöglichen. Webseiten programmieren und testen. Alles kein Problem mit Tiger. Wollen Sie wissen wie? Bitte...

Alle Netzwerkeinstellungen werden in den Kontrollfeldern *Netzwerk* und *Sharing* vorgenommen.

Der Funktionsumfang im Netzwerkbereich bei Mac OS X ist gewaltig: Neben der Unterstützung von neuen Technologien wie Bonjour (vormals Rendezvous, basierend auf ZeroConf[1]) oder IPv6 verfügt das System über ein eingebautes Windows FileSharing, einen FTP-Server, einen Apache-Webserver, Terminalzugang (Remote Login) und eine FireWall. Alle Funktionen sind extrem einfach zu konfigurieren und erlauben einen sehr flexiblen Einsatz des Rechners.

Immer mehr Geräte und Software unterstützen auch die Technologie *Bonjour*, denn die Idee ist bestechend: ohne jegliche Konfiguration können Geräte miteinander kommunizieren, z. B. wird ein neu hinzugekommener Netzwerkdrucker beim ersten Druckversuch automatisch erkannt und eingerichtet – der Benutzer muss weder wissen, wie der Drucker angeschlossen ist (AppleTalk? TCP/IP?), noch welches Fabrikat und welcher Typ er ist (LaserJet? LaserWriter? 12/640? 16/600? 5MV? ...). Bonjour wird in Zukunft immer wichtiger werden – mehrere Hardwarehersteller haben ihre Unterstützung für diese Technologie angekündigt. Wie bei vielen Techniken, die Apple in letzter Zeit implementiert hat, handelt es sich um einen offenen Standard, der nicht an die Mac-Plattform gebunden ist und der von jedermann verwendet werden kann.

1. http://www.zeroconf.org/

iTunes (Music Sharing), iChat (lokales chatten), Safari, iPhoto sowie mehrere Netzwerkdienste verwenden Bonjour.

11.1 Netzwerkeinstellungen

11.1.1 Anschlüsse

Als Basis dienen hardwareseitig die verschiedenen physikalischen Anschlüsse:

- Ethernet
- Airport
- Modemanschluss
- USB (z. B. ISDN-Anschluss via Terminaladapter)
- FireWire (Target-Modus oder Netzwerk)
- Infrarotanschluss (bei neuen Geräten durch Bluetooth abgelöst)
- BlueTooth

Die Netzwerkkonfiguration findet im Kontrollfeld *Netzwerk* der *Systemeinstellungen* statt (Abbildung 11-1).

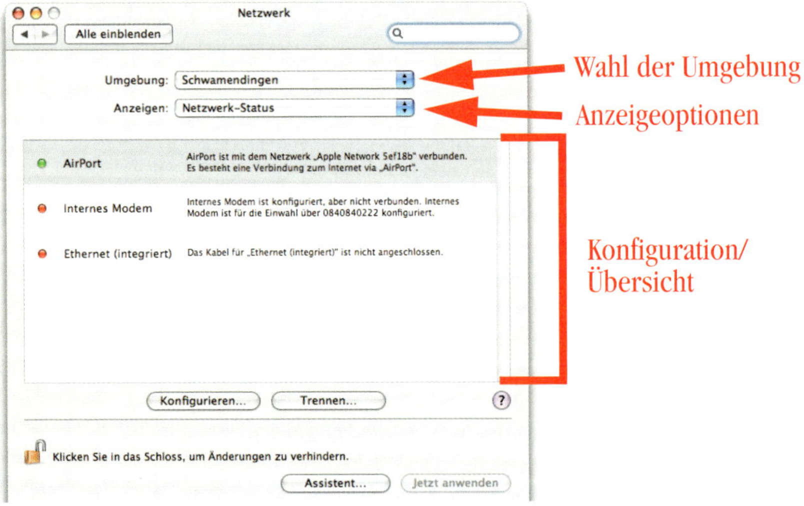

Abbildung 11-1 Netzwerkstatus

Wenn das Aufklappmenü *Anzeigen:* auf *Netzwerk-Status* steht, sieht man eine Übersicht der aktiven Schnittstellen und deren momentanen Status: grün bedeutet, dass der

Anschluss aktiviert und verbunden ist. Gelb bedeutet, dass der Anschluss zwar aktiviert ist, dass aber keine Netzwerkverbindung besteht. Rot bedeutet, dass der Anschluss nicht konfiguriert ist.

Unter Mac OS X können mehrere dieser Anschlüsse gleichzeitig aktiv sein! Sie müssen lediglich in eine Reihenfolge gebracht werden, die Mac OS X durchläuft, bis schliesslich der aktive, zur Verfügung stehende Anschluss gefunden wurde. Es können sogar mehrere Konfigurationen für gewisse Anschlüsse (nicht für Airport) aktiv sein (z. B. mit fester IP und via DHCP, wie in Abbildung 11-2).

Um einen Anschluss zu konfigurieren, wählt man ihn in der Liste *Zeigen:* aus. Voraussetzung dafür ist, dass der Anschluss in der Umgebung überhaupt aktiv ist (Abbildung 11-2, rechts, Häkchen vor dem Anschluss).

11.1.2 Umgebungen

Man kann sogenannte Umgebungen (Locations) definieren, was man der Ordnung halber auch tun sollte (Umgebungen machen vor allem bei portablen Geräten Sinn). Die *Umgebung* wird im gleichnamigen Aufklappmenü im Netzwerk-Kontrollfeld gewählt. Zuerst richtet Mac OS X eine Umgebung ein, die es *Automatisch* nennt. Für jede Umgebung kann man festlegen, welche Anschlüsse überhaupt aktiv sein sollen und welche nicht.

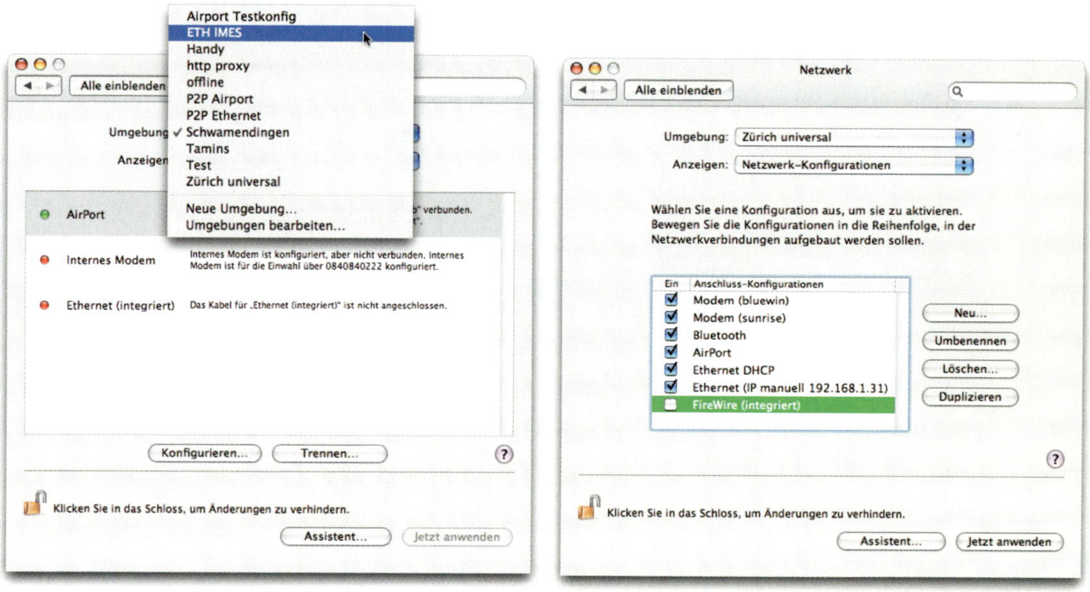

Abbildung 11-2 Aktive Netzwerkanschlüsse (sortiert nach Priorität)

Die Umgebung *Zürich universal* (aus Abbildung 11-2, rechts) wurde folgendermassen erzeugt:

1. Nach der Installation des Computers ist nur die Umgebung *Automatisch* eingerichtet. Im Auswahlmenü *Umgebung* wählt man *Neue Umgebung* und gibt einen möglichst treffenden Namen ein.

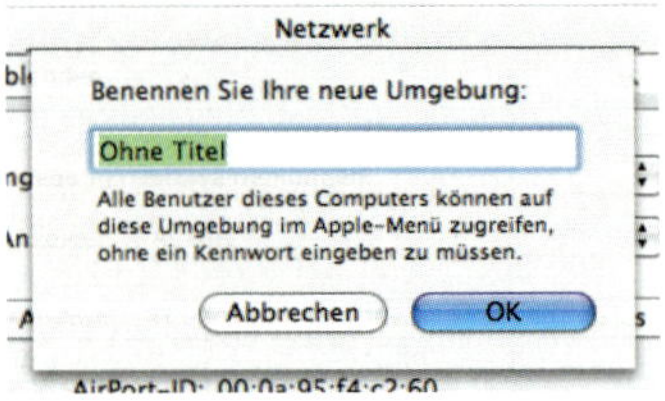

2. Im Auswahlmenü *Anzeigen* wird auf *Netzwerk-Konfigurationen* geschaltet. Dabei erscheinen beim vorliegenden Gerät fünf Anschlüsse: *Internes Modem*, *Bluetooth*, *Ethernet (integriert)*, *FireWire (integriert)* und *Airport* (das hängt von der Hardware-Konfiguration ab).

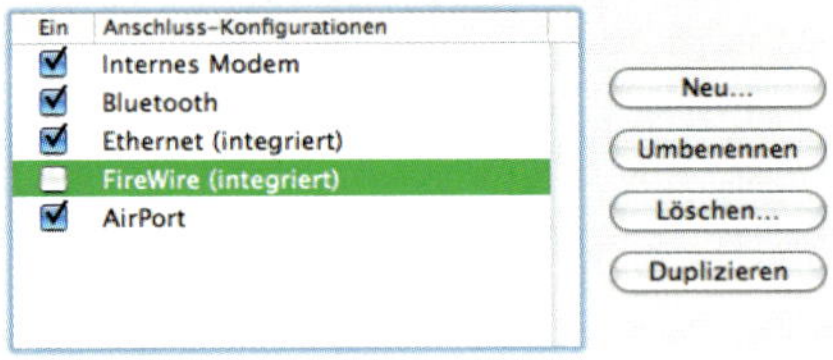

3. Den einzelnen Anschlüssen kann man andere Namen geben, falls man das wünscht. Beim Modem etwa den Namen des Providers, bei Ethernet die Konfigurationsart. Um eine Bezeichnung zu ändern, doppelklickt man einfach den Namen. Um die Priorität der Anschlüsse festzulegen, zieht man sie in die richtige Reihenfolge. Anschlüsse, die man nicht braucht, können deaktiviert werden.

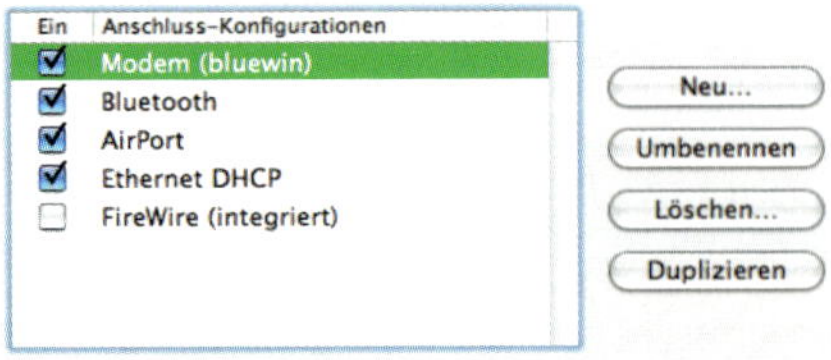

4. Nun richtet man die Anschlüsse gemäss seinen Wünschen ein (siehe „Lokales Netzwerk (LAN)" auf Seite 278, „Internetzugang via Modem" auf Seite 283 und „Internetzugang via Mobiltelefon" auf Seite 286). Über das Auswahlmenü *Anzeigen* gelangt man jeweils zum Anschluss, den man einrichten will.

5. Falls man noch zusätzliche Anschlüsse definieren will, kehrt man auf die Einstellungen der Netzwerk-Konfigurationen zurück und dupliziert einen Anschluss. Der neue Anschluss erscheint dann wieder in der Liste und man muss die entsprechenden Einstellungen vornehmen. Es kann nur ein Airport-Anschluss vorhanden sein. Mit *Neu...* kann man weitere Anschlüsse definieren, um z. B. die Netzwerkstandards IPv6 und IPv4 zu verbinden.

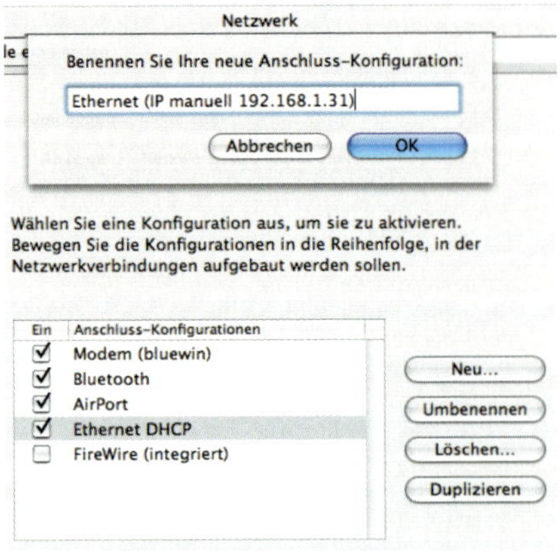

Das Ergebnis zeigt Abbildung 11-2: die Umgebung *Zürich universal* umfasst die Anschlüsse *Internes Modem* (zweimal, für bluewin und sunrise), *Bluetooth*, *Airport*, und zweimal *Ethernet* und schliesslich noch *FireWire*. Falls man mehrere Ethernet-Anschlüsse eingetragen hat, und die Internetverbindung nicht zustande kommt, kann man versuchen, bei allen Konfigurationen die DNS-Server einzutragen – möglicherweise funktioniert dann die Verbindung.

Mit dem Menüeintrag *Umgebung bearbeiten* aus *Zeigen* kann man Umgebungen duplizieren, umbenennen oder löschen.

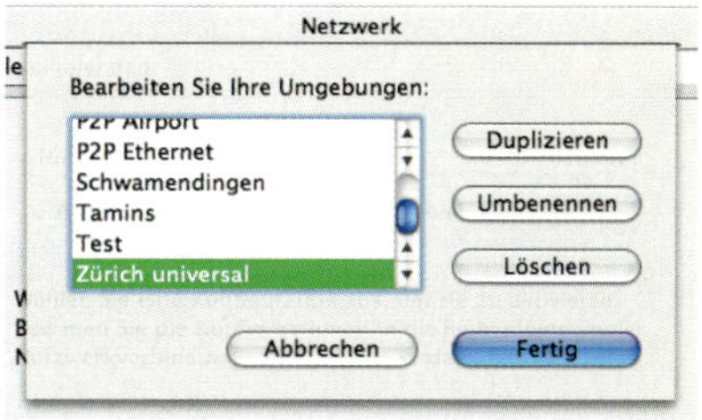

Um eine Umgebung zu bearbeiten, während eine andere aktiv ist, wählt man die zu ändernde Umgebung im Netzwerk-Kontrollfeld aus, nimmt alle Änderungen vor und schaltet dann wieder zur ursprünglichen Umgebung zurück. Schliesst man die Systemeinstellungen, wird man gefragt, ob die Änderungen aktiviert werden sollen. Wenn man das bestätigt, wird die bearbeitete Umgebung geändert, aber die aktive Verbindung nicht unterbrochen (da man wieder zu ihr zurückgeschaltet hat).

Zwischen den definierten Umgebungen kann im Apple-Menü umgeschaltet werden: dazu klickt man auf den Menüeintrag *Umgebung* und wählt im Aufklappmenü den gewünschten Namen.

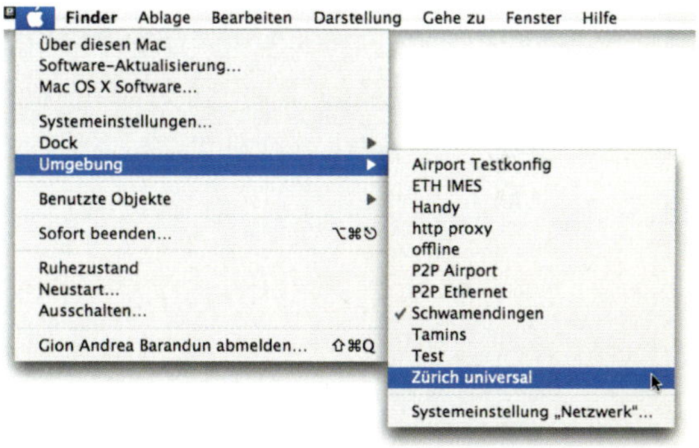

Um sämtliche Netzwerkvorgänge zu blockieren und um bei PowerBooks Strom zu sparen, kann man eine Umgebung *Offline* anlegen, bei der alle Netzwerkschnittstellen deaktiviert sind.

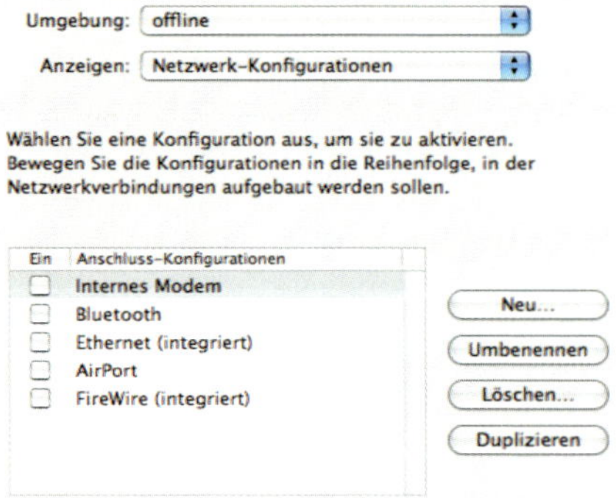

Abbildung 11-3 Offline-Umgebung

11.2 Konfiguration der Netzwerkzugänge

11.2.1 Lokales Netzwerk (LAN)

Für ein lokales Netzwerk wird man typischerweise TCP/IP und unter Umständen AppleTalk aktivieren. Die Verbindung geschieht über die Airport- oder Ethernet-Schnittstelle. Falls für TCP/IP das DHCP-Protokoll verwendet wird (die IP-Adresse wird dynamisch vom Server zugewiesen), reicht es, im Register *TCP/IP* unter *Konfiguration* einfach auf DHCP zu stellen (Abbildung 11-4, links). Die Werte für IP-Adresse, Teilnetzmaske und Router werden automatisch ergänzt, sobald eine Netzwerkverbindung besteht. Die grundlegende Konfiguration ist für Airport oder Ethernet identisch. Je nach Schnittstelle stehen aber zusätzliche Register zur Verfügung (siehe „Ethernetspezifische Einstellungen“ auf Seite 280 und „Airportspezifische Einstellungen“ auf Seite 281).

Bei einer manuellen Vergabe der IP-Adresse (diese ist vom Netzwerkadministrator zu beziehen) erfolgt der Eintrag wie in Abbildung 11-4, rechts. Die Konfiguration für *TCP/IP* im gleichnamigen Register funktioniert für Ethernet und Airport gleich, wobei für letzteres meistens keine DNS-Server eingetragen werden.

Das Register PPPoE steht für PPP over Ethernet und kommt bei ADSL-Verbindungen zum Zug (die Unterstützung von DSL ist also bereits in Mac OS X selber integriert). Die Einstellungen kann man in diesem Fall beim Internet Service Provider in Erfahrung bringen.

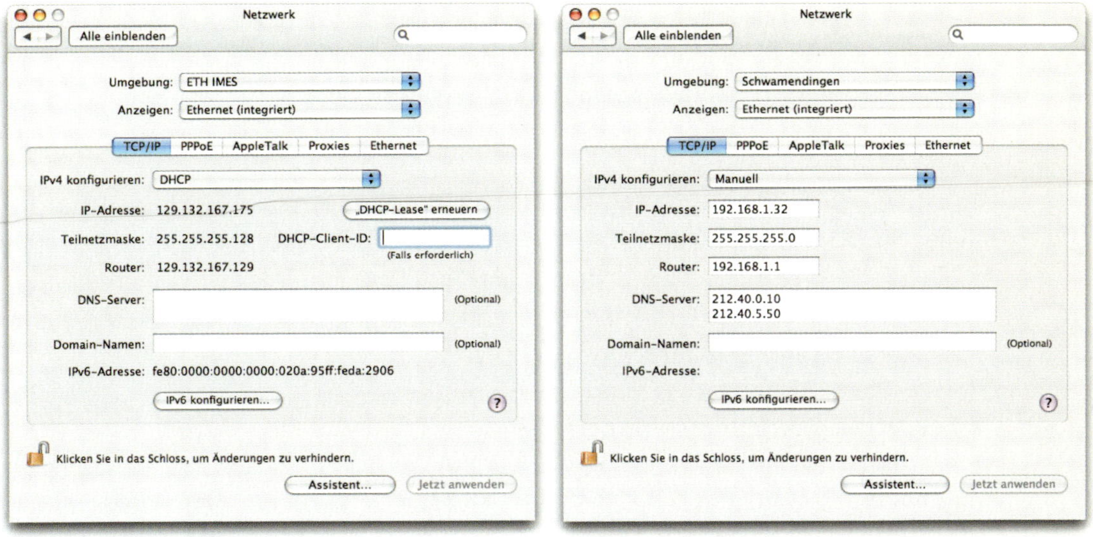

Abbildung 11-4 Festlegen der TCP/IP-Einstellungen für Ethernet

Das AppleTalk-Protokoll wird im Register *AppleTalk* aktiviert (Abbildung 11-5). Da AppleTalk das Standardprotokoll unter Mac OS 9 ist, und Laserdrucker zum Teil ebenfalls über AppleTalk betrieben werden, ist es manchmal sinnvoll, es noch einzuschalten. Neuere Drucker funktionieren fast immer via TCP/IP (oder USB, bei günstigeren Modellen). Wenn man im Netzwerk nicht auf AppleTalk angewiesen ist, sollte man es deaktivieren – TCP/IP ist wesentlich schneller. AppleTalk kann nicht auf mehrere Schnittstellen gleichzeitig gelegt werden.

Abbildung 11-5 AppleTalk-Protokoll

Im Register *Proxies* schliesslich kann man Proxy Server für die verschiedenen Dienste angeben, falls der Provider solche anbietet. Auch diese Information ist wiederum vom

Netzwerkadministrator in Erfahrung zu bringen. Ein Proxy Server dient als Zwischenspeicher (abgerufene Seiten werden dort gespeichert und der Datenverkehr gegen aussen wird reduziert) oder Firewall und Filter, je nachdem, wie er konfiguriert ist. Netzwerkzugriffe werden dadurch manchmal schneller, wenn auch – bei aktiver Firewall oder aktivem Filter – gewisse Seiten nicht mehr angezeigt werden.

Tiger unterstützt das neue Netzwerkprotokoll IPv6[1]. Der Benutzer merkt davon nur wenig, zu konfigurieren gibt es nichts – das sieht man, wenn man z. B. im Register *TCP/IP* auf *IPv6 konfigurieren...* klickt – die Einstellungen werden alle automatisch vorgenommen. Die Bonjour-Technologie („Zugriff via Bonjour (lokal)“ auf Seite 289) greift aber auf die IPv6-Dienste zurück.

Ethernetspezifische Einstellungen

Im Register *Ethernet* können noch weitere Einstellungen für die Schnittstelle vorgenommen werden. Diese Einstellungen richten sich eher an Netzwerkexperten, die ein Netzwerk administrieren müssen. Um Änderungen vornehmen zu können, muss unter *Konfiguration:* der Eintrag *Manuell (erweitert)* ausgewählt werden.

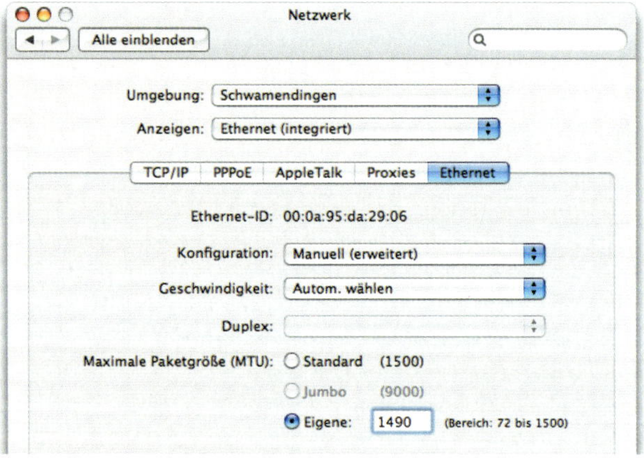

Abbildung 11-6 Erweiterte Ethernet-Einstellungen

Interessant kann der Punkt *Maximale Paketgrösse (MTU)* sein (MTU = Maximum Transfer Unit, bezeichnet die Paketgrösse bei der Datenübermittlung). Bei einigen Netzwerkkonstellationen (ADSL, Kabelmodem) kann es vorkommen, dass E-Mail-Attachments nicht versendet und einige Webseiten nicht geladen werden können oder einige Protokolle (wie https, also eine verschlüsselte Internetverbindung via Webbrowser) nicht

1. http://www.ipv6.org/

funktionieren. Falls man beim Provider die Information erhalten hat, die MTU zu ändern, kann man das hier tun.

In diesem Register sieht man ausserdem die Ethernet-ID. Diese kann man unter anderem dazu brauchen, einen Rechner über das Netzwerk aufzuwecken. In Abbildung 11-7 wird das Tool WakeUp[1] dazu verwendet, den Rechner *iGion* aus dem Ruhezustand zu wecken.

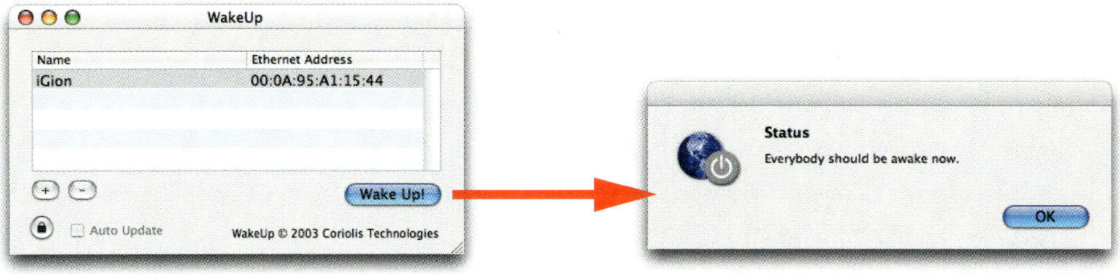

Abbildung 11-7 WakeUp

Airportspezifische Einstellungen

Im Register *AirPort* können noch einige Einstellungen vorgenommen werden.

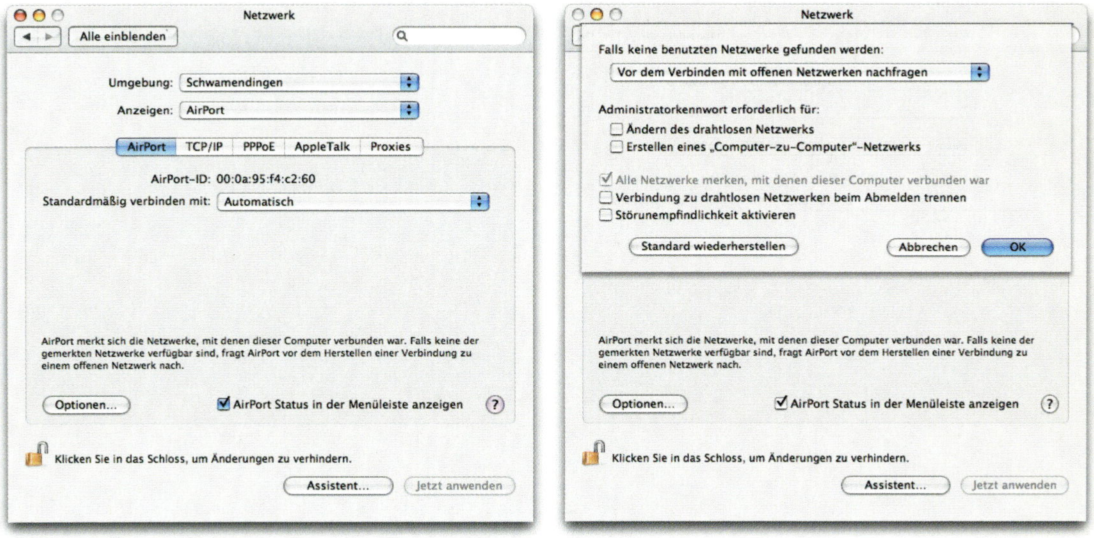

Abbildung 11-8 Airport-Einstellungen

1. http://www.coriolis.ch/article18.html

Die Option *AirPort Status in der Menüleiste anzeigen* im Register *Airport* aktiviert den Airport-Radarschirm in der Menüleiste. Damit kann man die Airport-Karte aktivieren und deaktivieren (um Batteriekapazität zu sparen!), ein Netzwerk auswählen und Informationen über die Signalstärke ablesen. Ausserdem lässt sich ein Netzwerk anlegen (siehe „Verbindung via Airport (Netzwerk anlegen)" auf Seite 295).

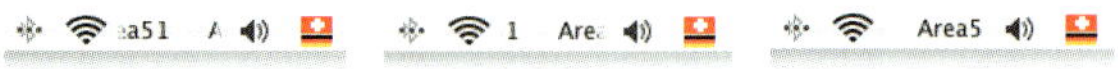

Ist ein Airport-Netzwerk vorhanden, wird – je nach Einstellungen – automatisch eine Verbindung hergestellt. Es erscheint eine kurze Animation mit dem Namen des Netzwerks in der Menüleiste.

Anstatt unter *Standardmässig verbinden mit:* die Einstellung *Automatisch* (irgendeines der bekannten Netzwerke wird automatisch benutzt, sobald verfügbar) zu belassen, kann man auf *Bevorzugte Netzwerke* umschalten. Es wird eine Liste mit Netzwerken eingeblendet, die dem Computer schon bekannt sind. Mit den Plus- und Minus-Zeichen können weitere Netzwerke hinzugefügt bzw. vorhandene entfernt werden (Abbildung 11-9). Die Netzwerke weiter oben in der Liste haben höhere Priorität – der Mac versucht wenn immer möglich, mit dem ersten eine Verbindung aufzubauen, dann mit dem zweiten, usw. Das ist in Umgebungen praktisch, wo (gleichzeitig) mehrere drahtlose Netzwerke zur Verfügung stehen. Mittels Drag & Drop kann die Reihenfolge geändert werden.

Abbildung 11-9 Netzwerkwahl einschränken

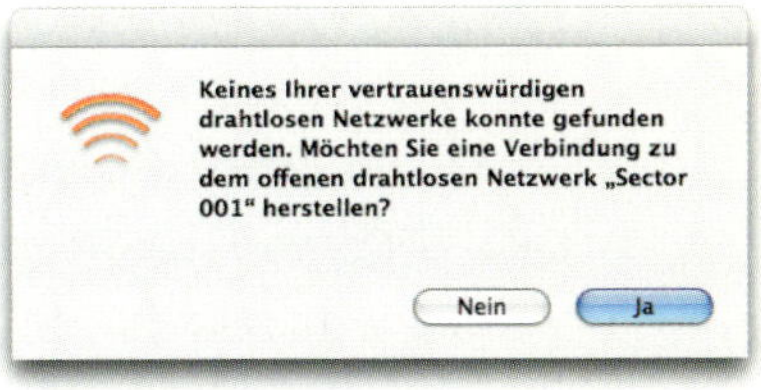

In den *Optionen...* (Abbildung 11-8, rechts) können weitere Einstellungen vorgenommen werden. Wenn man sich an einem Ort befindet, wo keine „vertrauten", sondern nur „fremde" Netzwerke vorhanden sind, muss der Computer wissen, wie er vorgehen soll. Im ersten Bereich, *Falls keine benutzten Netzwerke gefunden werden*, wird das eingestellt. Die Option *Vor dem Verbinden mit offenen Netzwerken nachfragen* informiert den Benutzer über ein neues Netzwerk und lässt ihm die Wahl, ob er es benutzen will oder nicht. Wird die Option auf *Automatisch mit offenen Netzwerken verbinden* gestellt, erfolgt die Nachfrage nicht mehr und ein vorhandenes Netz wird einfach benutzt. Bei *Weiter nach benutzten Netzwerken suchen* stellt der Mac eine Verbindung her, sobald ein bekanntes Netzwerk verfügbar ist..

Um ein anderes drahtloses Netzwerk zu wählen oder ein *Computer-zu-Computer Netzwerk* anzulegen (siehe „Verbindung via Airport (Netzwerk anlegen)" auf Seite 295) ist normalerweise kein Administrator-Passwort notwendig. Das kann ebenfalls in den *Optionen...* geändert werden.

Falls der Punkt *Verbindung zu drahtlosen Netzwerken beim Abmelden trennen* aktiviert wird, existiert – wenn niemand eingeloggt ist – keine (drahtlose) Netzwerkverbindung. Insbesondere ist es dann auch nicht möglich, via FileSharing auf den Rechner zuzugreifen (siehe „Sharing" auf Seite 288).

11.2.2 Internetzugang via Modem

Der Modem-Setup erfolgt ebenfalls im Kontrollfeld *Netzwerk*. Wie oben erwähnt, können die Einstellungen für das Modem und andere Anschlüsse gleichzeitig aktiviert sein. Mac OS X entscheidet nach Priorität und Verfügbarkeit (Abbildung 11-2), was verwendet wird. Nachdem die Preise für ADSL und Kabel in den letzten Jahren auf ein sehr gutes Preis-/Leistungsverhältnis gefallen sind, ist die Modemverbindung eher als Notlösung und als fast überall funktionierende Verbindungsart zu sehen – falls man sie aber nutzen will, muss man auch einen entsprechenden Account eingerichtet haben oder zumindest die Zugangsdaten wissen.

Im PPP-Register (Abbildung 11-10, links) werden der Internetanbieter (Name ist frei wählbar, etwa bluewin oder sunrise, etc.), die Telefonnummer des Anbieters und eine allfällige Alternativnummer (meist nur bei lokalen Providern vorhanden) sowie der Account-Name (Benutzername beim Provider) und das Kennwort angegeben (*Kennwort sichern* ist sinnvoll, sonst muss man es bei jedem Wahlvorgang eingeben).

Bei den *PPP-Optionen* (Abbildung 11-11, links) sollte man – entgegen den Gewohnheiten aus Mac OS 9 – die Option *Beim Bedarf automatisch verbinden* deaktiviert lassen. Das hängt damit zusammen, dass Mac OS X sonst ununterbrochen Einwahlversuche startet – UNIX und TCP/IP gehören entwicklungsbedingt praktisch zusammen.

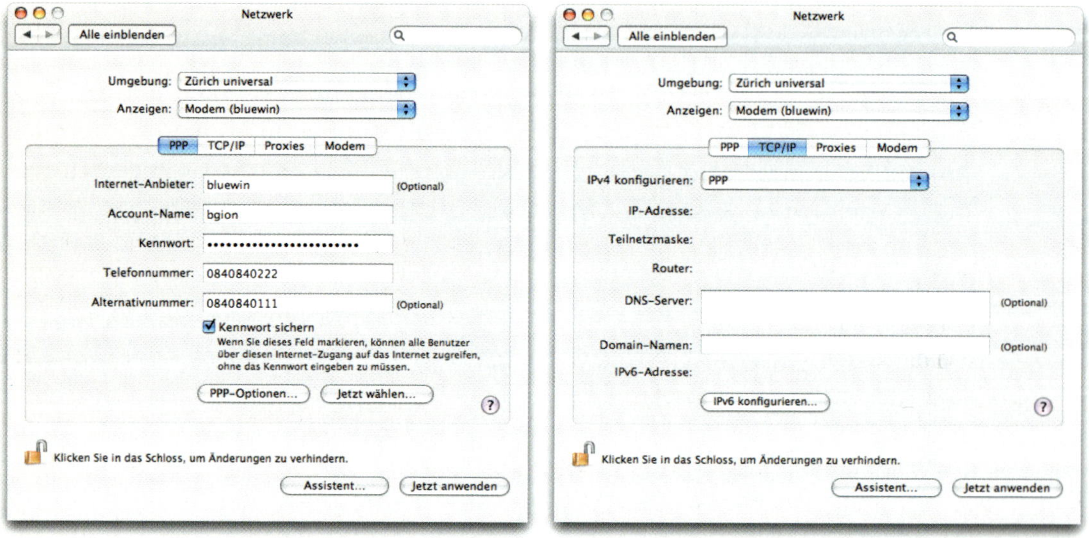

Abbildung 11-10 Modem-Konfiguration (1)

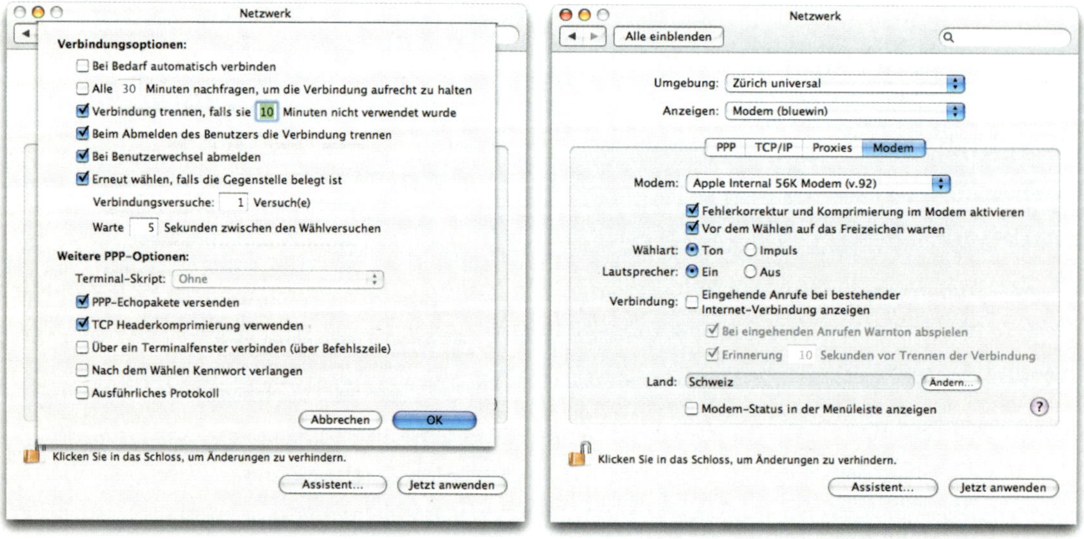

Abbildung 11-11 Modem-Konfiguration (2)

Unter TCP/IP müssen keine Domain Name-Server (DNS) oder Domain-Namen mehr angegeben werden (Abbildung 11-10, rechts), wie das unter Mac OS 9 und früher noch nötig war.

Im Register *Modem* (Abbildung 11-11, rechts) schliesslich wählt man zwischen Ton- und Impulswahl, wobei Impulswahl nur noch bei sehr alten Telefonanlagen oder sehr schlechter Leitungsqualität verwendet wird. Ob man das „Gedudel" bei der Einwahl hören will (*Lautsprecher*), ist Geschmacksache, aber zumindest weiss man dann, dass etwas passiert.

Den Eintrag *Land* muss man nur ändern, wenn es Probleme mit der Einwahl gibt (z B. wenn man im Ausland unterwegs ist). Wenn man auf *Ändern...* klickt, gelangt man zur Zeitzonenwahl aus dem Kontrollfeld *Datum & Uhrzeit* – hier muss man nochmals auf die Karte klicken und eine Stadt wählen (auch wenn dies bereits richtig eingestellt ist), um die Änderung auch im Kontrollfeld *Modem* zu aktivieren (das funktioniert allerdings nicht für sämtliche Regionen und Städte).

Um die Internetverbindung via Modem herzustellen, kann man das Menüleistensymbol benutzen und *Verbinden* wählen (Abbildung 11-12, links). Für die Verbindungsherstellung über das Modem ist das Programm */Programme/Internet-Verbindung* zuständig.

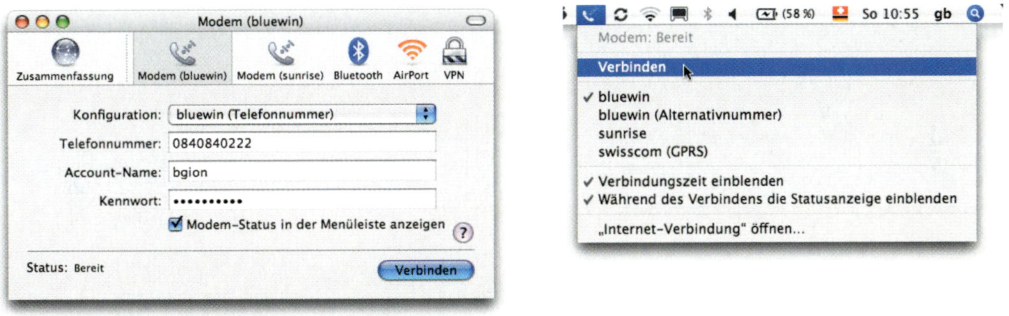

Abbildung 11-12 Internet-Verbindung

Damit das Telefon-Icon in der Menüleiste erscheint, muss unter *Modem* der Punkt *Modem-Status in der Menüleiste anzeigen* aktiviert werden (die Option ist auch im Programm *Internet-Verbindung* verfügbar, Abbildung 11-12). Während der Verbindungsherstellung und der Trennung wird eine Animation gezeigt. Wenn die Verbindung aktiv ist, sieht man die Verbindungszeit, sofern diese Optionen im Menüleistensymbol aktiv sind (Abbildung 11-12). Von hier aus kann man die Verbindung auch wieder *Trennen*, vorausgesetzt, die Menüleiste ist nicht zu voll (was auf kleineren Bildschirmen schnell passiert). Dann muss man für die Beendigung der Verbindung das Programm *Internet-Verbindung* aufrufen.

Im Register *Modem* wählt man ausserdem den Typ des Modems aus, also bei internen Modems von Apple z. B. *Apple Internal 56K Modem (V92)*.

Hat man mehrere Modem-Konfigurationen aktiviert, erscheinen sie in der Menüleiste unter dem Telefon-Icon entsprechend der Anordnung im Fenster *Netzwerk-Konfigurationen* sortiert (Abbildung 11-13).

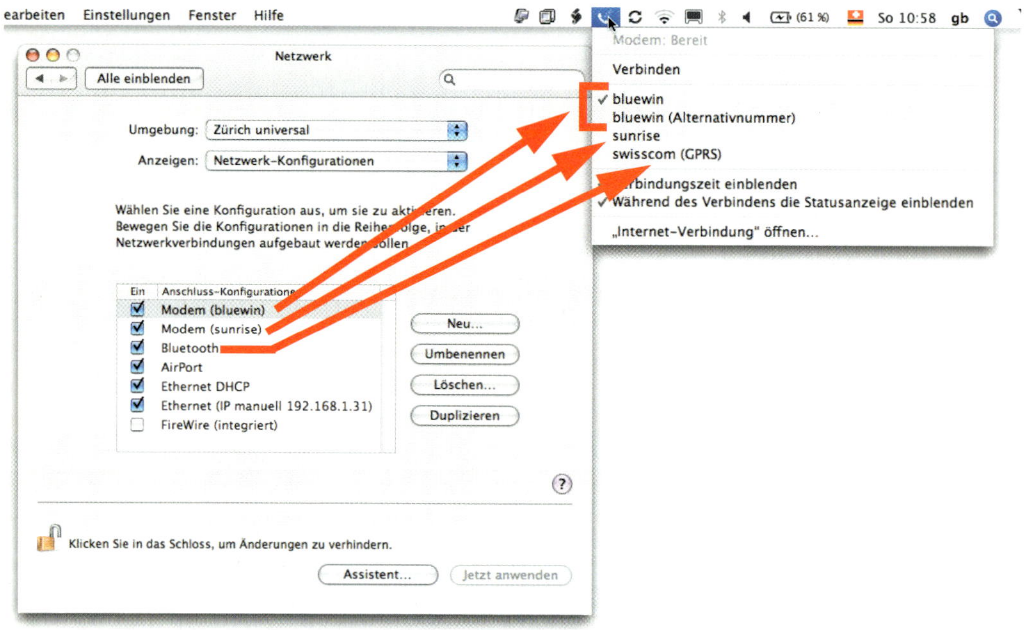

Abbildung 11-13 Einwahl nach Priorität der Anschlüsse

Falls man über externe Modems oder ISDN-Terminaladapter verfügt, sollte man sich auf der Homepage des Herstellers umsehen, ob die Geräte unter Mac OS X laufen und ob es schon Software dafür gibt.

11.2.3 Internetzugang via Mobiltelefon

Bei allen PowerBooks mit FireWire-Anschluss ist es möglich, auch via Infrarot (IrDA) und entsprechend ausgestattetem Mobiltelefon ins Internet zu gelangen. Der Anschluss muss also auf *IrDA Modemanschluss* umgestellt werden. Die Infrarot-Schnittstelle ist bei neuen Geräten nicht mehr vorhanden. Stattdessen setzt Apple auf den zuverlässigeren und einfacher zu bedienenden *Bluetooth*-Standard. Dabei müssen das Mobiltelefon und der Computer zuerst gekoppelt werden (siehe „Koppeln eines Bluetooth-Geräts“ auf Seite 335). Die Verbindung wird meistens über GPRS hergestellt. Wie man das Register *PPP* dazu konfigurieren muss, erfährt man auf der Homepage seines Mobiltelefon-Providers. Funktionieren die Einstellungen nicht, kann man versuchen, die gleichen Daten wie bei einer normalen Modemverbindung einzutragen.

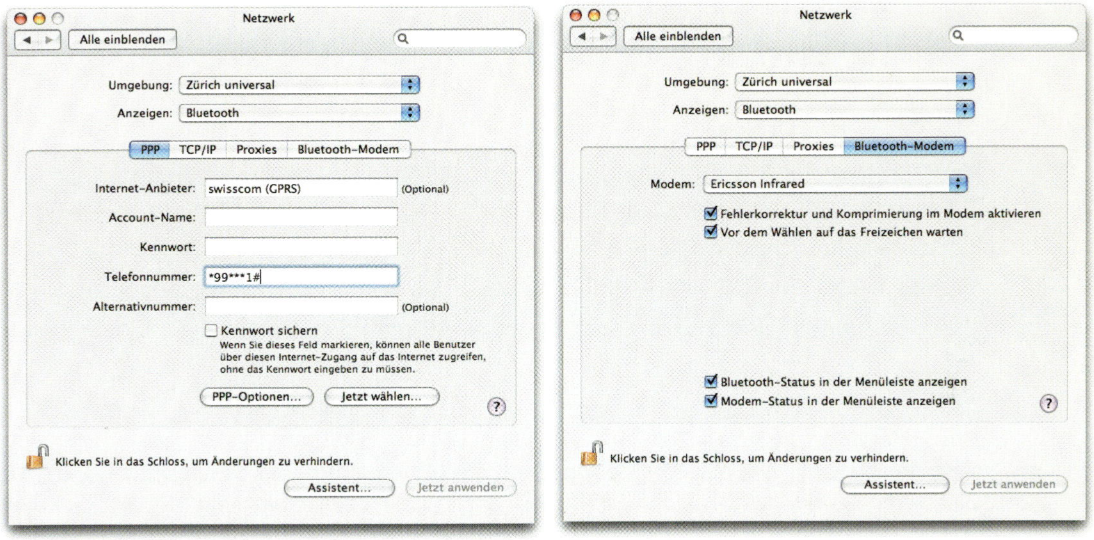

Abbildung 11-14 Internetverbindung via Mobiltelefon

Obwohl neue, schnellere Datenübertragungstechnologien wie GPRS und HSCSD langsam Fuss fassen, ist im Moment das Surfen via Mobiltelefon nicht zu empfehlen. Um von unterwegs seine E-Mails abzurufen, kann die Funktion dennoch sehr praktisch sein. Der Datentransfer sollte aber auf ein nötiges Minimum beschränkt werden, da die Kosten sonst sehr schnell steigen.

Die TCP/IP-Optionen bleiben gleich wie bei der Einwahl über ein normales Modem. Lediglich im Register *Bluetooth-Modem* muss der Typ des Mobiltelefons (Modemskript) gewählt werden. Falls für das eigene Mobiltelefon kein Modemskript existiert, ist Ross Barkman‘s Homepage[1] eine gute Anlaufstelle. Er erklärt detailliert die Einstellungen für die Nutzung von GPRS oder HSCSD (in englisch) und gibt Tipps zur Konfiguration. Auf seiner Seite findet man auch eine Liste mit Einwahlparametern für fast alle Provider. Verwendet man eines seiner Modemscripts, muss man unbedingt die beiliegende Anleitung lesen, da die Einstellungen (Einwahlnummer, Benutzername, ...) unter Umständen von der Standardkonfiguration abweichen.

1. http://www.taniwha.org.uk/

Modemverbindungen über ein Mobiltelefon sind nicht ganz unproblematisch. Falls der Verbindungsaufbau nicht klappt, kann man versuchen, mit dem Bluetooth-Assistenten das Gerät neu zu koppeln (dabei spielt es keine Rolle, ob der Computer und das Telefon bereits gekoppelt sind, wie in „Bluetooth“ auf Seite 333 beschrieben).

11.3 Sharing

11.3.1 FileSharing-Einstellungen

Mit *FileSharing* stellt man Daten auf der Festplatte anderen Nutzern im Netzwerk zur Verfügung. Mit Tiger wird nur noch das TCP/IP-Protokoll unterstützt, um auf einen anderen Rechner via Netzwerk zuzugreifen. AppleTalk ist damit endgültig Vergangenheit, funktioniert aber noch für Drucker. Bei eindeutiger IP-Adresse (vom Netzwerkadministrator zu erfahren) funktioniert der TCP/IP-Zugriff auch über das Internet.

Wenn Personal File Sharing bei Mac OS X aktiviert ist, können andere (Mac OS 9- oder Mac OS X-) Rechner via Netzwerk auf den Mac OS X-Computer zugreifen. FileSharing wird im Register *Dienste* des Kontrollfelds *Sharing* aktiviert (Abbildung 11-15). Die grundsätzliche Funktionsweise ist ähnlich wie in Mac OS 9, die Mehrbenutzerfunktionalität von Mac OS X kommt allerdings voll zum Tragen. Im Feld *Gerätename* sollte man einen möglichst eindeutigen Namen für den Server eintragen. Um Daten auf dem eigenen Computer anderen Benutzern im Netzwerk zur Verfügung zu stellen, aktiviert man das Häkchen *Personal File Sharing*.

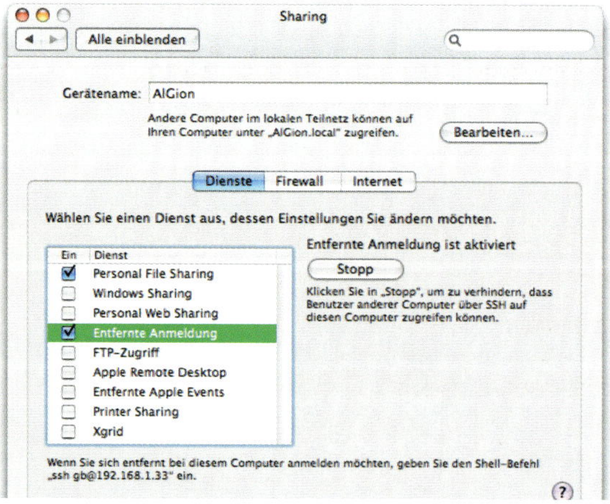

Abbildung 11-15 FileSharing in Mac OS X

11.3.2 Verbindung mit Mac OS X-Computern herstellen

Um auf einen Server (ein Computer, bei dem FileSharing aktiviert ist) zugreifen zu können, wählt man im Finder von Mac OS X das Menü *Gehe zu - Mit Server verbinden...* In Mac OS 9 öffnet man das Programm Netzwerk Browser (Abbildung 11-28, links).

Zugriff via Bonjour (lokal)

Mit Panther wurde AppleTalk durch Rendezvous (jetzt Bonjour genannt) abgelöst. Für den Benutzer ändert sich wenig: Bonjour ist genauso komfortabel wie AppleTalk. Bonjour ist eine Technologie, die verfügbare Dienste entdeckt und den angeschlossenen Geräten untereinander zur Verfügung stellt. Wer mehr über Bonjour erfahren will, sollte einen Blick auf die entsprechenden Seiten von Apple werfen[1].

Bonjour findet vor allem Verwendung, um zwei Rechner miteinander zu vernetzen. Dies wird im Kapitel „Verbindung zwischen zwei Mac OS X-Computern herstellen“ auf Seite 292 beschrieben.

Ein komfortabler Weg, um sich im Netzwerk befindliche Bonjour-Computer anzeigen zu lassen, ist das Programm DockBrowser[2], der bei Apple gratis erhältlich ist. Beim Starten des Programms erscheint ein Icon im Dock, von dem aus auf Computer mit aktiviertem Sharing zugegriffen werden kann.

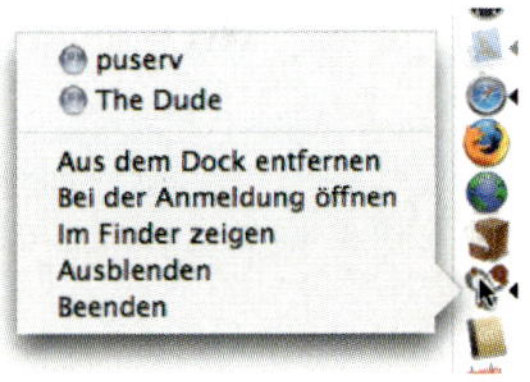

Zugriff via TCP/IP (lokal)

Um sich via TCP/IP mit einem anderen Rechner zu verbinden, öffnet man ein Finder-Fenster und klickt in der Seitenleiste in den Eintrag *Netzwerk* – oder wählt *Computer* aus dem Menü *Gehe zu*, wo sich ebenfalls ein Netzwerk-Icon befindet, das man doppelklickt. Computer, welche FileSharing aktiviert haben und sich im gleichen Subnet befinden, erscheinen nun in diesem Fenster (evtl. in einem Unterordner *My Network,* wie in Abbildung 11-39). Neben Mac OS X- und Mac OS 9-Rechnern tauchen hier auch Windows-Maschinen auf (falls man sich in einem Netzwerk mit mehreren Zonen und Domains befindet, sieht das Fenster so wie in Abbildung 11-31 auf Seite 300 aus). Um eine Verbindung herzustellen, klickt man einfach das Icon des gewünschten Servers doppelt an (Abbildung 11-16, links). Im folgenden Dialog muss man nun Name und Kennwort eines am Server registrierten Benutzers angeben, oder (falls möglich) sich als Gast einloggen (mit dem Button *Gast*, es erfolgt keine Kennwort-Abfrage). Den Gastzugang kann man mit SharePoints (siehe „SharePoints“ auf Seite 312) auch deaktivieren (in der

1. http://www.apple.com/macosx/features/bonjour/
2. http://developer.apple.com/samplecode/DockBrowser/DockBrowser.html (Download Sample wählen)

Tiger-Version im Moment zwar noch nicht, die Funktion soll aber integriert werden). Es folgt die Abfrage des Volumes, das man aktivieren will – mit Klick auf OK schliesst man den Vorgang ab. Falls man Netzwerk-Volumes in der Seitenleiste oder auf dem Desktop anzeigen lässt (siehe „Finder-Einstellungen" auf Seite 96), hat man direkt über diese Elemente Zugriff auf den Server. Andernfalls muss man im Menü *Gehe zu* den Eintrag *Computer* wählen, wo das gemountete Volume erscheint.

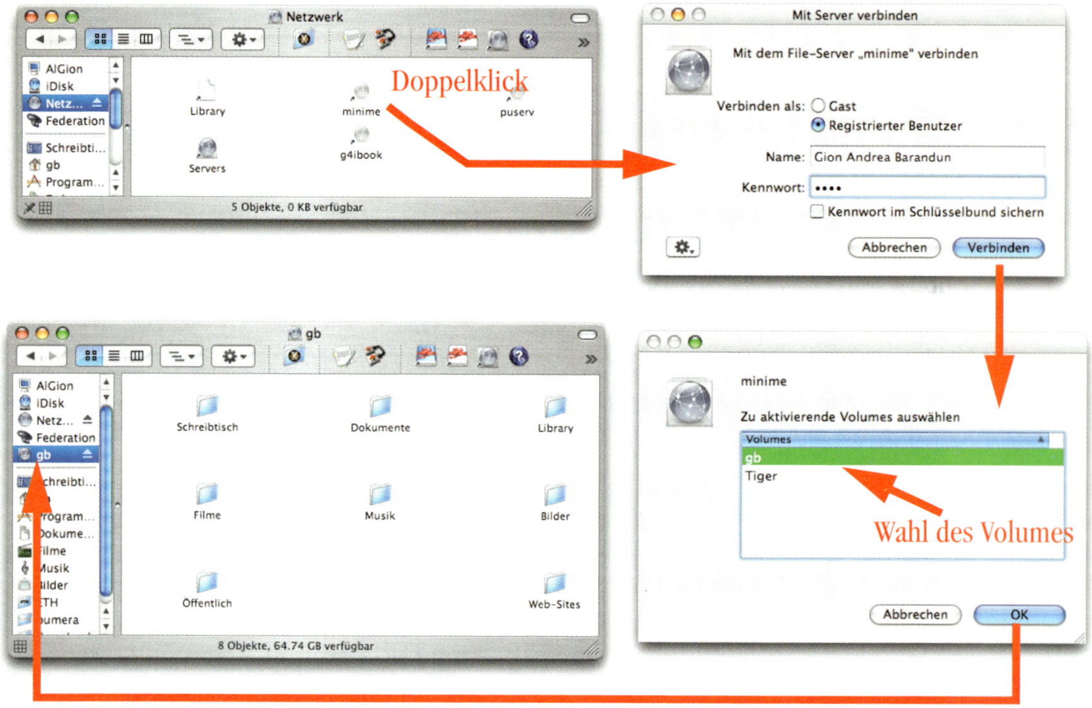

Abbildung 11-16 Zugriff via TCP/IP im gleichen Subnet

Um die Verbindung zu trennen, markiert man das Icon des Servers im Fenster *Computer* und wählt „*<Server>" auswerfen* aus dem Menü *Ablage*. Noch schneller geht's über das Kontextmenü (Abbildung 11-17), oder mit Apfel-E, oder via die „Auswerfen"-Taste in der Seitenleiste. Es ist auch möglich, das Icon des Servers auf den Papierkorb zu ziehen – dieser verwandelt sich zu einem Auswurfknopf.

Abbildung 11-17 Netzwerkverbindung trennen

Zugriff via TCP/IP übers Internet

Falls man auf einen Server in einem anderen Subnet zugreift, muss die IP-Nummer (oder der Netzwerknamen, z. B. *fileserver.pumera.ch*) natürlich bekannt sein (Abbildung 11-18). Sie wird dann in den Dialog *Mit Server verbinden...* (Apfel-K im Finder) eingegeben. Nach dem Klick auf *Verbinden* erscheint ebenfalls der Dialog zur Authentifizierung, gefolgt von der Wahl des Volumes (wie im ersten Fall).

Abbildung 11-18 Zugriff via TCP/IP (anders Subnet)

Durch Klick auf das Pluszeichen im *Mit Server verbinden*-Dialog aus Abbildung 11-18 kann man einen Computer zur Liste *Bevorzugte Server* (auf die man häufig zugreift) hinzufügen. Unter der Uhr befindet sich eine Liste mit Servern, auf die man kürzlich zugegriffen hat.

Abbildung 11-19 Bevorzugte Server, zuletzt benutzte Server

Im Gegensatz zum vorherigen Fall wird bei der Verbindungsherstellung via *Mit Server verbinden*-Dialog ein neues Finderfenster mit dem gemounteten Volume geöffnet.

Die Verbindung kann wie vorher beschrieben getrennt werden. Es empfiehlt sich immer, ein nicht mehr gebrauchtes Volume auszuwerfen, bevor man die Verbindung physikalisch trennt (z. B. Herausziehen des Ethernetkabels). Der Finder beginnt sonst eine verzweifelte Suche nach dem Volume, die ihn für einige Minuten lahm legen kann, bevor eine Fehlermeldung zum Trennen der Verbindung erscheint.

Der *Mit Server verbinden...*-Dialog ist seit Panther ein eigenständiges Fenster und blockiert den Finder nicht mehr, wenn er geöffnet ist.

11.3.3 Verbindung zwischen zwei Mac OS X-Computern herstellen

Falls man sich nicht in einem Netzwerk befindet, sondern nur kurzzeitig zwei Computer miteinander verbinden will, hat man verschiedene Möglichkeiten.

Verbindung via FireWire Target Mode

Die einfachste Verbindungsmöglichkeit ist der FireWire Target-Modus. Dabei handelt es sich eigentlich nicht um eine Netzwerkverbindung, sondern ein Computer wird als externe Festplatte an den anderen gehängt. Die Verbindung ist problemlos, allerdings können die Benutzerrechte – genau wie bei konventionellen externen Festplatten – ignoriert werden, falls diese Option im Informationsfenster eingestellt wird (Abbildung 11-20).

Und so funktioniert's: Wenn ein Computer schon läuft, wird der andere – noch ausgeschaltete – Mac via FireWire-Kabel angehängt. Nun schaltet man den zweiten Computer ein und drückt gleich nach dem Startton die T-Taste, bis ein FireWire-Symbol auf dem Bildschirm erscheint. Kurze Zeit später sieht man die Festplatte des zweiten Computers auf dem Schreibtisch des ersten.

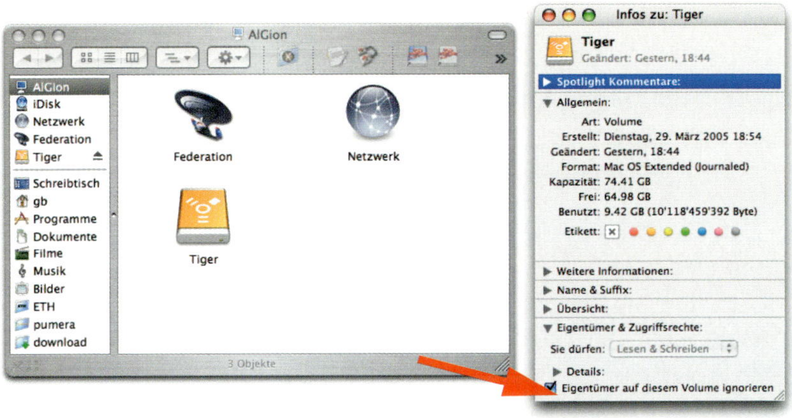

Abbildung 11-20 Zugriffsrechte ignorieren

Falls in einem Computer mehrere Festplatten eingebaut sind, wird immer nur die erste, sogenannte „Master"-Platte mit Bus- oder Einheiten-Nummer 0 im *System Profiler* (siehe „Apple System Profiler" auf Seite 529), gemountet. Ist eine Master-Festplatte partitioniert, erscheinen aber alle Partitionen.

Voraussetzung für den Betrieb im FireWire Target Mode ist, dass die Firmware des Computers diesen Betrieb unterstützt[1]. Ausserdem darf das Open Firmware-Passwort nicht gesetzt sein, sonst startet das Gerät nicht im Target-Modus (zum Schutz vor der Umgehung der Zugriffsrechte).

Um den Target-Modus wieder zu beenden, wirft man alle gemounteten Volumes aus und drückt den Ein-/Ausschalter des Target-Gerätes etwas länger, bis es sich ausschaltet. Danach kann man das FireWire-Kabel entfernen.

Verbindung via (gekreuztes) Ethernet-Kabel

Die zweite Möglichkeit, zwei Rechner zu verbinden, ist ein gekreuztes Ethernetkabel. Neuere Geräte brauchen nicht einmal mehr ein gekreuztes Kabel, die Schnittstellen merken automatisch, wie sie schalten müssen. Nachdem die beiden Geräte mit dem Kabel verbunden sind, setzt man beide Netzwerkschnittstellen auf Ethernet. Es sollten keine weiteren Schnittstellen aktiviert werden, die Verbindung funktioniert so am zuverlässigsten. Eine weitere Konfiguration der Schnittstelle ist nicht notwendig: TCP/IP kann auf DHCP gestellt werden, der Computer wird sich selbst eine IP zuweisen (die aber nicht verwendet wird) und AppleTalk bleibt deaktiviert.

1. http://docs.info.apple.com/article.html?artnum=58583

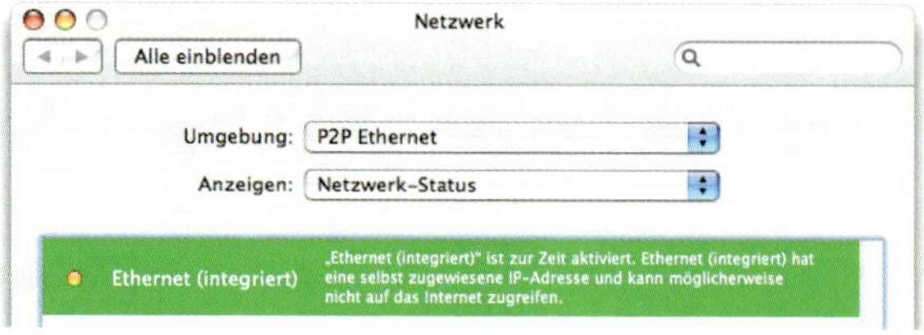

Abbildung 11-21 Netzwerk-Status bei Ethernet

Beim ersten Gerät, auf das man zugreifen will, aktiviert man *Personal File Sharing* im Kontrollfeld *Sharing* unter *Dienste*. Beim zweiten Gerät ruft man im Finder den *Mit Server verbinden…*-Dialog auf (Apfel-K) und gibt im Feld *Server-Adresse* den Netzwerknamen des anderen Computers ein (im Beispiel aus Abbildung 11-22: *AlGion.local*). Die Endung *.local* muss mit eingegeben werden! Die Verbindung wird nun via Bonjour hergestellt („Zugriff via Bonjour (lokal)“ auf Seite 289).

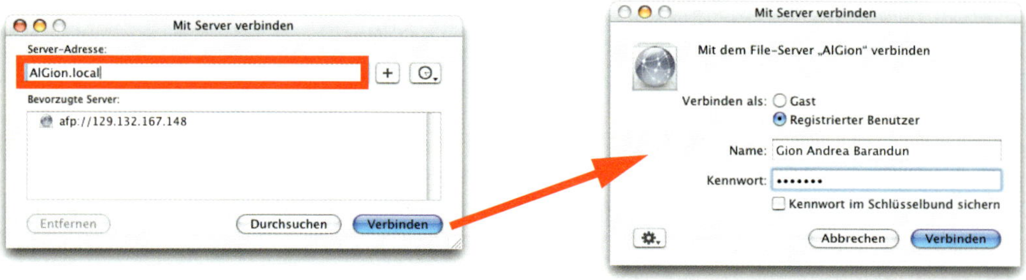

Abbildung 11-22 Verbindung als Benutzer *Gion Andrea Barandun*

Genau wie vorher erscheint das Laufwerk nach der Wahl des Volumes in der Seitenleiste (und auf dem Schreibtisch):

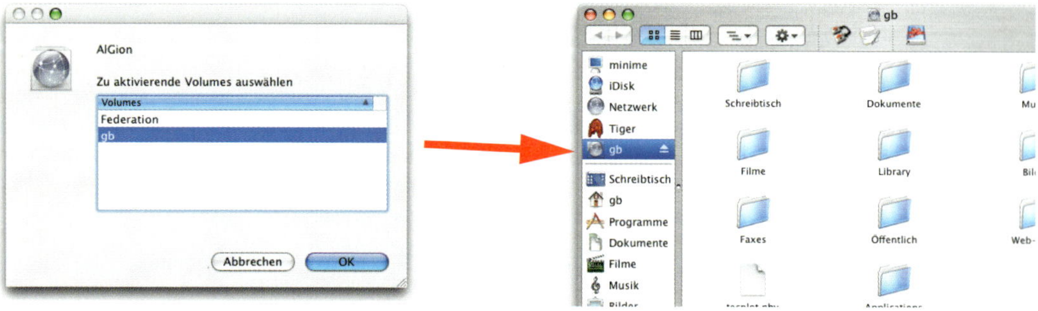

Abbildung 11-23 Gemountetes AppleTalk Volume *gb*

Verbindung via Airport (Netzwerk anlegen)

Falls beide Computer über eine eingebaute Airport-Karte verfügen, kann man sie auch auf diese Weise vernetzen. Ähnlich wie bei der Vernetzung via Ethernet-Kabel aktiviert man bei beiden Geräten in den Netzwerkeinstellungen nur die Airport-Schnittstelle (es müssen keine weiteren Konfigurationen vorgenommen werden). Dann wird mit dem ersten Gerät ein Airport-Netzwerk angelegt und *Personal File Sharing* aktiviert. Über das Menüleisten-Icon *Airport* und den Befehl *Netzwerk anlegen…* gelangt man zu einem Dialog, in welchem man den Namen des Airport-Netzwerks wählen kann (vorgeschlagen wird der Netzwerkname des Computers, Abbildung 11-24). Mit Klick auf *Optionen einblenden* kann man das Netzwerk zur Erhöhung der Sicherheit mit einer Verschlüsselung versehen (wobei die WEP-Verschlüsselung als nicht besonders sicher gilt).

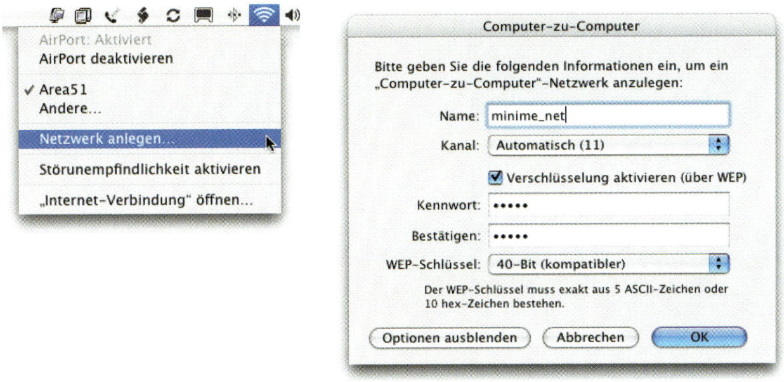

Abbildung 11-24 Lokales Airport-Netzwerk anlegen

Auf dem anderen Gerät muss man nun dieses Netzwerk auswählen (ebenfalls im Menüleisten-Icon), damit man Zugriff erlangt. Falls die Verschlüsselung aktiviert wurde, muss das Kennwort eingegeben werden (Abbildung 11-25). Das normale Airport-Icon in der Menüleiste verwandelt sich in einen kleinen iMac (wie auch beim ersten Computer).

Abbildung 11-25 Am Netzwerk anmelden

Nun kann man wieder via *Mit Server verbinden...*-Dialog und dem Netzwerknamen des ersten Computers eine Netzwerkverbindung herstellen (genau wie unter „Verbindung via (gekreuztes) Ethernet-Kabel" auf Seite 293 beschrieben).

11.3.4 Verbindungen mit Mac OS 9-Computern

Zugriff via AppleTalk

Der Zugriff auf Servervolumes via AppleTalk ist in Tiger nicht mehr möglich. Falls man einen Computer als Server benutzt und nur AppleTalk aktiviert ist (typischerweise ein Server, der unter Mac OS 8.6 oder 9 läuft), taucht er nicht mehr in der Netzwerkumgebung auf (Seitenleiste – *Netzwerk*).

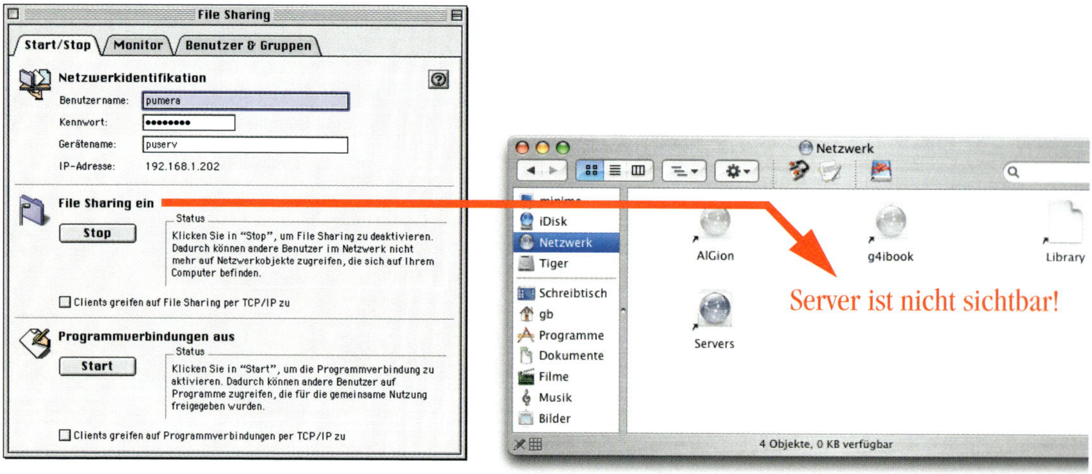

Abbildung 11-26 Reiner AppleTalk-Server unter Mac OS 9

FileSharing mit Mac OS 9 (und früher) funktioniert nur noch via TCP/IP. Falls die Dienste bis jetzt nur via AppleTalk zur Verfügung standen, hat man drei Möglichkeiten:

1. Zugriff von X (Client) nach 9 (Server): Unter Mac OS 9 und höher verwendet man FileSharing via TCP/IP, das bereits eingebaut ist (siehe „Verbinden von X (Client) nach 9 (Server)" auf Seite 297).
2. Zugriff von X (Client) nach 8.6 oder früher (Server): Unter Mac OS 8.6 und früher installiert man die Software ShareWay IP[1], um dem System FileSharing über TCP/IP beizubringen (funktioniert ab System 7.5.5). Der Zugriff erfolgt dann wie in „Verbinden von X (Client) nach 9 (Server)" auf Seite 297.

1. http://opendoor.com/shareway/

3. Zugriff von 9 (oder früher) nach X: Anstatt vom Tiger-Computer auf den anderen Rechner zuzugreifen, geht man den umgekehrten Weg: es wird vom alten Rechner auf den Tiger-Computer zugegriffen. Dies ist möglich, da auch ältere Mac OS-Versionen FileSharing via TCP/IP als Client nutzen können, nicht aber ihre FileSharing Dienste via TCP/IP anbieten können (siehe „Verbinden von 9 (Client) nach X (Server)“ auf Seite 298).

Verbinden von X (Client) nach 9 (Server)

Auch bei Mac OS 9 kann für FileSharing anstelle von AppleTalk das etwas schnellere TCP/IP-Protokoll verwendet werden (bei Mac OS X ist es standardmässig aktiv). Für den Datenaustausch via TCP/IP ist Voraussetzung, dass bei Mac OS 9-Computern im Kontrollfeld *FileSharing* die Option *Clients greifen auf FileSharing via TCP/IP zu* aktiviert wurde (Abbildung 11-27). Für Mac OS 8.6 und früher muss die Software ShareWay IP[1] installiert werden, damit FileSharing via TCP/IP zur Verfügung steht.

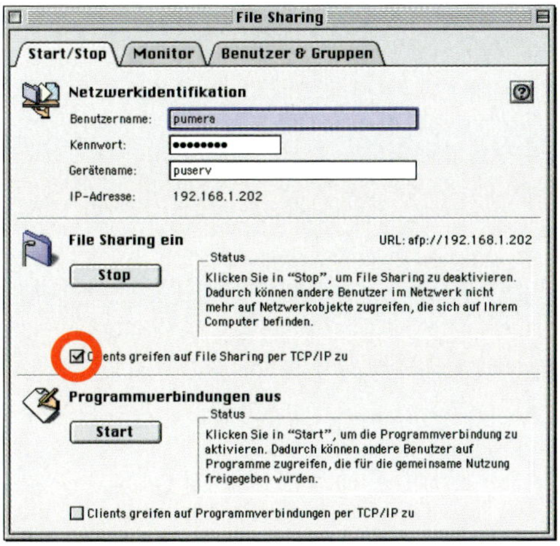

Abbildung 11-27 FileSharing via TCP/IP aktivieren

Wenn man Dateien und Ordner von Mac OS X nach Mac OS 9 kopiert, deren Dateiname mehr als 31 Zeichen enthält, dann kann folgendes passieren:

- Falls man einen Ordner kopiert, in dem sich Dateien mit mehr als 31 Zeichen befinden, wird der Kopiervorgang an der Stelle abgebrochen, an der die erste betreffende Datei erreicht wird.

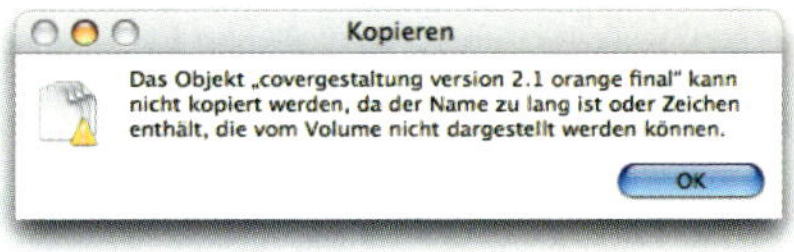

1. http://opendoor.com/shareway/

- Falls man eine Auswahl von Dateien kopiert, informiert der Finder darüber, dass nicht alle kopiert werden können. Der Rest wird aber kopiert.

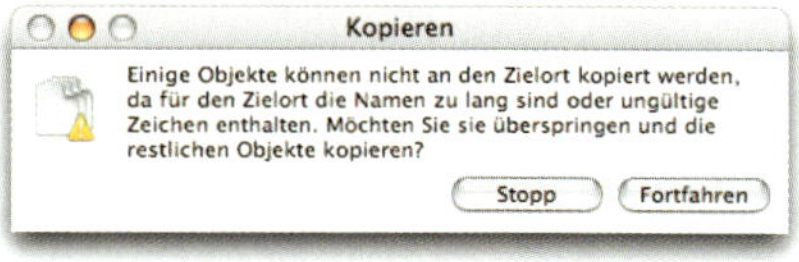

Verbinden von 9 (Client) nach X (Server)

Da mit Tiger AppleTalk für FileSharing nicht mehr zur Verfügung steht, muss man sich via TCP/IP verbinden. Das kann man mit dem Programm *Netzwerkbrowser* (Abbildung 11-28, im Apple-Menü zu finden) oder in der *Auswahl* machen.

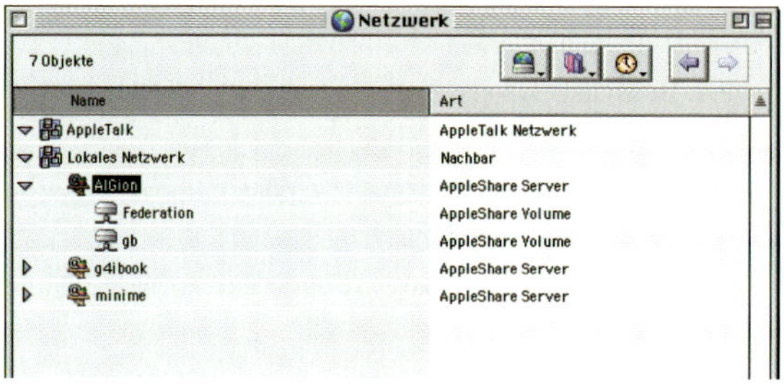

Abbildung 11-28 Netzwerkbrowser unter Mac OS 9 (nach Authentifizierung am Server *AlGion*)

In der *Auswahl* klickt man bei aktiviertem AppleShare Icon auf den Button *Server IP-Adresse...* Im folgenden Fenster gibt man die IP-Adresse (oder den Netzwerknamen) des Servers ein (Abbildung 11-29, links).

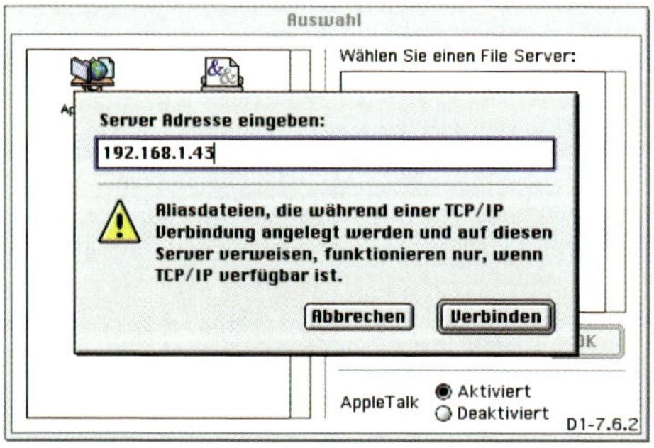

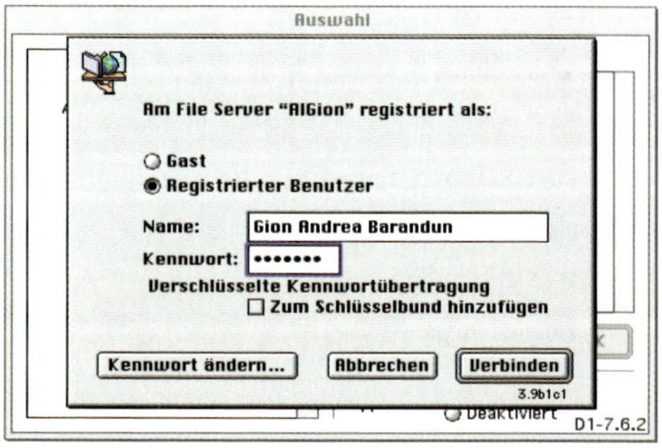

Abbildung 11-29 Verbindung via TCP/IP von Mac OS 9 aus

Wenn der Server gefunden wird, erscheint ein Login-Fenster – ähnlich dem aus Mac OS X (Abbildung 11-29, rechts). Nach dem Klick auf *Verbinden* muss man noch die Volumes wählen, auf die man zugreifen will (Abbildung 11-30, links).

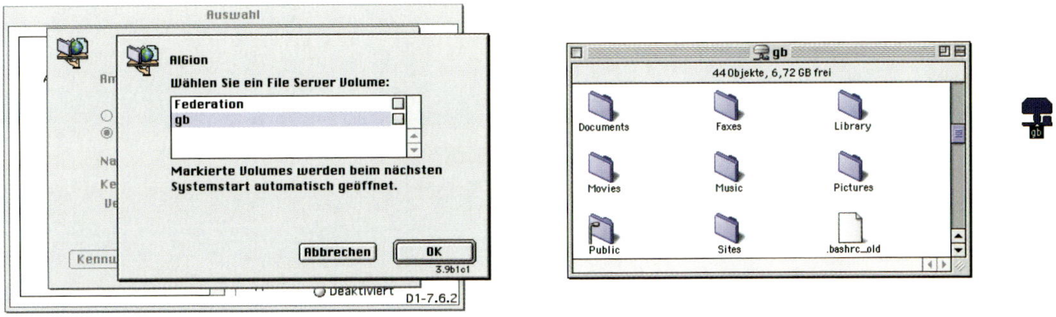

Abbildung 11-30 Authentifizierung und Wahl der Volumes

Mit Klick auf OK wird das Volume auf dem Schreibtisch gemountet (Abbildung 11-30, rechts). Natürlich sind im Ordner auch einige unter Mac OS X nicht sichtbare Elemente dabei – Mac OS 9 hält diese für „normale" Dateien.

Falls Dateien vorhanden sind, deren Name mehr als 31 Zeichen lang ist, stellt Mac OS 9 den Namen mit kryptischen Zeichen dar (das Suffix bleibt aber erhalten). Die Datei kann aber ohne Probleme kopiert werden (man sollte sie aber sinnvollerweise umbenennen).

11.3.5 Verbindung mit Windows-Computern

Mac OS X hat einen integrierten SAMBA-Client. Die Samba Software Suite ist eine Ansammlung von Programmen, die das Server Message Block-Protokoll für UNIX-Systeme durchführt (gewöhnlich mit SMB abgekürzt). Dieses Protokoll wird manchmal als CIFS (Common Internet File System), LAN Manager- oder NetBIOS-Protokoll bezeichnet. Das heisst, man kann auf einem UNIX-Server Datei- und Druckerdienste für Windows-Clients installieren. Mac OS X kann durch den integrierten SAMBA-Client auch auf diese Dienste (oder auch die von echten Windows-Servern) zugreifen. Besonders praktisch ist diese Methode, falls man zu Hause einen Mac und einen PC hat – dank SAMBA kann man die beiden miteinander verbinden.

Von Mac nach Windows (lokal, gleiches Subnet)

Ist man in einer gemischten (oder reinen Windows-) Umgebung unterwegs, erscheinen Windows-Freigaben wie AppleShare Volumes im lokalen Netzwerk (Abbildung 11-31).

Abbildung 11-31 Netzwerk mit mehreren Windows-Domains

In Abbildung 11-32 taucht unter dem lokalen Netzwerk *WORKGROUP* (das ist unter Windows der Standardname für das Netzwerk) der Rechner *SOUND* auf. Um auf den Computer *SOUND* zuzugreifen, klickt man dessen Icon doppelt an. Nun gibt es mehrere Möglichkeiten:

- Falls der Server in jedem Fall eine Authentifizierung verlangt, erscheint der Login-Dialog.
- Falls „Public"-Freigaben existieren, auf die alle Mitglieder einer Domain oder einer Gruppe zugreifen können, kann man zuerst aus diesen Freigaben auswählen, welche man sehen möchte. Danach folgt die Authentifizierung am System (Abbildung 11-33). Aber:
- Wünscht man Zugriff auf eine Freigabe, die eine Authentifizierung als ein bestimmter Benutzer verlangt, klickt man im Dialog auf *Identifizieren* (der Login-Dialog erscheint) und meldet sich an, damit auch diese Freigabe angezeigt wird.

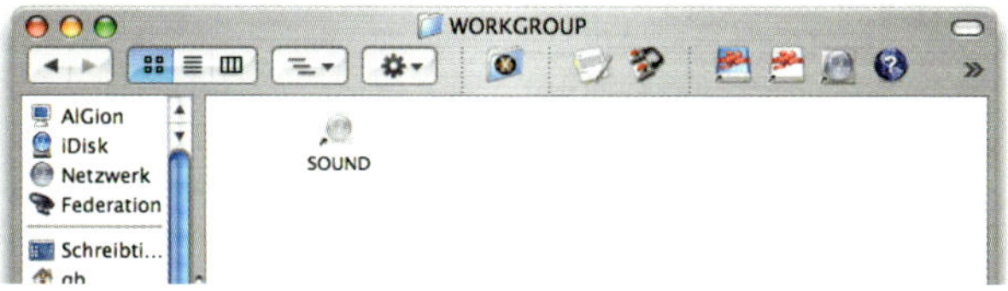

Abbildung 11-32 SAMBA-Volume im lokalen Netzwerk

Beim Login spielt das Feld *Arbeitsgruppe oder Domain* meist keine Rolle. Nach der Authentifizierung erscheinen die verfügbaren Freigaben im Finder.

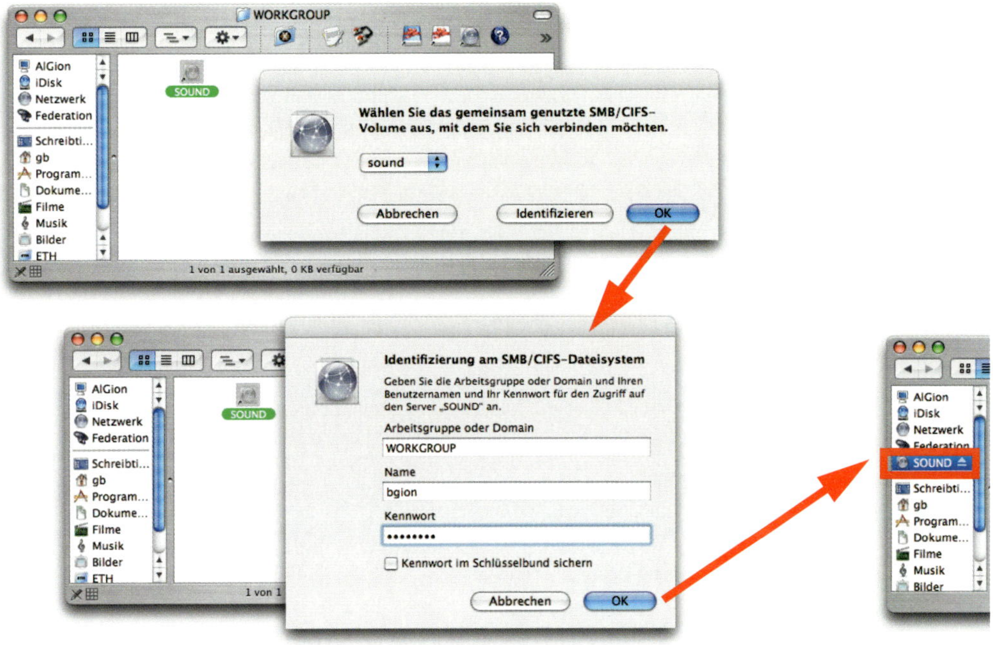

Abbildung 11-33 Authentifizierung am Windows-Computer

Falls man Probleme beim Zugriff auf ein Windows-Netzwerk hat, sollte man im Programm *Verzeichnisdienste* (*/Programme/Dienstprogramme/Verzeichnisdienste*) den SMB-Dienst konfigurieren: nach dem Klick ins Schloss und der Eingabe des Administrator-Passworts wählt man den Dienst *SMB/CIFS* und klickt auf *Konfigurieren...* . Nun können *Arbeitsgruppe* (Domain) und *WINS-Server* (vom Netzwerkadministrator zu erfahren) eingetragen werden.

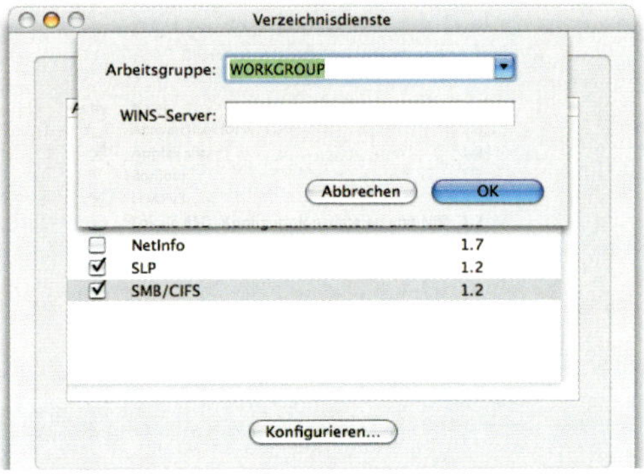

Abbildung 11-34 Konfigurieren des SMB-Dienstes

Von Mac nach Windows via Internet

Um eine direkte Verbindung zu einem Server herzustellen, der sich nicht im lokalen Netz befindet, muss man die Adresse des Windows-Volumes kennen, die man vom Netzwerk-Administrator erfährt. Danach ist das Vorgehen gleich wie beim „normalen" FileSharing. Als Netzwerkadresse im *Mit Server verbinden...*-Dialog gibt man an:

smb://Servername/Freigabename

Unter Freigabename versteht man den freigegebenen Ordner, den man sehen will. Falls man ihn nicht angibt, erscheint ein Dialog wie in Abbildung 11-33 oben, wo man die Freigabe wählen kann.

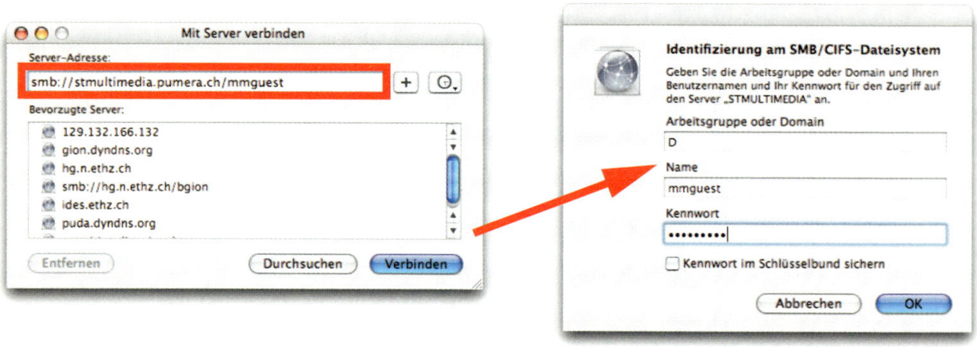

Abbildung 11-35 Pfad für den Zugriff auf einen Windows-Server

Abbildung 11-35 zeigt den Zugriff auf ein SAMBA-Netzwerk-Volume: Der Benutzerordner *mmguest* befindet sich auf dem Server *stmultimedia.pumera.ch*. Die Eingabe in die Adresszeile ist also: *smb://stmultimedia.pumera.ch/mmguest*. Es erscheint wiederum das Login-Fenster, in welches man Workgroup oder Domain, Benutzername und Passwort für den Windows-Rechner eingeben muss (die *Workgroup oder Domain* spielt auch hier keine Rolle). Nach Klick auf *OK* erscheint der Ordner (bzw. das Volume) auf dem Schreibtisch.

Alternativ kann man ohne den Login-Dialog direkt zugreifen:

- smb://Gruppe;Benutzername:Passwort@Servername/Freigabename
  (falls es eine Windows-Domäne im Netzwerk gibt)
- smb://Benutzername:Passwort@Servername/Freigabename

Achtung: das Passwort wird im Klartext auf dem Bildschirm ausgeschrieben (mal über die Schulter schauen, ob's niemand sieht!).

Während bis Panther die Kennwörter für den SMB-Zugriff unverschlüsselt gesendet wurden, sind sie bei Tiger nun verschlüsselt. Der Server muss das aber unterstützen, sonst wird der Zugriff mit einer Fehlermeldung verweigert. Falls man auf einen Server zugreifen will, der nur Klartextpasswörter akzeptiert, muss man die Datei *nsmb.conf* im Ordner */etc* erzeugen. Achtung! Damit werden alle SMB/CIFS-Passwörter unverschlüsselt übermittelt – das sollte man nur tun, wenn keine Sicherheitsbedenken bestehen.

Mit dem Befehl:

```
sudo pico /etc/nsmb.conf
```

gefolgt vom Administrator-Passwort wird im Terminal mit dem Texteditor *pico* ein neues, leeres Dokument erzeugt. In dieses tippt man:

```
[default]
minauth=none
```

Mit ctrl-X, gefolgt von der Taste Y (für Yes auf die Frage, ob man die Änderungen speichern möchte) und schliesslich der Return-Taste (um die Datei unter dem Namen *nsmb.conf* zu sichern) wird das File erzeugt. Um die Zugriffsrechte für die Datei festzulegen, ist folgender Befehl notwendig:

```
sudo chmod a+r /etc/nsmb.conf
```

Nach einem Neustart kann man sich wieder an Servern authentifizieren, die nur Klartextpasswörter zulassen.

Von Windows nach Mac (lokal und via Internet)

Die Dateien auf dem Mac können auch Benutzern unter Windows zur Verfügung gestellt werden. Es können allerdings nur Benutzer, die auch auf dem Mac OS X-Rechner einen Account haben, zugreifen. Um den Zugriff zu ermöglichen, aktiviert man im Kontrollfeld *Sharing* unter *Dienste* den Punkt *Windows Sharing*. Der Zugriff von Windows zum Mac muss für jeden Account auf dem Mac separat aktiviert werden. Falls das noch für keinen Account geschehen ist, schlägt das Kontrollfeld dies automatisch vor (Abbildung 11-36).

Im Aufklappfenster aus Abbildung 11-36 (rechts) wählt man die Benutzer, die von Windows aus auf den Mac zugreifen können sollen. Nachdem man das Häkchen aktiviert hat, wird das Passwort des betroffenen Benutzers verlangt – nach der Eingabe ist der gewünschte Benutzer markiert und mit Klick auf *Fertig* wird der Prozess abgeschlossen. Im unteren Bereich des Kontrollfeldes wird die Adresse angezeigt, unter welcher der Mac von Windows aus erreichbar ist (Abbildung 11-37).

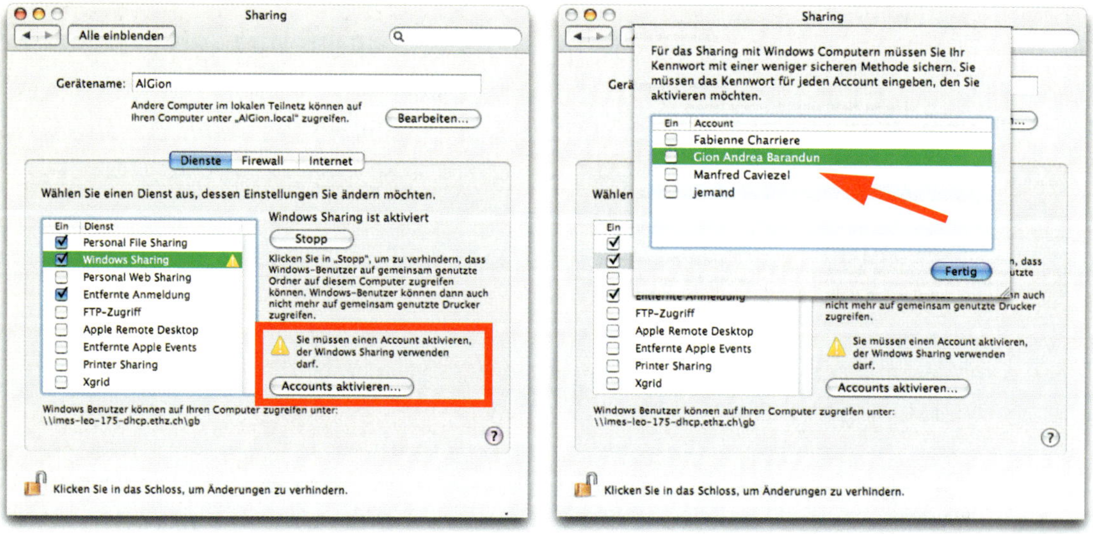

Abbildung 11-36 Aktivierung von Windows Sharing

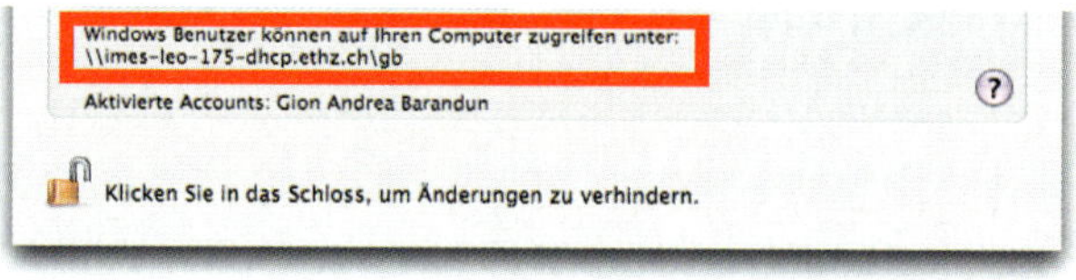

Abbildung 11-37 Adresse für den Windows-Zugriff

Unter Umständen muss man mit einem Tool wie SharePoints („SharePoints" auf Seite 312) den SAMBA-Server noch feiner konfigurieren, damit der Zugriff auch wirklich funktioniert (die Angaben sollte man vom Netzwerk-Administrator erhalten).

Aus Windows kann man via *Windows Explorer* im Menü *Extras* mit *Netzlaufwerk verbinden...* auf den Mac zugreifen. Als Adresse verwendet man dabei *\\Netzwerkname\Mac-Benutzername*. Als Netzwerkname kann auch die IP-Adresse verwendet werden. Befindet man sich in der gleichen Domain (in Abbildung 11-37 und 11-38: *ethz.ch*), kann diese weggelassen werden. Falls die Benutzernamen bei PC und Mac unterschiedlich sind, muss man über den Link Verbindung unter *anderem Benutzernamen* herstellen noch Name und Kennwort (für den Mac-Benutzer) eingeben. Mit Klick auf *Fertig stellen* wird die Verbindung hergestellt.

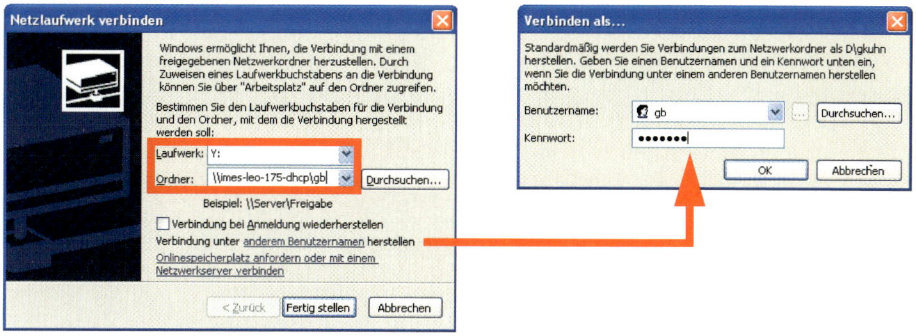

Abbildung 11-38 Zugriff von Windows aus

Der Benutzerordner erscheint dann als neues Fenster im Explorer. Um die Verbindung wieder zu trennen, klickt man mit der rechten Maustaste auf das Volume und wählt *Trennen*.

11.3.6 Zugriffsrechte für FileSharing

Es gibt einen fundamentalen Unterschied, ob man auf einen Mac OS 9- oder Mac OS X-Server zugreift:

Unter Mac OS 9 ist es möglich, „virtuelle" Benutzer und Gruppen zu erzeugen und diesen dann Zugriff auf bestimmte Ordner zu geben. Der virtuelle Benutzer kann mit seinem Benutzernamen und dem Passwort Zugriff auf die definierten Ordner nehmen. Unter Mac OS X gibt es nur die Benutzer, die auf dem Computer eingerichtet sind und den Gastzugriff. Der Administratorbenutzer kann die ganze Festplatte als Volume auf einem entfernten Computer mounten. Alle anderen Benutzer (Nicht-Administratoren) haben lediglich Zugriff auf das eigene Homeverzeichnis und auf den *Öffentlich*-Ordner von allen anderen Benutzern. Als Gast hat man nur Zugriff auf die *Öffentlich*-Ordner.

Wer wirklich eine Funktion benötigt, um Arbeitsgruppen zu definieren und Rechte auf Dateien und Ordner feiner zu vergeben, der sollte sich Mac OS X Server anschauen, welcher das ermöglicht. Daneben gibt es noch das Tool *SharePoints* (Seite 312), welches die alten Mac OS 9-Funktionen für Mac OS X zurückbringt.

In den folgenden Abbildungen wird exemplarisch der Zugriff von einem Mac OS X-Rechner auf einen anderen Mac OS X-Rechner gezeigt. Es wird davon ausgegangen, dass man die Verbindung via Netzwerkicon aus der Seitenleiste herstellt.

Zugriff als Administrator

Um auf den Mac OS X-Computer zugreifen zu können, bedient man sich einer der vorangehend beschriebenen Möglichkeiten. Nach der Auswahl des Servers erscheint ein Dialogfeld für den Login. Hier gibt man den Namen und das Kennwort eines Administrators des Mac OS X-Computers ein (Abbildung 11-39, für ein lokales Netzwerk gezeigt).

Abbildung 11-39 Administrator-Login auf Mac OS X-Computer

Damit erreicht man Vollzugriff auf den Mac OS X-Computer (Abbildung 11-41, *g4ibook* genannt). Man kann nicht nur das eigene Home-Verzeichnis (hier: *gabarandun*), sondern auch die Volumes (in diesem Fall Partitionen der internen Festplatte) *data*, *MOX01* und *MOX02* auswählen (Abbildung 11-40, Auswahl von *data*, *gabarandun* und *MOX02*).

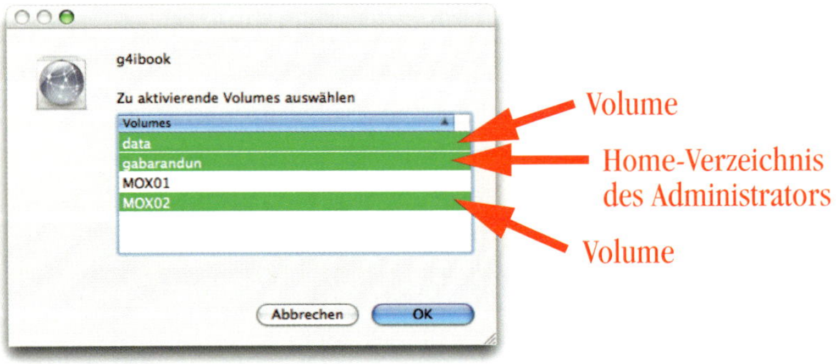

Abbildung 11-40 Wahl der Volumes (als Administrator *gabarandun*)

Die gewählten Volumes werden im Finder gemountet: In der Seitenleiste und auf dem Schreibtisch, falls in den Finder Einstellungen aktiviert, sowie im Ordner *Computer* (Abbildung 11-41).

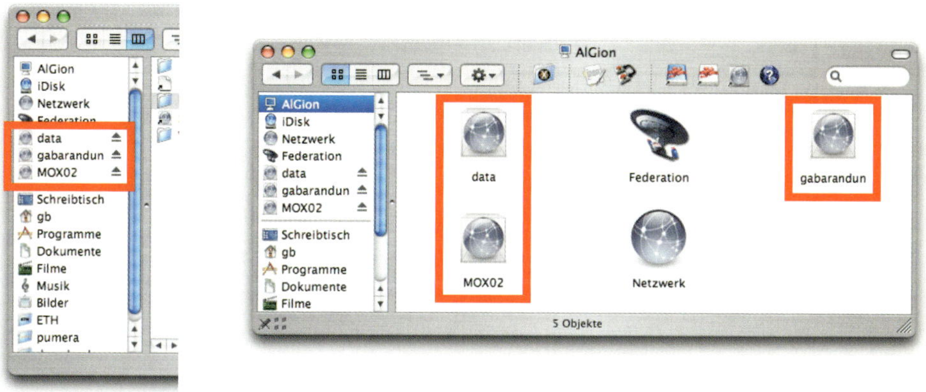

Abbildung 11-41 Vollzugriff auf Volumes und Home-Verzeichnis

Der Administrator kann aber nicht Dokumente von anderen Benutzern einsehen (das kann er auch lokal auf dem Mac OS X-Computer nicht). Einzig der root hat diese Rechte. In Abbildung 11-42 wird das klar: der Administrator kann nicht in die Ordner des Benutzers *ihuonder* gelangen (Verbotstafeln!). Eine Ausnahme bilden die Ordner *Öffentlich* und *Web-Sites*, die aufgrund ihrer Funktion andere Zugriffsrechte haben müssen.

Abbildung 11-42 Eingeschränkte Rechte für den Administrator

Zugriff als registrierter Benutzer (der kein Administrator ist)
Der Verbindungsvorgang ist genau gleich wie beim Administrator, allerdings steht nun die Festplatte nicht mehr zur Verfügung.

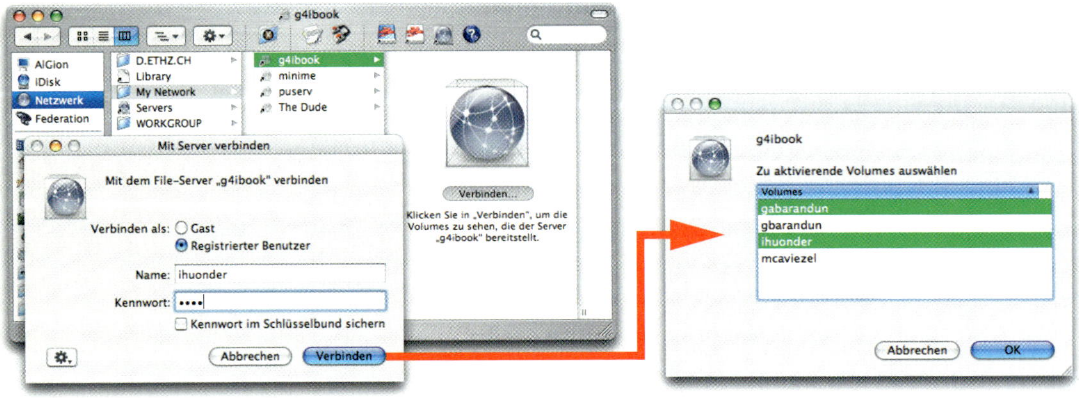

Abbildung 11-43 Zugriff als Benutzer *ihuonder* (Nicht-Administrator)

Als registrierter Benutzer hat man nun Vollzugriff auf das eigene Home-Verzeichnis (im Beispiel: *ihuonder*) und Zugriff auf das *Öffentlich*-Verzeichnis aller anderen Benutzer (*gabarandun*, *gbarandun*, *mcaviezel*): wie man in Abbildung 11-44 (links) erkennen kann, sind die Ordner in *ihuonder* zugänglich, weil man sich ja via Login als Eigentümer dieses Ordners authentifiziert hat. Wechselt man in einen Ordner eines anderen Benutzers (z. B. *gabarandun*), landet man in dessen *Öffentlich*-Ordner. Das erkennt man daran, dass der Ordner *Briefkasten* ebenfalls enthalten ist (Abbildung 11-44, rechts). Um Dateien auszutauschen, kann ein Benutzer diese den anderen Benutzern in seinem Ordner *Öffentlich* zur Verfügung stellen. Die anderen wiederum können ihm Dokumente in den Ordner *Briefkasten* deponieren (siehe „Der Ordner Öffentlich" auf Seite 309).

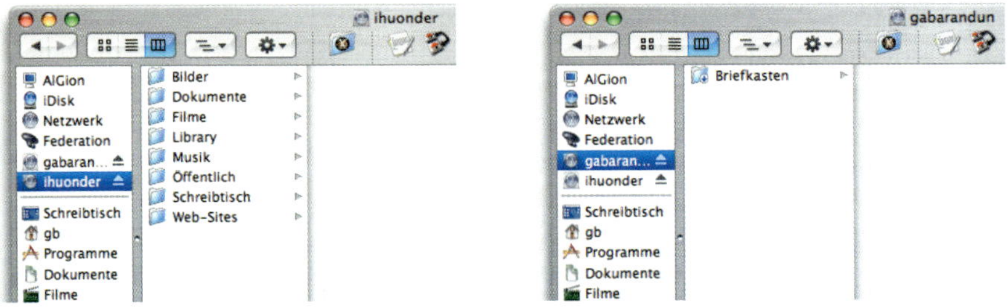

Abbildung 11-44 Zugriffsrechte als registrierter User *ihuonder* (links) auf das eigene Home-Verzeichnis und auf den Ordner *Öffentlich* bei *gabarandun*

Zugriff als Gast

Daneben gibt es noch den Zugriff als nicht registrierter Benutzer (als *Gast*). Dazu wählt man beim Verbinden mit dem Mac OS X-Rechner den Radiobutton ◉ Gast :

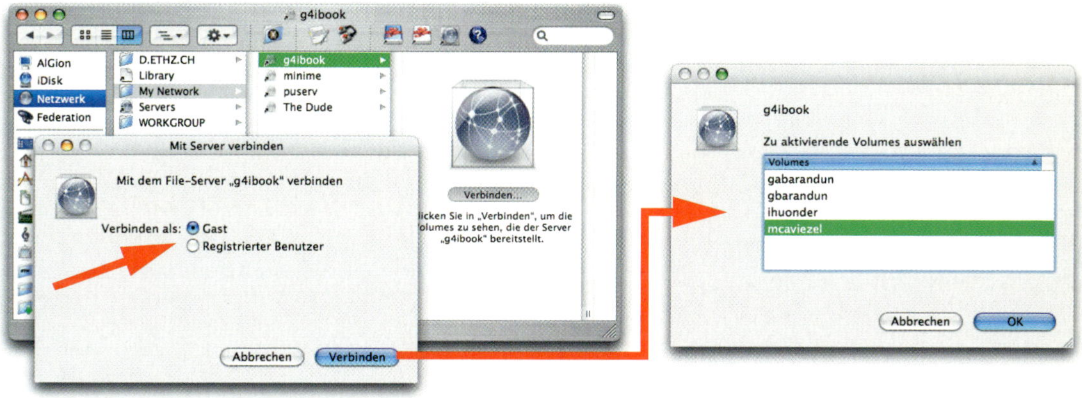

Abbildung 11-45 Gastzugriff auf Mac OS X

Nun stehen die *Öffentlich*-Ordner von allen Benutzern zur Verfügung (Abbildung 11-45, rechts). Obwohl die Volumes *gabarandun*, *gbarandun*, *ihuonder* und *mcaviezel* heissen, sind jeweils nur deren *Öffentlich*-Ordner gemeint (Abbildung 11-46):

Abbildung 11-46 *Öffentlich*-Ordner von *mcaviezel*

Der Ordner *Öffentlich*

Der Ordner *Öffentlich* (englisch: Public) ist so gestaltet, dass andere Benutzer Objekte daraus öffnen oder herauskopieren (Abbildung 11-47), aber keine Objekte hineinlegen können (siehe Abbildung rechts).

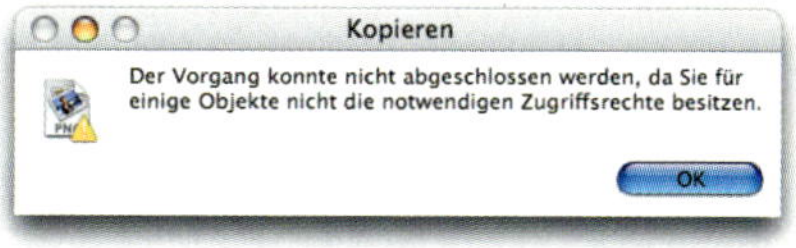

Abbildung 11-47 Kopieren aus dem Öffentlich-Ordner von *gb*, als anderer Benutzer eingeloggt

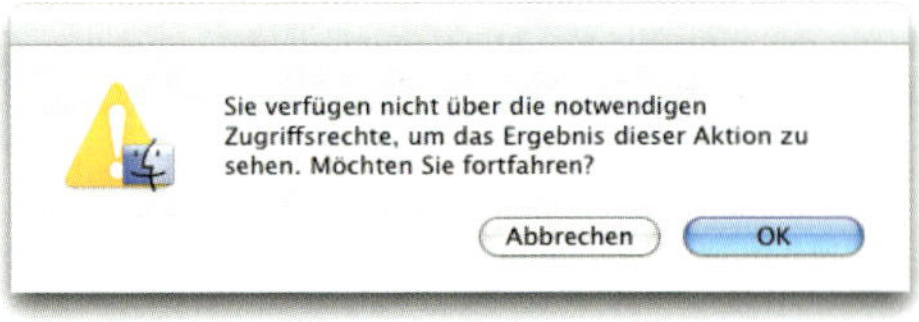

Um Objekte in den *Öffentlich*-Ordner zu kopieren, existiert der *Briefkasten*. Man kann sie nicht öffnen (kein Lesezugriff, UNIX-Zugriffsrechte wx), man kann aber Objekte hineinlegen (Schreibzugriff). Falls man einem anderen Benutzer nicht via Netzwerk, sondern lokal auf dem gleichen Computer etwas in den Briefkasten legt, muss man aufpassen: Da man sich auf der gleichen Festplatte befindet, wird das Objekt bewegt und nicht kopiert! In diesem Fall ist es am Ursprungsort nicht mehr vorhanden, sondern nur noch im Briefkasten – und den kann man (als Nicht-Eigentümer) nicht öffnen!

Nachfolgend wird kurz erklärt, wie man die Zugriffsrechte für FileSharing möglichst effizient vergibt.

Abbildung 11-48 Zugriffsrechte für *Öffentlich* und *Briefkasten*

Damit Gäste auf den *Öffentlich*-Ordner Zugriff haben, sind die Rechte wie in Abbildung 11-48 (links) vergeben (via Informationsfenster – Apfel-I – zu sehen). Das bedeutet also, dass *Jeder* (also auch ein Gast) auf den *Öffentlich*-Ordner Lesezugriff (wie oben bemerkt), und auf den Briefkasten (Abbildung 11-48, rechts) Schreibzugriff hat. Damit die im *Öffentlich*-Ordner enthaltenen Dateien von einem Gastbenutzer geöffnet werden können, müssen deren Dateirechte aber auch stimmen!

Für den Film aus Abbildung 11-49 (links) sind die Dateirechte richtig gesetzt, dieser kann also via Netzwerk von einem Gastbenutzer angeschaut und kopiert werden. Für den zweiten Film (Abbildung 11-49, rechts) aber sind die Rechte falsch gesetzt, und sowohl der Versuch, den Film zu öffnen wie auch ihn über das Netzwerk zu kopieren, würden mit einer Fehlermeldung abgebrochen.

Abbildung 11-49 Dateirechte im *Öffentlich*-Ordner

Wer sehr mutig ist, kann unter Mac OS X mit dem Programm *NetInfo Manager* (in */Programme/Dienstprogramme*) herumspielen. Damit kann man neue Benutzerrechte erzeugen und vergeben. Im Moment mangelt es aber an einer Dokumentation seitens Apple. Mehr zu den Zugriffsrechten auf Seite 183.

Wenn man FileSharing deaktiviert, kann man den angemeldeten Benutzern eine Warnmeldung schicken, dass der Server bald abgestellt wird (Abbildung 11-50). Die Meldung mit der verbleibenden Zeit wird mit weiteren Warnungen vor dem Ausschalten des Servers beim angemeldeten Benutzer gezeigt (zuerst fünf Minuten, dann zwei und eine Minute vor dem Ausschalten). Schliesslich wird das endgültige Abschalten auch angezeigt. Während dieser Zeit hat man immer noch die Möglichkeit, den Abschaltvorgang im Kontrollfeld *Sharing* abzubrechen (Abbildung 11-50, rechts unten).

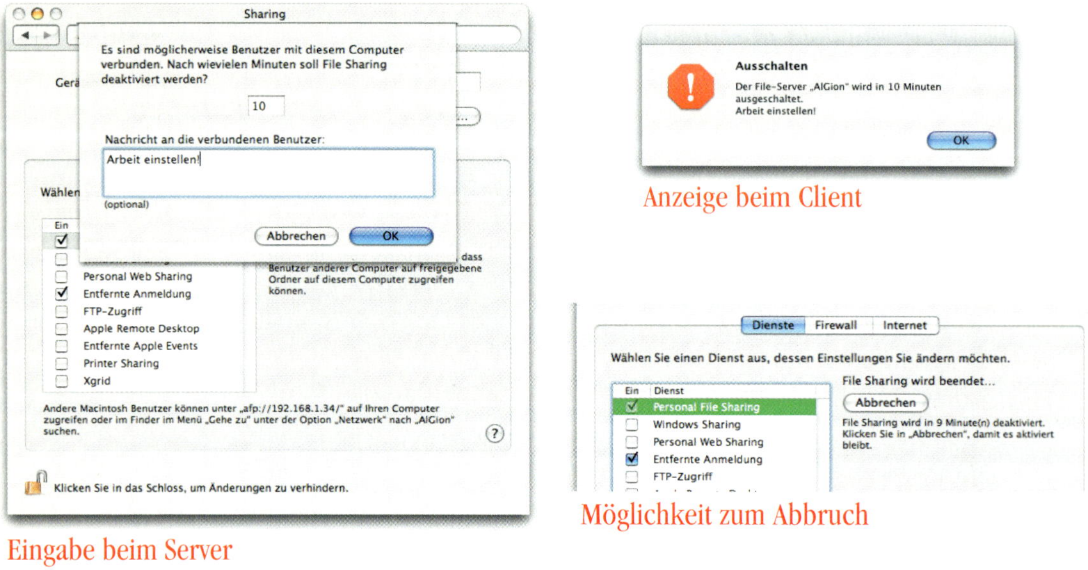

Abbildung 11-50 FileSharing beenden

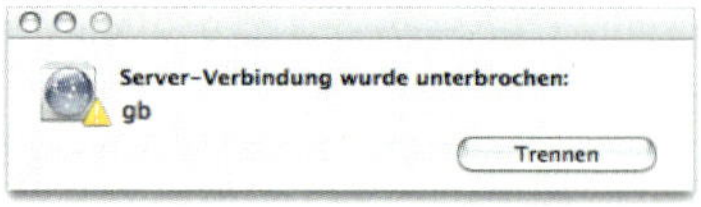

Falls ein Server nicht mehr antwortet, kann das zu Problemen mit dem Finder führen. Der Beachball erscheint und das Dock-Icon des Finders zeigt den Status *Programm antwortet nicht*. Wenn man genügend Geduld hat und den Finder nicht abschiesst, erscheint nach einer gewissen Zeit die Fehlermeldung, der Server antworte nicht mehr. Mit Klick auf *Trennen* kann man die Verbindung endgültig beenden.

SharePoints

SharePoints[1] ist ein Programm bzw. ein Kontrollfeld (*PreferencePane*), welches in die NetInfo-Datenbank eingreift. Es gestattet mit einem einfachen, benutzerfreundlichen Interface, einzelne Ordner für andere Benutzer freizugeben. Die Möglichkeiten kommen sehr nahe an die aus Mac OS 9 bekannten FileSharing-Optionen heran. Das PreferencePane wird entweder im Ordner */Library/PreferencePanes* (nur für den Administrator zugänglich, Auswirkung auf alle Benutzer) oder im Ordner *~/Library/PreferencePanes* (nur für den Benutzer ~) installiert. Der Ordner *PreferencePanes* muss, falls noch nicht

1. http://www.hornware.com/sharepoints/

vorhanden, erzeugt werden. Nach der Installation erscheinen zusätzliche PreferencePanes in der Kategorie *Sonstige* in den *Systemeinstellungen* (Abbildung 11-51, links).

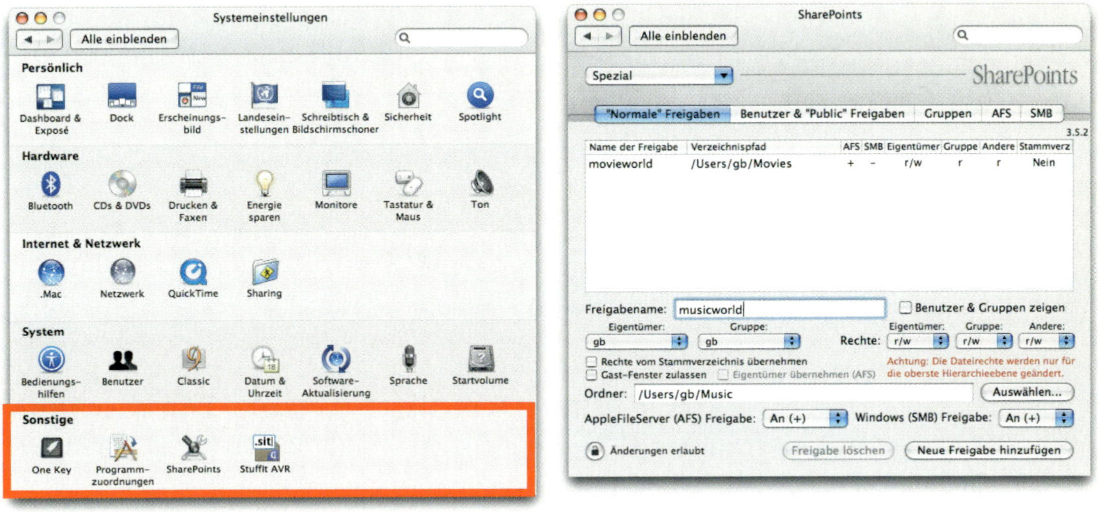

Abbildung 11-51 Freigabe von Ordnern mit SharePoints

Im Register *„Normale" Freigaben* kann man Ordner, die man anderen Benutzern zugänglich machen möchte, hinzufügen. Sie erscheinen dann als FileSharing Volumes, genauso wie ein Benutzerordner. In Abbildung 11-51 ist der Ordner */Users/gb/Movies* unter dem Freigabenamen *movieworld* über das Netzwerk freigegeben worden. Um eine neue Freigabe zu definieren, legt man einen Namen im Feld *Freigabename* fest, bestimmt mit *Auswählen...* den Pfad zum gewünschten Ordner und setzt dann die Rechte für *Gruppe* und *Andere* gemäss seinen Wünschen. Der Ordner kann dann sowohl für Mac-Clients (*AppleFileServer (AFS) Freigabe*) als auch für Windows-Clients (*Windows (SMB) Freigabe*) aktiviert werden. Mit Klick auf *Neue Freigabe hinzufügen* wird die Aktion abgeschlossen (das Administrator-Passwort wird verlangt).

Greift nun ein Benutzer auf den so eingerichteten Server zu, sieht er zusätzlich zu den Standardordnern (sein eigener, kompletter Benutzerordner sowie die *Öffentlich*-Verzeichnisse aller anderen) auch die eben definierten Freigaben (Abbildung 11-52). Das Volume wird aktiviert (Schreibtisch bzw. Seitenleiste).

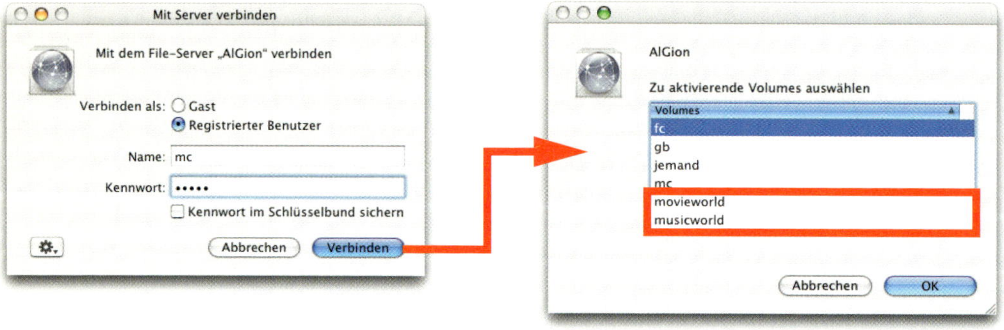

Abbildung 11-52 Als SharePoints definierte Ordner sind verfügbar

Falls eine Freigabe nicht sofort verfügbar wird, sollte man *Personal File Sharing* bzw. *Windows Sharing* (im Kontrollfeld *Sharing*) stoppen und wieder starten. Dann wählt man in SharePoints die betreffende Freigabe aus und klickt auf *Freigabe aktualisieren*. Zusätzlich wählt man im Menü *Spezial* innerhalb von SharePoints die Einträge *AppleFileServer (AFS) Einstellungen aktualisieren* bzw. *Samba (SMB) Einstellungen aktualisieren*.

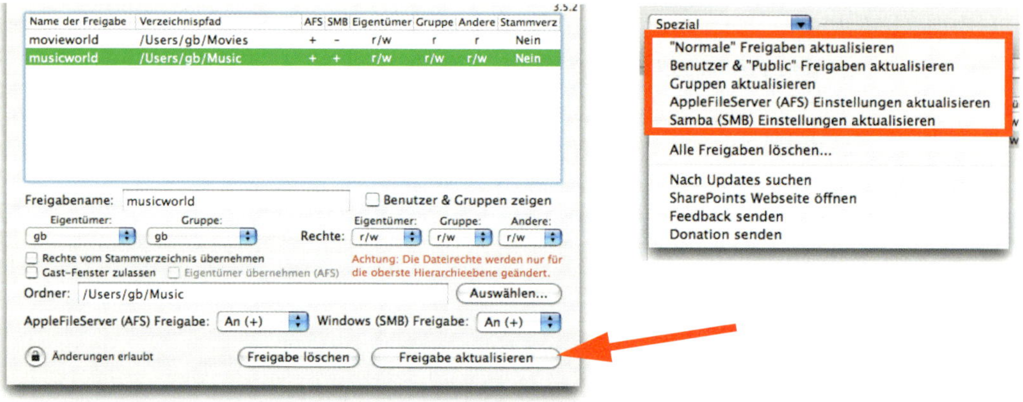

Abbildung 11-53 Einstellungen aktualisieren

Man kann mit SharePoints auch reine FileSharing-Benutzer, die nicht als Mac OS X-Benutzer existieren, anlegen (Abbildung 11-54, links). Ebenfalls können neue Gruppen erzeugt werden (Abbildung 11-54, rechts). Genaueres ist dem beigefügten ReadMe zu entnehmen.

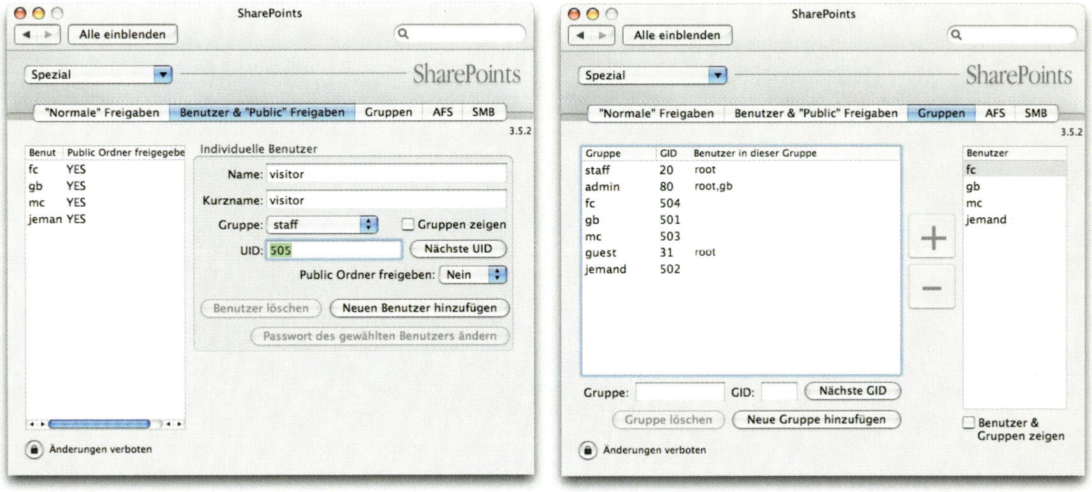

Abbildung 11-54 Definition von Benutzern und Gruppen

Mit den beiden letzten Registern können einige zusätzliche Einstellungen für den *Apple File Server* (*AFS*) sowie die *Samba*-Dienste (*SMB*) gemacht werden. Interessant ist der Eintrag *Protokoll aktivieren* für die AFS-Logfiles: Mit dem Programm *Konsole* (*/Programme/Dienstprogramme/Konsole*) können dann die Zugriffe via AppleShare kontrolliert werden. Ebenfalls sehr nützlich ist die Option zum Trennen einer Verbindung nach einer gewissen Zeit der Inaktivität.

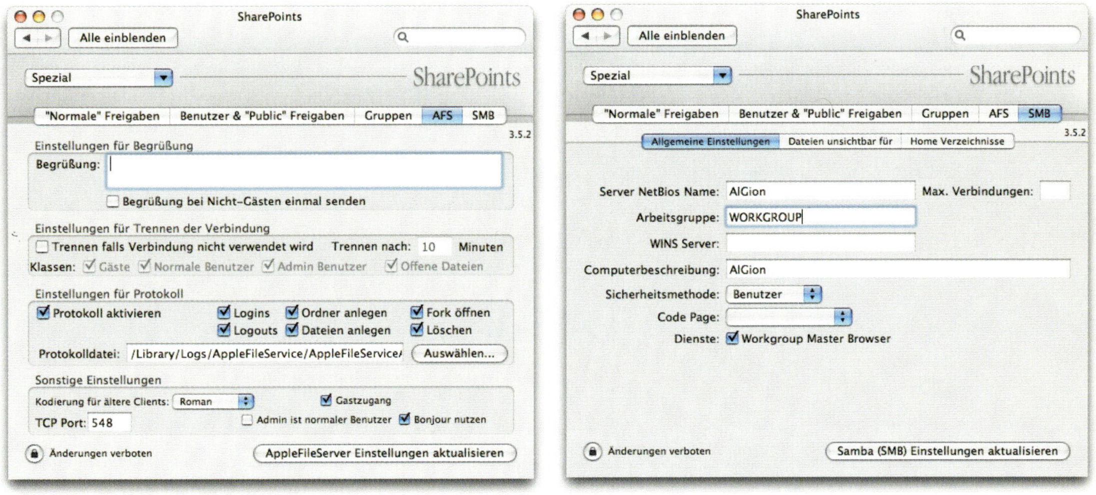

Abbildung 11-55 Optionen für AFS und SMB

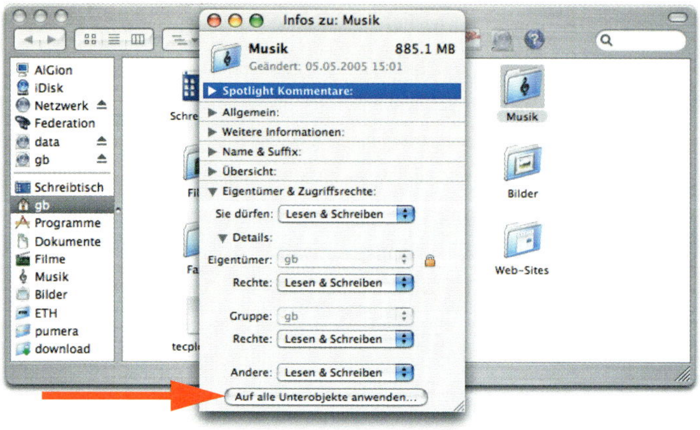

Abbildung 11-56 Zugriffsrechte übertragen

Wenn immer man auf diese Weise einen Ordner freigibt, sollte man sich versichern, dass die in ihm enthaltenen Dateien und Ordner genügend Zugriffsrechte für die FileSharing-Benutzer haben (SharePoints macht das nicht automatisch, sondern teilt die Rechte nur gerade dem ausgewählten Ordner zu!). Dazu ruft man das Informationsfenster für einen Ordner auf – durch Klick auf *Anwenden* werden die Rechte auf enthaltene Dateien und Ordner übertragen (Abbildung 11-56).

SharePoints ist Donation-Ware, d. h. man kann dem Autor nach eigenem Ermessen eine „Spende" zukommen lassen, wenn einem das Programm gefällt.

Zugriffskontrolle

Unter Mac OS X sieht man nicht mehr, wenn jemand über das Netzwerk auf den Computer zugreift (in Mac OS 9 war das über die Kontrollleiste oder das Kontrollfeld *File-Sharing* möglich, Abbildung 11-57).

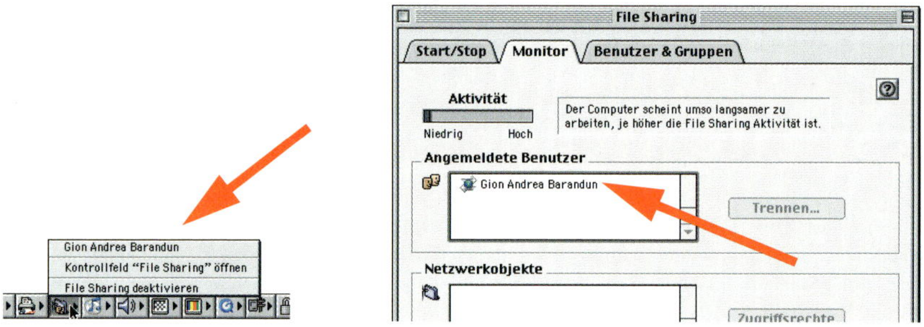

Abbildung 11-57 Anzeige der eingeloggten Benutzer in Mac OS 9

Eine Möglichkeit, die Netzwerkaktivität zu überprüfen, bietet das Terminalkommando `netstat`. Damit werden alle aktiven Netzwerkverbindungen aufgelistet:

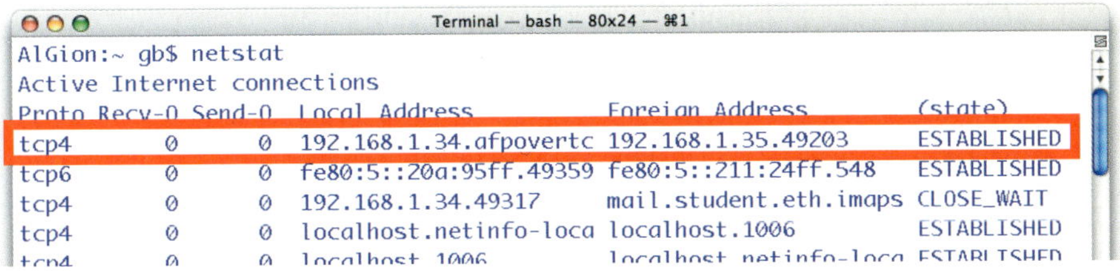

Abbildung 11-58 Aktive FileSharing-Verbindung

Eine weitere Kontrollmöglichkeit ist die Aktivierung der LogFiles in SharePoints, wie oben erwähnt. Mit dem Programm *Konsole* (*/Programme/Dienstprogramme/Konsole*) können diese Files angesehen werden (auf *Protokolle* klicken, dann den Speicherort des Protokolls für *AppleFileService* anwählen, */Library/Logs/AppleFileService*).

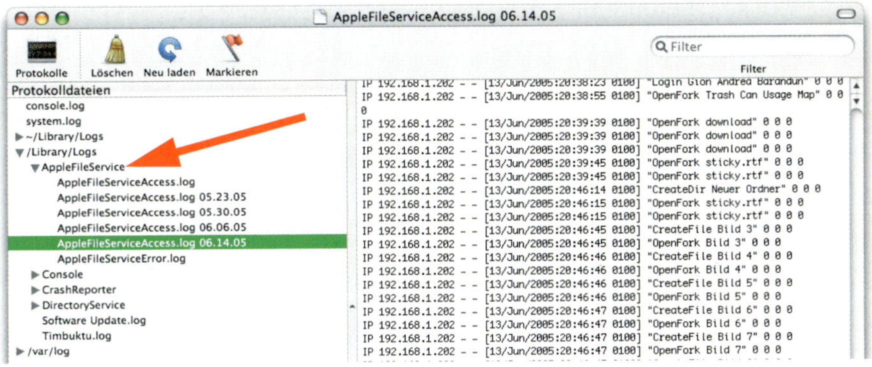

Abbildung 11-59 Logfile des *AppleFileService*

Für alle Benutzer (Shared) im *Benutzer*-Ordner

Innerhalb der *Benutzer*-Ordner existiert der Ordner *Für alle Benutzer*. Er ist dazu gedacht, gemeinsam genutzte Dokumente aller (lokalen) Benutzer zu speichern. Alle Benutzer des Mac OS X-Computers haben Zugriff auf diesen Ordner. Der *Für alle Benutzer*-Ordner ist (ausser für den Administrator, der die gesamte Festplatte sehen kann) aber nicht für das Netzwerk freigegeben – das kann man, wenn gewünscht, mit SharePoints tun.

Bei den Dateien innerhalb des Ordners *Für alle Benutzer* ist wiederum darauf zu achten, dass die Zugriffsrechte richtig gesetzt sind.

11.3.7 WebSharing (Apache Webserver)

Ein Webserver ist ein Computer, der Dokumente (Web-Sites, Filme, Downloads, ...) für das Internet (WWW) zur Verfügung stellt. Jedesmal, wenn man den Browser startet und http://www.apple.ch eingibt, greift man auf den Webserver von Apple zu.

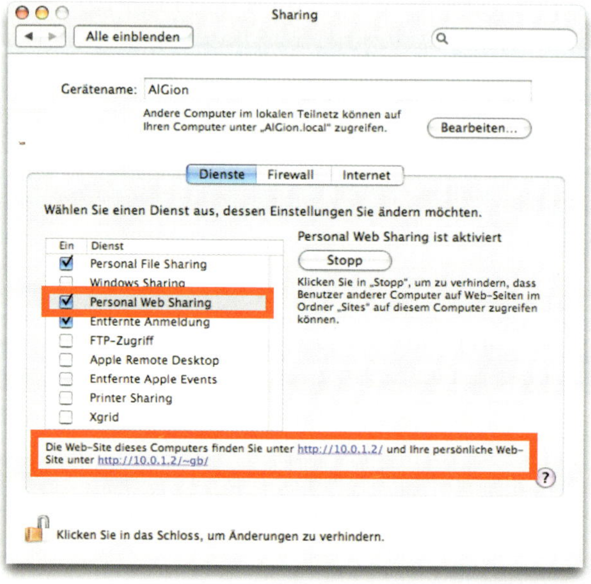

Abbildung 11-60 Apache Webserver aktivieren

Personal Web Sharing wird im Kontrollfeld *Sharing* (Abbildung 11-60) aktiviert. Während im klassischen Mac OS *WebSharing* eher eine Notlösung war, hat Mac OS X einen integrierten Apache Webserver, also das beste, was auf dem Markt erhältlich ist (dieser Webserver ist Freeware!). Die Webseiten und Unterverzeichnisse müssen sich im Ordner */Library/WebServer/Documents* befinden (nur Administratoren haben Schreibrecht für diesen Ordner). Mit

http://a.b.c.d/

(a.b.c.d steht für die IP-Adresse) kann von einem anderen Computer aus auf den Webserver zugegriffen werden (natürlich nur, wenn WebSharing in den *Systemeinstellungen* unter *Sharing* aktiviert ist). Ausserdem hat jeder Benutzer einen Ordner *Web-Sites* in seinem Homeverzeichnis. Wenn der Webserver läuft, kann auf diesen Ordner über die Adresse

http://a.b.c.d/~benutzername/

zugegriffen werden. Benutzername steht für den Kurznamen des Benutzers, dessen Website man ansehen möchte (aus seinem Ordner *Web-Sites*). Das Zeichen ~ (Tilde) erzeugt man mit alt-N und Fortführen der Tastatureingabe[1]. Falls noch keine Dokumente in den Ordner */Library/WebServer/Documents* platziert wurden, erscheint die Apache-Testseite (vgl. Abbildung 11-61, links). Sofern man eine bevorzugte Sprache im Browser eingestellt hat, erscheint diese auch in der richtigen Sprache.

Man kann auch lokal (also von demselben Computer, auf dem der Webserver läuft) die Seiten betrachten, die man gerade erstellt und im eigenen Ordner *Web-Sites* gespeichert hat (Abbildung 11-61, rechts). Dazu gibt man folgende Adresse ein:

http://localhost/~benutzername/

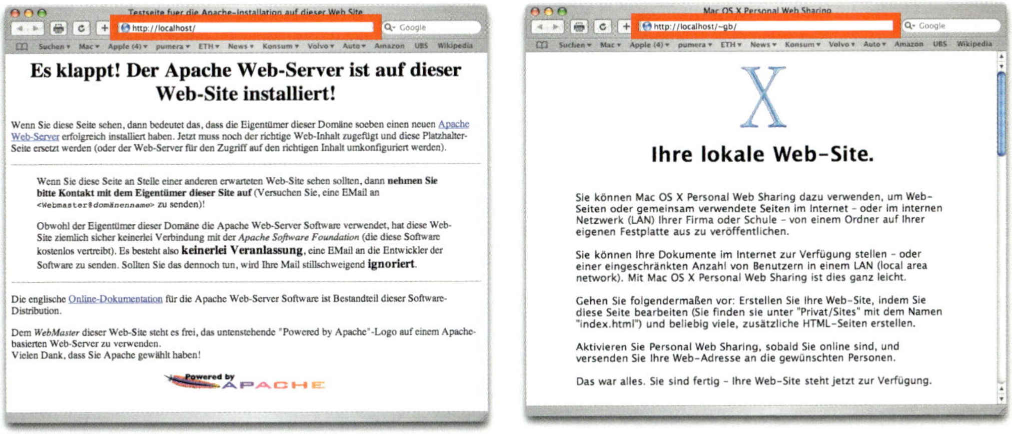

Abbildung 11-61 Apache-Testseite
links: im Ordner */Library/WebServer/Documents/*
rechts: im Ordner */Users/gb/Web-Sites/*

Eine gute Anleitung, um Webseiten zu erstellten, gibt die Seite selfhtml[2]. Natürlich kann man auch spezielle Programme wie Dreamweaver oder GoLive verwenden. Ein ganz ein-

1. nur eine Tilde erzeugen: alt-N plus Leerschlag: ~

   Tilde plus folgenden Buchstaben bei Zeichen, die keine Tilde enthalten können: alt-N plus Buchstaben: ~user (es gibt kein u mit Tilde)

   Tilde plus folgenden Buchstaben für Zeichen, die Tilden enthalten können: alt-N plus Leerschlag plus Buchstaben: ~adam (das Zeichen ã existiert)
2. http://de.selfhtml.org/

faches Dokument mit wenig Text und einem Bild kann man zum Anfangen verwenden. Mit den Anleitungen von selfhtml und TextEdit erstellt man ein html-Dokument:

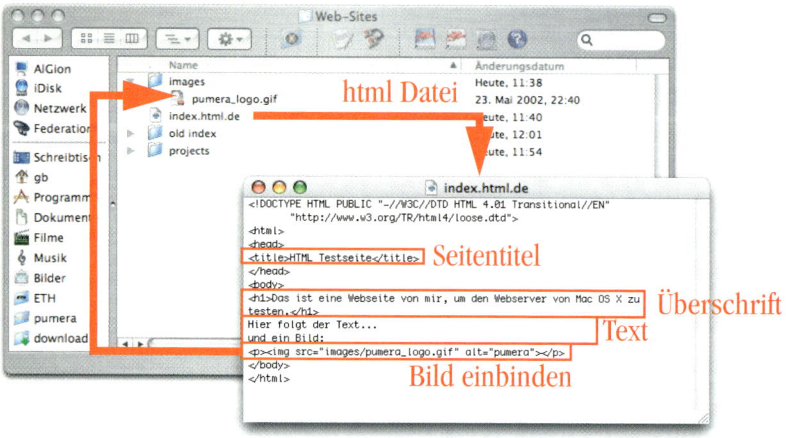

Abbildung 11-62 Einfaches html-Dokument

In TextEdit muss das Dokument als reine Textdatei mit der Endung *.html* (allgemein) oder *.html.de* (um darauf hinzuweisen, dass der Text in deutsch geschrieben ist) gespeichert werden. Um es später wieder zum Bearbeiten zu öffnen, muss im *Öffnen*-Dialog von TextEdit die Option *Formatierungs-Befehle ignorieren* gewählt werden!

Abbildung 11-63 Webserver im lokalen Test

Das File, das als erstes angezeigt werden soll, muss *index.htm*, *default.htm* oder *start.htm* heissen (auch **.html* möglich). Natürlich kann der Pfad auch ergänzt werden. Abbildung 11-63 zeigt, wie die Datei */Benutzer/gb/Web-Sites/projects/testseite/index.html.de* im Webbrowser dargestellt wird. Sie erscheint bei Eingabe der Adresse *http://localhost/~gb/projects/testseite/* in die Adressleiste. Eine bessere Möglichkeit, um Webseiten zu erstellen und zu testen, gibt es wohl kaum.

Wenn man mehrsprachige Dokumente hat und möchte, dass je nach eingestellter bevorzugter Sprache im Browser das richtige Startdokument geladen werden soll, muss man sich an die Namenskonvention halten, z. B. **.html.de* für deutschsprachige Dokumente oder **.html.en* für englischsprachige Dokumente. Für das oben gezeigte Beispiel sieht das folgendermassen aus:

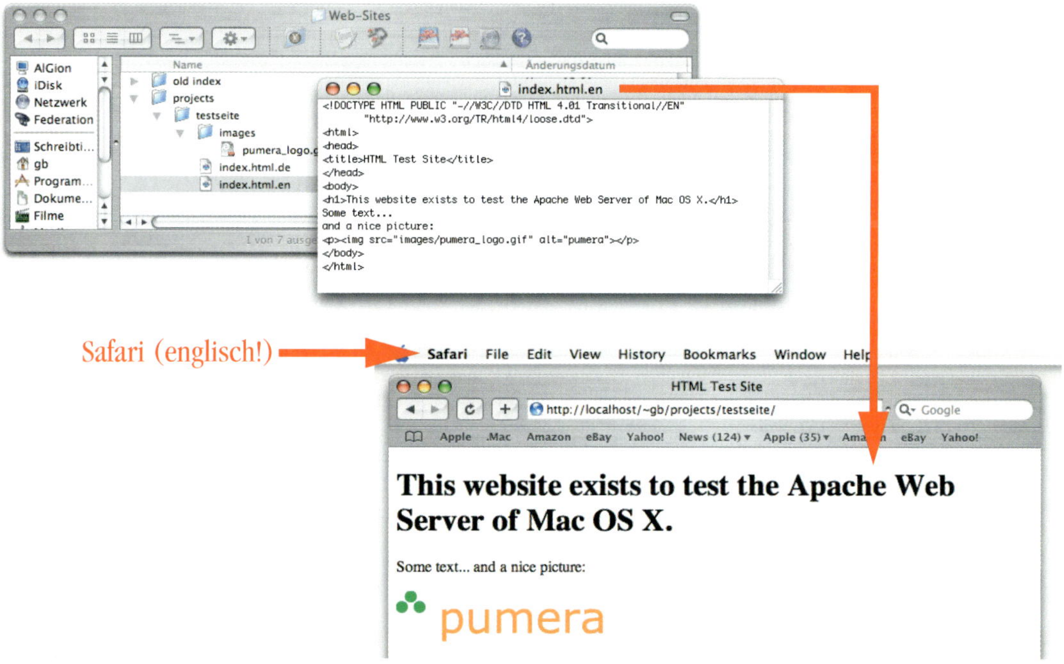

Abbildung 11-64 Website mit richtiger Sprache laden

11.3.8 FTP-Zugriff

Da UNIX das FTP-Protokoll standardmässig unterstützt, kann man unter Mac OS X auch einen FTP-Server starten. Dabei loggt man sich mit Benutzername und Passwort eines lokal registrierten Benutzers von einem entfernten Computer ein (Adresse: ftp://a.b.c.d, wobei a.b.c.d wiederum für die IP-Adresse steht).

Verbindung zum FTP-Server herstellen
Seit Jaguar kann man auch im Finder direkt eine FTP-Verbindung herstellen. Dazu tippt man im *Mit Server verbinden…*-Dialog die Adresse (bzw. IP-Nummer) mit dem Kürzel ftp:// vorneweg ein, also z. B.:

- ftp://10.0.1.3 (für Zugriff in einem lokalen Netzwerk)
- ftp://ftp.pumera.ch (für Zugriff über das Internet)

Es folgt ein Authentifizierungs-Dialog, in welchen man wiederum Name und Kennwort eingeben muss.

Abbildung 11-65 Verbindung via FTP

Der freigegebene Ordner des FTP-Servers wird geöffnet. Allerdings ist die Implementierung nicht ganz vollständig und erreicht niemals den Komfort von richtigen FTP-Programmen. Besonders störend ist jedoch, dass man – obwohl man sich als Benutzer authentifiziert hat – keine Dateien auf dem Server platzieren kann (nicht „uploaden" kann).

Als FTP-Programme existieren auf dem Macintosh unter anderem Interarchy[1] (auch in deutsch) und Fetch[2] (beide sowohl für Mac OS 9 als auch Mac OS X). FTP-Zugriff ist auch direkt über das Terminal möglich (Befehl: `ftp`).

1. http://www.interarchy.com
2. http://fetchsoftworks.com

Bei FTP-Programmen muss man *ftp://* nicht eingeben, sondern nur die IP-Adresse.

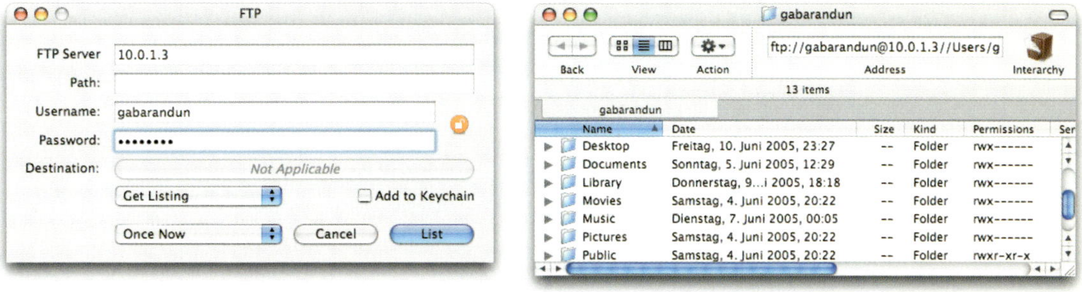

Abbildung 11-66 Zugriff via FTP

Das Programm *Interarchy* unterstützt in der neuesten Version (6.2) sogar die Bonjour-Dienste und zeigt die auf anderen Mac OS X-Computern verfügbaren FTP-Server an.

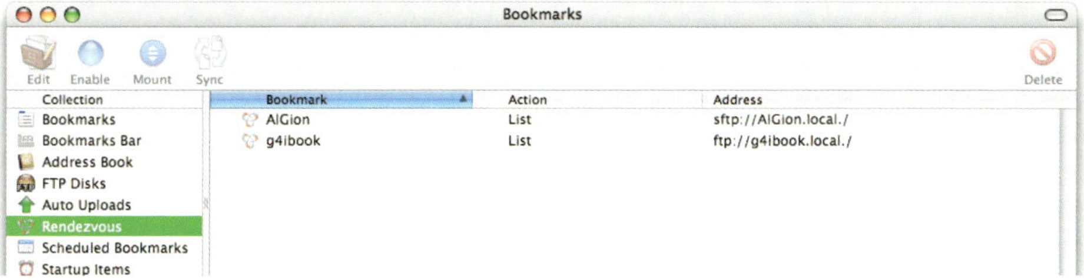

Abbildung 11-67 FTP-Server in Interarchy (via Bonjour)

FTP-Server unter Mac OS X aktivieren und konfigurieren

Um von einem anderen Computer via FTP auf einen Mac OS X-Rechner zugreifen zu können, muss im Kontrollfeld *Sharing* unter *Dienste* der Punkt *FTP-Zugriff* aktiviert sein. Damit können andere, wie in Abbildung 11-66 (links) gezeigt, eine Verbindung über das FTP-Protokoll herstellen. Der Benutzer landet dabei – falls er den Pfad im FTP-Programm (unter *Path*) nicht anders angibt – im Homeverzeichnis des registrierten Benutzers (Abbildung 11-66, rechts).

Während natürlich für alle Ordner, die von Mac OS X verwaltet werden, die Benutzerrechte zutreffen, ist das beispielsweise für die Ordner *Dokumente* oder *Applications (Mac OS 9)* von Mac OS 9 nicht so! Wenn also jemand (auch ein Nicht-Administrator) den Pfad zum Ordner *Dokumente* kennt, oder durch das FTP-Programm einfach hochnavigieren kann, erlangt er vollen Zugriff darauf! Im Gegensatz dazu greifen bei FileSharing – wie man oben gesehen hat – die Benutzerrechte voll: ein Nicht-Administrator kann keinen Zugriff auf die ganze Festplatte bekommen.

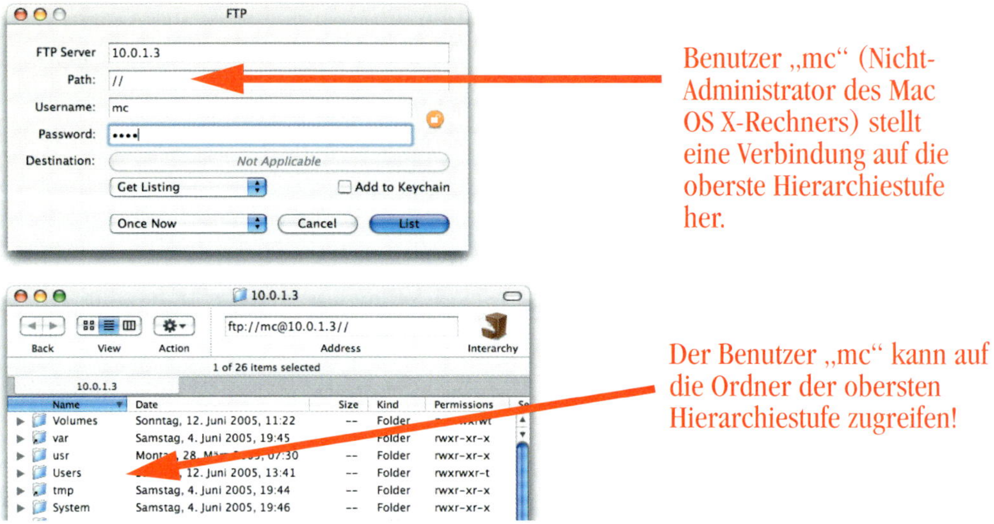

Abbildung 11-68 Zugriff auf kritische Dateien via FTP möglich

Man kann das nur verhindern, indem man via Terminal (*/Applications/Utilities/Terminal*) die (unsichtbare) Datei */etc/ftpchroot* anlegt und dort die FTP User einträgt, die nur Zugriff auf ihr Homeverzeichnis haben sollen (nicht aber auf andere Ordner).

Im Terminal tippt man:

```
sudo pico /etc/ftpchroot
```

gefolgt vom Administrator-Passwort. Der Texteditor *pico* geht sofort in den Eingabemodus. Nun können die Namen der User mit beschränktem Zugriff eingegeben werden (Abbildung 11-69). Am Schluss unbedingt einen zusätzlichen Zeilenumbruch nicht vergessen! Mit ctrl-X, dann Taste Y (für Yes) zum Bestätigen der Änderungen und Zeilenschalter wird die Datei gespeichert. Schon fertig!

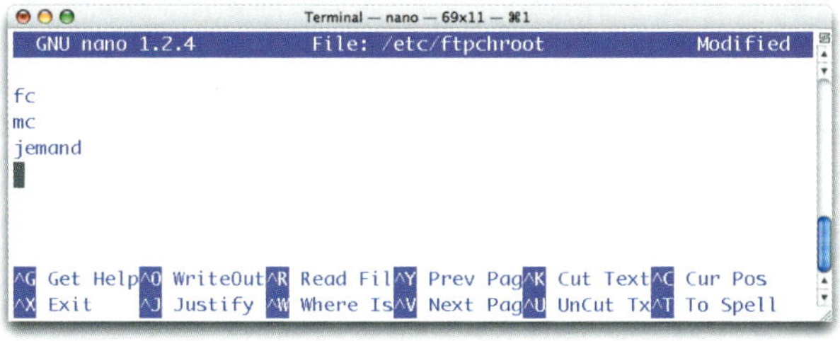

Abbildung 11-69 Editieren mit pico

Normalerweise können nur Benutzer des Mac OS X-Rechners via FTP auf den Computer zugreifen. Um einen sogenannten *anonymous ftp*-Benutzer zu erzeugen, der sich beim einloggen nicht authentifizieren muss, bedient man sich am besten der Software ftp-Config[1] oder PureFTP[2], welches noch weitere Features bietet.

Die Datei */etc/ftpusers* enthält alle Benutzer, die überhaupt keinen FTP-Zugang besitzen und somit nicht via FTP erreichbar sind.

FTP ist kein sicherer Dienst, da Passwörter immer unverschlüsselt übertragen werden. Dennoch ist FTP für Dateitransfers äusserst praktisch und auch schnell. Alternativen zu FTP sind SFTP (Secure FTP, Seite 327) oder Secure Copy (Seite 327).

11.3.9 ssh-Zugang

Falls man im Sharingkontrollfeld unter *Dienste* den Punkt *Entfernte Anmeldung* einschaltet, kann man via Terminalprogramm eine Verbindung zum Host-Rechner aufbauen. Mit der Einführung von Mac OS X 10.0.4 wurde dabei von Telnet (unverschlüsselte Datenübermittlung) auf ssh (secure shell, verschlüsselte Datenübermittlung) gewechselt. Der telnet-Befehl im Terminal funktioniert immer noch, man kann sich aber nicht von anderen Rechnern aus auf einen Mac OS X-Computer via telnet einloggen, sondern nur via ssh. ssh-Verbindungen gestatten es, dieselben Befehle über die Netzwerkverbindung auszuführen, die man auch via Terminal direkt auf dem Mac OS X-Rechner ausführen könnte. Falls sich der Mac OS X-Rechner einmal so aufgehängt haben sollte, dass man keine Eingaben mehr vornehmen kann, gelingt es unter Umständen, eine Verbindung von einem anderen Rechner via ssh aufzubauen und die blockierten Prozesse abzuschiessen, oder den Rechner neu zu starten (für den erfahrenen Benutzer..., siehe „Probleme mit Programmen und dem System“ auf Seite 518.

Für Mac OS 9 existieren unter anderem die Programme NiftyTelnet[3] und MacSSH[4], mit denen man solche Verbindungen herstellen kann (beide Freeware).

1. http://gritsch-soft.com/index.html
2. http://jeanmatthieu.free.fr/pureftpd/
3. http://andrew2.andrew.cmu.edu/dist/niftytelnet.html
4. http://www.macsecsh.com/

Von Mac OS X aus kann man direkt im Terminal eine Verbindung zu einem anderen Rechner aufbauen:

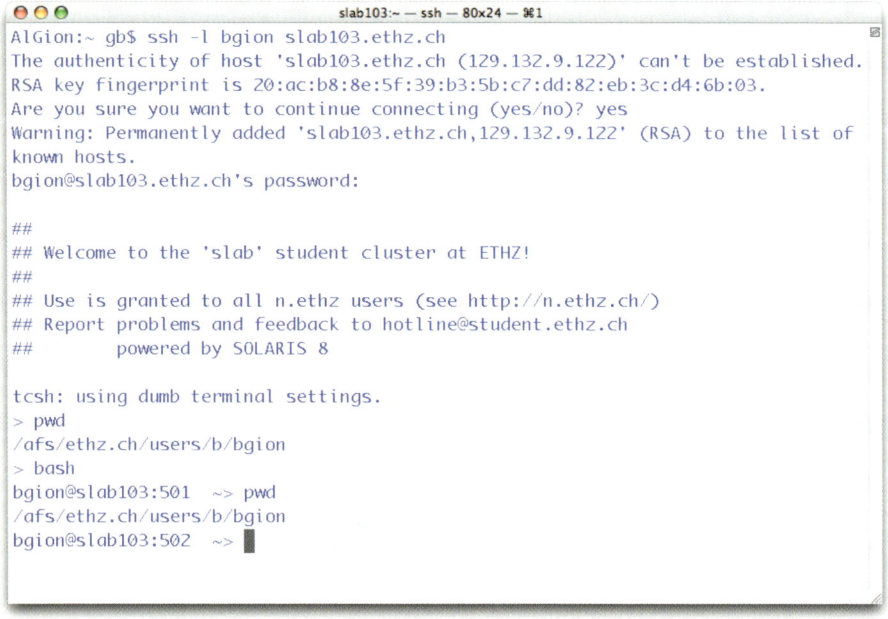

Abbildung 11-70 ssh-Zugriff auf entfernte Rechner

Der sogenannte Eingabeprompt `AlGion:~ gb$` fordert die Eingabe eines Befehls (zur Bedeutung der Zeichen siehe „Das Terminal" auf Seite 154).

Mit dem Befehl

```
AlGion:~ gb$ ssh -l bgion slab103.ethz.ch
```

oder

```
gb@imes-leo-142-dhcp:~$ ssh bgion@slab103.ethz.ch
```

stelle ich als User bgion eine Verbindung zum Rechner slab103.ethz.ch via ssh her. Nach der Eingabe des Passworts (dessen Ausgabe auf dem Monitor natürlich unterdrückt wird), bin ich als

```
bgion@slab103
```

auf dem Rechner *slab103.ethz.ch* eingeloggt (Abbildung 11-70; die Zahl 501 zählt nur die eingegebenen Befehle, mit dem Befehl `bash` musste zuerst noch die bash-Shell aufgerufen werden). Nun kann ich (remote) Befehle eingeben und die Resultate im Terminalfenster (Abbildung 11-70) sehen. Mehr über UNIX-Befehle im Kapitel „UNIX – back to the roots“ auf Seite 153.

Beim allerersten Login auf einen neuen Rechner muss dieser zur *list of known hosts* hinzugefügt werden (Abbildung 11-70). Die Frage *Are you sure you want to continue connecting (yes/no)?* muss mit „yes“ (nicht nur „Y“) beantwortet werden. Die Liste dieser bekannten Rechner wird im Verzeichnis *~/.ssh* in der Datei *known_hosts* gespeichert. Bei Netzwerkumstellungen kann es zu Problemen mit dieser Datei kommen, weil der Computer dann meint, jemand habe am Netzwerk mit böser Absicht manipuliert. Falls man deswegen keine Verbindungen mehr herstellen kann, sollte man die Datei mit `rm ~/.ssh/known_hosts` löschen.

11.3.10 Secure FTP

FTP ist wie oben erwähnt kein sicherer Dienst. Deswegen kann als Ersatz das SFTP (Secure FTP) verwendet werden. Der Verbindungsaufbau funktioniert gleich und wenn in den Systemeinstellungen unter *Netzwerk* bei den Diensten die *Entfernte Anmeldung* aktiv ist, kann man via SFTP auf einen Mac OS X-Computer zugreifen.

Die Sicherheitslücke bezüglich des Zugriffs auf Daten ausserhalb des Benutzerordners existiert hier leider auch – leider ist es nicht so einfach, dem einen Riegel zu schieben. Eine detaillierte Anleitung dazu findet man aber im Internet[1].

11.3.11 Secure copy (scp)

Anstelle von FTP (falls dieses nicht zur Verfügung steht oder zu unsicher ist) kann man scp verwenden, um Daten verschlüsselt zu übertragen. Um scp benutzen zu können, muss *Entfernte Anmeldung* im *Netzwerk*-Kontrollfeld unter *Dienste* aktiv sein. Der Dienst wird im Terminal mit dem Befehl `scp` aufgerufen. Die Syntax ist (etwas vereinfacht):

Syntax	`scp [[user@]host1:]file1 [...] [[user@]host2:]file2`

Um z. B. vom eigenen Rechner aus den Ordner *~/Dokumente/Privat/* auf den Server mit der IP 10.0.1.3 in den Ordner */Benutzer/gb/Dokumente/backup20031124* zu kopieren, gibt man Folgendes im Terminal ein:

```
scp -r ~/Documents/Privat/ gb@10.0.1.3:/Users/gb/Documents/backup20050612/
```

1. http://homepage.mac.com/proc/osx/chroot-sftp.en.html

Um den Kopiervorgang auszulösen, wird noch das Passwort abgefragt, mit dem der Benutzer auf dem Zielserver registriert ist. Die Option `-r` wird gebraucht, damit ganze Ordner (nicht nur Dateien) kopiert werden können. Der Pfad muss sowohl für Quelle und Ziel bekannt sein.

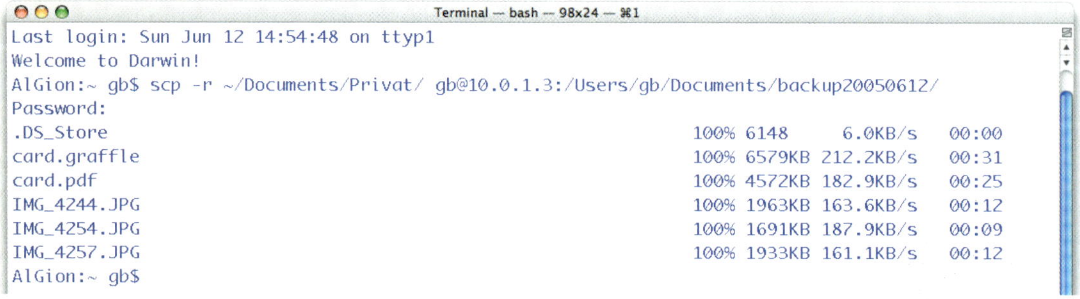

Abbildung 11-71 scp

Ein Programm, das sowohl FTP, SFTP und SCP beherrscht und eine grafische Benutzeroberfläche dafür bietet, ist die Freeware Fugu[1].

11.3.12 Printer Sharing

Im *Dienste*-Register des *Sharing* Kontrollfeldes gibt es noch den Punkt *Printer Sharing*. Das bedeutet, dass ein am Computer angeschlossener Drucker über ein Netzwerk allen Computern innerhalb dieses Netzwerks zur Verfügung gestellt werden kann – der Drucker muss dabei nicht über spezielle Netzwerkfähigkeiten verfügen. Die Aktivierung von *Printer Sharing* macht natürlich nur für Drucker Sinn, welche nicht bei allen Computern im Netzwerk auftauchen (z. B. USB-Drucker). Im Kontrollfeld *Drucken & Faxen* im Register *Sharing* kann eingestellt werden, welche Drucker zur Verfügung gestellt werden sollen.

11.4 FireWall

Das Register *Firewall* erlaubt die Aktivierung der eingebauten Firewall. In diesem Fall ist der Rechner für gewissen Datenverkehr komplett gesperrt und kann von aussen nicht erreicht werden. Eine Firewall sitzt an den Schnittstellen zweier Netzwerke (z. B. Internet auf der einen Seite, lokales Netzwerk auf der anderen) und soll erlaubten Verkehr durchlassen, unerlaubten hingegen ausfiltern[2]. Neben Software Firewalls gibt es auch

1. http://rsug.itd.umich.edu/software/fugu/
2. http://de.wikipedia.org/wiki/Firewall

Hardware Firewalls. Das Kontrollfeld erlaubt nicht sehr feine Einstellungen. Für Mac OS X existieren u.a. die Programme Brickhouse[1] oder Little Snitch[2] (mit einer etwas anderen Funktionsweise), welche mehr Möglichkeiten bieten.

Insbesondere wer viel im Netz ist und einen Internetzugang via Kabelmodem oder ADSL besitzt, sollte sich mit der Thematik der Firewall auseinandersetzen, da in diesem Fall die IP-Adresse über längere Zeit dieselbe sein kann und Angreifern genügend Zeit (und Bandbreite) lässt, ihre Attacken zu starten. Dennoch sind Macs im Internet kaum Gefahren ausgesetzt, ganz im Gegensatz zu ihren Windows-Pendants...

Um nun aber den aktivierten Diensten aus dem ersten Register (z. B. Personal File Sharing, Printer Sharing, ...) die Kommunikation zu ermöglichen, existiert die Liste *Aktivieren*. Dort werden jene Anschlüsse wieder freigeschaltet, die von den aktivierten Diensten benutzt werden (bzw. deren sogenannte „Ports", quasi virtuelle Türen für diese Netzwerkprotokolle).

Falls man Zusatzsoftware installiert hat, die auch einen bestimmten Port braucht, kann man diesen manuell öffnen:

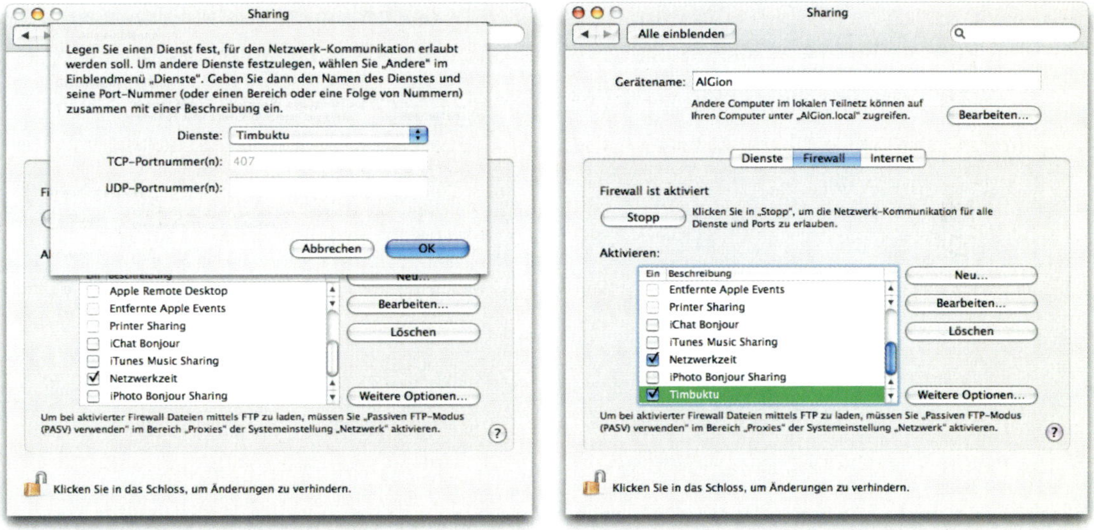

Abbildung 11-72 Firewall-Einstellungen

1. http://personalpages.tds.net/~brian_hill/brickhouse.html
2. http://www.obdev.at/products/littlesnitch/index.html

Dazu klickt man auf die Schaltfläche *Neu...* (Abbildung 11-72, links) im *Firewall*-Register. Im nun erscheinenden Dialogfeld wählt man das gewünschte Protokoll aus der Liste *Dienst* und klickt dann *OK*. Es erscheint dann in der *Aktivieren*-Liste im Register *Firewall* (Abbildung 11-72, rechts).

Falls das Protokoll nicht in der Liste ist, kann man auch selber einen Port definieren (durch Wahl des Punktes *Andere* in der Auswahlliste). In den leeren Feldern kann man die Port-Nummer und eine Beschreibung des Dienstes eingeben.

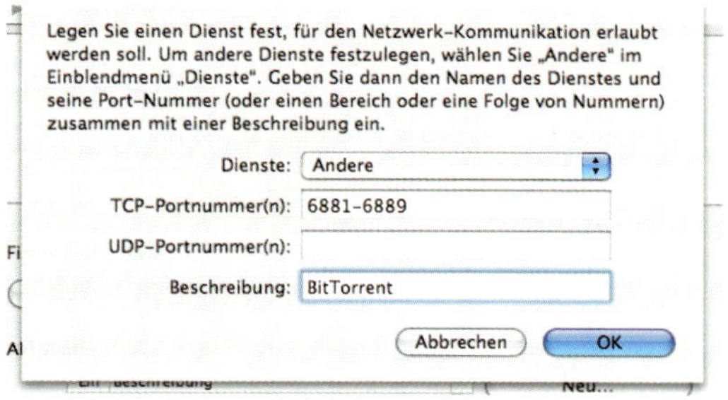

Alle Dienste, die man der Liste manuell hinzugefügt hat, kann man durch aktivieren bzw. deaktivieren des Häkchens jederzeit ein- und ausschalten. Die Standard-Dienste werden im Register *Dienste* ein- und ausgeschaltet und entsprechend automatisch in der Firewall freigeschaltet.

Über die Schaltfläche *Weitere Optionen...* (Abbildung 11-72) gelangt man zu zusätzlichen Einstellungen, wobei vor allem der *Tarn-Modus* interessant ist. Damit wird der Rechner im Netz quasi unsichtbar, jeder nicht erwünschte Datenverkehr wird geblockt. Auch das Anpingen (mit dem `ping`-Befehl im Terminal) ist nicht mehr möglich.

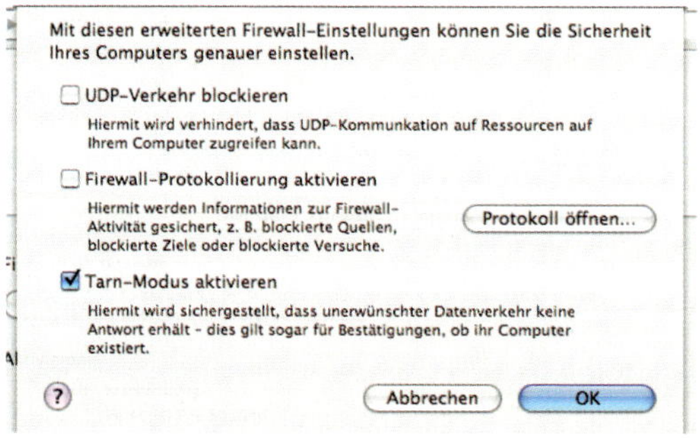

Abbildung 11-73 Erweiterte Firewall-Optionen

Die Option *UDP-Verkehr blockieren* verhindert UDP-Kommunikation – UDP (User Datagram Protocol) ist ein Protokoll, das wie TCP dem Datenaustausch dient. Im Gegensatz zu TCP ist es aber nicht auf Zuverlässigkeit ausgelegt und enthält keine Abfrage, ob gesendete Pakete auch wirklich ankommen. Anwendungen, bei denen es vermehrt auf die Geschwindigkeit des Datenaustauschs ankommt (z. B. Voice over IP) setzen vermehrt auf UDP.

Die *Firewall-Protokollierung* ist nützlich, wenn man wissen möchte, ob der Rechner Ziel eines „Angriffs" war. Vor allem bei Geräten, die ständig im Netz betrieben werden, ist das interessant (oder notwendig).

11.5 Internet Sharing

Mittels des dritten Registers im Kontrollfeld *Sharing* kann man eine Internetverbindung mit anderen Rechnern teilen. Dabei wird ein aktiver Anschluss für die Internetverbindung des eigenen Rechners und der andere für die Verbindung mit den lokal verbundenen Computern benutzt.

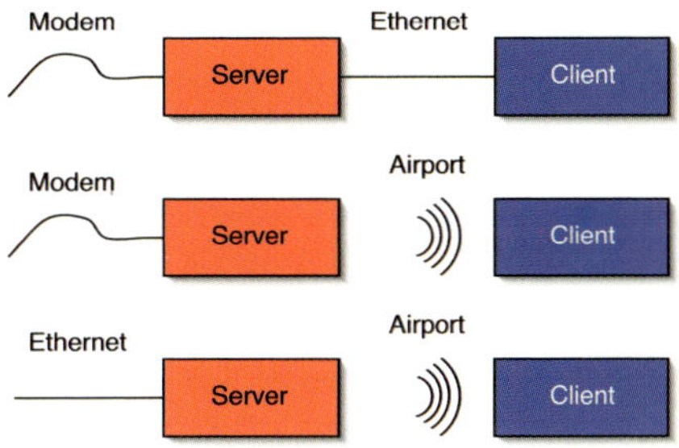

Mögliche Konfigurationen sind:

- Die Internetverbindung über das Modem wird über den Ethernetanschluss und ein gekreuztes Kabel mit einem anderen Rechner geteilt.
- Die Internetverbindung via Ethernet wird über die Airport-Schnittstelle und ein lokales Airport-Netzwerk (Abbildung 11-74, Computer als Basisstation konfiguriert) geteilt.

Es sind natürlich noch weitere Kombinationen denkbar.

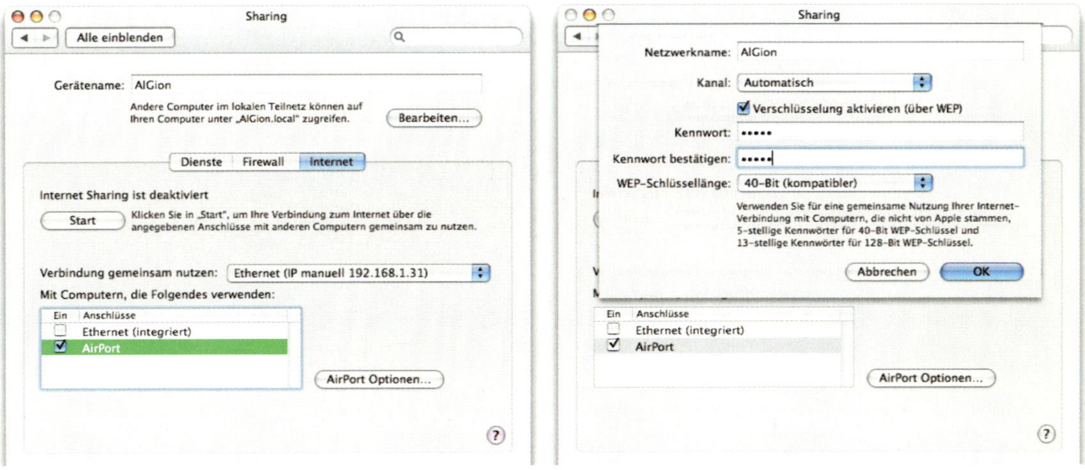

Abbildung 11-74 Internet Sharing

Manchmal ist ein bisschen Ausprobieren nötig, um die gewählte Konfiguration zum Laufen zu bringen. Grundsätzlich sollten die Client-Computer, welche keinen direkten Anschluss zum Internet haben, auf DHCP (Ethernet bzw. Airport bei den obigen Beispielen) gestellt werden. Falls es nicht funktioniert, kann man versuchen, für den Verbindungscomputer die Netzwerkkonfiguration der geteilten Schnittstelle auf manuelle IP-Vergabe umzustellen.

11.6 „Fehlende" Internet-Einstellungen

Bis und mit Jaguar gab es in den Systemeinstellungen noch das Kontrollfeld *Internet*. Dieses ist bereits mit Panther verschwunden. Die Meinungen, ob das ein Bug oder Absicht ist, gehen allerdings auseinander... Das Kontrollfeld war unter anderem für die Konfiguration der Internetprogramme zuständig (welches Programm wird für WWW, welches für E-Mail verwendet). Diese Einstellungen kann man jetzt nicht mehr vornehmen – man muss sie in Safari bzw. Mail machen (dort jeweils unter den *Einstellungen...* – also zumindest einmal muss man die Programme von Apple starten).

Wer das nicht will, kann das PreferencePane *RCDefaultApp*[1] verwenden. Es gestattet, für ein Protokoll ein Standardprogramm anzugeben (nicht nur für E-Mail und Web), ausserdem bietet es noch erweiterte Optionen für Programmzuweisungen und Protokolle. Die Installation von PreferencePanes wird in „SharePoints" auf Seite 312 erklärt.

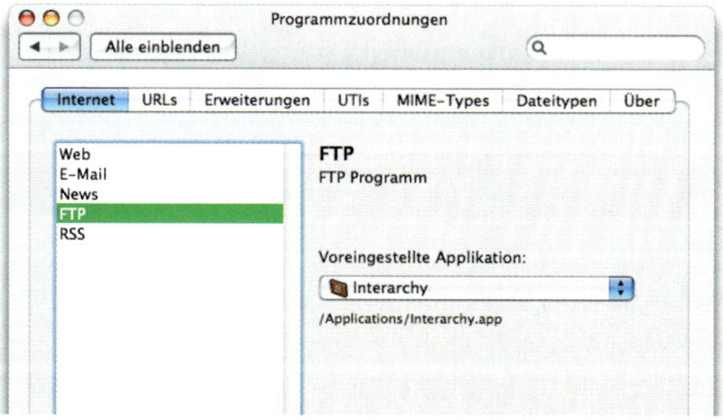

Abbildung 11-75 RCDefaultApp (Programmzuordnungen)

Um eine Zuweisung zu ändern, wählt man in der Auswahlliste *Voreingestellte Applikation* ein Programm aus. Mit *Andere...* kann man auch weitere, nicht aufgeführte Anwendungen angeben.

1. http://www.rubicode.com/Software/RCDefaultApp/

11.7 Netzwerksicherheit

Das alte Mac OS – ursprünglich als Einzelplatz-Betriebssystem entwickelt – ist vermutlich in Bezug auf die Sicherheit in einem Netzwerk das beste System überhaupt. Es ist fast unmöglich, via Netzwerk in einen Computer mit Mac OS 7.6 (oder höher) „einzubrechen". Mac OS X ist immer noch ein sehr sicheres System (im Vergleich mit Windows sowieso), bietet dem Angreifer aber einige Möglichkeiten mehr, seine Attacken zu starten. Insbesondere wenn FileSharing, FTP- oder ssh-Zugang aktiviert sind, ist Vorsicht geboten. Auch der root-Benutzer sollte nicht aktiviert werden (siehe „Der root-Benutzer" auf Seite 466). Von Zeit zu Zeit tauchen auch Meldungen über Sicherheitslücken auf (meistens sind mehrere UNIX-Systeme betroffen). In letzter Zeit war Apple immer sehr schnell bei der Behebung solcher Probleme.

11.8 Netzwerk unter Classic

Um unter Classic auf ein AppleTalk- oder TCP/IP-Netzwerk zugreifen zu können, sind keine besonderen Einstellungen notwendig. Die beiden Mac OS 9-Kontrollfelder *AppleTalk* und *TCP/IP* funktionieren in Tiger nicht mehr. AppleTalk ist nur noch für Drucker verfügbar. Das Apple Filing Protocol (AFP) wird via AppleTalk nicht mehr unterstützt (siehe „Zugriff via AppleTalk" auf Seite 296). Falls Probleme mit AppleTalk auftauchen (AppleTalk-Drucker können nicht mit dem LaserWriter 8-Treiber ausgewählt werden), kann es hilfreich sein, in der Auswahl AppleTalk kurz zu deaktivieren und wieder zu aktivieren. Danach sollte das AppleTalk-Netzwerk funktionieren.

11.9 Bluetooth

Neben der drahtlosen Netzwerktechnologie Airport (von Apple mit dem original iBook eingeführt) hat Bluetooth in letzter Zeit eine immer grössere Bedeutung erlangt. Während Airport (offizielle Bezeichnung 802.11b/g) für Netzwerke mit grossen Reichweiten im Bereich von einigen 100m gedacht ist, funkt Bluetooth nur in einem Radius von etwa 10m und ist vor allem für den Austausch kleiner Datenmengen zwischen verschiedenen mobilen Geräten (Mobiltelefone, Palm) gedacht. Es ist auch bedeutend langsamer als Airport. Alle neuen Geräte von Apple können zumindest als Option mit einem Bluetooth-Modul aufgerüstet werden, bei vielen ist es bereits standardmässig eingebaut. Wer noch über einen älteren Computer verfügt, kann mittels Bluetooth-USB-Adapter (erhältlich z. B. im Apple Store[1]) auf die neue Technologie aufspringen.

1. http://www.apple.com/swissdestore/

Innerhalb von Tiger kann Bluetooth verwendet werden, um das Adressbuch mit dem Mobiltelefon oder einem Handheld zu synchronisieren („Mobiltelefone und Handhelds“ auf Seite 487) und um direkt aus dem Adressbuch SMS zu schicken oder eingehende Anrufe zu signalisieren („Adressbuch“ auf Seite 394). Man kann auch über Bluetooth und Mobiltelefon eine Internetverbindung herstellen („Internetzugang via Mobiltelefon“ auf Seite 286). Mit weiteren Zusatz-Tools (Salling Clicker[1]) kann man sogar Präsentationen oder iTunes via Telefon fernsteuern, was vor allem bei Windows-Benutzern grosses Erstaunen auslöst.

Im ersten Register *Einstellungen* werden allgemeine Optionen festgelegt (Abbildung 11-76, links): Falls *Sichtbar* aktiviert wird, sehen andere Bluetooth-Geräte den Computer und können eine Verbindung zu ihm herstellen. Das ist nur bei der allerersten Verbindung zwischen zwei Geräten nötig – nachher erkennen sie sich auch ohne die Option *Sichtbar*.

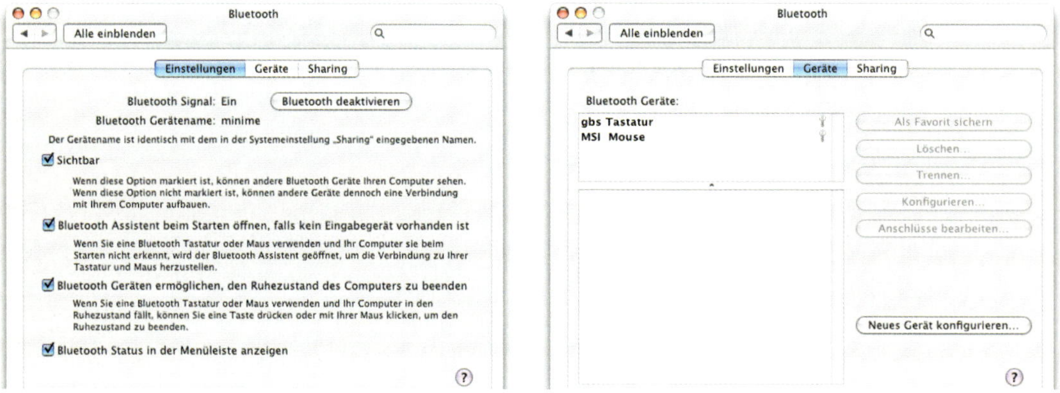

Abbildung 11-76 Einstellungen und Geräte für Bluetooth

Die Option *Bluetooth Status in der Menüleiste anzeigen* aktiviert ein kleines Bluetooth-Symbol, mit dem der Dienst ein- und ausgeschaltet werden kann. Ausserdem kann man das Gerät sichtbar machen, Dateien zu Bluetooth-Geräten senden oder ein Gerät durchsuchen.

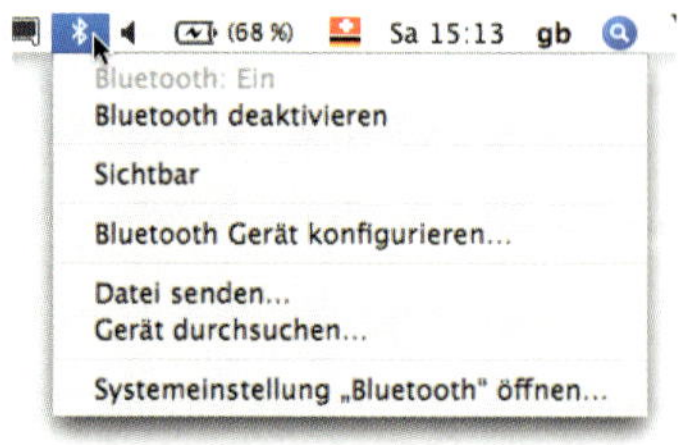

Im Register *Geräte* tauchen alle Bluetooth-Geräte auf, die einmal mit dem Computer verbunden wurden (siehe „Koppeln eines Bluetooth-Geräts“ auf Seite 335). Mit *Löschen...* können sie auch wieder entfernt werden.

1. http://homepage.mac.com/jonassalling/Shareware/Clicker/SEMC/index.html

Im Register *Sharing* kann mit der Funktion *Bluetooth Dateiübertragung* (in der Liste links auswählen) ein Ordner angegeben werden, auf den andere Bluetooth-Geräte mit der Durchsuchen-Funktion zugreifen können. Das funktioniert auch für Computer zu Computer-Verbindungen, wenn auch die Datenübertragungsrate extrem klein ist. Der Dienst muss mit Klick in *Start* allerdings zuerst aktiviert werden. Der zweite Dienst in der Liste, *Bluetooth Datenaustausch*, ermöglicht es anderen Geräten Dateien zu senden, die auf dem Computer im angegebenen Ordner abgelegt werden (mit vorheriger Warnung, falls aktiviert). Die für jeden Dienst verfügbare Option *Verbindung erforderlich (sicherer)* verlangt, dass Geräte vor dem Datenaustausch mit dem Computer gekoppelt wurden (damit nicht jedes Gerät einfach Daten senden bzw. empfangen kann). Ausserdem werden die übertragenen Daten auf diese Weise verschlüsselt.

11.9.1 Koppeln eines Bluetooth-Geräts

Für einige Funktionen (wie z. B. Internetzugang oder Synchronisationsvorgänge) müssen Mac und Bluetooth-Gerät zuerst gekoppelt werden. Bei einigen Geräten (Mobiltelefon, Palm, ...) gibt es dazu zwei mögliche Vorgehensweisen:

- Kopplung vom Bluetooth-Gerät aus
- Kopplung vom Mac aus

Im Allgemeinen ist das Koppeln vom Mac aus komfortabler, auch wenn beides funktioniert. Der Ablauf, um eine Verbindung herzustellen, ist immer gleich:

1. Bei beiden Geräten muss Bluetooth aktiviert sein.
2. Das Zielgerät, mit dem man die Verbindung herstellen will, muss sich im „Sichtbar“-Modus befinden.
3. Vom anderen Gerät aus wird ein Verbindungsversuch unternommen.
4. Das Zielgerät antwortet, eine Verbindung wird ausgehandelt. Nun muss entweder manuell eine Kennzahl gewählt und bei beiden Geräten eingegeben werden, oder die vom einen Gerät vorgeschlagene Kennzahl muss beim anderen eingegeben werden. Bei einigen Geräten erfolgt der Kopplungsvorgang auch vollautomatisch, ohne manuellen Eingriff.
5. Die beiden Geräte kennen sich nun und das eine Gerät erscheint beim anderen in der Liste der gekoppelten Geräte. Als Name wird beim Mac die unter *Sharing* eingetragene Bezeichnung verwendet, bei Mobiltelefonen kann der Name in den Einstellungen des Telefons definiert werden.

Vom Mac aus erfolgt der Kopplungsvorgang im Register *Geräte*, mit dem Knopf *Neues Gerät konfigurieren...* Der *Bluetooth Assistent* startet. Die folgenden Bilder zeigen den Vorgang für ein Mobiltelefon – je nach Gerät kann der Ablauf natürlich anders sein.

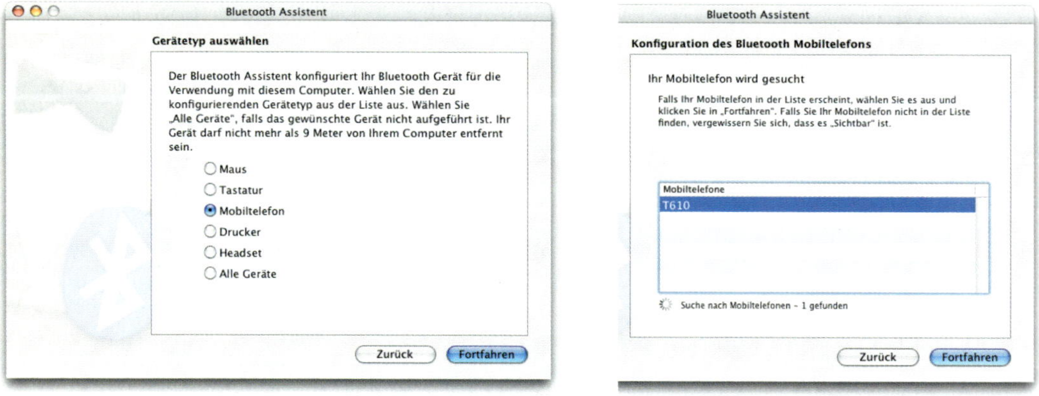

Abbildung 11-77 Koppeln von Bluetooth-Geräten

1. Als erstes muss gewählt werden, welcher Gerätetyp gekoppelt werden soll, wie in Abbildung 11-77 (links) dargestellt. Mit Klick in *Fortfahren* gelangt man jeweils zum nächsten Schritt. Das zweite Gerät muss auf „sichtbar" geschaltet werden, damit es vom *Bluetooth Assistenten* gefunden wird (Abbildung 11-77, rechts). In der Liste wählt man das gewünschte Telefon aus (meistens wird nur eines erscheinen) und klickt wiederum *Fortfahren*.

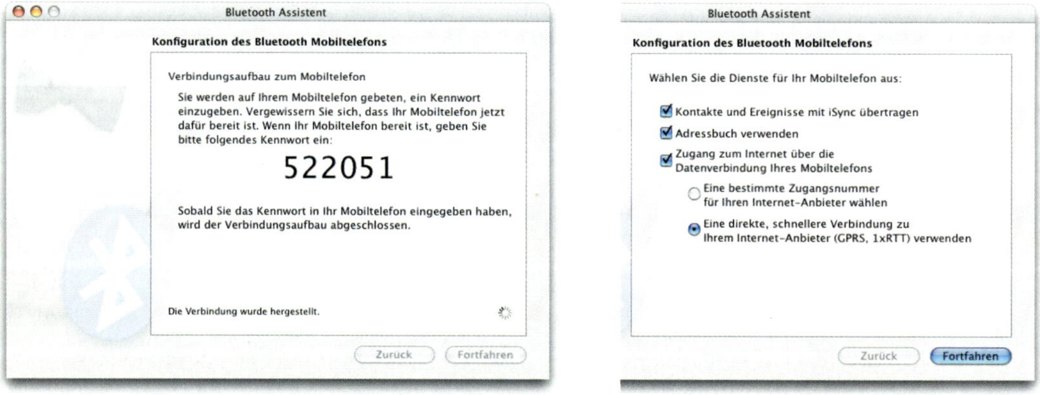

Abbildung 11-78 Sicherheitsabfrage und Funktionen

2. Der Computer schlägt eine Zahlenkombination vor, die beim Mobiltelefon eingegeben werden muss (Abbildung 11-78, links). Bei einigen Modellen kann oder muss die Kombination auch selber gewählt werden. Am Telefon muss die gleiche Kombination

eingegeben werden (das Telefon zeigt eine Aufforderung dazu). Falls beim Telefon unterschiedliche Optionen für die Kopplung bestehen, muss man diejenige wählen, die den Computer zu den bekannten und erlaubten Geräten permanent hinzufügt. Im nächsten Dialog schlägt der Mac eine Reihe von Diensten vor, die mit dem Telefon verwendet werden können (Abbildung 11-78, rechts).

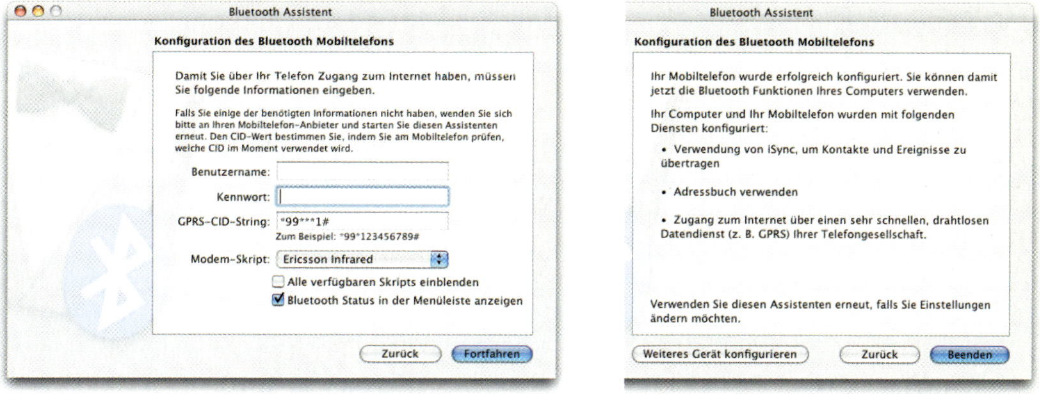

Abbildung 11-79 Internetzugang und Abschluss der Konfiguration

3. Falls die Verwendung für den Internetzugang via GPRS aktiviert wurde, müssen die Zugangsdaten eingegeben werden (in Abbildung 11-79, links: für Swisscom). Das Modem-Skript hängt vom verwendeten Mobiltelefon ab – für die meisten Bluetooth-Telefone von Sony Ericsson kann das *Ericsson Infrared*-Skript verwendet werden. Mehr dazu unter „Internetzugang via Mobiltelefon" auf Seite 286.

4. Nun sind der Mac und das T610 gekoppelt (Abbildung 11-80).

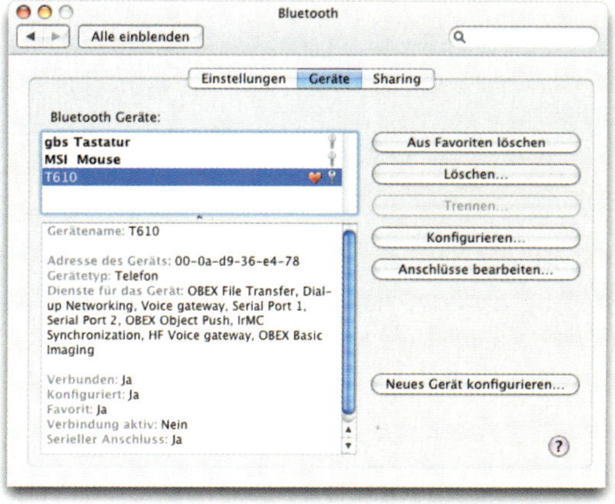

Abbildung 11-80 Gekoppeltes Bluetooth-Gerät

Wählt man ein Gerät in Liste *Bluetooth Geräte* aus Abbildung 11-80 an, wird unten angezeigt, welche Dienste es unterstützt. Falls die Verwendung der Kontakte und Ereignisse (Adressbuch) aktiviert wurde (Abbildung 11-78, rechts), startet iSync nach abgeschlossenem Kopplungsvorgang automatisch. Der Abgleich von Kontakten aus dem Programm *Adressbuch* und Terminen aus *iCal* wird in „Synchronisierung und .mac" auf Seite 481 gezeigt. Die Verwendung eines Mobiltelefons für die Internetverbindung wird in „Internetzugang via Mobiltelefon" auf Seite 286 beschrieben.

Bei Problemen während der Kopplung kann es helfen, das Telefon auszuschalten und die Sichtbarkeit erneut zu aktivieren.

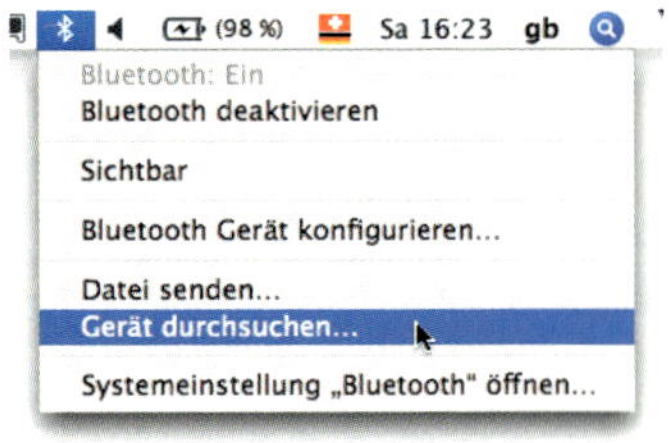

Bluetooth-Geräte können durchsucht werden, falls sie diese Funktion unterstützen – dazu wählt man im Menüleistensymbol den Befehl *Gerät durchsuchen...* Im folgenden Fenster muss man ein verfügbares Gerät auswählen (Abbildung 11-81, links), schliesslich landet man in einer Art Datei-Browser. Bei Mobiltelefonen kann man auf diese Weise z. B. Klingeltöne kopieren oder Bilder verschieben (Abbildung 11-81, rechts).

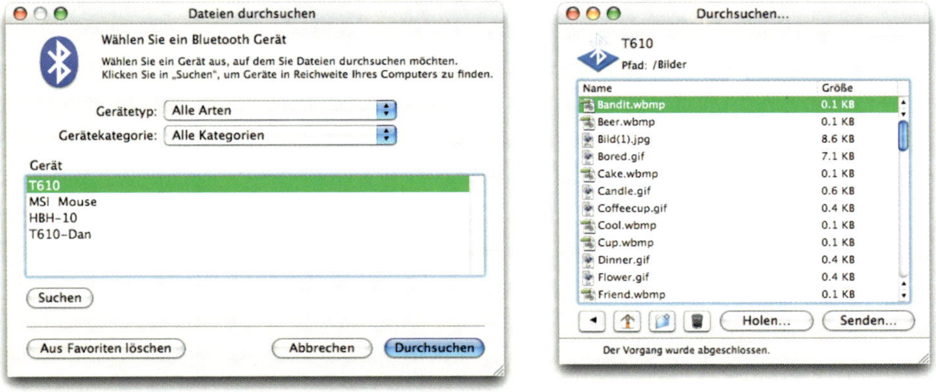

Abbildung 11-81 Gerät auswählen und durchsuchen

Drucken & Faxen

12

„Ein Bild sagt mehr als 1000 Worte – aber braucht auch tausend Mal soviel Speicher." – alte IT-Weisheit.

Früher träumte man davon, dass der Computer einmal das papierlose Büro bringen würde. Mittlerweile sind wir aufgewacht. Kaum etwas, das nicht ausgedruckt werden will – Briefe, Broschüren, E-Mails, Webseiten... Aber wie konfiguriert man einen Drucker, wie erzeugt man ein PostScript- oder PDF-File? Und könnte man das ganze nicht auch noch jemandem faxen?

12.1 Schriften unter Mac OS X

12.1.1 Schriftbibliotheken

Unter Mac OS 9 ist die Welt einfach: alle Schriften befinden sich im Ordner *Zeichensätze* innerhalb des Systemordners. Der Finder unter Mac OS 9 kann dort zwar nicht mehr als 128 Zeichensätze verwalten, aber dafür gibt es ja den Type Manager von Adobe[1] (der unter Mac OS X nicht mehr erhältlich ist).

Unter Mac OS X ist das komplizierter geworden: es gibt (bei einem angelegten Benutzer, sonst entsprechend mehr) fünf oder mehr Schriftenordner:

- */Benutzer/~/Library/Fonts*

  Diese Schriften befinden sich im Home-Verzeichnis des eingeloggten Benutzers und stehen nur ihm zur Verfügung.

1. http://www.adobe.de/support/downloads/main.html

- */Library/Fonts*

  In diesem Ordner befinden sich von den Administratoren des Computers installierte Schriften – sie können von allen Usern benutzt werden. Im Grunde ist dieser Ordner das Pendant zum Ordner *Zeichensätze* aus Mac OS 9.

- */Network/Library/Fonts*

  Falls ein Mac OS X Server-Rechner zur zentralen Benutzerverwaltung eingesetzt wird, können die Client Computer von hier aus mit Schriften versorgt werden (für alle Benutzer von Bedeutung).

- */System/Library/Fonts*

  Die hier installierten Schriften benötigt Mac OS X als Basis. Sie können nicht (bzw. nur vom root) verändert werden. Auch diese Schriften stehen allen Benutzern zur Verfügung.

- */Systemordner/Zeichensätze* (aus dem Classic-System)

  Alle Schriften aus dem Zeichensatzordner vom Classic-System stehen auch Mac OS X zur Verfügung (für alle Benutzer).

- Benutzerdefinierte Ordner

  Mit Tiger wurde eine Funktion eingeführt, die es dem Benutzer erlaubt, selber einen oder mehrere Ordner mit Schriften zu definieren.

Beim Systemstart werden alle Schriften, die sich im Classic-Systemordner befinden, auch Mac OS X zur Verfügung gestellt. Umgekehrt kennt Classic die Schriften aus Mac OS X und seinen Fonts-Ordnern nicht! Das ist erst mit Suitcase von Extensis möglich[1]. Wer noch viel mit Classic-Programmen arbeitet, sollte seine Schriften deshalb in den Ordner *Zeichensätze* im Classic-Systemordner installieren.

Um Schriftenkonflikte zu vermeiden (wenn eine Schrift z. B. im persönlichen Fonts-Ordner und im Classic-Zeichensätze-Ordner installiert ist), durchläuft Mac OS X die Schriftenaktivierung gemäss der Abfolge in der obenstehenden Liste. Eine Schrift im persönlichen Fonts-Ordner hat also immer Priorität vor einer Classic-Schrift: das bedeutet, dass im Falle von zwei gleichen Schriften in verschiedenen Ordnern immer diejenige geladen wird, die in der vorhergehenden Liste höher steht.

Wenn man eine neue Schrift installiert, müssen Programme beendet und wieder gestartet werden, damit die Schriften dort zur Verfügung stehen.

1. http://www.extensis.com

12.1.2 Formate

Mac OS 9 kennt zwei Arten von Schriften: TrueType und PostScript. TrueType-Schriften sind frei skalierbar und sowohl für die Bildschirmdarstellung als auch für den Drucker zu gebrauchen. Man erkennt sie an den drei A's im Icon. Manchmal werden sie von zusätzlichen Bildschirmschriften begleitet – diese haben ein einzelnes A als Icon (Abbildung 12-1).

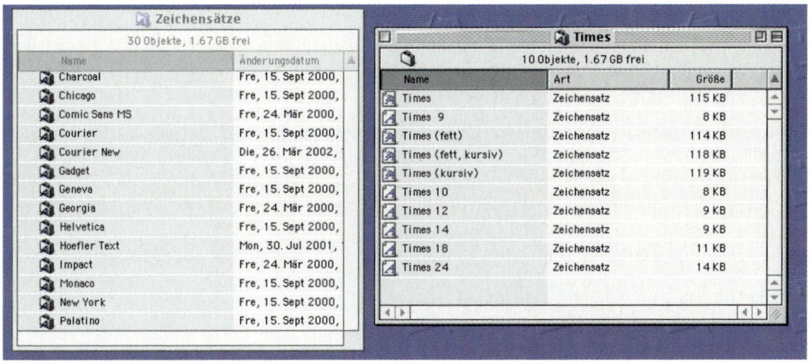

Abbildung 12-1 TrueType-Schriften (mit zugehörigen Bitmap-Bildschirmschriften)

PostScript-Schriften bestehen immer aus zwei Dateien: einer Schrift in einer bestimmten Grösse (z. B. 12 Punkt) für die Bildschirmdarstellung und einer Druckerschrift für die Ausgabe auf PostScript-Drucker (Abbildung 12-2). Dank des Adobe Type Managers (ATM oder ATM Light) können aber auch diese Schriften in jeder Grösse auf dem Bildschirm geglättet angezeigt und auf jedem Drucker ausgedruckt werden.

Abbildung 12-2 PostScript-Zeichensätze

Mit Mac OS X hat sich einiges verändert: neben TrueType und PostScript versteht das neue Betriebssystem auch weitere Formate: OpenType und Windows-Zeichensätze.

Die aus Mac OS 9 bekannten TrueType-Zeichensätze wurden zu „.dfont"-Dateien – es sind die alten Zeichensätze, allerdings ohne Ressourcenzweig („Zuordnung von Dateien und Programmen" auf Seite 147). Das ist nötig, damit die Schriften auch auf UFS Volumes installiert werden können (wo keine Ressourcenzweige überleben).

PostScript-Zeichensätze können wie unter Mac OS 9 installiert werden. Der ATM ist nicht mehr nötig, da das Betriebssystem dessen Aufgaben selbst übernimmt – schliesslich basiert die Grafikdarstellung von Mac OS X (Quartz) auf Adobes PostScript.

OpenType ist ein Format, das von verschiedenen Herstellern initiiert wurde, um TrueType und PostScript zu vereinen und plattformunabhängig einsetzbar zu sein. OpenType-Schriften bieten, sofern das Programm diese Funktionen unterstützt, aber noch weitere Optionen, wie etwa Ligaturen oder Ornamente. Bei Mac OS X sind das im Moment alle Cocoa-Applikationen sowie z. B. Adobe Indesign[1].

Schliesslich können Windows-Schriften direkt in einen Mac OS X-Fonts-Ordner bewegt werden und stehen in allen Anwendungen zur Verfügung – wichtig ist nur, die Endung *.ttf* dieser Schriften nicht zu löschen. Mit der Möglichkeit, Windows-Schriften zu verwenden, öffnet sich natürlich die Tür zu sehr vielen (qualitativ höchst unterschiedlichen) Free- und Shareware-Schriften.

SMARC___.TTF

12.1.3 Erweiterte Funktionen

Besonders wer mit sehr vielen Schriften, die er unterschiedlich einsetzt, arbeitet, wird sich die Möglichkeiten der Cocoa-Programme sehr bald in allen Anwendungen wünschen. Standardmässig werden verschiedene Features wie *Unterschneidungen*, *Ligaturen* und *Verschieben der Schriftlinie* angeboten.

1. http://www.adobe.de/

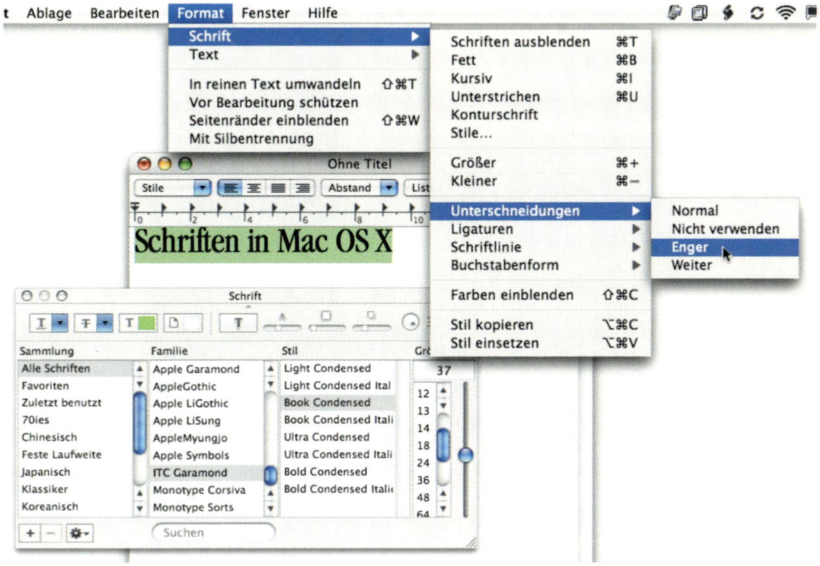

Abbildung 12-3 Schriftformatierung in Cocoa-Programmen

12.2 Schriftsammlung

Das Programm *Schriftsammlung* (*Font Book*) im Ordner */Programme* wurde mit Panther eingeführt, um mehr Ordnung ins Schriftenchaos zu bringen. Mit dem Programm kann man:

- Schriften installieren (Systemweit oder nur für den aktiven Benutzer)
- Schriften anzeigen (Voransicht des Buchstabensatzes)
- Eigene Ordner mit Schriften (Bibliotheken) definieren
- Schriften zu Sammlungen gruppieren
- Schriften und Sammlungen aktivieren und deaktivieren
- Schriften löschen

Diese Funktionen sind vor allem für Leute interessant, die professionell mit Schriften arbeiten. Man kann so z. B. alle Schriften, die man für einen Auftrag verwendet, in einen Ordner packen und zu einer Sammlung gruppieren oder nur soviele Schriften laden, wie man wirklich gerade benötigt (um den Computer beim Aufstarten etwas zu beschleunigen). Zur Zeit unterstützen nicht alle Programme sämtliche Funktionen der Schriftsammlung und dem damit verbundenen Schriftmenü.

Das Fenster der Schriftsammlung ist in Abbildung 12-4 dargestellt. Es ist dreigeteilt: in der ersten Spalte (*Sammlungen*) tauchen oben die Bibliotheken auf: diese beinhalten die installierten, auf der Festplatte vorhandenen Schriften. In dieser Spalte unten sind die *Sammlungen*: das sind Zusammenstellungen von beliebigen Schriften aus den Bibliotheken, die thematisch (oder auf eine andere Weise) zusammengehören. In der zweiten Spalte (*Schrift*) erscheinen die einzelnen Schriften, jeweils abhängig von der Auswahl in der ersten Spalte. Rechts wird schliesslich eine Vorschau auf die Schrift dargestellt.

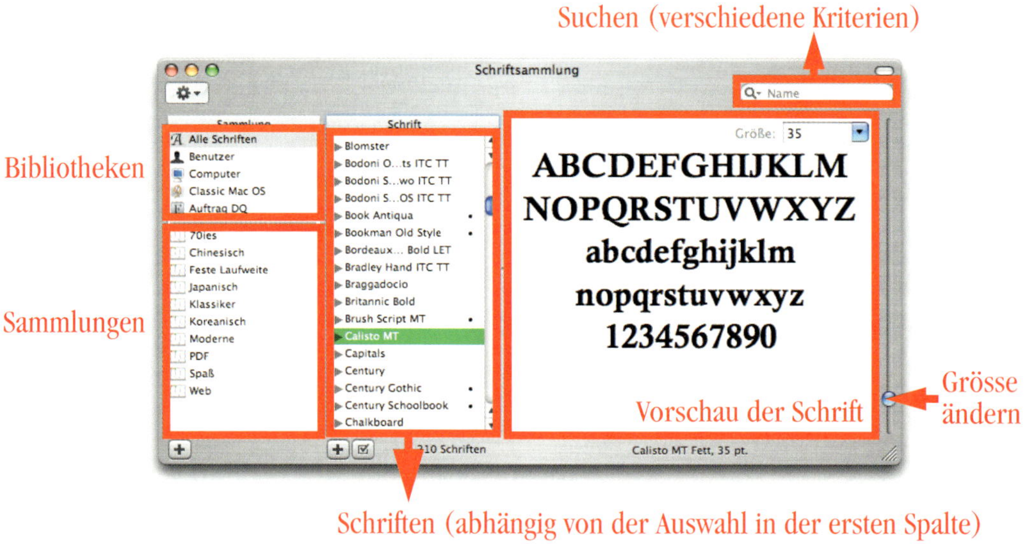

Abbildung 12-4 Schriftsammlung

12.2.1 Schriften installieren

Neben der Möglichkeit, die Schriften manuell in einen der *Fonts*-Ordner zu kopieren (damit sie vom System automatisch erkannt werden), kann man sie auch mit Hilfe der Schriftsammlung installieren. Dazu wählt man *Schriften hinzufügen...* aus dem Menü *Ablage* und wählt im folgenden Dialog die Schriften aus (von CD, von der Festplatte, ...), die man installieren möchte. Je nach Eintrag in den *Einstellungen...* im Menü *Schriftsammlung* werden die Schriften in den *Library/Fonts*-Ordner des eingeloggten Benutzers, in */Library/Fonts* oder in den Schriftordner von Mac OS 9 installiert. Dies ist aber auch abhängig davon, was in der ersten Spalte der Schriftsammlung ausgewählt ist:

- Falls *Benutzer* gewählt ist, landen die Schriften in */Benutzer/~/Library/Fonts*
- Falls *Computer* gewählt ist, landen sie in */Library/Fonts*
- Falls *Classic Mac OS* gewählt ist, landen sie in */Systemordner/Zeichensätze*

- Falls eine selber erstellte Bibliothek gewählt ist, wird der Schriftsatz nicht verschoben, sondern lediglich zur Bibliothek hinzugefügt.
- Falls eine Schriftsammlung ausgewählt ist, wird der Zeichensatz zu dieser hinzugefügt und in den Ordner, der in den *Einstellungen...* gewählt wurde, verschoben (Abbildung 12-5).

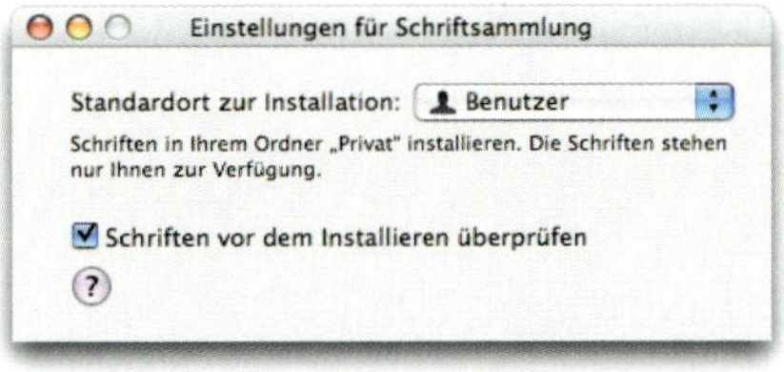

Abbildung 12-5 Einstellungen von *Schriftsammlung*

In Abbildung 12-6 werden die Schriften BellBottom und Xpressive in das Benutzerverzeichnis importiert. Die Schriften werden dabei immer kopiert (nicht nur bewegt).

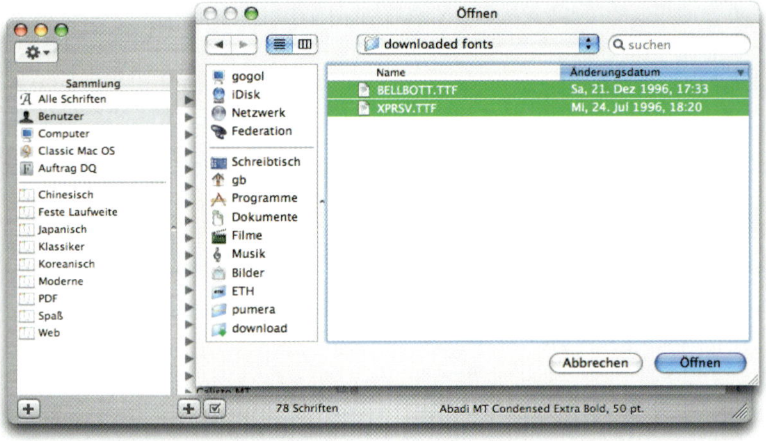

Abbildung 12-6 Schriften installieren

12.2.2 Bibliotheken erstellen

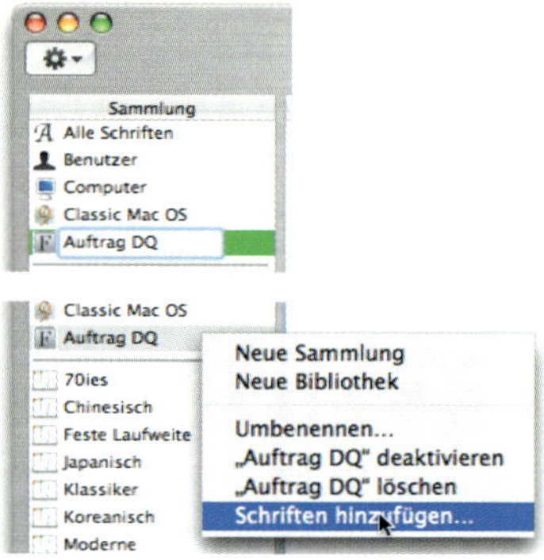

Dank Tiger ist es erstmals mit Mac OS X (ohne Zusatzprogramme) möglich, Schriften ausserhalb der vorgesehenen Ordner installiert zu haben. Solche Schriften werden in einer Bibliothek erfasst, die später auch verändert (Schriften entfernen oder hinzufügen) werden kann. Um eine Bibliothek hinzuzufügen, wählt man den Befehl *Neue Bibliothek* aus dem Menü *Ablage*. Es erscheint ein neuer Eintrag unter der Spalte *Sammlungen* – nun kann der Bibliothek ein Name gegeben werden (falls der Name nicht aktiv ist, via Kontextmenü *Umbenennen* wählen). Nachher fügt man der Bibliothek Schriften hinzu – diese können sich wie gesagt irgendwo auf der Festplatte befinden. Am einfachsten erreicht man dies via Kontextmenü über den Eintrag *Schriften hinzufügen...*

Um schliesslich eine Bibliothek wieder zu löschen, wählt man im Kontextmenü den Eintrag *<Name> löschen*. Dabei wird lediglich die Bibliothek entfernt, die eigentlichen Schriften auf der Festplatte bleiben unangetastet und müssen – falls gewünscht – manuell entfernt werden. Mit dem Löschen einer Bibliothek verschwinden alle erfassten Schriften aus den Programmen. Löscht man eine einzelne Schrift aus einer Bibliothek, bleibt die Schrift auf der Festplatte erhalten – falls sie aber in keiner anderen Bibliothek erfasst ist, dann verschwindet sie aus der Schriftpalette aller Programme und wird nicht geladen.

12.2.3 Schriftsammlungen anlegen

Die beiden importierten Schriften aus Abbildung 12-6 kann man nun zu einer Gruppe zusammenfassen. Da sie stark den typischen 70er Jahre-Schriften ähneln, benennen wir die Schriftgruppe „70ies". Im Menü *Ablage* wählt man den Befehl *Neue Sammlung*, danach erscheint ein weiterer Eintrag in der Spalte *Sammlung*.

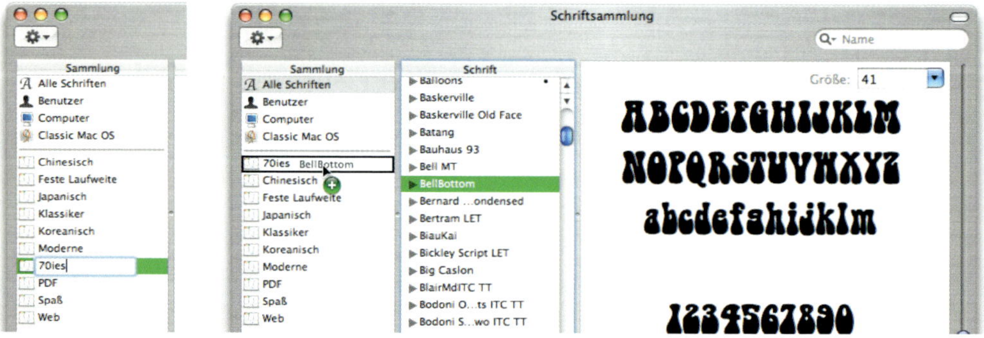

Abbildung 12-7 Neue Sammlung erzeugen und Schrift hinzufügen

Nachdem man der Sammlung einen Namen gegeben hat, kehrt man wieder auf die Sammlung *Alle Schriften* zurück und fügt via Drag & Drop alle gewünschten Schriften der neu erzeugten Sammlung hinzu. Schliesslich hat man der Sammlung auf diese Weise alle Schriften hinzugefügt, die man wünscht. Wählt man die Sammlung in der linken Spalte aus, sieht man die enthaltenen Schriften in der Spalte *Schrift*. Eine Sammlung kann man sich als verlinkte Zusammenstellung von Schriften vorstellen, ähnlich einem Ordner, der nur Alias-Dateien enthält.

Wird eine Sammlung gelöscht, verschwindet lediglich die unter dieser erfasste Zusammenstellung von Schriften – die einzelnen Schriften bleiben sowohl auf der Festplatte wie auch innerhalb der Programme erhalten. Wird eine einzelne Schrift aus einer Sammlung entfernt, wird sie nicht gelöscht, sondern lediglich der „Link" in der Sammlung entfernt.

12.2.4 Aktivieren, Deaktivieren und Löschen

Man kann einzelne Schriften, ganze Sammlungen oder Bibliotheken aktivieren oder deaktivieren. Das erfolgt am einfachsten über das Kontextmenü. Deaktivierte Sammlungen erhalten den Vermerk *Aus* in der Liste.

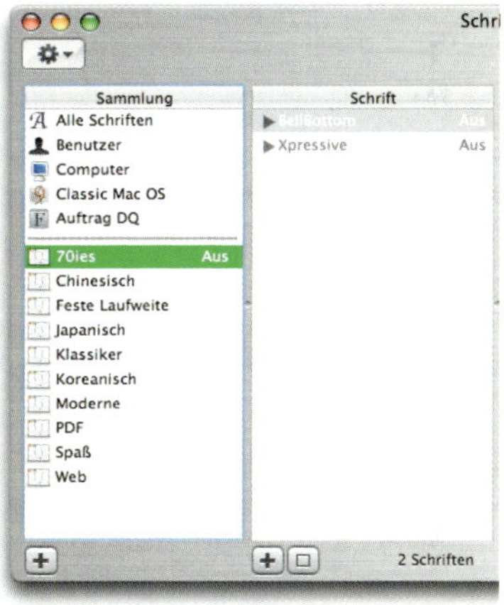

Nach der Deaktivierung von Bibliotheken oder Sammlungen stehen alle enthaltenen Schriften in den Programmen nicht mehr zur Verfügung. Einzelne Schriften können aber immer noch über die Spalte *Schrift* aktiviert werden. Während einige Programme die Veränderungen sofort berücksichtigen, müssen andere beendet und neu gestartet werden.

Um einzelne Schriften auszublenden, deaktiviert man sie in der Sammlung *Alle Schriften*. Wenn ein kleiner Punkt hinter einer Schrift angezeigt wird, dann deutet das darauf hin, dass sie doppelt installiert ist (z. B. in Classic und in */Library/Fonts*). Über den Befehl *Duplikate auflösen* im Menü *Bearbeiten* kann man doppelt vorhandene Schriften deaktivieren (die betreffende Schrift muss zuerst ausgewählt werden). Da dabei nach der Prioritätenliste von Seite 339 vorgegangen wird, muss man aufpassen, dass nicht Schriften deaktiviert werden, die man in Classic noch braucht.

Falls man eine der Bibliotheken *Alle Schriften*, *Benutzer*, *Computer* oder *Classic Mac OS* ausgewählt hat und via Kontextmenü eine Schrift daraus löscht, wird diese in den Papierkorb verschoben (eine Meldung informiert darüber).

12.2.5 Effizientes Arbeiten mit Sammlungen und Bibliotheken

Bibliotheken dienen meistens dazu, Schriften, die zu einem Projekt gehören, zu gruppieren. Man sollte sich deshalb angewöhnen, nur Schriften aus dem gleichen Ordner einer Bibliothek hinzuzufügen, obwohl es möglich ist, auch über die Festplatte verteilte Schriften zu verwenden. Falls man für das Projekt noch weitere Schriften benötigt, die schon installiert sind (meistens Standardschriften wie Arial, Times, ...), sollte man diese nicht der Bibliothek hinzufügen – sie sind ja ohnehin vorhanden und die Deaktivierung der Bibliothek würde dazu führen, dass nicht nur die Projektschriften, sondern auch die Standardschriften nicht mehr verfügbar wären.

Um in der Praxis möglichst effizient arbeiten zu können, sollte man in der Textpalette nur die Schriften sehen, die zum Projekt gehören. Da die Textpalette nur Sammlungen, nicht aber Bibliotheken auflistet, geht man folgendermassen vor: Man legt eine Sammlung an, die ebenfalls dem Projekt zugeordnet wird. Diese Sammlung enthält die Standardschriften, plus alle Schriften der Projektbibliothek. Das hat mehrere Vorteile:

- In der Textpalette erscheinen – wie gewünscht – alle Projektschriftarten unter einer Sammlung (Abbildung 12-8).
- Will man die rein projektspezifischen Schriften ausblenden, deaktiviert man die Bibliothek – die Standardschriften in der Sammlung bleiben unberührt.
- Ist das Projekt abgeschlossen, löscht man zuerst die Sammlung (davon bleiben die Schriften sowieso unberührt) und dann die Bibliothek (die reinen Projektschriften verschwinden aus der Textpalette, sind aber noch auf der Festplatte).

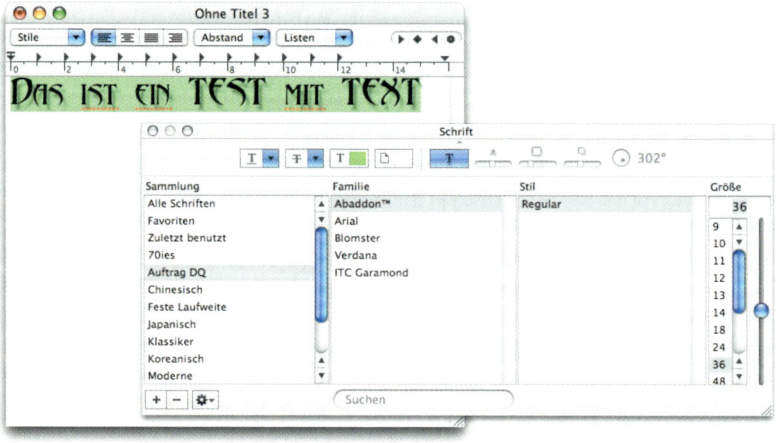

Abbildung 12-8 Sammlung des Projekts in der Textpalette

Um alle Schriften einer Bibliothek zu einer Sammlung hinzuzufügen, muss man die Bibliothek auswählen und dann via Drag & Drop alle enthaltenen Schriften auf die Sammlung ziehen (Abbildung 12-9).

Abbildung 12-9 Hinzufügen der Projektschriften aus der Bibliothek zur Sammlung

12.2.6 Weitere Funktionen

Voransicht einer Schrift

Klickt man einen Schriftsatz im Finder doppelt an, öffnet sich das Programm *Schriftsammlung* und man sieht in einem separaten Fenster, wie das Schriftbild aussieht. Über den Knopf *Installieren* wird die Schrift in den bei den Einstellungen festgelegten Ordner kopiert.

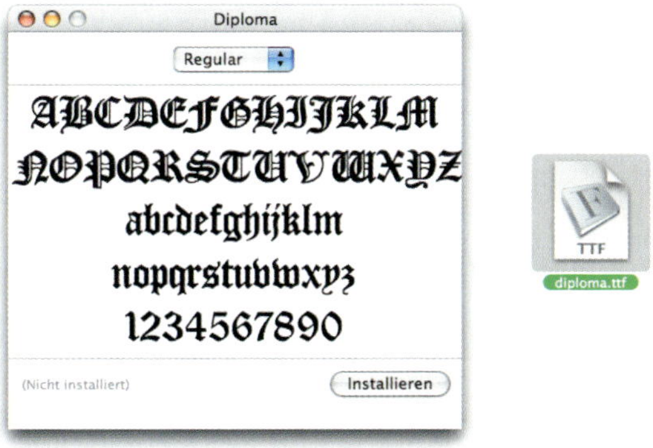

Abbildung 12-10 Voransicht

Falls *Schriftsammlung* von einer noch nicht installierten Schrift keine Voransicht zeigen kann (bei Bitmap- oder PostScript-Schriften), sollte man sie in den Ordner *~/Libary /Fonts* bewegen (also für den aktuellen Benutzer installieren). Dann erscheint sie innerhalb der Schriftsammlung und kann dort betrachtet werden.

Defekte Schriften

Standardmässig überprüft das Programm *Schriftsammlung* jeden Schriftsatz beim Import. Das ist ein grosser Vorteil gegenüber der manuellen Installation in einen der Schriftenordner. So harmlos wie „defekte Schriftart" tönen mag, so heimtückisch kann es auch sein: Von falschem Schriftbild bis hin zu Systemabstürzen ist alles möglich! Deshalb gilt: die Warnung bei defekten Schriftarten zumindest in Erinnerung behalten, falls man trotzdem installiert – das ist nämlich möglich, indem das Häkchen aktiviert und *Auswahl installieren* geklickt wird. Bei Problemen kann die Schrift wieder deinstalliert werden.

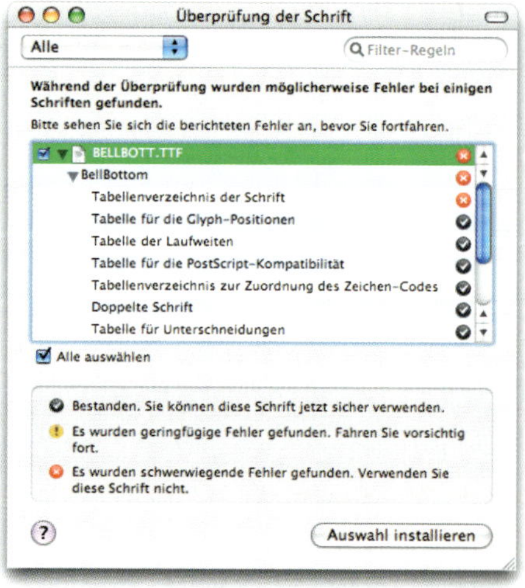

12.2.7 Utilities

Es gibt einige Tools, die den Umgang mit Zeichensätzen noch vereinfachen.

Sonderzeichen wählen

Das Programm PopChar[1] war schon unter Mac OS 9 ein fast unverzichtbarer Helfer, wenn es darum ging, Sonderzeichen aufzufinden. Es erzeugt ein kleines *P* in der linken oberen Ecke des Bildschirms – wenn man dieses anklickt, erscheint ein Fenster mit einem Überblick über die zur Verfügung stehenden Zeichen, die man direkt auswählen kann. Mehr über PopChar unter „Zeichenpalette" auf Seite 85.

Schriftenverwaltung

Wie schon oben erwähnt, gibt es für die Schriftenverwaltung das kommerzielle Programm Suitcase von Extensis[2]. Damit kann man Schriftensets festlegen, verwalten und aktivieren bzw. deaktivieren. Diese Schriften dürfen allerdings nicht in den „Systemschriftordnern" liegen, sondern müssen in anderen Ordnern platziert werden. Die Sets stehen global in allen Anwendungen zur Verfügung.

1. http://www.macility.com/products/popcharx/
2. http://www.extensis.com

12.3 Druckereinrichtung

Das Einrichten von Druckern erfolgt entweder direkt beim Drucken oder über das *Drucker-Dienstprogramm* (im Ordner */Programme/Dienstprogramme*).

Verschiedene Schnittstellen werden unterstützt: USB, Ethernet, Airport und Bluetooth. Alte serielle oder LocalTalk-Drucker hingegen können unter Mac OS X nicht mehr betrieben werden, da diese Schnittstellen gar nicht mehr unterstützt werden. Wer über mehrere Computer verfügt, die zu einem Netzwerk verbunden sind, kann aber mit der *LocalTalk Bridge* von Apple[1] sein Glück versuchen. Einer der Computer muss dabei noch beide Anschlüsse (Ethernet und LocalTalk) besitzen und unter Mac OS 9 betrieben werden. Die *LocalTalk Bridge* leitet nun Druckaufträge von Ethernet-Geräten auf LocalTalk-Drucker um. Die *LocalTalk Bridge* kann gratis heruntergeladen werden, es gibt aber keinen Support mehr dafür.

Will man aus einem Programm heraus drucken und es sind noch keine Drucker eingerichtet, öffnet sich das *Drucker-Dienstprogramm* um einen neuen Drucker hinzuzufügen. In Netzwerken wird es sich normalerweise um einen AppleTalk- oder einen TCP/IP-Drucker handeln. Wenn man Netzwerkdrucker direkt über ein Ethernetkabel an den Computer anschliesst (und nicht über einen Switch oder Hub), muss man bei den meisten Geräten ein gekreuztes Ethernetkabel verwenden (Crossover-Kabel). Daneben werden auch diverse USB-Drucker (Tintenstrahl- und Lasertechnologie) unterstützt. Im Zweifelsfall sollte man sich immer zuerst auf der Homepage des Herstellers informieren, ob für einen Drucker Mac OS X-Unterstützung besteht oder nicht. Alternativ gibt es den Hardware Guide von Apple[2] (englisch), der diese Informationen ebenfalls zur Verfügung stellt (natürlich mit einer gewissen Verzögerung). Tiger wird mit einer grossen Reihe von Druckertreibern geliefert – viele Drucker funktionieren deshalb ohne Treiberinstallation. Voraussetzung ist natürlich, dass die Treiber bei der Systeminstallation auch mitinstalliert wurden („Typ der Installation“ auf Seite 55)! Wer einen neuen Drucker kauft, sollte sich immer die neusten Treiber aus dem Internet laden, selbst wenn dem Gerät eine Treiber-CD beiliegt.

Der gesamte Druck-Unterbau wurde bereits mit Panther erheblich überarbeitet, sodass jetzt fast alle Funktionen aus Mac OS 9 wieder zur Verfügung stehen: Erzeugen von ps-Dateien, direktes Ausdrucken von PostScript-Dateien sowie Schreibtischdrucker-Symbole. Zudem existieren für fast alle Drucker mittlerweile spezielle Mac OS X-Treiber.

1. Artikel 60290 in der Knowledgebase von Apple: http://kbase.info.apple.com
2. http://www.guide.apple.com/

Die Verwaltung aller Drucker übernimmt das *Drucker-Dienstprogramm* (im Ordner */Programme/Dienstprogramme*).

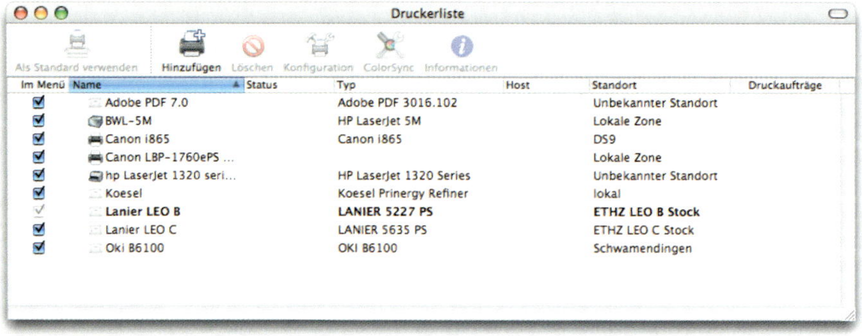

Abbildung 12-11 *Druckerliste* im *Drucker-Dienstprogramm*

Hier sieht man in der Druckerliste den Namen, Typ und Standort der verwendeten Drucker (Abbildung 12-11).

12.3.1 Netzwerk-Drucker

Diese Drucker sind entweder via AppleTalk, TCP/IP oder über Verzeichnisdienste an den Mac angeschlossen. Bei TCP/IP-Druckern muss man die IP-Nummer oder den Netzwerknamen kennen, um sie konfigurieren zu können. Bonjour- und AppleTalk-Drucker werden automatisch im Netzwerk gesucht.

Bonjour-Drucker

Drucker, welche die Bonjour-Technologie unterstützen, erfordern so gut wie keine Konfiguration. Sie werden im Drucken-Dialog direkt angezeigt, können aber natürlich auch im *Drucker-Dienstprogramm* mit Klick auf *Hinzufügen* erfasst werden (wie AppleTalk-Drucker, siehe nächster Abschnitt). Wählt man einen solchen Drucker aus dem Drucken-Dialog aus (Abbildung 12-12), wird er automatisch in der Druckerliste erfasst und der passende Treiber (sofern vorhanden) installiert – der Drucker steht also ab sofort in allen Anwendungen zur Verfügung. Auch USB-Drucker, die an eine Airport-Basisstation angeschlossen werden, erscheinen unter den Bonjour-Druckern.

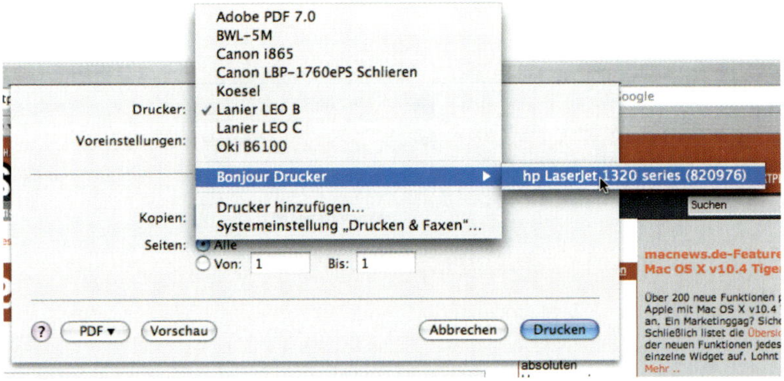

Abbildung 12-12 Bonjour-Drucker aus dem *Drucken*-Dialog hinzufügen

AppleTalk-Drucker

Um einen neuen Apple-Talk-Drucker einzurichten, wählt man im *Drucker-Dienstprogramm* die Schaltfläche *Hinzufügen...* aus der Symbolleiste der Druckerliste (oder *Drucker hinzufügen...* aus dem Menü *Drucker*). Es erscheint die *Druckerübersicht* und im Register *Standard-Browser* tauchen AppleTalk und Bonjour-Drucker auf. Voraussetzung dafür ist, dass AppleTalk in den Netzwerkeinstellungen aktiviert wurde und auch auf der richtigen (aktiven) Schnittstelle liegt (siehe „Lokales Netzwerk (LAN)" auf Seite 278). Durch das Anklicken eines Druckers in der Liste wird automatisch eine Verbindung hergestellt und der Versuch gestartet, den Drucker zu konfigurieren.

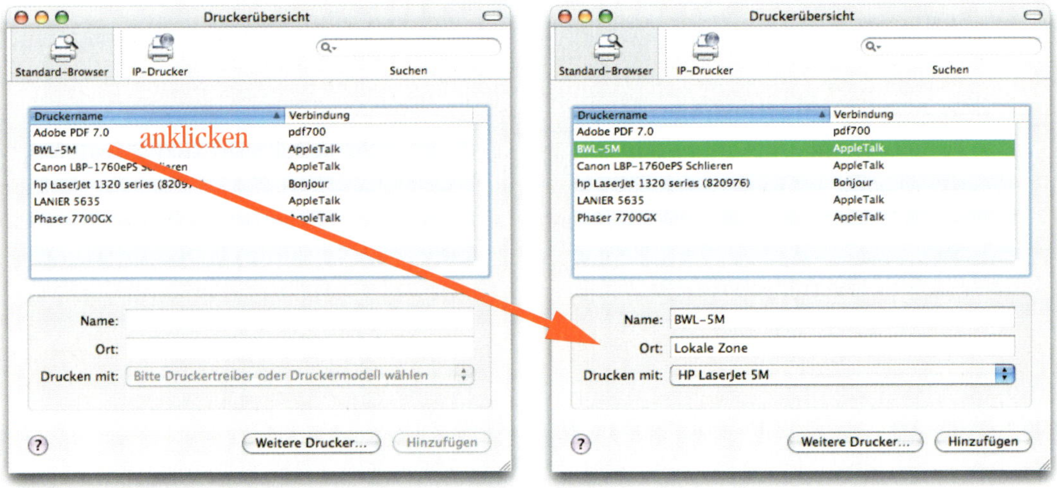

Abbildung 12-13 Druckerliste

- Falls ein passender Treiber vorhanden ist, wird der Drucker über *Hinzufügen* in der Druckerliste erfasst. Während der Konfiguration der druckerspezifischen Optionen erscheint ein Fenster – hier könnte man noch (über den Button *Konfigurieren...*) manuell eingreifen. Normalerweise ist das nicht nötig, die Werte können aber auch später noch verändert werden.

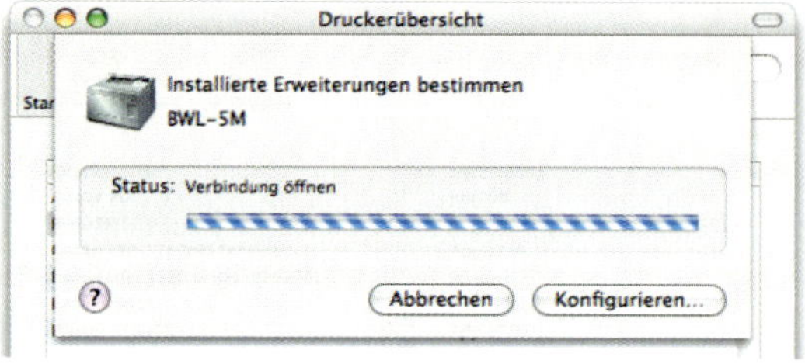

- Falls keine Treiber gefunden werden, kann man im Auswahl-Menü *Drucken mit* das Druckermodell manuell wählen. Unter Umständen muss dazu zuerst ein Druckertreiber von der Homepage des Herstellers geladen und installiert werden.
- Hat man im Moment gerade keinen Treiber zur Hand, lässt man die Auswahl auf *PostScript Drucker* – das Ausdrucken funktioniert auch so, nur einige druckerspezifische Funktionen stehen nicht zur Verfügung (Duplex, Qualität, ...)

Falls AppleTalk im Netzwerk-Kontrollfeld nicht aktiv ist, erscheinen natürlich keine AppleTalk-Drucker. In diesem Fall kann man durch Klick auf *Weitere Drucker...* die Aktivierung forcieren.

TCP/IP-Drucker

Mit Tiger werden auch die meisten TCP/IP-Drucker automatisch erkannt, die manuelle Wahl des Modells entfällt – immer unter der Voraussetzung, dass der passende Druckertreiber installiert ist. Im Register *IP-Drucker* der *Druckerübersicht* gibt man die IP-Adresse (oder den Netzwerknamen) sowie eine Bezeichnung für den Drucker im Feld *Name* sowie den Standort ein (Abbildung 12-14, links). Mit Klick auf *Hinzufügen* erscheint ein Dialog, in welchem die installierten Optionen konfiguriert werden müssen (Abbildung 12-14, rechts). Auch hier gilt: falls der benötigte Treiber gerade nicht zur Verfügung steht, dann begnügt man sich mit der Auswahl *PostScript Drucker* in der Liste *Drucken mit*.

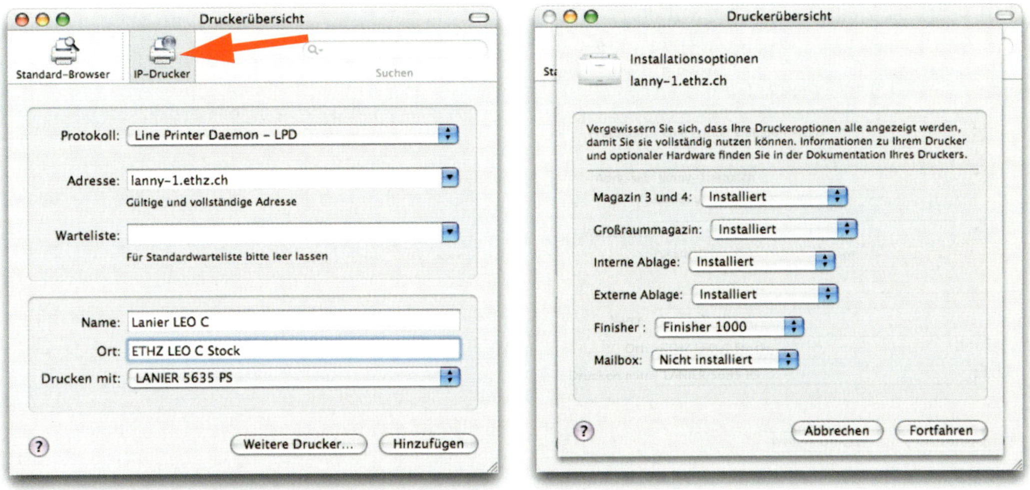

Abbildung 12-14 TCP/IP-Drucker

Ein neuer Drucker erscheint nach der Einrichtung in der Druckerliste (Abbildung 12-11). Der Standarddrucker wird in der Liste fett geschrieben. Um einen anderen Drucker zum Standarddrucker zu machen, wählt man ihn aus und drückt Apfel-D (oder wählt *Als Standard verwenden* aus dem Menü *Drucker*). In den *Systemeinstellungen* wird unter *Drucken & Faxen* dann ebenfalls der Standarddrucker angepasst.

Manuelles Wählen der PPD

Netzwerkdrucker sind fast immer PostScript fähig. Unter Mac OS 9 genügte es, eine sogenannte PPD-Datei (PostScript Printer Description, zu finden im Ordner *Druckerbeschreibungen* innerhalb der Systemerweiterungen) zu haben, um ihre Funktionen zu nutzen. Die Unterstützung erfolgte über den universellen LaserWriter 8-Treiber. Unter Mac OS X verhält es sich im grossen und ganzen gleich, es ist aber alles ein wenig komplizierter geworden: PostScript-Drucker werden immer noch direkt vom Betriebssystem unterstützt; auch die PPD-Datei ist immer noch notwendig, eventuell benötigt man aber noch zusätzliche Dateien. Falls nur die PPD-Datei vorhanden ist, werden wohl die Basis Features (z. B. Duplexdruck) unterstützt, unter Umständen aber nicht alle Zusatzfunktionen.

Die PPD-Dateien befinden sich im Ordner */System/Library/Printers/PPDs/Contents/Resources /#.lproj/* oder */Library/Printers/PPDs/Contents/Resources /#.lproj/*. # steht für den Ordner mit der entsprechenden Sprachversion für die PPDs (z. B. de für deutsch, fr für französisch).

Um nun einen PostScript-Drucker, für den keine Mac OS X-Treiber existieren, in Betrieb zu nehmen, kann man versuchen, das PPD File aus Mac OS 9 oder Windows in den Ordner */Library/Printers/PPDs/Contents/Resources/#.lproj/* zu legen. Falls das PPD in deutscher Sprache ist, kommt es in den de.lproj-Ordner, falls es in englischer Sprache vorliegt, in den en.lproj-Ordner, usw. Die meisten Drucker können auf diese Weise angesteuert werden. Unter Umständen muss man im Druckeinrichtungs-Dialog das PPD File manuell auswählen (Abbildung 12-15). Das kann man auch tun, wenn sich die PPD-Datei nicht im *#.lproj*-Ordner, sondern z. B. noch im *Druckerbeschreibungen*-Ordner von Mac OS 9 befindet (*/Systemordner/Systemerweiterungen/Druckerbeschreibungen/*). Bei Druckern, die im *Standard-Browser* auftauchen, wählt man die Druckerbeschreibungs-Datei über den Button *Manuell wählen* aus. Bei Geräten, die unter den *IP-Druckern* konfiguriert werden, gelangt man über den Eintrag *Andere...* aus dem Auswahlmenü *Drucken mit:* zum Dialog der Dateiauswahl.

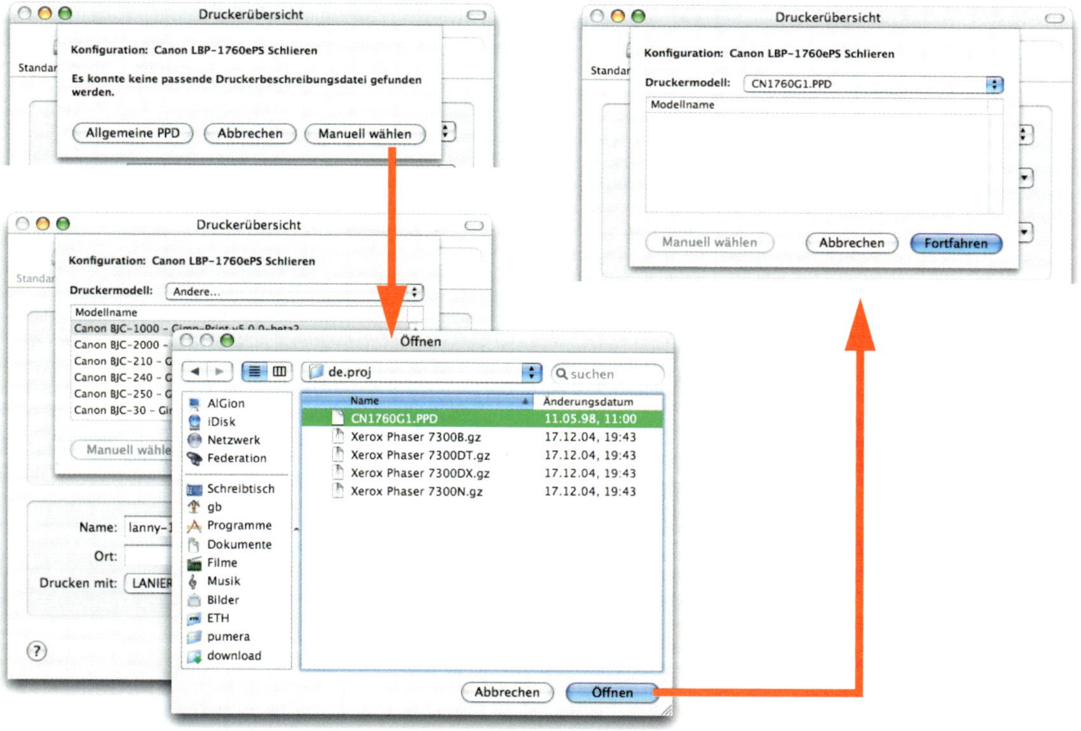

Abbildung 12-15 Manuelle Wahl der PPD

Weitere Optionen

In der Druckübersicht (Abbildung 12-14) gelangt man über den Button *Weitere Drucker...* in eine Auswahl, wo noch andere Arten von Druckern eingerichtet werden können. Es sind dies z. B. Windows-, Bluetooth- oder FireWire-Drucker – sie werden in der obersten Auswahlliste selektiert (Abbildung 12-16, links). Hält man beim Anklicken von *Weitere Drucker...* die alt-Taste gedrückt, so wird die Auswahl nochmals grösser (Abbildung 12-16, rechts).

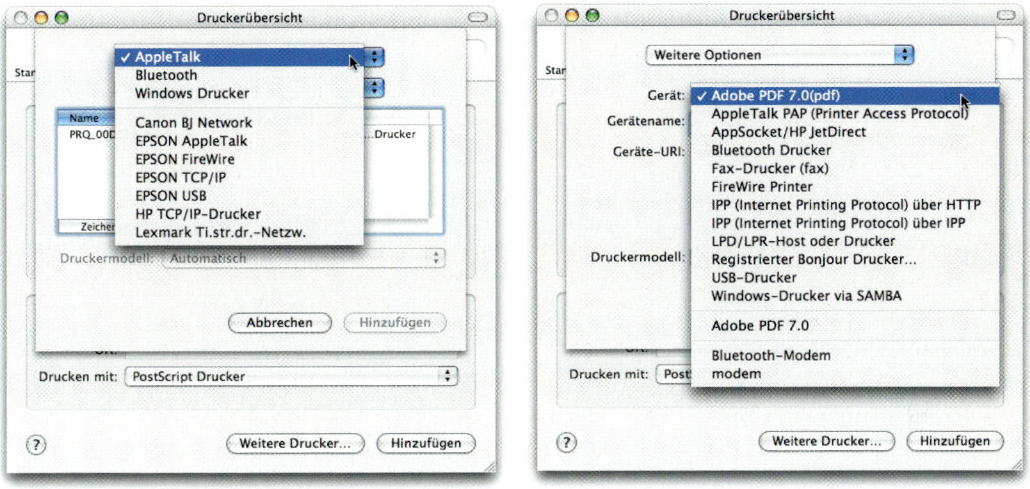

Abbildung 12-16 Weitere (exotischere) Drucker hinzufügen

12.3.2 USB-Drucker

Neben einigen Low Cost-Laserdruckern, die via USB angeschlossen werden (z.T. aber auch PostScript fähig sind), handelt es sich bei USB-Druckern meist um Tintenstrahldrucker. Um solche Drucker anzuschliessen, muss ein Treiber für den Drucker existieren, damit er in Betrieb genommen werden kann. Allgemein kann gesagt werden, dass die Unterstützung für neue Drucker unter Mac OS X sehr gut ist, einige ältere Modelle allerdings nicht unterstützt werden. Auch hier verrät die Homepage des Druckerherstellers meistens mehr. Einige Drucker, für die es offiziell keine Treiber gibt, können über das in Mac OS X integrierte CUPS Druckersystem installiert werden[1].

Die meisten USB-Drucker müssen lediglich eingesteckt werden – sie erscheinen dann automatisch (ohne jegliche Konfiguration) in der Druckerliste. Falls dem nicht so wäre, gestaltet sich die Einrichtung von USB-Druckern genau gleich wie die von Netzwerk-Druckern: Falls nötig Treiber installieren, das Drucker-Dienstprogramm neu starten, den Drucker anschliessen und in der Druckerliste hinzufügen (Abbildung 12-17).

1. http://docs.info.apple.com/article.html?artnum=301175-de, vollständige englische Version: http://docs.info.apple.com/article.html?artnum=301175

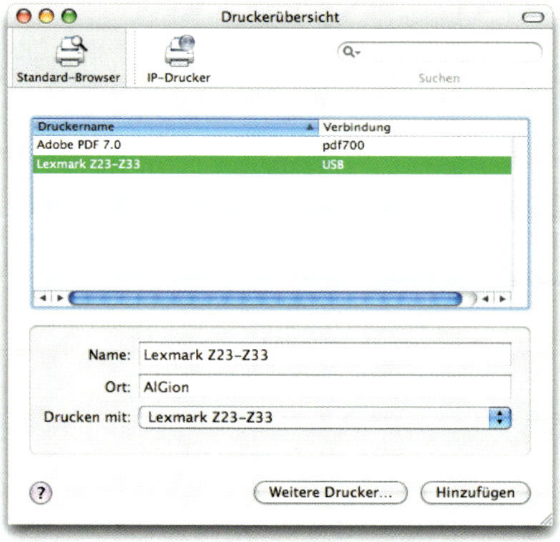

Abbildung 12-17 Hinzufügen eines USB-Tintenstrahldruckers

12.3.3 Drucker-Dienstprogramm

Falls noch keine Drucker eingerichtet sind, fragt das Programm beim ersten Start, ob man einen Drucker hinzufügen will. Er erscheint danach in der Druckerliste.

Im Drucker-Dienstprogramm kann die Symbolleiste wie im Finder konfiguriert werden (im Menü *Darstellung* unter *Symbolleiste anpassen...*).

Abbildung 12-18 Anpassen der Symbolleiste

Die Spalten der Druckerliste werden im Menü *Darstellung* unter *Spalten* aktiviert bzw. deaktiviert (Abbildung 12-19).

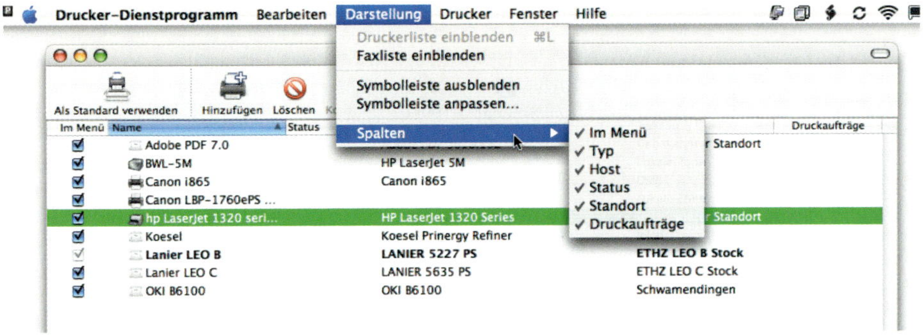

Abbildung 12-19 Konfigurieren der Spalten in der Druckerliste

Falls man das Häkchen in der Spalte *Im Menü* entfernt, steht der Drucker im Druckdialog nicht mehr zur Verfügung (und muss hier wieder aktiviert werden).

Nachträgliche Konfiguration der Drucker

Um einen einzelnen Drucker nachträglich zu konfigurieren, kann man im Menü *Drucker* den Punkt *Information einblenden* auswählen, nachdem man den Drucker in der Liste selektiert hat. Es erscheint ein Fenster zur Konfiguration des Druckers. Im ersten Register (*Name & Umgebung*) kann man den Drucker umbenennen (Abbildung 12-20, links) und seinen Standort beschreiben. Die Beschreibung des Standorts ist vor allem in grösseren Netzwerken von Bedeutung, wo die Drucker nicht selten auf mehrere Gebäude verteilt sind. Besonders bei Druckern, die man fast nie braucht, kann eine Standortbeschreibung dann nützlich sein...

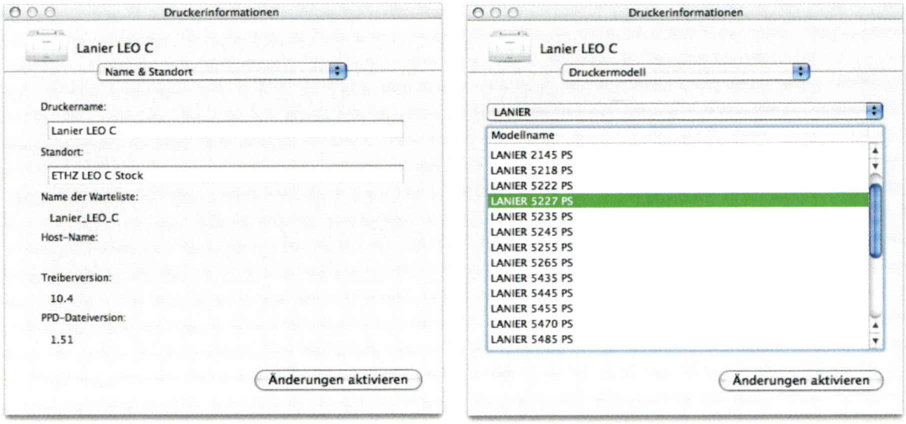

Abbildung 12-20 Name und Beschreibung des Druckers

Im nächsten Register (*Druckermodell*) kann die Druckerbeschreibungsdatei ausgewählt werden (falls das nicht während des Einrichtens des Druckers schon automatisch oder manuell geschah). In der Auswahlliste wählt man den Hersteller und dann in der Liste *Modellname* die genaue Modellbezeichnung des Druckers (Abbildung 12-20, rechts). Man kann hier auch wieder – durch Wahl von *Andere...* in der Liste *Druckermodell* – eine PPD aus Mac OS 9 auswählen.

Im letzten Register schliesslich kann man die *Installationsoptionen* des Druckers angeben, etwa eine nachträglich installierte Duplex-Einheit oder zusätzliche Papierfächer (Abbildung 12-21). Die verfügbaren Optionen hängen vom Druckermodell und der verwendeten PPD-Datei ab.

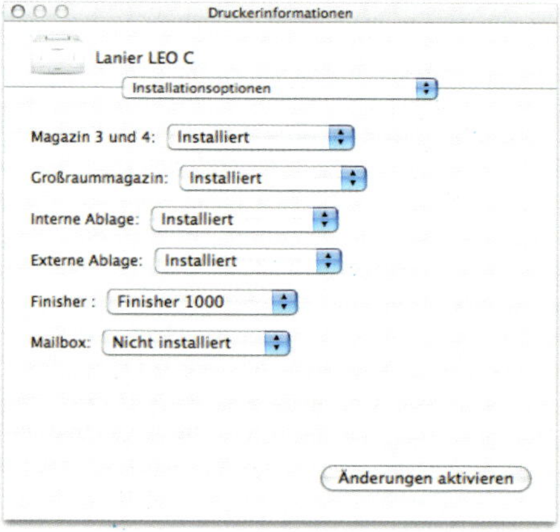

Abbildung 12-21 Druckeroptionen

Es stehen nicht bei allen Druckern alle Register (bzw. alle Optionen) zur Verfügung. Damit die Änderungen Wirkung haben, muss man nach dem Konfigurieren der Einstellungen auf den Knopf *Änderungen aktivieren* klicken.

Papierformat und Standarddrucker

Das Standard-Papierformat wird in den *Systemeinstellungen* unter *Drucken & Faxen* angegeben – dorthin gelangt man auch, wenn man *Einstellungen...* aus dem *Drucker-Dienstprogramm*-Menü wählt. Soll immer der zuletzt ausgewählte Drucker als Standard vorgeschlagen werden, dann wählt man diesen Eintrag im Menü *Ausgewählter Drucker im Dialog „Drucken"* aus. Andernfalls erscheint der fest eingetragene Drucker.

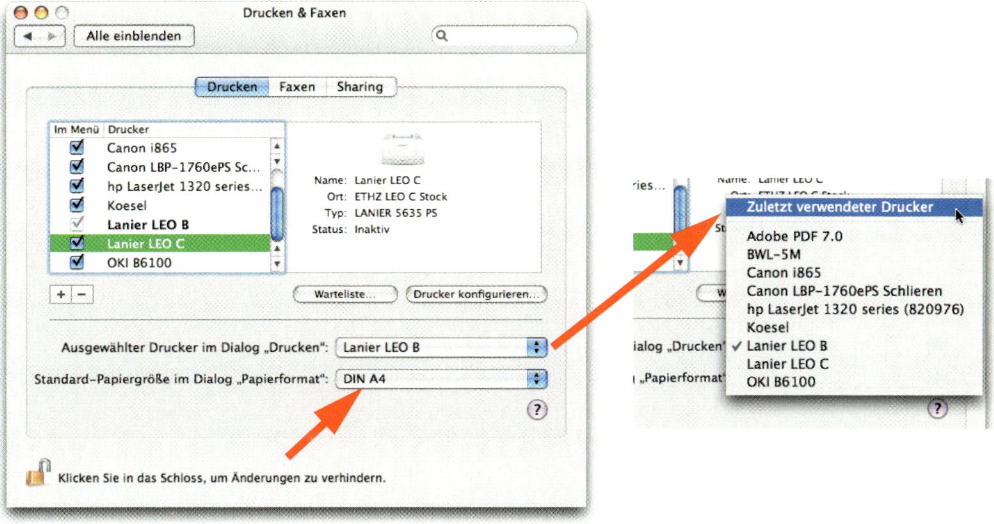

Abbildung 12-22 Systemeinstellungen *Drucken*

Drucker-Pool

Wenn die Kollegen im Büro wieder einmal sämtliche Drucker belegt haben und man so schnell wie möglich noch einen Artikel für den Chef ausdrucken sollte, kann ein Drucker-Pool eine patente Sache sein. Dabei werden mehrere Drucker zu einem Pool zusammengeführt. Schickt man einen Druckauftrag auf den Pool, so wird er auf dem Drucker ausgedruckt, der gerade frei ist.

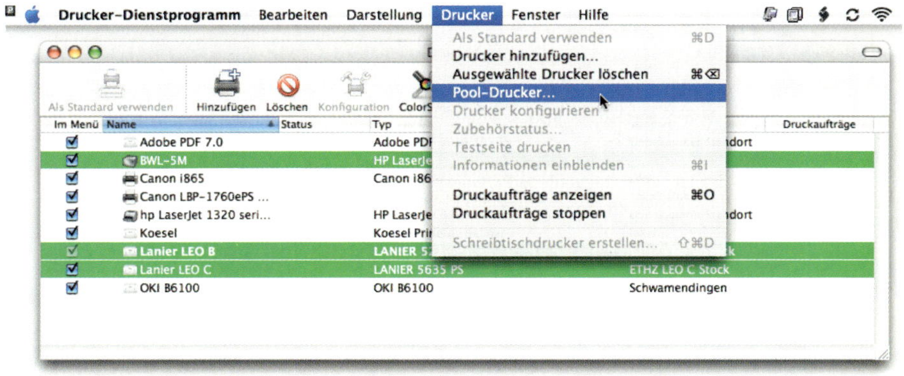

Abbildung 12-23 Pool-Drucker einrichten

Um einen Pool zu erzeugen, wählt man in der Druckerliste die einzelnen Drucker aus, die man im Pool haben möchte (mit der Apfeltaste kann eine nicht zusammenhängende Auswahl getroffen werden). Danach wählt man *Pool-Drucker...* aus dem Menü *Drucker* und benennt die Druckergruppe. Sie erscheint wie ein normaler Drucker im Drucker-Dienstprogramm.

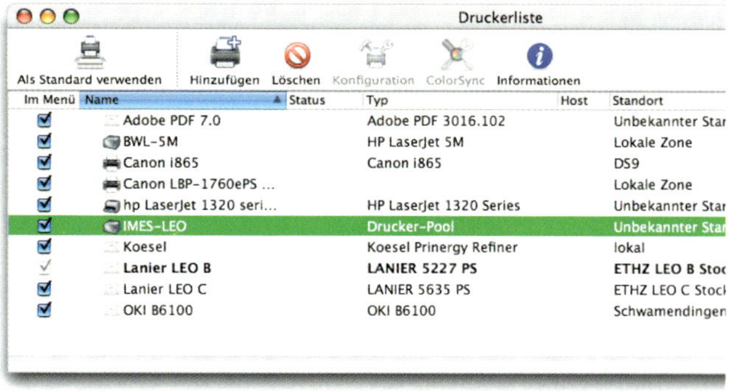

Abbildung 12-24 Pool in der Druckerliste

12.3.4 Erzeugen von Schreibtischdruckern

Seit Panther ist es wieder möglich, Schreibtischdrucker zu erzeugen. Mit dem Befehl *Schreibtischdrucker erstellen...* aus dem Menü *Drucker* (im Drucker-Dienstprogramm) erstellt man einen Alias zu einem der erfassten Drucker. Alternativ kann man auch einen Drucker via Drag & Drop aus der Liste auf den Schreibtisch ziehen.

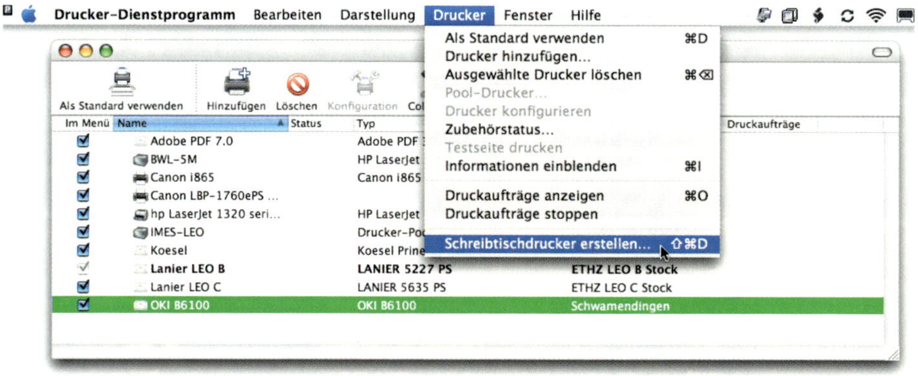

Abbildung 12-25 Schreibtischdrucker erzeugen

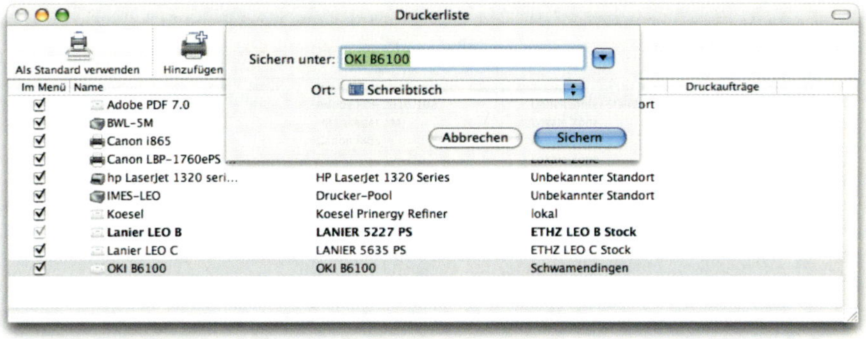

Abbildung 12-26 Name und Speicherort des Schreibtischdruckers

Der Schreibtischdrucker erscheint – bei gewissen Modellen sogar mit „lebensechtem“ Icon – auf dem Desktop (oder im Ordner, den man gewählt hat). Der Pfeil weist darauf hin, dass es sich um einen Alias handelt. Die im Drucker-Dienstprogramm erfassten Drucker sind nämlich eigenständige kleine Programme, die im Ordner *~/Library/Printers* gespeichert werden. Das sieht man auch daran, dass ihr Icon immer dann im Dock auftaucht, wenn ein Druckauftrag gestartet wird. Wichtige Drucker kann man somit auch gerade im Dock behalten. Statt viele Schreibtischdrucker zu erzeugen, kann man auch einen Alias von *~/Library/Printers* auf dem Desktop platzieren.

Nach einem Doppelklick auf das Druckersymbol (oder das Dock-Icon oder den Drucker innerhalb der Liste des *Drucker-Dienstprogramms*) öffnet sich die Warteschlange für den entsprechenden Drucker. Um Konfigurationsänderungen für einen Drucker vorzunehmen, gelangt man vom aktiven Drucker über den Befehl *Druckerliste einblenden* im Menü *Drucker* am schnellsten zum *Drucker-Dienstprogramm*.

12.3.5 Schicken von Druckaufträgen

Aus allen Programmen kann im Menü *Ablage* (oder *Datei*) der Druckdialog aufgerufen werden (Shortcut: Apfel-P). Hier können (abhängig vom verwendeten Programm und Drucker) die Optionen für den Ausdruck vorgenommen werden. Mögliche Einstellungen sind Duplex-Druck, Wahl des Papiereinzugs usw.

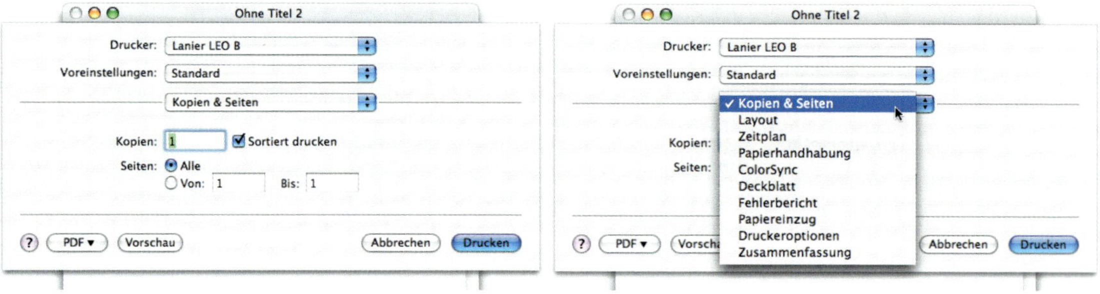

Abbildung 12-27 Druckdialog

Sehr nützlich ist die Zusammenfassung, die der Druckdialog liefert (Abbildung 12-28). Hier ist auch ersichtlich, ob die richtige Druckerbeschreibungs-Datei verwendet wird.

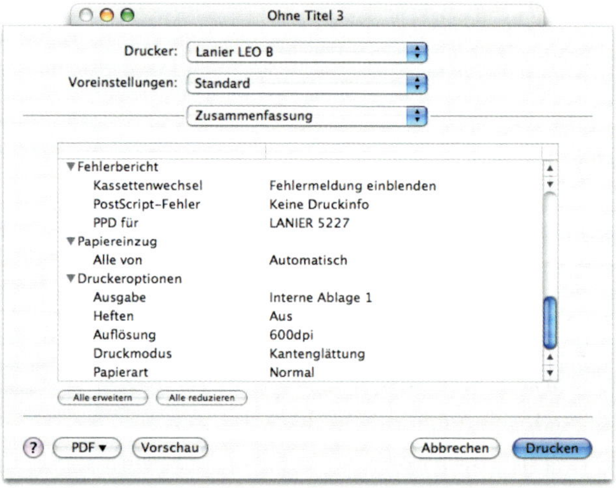

Abbildung 12-28 Zusammenfassung im Druckdialog

Daneben kann man auch Dokumente direkt auf einen Drucker (in der Druckerliste, im Dock, auf dem Desktop oder in die Warteschlange eines Druckers) ziehen, um ein Dokument auszudrucken. Je nach Datei startet zuerst noch das zugeordnete Programm auf, danach beginnt der Ausdruck.

Abbildung 12-29 zeigt das am Beispiel einer PDF-Datei, die auf die Warteschlange gezogen wird: ohne den Adobe Reader oder die Vorschau öffnen zu müssen, kann das Dokument nur mit Drag & Drop auf einem Drucker ausgedruckt werden.

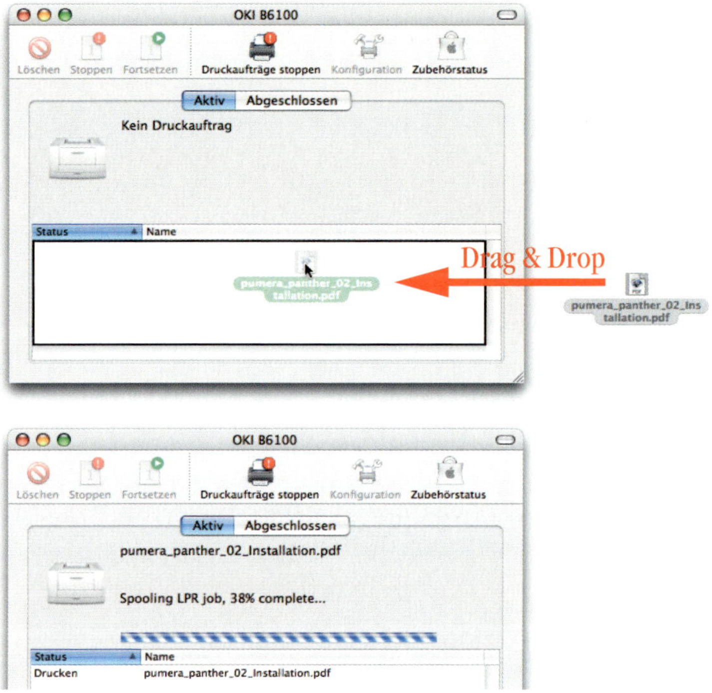

Abbildung 12-29 pdf-Datei direkt ausdrucken

Speichern von Voreinstellungen

Seit Jaguar ist es möglich, mehrere Einstellungen für die Optionen in den Untermenüs des Druckdialogs (z. B. *Layout*, *Papiereinzug*, *Druckeroptionen*) zu speichern. Falls man einen Drucker mit Duplexeinheit, mehreren Papierfächern und Finisher (Lochen/Heften) besitzt, kann man für jede denkbare Optionenkombination mehrere Sets an Einstellungen festlegen. Bei Tintenstrahldruckern kann man z. B. verschiedene Optionen für schwarz/weiss und Farbausdruck festlegen.

Dazu stellt man im Druckdialog (Apfel-P bei allen Programmen, die ausdrucken können) alle Optionen so ein, wie man sie für die gewünschte Einstellung haben möchte, also z. B. Duplex-Druck und Heften.

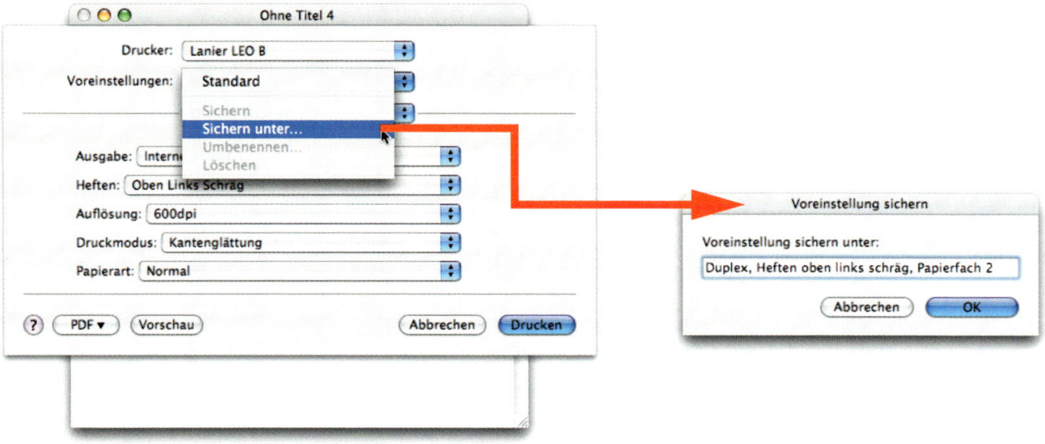

Abbildung 12-30 Druckereinstellung sichern

Danach wählt man aus der Liste *Voreinstellungen* den Punkt *Sichern unter...* Es erscheint ein Dialogfeld, in welchem man eine möglichst genaue Bezeichnung der gewählten Optionen eingeben sollte. Die gewählte Bezeichnung erscheint nun zusammen mit der immer vorhandenen Einstellung *Standard* im Druckdialog.

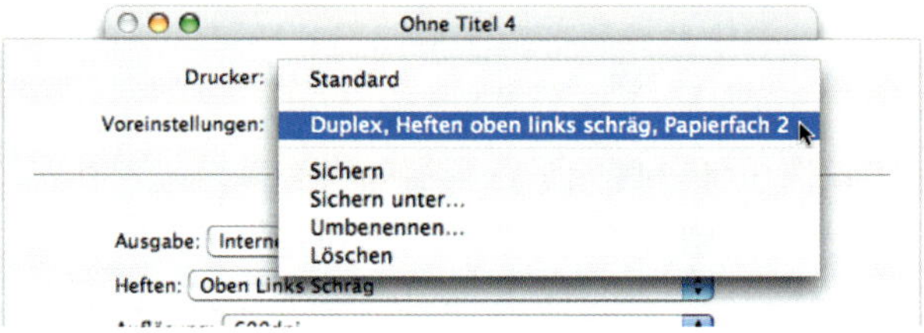

Abbildung 12-31 Neue Einstellung erscheint in der Liste

Man sollte beachten, dass die angelegten Einstellungen zwar druckerspezifisch sind, sie aber bei der Wahl eines anderen Druckers auch zur Verfügung stehen. Das macht je nach gewähltem Druckermodell natürlich keinen Sinn, da z. B. nicht jeder Drucker doppelseitig drucken kann. Noch weniger Sinn macht die Übernahme der Einstellungen bei den *Druckeroptionen* (Untermenü, bei englischsprachiger PPD *Printer Features*) – diese sind abhängig von der PPD des Druckers und daher nur gerade für ein Modell zutreffend.

Wenn man eine gespeicherte Einstellung mit neuen Optionen aktualisieren will, kann man einfach die Änderungen vornehmen. Danach wählt man *Sichern* aus dem Auswahlmenü *Voreinstellungen*. Das kann man auch probieren, wenn man das Gefühl hat, dass die vorher gemachten Einstellungen nicht funktionieren.

12.3.6 Verwalten von Druckaufträgen

Die Steuerung der Druckaufträge und Drucker erlaubt folgendes:

- Einzelne Druckaufträge stoppen, starten, löschen
- Druckerwarteschlangen für jeden Drucker stoppen und starten

Um die einzelnen Druckaufträge eines Druckers zu sehen, kann man entweder den Druckernamen in der Druckerliste des *Drukker-Dienstprogrammes* oder den Schreibtischdrucker doppelklicken. Natürlich steht auch das Dock-Icon zur Verfügung.

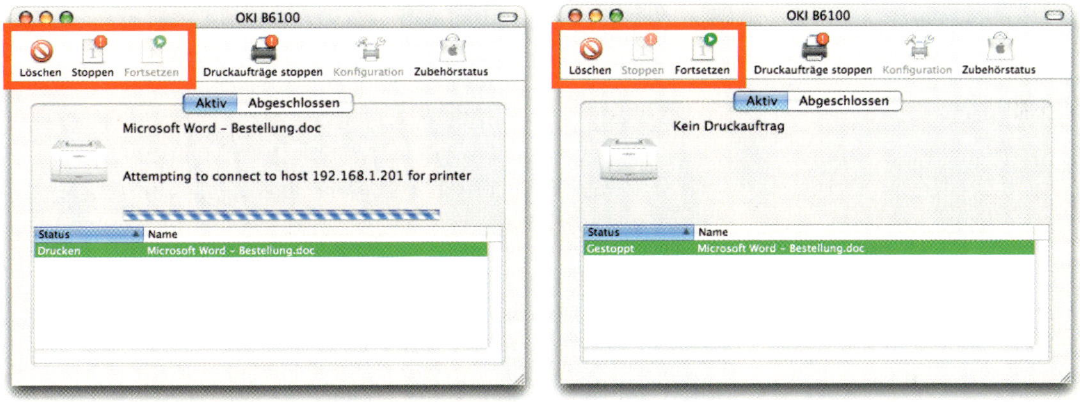

Abbildung 12-32 Warteliste des Druckers

Um aktive Druckaufträge zu *Stoppen*, zu *Starten* oder zu *Löschen*, dienen die drei Icons links oben. Wenn ein Druckauftrag ausgewählt und gestoppt wird, ändern sich die Icons entsprechend (Abbildung 12-32, links: der Druckauftrag ist aktiv und kann gestoppt werden; rechts: Fortsetzen wurde aktiv, Stoppen inaktiv).

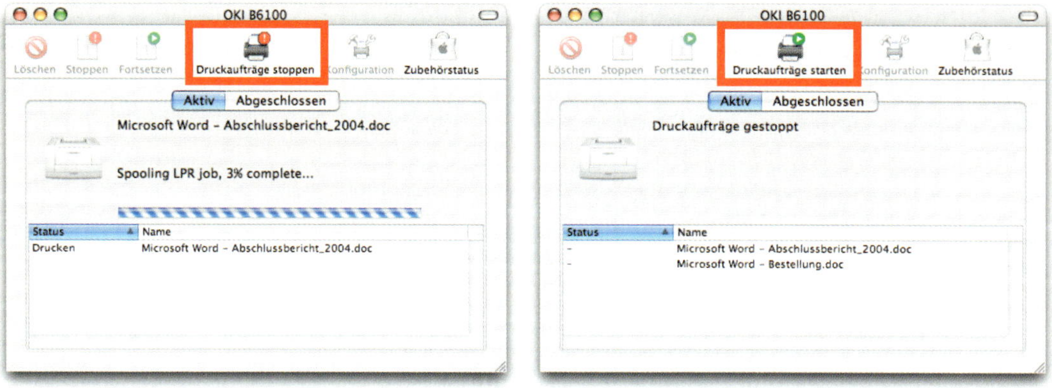

Abbildung 12-33 Druckaufträge managen

Das Icon *Druckaufträge stoppen* hält hingegen die ganze Warteschlange (alle Druckaufträge) des ausgewählten Druckers an. Hier ändert sich das Icon in Abhängigkeit des Status der Warteschlange (Abbildung 12-33, links: die Warteschlange läuft, kann also gestoppt werden; rechts: die Warteschlange ist gestoppt und muss wieder gestartet werden).

Die Druckerwarteschlange kann auch im *Drucker-Dienstprogramm* im Menü *Drucker* unter *Druckaufträge starten* bzw. *Druckaufträge stoppen* gesteuert werden (für den ausgewählten Drucker).

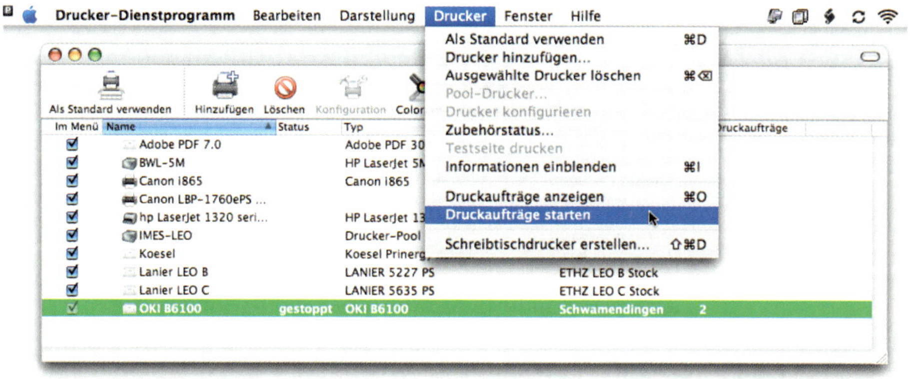

Abbildung 12-34 Steuern der Warteschlange über die Menüleiste

Falls die Warteschlange eines Druckers angehalten wird, erhält das Icon des Druckers im Dock ein rotes Warnschild. Ausserdem erscheint im Druckdialog ein Icon mit einem Ausrufezeichen rechts des Druckernamens. Verschickt man dennoch einen Druckauftrag, kann man die Warteschlange wieder starten (*Fortfahren*), den Auftrag hinzufügen (die Schlange bleibt angehalten) oder abbrechen.

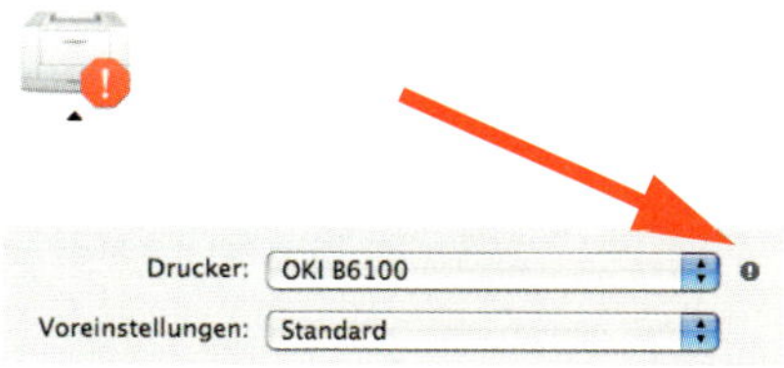

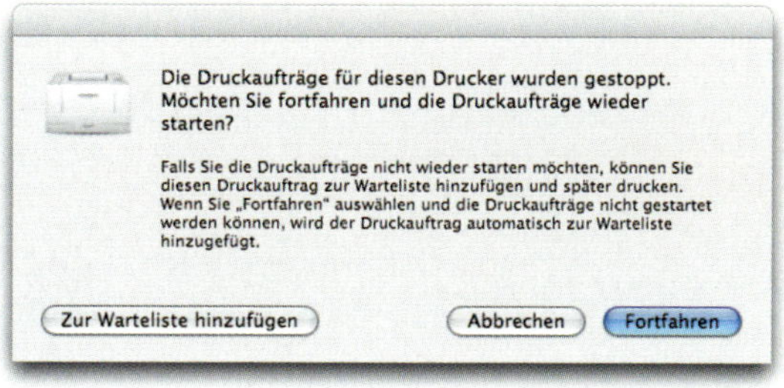

Abbildung 12-35 Drucken bei angehaltener Warteschlange

Bei den Druckerfenstern im Register *Abgeschlossen* findet man die bereits bearbeiteten Druckaufträge und deren Status.

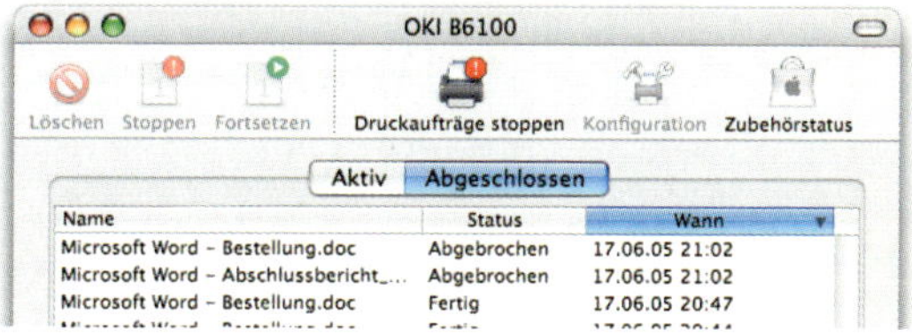

12.3.7 Erzeugen von PostScript- (PS-) oder PDF-Dateien

PDF (Portable Document Format) ist ein plattformunabhängiges Format zur Anzeige von Dokumenten. Es stammt von Adobe und entwickelt sich mehr und mehr zu einem Standard für elektronische Dokumente (v.a. im Internet) und in der Druckvorstufe.

Da Mac OS X für den 2D-Bildschirmaufbau das PDF-Format verwendet, kann man aus jeder Anwendung (!) direkt PDF- (oder ps-) Dokumente erzeugen. Das funktioniert natürlich nicht innerhalb von Classic, da dort immer noch QuickDraw für den Bildschirmaufbau verwendet wird.

Um eine PDF-Datei zu erzeugen, wählt man im Druckdialog im Auswahlmenü *PDF* die Option *Als PDF sichern...* Um eine ps-Datei zu erzeugen, wählt man *PDF als PostScript sichern...* (Abbildung 12-36). Im folgenden Dialog wählt man den Speicherort für die PDF-Datei.

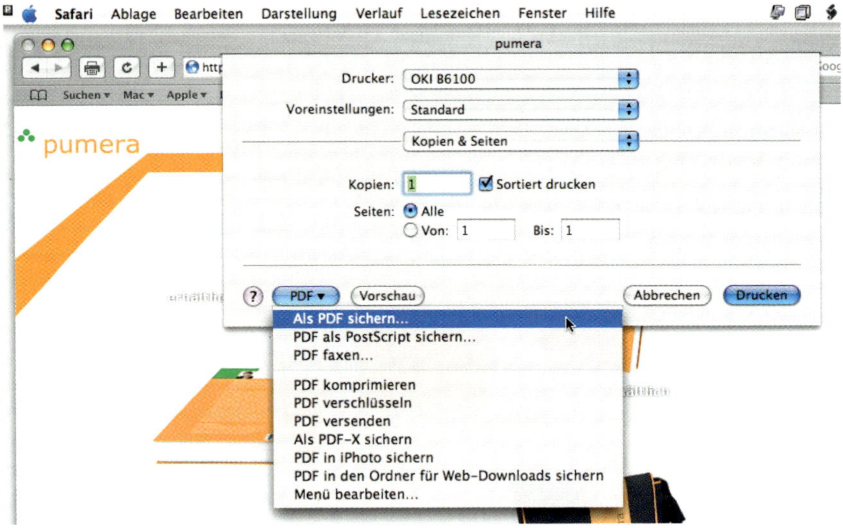

Abbildung 12-36 Drucken in PDF-Dokument

Die erzeugten PDF-Dateien genügen nur geringen Ansprüchen: die Auflösung ist niedrig und es ist nicht möglich, irgendwelche Sicherheitselemente (Ausdrucken oder Kopieren verhindern) zu integrieren. Für den Privatanwender ist es aber ein äusserst nützliches Feature (z. B. um Webseiten zu speichern). Um professionell PDF-Dateien zu erzeugen, kann man das Acrobat Vollprodukt von Adobe[1] erwerben.

Das Programm *Vorschau* (engl: *Preview*) wurde schon in Panther erheblich beschleunigt und sollte als Standard für die Anzeige von PDF-Dokumenten verwendet werden. Alternativ dazu existiert der (ebenfalls kostenlose) *Adobe Reader*[2].

12.3.8 Drucken von PostScript-Dokumenten

Um eine PostScript-Datei zu drucken, wird das *.ps-File einfach via Drag & Drop auf das Druckersymbol oder in die offene Warteliste eines Druckers gezogen (wie in Abbildung 12-29). Das funktioniert sowohl mit PostScript-Dateien, die auf einem Mac erzeugt wurden (mit der Endung .ps) wie auch mit Dateien, die auf PCs generiert wurden (z. B. mit der Endung .prn). Der Ausdruck beginnt sofort.

1. http://www.adobe.com
2. http://www.adobe.com/products/acrobat/readstep2.html

Daneben gibt es noch zwei weitere Möglichkeiten, PostScript-Dateien zu drucken:

Ghostscript
Dieses Programm ist ein PostScript Interpreter, der ps Files anzeigen kann. Auf dem Mac existieren u.a. MacGhostView[1] (Mac OS X und Mac OS 9) und MacGSView[2] (nur Mac OS 9 bzw. Classic). Mit den Programmen können ps Files geöffnet, betrachtet und wie normale Dokumente ausgedruckt werden. Mit macps2pdf (Bestandteil von MacGhostView) steht ein Programm zur Verfügung, mit dem man ps Files in PDF Files konvertieren kann. Für eine detaillierte Anleitung steht die Dokumentation der Programme zur Verfügung.

Von ps nach PDF mit Vorschau
Wenn man ein PostScript-Dokument doppelklickt, wird es automatisch vom Programm *Vorschau* geöffnet und in ein PDF konvertiert. Das ist sehr praktisch, um eine Übersicht des ps-Files zu erhalten (vor dem Ausdruck via Drag & Drop), oder um das ps-Dokument zu konvertieren und in „kompatiblerer" Form zu speichern.

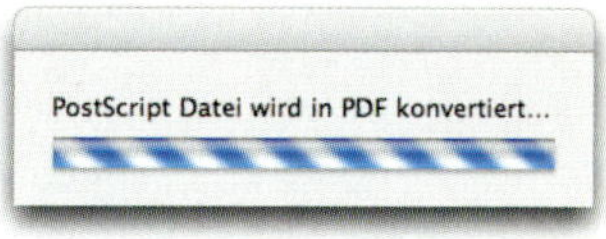

12.4 Faxen

Um vom Computer aus Faxe empfangen und senden zu können, muss ein Modem eingebaut oder angeschlossen sein. Der Faxempfang funktioniert auch, wenn niemand eingeloggt ist, allerdings darf der Computer nicht im Ruhezustand sein. Es ist sogar möglich, über ein Mobiltelefon via Bluetooth Faxe zu empfangen, sofern man diesen Dienst beim Mobiltelefonprovider freigeschaltet hat. Genauere Informationen dazu sind bei Apple verfügbar[3]. Die grundlegende Konfiguration der Faxfunktion erfolgt im Kontrollfeld *Drucken & Faxen* der *Systemeinstellungen*.

1. http://www.kiffe.com/macghostview.html
2. http://www.cs.wisc.edu/~ghost/macos/
3. http://docs.info.apple.com/article.html?artnum=301077

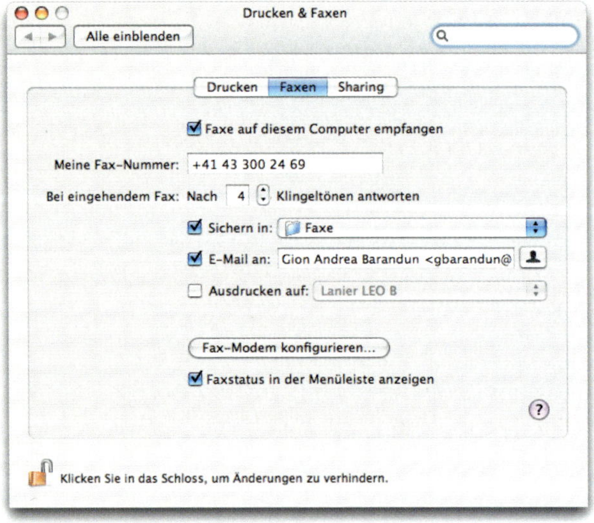

Abbildung 12-37 Systemeinstellungen Faxen

Faxe empfangen

Damit der Computer Faxe entgegennehmen kann, muss die Option *Faxe auf diesem Computer empfangen* aktiviert sein. Der Eintrag *Meine Fax-Nummer* wird verwendet, um den eigenen Mac für Faxe zu identifizieren. Beim Empfänger des Faxes erscheint sie als Absendernummer.

Da der Computer nicht zwischen eingehenden Anrufen und Faxen unterscheiden kann, muss man einstellen, nach wie viel Klingelzeichen das Gerät davon ausgehen soll, dass es sich um einen Fax handelt. Schliesslich kann gewählt werden, was mit eingehenden Faxen passieren soll. Drei Möglichkeiten stehen zur Wahl:

1. Faxe *Sichern in:*
   - */Benutzer/Für alle Benutzer/Faxes* über die Option *Für alle Benutzer/Faxe*. Dieser Ordner ist allen lokalen Benutzern zugänglich, es können also auch alle die Faxe lesen.
   - *~/Faxes* über die Option *Faxe*. Nur der Benutzer ~ hat Zugriff auf diese Faxe.
2. Faxe per E-Mail versenden

   Vor allem wenn man unterwegs ist und zu Hause oder im Büro Faxe per Computer empfängt, kann diese Option praktisch sein: eingehende Faxe werden automatisch an die angegebene E-Mail-Adresse versandt (als PDF-Dokumente). Die Adresse wird eingetippt oder kann durch Klick auf das Männchen rechts des Eingabefeldes direkt aus dem *Adressbuch* ausgewählt werden. Diese Methode funktioniert nur, wenn man sich in einem Netzwerk mit eigenem Mailserver befindet. Mit dem Programm FaxEmail-Helper[1] (wird momentan an Tiger angepasst) kann die Funktion aber auch sonst genutzt werden.

3. Ausdrucken

   Falls ein Drucker angeschlossen ist, können eingehende Faxnachrichten direkt ausgedruckt werden. Somit funktioniert das Ganze nicht viel anders als mit einem normalen Faxgerät.

Die drei Möglichkeiten können auch kombiniert werden. Während man unterwegs via E-Mail ständig auf dem Laufenden gehalten wird, lässt man zur Sicherheit mittels Drucker die Faxe auch ausgeben.

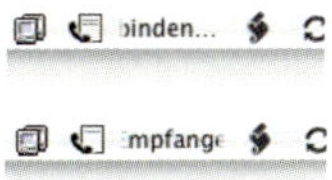

Mit der Option *Faxstatus in der Menüleiste anzeigen* aktiviert man das Menüleistensymbol für den Faxstatus. Dort wird ein eingehender Anruf angezeigt. Nach der eingestellten Anzahl Klingelzeichen wird der Empfang automatisch ausgelöst. Man kann das aber auch manuell via Menüleistensymbol auslösen.

Wenn man die Option zum Speichern der Faxe ausgewählt hat, landen sie als PDF-Dateien im definierten Ordner. In der Kopfzeile finden sich die Informationen über Sender sowie Datum und Uhrzeit.

Faxe versenden

Um Faxe zu versenden, ruft man (aus jedem Programm) ganz einfach den Druckdialog auf. Dort klickt man auf den Button *PDF* (Abbildung 12-38). Aus dem Aufklappmenü wählt man den Eintrag *PDF faxen...* Es erscheint eine Art Druckdialog, wo man die Faxnummer eingeben und, falls gewünscht, ein Deckblatt definieren kann. In das Feld *An* kann man den Namen einer Person schreiben, die im *Adressbuch* (siehe „Adressbuch" auf Seite 394) mit ihrer Faxnummer erfasst ist. Der Name und die Nummer werden schon während der Eingabe automatisch ergänzt (Abbildung 12-39, links). Falls man die Nummer mit der internationalen Vorwahl gespeichert hat, muss man diese vor dem Senden durch die normale Vorwahl ersetzen, da das Versenden sonst nicht funktioniert

1. http://www.rwts.com.au/FaxEmailHelper/

(Abbildung 12-39, rechts). Man kann auch einfach die Faxnummern im Adressbuch ohne den internationalen Code erfassen.

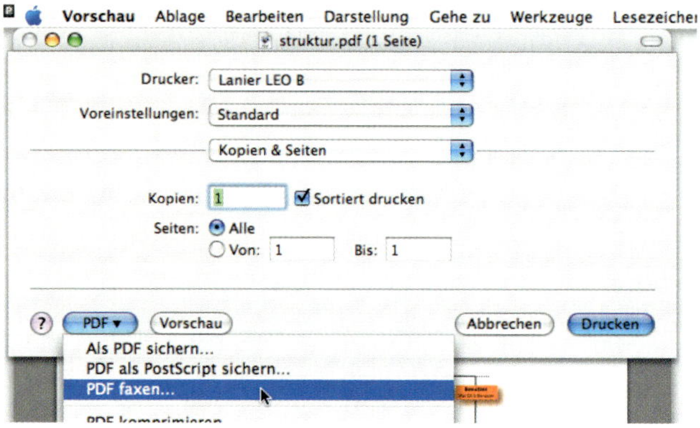

Abbildung 12-38 Faxen (aus jedem Programm)

Klickt man auf das kleine Männchen rechts des Feldes des Faxempfängers, greift man direkt auf die Einträge des Programms *Adressbuch* zu. Dort kann man den gewünschten Kontakt bzw. dessen Fax-Nummer auswählen. Durch Klick auf *An* wird sie ins Empfängerfeld eingetragen – es können auch mehrere Empfänger gleichzeitig ausgewählt werden. Alternativ zur Wahl eines Kontaktes aus dem Adressbuch kann man natürlich einfach direkt eine Faxnummer eingeben.

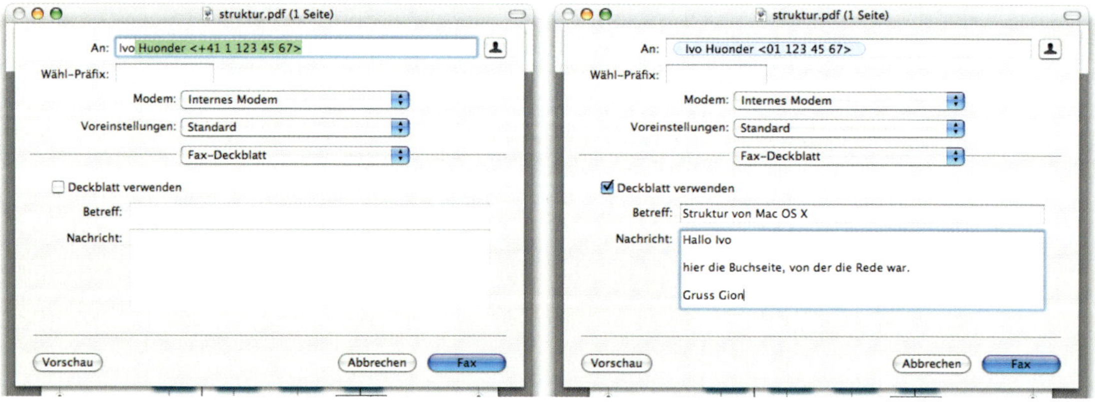

Abbildung 12-39 Faxempfänger und Deckblatt

Falls man das *Deckblatt* aktiviert, kann man unter *Betreff* und *Nachricht* eine kurze Botschaft mitsenden. Falls man mehrere Modems (z. B. Bluetooth und intern) verwendet, sollte man sich im Feld *Modem* vergewissern, dass das richtige ausgewählt ist.

Unter dem Aufklappmenü (Abbildung 12-39, am Anfang *Fax-Deckblatt*) kann man noch weitere Optionen wählen. In der Schaltfläche *Modem* wird wie üblich die Wählart eingestellt, im Feld *Druckeroptionen* kann man die Qualität des Faxes bestimmen (hohe oder niedrige Auflösung). Für reine Textdokumente genügt die niedrige Auflösung.

Mit Klick auf *Fax* wird der Faxversand gestartet. Ein Programm ähnlich den Druckerprogrammen wird gestartet – die Warteliste zeigt die Faxe, die versendet werden. Die Liste der eingerichteten Faxe kann übrigens auch aus dem *Drucker-Dienstprogramm* aufgerufen werden (Menü *Darstellung - Faxliste einblenden*).

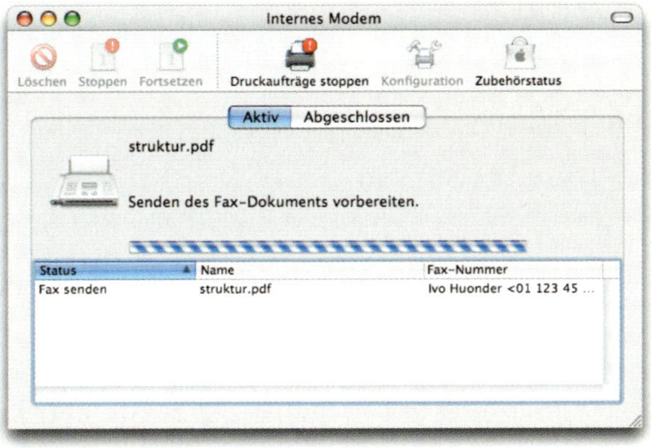

Abbildung 12-40 Fax wird gesendet

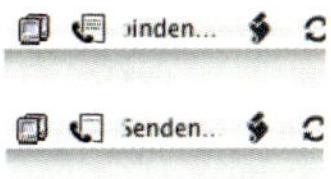

Das Faxprogramm informiert über den Sende-Status des Faxes, bis er schliesslich gesendet wurde – dann verschwindet der Auftrag aus der Warteliste *Aktiv* und wird in der Liste *Abgeschlossen* protokolliert. Der Status ist auch im Menüleistensymbol ersichtlich.

Die Faxfunktion ist natürlich sehr praktisch, vor allem wenn man nur selten Faxe empfängt oder verschickt. Wer mehr faxt, kann sich auch die heute erhältlichen Kombigeräte (Drucker, Kopierer, Scanner, Fax) anschauen, die alle diese Funktionen zu einem vernünftigen Preis bieten.

Classic

13

„Totgesagte leben länger." – Nach vier Jahren Mac OS X ist Mac OS 9 mehr lästiges Überbleibsel denn willkommenes Feature.

Sie haben noch Programme, die nur unter Mac OS 9 laufen. Sie möchten auf alle Eventualitäten vorbereitet sein und Classic zur Sicherheit noch installiert haben. Sie fragen sich, welche Systemerweiterungen zum zuverlässigen Betrieb von Classic nötig sind – dann lesen Sie weiter. Oder Sie haben keine Ahnung, was Mac OS 9 ist und wozu Sie es brauchen könnten – dann überspringen Sie dieses Kapitel!

Als Classic-Umgebung wird der Mac OS 9-Kompatibilitätsmodus bezeichnet. Dank der Classic-Umgebung können Mac OS 9-Applikationen weiter unter Mac OS X verwendet werden, jedenfalls, wenn sie nicht auf bestimmte Treiber angewiesen sind. Treiber, welche direkt auf die Hardware zugreifen, werden von Mac OS X bzw. der Classic-Umgebung nicht unterstützt.

Um Verwechslungen bezüglich des Begriffs „Classic" zu vermeiden, sollte man sich angewöhnen, klar zwischen folgenden Begriffen zu unterscheiden:

- *Classic* ist die Mac OS 9-Kompatibilitätsumgebung *innerhalb* von Mac OS X.
- Ein Computer, der *direkt* unter Mac OS 9 läuft (wo also kein Mac OS X aktiv ist) läuft *nicht* unter „Classic". Er läuft unter *Mac OS 9*! Neuere Geräte können allerdings gar nicht mehr mit Mac OS 9 gestartet werden.

  Eine Verwechslung kann besonders im Finder zu Verwirrung führen, da auch Classic den Mac OS X-Finder benutzt und spezielle Mac OS 9-Finder-Erweiterungen dort nicht kompatibel sind (z. B. fürs Kontextmenü).

Falls man noch nicht endgültig auf Mac OS X umsteigen will, kann man – wie im Kapitel „Installation von Mac OS X" auf Seite 29 erwähnt – zwei Partitionen anlegen:

- Partition 1: Mac OS X und Mac OS 9 (für Classic)

- Partition 2: Mac OS 9 (von Mac OS X unberührt; speziell für Arbeiten direkt unter Mac OS 9)

Im zweiten Fall entstehen zwei Voreinstellungsdateien (eine für Classic, eine für Mac OS 9) für die betreffenden Programme. Diese Dateien müssen zwischen den Systemen hin- und herkopiert werden, falls mit dem gleichen Programm in Classic und Mac OS 9 gearbeitet wird.

Obwohl die Classic-Umgebung eine technische Meisterleistung ist (die Applikationen laufen kaum langsamer als direkt auf Mac OS 9), unterstützen Mac OS 9-Anwendungen natürlich nicht die Aqua-Oberfläche. Darstellungsfehler sind somit nicht auszuschliessen. Besonders bei Programmen, welche mit Netzzugriff und Benutzerrechten arbeiten, kann es zu Konflikten zwischen Mac OS X- und Mac OS 9 -Einstellungen kommen (z. B. FileMaker Pro Server/Client).

Anwendungen, die in der Classic-Umgebung laufen, nutzen die Vorteile von Mac OS X nicht (wie Speicherschutz, Multitasking, dynamische Speicherzuteilung). Eine Anwendung kann nach wie vor die gesamte Classic-Umgebung zum Absturz bringen. Mac OS X und echte Mac OS X-Applikationen (Cocoa, Carbon, Java, UNIX) laufen nachher allerdings weiter. Die Classic-Umgebung ist quasi ein separates Programm innerhalb von Mac OS X, wie der Internet Explorer oder TextEdit. Innerhalb der Classic-Umgebung wiederum laufen die Mac OS 9-Anwendungen.

13.1 Optimieren der Classic-Umgebung

Die grosse Mehrheit der Mac OS X-Anwender wird Classic – wenn überhaupt – nur noch für ein oder zwei Programme installieren, die noch nicht oder nicht in gleicher Qualität (...) oder nie mehr für Mac OS X erhältlich sind.

Wenn möglich sollte man deshalb Mac OS 9.2.2 sauber neu installieren, gefolgt von der gewünschten Mac OS 9-Applikation. Eine gut funktionierende Classic-Umgebung kann durch Kopieren auch direkt von Panther übernommen werden. Bei den neueren Geräten, die nicht mehr direkt ins alte Mac OS starten können, liegt eine CD oder DVD mit einem Programm *Zusätzliche Software installieren* (oder ähnlich) bei, die das erledigt (siehe „Variante 2: Classic und Classic-Anwendungen neu installieren“ auf Seite 38, Punkt 2). Sie kann in den meisten Fällen auch auf anderen Computern verwendet werden. Bei Verwendung der gerätespezifischen Support-CD werden zumindest keine inkompatiblen Systemerweiterungen oder Kontrollfelder installiert.

Standardmässig werden alle Systemerweiterungen, die auch unter Mac OS 9 aktiv sind, beim Starten von Classic aktiviert. Man sollte deshalb ein spezielles Set mit Erweiterungen für Classic anlegen, um optimal arbeiten zu können und den Classic-Start zu verkürzen. Das kann auf zwei Arten erfolgen:

1. Falls Classic (oder Mac OS 9) schon laufen, gelangt man über das Apple-Menü ins Kontrollfeld *Erweiterungen Ein/Aus*, wo eine spezielle Konfiguration für die Classic-Umgebung festgelegt werden kann.
2. Im Kontrollfeld *Classic* der *Systemeinstellungen* unter *Weitere Optionen* wählt man für den Start von Classic den Eintrag *„Erweiterungen Ein/Aus" öffnen*. Beim Aufstarten der Classic-Umgebung erscheint dann dieses Mac OS 9-Kontrollfeld, wo die Classic-Konfiguration eingestellt wird. Mit Klick auf *Weiter* wird der Startvorgang fortgesetzt.

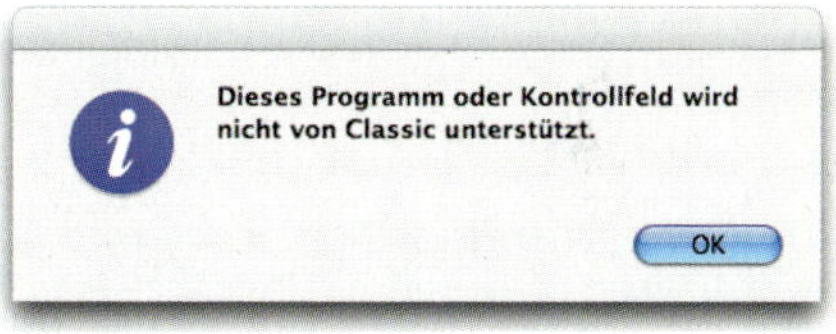

Da insbesondere Systemerweiterungen und Kontrollfelder, welche direkt auf die Hardware zugreifen, nicht in der Classic-Umgebung betrieben werden können, kann man recht grosszügig im Ausschalten der Objekte sein. Viele Funktionen werden direkt von Mac OS X übernommen und müssen deshalb nicht geladen werden – einige Kontrollfelder (z. B. AppleTalk oder TCP/IP) funktionieren gar nicht mehr, sondern generieren eine Fehlermeldung. Tabelle 13-1 und Tabelle 13-2 geben einen Überblick, welche Kontrollfelder und Systemerweiterungen man nicht deaktivieren sollte.

Tabelle 13-1 Systemerweiterungen, die nicht deaktiviert werden sollten

Modul	Funktion	Begründung
Apple Hilfe	Unterstützung in Classic-Programmen	
CarbonLib	Für carbonisierte Programme	
LaserWriter 8	Ausdrucken auf Netzwerkdrucker aus Classic	
Network Setup Extension	Enthält Elemente für Open Transport	Für Netzwerkfunktionen
Open Transport	Netzwerkfunktionalität	
Open Transport ASLM Modules	Netzwerkfunktionalität	
PrintingLib		Um Druckersymbole erzeugen zu können
Print Monitor	Druckerprogramm in Classic (zum Verwalten der Druckaufträge)	Um aus Classic ausdrucken zu können
QuickTime	QuickTime Erweiterung	Nur nötig, falls QuickTime in Classic verwendet wird

Tabelle 13-1 Systemerweiterungen, die nicht deaktiviert werden sollten

Modul	Funktion	Begründung
QuickTime MPEG Extension		Nur nötig, falls QuickTime in Classic verwendet wird
QuickTime Musical Instruments		Nur nötig, falls QuickTime in Classic verwendet wird
QuickTime Power Plug		Nur nötig, falls QuickTime in Classic verwendet wird
QuickTime VR		Nur nötig, falls QuickTime in Classic verwendet wird
Shared Library Manager	Für die Verwendung von Gemeinschaftsbibliotheken	Wird von QuickTime benötigt
Shared Library Manager PPC	Für die Verwendung von Gemeinschaftsbibliotheken	Wird von QuickTime benötigt

Tabelle 13-2 Kontrollfelder, die nicht deaktiviert werden sollten

Modul	Funktion	Begründung
Allgemeine Einstellungen	Blinken von Menüs und Einfügemarke	
Apple-Menü Optionen	Festlegen der Untermenüs und Anzahl enthaltener Objekte	Das Apple-Menü steht in Classic immer noch zur Verfügung.
Erscheinungsbild	Bestimmen der Auswahlfarbe	
Erweiterungen Ein/Aus	Kontrollfelder und Systemerweiterungen aktivieren und deaktivieren	Notwendig, um die Konfiguration der Systembestandteile für Classic vorzunehmen
QuickTime™ Einstellungen	QuickTime Verbindungsgeschwindigkeit, Registrierung etc.	Falls QuickTime in Classic-Anwendungen genutzt werden soll. QuickTime sollte unbedingt auf dem neuesten Stand sein!
Startvolume	Festlegen des Startvolumes	Erforderlich, um das Startvolume zu ändern
Tastatureinstellungen	Wahl des Tastaturlayouts	Für die Tastatureinstellung von Classic-Programmen
Text	Festlegen des Textsystems	
Zahlenformat	Wahl des Zahlenformats (länderspezifisch)	

13.2 Classic-Kontrollfeld

13.2.1 Starten und Stoppen von Classic

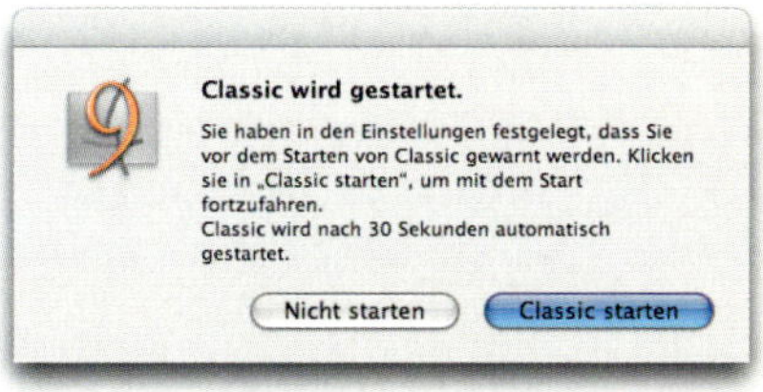

Im Kontrollfeld *Classic*, im Register *Start/Stop*, kann man das Mac OS 9-System wählen, welches man als Classic-Umgebung nutzen will (Abbildung 13-1). In der Liste erscheinen alle startfähigen Mac OS 9-Systeme, es kann aber nur eines davon für Classic ausgewählt werden. Um Classic zu starten genügt es, eine Mac OS 9-Applikation doppelt anzuklicken. Falls im Register *Start/Stop* die Option *Warnung vor dem Start von Classic* aktiviert ist, muss man den Start nochmals bestätigen. Das kann dann praktisch sein, wenn nach Doppelklick auf ein Dokument fälschlicherweise ein Classic-Programm startet, obwohl ein Mac OS X-Programm existieren würde, um dieses Dokument zu öffnen. Im unteren Fensterbereich des Registers *Start/Stop* kann Classic manuell gestartet (immer ohne zusätzliche Warnung) oder gestoppt und bei Problemen auch sofort beendet werden – dabei gehen ungesicherte Änderungen in Classic-Programmen verloren.

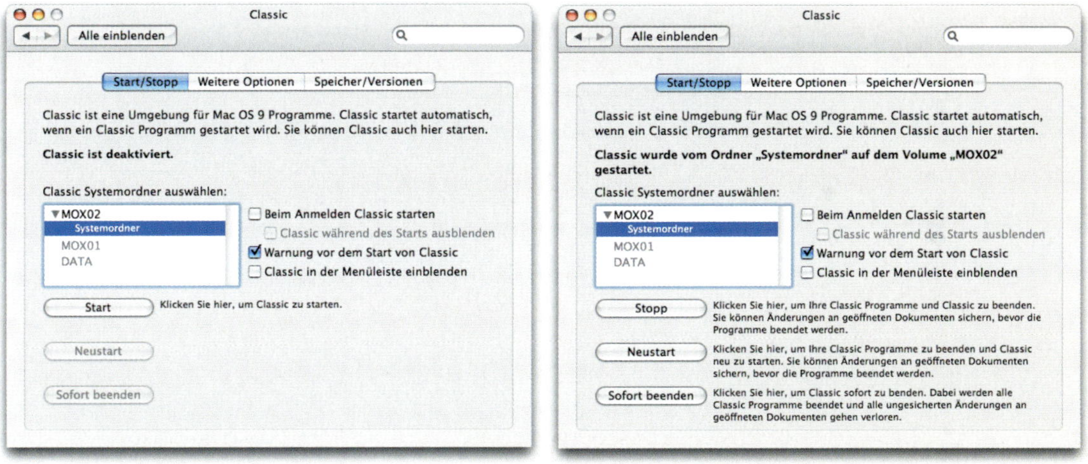

Abbildung 13-1 Einstellungen für die Classic-Umgebung (links: Classic inaktiv, rechts: Classic läuft)

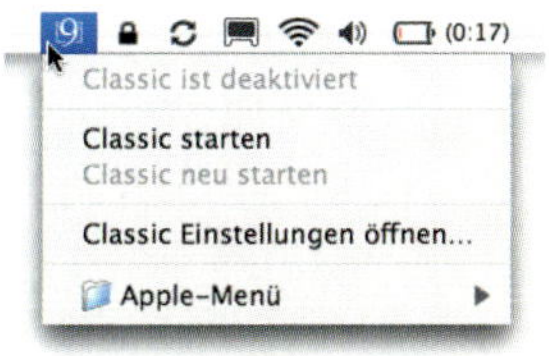

Ausserdem kann man ein Classic-Icon in der Menüleiste aktivieren. Nachdem die Menüleiste aber schon mit allerlei anderen Symbolen gefüllt ist, sollte man das nur tun, wenn wirklich viel mit Classic gearbeitet wird.

Wenn Classic das erste Mal oder nach einem System-Update gestartet wird, muss es unter Umständen aktualisiert werden. Dieser Prozess muss durchgeführt werden, andernfalls lässt sich Classic gar nicht aktivieren.

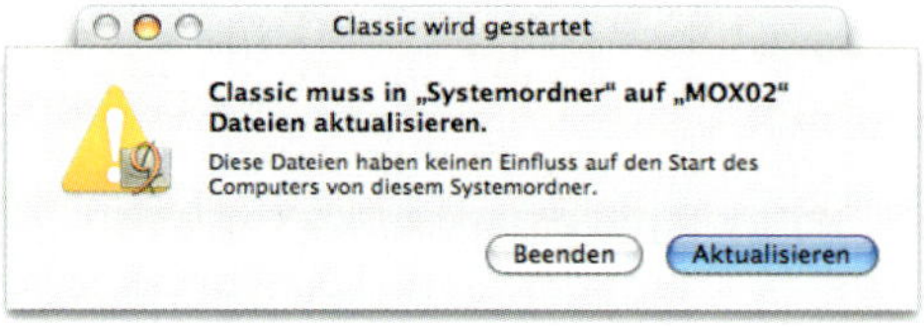

13.2.2 Weitere Optionen

Im obersten Bereich *Start und weitere Optionen* des Registers *Weitere Optionen* (Abbildung 13-2) ist es möglich, Classic mit deaktivierten Systemerweiterungen zu starten oder *Erweiterungen Ein/Aus* beim Start zu öffnen (falls Probleme auftreten oder um – wie oben erwähnt – eine Kombination speziell für Classic festzulegen). Zusätzlich kann Classic auch mit einer anderen Tastaturkombination aufgestartet werden, die in der Auswahlliste unter dem Befehl *Tastenkombination verwenden* eingegeben wird. Die vorgenommenen Einstellungen gelten nur, wenn Classic direkt von hier aus gestartet wird (nicht bei Doppelklick auf eine Mac OS 9-Anwendung).

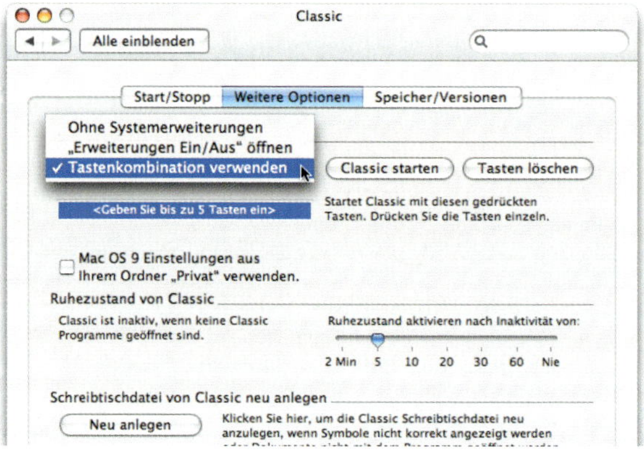

Abbildung 13-2 Weitere Optionen für Classic

Für die Classic-Voreinstellungen (Preferences von Classic-Programmen) kann man auch den Ordner *Privat* eines jeden Benutzers verwenden. Falls diese Option markiert ist (nur verfügbar, wenn Classic nicht gerade läuft), wird der Benutzer beim ersten Start von Classic aufgefordert, seine Einstellungen aus dem Systemordner von Classic in den eigenen Library-Ordner zu kopieren (*/Benutzer/~/Library/Classic/*). Mit Klick auf *Inhalt kopieren* wird dieser Vorgang ausgeführt, andernfalls (*Frei lassen*) werden die Daten frisch angelegt.

Damit hätten auch Classic-Programme Voreinstellungen, die für jeden Benutzer verschieden sein können. Diese Einstellung ist nur dann empfehlenswert, wenn wirklich mehrere Benutzer eingerichtet sind und diese noch intensiv mit Classic-Programmen, die auch individuelle Einstellungen verlangen, arbeiten. Andernfalls würde nur unnötig Festplattenplatz verschwendet (der Browsercache von Classic-Browsern ist auch in den Voreinstellungen gespeichert und wird unter Umständen ziemlich gross).

Die Option zum Neuanlegen der (Mac OS 9)-Schreibtischdatei kann man alternativ zur gewohnten Methode aus Mac OS 9 verwenden. Wenn man von Mac OS 9 aufstartet, kann man via Tastaturkombination Apfel-alt (während des ganzen Aufstartvorganges bis zum Erscheinen des Dialogfeldes gedrückt halten) die Schreibtischdatei neu anlegen.

13.2.3 Speicher/Versionen

Im dritten Register *Speicher/Versionen* (Abbildung 13-3) wird die Speicherauslastung von laufenden Classic-Programmen angezeigt.

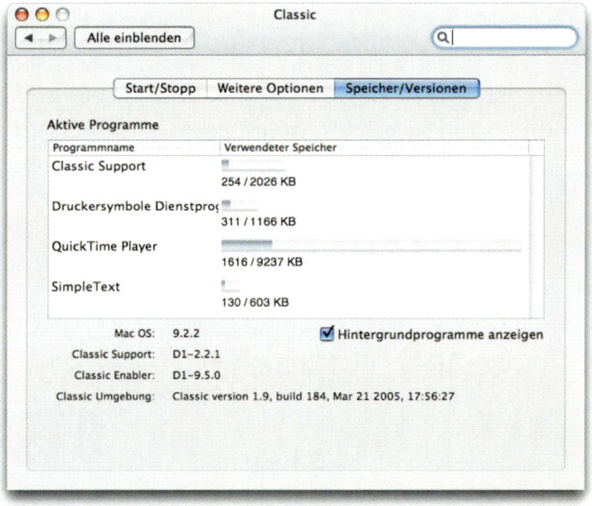

Abbildung 13-3 Speicher/Versionen

Wie früher unter Mac OS 9 im *Über diesen Computer*-Dialog (Abbildung 13-4) ist der Speicherbalken zweigeteilt: der dunkle Bereich zeigt den tatsächlich genutzten Speicher, der helle Bereich den für die Applikation reservierten Speicher an.

Im unteren Teil des Registers *Speicher/Versionen* findet man Angaben über die Version der verwendeten Classic-Umgebung (Systemversion Mac OS 9, Classic Version).

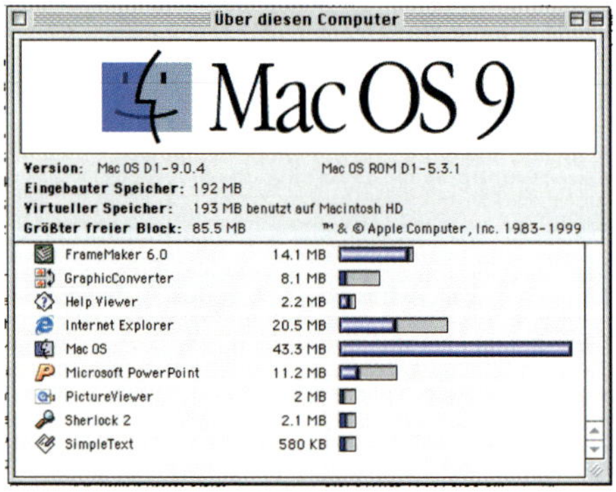

Abbildung 13-4 Speicherauslastung in Mac OS 9

13.3 Classic in Betrieb

Je nach Konfiguration von *Erweiterungen Ein/Aus* (in Mac OS 9) und je nach Rechner kann es eine Weile dauern, bis Classic aufgestartet ist (Abbildung 13-5). Sobald die Classic-Umgebung aufgestartet ist, verschwindet das Mac OS 9-Symbol aus dem Dock und es gibt ausser im Kontrollfeld *Classic* kein offensichtliches Anzeichen mehr dafür, dass Classic überhaupt läuft (Abbildung 13-1, rechts).

Abbildung 13-5 Start der Classic-Umgebung

Wenn keine Mac OS 9-Anwendung läuft (Classic aber aktiv ist), kann man nicht via Apple-Menü auf die Kontrollfelder oder andere Objekte darin zugreifen (weil dann nur das Mac OS X-Apple-Menü zur Verfügung steht), obwohl Classic ja im Hintergrund läuft. Man kann sich aber im Finder zu den Kontrollfeldern durchnavigieren (*/Systemordner/Kontrollfelder*) und dann einfach das gewünschte Kontrollfeld doppelklicken. Oder man startet eine Classic-Anwendung, z. B. SimpleText, worauf das alte Apple-Menü sofort erscheint.

Classic berücksichtigt die Benutzerrechte aus Mac OS X. Wenn man als Benutzer *ameier* eingeloggt ist, kann man keine Dateien in den Ordner von *wschmid* sichern, auch nicht aus Classic-Programmen. Anders sieht es aus, wenn man Mac OS 9 direkt startet (also als Startvolume auswählt): dann werden keine Benutzerrechte aus Mac OS X berücksichtigt.

13.4 Netzwerk unter Classic

Um unter Classic auf ein AppleTalk- oder TCP/IP-Netzwerk zugreifen zu können, sind keine besonderen Einstellungen notwendig. Falls Probleme mit AppleTalk auftauchen, insbesondere wenn AppleTalk-Drucker nicht mit dem LaserWriter 8-Treiber ausgewählt werden können, sollte man in Mac OS X (mit dem Programm *Systemeinstellungen*) AppleTalk kurz deaktivieren und wieder aktivieren. Danach sollte das AppleTalk-Netzwerk funktionieren.

Internetprogramme wie z. B. Netscape Communicator 4.5 oder MacSoup funktionieren ohne weitere Konfiguration, wenn in Mac OS X die Netzwerkeinstellungen stimmen. Natürlich macht es nur noch in absoluten Ausnahmefällen Sinn, Internetprogramme innerhalb von Classic zu nutzen – das Angebot und die Qualität dieser Art Software sind für Mac OS X ungleich grösser und höher. Oft stehen viele Funktionen in den veralteten Mac OS 9-Browsern gar nicht zur Verfügung.

13.5 Drucken aus Classic

Da das Apple-Menü in Classic dieselben Funktionen wie in Mac OS 9 zur Verfügung stellt, kann man via Auswahl einen Drucker konfigurieren.

Wenn man in Mac OS X einen neuen Drucker einrichtet, steht dieser automatisch auch in Classic zur Verfügung, allerdings nur gerade mit den Basisfunktionen. Falls man bei einem Drucker alle Funktionen wie Duplex, Papierfachwahl etc. braucht, muss man ihn in Classic separat einrichten. Das passiert entweder über die Auswahl oder über das *Druckersymbole Dienstprogramm* (im Ordner */Applications (Mac OS 9)/Dienstprogramme*). Damit kann man auch TCP/IP-Drucker einrichten. Dazu muss man unter Umständen ein PPD File in den Ordner *Druckerbeschreibungen* im Systemerweiterungsordner kopieren (*/Systemordner/Systemerweiterungen/Druckerbeschreibungen*). Auf diese Weise funktioniert das Ausdrucken genau gleich, wie wenn man unter Mac OS 9 arbeiten würde.

Will man auf einem nicht netzwerkfähigen Drucker (z. B. Tintenstrahldrucker) aus Classic ausdrucken, muss man den entsprechenden Treiber (für Mac OS 9) installieren. Dann steht der Drucker auch in der Auswahl zur Verfügung und kann als Standarddrucker festgelegt werden. Das Ausdrucken funktioniert wie früher unter Mac OS 9.

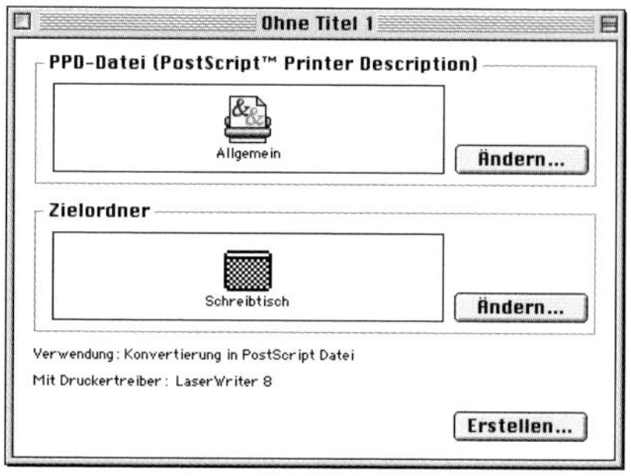

Eine andere Möglichkeit besteht im Anlegen eines virtuellen Druckers, der in eine PostScript-Datei (*.ps)druckt. Dazu wird ebenfalls das *Druckersymbole Dienstprogramm* verwendet, mit der Option *Sichern in PostScript Datei* im ersten Fenster. Als PPD-Datei wird entweder die standardmässig vorhandene Beschreibung *Allgemein* verwendet, oder eine Druckerbeschreibung von Adobe Acrobat (kommerzielle Vollversion[1], nicht Adobe Reader). Unter *Zielordner* kann angegeben werden, wo die PostScript-Datei erzeugt werden soll. Mit Klick auf *Erstellen...* wird ein virtueller Drucker erzeugt, dessen Ausgabe in eine Datei umgeleitet wird. Mit Tiger ist es möglich, eine *.ps-Datei einfach durch Doppelklick mit dem Programm Vorschau zu öffnen. Die PostScript-Datei kann natürlich auch mit Hilfe des Acrobat Distiller in ein pdf-Dokument konvertiert werden.

Möchte man einen Netzwerkdrucker von Classic wieder entfernen, verwendet man dazu ebenfalls das *Druckersymbole Dienstprogramm*. Zuerst muss man das automatisch erscheinende Fenster durch Klick in *Abbrechen* schliessen. Danach wählt man im Menü *Ablage* den Eintrag *Löschen...* In der folgenden Liste können die gewünschten Drucker entfernt werden.

1. http://www.adobe.de/products/acrobat/main.html

Programme 14

„Es gibt keine Software für den Mac." – Weit verbreitete Überzeugung von Windows-Besserwissern, die auch glauben, Microsoft hätte das Internet erfunden...

Mac OS X als solches wird bereits mit vielen nützlichen Programmen ausgeliefert. Dennoch wird jeder Benutzer weitere Software installieren wollen. Für jede Aufgabe gibt es spezielle Software – und es ist nicht immer einfach, die richtige zu finden. Mittlerweile existieren über 12'000 Anwendungen für Mac OS X. Die folgenden Seiten sollen einen (unvollständigen) Überblick dazu geben. Ausserdem will das Kapitel zeigen, wie mit verschiedenen Programmen gleichzeitig effizient gearbeitet werden kann.

Unter Mac OS X gibt es fünf Arten von Programmen:

- Cocoa

  Diese Programme sind speziell für Mac OS X geschrieben und laufen nur dort. Sie wurden nicht aus einer Mac OS 9-Anwendung „weiterentwickelt". Vertreter sind: TextEdit (Textverarbeitung und Nachfolger von SimpleText), Apple Mail, Safari.

- Carbon

  Carbonisierte Anwendungen sind „umgewandelte" Mac OS 9-Programme. Sie nutzen die Vorteile wie Speicherschutz und Multitasking aus, funktionieren aber immer noch unter Mac OS 9. Während in der Anfangsphase von Mac OS X diese Programme von grosser Bedeutung waren, spielen sie mittlerweile eine immer kleinere Rolle. Vertreter sind: Microsoft Office X, Fetch.

- Classic

  „Alte" Mac OS 9-Anwendungen laufen in der Classic-Umgebung. Im Allgemeinen sollten sie weiter funktionieren, es kann allerdings sein, dass sehr „hardware-nah" laufende Programme nicht mehr funktionieren. Vertreter sind: Adobe PageMaker 7 (läuft unter Classic), Roxio Toast 5 (läuft nicht unter Classic, es gibt aber eine Mac OS X-Version).

- Java

  Java-Programme laufen wie Carbon- oder Cocoa-Applikationen unter Mac OS X. Vertreter sind: LimeWire.

- UNIX

  Daneben gibt es natürlich noch diverse „UNIX-Programme", die entweder via Terminal oder im Hintergrund laufen können. Vertreter sind: vi, MySQL.

Da Mac OS X ein Multiuser-System ist, sind auch die Voreinstellungen (Preferences) eines Programms individuell. Diese werden nicht einfach im „Systemordner", sondern im Ordner des jeweiligen Benutzers (*Benutzer/~/Library/Preferences*) gespeichert. Einige Programme hinterlassen ihre Spuren allerdings auch im globalen */Library*-Ordner (dort unter Umständen wieder in Unterordnern).

14.1 Installation und Löschen

Die Installation ist von Programm zu Programm unterschiedlich. Es spielt dabei grundsätzlich keine Rolle, ob es sich um ein Cocoa-, Carbon-, Classic- oder Java-Programm handelt. Es gibt in Mac OS X zwar ein universelles *Installationsprogramm* (im Ordner */Programme/Dienstprogramme*), das alle Dateien an die richtige Position bewegt, nicht alle Programme greifen aber darauf zurück. Es gibt eine Vielzahl von Programmen mit Drag & Drop-Installation, bei welcher der Programmordner oder das Programmsymbol lediglich kopiert werden können.

Normalerweise werden alle Anwendungen in den Ordner */Programme* (englisch: */Applications*) installiert, bzw. in den Unterordner *Dienstprogramme*, falls es sich um Hilfsprogramme handelt (das kann der Anwender aber selbst entscheiden). Falls man ein Programm ausschliesslich einem Benutzer zur Verfügung stellen will, kann man auch in dessen Benutzerordner einen neuen Ordner mit dem Namen *Applications* erzeugen und die Software dort installieren. Bei den meisten Programmen funktioniert das problemlos, und auch Automator-Aktionen (siehe „Automator" auf Seite 433) und Dienste (Seite 424) von diesem Programm sind verfügbar.

14.1.1 Softwaredistribution

Mit dem Erscheinen von Panther ist das Programm DiskCopy, mit dem Disk Images gemountet, erzeugt und gebrannt werden konnten, verschwunden. Das Erzeugen und Brennen von Images wurde ins *Festplatten-Dienstprogramm* (im Ordner */Programme /Dienstprogramme* zu finden) integriert. Aktiviert werden die Images mit dem *DiskImageMounter* (in */System/Library/CoreServices*). Ein Disk Image ist eine Art virtuelle

Festplatte oder CD, welche jegliche Art von Daten enthalten kann. Meistens tragen Disk Images jetzt die Endung *.dmg*. Durch Doppelklick auf ein Image wird ein Vorgang ausgelöst, der schliesslich die virtuelle Festplatte auf dem Schreibtisch anzeigt, als wäre sie ein normaler Datenträger. Das ist fast der einfachste (und immer beliebtere) Weg, um Software zu transportieren, denn er bietet einige Vorteile:

- Images können im Normalfall nicht verändert werden (Daten können nicht hinzugefügt bzw. gelöscht werden).
- Ein Softwarepaket kann hunderte von Dateien enthalten. Das Kopieren von vielen kleinen Dateien dauert erheblich länger als das Kopieren von einer grossen (Image-) Datei.
- Ein Image kann komprimiert werden, sodass nochmals weniger Daten kopiert oder übertragen werden müssen.

Mit Tiger hat Apple das altbewährte Stuffit Expander von der Standardinstallation verbannt. Damit soll erreicht werden, dass das unter Windows verbreitete und nun ins System integrierte Zippen von Dateien (siehe „ZIP-Archive erzeugen“ auf Seite 139) und die Disk Images vermehrt verwendet werden. Stuffit Expander in der Grundversion ist Freeware[1] und wird vermutlich noch lange zu den Standard-Hilfsprogrammen unter Mac OS X gehören. Zu den aus Mac OS 9 bekannten Stuffit-Archiven (komprimierte Ordner oder Dateien) mit der Endung *.sit* (neu: *.sitx*) sind unter Mac OS X die UNIX-Archive hinzugekommen: diese Dateien enden meistens auf *.tar.gz* oder *.dmg.gz*. Dabei ist *tar* ein Programm, das aus vielen Dateien ein Archiv macht, während *gz* die Komprimierungsmethode ist.

14.1.2 Drag & Drop-Installation

Bei dieser Installationsart liegen die Programme meist auf CD oder auf einem Disk Image vor. Mit Doppelklick auf das Image startet der DiskImageMounter automatisch und mountet den virtuellen Datenträger.

Der Inhalt des Datenträgers wird einfach in den Ordner */Programme* kopiert (u.U. auch in den Ordner */Programme/Dienstprogramme*). Nur Administratoren können diese Ordner verändern!

1. http://www.stuffit.com/mac/expander/

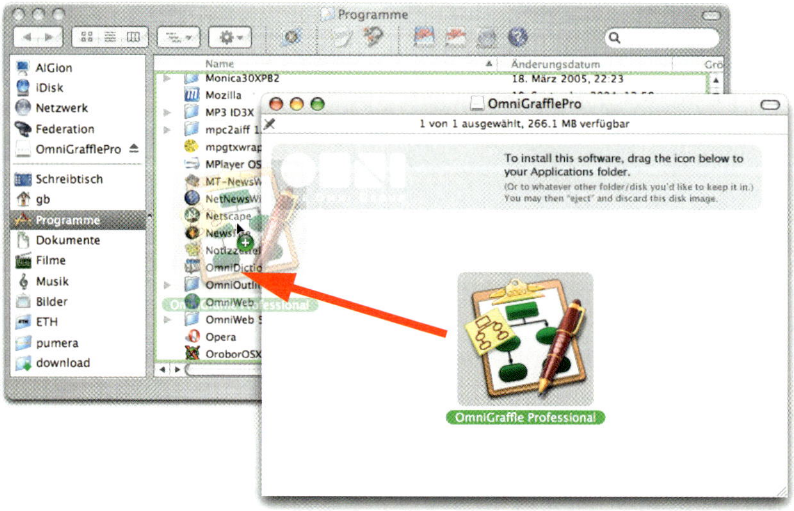

Abbildung 14-1 Drag & Drop-Installation

14.1.3 Paketinstallation

Viele Programme werden mittlerweile als Pakete (Packages) angeboten. Das reicht von den Programmen von Apple (iLife) bis zu Software wie MySQL (eine Freeware-Datenbank, die unter UNIX-Systemen läuft, natürlich gibt es auch eine Version für Mac OS X[1]).

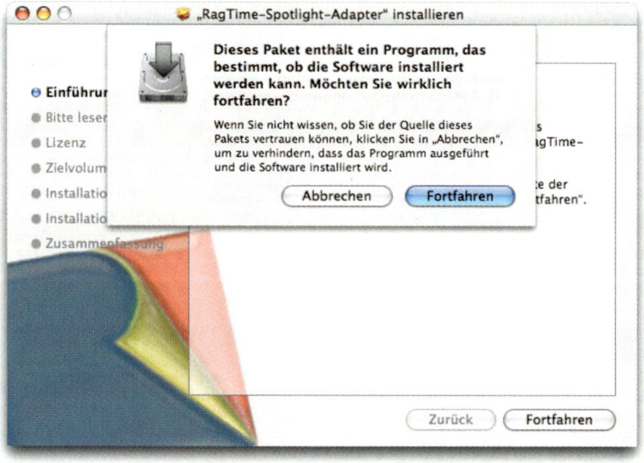

Abbildung 14-2 Programm zum Prüfen der Installation starten

1. http://www.entropy.ch/software/macosx/mysql/

Meistens ist es so, dass die Softwarebestandteile in ganz bestimmte Ordner installiert werden müssen, was manuell (via Drag & Drop) fast unmöglich wäre. Die Installation eines Packages kann ganz einfach durch Doppelklick auf das Paket gestartet werden. Danach startet das *Installationsprogramm (/Programme/Dienstprogramme/Installationsprogramm)*. Der Ablauf ist dann jeweils ungefähr der gleiche (und ähnlich der Installation von Tiger). Vor der eigentlichen Installation wird der Computer auf die Kompatibilität zur Software untersucht, was vom Installationsprogramm angezeigt wird (Abbildung 14-2). Da dazu im Hintergrund ein Programm gestartet wird, erscheint die Nachfrage, ob man der Quelle vertraut – mit Klick auf *Fortfahren* wird die Installation fortgesetzt.

Danach folgen ein ReadMe-Text sowie der Softwarevertrag, den man akzeptieren muss. Nach der Wahl des Installationsziels (Abbildung 14-3, links) und nach dem Klick in *Installieren* wird das Administrator-Passwort abgefragt (Abbildung 14-3, rechts). Während des Installationsprozesses informiert ein Statusbalken über den Fortschritt. Schliesslich wird die installierte Software optimiert. Es kann sein, dass das Administrator-Passwort schon nach dem Start des Installationsprogrammes eingegeben werden muss. Bei Software, die einen Neustart des Rechners erfordert, erscheint noch eine Warnmeldung vor der eigentlichen Installation.

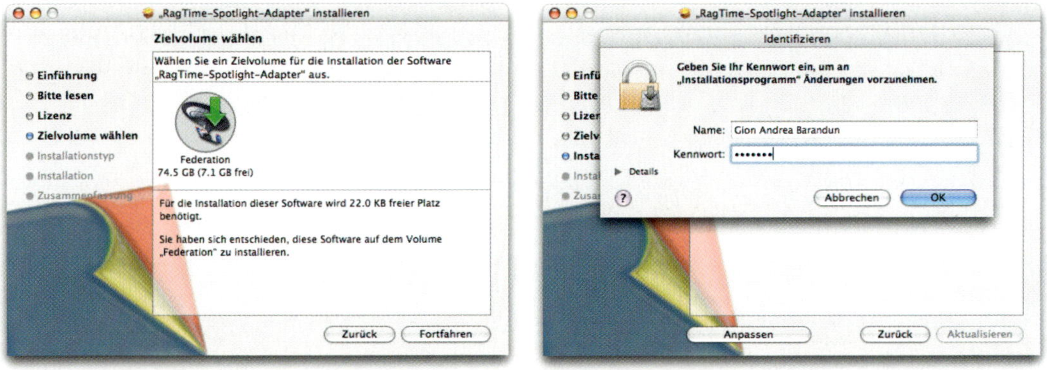

Abbildung 14-3 Installationsziel und Administrator-Passwort zum Starten der Installation

14.1.4 Installationsprogramm

Neben den beiden oben genannten Methoden gibt es auch programmspezifische Installer, welche ebenfalls das Installieren mit (oder ohne) gewissen Optionen erlauben (z. B. Microsoft Office, Abbildung 14-4). Vielfach bieten solche Installationsprogramme auch eine Möglichkeit, die Software wieder zu entfernen (Deinstallation).

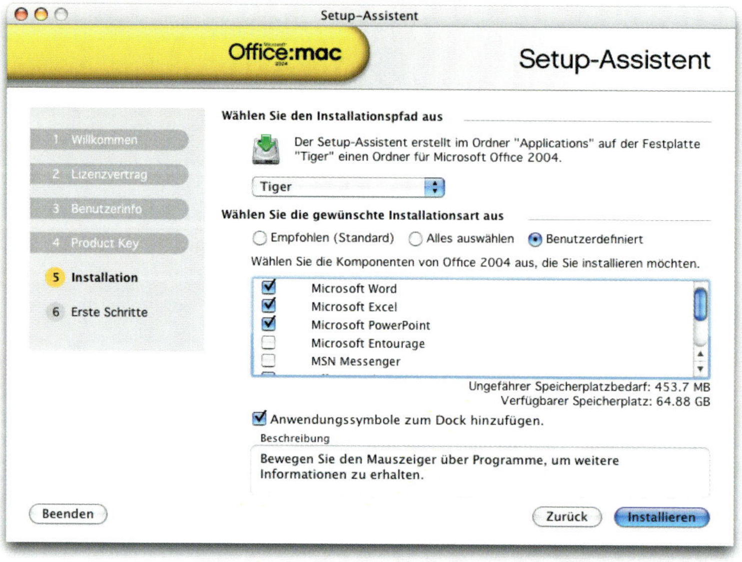

Abbildung 14-4 Installationsprogramm

14.1.5 Löschen von Programmen

Wie wir oben gesehen haben, befinden sich alle Mac OS X-Programme im Ordner */Programme*. Cocoa-Programme sind eigentliche Ordner, die alle benötigten Daten enthalten. Deshalb genügt es, einfach ihr Programm-Icon in den Papierkorb zu legen, um ein Programm vollständig zu löschen.

Einige Programme legen Daten in die Ordner */Library* bzw. */Benutzer/~/Library* ab. Die betreffenden Ordner heissen meistens gleich wie das Programm, oder befinden sich wiederum im Ordner */Library/Application Support* bzw. */Benutzer/~/Library/Application Support*. Alle Programme legen eine Voreinstellungsdatei für jeden Benutzer an, der das Programm benutzt. Diese Datei befindet sich im Ordner */Benutzer/~/Library/Preferences*. Wenn man wirklich alle Programmbestandteile entfernen will, muss man auch diese Dateien löschen.

Es gibt wenige Programme, die Bestandteile tiefer ins System installieren. Ein Beispiel sind Virenprogramme wie Sophos oder Norton Antivirus. In solchen Fällen sucht man am besten mit Spotlight nach dem Namen oder Bruchstücken davon, und findet dann meistens alle Programmbestandteile, die man als Administrator dann auch löschen kann (direkt vom Ergebnisfenster der Suche in den Papierkorb bewegen). Aber Vorsicht! Nur das Löschen, was man sicher nicht mehr braucht... In einigen Fällen bieten Programme sogenannte Deinstallationsroutinen an, mit denen alle Programmbestandteile komplett entfernt werden (sollten). Bei der Anwendung einer solchen Deinstallation sollte man nachher aber auf jeden Fall noch manuell (via Suche nach Namen) kontrollieren, ob wirklich alles gelöscht wurde.

Für UNIX-Anwendungen existiert die Software Fink[1], welche einfaches Installieren und Deinstallieren von Anwendungen gestattet.

14.2 Classic-Anwendungen

Die traditionellen Mac-Programme können unter Mac OS 9.x oder im Classic-Modus installiert werden. Durch die Classic-Umgebung kann auf diese Anwendungen zurückgegriffen werden, indem man einfach ein Programm-Icon doppelklickt.

Das Layout der Anwendungen bleibt gleich wie unter Mac OS 9. Es erscheint wieder die alte Menüleiste mit dem Programme-Menü und dem farbigen Apple-Menü. Classic-Programme haben die gewohnte Mac OS 9-Erscheinung. In der rechten oberen Ecke des Bildschirms erscheint wie gewohnt der Programm-Umschalter inklusive aller Mac OS X-Anwendungen.

Classic ist *keine* reine Emulation! Die Anwendungen laufen in Classic genauso schnell wie wenn sie direkt in Mac OS 9 arbeiten würden – die Hardware muss nicht emuliert werden, sondern lediglich die Mac OS 9-Umgebung.

Es gibt einige sehr „hardware-nah“ laufende Programme, die sich in Classic nicht mehr betreiben lassen. Roxio Toast 5 gehört z. B. dazu, da es z. T. direkt auf die Hardware zugreift, was Mac OS X nicht zulässt (mittlerweile gibt es Toast 5 und 6, die native auf Mac OS X laufen). Im Einzelfall sollte man die Kompatibilität der Programme mit Classic vom Hersteller in Erfahrung bringen. Will man trotzdem ein Programm, das nicht in der Classic-Umgebung läuft, verwenden, muss man den Computer direkt von Mac OS 9 aufstarten. Dazu ändert man das Startvolume (in den *Systemeinstellungen* unter *Startvolume* den Mac OS 9-Systemordner auswählen) und führt einen Neustart aus. Das funktioniert natürlich nur, sofern der Computer überhaupt noch direkt in Mac OS 9 starten kann – bei den meisten Geräten, die ab 2003 produziert wurden, ist dies nicht mehr der Fall.

Die Classic-Umgebung kann natürlich die Vorteile von Mac OS X nicht nutzen. Insbesondere folgende Punkte sind betroffen:

1. http://fink.sourceforge.net/

- Die moderne Speicherverwaltung mit Speicherschutz und dynamischer Speicherzuteilung funktioniert innerhalb von Classic nicht (wohl aber für Classic selber, welches ein Prozess innerhalb von Mac OS X ist). Deshalb kann bei Classic-Applikationen immer noch die Meldung auftreten, es stehe nicht genügend Arbeitsspeicher zur Verfügung.

  In diesem Fall muss via Informationsfenster die Speicherzuteilung für das betroffene Programm erhöht werden (Abbildung rechts, wie früher unter Mac OS 9).Weder präemtives Multitasking noch Multithreading werden innerhalb von Classic unterstützt.

- Classic benutzt nach wie vor QuickDraw zur Bildschirmdarstellung. Es ist deshalb nicht möglich, direkt ein PDF aus einem Dokument herzustellen (über den Acrobat Distiller natürlich schon).

Classic-Anwendungen sollten, um die Übersicht zu wahren, immer in den Ordner */Applications (Mac OS 9)* installiert werden.

14.3 Kommunikation und vernetztes Büro

Auf den folgenden Seiten wird kurz auf einige bei Mac OS X vorinstallierte Programme eingegangen. Ein paar von ihnen sind so komplex, dass man problemlos ein eigenes Buch damit füllen könnte – und dieses Buch soll schliesslich von Mac OS X handeln. Die Idee ist daher nicht, eine erschöpfende Anleitung zur Konfiguration und Bedienung dieser Programme zu liefern, sondern den Einstieg zu erleichtern und Möglichkeiten aufzuzeigen.

14.3.1 Adressbuch

Das Programm *Adressbuch* dient zum Erfassen und Verwalten der persönlichen Kontakte. Interessant ist die Integration mit den anderen Programmen. So können direkt E-Mail-Kontakte aus Mail gespeichert werden, bzw. Mail greift auf die Adressen aus dem Adressbuch zurück, wenn man ein neues E-Mail verschicken will. Ausserdem kann man die Kontakte via iSync mit einem kompatiblen Mobiltelefon abgleichen (und damit endlich ein Backup von den dort erfassten Telefonnummern machen). Geburtstage können in iCal angezeigt werden (siehe Seite 402).

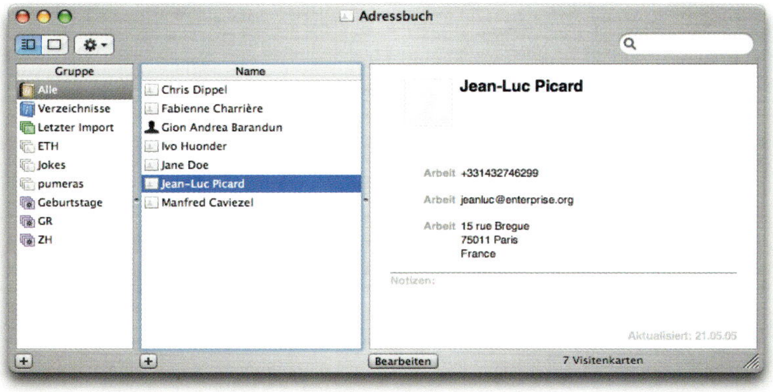

Abbildung 14-5 Adressbuch

Das Fenster des Adressbuchs ist dreigeteilt. In der ersten Spalte sieht man die Kontaktgruppen. Standardmässig ist dort die Gruppe *Alle* vorhanden, man kann natürlich selber weitere Gruppen hinzufügen. Die zweite Spalte zeigt die Namen der einzelnen Kontakte. Auf der rechten Seite schliesslich sieht man die Übersicht mit allen erfassten Informationen zu einer Person (oder Firma). Wenn man für sich selbst ein Bild wählt (etwa ein Foto im JPEG-Format), wird dieses auch beim Login Screen von Mac OS X verwendet und steht in iChat zur Verfügung.

Um einen neuen Kontakt zu erzeugen, drückt man das Pluszeichen unter der Spalte *Name*. Es erscheint ein neuer Name in der Liste, und die Visitenkarte kann bearbeitet werden (es müssen nicht alle Felder ausgefüllt werden). Wenn der Kontakt erstellt ist, klickt man auf Bearbeiten und die Änderungen werden gesichert. Man sollte sich angewöhnen, die Telefonnummern mit ihrer internationalen Vorwahl einzugeben, also im Format +41791234567 (+41 für Schweiz, 79 als Vorwahl, 1234567 als eigentliche Nummer). Das ist praktisch, wenn man die Telefonnummern mit dem Mobiltelefon abgleicht – so funktioniert die Verbindung nämlich im In- und Ausland. Faxnummern sollte man ohne die Landesvorwahl, nur in der Form 0311234567 (Vorwahl und Nummer) speichern. Der Faxversand vom Mac aus funktioniert sonst nicht. Im Ausland muss man die Nummer manuell anpassen.

Versendet man häufig E-Mails an mehrere Personen (immer die gleichen), sind *Gruppen* eine gute Sache: In *Mail* gibt man im Adressfeld dann nämlich nur den Namen der Gruppe ein und alle E-Mail-Adressen der Gruppenmitglieder werden automatisch eingetragen – dabei lassen sich einzelne Empfänger sogar noch entfernen oder hinzufügen, falls das gewünscht ist. Das Vorgehen zum Erzeugen einer Gruppe ist gleich wie bei einer Person. Unter der Spalte *Gruppe* wird das Pluszeichen gedrückt – eine neue Gruppe, der man zuerst einen Namen geben muss, erscheint. Nun können einfach einzelne Kontakte aus der Spalte *Name* auf diese Gruppe gezogen werden. Mit Tiger haben auch hier die intelligenten Gruppen Einzug gehalten. Basierend auf einem Kriterium (z. B. Geburtstag ist innerhalb der nächsten 14 Tage) kann man eine Gruppe erzeugen, die ihren Inhalt abhängig von der Erfüllung dieses Kriteriums ändert (Menü *Ablage - Neue intelligente Gruppe...*).

Das Adressbuch verfügt über einige nette Features, die man erst nach einiger Zeit entdeckt – diese Funktionen stehen nur zur Verfügung, wenn man sich nicht im „Bearbeiten“-Modus befindet.

Landkarte zeigen

Wenn von einem Kontakt auch die Adresse (Strasse, Postleitzahl, Ort) erfasst ist, kann das Adressbuch einen Lageplan davon zeigen, sofern der Computer mit dem Internet verbunden ist. Dabei klickt man einfach in das Feld der Adressbezeichnung (vor der eigentlichen Adresse) und wählt die Option *Umgebungskarte anzeigen*. Nun wird der Webbrowser geöffnet und man sieht eine Karte des gesuchten Orts. Die Landkarte stammt von Mapquest[1] und mittlerweile funktioniert das ganze auch in Europa recht zuverlässig (wenn auch nicht alle Adressen gefunden werden).

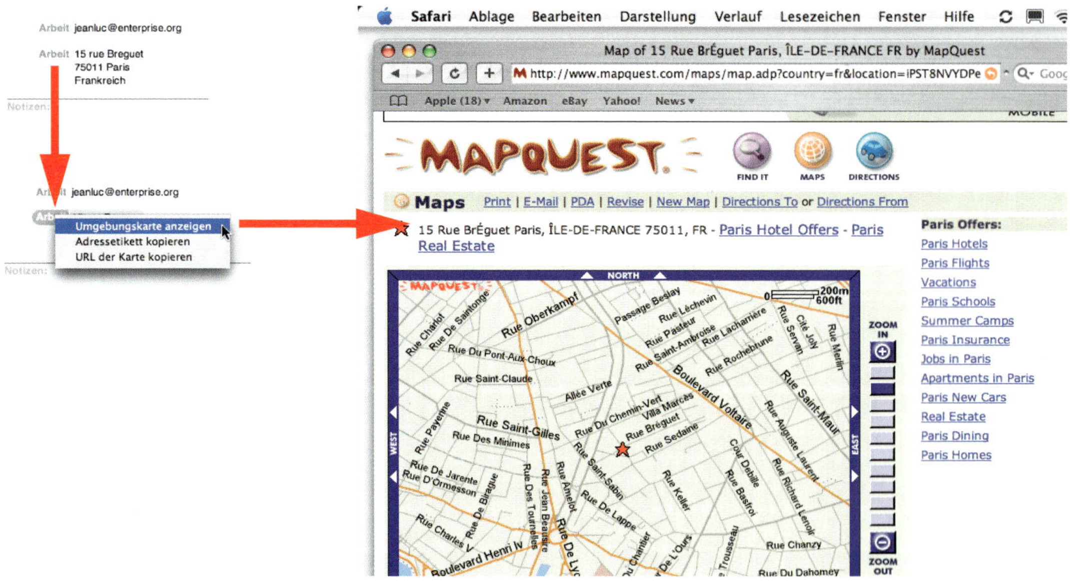

Abbildung 14-6 Landkarte zur gesuchten Adresse

1. http://www.mapquest.com

Bei der Eingabe einer Adresse muss darauf geachtet werden, dass das Adressformat des jeweiligen Landes gewählt wird, sonst funktioniert die Suche im Internet nicht! Diese Angabe kann nur im *Bearbeiten*-Modus geändert werden.

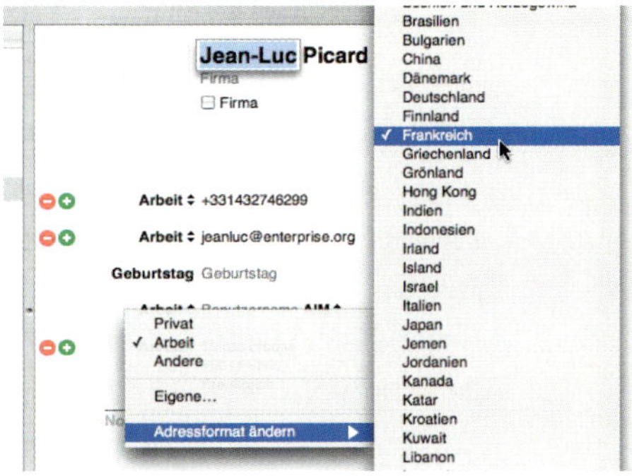

Telefonnummern einblenden

Wenn man einen Kontakt aus dem Adressbuch anrufen will, muss man nicht die kleine Telefonnummer in der Visitenkarte mühsam ablesen. Stattdessen klickt man in ihre Bezeichnung und wählt *Vergrössern*. Die Nummer erscheint dann – in auch für stark Kurzsichtige gut lesbarer Form – auf dem Bildschirm...

Abbildung 14-7 Telefonnummer gross einblenden

In den Voreinstellungen sollte man darauf achten, eine Formatierung für die Nummern zu wählen, da sie dann sehr viel besser lesbar werden. Unter *Adressbuch - Einstellungen...* im Register *Telefon* kann man Formate definieren, die man verwenden möchte. Durch Klick auf das Plus-Zeichen erscheint eine neue Formatzeile (das Auswahlmenü *Formate:* sollte dabei auf *Eigene...* stehen), evtl. schon vorhandene Zeilen löscht man mit Klick auf das Minus-Zeichen. Für Zahlen tippt man den Gartenhag # (alt-3 auf der schweizerdeutschen Tastatur), Leerschläge trennen Zahlenblöcke und Schräg- oder Bindestriche können Vorwahlen und Hauptnummer unterscheiden.

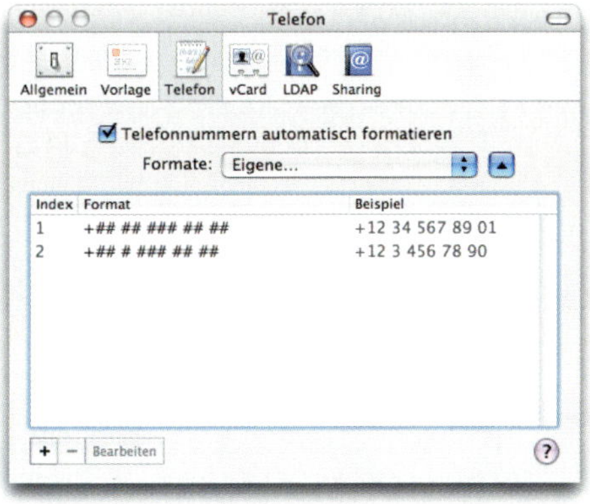

Nummernwahl via Adressbuch

Wenn die Bluetooth-Verbindung (siehe „Bluetooth" auf Seite 333) zwischen Adressbuch und Mobiltelefon aktiviert wird (mit dem Bluetooth-Knopf in der Symbolleiste des Programms), kann man die Telefonnummer auch direkt vom Adressbuch aus wählen – bei den heute zum Teil verwendeten Mikro-Tastaturen durchaus sinnvoll... Durch Klick auf *Mit T610 wählen* wird eine Verbindung hergestellt (*T610* steht für den Namen des Bluetooth-Telefons). Bevor man eine aktive Verbindung zwischen Adressbuch und Mobiltelefon herstellen kann, müssen der Mac und das Telefon gekoppelt werden („Koppeln eines Bluetooth-Geräts" auf Seite 335).

SMS schicken

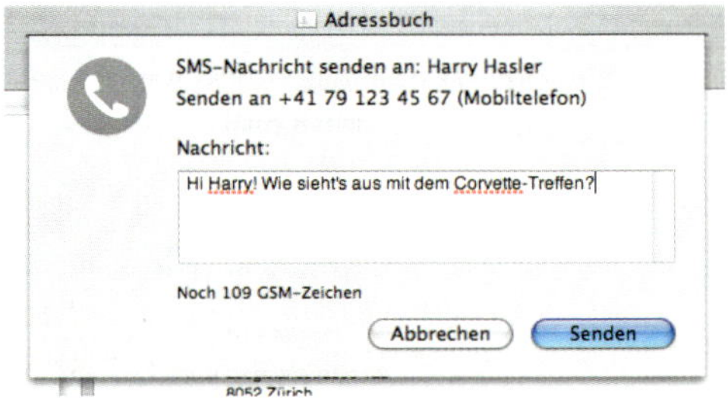

Ebenfalls bei aktivierter Bluetooth-Verbindung kann man direkt SMS-Nachrichten vom Computer aus senden. Dazu wählt man nach Klick in die Adressbezeichnung den Punkt *SMS-Nachricht*. Es erscheint ein Fenster, in dem man die Nachricht eintippen kann. Unter der Nachricht wird angegeben, wieviele Zeichen noch zur Verfügung stehen – SMS können nicht länger als 160 Zeichen sein. Man sollte sich vergewissern, dass man eine Mobiltelefonnummer gewählt hat, da das Programm nicht zwischen Festnetz und Mobiltelefonen unterscheidet. Nach dem Senden der Nachricht erhält man keine Bestätigung, sie wird auch nicht im Telefon gespeichert.

Eingehende Anrufe anzeigen und bearbeiten

Bei Mobiltelefonen werden eingehende Anrufe auf dem Mac angezeigt. Im Adressbuch erfasste Nummern werden mit dem Namen des dazu gespeicherten Kontakts angekündigt (auch dafür muss die Bluetooth-Verbindung aktiv sein).

Abbildung 14-8 Anzeige eingehender Anrufe

Man kann die eingehenden Anrufe entgegennehmen, den Anrufbeantworter einschalten oder per SMS antworten. Bei bekannten Anrufern können die Telefonate auch protokolliert werden – dabei wird eine Notiz mit der genauen Anrufzeit zum Kontakt hinzugefügt.

Man sollte bedenken, dass eine ständig aktivierte Bluetooth-Verbindung die Akkus von allen Geräten schneller leert.

Synchronisierung mit Outlook (Exchange Server)

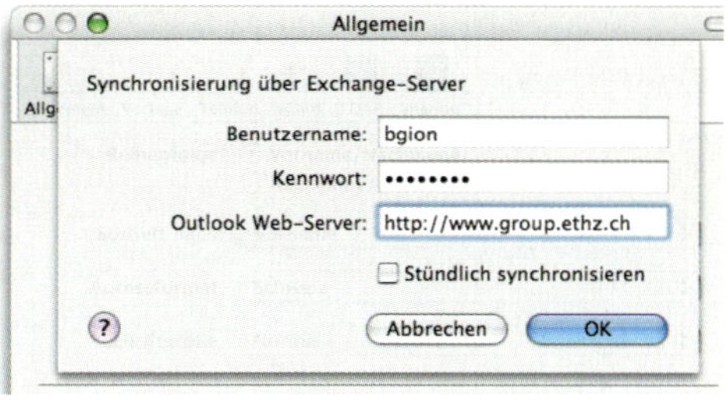

Für Leute, die am Arbeitsplatz einen Microsoft Exchange Server (2000 oder neuer) benutzen, kann es interessant sein, das Adressbuch mit den Kontakten von Outlook abzugleichen. Das funktioniert für Personen, allerdings nicht für Gruppen, recht zuverlässig. Ausserdem können aufgrund der vielen Konfigurationsvarianten und Outlook-Versionen Probleme auftauchen. In den *Einstellungen…* (Menü *Adressbuch*) unter *Allgemein* kann man den Exchange-Abgleich konfigurieren. Man braucht den Benutzernamen, das Kennwort sowie die Adresse des Outlook Web-Servers (vom Systemadministrator zu erfahren). Wenn man den Abgleich aktiviert, wird er entweder stündlich (automatisch) oder immer dann, wenn der .mac-Sync erfolgt, ausgeführt.

LDAP-Server

LDAP-Server (Lightweight Directory Access Protocol) werden oft in Firmen als zentrale Datenbank mit allen Kontakten gebraucht. In den Einstellungen kann man ebenfalls einen solchen Server hinzufügen. Das Programm *Mail* greift auch auf diese Information zu.

Im Menü *Ablage* kann man eine Sicherungskopie der Datenbank des Adressbuchs erstellen. Das ist nützlich, wenn die Originaldatei einmal beschädigt werden sollte oder falls bei einem Synchronisierungsvorgang mit *iSync* das Adressbuch versehentlich gelöscht würde.

Eigene Erweiterungen

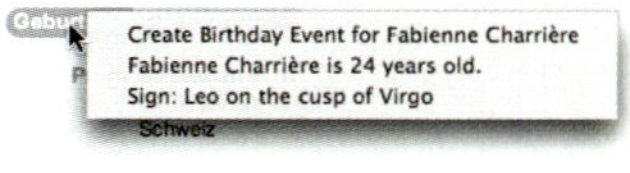

Für die kontextsensitiven Menüs vom Adressbuch gibt es auch Erweiterungen im Internet. Sie müssen im Ordner */Library/Address Book Plug-Ins* (für alle

Benutzer) oder */Benutzer/~/Library/Address Book Plug-Ins* (für den aktuellen Benutzer) installiert werden. Ein Beispiel ist die Anzeige des Sternzeichens und die Berechnung des Alters[1] (englisch) über das Feld *Geburtstag*.

14.3.2 Mail

Mit Mail kann man E-Mails senden und empfangen. Das Programm ist mit jeder Version von Mac OS X besser geworden. Es ist schnell, setzt auf Standards und ist sehr einfach zu bedienen.

Die Konfiguration von (beliebig vielen) E-Mail-Accounts erfolgt in den *Einstellungen*. Neben .mac, POP- und IMAP-Konten können auch Exchange-Konten definiert werden – allerdings werden dabei lediglich die auf dem Exchange-Server standardmässig vorhandenen Ordner für Terminkalender, Kontakte etc. ausgeblendet. Ein im Adressbuch eingetragener LDAP-Server wird in Mail auch berücksichtigt (Register *Verfassen*). Im Register *Signaturen* können jetzt endlich für jeden Account eigene Signaturen erfasst werden.

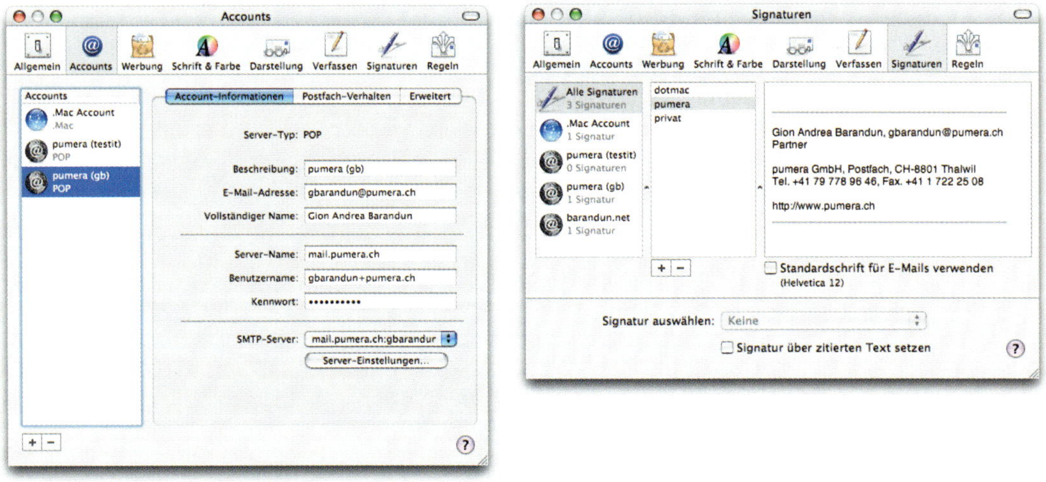

Abbildung 14-9 Einrichten eines E-Mail-Accounts

Mail kann mit den anderen Programmen von Apple kommunizieren: Adressen werden automatisch aus dem Adressbuch bezogen (und bei der Eingabe des Namens ergänzt), Termine (via Outlook oder iCal) werden erkannt und können in iCal eingetragen werden. Anwesende Kontakte in iChat werden in der Mailbox mit einem grünen Punkt markiert.

1. http://mac.softpedia.com/get/Developer-Tools/Danny.shtml

Das Fenster von Mail ist dreigeteilt: links erscheinen die Postfächer, im oberen Teil des Hauptfensters wird die Nachrichtenliste angezeigt, im unteren Teil der eigentliche Nachrichtentext. Postfächer mit ungelesenen Nachrichten erhalten rechts einen Kreis mit der Anzahl der ungelesenen Mails.

Abbildung 14-10 Fenster von Mail

In der linken Spalte können durch Klicken auf das Plus-Zeichen weitere (lokale) Postfächer erzeugt werden, um die Mails abzulegen. Mit den *Regeln* (in den Einstellungen zu konfigurieren) können E-Mails auch direkt in solche Ordner bewegt werden.

Mit Tiger wurden intelligente Postfächer eingeführt, die ihren Inhalt – entsprechend den intelligenten Ordnern aus dem Finder – dynamisch ändern. Mit Klick auf das Action-Icon ✲· neben dem Plus-Zeichen können (unter anderem) solche Ordner erzeugt werden. Besonders praktisch ist z. B. die Anzeige aller ungelesener Mails aller Postfächer oder die Anzeige nach Datum (alle Mails, die nicht älter als eine Woche sind, Abbildung 14-11).

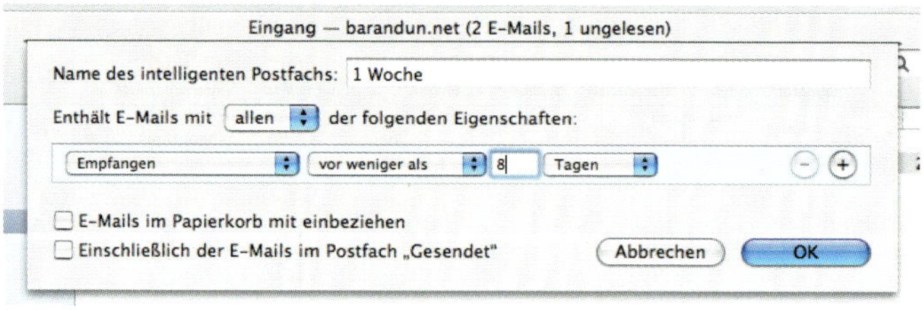

Abbildung 14-11 Definition eines intelligenten Postfachs

14.3.3 iCal

Um Termine und Aufgaben zu erfassen und zu verwalten, hat Apple das Programm iCal entwickelt. Es kann via *iSync* Daten mit Telefonen oder PDAs synchronisieren und Termine sowie Aufgaben mit anderen iCal-Benutzern austauschen. Es versteht auch Termine aus Microsoft Outlook, kann aber nicht auf einen Exchange Server-Kalender zugreifen. Wer diese Funktionalität braucht, sollte sich Groupcal[1] anschauen, das iCal mit Outlook-Zugang erweitert (wird im Moment an Tiger angepasst).

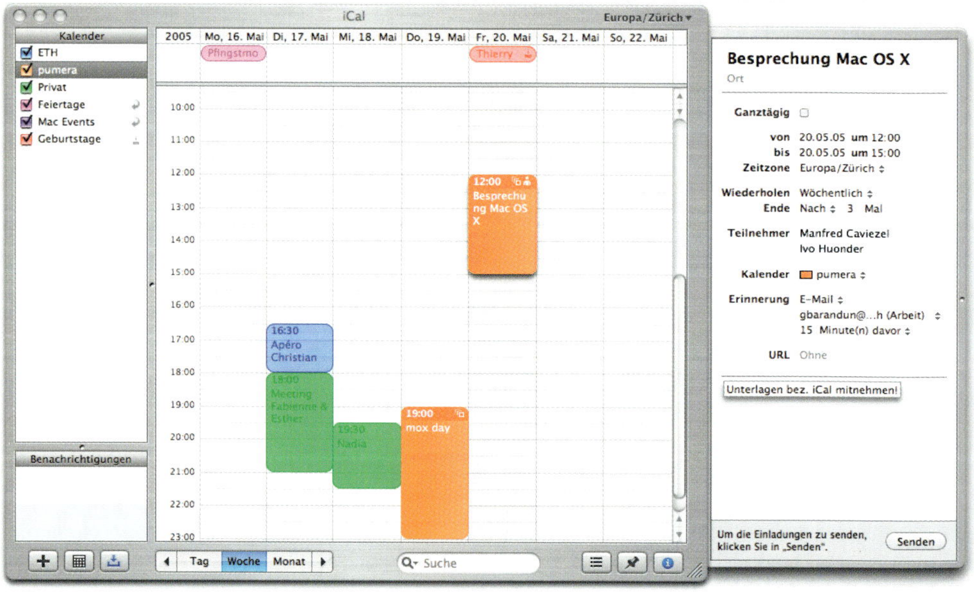

Abbildung 14-12 iCal-Kalenderansicht

1. http://www.snerdware.com/groupcal/

Man kann mehrere, in unterschiedlichen Farben gehaltene Kalender (z. B. Firma, Privat, Verein, ...) anlegen. Die Kategorien erscheinen im Fenster links oben. Besonders praktisch ist die Funktion, veröffentlichte Kalender von anderen iCal-Benutzern zu abonnieren. Auf diese Weise muss man nicht alle Feiertage manuell erfassen und hat Zugriff auf interessante Ereignisse, die man sonst vielleicht nie erfasst hätte. Die beste Sammlung von solchen Kalendern bietet die Internetseite iCalShare[1], wo man Suchbegriffe eingeben kann und zu fast jedem Thema einen Kalender findet. Nur mit einem Mausklick kann dieser dann abonniert und in den eigenen Kalender aufgenommen werden. Bei aktiver Internetverbindung wird er wieder auf den aktuellen Stand gebracht. In Abbildung 14-12 sind die Kalender *Feiertage* und *Mac Events* abonniert, die durch runde Pfeile rechts des Namens gekennzeichnet werden.

Markiert man in den Voreinstellungen des Programms den Eintrag *Geburtstagskalender einblenden* im Register *Allgemein*, dann erscheint ein zusätzlicher Kalender, der alle *Geburtstage* auflistet, die im Adressbuch eingetragen sind. Diese können dort über das Menü *Visitenkarte - Feld hinzufügen - Geburtstag* definiert werden.

14.3.4 Safari

Der hauseigene Webbrowser ist nun Standard unter Mac OS X. Er basiert auf der Rendering Engine KHTML des Konqueror-Browsers von KDE (open source). Die Version 2.0, die mit Tiger ausgeliefert wird, bringt einige interessante Features mit sich:

- RSS Feeds beinhalten meist Nachrichtenmeldungen und sind heute in vielen Webseiten integriert. Man erkennt die Feeds am Zeichen *RSS* in der Adressleiste von Safari RSS. Den Ursprung haben RSS Feeds in sogenannten Weblogs (Weg-Tagebüchern).
- Durch die Aktivierung des Menüeintrags *Privates Surfen* (im Menü *Safari*) werden keine Verlaufs- oder Cache-Einträge mehr gemacht, Cookies werden beim Beenden des privaten Surfens gelöscht und es werden keine Informationen für das automatische Ausfüllen von Formularen gesichert. Achtung! *Privates Surfen* ist bei jedem Neustart von Safari deaktiviert.
- Mit Version 2.0 kann Safari pdf-Dokumente direkt im Browser-Fenster anzeigen. Über das Kontextmenü kann man das pdf mit Vorschau öffnen, über *Ablage - Sichern unter...* auf der Festplatte speichern. Komfortabler lassen sich pdf-Dateien mit dem Browser-Plug-In von Adobe Reader[2] (kostenlos) oder mit demjenigen von Schubert-it[3] (gratis für nicht-kommerziellen Einsatz) darstellen.

1. http://www.icalshare.com/
2. http://www.adobe.de/products/acrobat/readermain.html
3. http://www.schubert-it.com/pluginpdf/

- Mit *Inhalt dieser Seite als E-Mail senden* aus dem Menü *Ablage* können komplette Webseiten mit allen Grafiken versendet werden.
- Mit *Sichern unter...* können neu Web-Archive von Internetseiten erzeugt werden. Das bedeutet, dass die komplette angezeigte Seite inklusive aller Grafiken, Filme und Töne in einer Datei auf der Festplatte gespeichert wird. Beim Speichern muss dabei die Option *Web-Archiv* gewählt sein (nicht Quelltext).

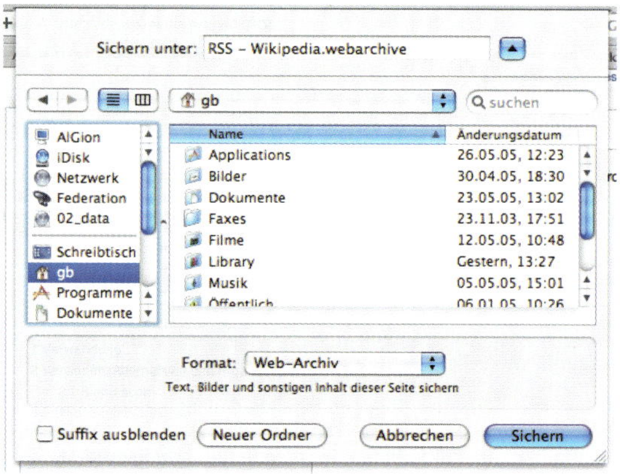

14.3.5 iChat

Mit iChat kann man weltweit via Computer chatten. Man braucht lediglich einen .mac[1]- oder AIM[2]-Account (AOL Instant Messenger) und eine Internetverbindung. iChat erlaubt chatten via Text (quasi traditionell, auch in Konferenzschaltung), via Sprache (über das eingebaute Mikrofon, als Konkurrenz zu den Telefongesellschaften...) oder via Video, beim Anschluss einer iSight-Kamera (Voraussetzung: mindestens ein ADSL-Anschluss).

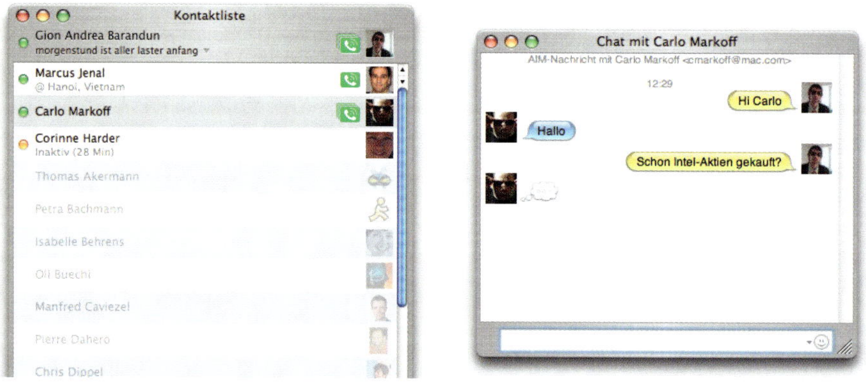

Abbildung 14-13 iChat Kontaktliste und Chatfenster

Von den Leuten, mit denen man in Kontakt treten möchte, braucht man ebenfalls den .mac-bzw. AIM-Benutzernamen, welchen man in die Kontaktliste einträgt (Menü *Kontakte - Kontakt hinzufügen...*). Der Kontakt kann im Adressbuch ergänzt werden (falls

1. http://www.mac.com
2. http://www.aim.com/

die Person schon erfasst war) oder als neue Person hinzugefügt werden. Im Adressbuch erscheint das Feld mit dem Vermerk *(AIM)* für Leute, von denen man einen iChat-Benutzernamen eingegeben hat.

Neben dem Chatten via Internet über einen zentralen Server funktioniert iChat auch im Intranet (lokales Netzwerk) via Bonjour. Benutzer, die iChat ebenfalls gestartet haben, erscheinen dann in der Kontaktliste.

14.4 iLife

Unter der Bezeichnung iLife hat Apple fünf Programme zusammengefasst:

- iTunes: Musikwiedergabe, Zugang zum iTunes Music Store
- iMovie: Filmschnitt
- iDVD: Filme auf DVD brennen
- iPhoto: Bildarchiv mit einfachen Bearbeitungsfunktionen, Diashow
- GarageBand: selber Musik erzeugen

Diese Anwendungen sind die zentralen Elemente der „Digital Hub Strategie" von Apple: der Computer als Mittelpunkt einer Welt aus digitalen Produkten. Die „digitale Revolution" ist schon in vollem Gange: PDF-Dokumente ersetzen und ergänzen gedruckte Handbücher, Steuererklärungen werden via Computer ausgefüllt und Online Banking entwickelt sich zur Selbstverständlichkeit. Auch im sogenannten „Consumer"-Bereich wird alles digital: Die VHS- und Hi-8 Kameras verschwinden zunehmend, digitale Fotoapparate lösen die analoge Fotografie ab und das mp3-Format hat den Musikbereich bereits revolutioniert. In dieser Welt spielt der Computer die Rolle des Verbindungsgliedes zwischen diesen Elementen: die Fotos können nachbearbeitet werden, der Film geschnitten, die mp3-Dateien zusammengestellt und alles auf CD gebrannt (...) werden. Mit den aktuellen Macs, mit Mac OS X und iLife liefert Apple alles, was man für diesen *digitalen Hub* benötigt. Auch der iPod ist Teil dieser Strategie.

Während die Programme bis 2003 gratis waren, kosten sie nun (alle zusammen) CHF 109.-- bzw. Euro 79.--. Gemessen an den Funktionen, die sie bieten, ist das allerdings ein mehr als fairer Preis. Ausserdem ist iLife 05 bei jedem neuen Mac inbegriffen! iTunes selber ist natürlich immer noch gratis erhältlich[1], da es auch das Portal zum iTunes Music Store ist.

1. http://www.apple.com/chde/itunes/

14.4.1 iTunes

iTunes ist ein Programm zur Konvertierung und Wiedergabe von mp3-Dateien. Es arbeitet ausserdem mit dem iPod, dem mp3-Player von Apple, zusammen. Mittlerweile hat der iTunes Music Store, wo man Musik im Internet kaufen kann, auch den Weg nach Europa gefunden. Die Lieder liegen im AAC-Format (MPEG4) vor und verfügen über einen vernünftigen Kopierschutz. Musik-CDs – auch von im iTunes Music Store gekauften Tracks – können direkt in iTunes gebrannt werden.

14.4.2 iMovie

Mit iMovie kann man Filme, die mit einer digitalen Videokamera mit FireWire-Anschluss gemacht wurden, in den Computer einlesen und bearbeiten. Es unterstützt nun auch den neuen HDV-Standard (High Definition Video), welcher noch höhere Auflösungen und 16:9 Breitbildformat bietet.

14.4.3 iDVD

Dieses Programm ist nur bei Geräten mit SuperDrive-Laufwerk (DVD-R, CD-RW) dabei. Mit ihm kann man in iMovie bearbeitete Filme (auch andere QuickTime-Filme und Bilder) auf DVD brennen, sodass sie in fast jedem normalen DVD-Abspielgerät wiedergegeben werden können.

14.4.4 iPhoto

iPhoto liest Bilder aus Digitalfotokameras[1] ein, die man verwalten, ausdrucken oder als Diashow mit Musik untermalt darstellen kann. Via Internet bestellt man ausgedruckte Alben direkt aus einer Auswahl seiner Digitalfotos.

14.4.5 GarageBand

Die Software für Komponisten unter uns... Nicht nur Musik hören (wie mit iTunes), sondern selber Musik produzieren kann man mit GarageBand – jedenfalls, wenn man einen leistungsfähigen Computer besitzt.

14.5 Weitere vorinstallierte Software

Mac OS X erhält man mit einer ganzen Anzahl vorinstallierter Programme in den Ordnern */Programme* und */Programme/Dienstprogramme*. Einige davon werden in diesem Kapitel kurz vorgestellt – wiederum soll der Einstieg erleichtert, nicht aber eine kom-

1. Eine (unvollständige) Kompatibilitätsliste findet man unter: http://www.apple.com/macosx/upgrade/cameras.html

plette Bedienungsanleitung gegeben werden. Die Integration sowohl nach aussen (Peripheriegeräte, Internet) wie auch nach innen (untereinander) ist die grosse Stärke der mitgelieferten Software.

14.5.1 QuickTime Player

Der QuickTime Player ist schon seit ewigen Zeiten Bestandteil des Mac OS und wird selten zu mehr als zum Filme anschauen benutzt. QuickTime umfasst eine Reihe von Software-Komponenten zur Erzeugung und Darstellung von Multimedia-Inhalten und ist eine Kerntechnologie von Mac OS X. In der Pro-Version (für $ 30) gestattet er umfangreiche Bearbeitungsmöglichkeiten für Filme. QuickTime unterstützt die Formate MPEG4 und H.264, letzteres wird in Zukunft für den Nachfolger der DVD verwendet werden. Durch Dritthersteller Plug-Ins werden auch diverse weitere Formate („Codecs") im QuickTime Player abspielbar, darunter DivX[1], 3ivx[2], XviD[3] und sogar Windows Media[4] (falls man den Windows Media Player nicht installieren möchte...). Mehr Plug-Ins findet man auf Versiontracker[5]. Eine Alternative zu QuickTime können die Open Source-Projekte sein, die von der Linux/UNIX-Seite her den Weg auf den Mac fanden (siehe „Video" auf Seite 417).

QuickTime Kontrollfeld

Einige Einstellungen verbergen sich in den *Systemeinstellungen* im Kontrollfeld *QuickTime*. Im Register *Plug-In* wird das Webbrowser-Plug-In konfiguriert – hier sollte ein genügend grosser Browser-Cache eingestellt werden, vor allem wenn man öfters (und mehrmals hintereinander) grössere Filme direkt im Internetbrowser anschaut. Das Register *Streaming* betrifft ebenfalls die Internetverbindung: Zum Teil liegen QuickTime-Filme in unterschiedlicher Qualität vor (besonders auf der sehr empfehlenswerten Trailer-Seite von Apple[6]). In sehr guter Qualität (grosse Dateien) für Leute mit schnellem Internetanschluss, und in niedrigerer Qualität (kleine Dateien) für Modembenutzer. Das Browser Plug-In wählt – in Abhängigkeit der hier eingetragenen Verbindungsgeschwindigkeit – automatisch die richtige Variante. Anhand der Verbindungsgeschwindigkeit wird auch festgestellt, wann mit dem Playback des Films begonnen werden kann, so dass er bis zum endgültigen Download gerade fertig gespielt werden kann. Mit Tiger kommt neu die Einstellung *Automatisch* hinzu, mit welcher der Computer selber die Geschwindigkeit merken soll.

---

1. http://www.divx.com/divx/mac/
2. http://www.3ivx.com/
3. http://people.ee.ethz.ch/~naegelic/index.php oder http://www.insaneness.com/xvid.html
4. http://www.flip4mac.com/wmv.htm
5. http.//www.versiontracker.com/macosx/
6. http://www.apple.com/trailers

Das Register *Aktualisierung* trägt dazu bei, dass QuickTime immer auf dem neusten Stand ist: QuickTime unterstützt intern ebenfalls „Plug-Ins", welche der Software neue Codecs hinzufügen. Ein Codec ist ein Algorithmus, welcher eine bestimmte Kodierung/Dekodierung eines Films oder einer Audiodatei beinhaltet. Wenn nun ein Film mit unbekanntem Codec geöffnet wird, schaut QuickTime im Internet nach, ob der Codec von dort heruntergeladen werden kann. Falls die automatische Aktualisierung aktiviert ist, wird standardmässig beim Start des QuickTime Players nach aktuellerer Software gesucht. Allerdings wird lange nicht alles gefunden, besonders der in letzter Zeit weit verbreitete Divx-Codec wird ignoriert (vergleiche auch „Hinzufügen einer QuickTime-Komponente" auf Seite 68). Daneben gibt es auch Fremdhersteller, welche für QuickTime Codecs entwickeln. Diese können ebenfalls aktualisiert werden (Button *Installieren...*, man gelangt auf die QuickTime-Components Seite von Apple). Im Zweifelsfall sollte man auf der Versiontracker Homepage[1] nach entsprechender Software suchen.

Im Register *Registrieren* werden Name und Code eingegeben, falls man QuickTime Pro gekauft hat.

14.5.2 Digitale Bilder

Dieses Programm ist für den Import von Fotos aus einer angeschlossenen Digitalkamera zuständig. Wenn eine kompatible Kamera angeschlossen wird (die meisten neueren Digitalkameras mit USB-Anschluss funktionieren problemlos[2]), startet *Digitale Bilder* automatisch, sofern das in den *Einstellungen...* von *Digitale Bilder* unter *Allgemein* so konfiguriert ist (Abbildung 14-14). Dort kann man nämlich wählen, ob *iPhoto* (falls installiert) oder *Digitale Bilder* für den Import von Bildern zuständig ist.

Abbildung 14-14 Bildimport-Einstellungen

Das Programm schlägt vor, Bilder in den Ordner *Bilder*, Filme in den Ordner *Filme* und Töne in den Ordner *Musik* zu importieren (Abbildung 14-15). Man hat die Optionen, alle Objekte zu importieren (*Alle laden*), oder mit *Auswahl laden...* manuell auszuwählen. Ausserdem definiert man eine Aktion, die mit den Bildern durchgeführt werden soll:

1. http://www.versiontracker.com/macosx/
2. Eine (unvollständige) Liste kompatibler Kameras enthält der Knowledge Base-Artikel 106523 unter http://kbase.info.apple.com

will man sie später im Internet veröffentlichen, kann man eine Web-Seite mit Voransichtsbildern (Thumbnails) erstellen lassen, indem man den Punkt *Web-Seite erstellen* wählt. Im Ordner *Web-Seite* innerhalb des gewählten Import-Ordners werden dann alle nötigen Dateien abgelegt, die man nachher auf einen Webserver uploaden kann. Falls man stattdessen eines der Formate in der Auswahlliste *Autom. Prozess* auswählt, wird ein pdf-Bogen mit den Fotos im entsprechenden Format generiert. Wählt man *Ohne*, werden die Bilder lediglich auf die Festplatte kopiert.

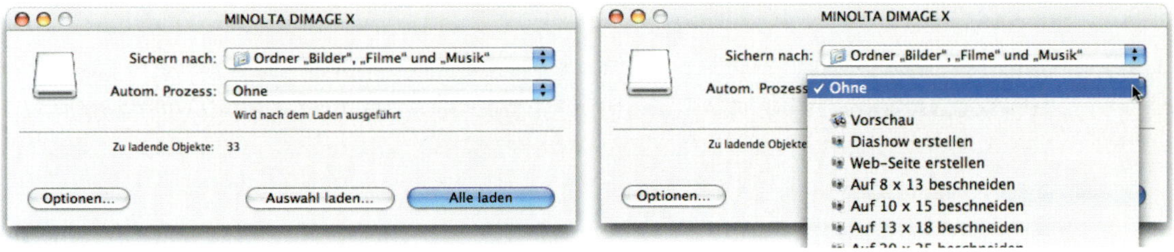

Abbildung 14-15 Import der Bilder und automatische Aktion

Wählt man *Auswahl laden...*, erscheinen die in der Kamera gespeicherten Fotos in einem neuen Fenster.

Abbildung 14-16 Einlesen von einigen Fotos

Die einzelnen Bilder können markiert (Mehrfachauswahl mit der shift-Taste) und in einen Ordner geladen werden. Wenn der Download beendet ist, wird automatisch der Ordner geöffnet.

14.5.3 Vorschau

Vorschau kann neben einigen Standard-Grafikformaten (GIF, TIFF, JPEG, PNG, BMP) auch Acrobat- (PDF-) Dokumente öffnen. Aber auch Photoshop- und SGI-Dateien können verarbeitet werden. Vor allem kann es diese Formate aber auch konvertieren – man kann also z. B. ein altes Macintosh PICT File öffnen und es dann als JPEG abspeichern. Um ein Bild zu konvertieren, wählt man den Befehl *Sichern unter...* aus dem Menü *Ablage*. Im folgenden Dialog stellt man die gewünschten Optionen ein (Format, evtl. weitere Einstellungen).

14.5.4 Dictionary

Dieses Programm wurde mit Tiger eingeführt und bietet im Moment nur englische Erklärungen zu Begriffen sowie Synonyme an. Die Wörterbücher (New Oxford American Dictionary und Oxford American Writers Thesaurus) sind auf der Festplatte gespeichert, es wird also keine aktive Internetverbindung verlangt. Neben der Möglichkeit, die Begriffe direkt im Programm selber nachzuschlagen, ist es auch in einige andere Programme integriert – im Moment ist deren Anzahl allerdings noch recht überschaubar...

Mit dem Shortcut ctrl-Apfel-D kann ein Wort nachgeschlagen werden, über dem sich die Maus gerade befindet – der Shortcut ist in den *Tastatur-Kurzbefehlen* (Seite 235) definiert. Es erscheint ein kleines Fenster unterhalb des Wortes, mit Erklärungen und Änderungsvorschlägen.

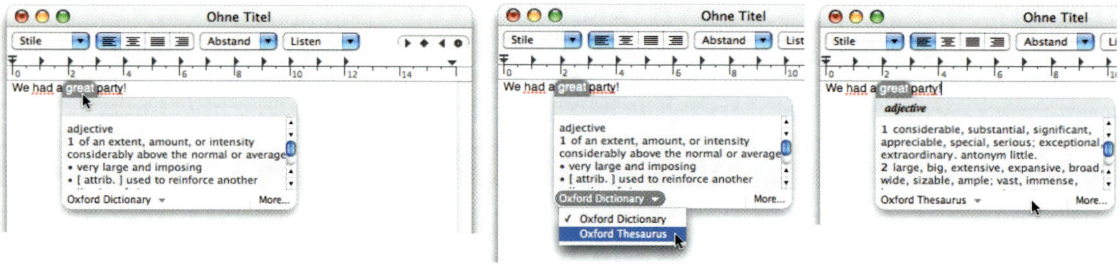

Abbildung 14-17 Dictionary in TextEdit

14.5.5 Notizzettel

Die virtuellen Post-it Zettel können seit Mac OS X auch Grafiken speichern (einfach via Drag & Drop in den Notizzettel ziehen). Ausserdem werden verschiedene Schriftarten und -stile unterstützt. Die Datenbank der Notizzettel befindet sich im Ordner */Benutzer/~/Library* und heisst *Stickies-Database*.

14.5.6 Grapher

Für Mathematiker interessant ist das neu mit Tiger installierte Programm *Grapher*, das sich – warum auch immer – bei den *Dienstprogrammen* befindet. Damit kann man äusserst eindrucksvolle Grafiken von mathematischen Funktionen erzeugen.

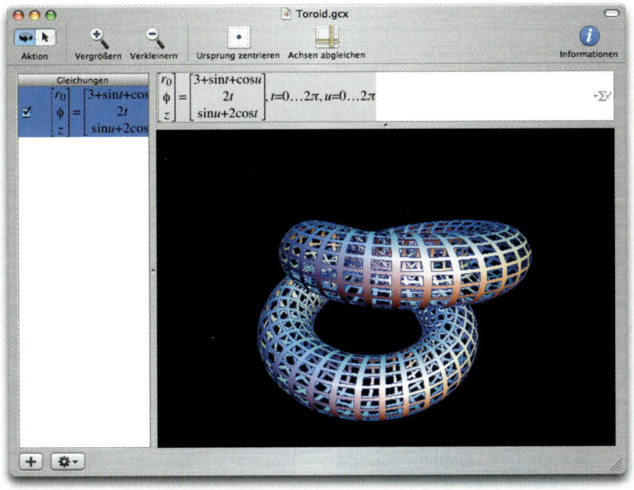

Abbildung 14-18 Grapher in Aktion

14.6 Überblick nützlicher Software

Wenn immer man eine Software für Mac OS X sucht, sind die Versiontracker-Homepage[1] oder deren Pendant MacUpdate[2] die ersten Anlaufstellen. Neben schon bekannten Mac-Programmen werden auch immer mehr UNIX- oder Linux-Applikationen für Mac OS X angeboten.

14.6.1 Office

Microsoft Office 2004

Das wohl bekannteste Office-Paket stammt von Microsoft und besteht aus Word, Excel, PowerPoint und Entourage. Das Dateiformat ist kompatibel zu Windows-Versionen. Entourage erlaubt Zugriff auf Exchange Server mit allen Optionen.

- http://www.microsoft.com/mac/

1. http://www.versiontracker.com/macosx
2. http://www.macupdate.com

OpenOffice

Diese Office Suite ist aus dem ehemaligen StarOffice (das in Version 3.1 noch für das Mac OS erhältlich war) entstanden. Nachdem SUN die Firma StarDivision übernahm, wurde zwar eine Macintosh-Version angekündigt, sie ist aber nie erschienen. Nun ist das Projekt OpenOffice entstanden, bei dem sich freie Entwickler um die Anpassung der Programme an Mac OS X kümmern. OpenOffice ist Freeware – der Download aus dem Internet setzt allerdings eine schnelle Verbindung voraus. Die aktuelle Version läuft nicht unter Aqua, sondern unter X11.

- http://www.openoffice.org/

AppleWorks

Von Apple selber gibt es das integrierte Programm AppleWorks, mit Textverarbeitung, Tabellenkalkulation, Datenbank sowie Zeichnungs- und Malumgebung. Es bietet nicht so viele Features wie Office, für viele Bereiche ist es aber genügend. Mittlerweile ist das Programm etwas in die Jahre gekommen und entspricht nicht mehr in allen Punkten dem Look and Feel von Mac OS X.

- http://www.apple.com/chde/appleworks/

iWork

Ebenalls von Apple stammen die beiden in iWork zusammengefassten Programme Pages (Layout, Textverarbeitung) und Keynote 2 (Präsentationen). Sie bestechen vor allem durch das schöne Design und die einfache Bedienung.

- http://www.apple.com/chde/iwork

FileMaker Pro 7 (und 7 Server)

FileMaker Inc. ist eine hundertprozentige Apple-Tochterfirma und stellt die Datenbanksoftware FileMaker her. Sie ist die benutzerfreundlichste und am weitesten verbreitete Datenbank auf dem Mac. Sie ist auch für Windows, Palm OS oder Windows Mobile erhältlich.

- http://www.filemaker.de

Adobe Acrobat und Adobe Reader

Neben dem Programm *Vorschau* kann man auch mit dem kostenlosen Adobe Reader PDF-Dokumente betrachten. Um solche Dokumente zu bearbeiten, braucht man das Vollprodukt Acrobat von Adobe. Seit Version 6 laufen alle Produkte rund um Acrobat unter Mac OS X.

- http://www.adobe.de/products/acrobat/main.html

VirtualPC 7

Microsoft (ehemals Connectix) VirtualPC ist eine Emulationssoftware, mit der ein PC rein softwaremässig auf einem Mac betrieben werden kann („emuliert" werden kann). Der PC kann unter Windows, OS/2 oder Linux laufen. Für eine gelegentliche Benutzung ideal, sonst aber wegen mangelnder Arbeitsgeschwindigkeit nicht zu empfehlen.

- http://www.microsoft.com/mac

WordLookup

WordLookup ist ein Übersetzungsprogramm, ähnlich der LEO-Web-Seite[1], aber ohne dafür auf das Internet angewiesen zu sein. Es sind Übersetzungen in verschiedenen Sprachen verfügbar. Nachteil: der Wortschatz ist nicht so gross wie bei LEO; Vorteil: funktioniert überall. WordLookup ist Freeware.

- http://www.lindesay.co.nz/

OmniDictionary

Aus dem gleichen Haus wie der Webbrowser OmniWeb ist OmniDictionary, ein Wörterbuch, welches auf verschiedene Online-Dienste zurückgreift, um (englische) Wörter zu erklären und zu übersetzen (verschiedene Sprachen). Das Programm ist Freeware.

- http://www.omnigroup.com/applications/omnidictionary/

Mehr Informationen zu den verwendeten Protokollen und Wörterbüchern findet man unter http://www.dict.org.

14.6.2 Grafik

Adobe Illustrator CS2

Mit Illustrator erstellt man professionelle Vektorgrafiken für Web oder Print.

- http://www.adobe.de/products/illustrator/main.html

Adobe Photoshop CS2

Version 9 (CS2) ist soeben erschienen. Digitale Bildbearbeitung mit fast endlosen Möglichkeiten.

- http://www.adobe.de/products/photoshop/main.html

Es gibt ausserdem eine „Lite-Version" von Photoshop (Photoshop Elements) für ca. CHF 200. Für den Privatanwender bietet diese Version genügend Funktionen.

1. http://dict.leo.org

Macromedia Freehand MX 2004
Freehand ist das Konkurrenzprodukt von Macromedia zu Illustrator von Adobe – allerdings nicht mehr lange, falls die Kartellbehörden es nicht verhindern – Adobe und Macromedia wollen fusionieren. Welches Programm man besser verwendet, ist wohl grösstenteils Geschmackssache. Freehand läuft auch noch unter Mac OS 9.

- http://www.macromedia.com/de/software/freehand/

OmniGraffle
Eine interessante Alternative zu klassischen Grafikprogrammen kann OmniGraffle sein. Es bietet von allen Programmen die beste Mac OS X-Integration.

- http://www.omnigroup.com/applications/omnigraffle/

ConceptDraw
Diese „Mindmapping"-Software kann alle Arten von Flussdiagrammen und verwandten Grafiken darstellen.

- http://www.conceptdraw.com/de/products/mindmap/main.php

GraphicConverter 4.9.x
Die Shareware GraphicConverter aus Deutschland darf auf keinem Mac fehlen. Es gibt kaum ein Grafikformat, das dieses Programm nicht öffnen kann. Diese 50 Franken sind gut investiert!

- http://www.lemkesoft.de

Free Ruler
Um den Bildschirm oder die spätere Ausgabe von Dateien zu vermessen, kann es praktisch sein, einen programmübergreifenden Massstab zu haben. Genau das ist Free Ruler, ebenfalls FreeWare.

- http://www.pascal.com/software/freeruler/

14.6.3 Internet

Internet Explorer
Der Explorer war seit Mitte 1998 bis zum Erscheinen von Safari der Standardbrowser auf dem Mac. Microsoft hat die Entwicklung eingestellt, dennoch ist der Internet Explorer bei einigen Seiten, die sich mit keinem anderen Browser anzeigen lassen, die letzte Hoffnung.

- http://www.microsoft.com/mac

Mozilla oder Netscape

Netscape hat den Quellcode ihres Browsers freigegeben, sodass er innerhalb der Open Source-Gemeinde weiterentwickelt werden kann. Dieses Projekt heisst Mozilla, und Netscape selber (Version 6 und höher) basiert auf dessen Grundlagen.

- http://www.mozilla.org
- http://www.netscape.com

Firefox

Auch Firefox ist ein Abkömmling der Mozilla-Familie, und er ist auf bestem Weg dazu, dem Internet Explorer zu einer ernsthaften Konkurrenz zu werden. Schnell, kompatibel und natürlich gratis.

- http://www.mozilla.org/products/firefox/

Opera

Die norwegische Firma Opera hat sich zum Ziel gesetzt, den schnellsten Browser zu entwickeln. Mit den Betaversionen unter Mac OS X ist sie auf gutem Weg dahin. Es gibt eine kostenlose Version mit Werbeeinblendungen und eine Variante für 34 Euro (ohne Werbung).

- http://www.opera.com

iCab

Der aus Deutschland stammende Browser iCab war schon unter Mac OS 9 erhältlich und besticht durch einige besondere Features: man kann unter anderem gezielt Werbebanner und -server ausblenden sowie den html-Code von Internetseiten auf seine Kompatibilität und Normenkonformität prüfen. Ausserdem bietet er einen „Kiosk-Modus“. Der Browser existiert in einer eingeschränkten Freeware-Version und einer kostenpflichtigen Vollversion.

- http://www.icab.de

OmniWeb

Dieser Browser kommt ursprünglich aus der NeXT-Umgebung und ist sicherlich der schönste Browser unter Mac OS X. Er kann kostenlos (unlizenziert) benutzt werden, macht dann aber von Zeit zu Zeit durch witzige Meldungen darauf aufmerksam, dass man das Produkt doch (für $ 29.95) registrieren solle. Seit Version 4.5 basiert die Rendering Engine auf Safari.

- http://www.omnigroup.com/applications/omniweb/

Adobe GoLive CS2

Das Programm von Adobe zum Erstellen von Websites.

- http://www.adobe.de/products/golive/main.html

Macromedia Dreamweaver MX 2004

Der Konkurrent zu GoLive von Macromedia...

- http://www.macromedia.com/de/software/dreamweaver/

WebDesign

Mit Hilfe dieses Programms kann man einfache Webseiten erstellen. Die Umgebung ist ein Kompromiss zwischen möglichst einfacher Bedienung und Programmierung im html-Code. Die Sharewaregebühr beträgt $ 29.95.

- http://www.ragesw.com/webdesign.php

All Thumbs

Das Programm erlaubt die Erzeugung von Bilderseiten (ähnlich wie auch das Programm *Digitale Bilder*). Allerdings kann man einige Optionen feiner einstellen. Wer viele Fotos macht und diese in einfacher Form im Internet präsentieren will, sollte sich das Programm ansehen. Es kostet $ 8.

- http://www.likelysoft.com/allthumbs/

Galerie

Das Programm Galerie macht das gleiche wie All Thumbs, ist dafür aber auf iPhoto angewiesen. Die entstehenden Webseiten verfügen über ein sehr viel aufwändigeres Layout als bei All Thumbs. Galerie ist Freeware.

- http://www.myriad-online.com/en/products/galerie.htm

Interarchy

Der FTP-Client Interarchy war schon unter Mac OS 9 etwas vom besten auf diesem Gebiet. Ausprobieren! Bei Gefallen kostet das Programm $ 45.

- http://www.interarchy.com

MT Newswatcher

Um in den Newsgroups lesen und posten zu können, empfiehlt sich der Freeware-Newsreader MT Newswatcher. MT steht für MultiThreaded: das Programm kann mehrere Vorgänge gleichzeitig erledigen. Es können mehrere News-Server erfasst werden.

- http://www.smfr.org/mtnw/

ICQ
Es gibt bereits mehrere ICQ-Clients für Mac OS X. Am besten sucht man im Versiontracker[1] nach dem Begriff „ICQ“.

FileSharing
Für die „traditionellen“ FileSharing-Protokolle wie Gnutella, Kazaa und eDonkey gibt es mehrere Mac OS X Clients. Alle sind Freeware.

- http://www.acquisitionx.com/
- http://www.xfactor.cc/
- http://poisonedproject.com/poisoned.php
- http://www.edonkey.com/

Ein weiterer Vertreter eines FileSharing-Netzwerkes ist BitTorrent. Sehr schnell und auch für grosse Dateien gut geeignet.

- http://www.bittorrent.com/

14.6.4 Audio

EasyWMA
Neben den offenen Formaten mp3 und AAC kursieren auch Dateien im proprietären WMA-Format von Microsoft. Das Donationware-Programm EasyWMA erlaubt (bei den meisten davon) eine Konvertierung ins mp3-Format.

- http://www.carrafix.com/EasyWMA/

14.6.5 Video

Neben dem QuickTime Player (Seite 407) sollte man noch die folgenden Anwendungen installieren. Falls QuickTime einen Film nicht abspielen kann, funktioniert es meistens mit einem dieser Programme. Alle sind Portierungen aus der Linux/UNIX-Welt.

mplayer

- http://mplayerosx.sourceforge.net/

VLC (Video Lan Client)

- http://www.videolan.org/vlc/

1. http://www.versiontracker.com/macosx/

Xine

- http://xineplayer.berlios.de/

Leider sind insbesondere diese Programme durch Softwarepatente bedroht, da sie copyright-geschützte Formate nutzen (obwohl sie diese nur abspielen, aber keine Inhalte erzeugen können). Es ist zu hoffen, dass dem Software-Patentewahn noch ein Riegel geschoben wird – die Innovation und der Endanwender könnten sonst auf der Strecke bleiben...

14.6.6 CD's brennen

Roxio Toast

Neben dem im System integrierten Disk Burner ist immer noch Toast von Roxio das Standard-Brennprogramm auf dem Mac. Mit Toast können alle gängigen Formate gebrannt werden und es unterstützt auch die SuperDrive-Laufwerke (DVD-Brenner). In der Version 6 bietet es noch weiter ausgebaute Funktionen wie Brenner in einem Netzwerk gemeinsam nutzen oder Backups zu automatisieren.

- http://www.roxio.com

Roxio Jam

Wer professionell Audio-CD's brennen will, der sollte sich Jam (ebenfalls von Roxio) anschauen. Man kann die verschiedensten Formate importieren und zwischen den einzelnen Tracks Crossfades definieren. Ausserdem kann man den Lautstärkepegel zwischen den Tracks abgleichen. Um die Daten auf CD zu brennen, benutzt Jam die Funktionen von Toast, weshalb die Programme im Bundle angeboten werden.

- http://www.roxio.com

14.7 Schneller Zugriff auf Programme

14.7.1 Dock

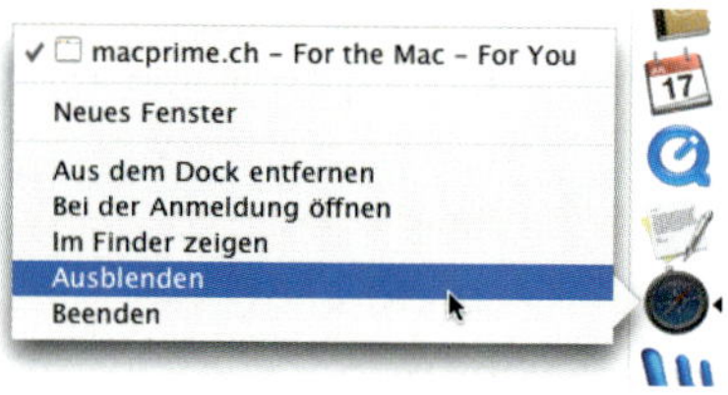

Das Dock ist ein zentraler Bestandteil von Mac OS X – es ist schon beim ersten Einschalten des Computers nicht zu übersehen. Deshalb wurden die Funktionen auch schon im Kapitel „Das Dock“ auf Seite 76 behandelt. Neben dem reinen Umschalten zwischen den Programmen bietet es noch weitere Funktionen wie z. B. ausblenden oder beenden.

14.7.2 Exposé

Dieses Kontrollfeld wurde mit Panther eingeführt und ist die Lösung für den immer grösser gewordenen Fenstersalat unter modernen Betriebssystemen. Nicht selten kommt es vor, dass im Finder vier bis fünf Fenster, in den einzelnen Programmen aber zusätzlich noch ein Dutzend Fenster geöffnet sind. Sucht man nun ein bestimmtes Fenster, muss man zuerst zum betreffenden Programm umschalten und dort dann noch das richtige Fenster finden.

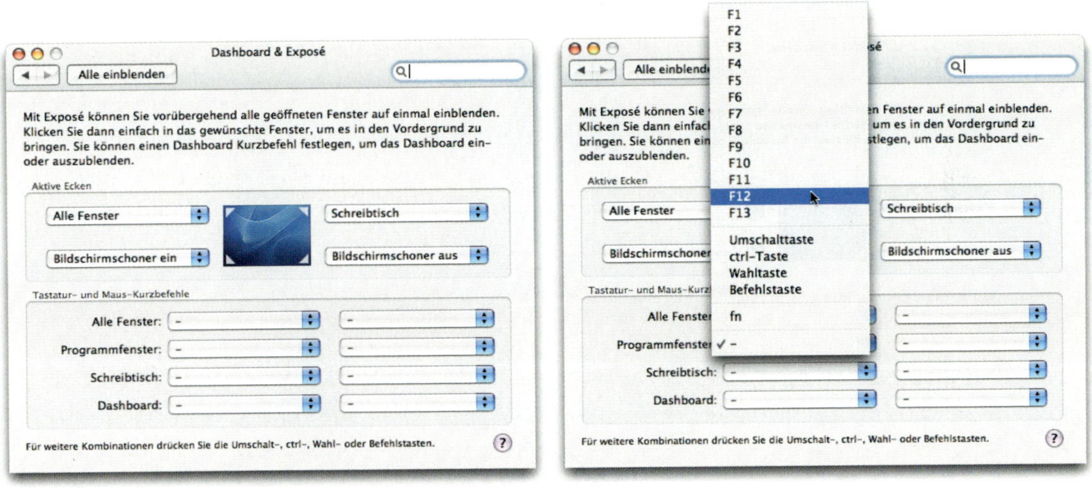

Abbildung 14-19 Konfiguration von Exposé

Exposé erlaubt drei Dinge:

- Einblenden aller geöffneten Fenster aller Programme. Fenster von ausgeblendeten Programmen oder ins Dock minimierte Fenster werden ignoriert.
- Einblenden aller geöffneten Fenster des gerade aktiven Programmes. Ins Dock minimierte Fenster werden ignoriert.
- Ausblenden aller Fenster, um auf den Schreibtisch zu gelangen.

Die Funktionen können über aktive Ecken des Bildschirms (wie beim Bildschirmschoner, siehe „Bildschirmschoner" auf Seite 89), über Tastaturbefehle oder Maustasten aktiviert werden. Bei den Einstellungen in Abbildung 14-19 werden, wenn man mit der Maus in die linke obere Bildecke fährt, alle Fenster (aller Programme) eingeblendet. Wenn man in die rechte obere Ecke fährt, wird der Schreibtisch eingeblendet. Hier können auch die aktiven Ecken des Bildschirmschoners festgelegt werden. Seit Tiger kann auch Dashboard mit einer der Ecken angesteuert werden (siehe „Dashboard" auf Seite 426).

Man kann auch Funktionen über die Tastatur steuern – verschiedene Tastenkombinationen – auch in Kombination mit den Maustasten – stehen dabei zur Verfügung (Abbildung 14-19, rechts). Es macht allerdings wenig Sinn, die Funktionen auf Befehls- oder Wahltasten zu legen, wenn man viel mit Shortcuts arbeitet. Von der Steuerung von Exposé nur mittels Maustasten sollte man absehen – so würde man z. B. das Kontextmenü auf der rechten Maustaste verlieren, was nicht sehr komfortabel wäre.

In Aktion sieht Exposé dann so aus:

1. Fensterchaos ist entstanden...

   Im Durcheinander der Fenster sucht man die geöffnete Webseite in Safari.

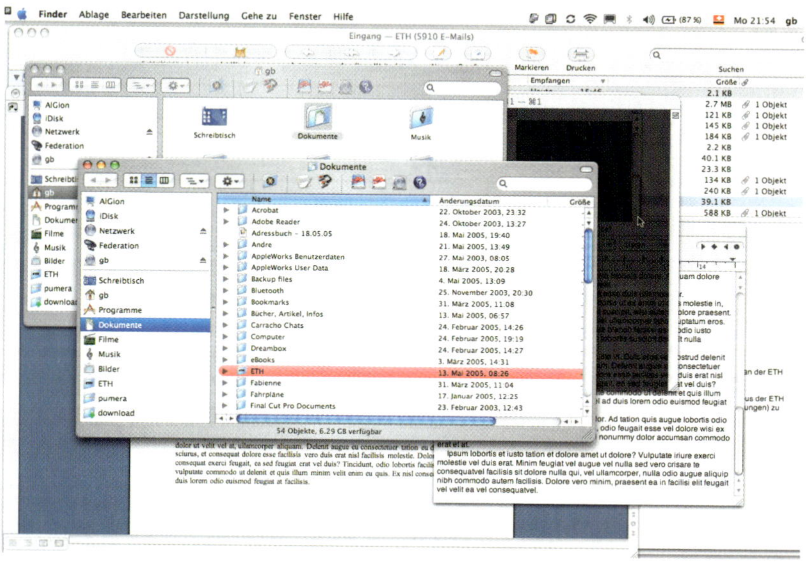

Abbildung 14-20 Wo ist der Webbrowser?

2. Exposé aktivieren

Der Shortcut oder die aktive Ecke für alle Fenster wird gewählt, da nach einem auf den ersten Blick nicht vorhandenen Programm (Safari) gesucht wird.

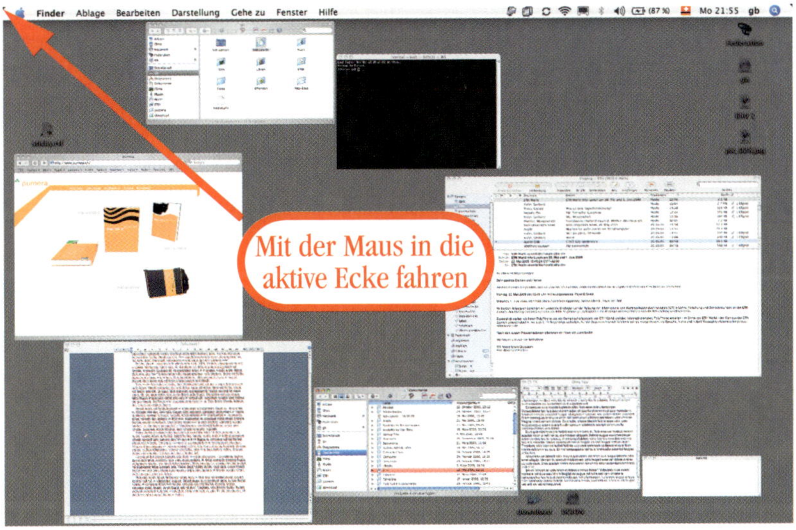

Abbildung 14-21 Suche nach dem richtigen Dokument

3. Maus über gesuchtes Fenster bewegen und anklicken

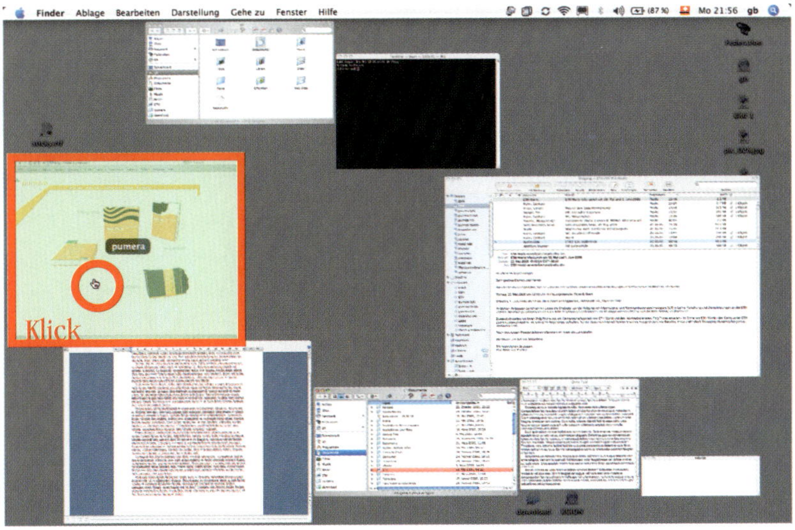

Abbildung 14-22 Webbrowser-Fenster auswählen

4. Gesuchtes Dokument erscheint im Vordergrund

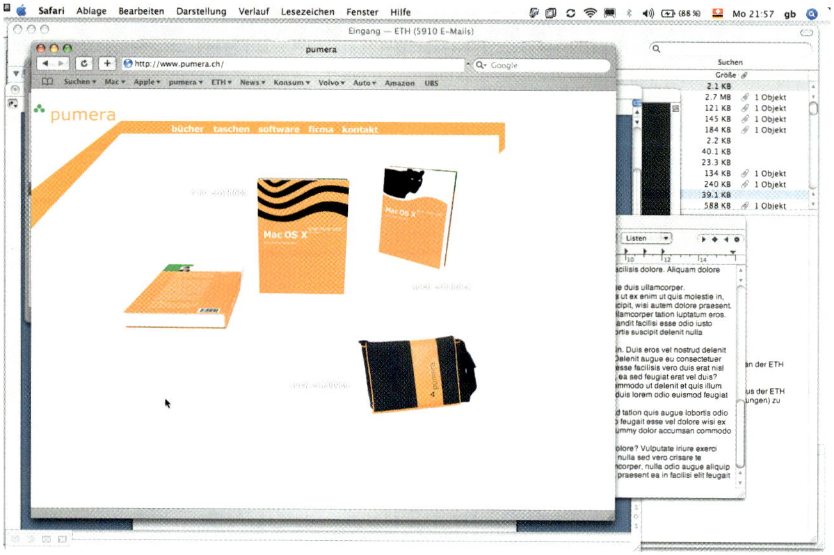

Abbildung 14-23 Gefunden!

Aber Achtung: falls Safari ausgeblendet ist, funktioniert diese Methode nicht – schliesslich werden nur Fenster von eingeblendeten Programmen gezeigt. Wer deshalb viel mit *Ausblenden* – meistens über den Shortcut Apfel-H – arbeitet (also meistens die alteingesessenen Mac-Anwender), muss das bei der Aktivierung von Exposé immer bedenken!

Will man durch das Fensterchaos auf den Schreibtisch gelangen, wählt man die dafür festgelegte Aktion. Alle Fenster verschwinden gegen aussen, der Schreibtisch wird sichtbar. Nun kann man ein Dokument oder einen Ordner auf dem Schreibtisch öffnen oder das Dokument auf ein Dock-Icon eines Programmes ziehen. Es wird dann damit geöffnet. Alle Fenster erscheinen wieder, das geöffnete Dokument ist im Vordergrund.

Falls man ein Stückchen des Schreibtischs im Hintergrund sieht, kann man mit alt-Apfel-Klick (auf den Desktop) alle Programme ausser dem Finder ausblenden und gelangt so auch direkt dorthin.

14.7.3 Programmumschalter

Apple hat seit Panther einen Programmumschalter eingebaut, der via Tastatur funktioniert. Mit der Tastenkombination Apple-Tab wird er aufgerufen.

Abbildung 14-24 Programmumschalter

Folgende Funktionen sind verfügbar:

- Apple-Tab: Umschalten zum nächsten Programm (nach rechts)

  (der Tabulator kann natürlich mehrmals gedrückt werden, um zu einem „weiter entfernten“ Programm umzuschalten)
- Apple-shift-Tab: Umschalten zum letzten Programm (nach links)
- Apple-Tab, dann H: Ausblenden des ausgewählten Programms
- Apple-Tab, dann Q: Beenden des ausgewählten Programms
- Apple-Tab, mit der Maus auf ein Programm (eine Hand erscheint als Mauszeiger) fahren und Apple-Taste loslassen: Umschalten zu diesem Programm

Der Programmumschalter ist ziemlich clever und unterstützt sogar Drag & Drop-Vorgänge. Ein Beispiel: Ich verfasse ein neues E-Mail, dem ich ein Attachment hinzufügen will. Dieses Attachment liegt auf dem Schreibtisch, der aber durch das Programm *Mail* verdeckt wird. Es ist möglich, *Mail* auszublenden, das Attachment auf dem Schreibtisch mit der Maus zu packen, den Programmumschalter aufzurufen (Apfel-Tab, Maustaste dabei aber nicht loslassen) und nun die Maus auf das Programm-Icon von *Mail* zu bewegen. Dort angelangt, lasse ich die Apfel-Taste los, *Mail* kommt wieder in den Vordergrund und das Attachment kann im neuen E-Mail platziert werden.

Auch um zwischen den offenen Fenstern eines einzelnen Programms umzuschalten gibt es einen Shortcut: Apfel > (Apfel-shift <) schaltet vorwärts, Apfel < rückwärts.

14.7.4 DragThing

Unter Mac OS 9 war der KlickStarter ein beliebter Bestandteil des Systems. Leider ist dieser praktische Helfer nicht auf Mac OS X portiert worden – Apple sieht den Ersatz wohl im Dock. Wer dennoch nicht darauf verzichten will, der sollte sich DragThing anschauen. Es bietet noch erheblich mehr Funktionalität als der KlickStarter ($ 25).

- http://www.dragthing.com/

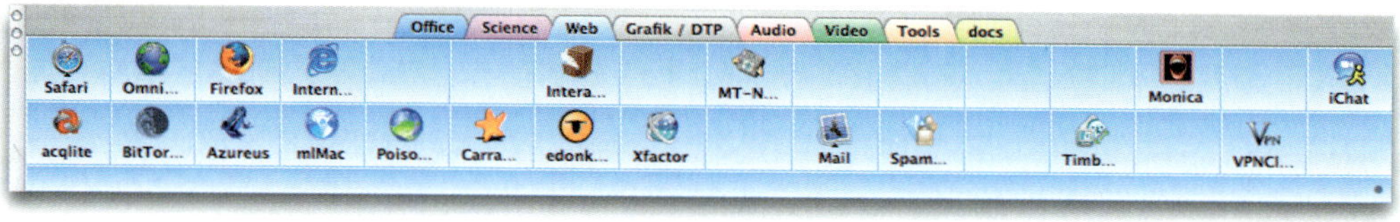

Abbildung 14-25 DragThing

Natürlich gibt es ausser DragThing noch andere sogenannte Program Launcher – zu finden wie immer auf der Versiontracker Homepage. Nicht zuletzt eignet sich auch *Spotlight* gut, um ein Programm zu starten (siehe „Spotlight als Programmstarter“ auf Seite 209).

14.7.5 Dienste

Mit den Diensten ist es möglich, eine bestimmte Funktion eines Programmes anderen Programmen zur Verfügung zu stellen und somit eine quasi programmübergreifende Funktionalität zu erreichen.

Die Dienste tauchen als Menüpunkt im Programm-Menü einer jeden Applikation auf. Ein Dienst kann eine Funktion einer anderen Anwendung, oder auch ein separat in den Ordner */Library/Services* oder *~/Library/Services* installiertes Objekt sein (zu den Library-Ordnern siehe „Die Library-Ordner“ auf Seite 67). Im Prinzip stellt dieses Objekt seine Funktionalität allen anderen Programmen, die Dienste unterstützen, zur Verfügung. Am besten sieht man das an einem Beispiel:

Um eine Internetseite, deren URL in einem TextEdit-Dokument steht, im Standard-Browser zu öffnen (normalerweise Safari), kann man den Dienst *URL öffnen* verwenden: Statt die Adresse auszuwählen, zu kopieren, Safari zu starten und dort die Adresse einzusetzen, kann man mittels der Dienste den Vorgang erheblich abkürzen. Wenn man nämlich die Internetadresse in TextEdit markiert, hat man in den *Diensten* den Befehl *URL öffnen* zur Verfügung. Wählt man diesen Dienst aus, gelangt man auf die markierte Internetseite. Einige Services funktionieren auch mit einem Tastaturshortcut, der im Menü angegeben wird.

Als separaten Dienst gibt es beispielsweise AppendNote[1]. Damit kann ein markierter Text als Datei mit Namen „Notes.txt“ direkt in den Ordner *Privat* des Benutzers gespeichert werden.

1. http://www.enigmarelle.com/appendnote.py

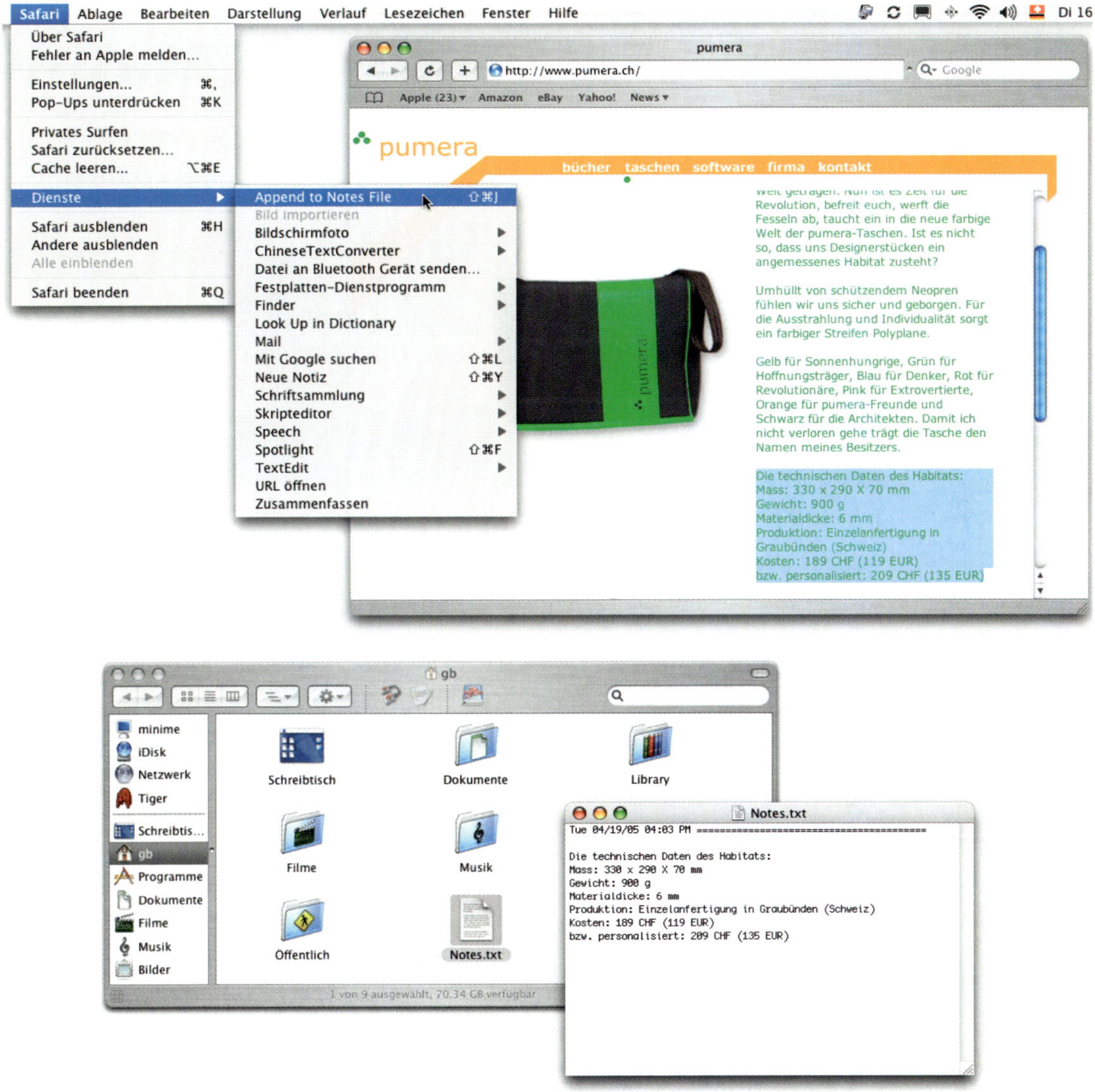

Abbildung 14-26 AppendNotes

Um den Dienst zu installieren, bewegt man die Datei *AppendNote.service* vom Disk Image in den Ordner */Library/Services* (für alle Benutzer verfügbar) oder *~/Library /Services* (nur für den aktuellen Benutzer verfügbar). Falls dieser Ordner noch nicht existiert, muss man ihn erzeugen. Beim nächsten Login steht der Service zur Verfügung.

14.8 Dashboard

Dashboard ist eine Umgebung, die aus vielen (kleinen) Programmen besteht, die einen mit allen möglichen Informationen (meist aus dem Internet) versorgen. Das eigentliche Dashboard-„Programm" läuft immer, zu sehen am Dock-Icon.

Neben dieser Möglichkeit, das Programm in den Vordergrund zu bringen, kann auch eine Tastenkombination oder eine aktive Ecke zugeordnet werden – das geschieht im Kontrollfeld *Dashboard & Exposé*, das unter „Exposé" auf Seite 419 beschreiben wird.

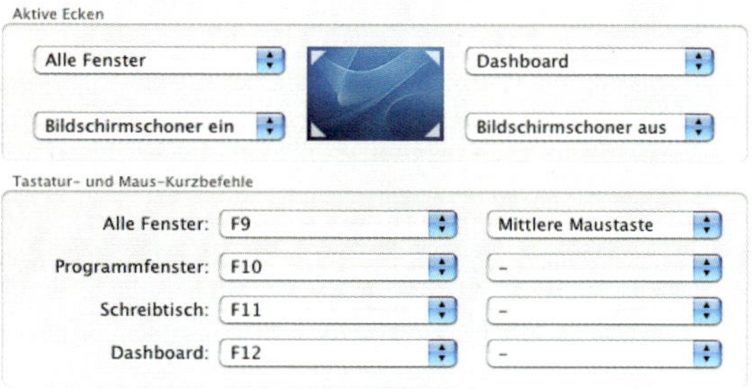

Abbildung 14-27 Dashboard mit einigen Apple-Widgets

Apple liefert in der Grundausstattung 14 sogenannte Widgets (Mini-Programme für Dashboard) mit. Der Nutzen von Dashboard liegt aber vor allem darin, dass man es nach seinen Wünschen beliebig mit weiteren Widgets ausbauen kann. Nur das, was für den jeweiligen Benutzer nützlich ist, muss auch angezeigt werden.

14.8.1 Dashboard und Widgets konfigurieren

Die Konfiguration von Dashboard und den enthaltenen Widgets ist denkbar einfach – viel gibt es auch nicht zu konfigurieren...

Widgets aktivieren und deaktivieren

Um einzelne Widgets ein- und auszuschalten (so dass sie in Dashboard erscheinen bzw. nicht mehr erscheinen), muss das Plus-Zeichen unten links ⊕ angeklickt werden. Es erscheint eine Leiste am unteren Bildschirmrand, die alle verfügbaren Widgets zeigt (Abbildung 14-28).

Abbildung 14-28 Widgets aktivieren

Mit den Pfeilen nach links und rechts in der Widget-Leiste kann man noch weitere Objekte anzeigen lassen (dabei informiert Dashboard darüber, auf welcher Seite man sich befindet).

Um ein Widget zu aktivieren, klickt man es einfach in der Leiste an – vom gleichen Objekt können mehrere Widgets aktiv sein (wie in Abbildung 14-27 von der Uhr oder dem Wetter). Um Widgets zu deaktivieren, klickt man ins Schliessfeld – das ist nur möglich, solange die Leiste eingeblendet ist (sonst verschwindet das Schliessfeld). Um die Leiste wieder auszublenden, klickt man in deren Schliessfeld an der linken oberen Ecke.

Widgets konfigurieren

Die Widgets an sich sind meistens selbsterklärend. Einige erfordern überhaupt keine Konfiguration (wie z. B. der Kalender). Andere verfügen über einen kleinen Informations-Knopf **i**, der allerdings erst sichtbar wird, wenn man das Widget mit der Maus überfährt.

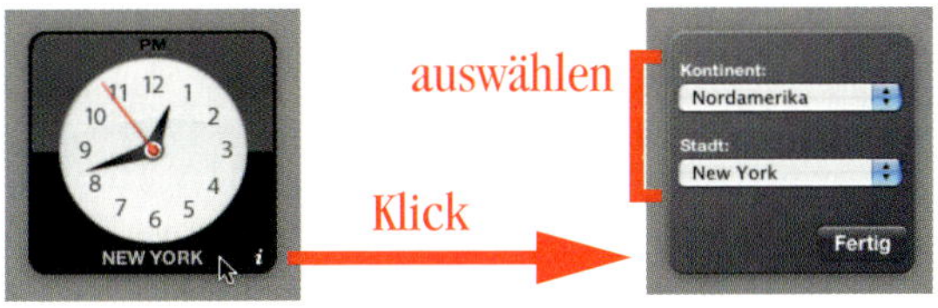

Abbildung 14-29 Widget konfigurieren

Klickt man ihn an, drehen sich die Widgets in einer kleinen Animation um ihre Achse: auf der Rückseite kann man nun einige Optionen einstellen – etwa der Ort beim Wetter oder der Uhrzeit (Abbildung 14-29). Mit Klick auf *Fertig* gelangt man wieder zur Normalansicht zurück.

14.8.2 Eigene Widgets hinzufügen

Kurz nach Erscheinen von Tiger sind die Webseiten, welche Widgets zu Dashboard anbieten oder sammeln, wie Pilze aus dem Boden geschossen. Kaum eine Aufgabe, die nicht mit einem Widget erledigt werden könnte. Meistens liefert schon die Suche in Google das gewünschte Feature, sonst gibt es einige Anlaufstellen, die man besuchen kann:

- Die offizielle Seite von Apple: http://www.apple.com/downloads/macosx/dashboard/

  Über die Schaltfläche *Weitere Widgets...* rechts oberhalb der Widget-Leiste (Abbildung 14-28) gelangt man direkt auf diese Seite.
- http://www.dashboardlineup.com/
- http://www.widgetdeveloper.com/
- http://www.tiger-widgets.de/
- http://www.macprime.ch/widgets/

Das ist natürlich nur eine Auswahl. Für den deutschsprachigen Raum sind die beiden letzten Angebote besonders interessant, da sie vor allem Widgets aus dieser Region anbieten. So findet man z. B. das Niederschlagsradar aus Deutschland und der Schweiz, den SBB Fahrplan oder die Teletext-Seiten des Schweizer Fernsehens.

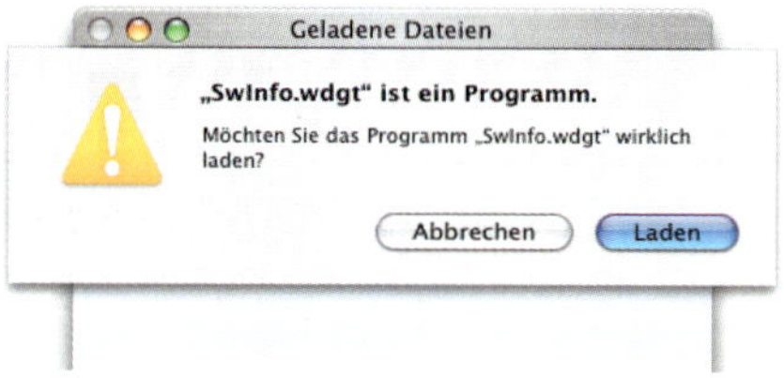

Um ein neues Widget hinzuzufügen, muss es in den Ordner *Widgets* (erzeugen, falls noch nicht vorhanden) innerhalb eines *Library*-Ordners gelegt werden. Die meisten Widgets installieren sich automatisch innerhalb von *~/Library/Widgets*, wenn man sie herunterlädt. Voraussetzung ist, dass in Safari die Option *„Sichere" Dateien nach dem Laden öffnen* im Register *Allgemein* der Einstellungen aktiv ist. Dann erscheint eine Warnmeldung – mit Klick auf *Laden* wird das Widget installiert und steht sofort in Dashboard zur Verfügung. Falls das Widget dort nicht erscheint, verfügt es vermutlich nicht über die automatische Installation und muss manuell vom Download-Ordner in den Ordner *Widgets* bewegt werden. Je mehr Widgets installiert werden, umso mehr füllt sich natürlich auch die Widget-Leiste, und umso besser kann Dashboard auf den jeweiligen Benutzer zugeschnitten werden (Abbildung 14-30).

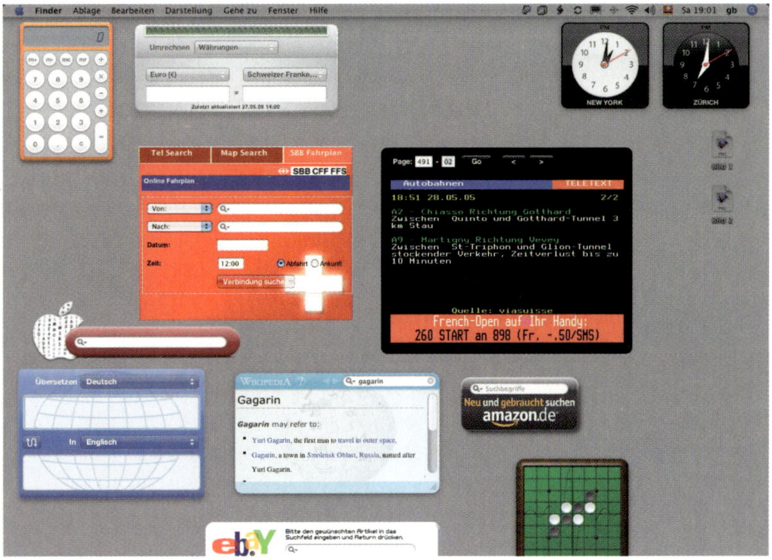

Abbildung 14-30 Für den Benutzer zugeschnittene Widgets

14.9 Programmabstürze

Nachdem die Programme installiert sind, muss bzw. darf man mit ihnen arbeiten. Während unter Mac OS 9.x (und früher) ein einzelnes Programm das komplette System ins „Nirvana" schicken konnte, kommt so etwas unter Mac OS X nicht (oder unglaublich selten) vor. Was vorkommen kann, ist eine Kernel Panic (siehe Seite 527).

14.9.1 Absturz von Mac OS X-Programmen

Falls eine einzelne Anwendung abstürzt, zeigt Mac OS X eine Fehlermeldung an – seit Panther sogar mit der Option, eine Nachricht an Apple zu senden.

Auch wenn das Betriebssystem als ganzes nicht mehr abstürzt, sind ungesicherte Änderungen im betroffenen Programm natürlich verloren gegangen (was immer noch ziemlich ärgerlich sein kann...). Einige wenige Programme bieten eine Recovery-Funktion, die vor solchen Datenverlusten schützt (z. B. FileMaker Pro).

Wenn eine Anwendung scheinbar nicht mehr reagiert, kann man sie „abschiessen" (das entspricht dem oft zitierten UNIX-Befehl `kill`). Dazu wird die Tastenkombination Apfel-alt-esc verwendet. Es erscheint ein Fenster mit allen aktiven Programmen (Abbildung 14-

31). Hier kann man die nicht mehr reagierende Anwendung auswählen und mittels Klick auf *Sofort beenden* abschiessen.

Abbildung 14-31 Beenden eines Programms

Das System und die anderen Programme laufen nach dieser Aktion unbeirrt weiter. Es ist auch nicht notwendig, einen Neustart auszuführen. Deshalb sind Mac OS X-Systeme, die mehrere Wochen ununterbrochen laufen, absolut nicht die Ausnahme!

14.9.2 Prozesse

Neben den eigentlichen Programmen gibt es in Mac OS X (wie in allen Betriebssystemen) noch Hintergrundprozesse, die ständig laufen. Mac OS X informiert äusserst bereitwillig über diese Prozesse.

Aktivitäts-Anzeige

Das Programm *Aktivitäts-Anzeige* in */Programme/Dienstprogramme* gibt Auskunft über alle laufenden Prozesse, wem sie gehören und wieviel CPU-Leistung und Arbeitsspeicher sie brauchen (in %, Abbildung 14-32).

Es ist auch möglich, von hier aus Prozesse zu beenden. Dazu kann man einfach den betreffenden Prozess doppelklicken: Es erscheint ein Fenster mit statistischen Informationen zum Prozess (Abbildung 14-33, oben). Klickt man auf die Schaltfläche *Beenden*, erscheint ein weiteres Dialogfeld (Abbildung 14-33, unten) mit der Möglichkeit, den Prozess „sanft“ oder sofort zu beenden.

Man kann nur Prozesse beenden, deren Eigentümer man ist (um nur diese zu sehen, schaltet man unter *Zeigen* auf *Meine Prozesse*). Um auch andere Prozesse zu beenden, muss man sich als Administrator authentifizieren.

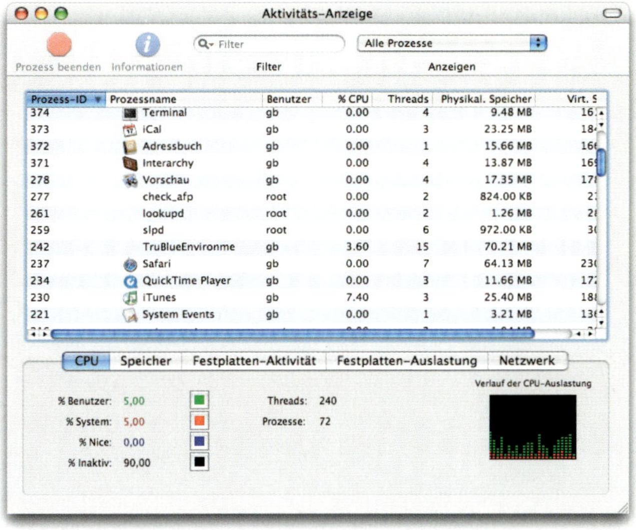

Abbildung 14-32 Aktivitäts-Anzeige (laufende Prozesse)

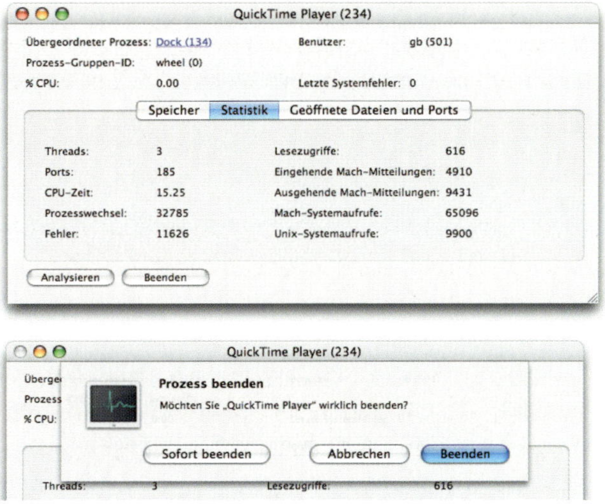

Abbildung 14-33 Prozess beenden

Terminal

Im Terminal gibt es ebenfalls einen Befehl, welcher die aktiven Prozesse anzeigt: `top` liefert eine (jede Sekunde aktualisierte) Liste der Prozesse mit Speicher- und CPU-Auslastung. Da die Liste ständig aktualisiert wird, kann mit der Eingabe im Terminal solange nicht fortgefahren werden, bis man ctrl-C oder Apfel-Punkt (abbrechen) drückt. `top -u` listet die Prozesse nach CPU-Auslastung auf.

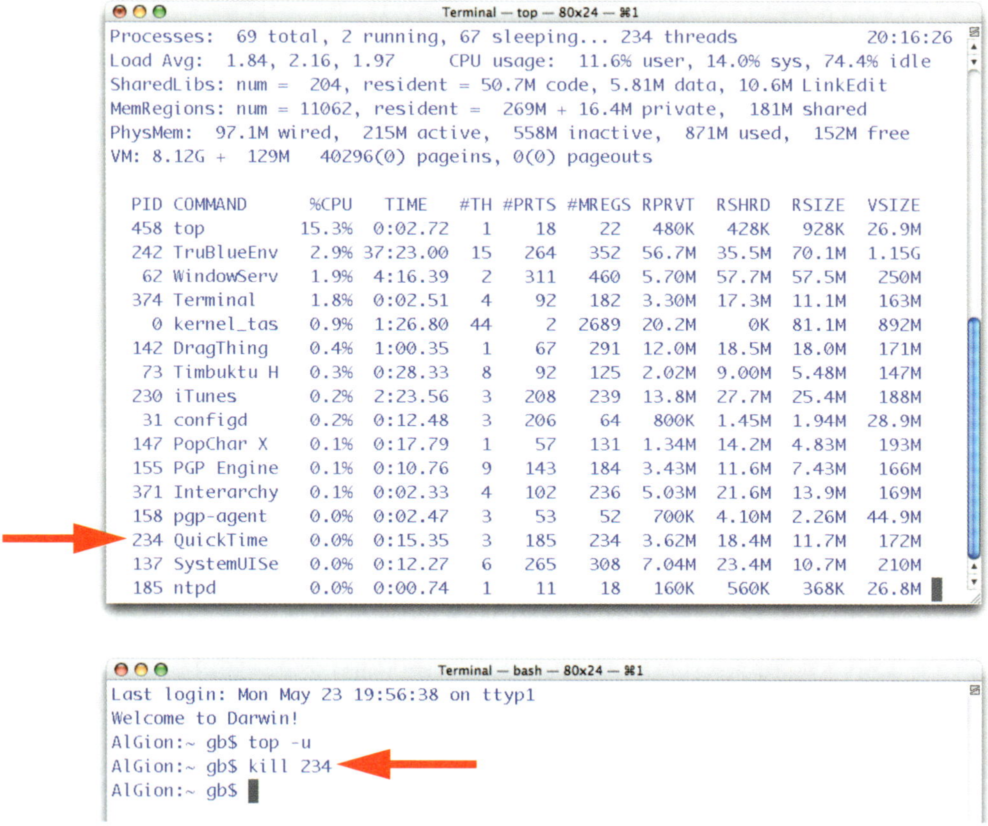

Abbildung 14-34 Terminal (Prozesse mit top)

Es ist ebenfalls möglich, Prozesse von hier aus zu beenden. Dazu merkt man sich die Prozess-ID (PID) in der ersten Spalte der Liste. Mit dem Befehl `kill [PID]` kann man dann den Prozess abschiessen, sofern man dessen Eigentümer ist (es geschieht dasselbe wie mit *Sofort beenden*). Der Vorgang ist in Abbildung 14-34 (unten) dargestellt.

14.9.3 Absturz von Classic-Programmen

Falls man ein Classic-Programm abschiesst, besteht eine gewisse Wahrscheinlichkeit, dass sich die ganze Classic-Umgebung verabschiedet (diese kann dann aber ohne Probleme im Kontrollfeld *Classic* der Systemeinstellungen neu gestartet werden). Wie bereits erwähnt, nutzen Classic-Programme die Vorteile der neuen Speicherverwaltung nicht – ein einzelnes abstürzendes Classic-Programm kann also die ganze Classic-Umgebung mit sich reissen, nicht aber Mac OS X oder andere Nicht-Classic-Applikationen.

Automator 15

„Das muss doch automatisch gehen!“ – häufige Forderung des Computer-Anwenders, nicht immer ganz zu unrecht...

Viele Arbeitsabläufe am Computer sind immer gleich und könnten eigentlich automatisch ausgeführt werden. Bis jetzt waren dafür Programmierkenntnisse erforderlich, um mit AppleScript mehrere Programme und Aktionen miteinander zu verknüpfen. Mit Automator soll genau dieses Problem gelöst werden: Automatisierung für alle!

Mit Automator kann man (wer hätte das gedacht...) Abläufe automatisieren. Es waltet als Schaltzentrale über verschiedene Manipulationen, die in einer bestimmten Reihenfolge in mehreren Programmen ausgeführt werden können. Das macht immer dann Sinn, wenn ein Benutzer einen Ablauf täglich (oder mehr) durchgeht, oder ein Prozess immer nach dem gleichen Muster abläuft. Automator-Abläufe können als Programm gespeichert oder mit Ordneraktionen (siehe Seite 140) kombiniert werden. Als Plug-In tauchen sie sogar im Kontext-Menü des Finders (und anderer unterstützter Anwendungen) auf.

Einige Programme werden bereits mit Automator-Aktionen ausgeliefert. Das sind vor allem von Apple vorinstallierte Programme, aber auch iLife 05 oder Anwendungen von Drittherstellern (z. B. der Editor BBEdit[1]) unterstützen Automator. Wird ein neues Programm installiert, sind dessen Automator-Aktionen (falls vorhanden) sofort nach Neustart von Automator verfügbar, egal wo sich das betreffende Programm auf der Festplatte befindet. Vom Internet heruntergeladene Automator-Aktionen (nicht ganze Abläufe, sondern einzelne Aktionen) müssen in */Library/Automator* bzw. dessen Pendant */Users/~/Library/Automator* installiert werden (nötigenfalls Ordner erzeugen). Innerhalb von Automator können die Aktionen auch direkt mit *Aktionen importieren...* aus dem Menü *Ablage* hinzugefügt werden (nach *~/Library/Automator*). Solche Aktionen sind eigentliche Pakete, die dann auch einem bestimmten Programm zugeordnet werden und innerhalb von Automator in der Aktionenliste dieses Programms auftauchen. Einen

1. http://www.barebones.com/index.shtml

einmal erstellten Ablauf kann man auch auf anderen Macs einsetzen, solange er nicht zu systemspezifische Aktionen verwendet (z. B. von Software, die nur auf dem Ursprungsrechner installiert ist). Gegebenenfalls muss man natürlich noch die verwendeten Ordner und Dateien oder deren Namen anpassen. Man findet diverse Automator-Abläufe und -Aktionen zum herunterladen bei Apple[1].

Automator wird mit Tiger erstmals ausgeliefert und ist somit eine sogenannte 1.0-Version. Konkret heisst das: Automator ist nicht frei von Fehlern. Auch die Anzahl verfügbarer Aktionen ist im Moment noch überschaubar. Das wird sich mit der Zeit aber sicher ändern. Eine Google-Suche zu „automator action" liefert jedenfalls schon sehr viele Ergebnisse...

15.1 Automator-Ablauf erstellen

Am besten begreift man die Funktionsweise von Automator anhand eines Beispiels. Eine allgemeingültige Anleitung kann es sowieso nicht geben – die Abläufe sind programmspezifisch und hängen von den Wünschen des Benutzers und der installierten Software ab. Automator ist so aufgebaut, dass man gut ein wenig ausprobieren kann – es macht Spass, seine eigenen Abläufe zusammenzustellen und in Aktion zu sehen!

Das Automator-Fenster ist viergeteilt: in der ersten Spalte erscheinen alle Programme, die Automator-Aktionen anbieten (als Objekte im Ordner *Programme*). In der Spalte rechts davon sieht man die einzelnen Aktionen, welche das in der linken Spalte ausgewählte Programm anbietet (bzw. alle Programme, wenn der ganze Ordner ausgewählt wird). In der dritten Spalte erscheint der Ablauf, der aus den einzelnen Automator-Aktionen besteht. Hierhin werden die Aktionen aus der zweiten Spalte via Drag & Drop verschoben und zu einem „Programm" zusammengesetzt. Im Feld unterhalb der ersten beiden Spalten werden Erklärungen zur ausgewählten Aktion angezeigt – darunter auch, welche Eingaben (Objekte, die in die Aktion einfliessen können) und Ausgaben (Objekte, die aus der Aktion resultieren) verlangt bzw. erzeugt werden.

1. http://www.apple.com/downloads/macosx/automator/

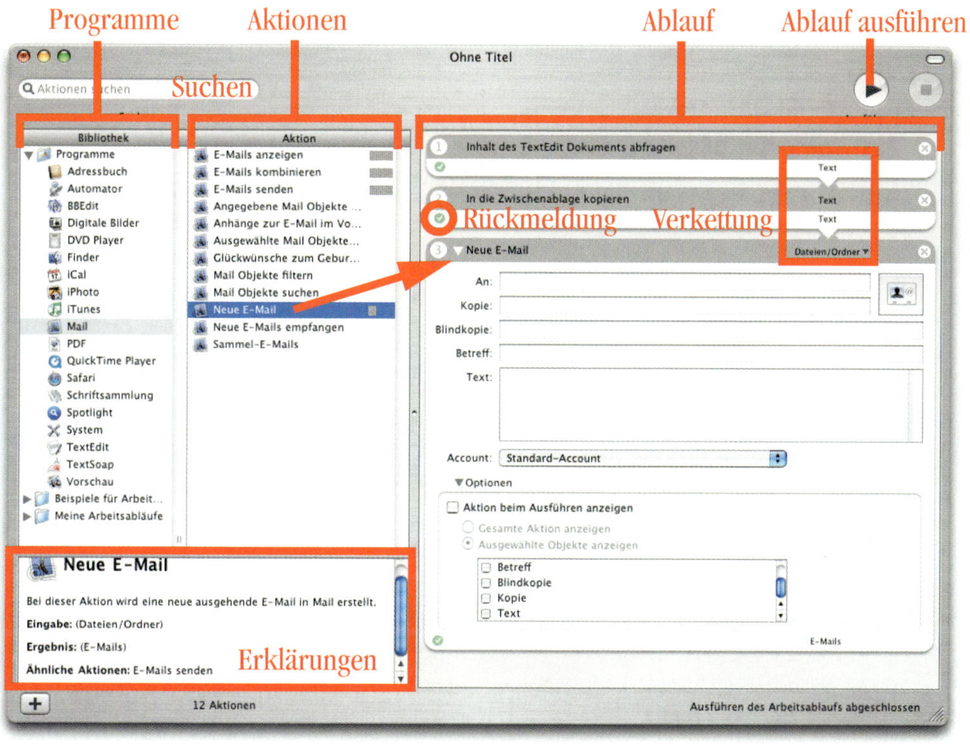

Abbildung 15-1 Automator-Fenster

15.1.1 Beispiel: Fotos verkleinern und per E-Mail verschicken

Viele Mac-User besitzen heutzutage eine Digitalkamera. Kein Filmeinlegen, kein Entwickeln, kein Warten auf die Fotos mehr – obwohl damit natürlich ein Stück Spannung verloren geht... Nicht selten möchte man die Fotos jemandem per E-Mail schicken, was allerdings bei vier oder fünf Megapixel-Kameras selbst ADSL-Leitungen zum Glühen bringt. Also muss man die einzelnen Fotos zuerst verkleinern, was z. B. mit dem Programm GraphicConverter[1] erfolgen kann – von der ursprünglichen Auflösung von 1920 x 2560 Pixel auf ein modemkompatibles Format wie z. B.480 x 640 (VGA). Da man das Originalbild behalten will, speichert man eine Kopie in diesem Format ab. Für ein Bild geht das noch relativ schnell, aber für 10 Bilder dauert das schon einen Moment. Warum also nicht einen Ablauf erstellen, der das alles automatisch macht?

Die Automator-Aktion soll folgendes tun: Nach der Auswahl der zu versendenden Bilder werden diese in einen Ordner mit dem Namen *senden* kopiert, verkleinert, umbenannt

1. http.//www.lemkesoft.de

und als Anhänge einem neuen E-Mail hinzugefügt. Die Objekte im Ordner *senden* werden danach in den Papierkorb verschoben. Zuerst legt man im Ordner *~/Bilder* den Ordner *senden* an. Für Automator werden dann folgende Aktionen benötigt:

1. Auswahl der Bilder, die versendet werden sollen

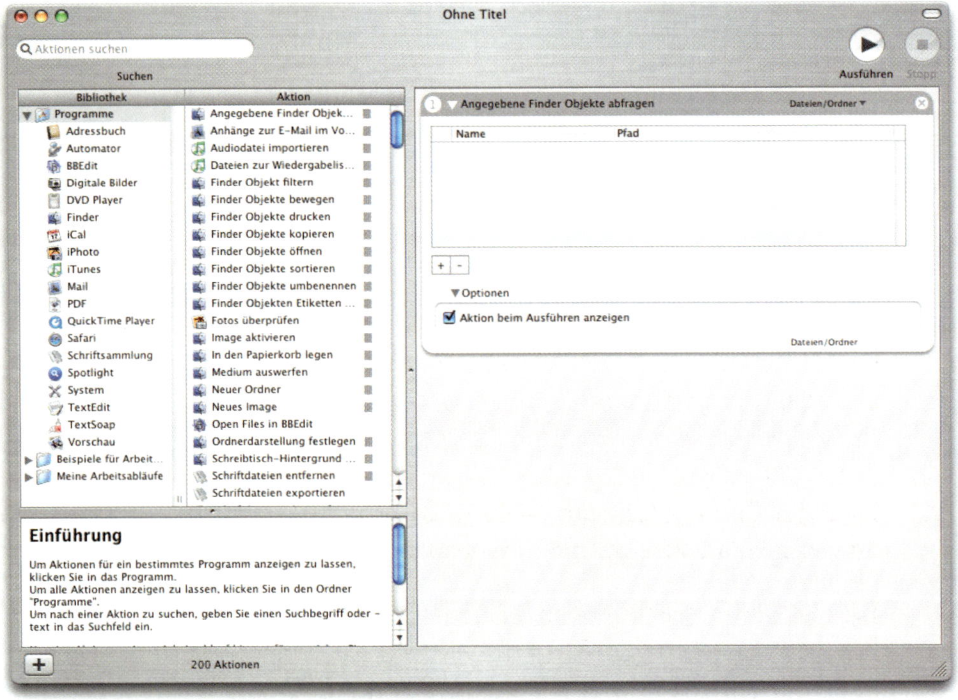

Abbildung 15-2 Finder Objekte auswählen

Um im Finder Objekte auszuwählen, dient die Aktion *Angegebene Finder Objekte abfragen*. Mit Klick auf das Pluszeichen könnte man nun Dateien hinzufügen – da man aber jedesmal andere Objekte verschicken will, macht das natürlich keinen Sinn. Stattdessen soll der Ablauf jedesmal nach den Fotos fragen, die man mailen möchte. Deshalb muss das Häkchen bei *Aktion beim Ausführen anzeigen* in den *Optionen* aktiviert werden.

Im Bereich *Optionen* einer Aktion können weitere Parameter (abhängig von der Aktion) ausgewählt werden. Es geht darum, ob gewisse Werte (z. B. Dateinamen, Ordner, ...) automatisch ausgefüllt werden sollen oder ob die Aktion die Werte beim Benutzer nachfragen soll. Falls nachgefragt wird, behandelt der Ablauf schon in der Aktion eingetragene Werte als Standardvorschläge für die jeweilige Aktion.

2. Ausgewählte Bilder in den Ordner *senden* kopieren

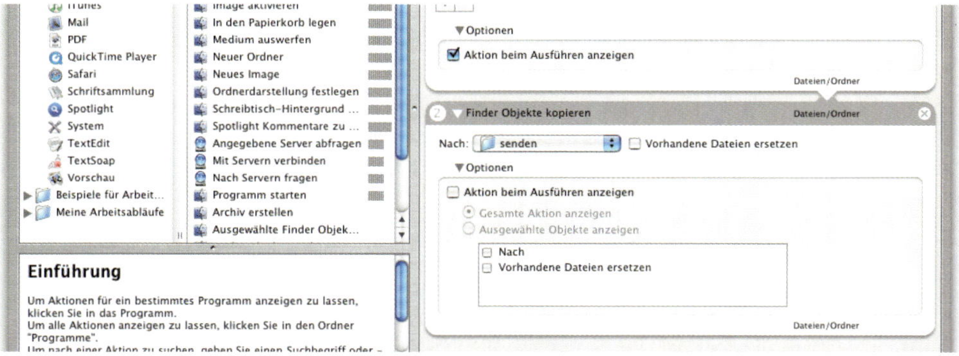

Abbildung 15-3 Bilder kopieren

Die ausgewählten Bilder aus dem ersten Schritt sollen nun in den Ordner *senden* kopiert werden. Logischerweise wird dazu die Aktion *Finder Objekte kopieren* verwendet. Im Pulldown-Menü *Nach:* muss der Ordner, in den die Dateien kopiert werden sollen, angegeben werden. Durch Klick auf das Menü kann der Ordner ausgewählt werden (*Andere...* wählen und im folgenden Dialog den Ordner *senden* angeben).

Bei dieser Aktion ist es wichtig, dass die Option *Aktion beim Ausführen anzeigen* nicht aktiviert wird. Wieso? Sonst würde jedesmal nachgefragt, in welchen Ordner die Bilder kopiert werden sollen – das ist aber unnötig, da ja extra der Ordner *senden* dafür erzeugt wurde. Wenn er immer vorhanden ist und für nichts anderes gebraucht wird (so ist der Plan...), ändert sich der Kopierpfad nie.

Bei den hier angebotenen *Optionen* sieht man, dass auch nur einzelne davon angezeigt werden könnten, da der Eintrag *Aktion beim Ausführen anzeigen - Ausgewählte Objekte anzeigen* (mit der entsprechenden Objektliste) zur Verfügung steht. In unserem Fall nämlich, wohin kopiert werden soll (*Nach*), und ob die dort vorhandenen Objekte durch gleichnamige ersetzt werden sollen (*Vorhandene Dateien ersetzen*). Beide Optionen machen eben auch einzeln Sinn.

3. Dateien umbenennen in *Bild_01*, *Bild_02*, ...

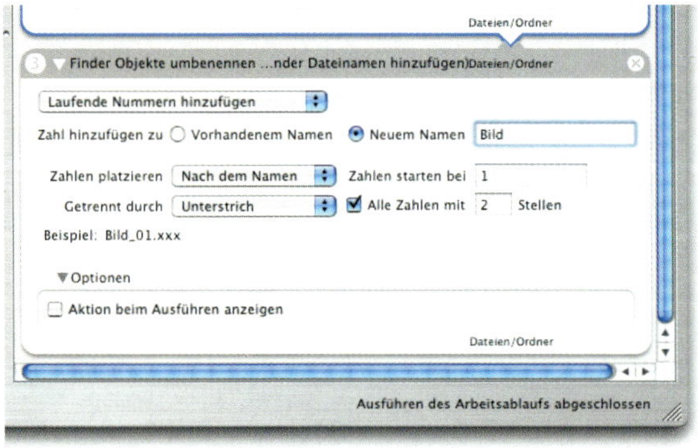

Abbildung 15-4 Bilder umbenennen

Die meisten Digitalkameras erzeugen laufend durchnummerierte Bilder, die z. B. PICT004.jpg oder DSC188.jpg oder ähnlich heissen. Da durch die Auswahl der Bilder diese Nummerierung nicht mehr aufeinander folgend ist, sollen die Dateien umbenannt werden und wieder fortlaufend Bild_01.jpg bis Bild_xy.jpg heissen. Die Aktion *Finder Objekte umbenennen* leistet das.

Für das genannte Beispiel (Bild_xy.jpg) wählt man *Laufende Nummern hinzufügen* aus dem ersten Aufklappmenü. Der eigentliche Name soll auf *Bild* geändert werden, die Zahl *Nach dem Namen* platziert werden, und zwar von 1 steigend, getrennt durch *Unterstrich*, mit zwei Stellen (also 01, 02, ... nicht 1, 2, ...).

Ob man die Option hier anzeigen will, kann man sich überlegen. Falls ja, hätte man die Chance, den Bildern aussagekräftigere Namen zu geben, thematisch zum Inhalt passend. Aber natürlich ist das auch ein zusätzlicher Arbeitsschritt.

4. Bilder verkleinern

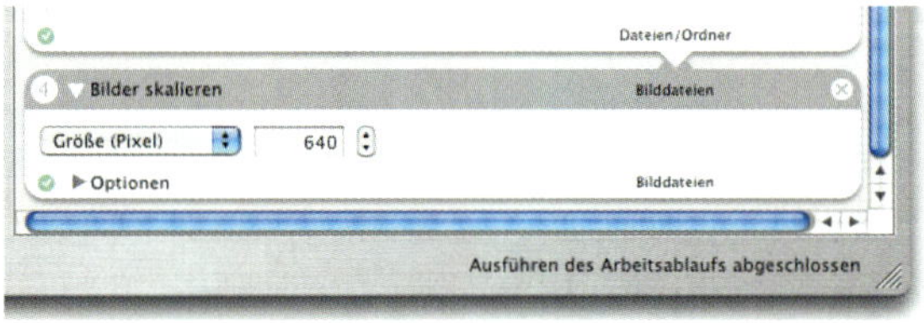

Abbildung 15-5 Bilder skalieren auf 640 Pixel (Maximalmass)

Die Aktion *Bilder skalieren* befindet sich unter den *Vorschau*-Aktionen. Neckischerweise kann diese Aktion die Bildgrösse (Anzahl Pixel in Höhe und Breite) ändern, obwohl das Programm *Vorschau* diese Funktion nicht bietet. Jedenfalls wird damit die maximale Ausdehnung (Höhe bei Hochformat oder Breite bei Querformat) eingestellt. Das Bildformat (jpg, png, ...) wird nicht verändert.

Nach dem Ausführen dieses Schrittes liegen alle Bilder in der richtigen Grösse und sauber benannt im Ordner *senden*. Das kann man zwischendurch auch mal ausprobieren: Mit Klick auf den Play-Knopf werden alle Aktionen bis und mit *Bilder skalieren* durchgeführt. Wenn alles geklappt hat, sollten sich die ausgewählten Bilder am Schluss (in der richtigen Grösse) im Ordner *senden* befinden. Falls ein Problem auftritt, gibt Automator eine Fehlermeldung aus, anhand deren Hinweise man (hoffentlich) weiterkommt. Es kann aber durchaus auch vorkommen, dass der Ablauf ohne Fehler durchläuft, aber nicht der gewünschte Effekt eintritt oder gar nichts passiert – so ist eben der Alltag eines Programmierers... Die Rückmeldung (Abbildung 15-1) mit grünem Häkchen (Aktion erfolgreich ausgeführt) oder rotem Kreuz (Aktion konnte nicht durchgeführt werden) gibt an, wo ein Problem aufgetreten ist.

5. Bearbeitete Bilder an ein neues E-Mail anhängen

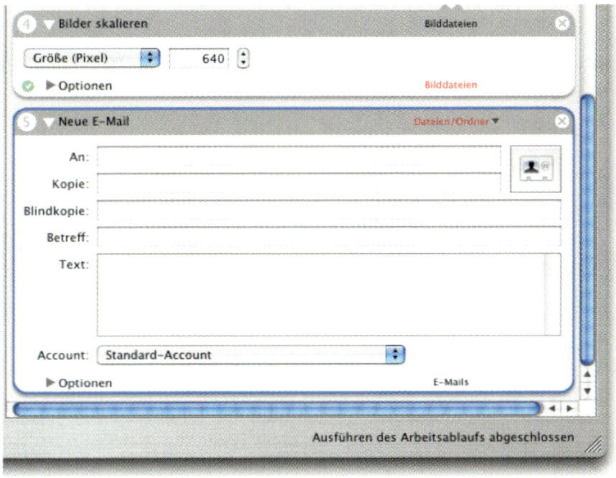

Abbildung 15-6 Bilder dem E-Mail als Anhang hinzufügen

In den Aktionen von Mail würde eigentlich *Anhänge zur E-Mail im Vordergrund hinzufügen* zur Verfügung stehen. Die Bedingung ist allerdings, dass auch wirklich ein Fenster mit einem neuen E-Mail geöffnet ist – sonst wird der Ablauf abgebrochen. Deshalb wählt man besser *Neue E-Mail*, obwohl dann angezeigt wird, dass die Verkettung nicht funktionieren würde. Da aber der Vorgang *Neue E-Mail* als Eingabe *Dateien/Ordner* will, kann man erwarten, dass er mit den *Bilddateien* der vorherigen Aktion zurecht kommt. Wenn man das Programm Automator beendet (vorher sichern!) und wieder neu startet, ist die Verkettung dann auch gemacht worden. Und richtig, ein Klick auf Play bringt die Gewissheit: der Ablauf funktioniert, die skalierten Bilder werden einem neuen Mail als Anlagen hinzugefügt.

Automator bringt also von sich aus eine gewisse Intelligenz mit: im Ablauf aus Abbildung 15-6 begreift das Programm von selbst, dass die im Finder ausgewählten Bilder als Attachements ins neue E-Mail eingesetzt werden sollen. Wäre der „Input" für das neue E-Mail hingegen Text, würde er auch im Feld *Text* des Mails landen.

Die einzelnen Automator-Aktionen müssen aber nicht unbedingt zusammenhängen. Mit Klick auf den kleinen Pfeil bei der Verkettung erscheint ein Aufklappmenü, mit welchem eingestellt wird, ob die untere Aktion die Ergebnisse der oberen berücksichtigen soll.

Abbildung 15-7 Verketten von Aktionen

Falls man versucht, zwei „unmögliche" Parameter zu verknüpfen, werden sie rot dargestellt und können nicht verkettet werden. Wie oben gesehen, funktioniert die Verkettung unter Umständen trotzdem. Auch ein fehlender Eingangswert ganz am Anfang des Ablaufs wird rot dargestellt.

Würde der Vorgang jetzt immer so weitergeführt, hätte man ein Problem: der Ordner *senden* füllt sich immer mehr. Daran ändert sich auch nichts, wenn man beim Kopiervorgang aus Schritt 2 die Option *Vorhandene Dateien ersetzen* wählt – diese kann nämlich nur gleichnamige Objekte ersetzen. Ausserdem wird bei der folgenden Umnummerierung einfach dort weitergemacht, wo die letzte Nummerierung aufgehört hat. Deshalb muss eine andere Möglichkeit gefunden werden, die Bilder im Ordner *senden* zu löschen:

6. Den Ordner *senden* angeben

Da sich der Ordner für die zu sendenden Bilder nicht ändert, kann er mit einem fixen *Angegebene Finder Objekte abfragen* (wie unter 1, aber ohne *Aktion beim Ausführen anzeigen*) ausgewählt werden.

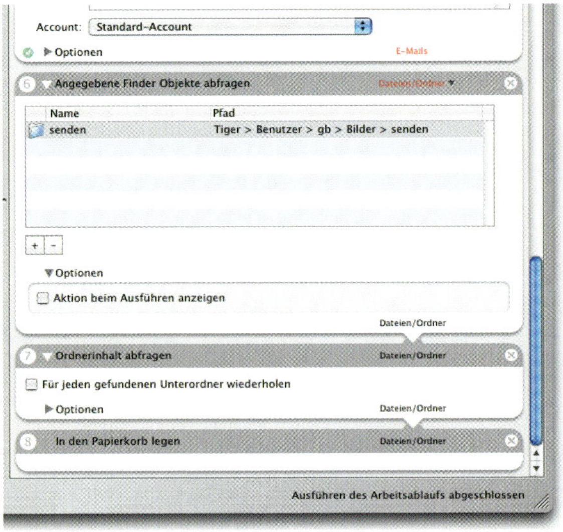

Abbildung 15-8 Der Ordner *senden* wird aufgeräumt

7. Den Inhalt des Ordners *senden* auswählen

Nun müssen die darin enthaltenen Objekte (nicht aber der Ordner selbst) in den Papierkorb gelegt werden. Das erfordert die Aktion *Ordnerinhalt abfragen* (damit nur der Inhalt, nicht aber der Ordner ausgewählt wird).

8. Den ausgewählten Inhalt von *senden* in den Papierkorb legen

Das macht die Aktion *In den Papierkorb legen*, womit der gesamte Ordnerinhalt (also die Bilder) im Papierkorb landen.

Die letzten drei Aktionen sind programmiertechnisch nicht mit den vorangehenden verkettet – logisch natürlich schon, da sie das vorher angerichtete Chaos in *senden* aufräumen sollen.

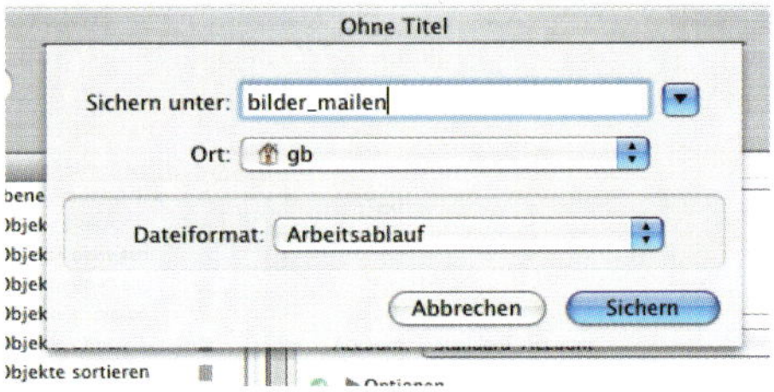

Der grosse Moment ist gekommen, um das komplette Skript in Aktion zu sehen! Zuerst sollte man es aber noch speichern, falls das zwischendurch noch nicht geschehen ist. Vorläufig wählt man dazu das Format *Arbeitsablauf* – wir werden später noch sehen, wie man den Ablauf auch auf andere Arten speichern kann. Nachdem man auf *Play* gedrückt hat, erscheint als erstes die Abfrage der Bilder, die man verschicken will. Mit Klick auf das Plus-Zeichen werden Dateien hinzugefügt: es erscheint das Standard-Dialogfeld zum

Auswählen von Objekten – mit der shift-Taste können mehrere Objekte gleichzeitig markiert werden (zusammenhängender Bereich), mit der Apfel-Taste einzelne, nicht zusammenhängende Objekte (Abbildung 15-9).

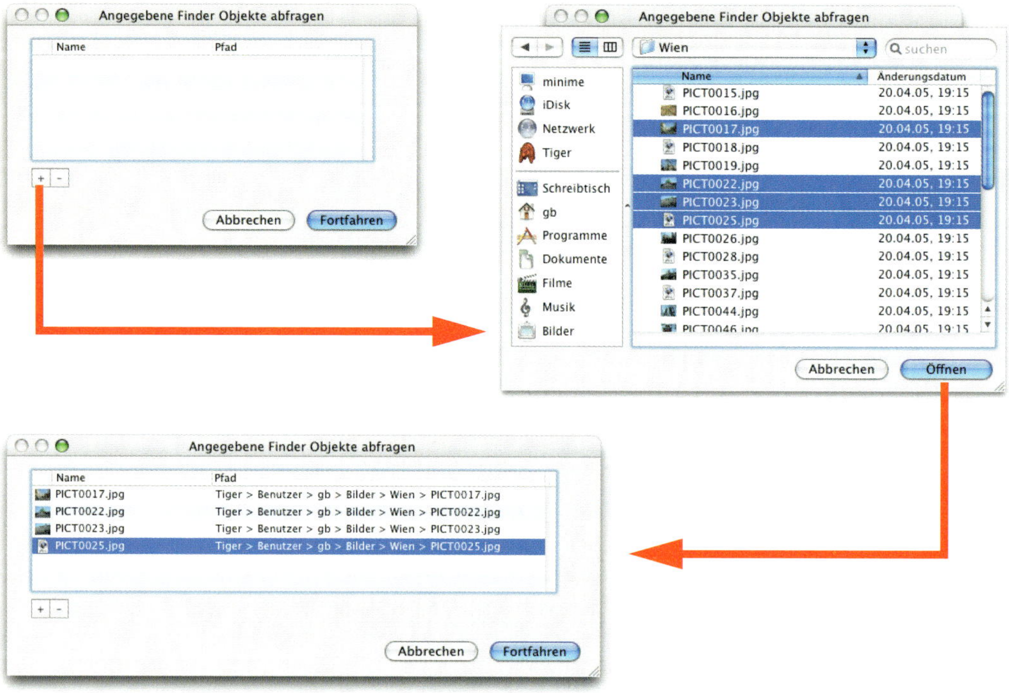

Abbildung 15-9 Bilder auswählen

Das Skript läuft weiter – falls unter *Finder Objekte umbenennen* die Option *Aktion beim Ausführen anzeigen* markiert wurde, erscheint eine Abfrage, wie die Dateien benannt werden sollen (Abbildung 15-10).

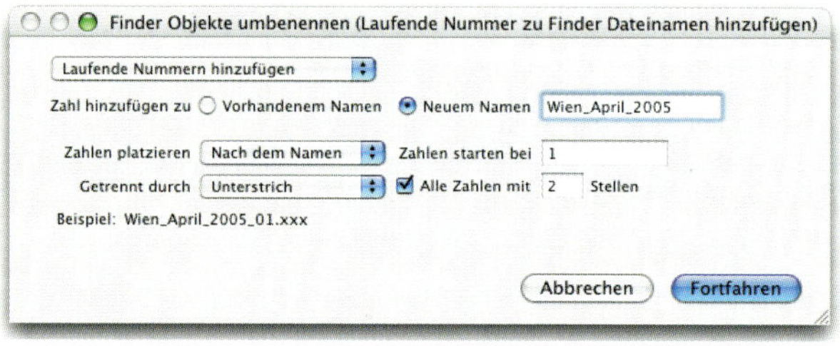

Abbildung 15-10 Objekte umbenennen

Schliesslich erscheint das Programm *Mail* mit einem neuen E-Mail im Vordergrund, welches die Bilder als Attachements enthält.

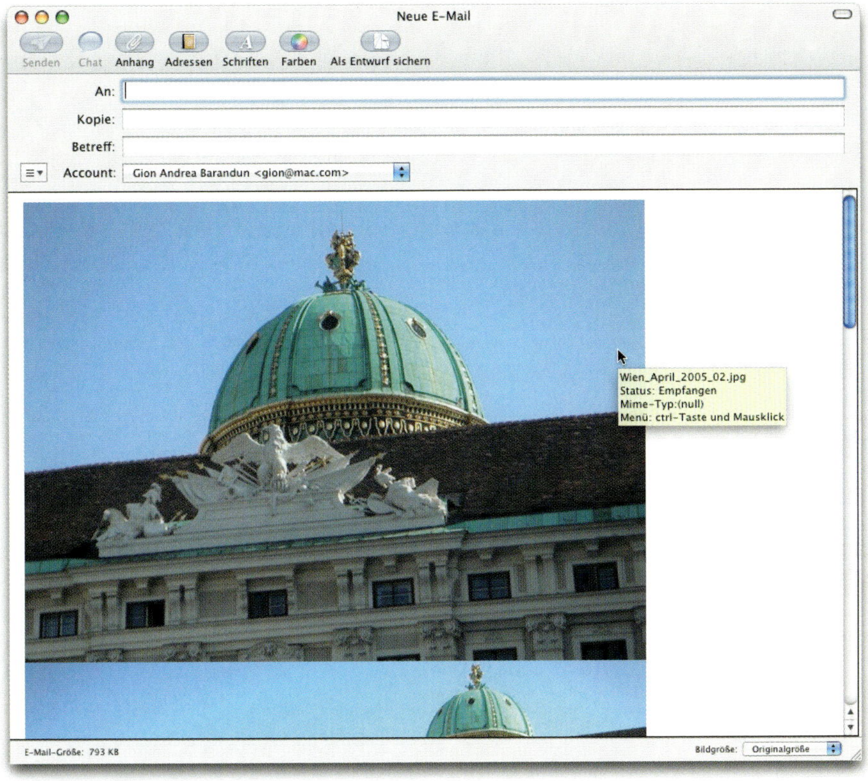

Abbildung 15-11 Es klappt!!!

Ein Effekt bezüglich der Anordnung der Bilder im E-Mail fällt auf: Der Ablauf nummeriert die Bilder zwar in der Reihenfolge ihrer Originaldateien um (aus PICT45.jpg, PICT47.jpg, PICT103.jpg wird Bild_01.jpg, Bild_02.jpg, Bild_03.jpg), aber *Mail* ordnet das erste (Bild_01.jpg) zuunterst an, die anderen Bilder darüber, vom zweiten an in aufsteigender Reihenfolge (Bild_02.jpg, Bild_03.jpg, Bild_01.jpg). Deshalb muss man – falls gewünscht – die Bilder noch per Drag & Drop in die richtige Reihenfolge ziehen, sprich das unterste ganz nach oben bewegen.

15.2 Ablauf als Programm sichern

Der Ablauf funktioniert also einwandfrei – allerdings ist die Auswahl der Bilder in der ersten Aktion etwas mühsam. Die Vorschau-Icons der Bilder sind nur in der Spaltenansicht beim Hinzufügen wirklich gut zu sehen. Und auch dann nur solange, wie nur ein Bild ausgewählt ist, denn bei einer Mehrfachauswahl (mittels gedrückter shift-Taste) verschwindet die Voransicht. Am besten wäre es, man könnte die Bilder schon vorher im Finder anhand ihrer Icons (genügend gross einstellen!) auswählen, und dann diese Auswahl direkt als Eingabe für den Ablauf verwenden.

Für diesen Zweck speichert man den Automator-Ablauf nicht mehr als *Arbeitsablauf*, sondern als *Programm*. Dessen Finder-Icon sieht auch anders aus als dasjenige des Dokuments (*Arbeitsablauf*). Da man die Objekte bereits im Finder auswählt, macht es natürlich keinen Sinn, dass der Ablauf zuerst die Dateien abfragt – die Option *Aktion beim Ausführen anzeigen* bei der ersten Aktion (*Angegebene Finder Objekte abfragen*) muss deshalb deaktiviert werden (vergleiche Punkt 1 auf Seite 436).

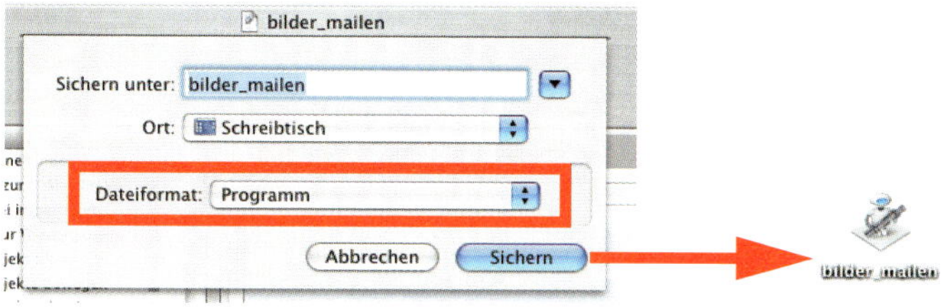

Abbildung 15-12 Automator-Programm

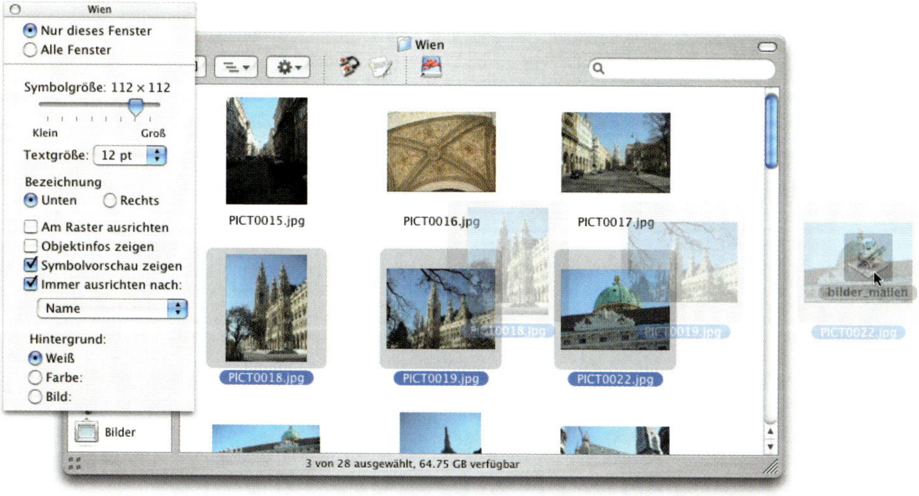

Abbildung 15-13 Bilder via Drag & Drop verschicken

Im Finder wählt man nun die Bilder aus, die man verschicken möchte. Wenn die Option zur Symbolvorschau in Icon-Darstellung aktiviert wird (Seite 100) bzw. die Icons in entsprechender Grösse dargestellt werden (in Listendarstellung, Seite 101), ist die Auswahl direkt im Finder kein Problem (Abbildung 15-13). Die ausgewählten Bilder werden via Drag & Drop auf das Programmsymbol des Automator-Ablaufs gezogen und dort fallen gelassen. Die Bilddateien gelten dann automatisch als Input für die erste Automator-Aktion.

Während die Aktionen ausgeführt werden, erscheint in der Menüleiste ein zusätzlicher Eintrag, der über den Fortschritt des Ablaufs informiert. Zum Stoppen des Ablaufs drückt man (zuweilen mit Nachdruck) den roten Knopf.

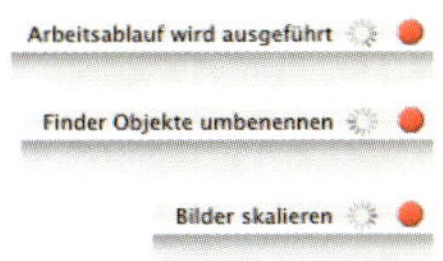

Das Programm *bilder_mailen* kann irgendwo platziert werden, auch im Ordner */Programme* oder *~/Applications*. Falls man es in die Seitenleiste oder die Symbolleiste legt, hat man von überall Zugriff darauf. Achtung! Von selbst erstellten Programmen sollte man immer eine Kopie im Benutzerordner speichern, damit es von einem Backup sicher erfasst wird (falls z. B. der Ordner */Programme* nicht gesichert wird).

15.3 Ablauf als Ordneraktion ausführen

Ordneraktionen sind – wie im entsprechenden Kapitel auf Seite 140 erwähnt – Aktionen, die an einen Ordner gebunden sind. Wird der Inhalt des Ordners verändert, so werden die Aktionen ausgeführt.

Das obige Beispiel ist auch für eine Ordneraktion geeignet: anstatt die Bilder auf das Programm-Icon des Automator-Ablaufs zu ziehen, kopiert man sie auf den mit einer Ordneraktion versehenen Ordner *senden*. Was muss alles geändert werden, damit das funktioniert? Die beiden ersten Aktionen (*Angegebene Finder Objekte abfragen* und *Finder Objekte kopieren*) können im Gegensatz zu „Ablauf als Programm sichern" auf Seite 443 gelöscht werden. Der Input für den Ablauf sind dann die auf den Ordner verschobenen Dateien, die umbenannt werden sollen. Der Ablauf muss am Schluss mit *Als Plug-In sichern...* gespeichert werden.

Im folgenden Dialog wird unter *Plug-in für:* die Option *Ordneraktionen* ausgewählt und darunter gleich der Ordner angegeben, an welchen die Aktion gehängt werden soll (in unserem Beispiel also *senden*). Die Ordneraktion wird (als AppleScript Dokumente mit Suffix .scpt) in den Ordner *~/Library/Scripts/Folder Action Scripts* gesichert. Dieses

Script verweist lediglich auf den Automator-Ablauf, der wiederum im Ordner *~/Library/Workflows/Applications/Folder Actions/* gespeichert wird. Falls die Ordneraktionen nicht aktiviert sind, bietet der Dialog aus Abbildung 15-14 an, sie zu aktivieren.

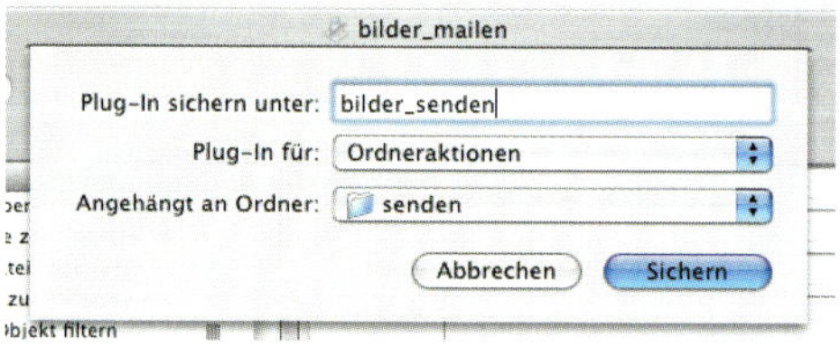

Abbildung 15-14 Speichern als Ordneraktion

Beim Ausführen der Ordneraktion muss man ein bisschen vorsichtiger sein als vorher: Der Ablauf kann in diesem Fall nicht wissen, dass man die Originalbilder behalten möchte. Die Aktion wird aber erst ausgeführt, wenn sich neue Dateien im Ordner *senden* befinden (für einen Kopiervorgang wäre es dann aber schon zu spät). Deshalb muss man die Bilder im Finder mit gedrückter alt-Taste (kopieren!) auf den Ordner *senden* bewegen (am besten platziert man ihn in der Seiten- oder Symbolleiste)! Der Ablauf wird ausgeführt, am Schluss ist der Ordner *senden* auch wieder leer.

Abbildung 15-15 Ordneraktion ausführen

15.4 Ablauf als Plug-In sichern

Wenn Abläufe als programmspezifische Plug-Ins gesichert werden, tauchen sie im Kontextmenü des jeweiligen Programms auf (dort unter dem Eintrag *Automator*).

15.4.1 Beispiel: Grafikformat direkt im Finder ändern

Um das Format einer Grafik (jpg, tif, ...) zu ändern, muss man normalerweise ein Programm wie Photoshop öffnen und die Datei neu abspeichern. Mit Hilfe eines Automator-Ablaufs kann man diesen Prozess aber auch direkt via Kontextmenü im Finder ausführen.

Das Automator-Programm ist denkbar einfach – nur gerade eine Aktion ist notwendig, um das Gewünschte zu erreichen, nämlich *Bildtyp ändern* aus den Vorschau-Aktionen (Abbildung 15-16). Durch die Option *Aktion beim Ausführen anzeigen* hat man die Möglichkeit, das Format vor der Konvertierung zu bestimmen – das unter *In Typ:* eingetragene Format wird dann als Standard vorgeschlagen.

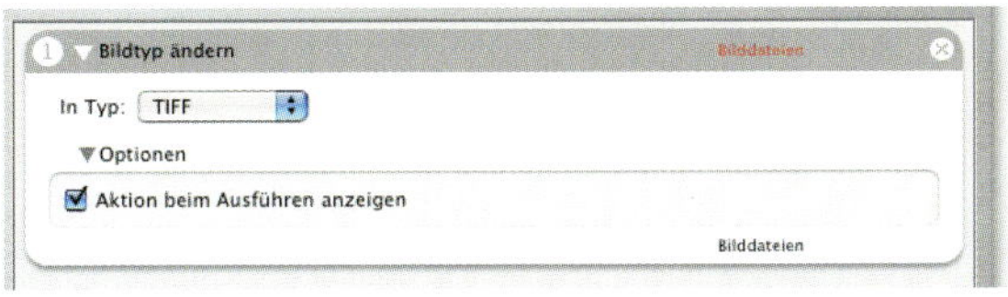

Abbildung 15-16 Grafikformat ändern

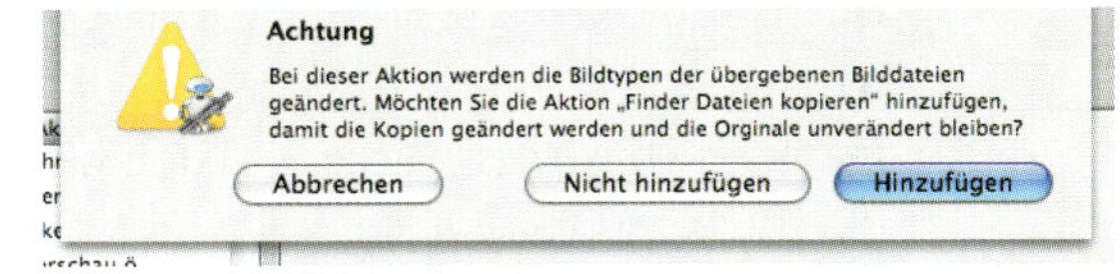

Automator warnt beim Einfügen dieser Aktion, dass die Originaldaten verändert werden und bietet an, die Aktion *Finder Objekte kopieren* vorzuschalten, damit nur die Kopien manipuliert werden. Falls man das wünscht, klickt man auf *Hinzufügen*, sonst (wie in Abbildung 15-16) auf *Nicht hinzufügen*.

Beim Speichern des Ablaufs wählt man wiederum *Als Plug-In sichern...* Nun wird aber ein Plug-In für den *Finder* erzeugt (damit es im Kontextmenü des Finders erscheint).

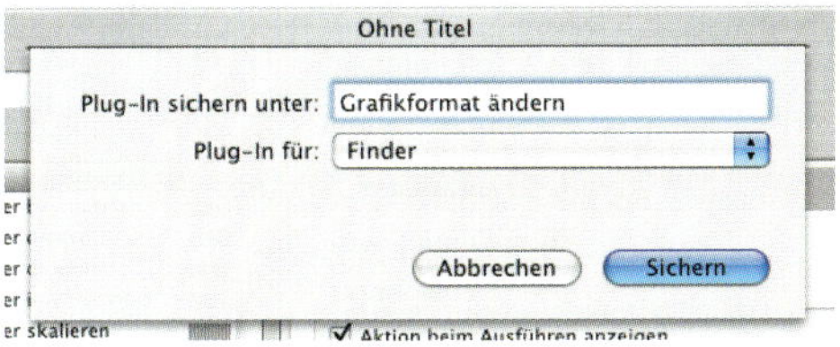

Abbildung 15-17 Kontextmenü Plug-In

Der Automator-Ablauf wird in den Ordner *~/Library/Workflows/Applications/Finder/* gespeichert. Das Kontextmenü ist nun verändert: Unter dem Eintrag *Automator* erscheinen zwei Menüs, nämlich das schon vorher vorhandene *Arbeitsablauf erstellen...* (mit dem man vom Finder aus Automator starten kann) und das eben gespeicherte *Grafikformat ändern*. Wendet man dieses auf eine Bilddatei an (Abbildung 15-18), wird nach Wahl des Formats (*Bildtyp ändern*) das Grafikformat geändert (zu sehen am Suffix). Wie oben erwähnt, wird dabei die Originaldatei verändert und nicht eine Kopie.

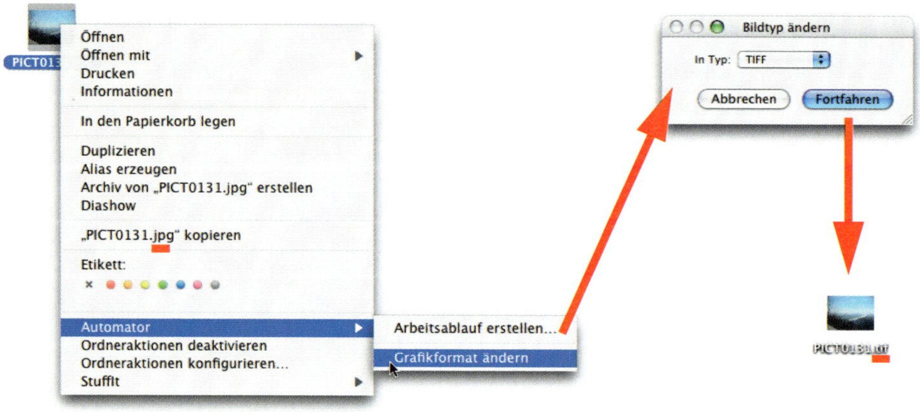

Abbildung 15-18 Automator-Ablauf aus dem Kontextmenü aufrufen

Das Programm *FileJuicer*[1] (zum Extrahieren von Bildern aus diversen Dateiformaten) enthält in der neusten Version Automator-Aktionen. Auf der Webseite der Anbieter findet man eine Anleitung[2], um die Aktionen mit dem Kontextmenü des Finders zu kombinieren.

15.5 Ablauf fürs Skriptmenü sichern

Das Skriptmenü erscheint in der Menüleiste als Schriftrollen-Symbol . Es enthält eine Reihe nützlicher AppleScripts, die in verschiedenen Programmen Aktionen ausführen und die auch durch eigene Skripts ergänzt werden können. Um das Skript-Menü zu aktivieren, ruft man das *AppleScript Dienstprogramm* in */Programme/AppleScript* auf. Dort markiert man die Option *Skriptmenü in der Menüleiste einblenden* (Abbildung 15-19). Das Skriptmenü steht in allen Programmen in der Menüleiste zur Verfügung. Falls ein Ablauf also nicht als Programm-Plug-In gespeichert werden kann, sichert man ihn als Ablauf fürs Skriptmenü.

1. http://echoone.com/filejuicer/
2. http://echoone.com/FileJuicer/userguide-automator.html

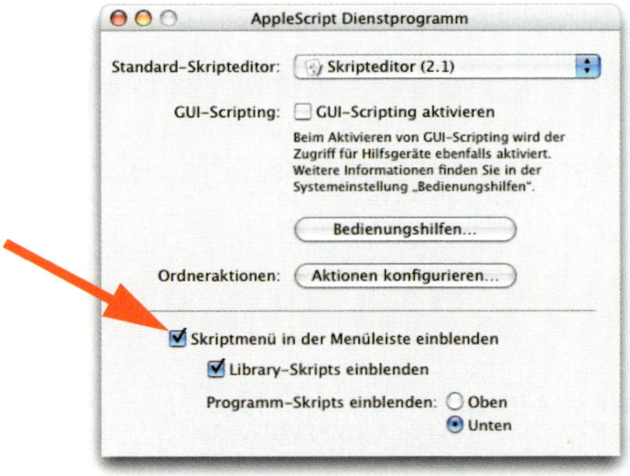

Abbildung 15-19 Skriptmenü aktivieren

15.5.1 Beispiel: Text aus einer Webpage in TextEdit einsetzen

Nicht selten möchte man den Text einer Internetseite als editierbare Version in einer Textverarbeitung haben. Der schnellste Weg (bis jetzt) führte über das Kopieren und Einsetzen des ausgewählten Textabschnittes. Das ist auch mit einer Automator-Aktion, die als Skriptmenü-Eintrag gespeichert wird, möglich. Allerdings können die Standard-Aktionen aus Safari nur den gesamten Text einer Webseite erfassen, nicht nur die Auswahl. Im Internet gibt es aber eine Automator-Aktion *Get Selected Text.action*[1], welche das beherrscht. Sie muss in den Ordner *~/Library/Automator* gelegt werden (oder */Library Automator* für alle Benutzer). Automator muss neu gestartet werden, damit es die neue Aktion kennt.

Der Ablauf ist relativ einfach: nach dem Kopieren des ausgewählten Texts in Safari muss dieser lediglich in ein neues TextEdit-Dokument eingefügt werden (Abbildung 15-20).

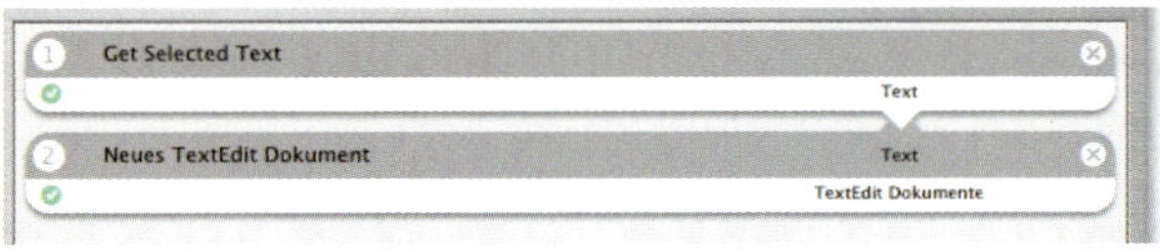

Abbildung 15-20 Ablauf für TextEdit

1. http://ecto.kung-foo.tv/archives/001377.php

Der Ablauf wird mit *Als Plug-In sichern…* aus dem Menü *Ablage* gespeichert. Dabei muss unter *Plug-In für:* das Format *Script-Menü* ausgewählt sein.

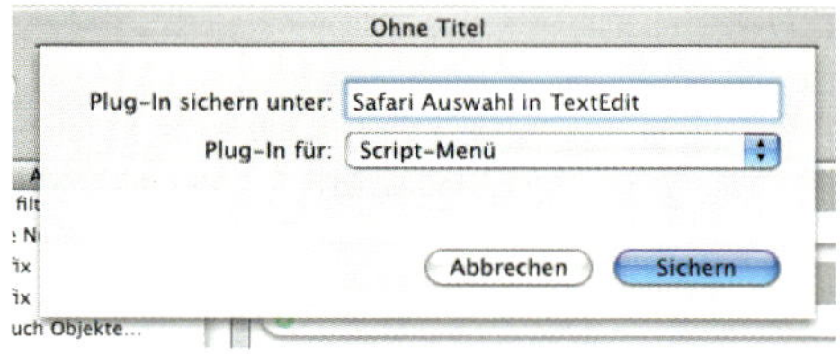

Der Ablauf steht sofort im Skriptmenü zur Verfügung. Er befindet sich im Ordner *~/Library/Scripts* auf der Festplatte. Ein Test bringt Gewissheit, ob alles funktioniert:

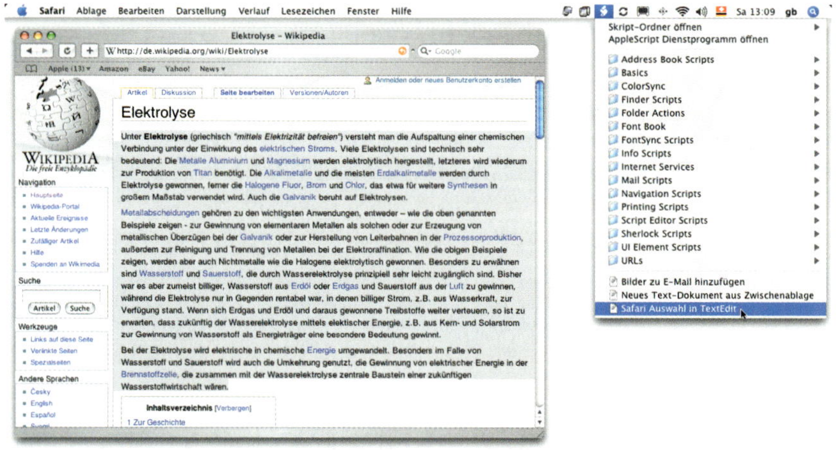

Abbildung 15-21 Ablauf aus dem Scriptmenü aufrufen

Software-Aktualisierung 16

„Aus alt mach neu!“ – Diese Strategie ist bei Software sehr viel leichter anzuwenden als sonst.

Es ist mühsam, ständig nachzuschauen, ob es vielleicht wieder ein Update für die verwendete Software gibt. Mac OS X kann das für Sie übernehmen, wenn auch nur für Anwendungen von Apple, und natürlich das Betriebssystem. Mit wenigen Klicks ist der Mac immer auf dem neusten Stand – jedenfalls, wenn man über eine schnelle Internetverbindung verfügt...

Die Software-Aktualisierung erlaubt es Apple, via Internetverbindung festzustellen, welche Version der Systemsoftware auf dem eigenen Rechner installiert ist und was allenfalls upgedatet werden müsste. Abgesehen von den Bedenken bezüglich Sicherheit dieses Verfahrens (Ausspionieren der Festplatte) ist die Funktion äusserst praktisch, da man den Systemunterhalt quasi an Apple delegiert. Trotzdem weiss niemand genau, welche Informationen übermittelt werden – jeder muss selbst entscheiden, ob er diese Möglichkeit nutzen will oder nicht.

Besonders Sicherheitsupdates sollte man stets installieren, da sonst Sicherheitslücken von Internetbösewichten ausgenutzt werden könnten. Meistens kann man die Updates auch separat von der Apple Homepage[1] herunterladen. Trotzdem muss man nichts überstürzen bei der Installation: bevor man einfach loslegt, besucht man z. B. das Forum von Macnews[2], um abzuchecken, ob ein Update evtl. Probleme verursacht – klagen dort nur Einzelne über Schwierigkeiten, kann man die Software installieren. Häufen sich die Probleme, sollte man noch etwas zuwarten und schauen, ob Apple nachbessert.

1. http://www.info.apple.com/support/downloads.html
2. http://www.macnews.de/

16.1 Konfiguration und Update-Vorgang

Die Konfiguration der *Software-Aktualisierung* erfolgt in den *Systemeinstellungen* (Abbildung 16-1, links). Obwohl jeder Benutzer (ausser eingeschränkte/einfache Benutzer) die Software-Aktualisierung aufrufen kann, ist es nur dem Administrator möglich, Software zu installieren.

Im Kontrollfeld kann eingestellt werden, ob der Computer nie (Häkchen entfernen), einmal täglich, wöchentlich oder monatlich automatisch nach Software-Aktualisierungen suchen soll (nur bei Internetverbindung). Das Kontrollfeld dient nur zur Konfiguration – um die Updates durchzuführen, startet das Programm *Software-Aktualisierung*, das sich im Ordner */System/Library/CoreServices/* befindet. Um nach Updates zu suchen, klickt man auf *Jetzt suchen* oder wählt den Eintrag *Software-Aktualisierung...* im Apple-Menü (Abbildung 16-1, rechts).

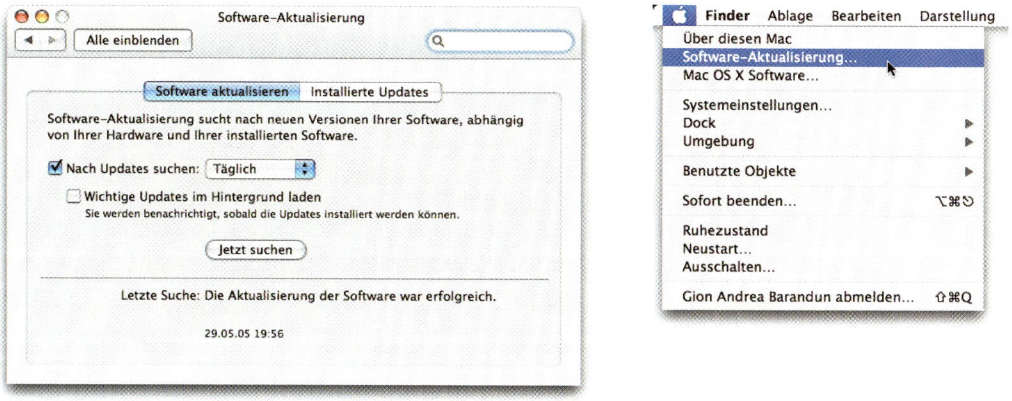

Abbildung 16-1 Kontrollfeld zur Software-Aktualisierung

Das Programm *Software-Aktualisierung* startet und sucht nach neuen, noch nicht installierten Updates, die dann in einer Liste angezeigt werden. Falls es keine neuen Updates gibt, wird man ebenfalls darüber informiert (Abbildung 16-2).

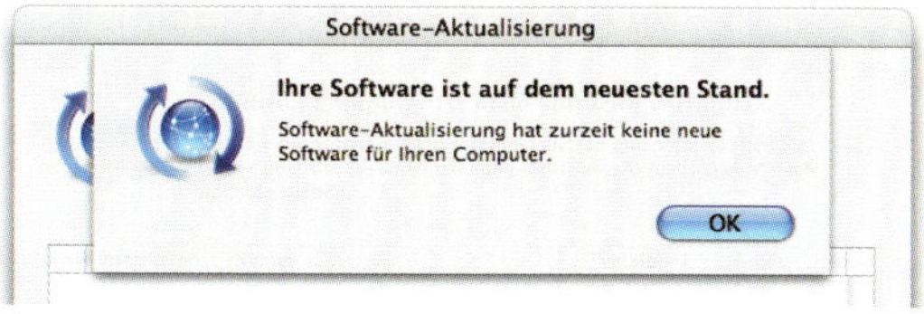

Abbildung 16-2 Keine Software verfügbar

16.1.1 Software Update durchführen

Will man eine Software installieren, muss man sie mit dem Häkchen aktivieren. Softwareinstallationen, die einen Neustart verlangen, sind mit einem runden Symbol mit einem integrierten Dreieck gekennzeichnet (Einschaltknopf). Mit <n> *Objekte installieren* kann man den Installationsvorgang starten. Falls man die Software nicht oder erst später installieren will, kann man das Programm aber auch einfach wieder beenden. Beim nächsten Prüfen nach Updates wird nicht installierte Software erneut angezeigt.

Nach dem Klicken in <x> *Objekte installieren* wird man nach dem Administrator-Passwort gefragt (Abbildung 16-3, rechts). Unter Umständen wird auch noch zusätzlich ein Lizenzvertrag eingeblendet, den man akzeptieren muss. Danach lädt sich das Programm die benötigten Updates vom Internet und installiert sie der Reihe nach (Abbildung 16-4, links). Am Schluss wird das Volume optimiert, was ein paar Minuten in Anspruch nehmen kann (Abbildung 16-4, rechts).

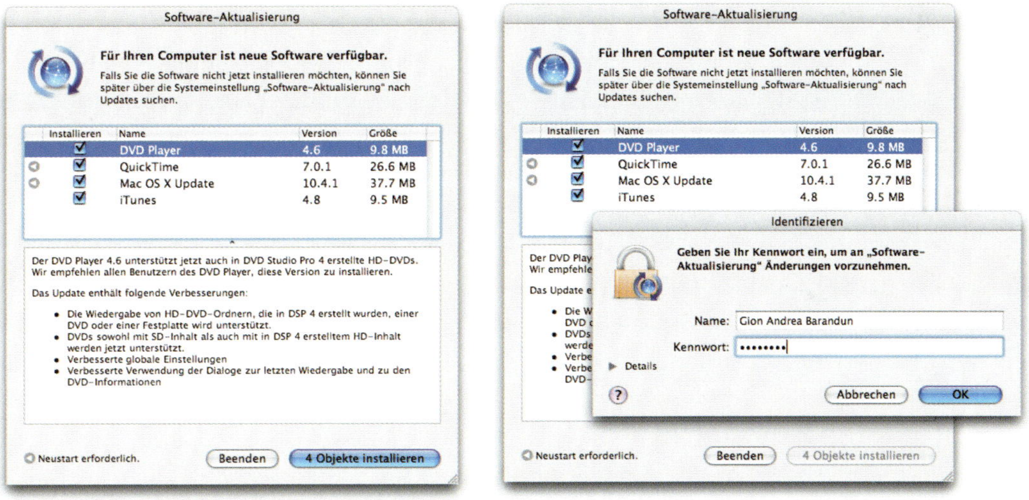

Abbildung 16-3 Software installieren

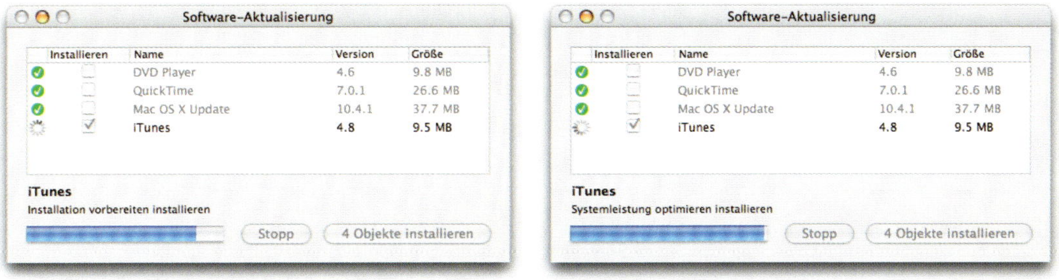

Abbildung 16-4 Installieren und optimieren

Falls man Softwarekomponenten installiert hat, welche einen Neustart erfordern, weist ein Dialog am Schluss der Aktualisierung darauf hin. Besonders praktisch ist, dass man den Computer auch ausschalten statt neustarten kann (Abbildung 16-5): So kann man das Updaten auf einen Zeitpunkt legen, an dem man den Computer sowieso ausschalten wollte – und muss nach Feierabend nicht warten, bis der Rechner nochmals aufgestartet hat...

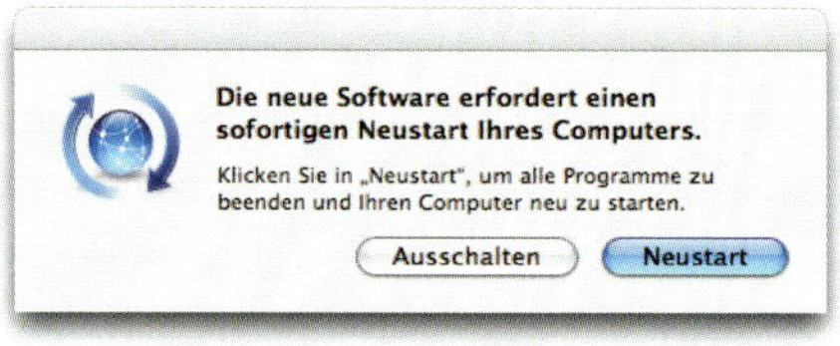

Abbildung 16-5 Neustart/Ausschalten nach erfolgter Aktualisierung

Wenn im Kontrollfeld *Software-Aktualisierung* die Option *Wichtige Updates im Hintergrund laden* aktiviert ist, holt sich Mac OS X sicherheitsrelevante Softwarepakete automatisch und informiert den Benutzer, sobald sie zur Installation bereit sind. Es kann vorkommen, dass man zuerst die eine Software installieren muss, um die Softwareaktualisierung danach erneut zu starten und erst dann weitere Komponenten zu installieren.

Meistens sind über Software-Aktualisierung bereitgestellte Updates nach ein bis zwei Tagen auch als separate Downloads verfügbar[1]. Eine gute Informationsquelle dazu sind der deutsche Macintosh-Newsdienst Macnews[2] oder der englischsprachige Update-Dienst Versiontracker[3].

16.1.2 Updates ignorieren

Falls man eine Software definitiv nicht haben will (weil man z. B. die entsprechende Hardware nicht besitzt), kann man in der Liste die Komponente(n) auswählen (die Checkbox muss nicht angeklickt werden) und den Punkt *Update ignorieren* aus dem Menü *Aktualisieren* wählen. Um deaktivierte Updates wieder einzublenden, muss man im Menü *Software-Aktualisierung* den Punkt *Ignorierte Updates zurücksetzen* selektieren.

1. http://www.apple.com/downloads/macosx/apple/
2. http://www.macnews.de
3. http://www.versiontracker.com

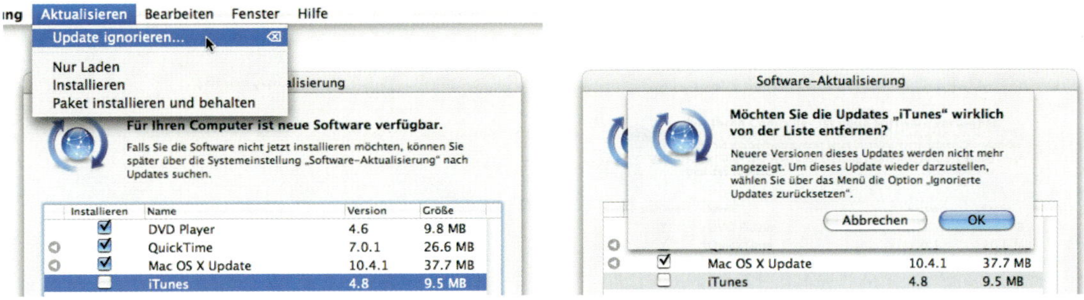

Abbildung 16-6 Update ignorieren

16.2 Updates archivieren

Für alle, die mehrere Computer aktualisieren müssen, hat Apple eine nützliche Funktion eingebaut, mit der man die heruntergeladene Software auch für zukünftige Installationen sichern kann. Neben der Option, die Software zu installieren, gibt es noch zwei weitere Möglichkeiten. Die betreffenden Komponenten müssen mit dem Häkchen markiert werden, dann kann man im Menü *Aktualisieren* von *Software-Aktualisierung* wählen:

1. *Nur Laden*: Es wird nichts installiert, sondern nur das Update zur späteren Installation heruntergeladen. Der Dialog zeigt an, dass die Software nur geladen wird. Zur Installation muss das heruntergeladene Paket im Ordner */Library/Packages* doppelt angeklickt werden. Falls sie nicht auf diese Weise installiert werden, erscheinen die Updates bei der nächsten Suche wieder und können auch erneut vom Internet heruntergeladen werden.

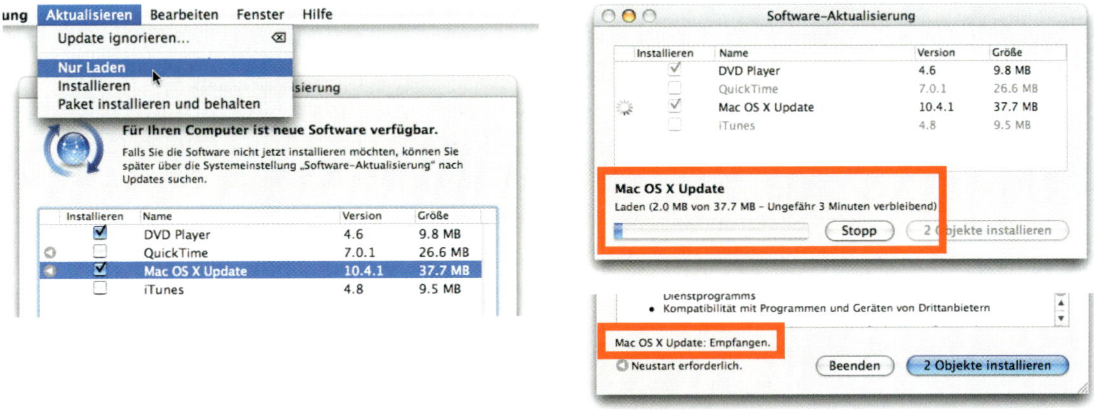

Abbildung 16-7 Software nur laden

2. *Paket installieren und behalten*: Die Software wird installiert, gleichzeitig aber auch archiviert (falls man noch weitere Rechner zum updaten hat).

In beiden Fällen landen die geladenen Softwarepakete im Ordner */Library/Packages/* und können zur Installation auf andere Rechner kopiert werden. Falls man zur Datenübernahme den *Migrations-Assistenten* (Seite 50) benutzt hat, kann es sein, dass der Ordner */Library/Packages* schreibgeschützt ist, falls er in der ursprünglichen Installation einem anderen Benutzer gehörte. In diesem Fall muss man via Informationsdialog die Zugriffsrechte so ändern, dass man zum Eigentümer des Ordners wird (siehe „Zugriffsrechte via Informationsfenster bearbeiten" auf Seite 192).

16.3 Protokoll

Alle Software-Aktualisierungen werden protokolliert. Im Register *Installierte Updates* des Kontrollfeldes (Abbildung 16-8) wird die Liste der erfolgten Aktualisierungen eingeblendet. Hier erscheinen aber nur Updates, die mit den Optionen *Installieren* oder *Paket installieren und behalten* erfolgt sind. Pakete, die man heruntergeladen und nachträglich installiert hat, tauchen in dieser Liste nicht auf.

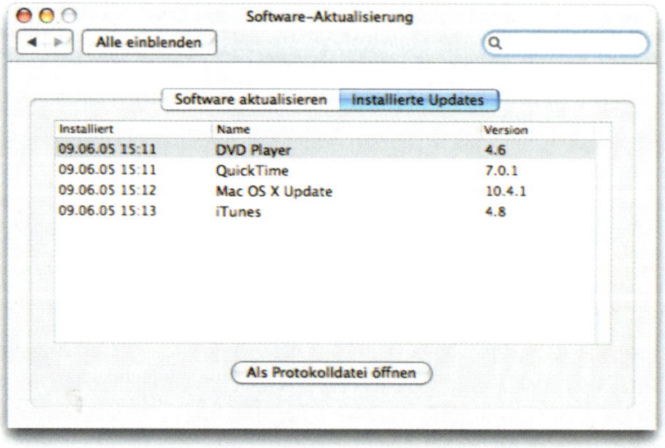

Abbildung 16-8 Protokoll der Software-Aktualisierung

Sicherheit 17

„Die Titanic ist unsinkbar." – ein falsches Sicherheitsgefühl kann fatale Folgen haben.

Mac OS X ist ein sicheres Betriebssystem. Dennoch gibt es einiges zu beachten, will man das System gegen Angriffe schützen. Das Benutzerpasswort allein ist noch keine Garantie gegen eine Attacke. Und einige „Sicherheitslöcher" tun sich dort auf, wo man sie gar nicht vermutet.

17.1 FileVault

Mit Panther wurde die Sicherheitstechnologie *FileVault* eingeführt. Sie lässt sich ebenfalls über die Systemeinstellungen aktivieren und steuern. FileVault ist eine Technologie, welche den Inhalt des Ordners *Privat* „on the fly" (in Echtzeit) verschlüsselt. Die Technologie ist in erster Linie für Leute gedacht, die sehr sensible Daten auf dem Computer haben – insbesondere für iBooks und PowerBooks kann die Verschlüsselung interessant sein: Ohne FileVault sind die Daten eines gestohlenen Geräts für den Dieb (wenn er genügend hartnäckig ist und sich auskennt) früher oder später zugänglich – trotz Passwort beim Login, trotz Open Firmware-Passwort. FileVault schaltet diese Sicherheitslücke aus. Es ist so gut wie unmöglich, dass ein Bösewicht Einsicht in die Daten erhält. Apple meint, es brauche 149 Trillionen Jahre[1] um FileVault zu knacken. Nur die wenigsten Diebe nehmen sich wohl so viel Zeit... FileVault bietet aber keinen Schutz, wenn das Gerät mit eingeloggtem FileVault-Benutzer geklaut wird!

FileVault verschlüsselt die Daten mit dem User-Passwort. Sollte dieses einmal vergessen werden, gibt es noch ein *Hauptkennwort*, mit welchem man Zugang zu den Daten erhält. Eines sollte man aber bedenken: vergisst man auch das Hauptkennwort, so sind

1. http://www.apple.com/macosx/features/filevault/

die Daten für den Besitzer unwiderruflich verloren! Für den „Normalverbraucher“ ohne extrem sensible Daten lohnt es sich nicht, FileVault zu verwenden. Die Einstellungen zu FileVault findet man im Kontrollfeld *Sicherheit*.

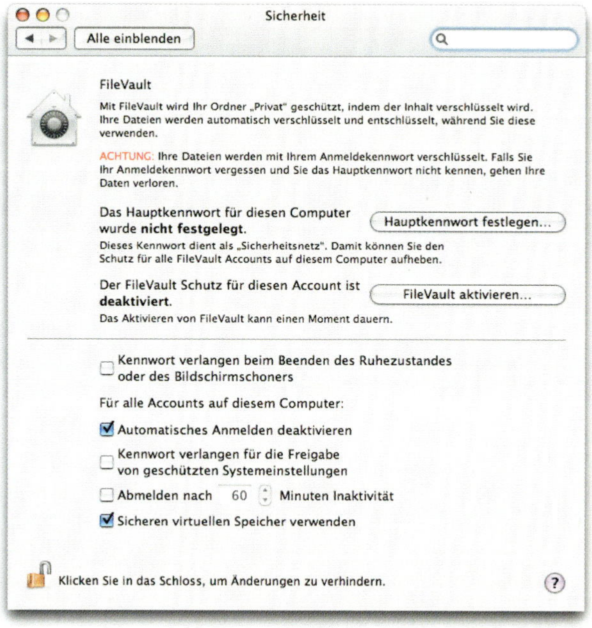

Abbildung 17-1 Kontrollfeld Sicherheit

17.1.1 FileVault für einen Benutzer aktivieren

Der FileVault-Schutz wird für jeden Benutzer-Account separat eingeschaltet, und zwar direkt im betroffenen Account, verlangt aber auf jeden Fall ein Administrator-Kennwort. Das Kontrollfeld *Sicherheit* kann auch von eingeschränkten Benutzern aufgerufen werden. Um FileVault zu aktivieren, dürfen allerdings keine anderen Benutzer eingeloggt sein. Will man FileVault für einen Account einschalten, muss mindestens so viel freier Festplattenplatz vorhanden sein, wie der Account im Moment belegt. Dieser Platz wird zeitweilig für die Datenverschlüsselung gebraucht. Bevor man die Benutzerdaten verschlüsselt, sollte man ein Backup der Daten anlegen (siehe „Datensicherung & Backup“ auf Seite 491). Falls während des Prozesses etwas schief geht, kann man immer noch zu den ursprünglichen Daten zurückkehren. Nach der erfolgreichen Aktivierung von FileVault sollte man das Backup löschen, und zwar mit der Option *Papierkorb sicher entleeren* im Menü *Finder*. Für zukünftige Backups kann man verschlüsselte Disk Images brauchen (siehe „FileVault und Backups“ auf Seite 461).

Nach dem Klick in *FileVault aktivieren* muss ein Administrator-Passwort eingegeben werden (Abbildung 17-2, links). Falls noch kein Hauptkennwort festgelegt wurde, muss das zuerst getan werden (Abbildung 17-2, rechts) – das Fragezeichen führt zum Kennwort-Assistenten, der schon von der Benutzereinrichtung bekannt ist (siehe „Neue Benutzer anlegen oder bearbeiten" auf Seite 245).

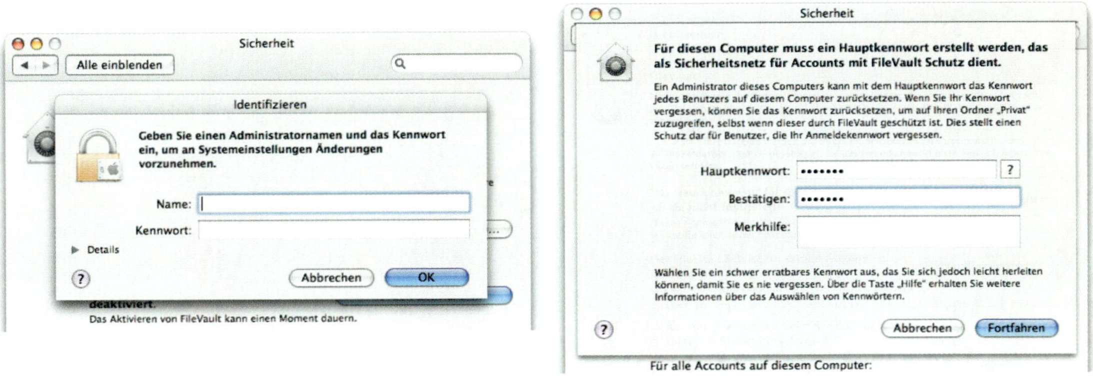

Abbildung 17-2 FileVault: Hauptkennwort festlegen

Danach wird das Passwort des aktuellen Benutzers zur Aktivierung von FileVault verlangt (Abbildung 17-3).

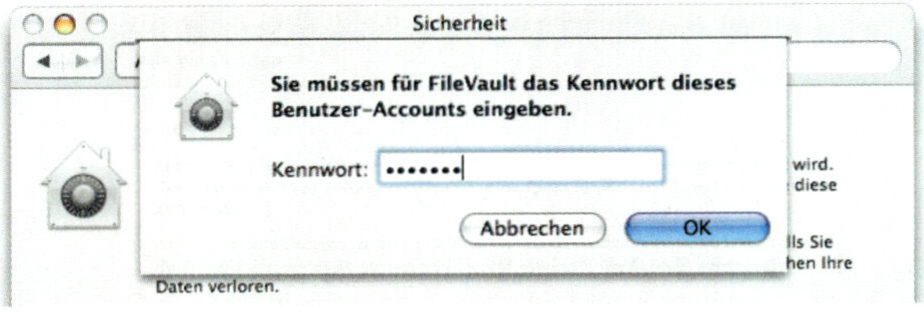

Abbildung 17-3 FileVault-Passwort festlegen

Mit Klick auf *OK* erscheint eine weitere Warnung vor FileVault, bevor man es mit dem Knopf *FileVault aktivieren* (Abbildung 17-4) endgültig einschaltet. Nun wird ein verschlüsseltes Image erzeugt, wobei alle Benutzerdaten in dieses Image kopiert werden. Nach dem Kopiervorgang werden die ursprünglichen Benutzerdaten gelöscht. Die Option *Sicheres Löschen verwenden* schaltet deshalb eine Funktion ein, mit der die ursprünglichen Benutzerdaten nicht nur wie üblich als gelöscht markiert, sondern mehrmals überschrieben werden und somit auch mit Hilfsprogrammen nicht mehr wiederherstellbar sind. Wenn diese Option aktiviert ist, kann der Wechsel zu FileVault noch sehr viel länger dauern, als er das bei grossen Datenmengen ohnehin schon tut.

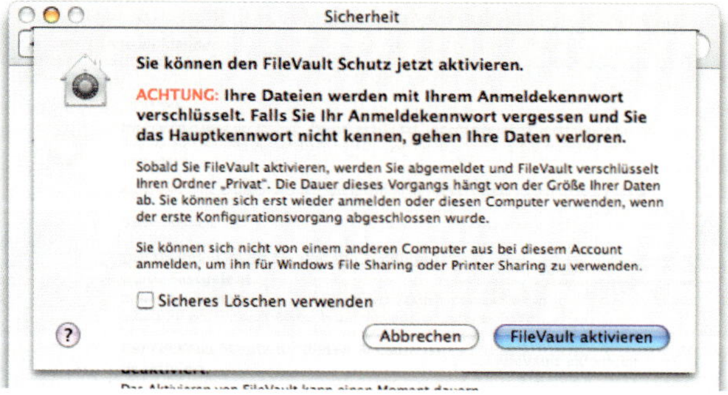

Abbildung 17-4 FileVault endgültig aktivieren

Nach dem Klick in *FileVault aktivieren* erscheint während des Kopier- und Verschlüsselungsvorganges ein Fenster ähnlich dem Login-Screen. Es ist wichtig, den Prozess auf keinen Fall zu unterbrechen, da sonst Datenverluste auftreten können. Schliesslich muss sich der betreffende Benutzer erneut einloggen.

Ob die Verschlüsselung aktiv ist, erkennt man an der Darstellung des Icons für den Ordner *Privat*.

Die Daten werden nicht mehr – wie bei normalen (Nicht-FileVault)-Benutzern – direkt in die Ordner auf der Festplatte gespeichert, sondern in das erwähnte Image gesichert – der Benutzer merkt davon aber nichts. Schaut man sich aber von einem anderen Account aus das Home-Verzeichnis eines nicht eingeloggten FileVault-Benutzers an, wird das ersichtlich (Abbildung 17-5).

Abbildung 17-5 Home-Verzeichnis von *ivohuonder* (nicht eingeloggter User)

Das Login-Kennwort kann nach der FileVault-Aktivierung nur noch vom Benutzer selber im Kontrollfeld *Benutzer* gewechselt werden, nicht aber vom Administrator. Dieser kann nur mit der unter „Kennwort zurücksetzen“ auf Seite 461 beschriebenen Methode mit Hilfe des Hauptkennwortes das Benutzerpasswort ändern.

Obwohl man auf Daten von FileVault-Benutzern (während sie eingeloggt sind) via FileSharing zugreifen kann, sollte man vorsichtig damit sein. Meldet sich der FileVault-Benutzer ab, sind seine Daten nicht mehr verfügbar und via Netzwerk verbundene Benutzer werden getrennt – im Gegensatz zu anderen Benutzern, wo es keine Rolle spielt, ob sie ein- oder ausgeloggt sind, solange nur FileSharing aktiv ist. Der FileVault-Benutzer selber kann von entfernten Rechnern aber via FileSharing auf seine Daten zugreifen, auch wenn er nicht eingeloggt ist.

17.1.2 Kennwort zurücksetzen

Wenn ein FileVault-Benutzer einmal sein Passwort vergessen hat, wird nach dreimaliger Falscheingabe beim Login das Hauptkennwort abgefragt. Nach dessen Eingabe kann das Benutzerkennwort für den FileVault-Benutzer zurückgesetzt werden, damit er wieder Zugang zu seinen Daten hat. Das DiskImage selber kann nicht mit dem Hauptkennwort geöffnet werden, sondern nur mit dem Benutzerkennwort! Das ist insbesondere dann wichtig, falls man das Image auf einen anderen Computer kopiert hat und versucht, es dort zu öffnen. Da das Hauptkennwort computerspezifisch ist, hat man dann keine Chance mehr, an die Daten zu gelangen, wenn das Benutzerkennwort nicht mehr bekannt ist.

Wenn FileVault einmal aktiv war, erscheint auch bei Nicht-FileVault-Benutzern nach dreimaliger Falscheingabe des Login-Passworts der Dialog mit der Abfrage des Hauptkennworts.

Das Hauptkennwort kann natürlich jederzeit von einem Administrator geändert werden. Die Änderung ist erst dann aktiv, wenn das Programm *Systemeinstellungen* wieder geschlossen wird.

Wird das Gerät gestohlen, und setzt der Dieb mit Hilfe der System-CD das Administrator-Passwort zurück („Passwort vergessen“ auf Seite 527), braucht er dennoch das alte Benutzerpasswort (oder das Hauptkennwort), um an die Daten auf dem Image zu kommen.

17.1.3 FileVault und Backups

Werden von den FileVault-Benutzerdaten Backups gemacht, muss man bezüglich Sicherheit mit diesen Daten genauso vorsichtig umgehen wie mit den Originaldaten. Bei

Backups auf externe Festplatten sind Dateien und Ordner im Normalfall ungeschützt und jedem, der die Platte in die Hände bekommt, frei zugänglich. Wenn man die Möglichkeit hat, wird man das Backup in einem Safe oder an einem anderen sicheren Platz aufbewahren, um es auf diese Weise vor unbefugtem Zugriff zu schützen. Wenn das nicht geht, hat man zwei Möglichkeiten:

1. Das ganze Home-Verzeichnis des FileVault-Benutzers – also das ganze Image – wird jeweils auf eine externe Festplatte kopiert. Damit sind die Daten sicher, da das Image schliesslich mit dem Benutzerkennwort verschlüsselt ist. Für den Kopiervorgang muss man sich als anderer Benutzer einloggen, damit man das ganze Image packen und verschieben kann. Der Nachteil: falls das Image sehr gross ist, dauert der Prozess entsprechend lange und es muss bei jedem Backup die gesamte Datenmenge transferiert werden.

2. Die Benutzerdaten werden – inkrementell oder differentiell, z. B. mit Synk – in ein verschlüsseltes Image gesichert. Diese Methode ist komplizierter, meistens aber schneller (da nur die veränderten Daten kopiert werden müssen) und flexibler, da man sich auf einige Ordner des Benutzers beschränken kann, falls die anderen nicht so wichtig sind.

Für die zweite Methode existiert mit dem *Festplatten-Dienstprogramm* ein Werkzeug, um ein verschlüsseltes Disk-Image zu erzeugen (siehe auch „Brennen von Sessions mit dem Festplatten-Dienstprogramm“ auf Seite 497). Dieses Image kombiniert man mit dem automatisierten Backup-Prozess von Synk („Backup mit Plan“ auf Seite 503) – damit hat man eine extrem sichere Kopie seiner Daten. Und so wird‘s gemacht:

1. Da man nicht weiss, wie sich der Datenbestand in Zukunft entwickelt, muss man ein Image erzeugen, das seine Grösse anpassen kann. Im Festplatten-Dienstprogramm wählt man dazu im Menü *Ablage - Neu - Leeres Image*.

2. Nun wählt man als Speicherort für das Image die externe Festplatte aus (Abbildung 17-6, links). Dabei muss die Option *Verschlüsselung* auf *AES-128 (empfohlen)* stehen – das ist die gleiche Verschlüsselung wie bei FileVault. Ausserdem muss unter *Format* der Eintrag *Mitwachsendes Image* gewählt werden; damit belegt das Image immer nur so viel Platz, wie die Summe der enthaltenen Daten. Seine maximale Grösse ist aber durch die Angabe im Auswahlfeld *Größe:* beschränkt. Hier sollte deshalb ein genügend grosser Wert eingegeben werden (unter *Eigene...* können auch andere Beträge als die vorgegebenen gewählt werden). Mit Klick auf *Erstellen* erscheint ein Dialog zur Eingabe des Passwortes (Abbildung 17-6, rechts), das auch im Schlüsselbund (Seite 467) gespeichert werden kann. Zur Erhöhung der Sicherheit sollte diese Option deaktiviert werden.

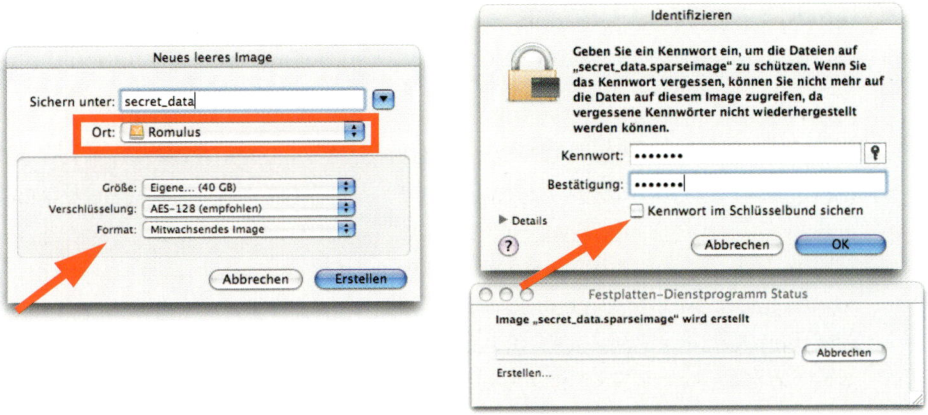

Abbildung 17-6 Verschlüsseltes Image erzeugen

Nach Klick in *OK* wird das Image erstellt und erscheint auf der externen Festplatte.

3. Das Image wird automatisch gemountet und erscheint – je nach Einstellungen – im Fenster *Computer*, in der Seitenleiste oder dem Schreibtisch.

4. In Synk wird der Originalordner als *Ordner A* (Quelle) und das gemountete Image als *Ordner B* (Ziel) für das Backup selektiert. Das Backup wird mit den gewünschten Optionen gemäss dem Kapitel „Einrichten des Backups" auf Seite 503 konfiguriert. Der Backup-Vorgang wird als Synk-Dokument gespeichert.

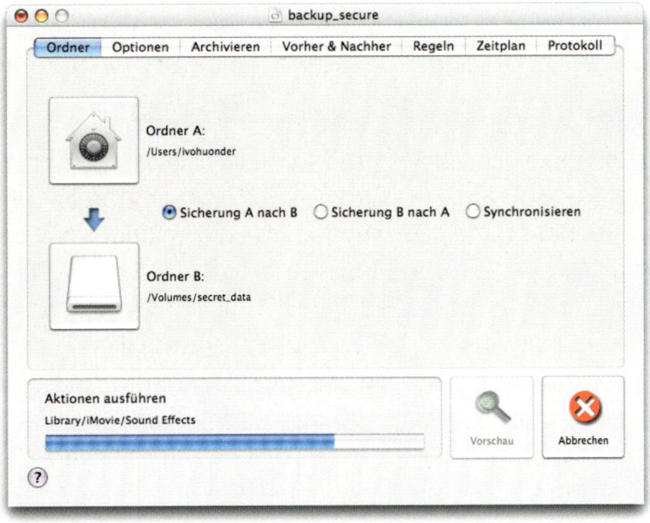

Abbildung 17-7 Sicheres Backup erstellen

5. Mit Klick auf *Ausführen* wird das Backup durchgeführt und die Daten auf das Image gesichert. Nach dem Backup sollte man das Image so schnell wie möglich auswerfen, damit der Passwortschutz wieder aktiv ist.

6. Beim nächsten Backup muss lediglich die externe Festplatte angeschlossen werden. Nach dem Öffnen des Synk-Dokuments und Klick auf *Ausführen* erscheint automatisch die Passwortabfrage zum Mounten des geschützten Images (es sei denn, man hat das Passwort unter Punkt 2 im Schlüsselbund gespeichert – dann wird es automatisch gemountet). Das Backup läuft nun.

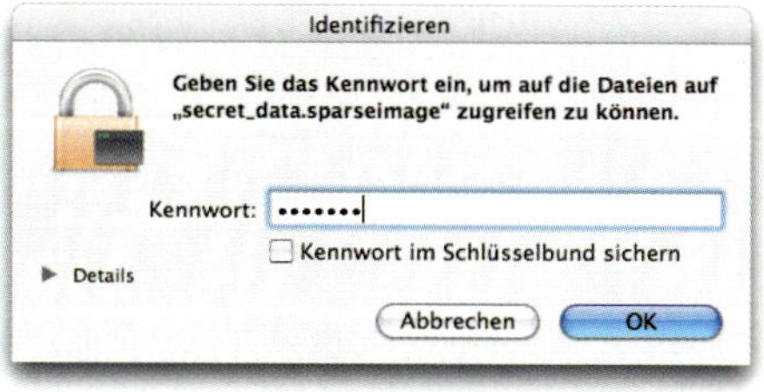

17.1.4 FileVault und Spotlight

Da der Spotlight Store volumegebunden erstellt wird, ist die Sicherheit für FileVault-Benutzer gewährleistet: deren Daten liegen auf einem eigenen Volume, das für andere Benutzer nicht zugänglich ist. Im Home-Verzeichnis von FileVault Benutzern befindet sich – im Gegensatz zu „normalen" Benutzern – deshalb auch der (unsichtbare) Ordner *.Spotlight-V100*, wo der Index von Spotlight gespeichert ist.

17.2 Sicherheitseinstellungen

Neben den Einstellungen für FileVault gibt es im Kontrollfeld *Sicherheit* noch fünf weitere Einstellungen (Abbildung 17-1), welche die Sicherheit des Computers betreffen und – bis auf die erste – alle Benutzer des Geräts betreffen:

- *Kennwort verlangen beim Beenden des Ruhezustands oder des Bildschirmschoners* sollte man aktivieren. Wenn immer der Computer ungesichert zurückgelassen wurde, aktiviert sich nach einer gewissen Zeit wenigstens der Passwortschutz (falls Bildschirmschoner oder Ruhezustand automatisch aktiviert werden).
- *Automatisches Anmelden deaktivieren* verlangt beim Login Benutzername und Passwort. Andernfalls erscheint kein Login-Fenster, sondern der Benutzer, welcher im Kontrollfeld *Benutzer* unter *Anmelde-Opt.* definiert ist, wird automatisch eingeloggt. Diese Einstellung sollte man auf jeden Fall aktivieren, da sonst jeder, der den Computer startet, direkten Zugriff auf die Daten hat (evtl. sogar als Administrator, falls ein solcher automatisch eingeloggt wird). Diese Option steht auch im *Benutzer*-Kontrollfeld unter *Anmelde-Opt.* zur Verfügung.

- Wenn man als Administrator eingeloggt ist, kann man alle Systemeinstellungen jederzeit verändern. Will man das verhindern, markiert man die Option *Kennwort verlangen für die Freigabe von geschützten Systemeinstellungen*. Alle Schlösser in den Kontrollfeldern werden daraufhin geschlossen und man muss vor jeder Änderung jeweils ins Schloss klicken und das Administrator-Kennwort eingeben.
- Ein Benutzer kann automatisch ausgeloggt werden, wenn er eine bestimmte Zeit nicht mehr aktiv war. Das wird unter *Abmelden nach <Anzahl> Minuten Inaktivität* konfiguriert. Die Abmeldung funktioniert nur dann, wenn keine Programme mit ungesicherten Dokumenten mehr aktiv sind (da deren Aufforderung zum Speichern der Änderungen den Abmeldevorgang abbricht).
- Schliesslich lässt sich noch die Option *Sicheren virtuellen Speicher verwenden* aktivieren. Bei Speichermangel im Arbeitsspeicher lagert Mac OS X Daten auf die Festplatte aus, ins sogenannte swap-file. Ein versierter Benutzer könnte von dort das Benutzerkennwort ausspionieren, falls es nicht verschlüsselt wird. Deshalb diese Option einschalten!

17.3 Mehrbenutzer-Struktur

Die Passwortabfrage beim Einloggen erzeugt ein gewisses Sicherheitsgefühl, allerdings kann jeder, der eine System-CD besitzt, diesen Schutz umgehen. Mit Hilfe des Installers auf der CD können nämlich alle Passwörter zurückgesetzt werden (auch dasjenige des root!). Dieser Vorgang wird in „Passwort vergessen" auf Seite 527 beschrieben.

Eine weitere Sicherheitslücke kann beim Ausloggen entstehen: Ein Bösewicht könnte den Rechner neu starten und danach das Startvolume ändern, sofern nicht das Open Firmware-Passwort eingeschaltet wurde (siehe Seite 475). Will man das verhindern, muss in den Anmelde-Optionen der Eintrag *Tasten „Ruhezustand", „Neustart" und „Ausschalten" einblenden* deaktiviert werden, wie unter „Anmeldung (Login Window)" auf Seite 262 beschrieben. Da aber auch dann noch die Möglichkeit besteht, den Rechner vom Stromnetz zu trennen oder durch längeres Drücken der Einschalttaste zurückzusetzen (sofern diese Komponenten zugänglich sind), bietet lediglich das Open Firmware-Passwort zuverlässigen Schutz vor ungewollten Änderungen am Startvolume.

17.3.1 Passwortwahl

Ein Passwortschutz nützt nichts, wenn jeder das Kennwort erraten kann. Der Vorname der Ehefrau, Autonummern, Geburtstage, Telefonnummern und Zahlenkombinationen wie 12345 eignen sich nicht als Kennwörter. Mehr zur richtigen Wahl eines Passworts im Kapitel „Neue Benutzer anlegen oder bearbeiten" auf Seite 245.

17.3.2 Der root-Benutzer

Der root-Benutzer stellt ein potentielles Sicherheitsrisiko dar, wenn er aktiviert ist. Über den Login-Screen kann man sich direkt als root am System anmelden. Deshalb ist er standardmässig auch deaktiviert. Während ein Einbrecher normalerweise Benutzernamen und Passwort erraten muss, ist der Benutzername *root* schon einmal vorgegeben. Ein Angreifer aus dem Netz braucht also nur noch ein Programm, das root-Passwörter ausprobiert, um vollen Zugriff zum Rechner zu erlangen.

Mehr zu diesem besonderen User unter „Der root-Benutzer“ auf Seite 269.

17.4 Internet

17.4.1 Downloads

Nicht alles, was via E-Mail verschickt oder vom Internet heruntergeladen wird, ist gut. Vor allem wenn man als Administrator jedem Dokument einfach vertraut, entsteht eine gewisse Sicherheitslücke. Mac OS X fragt deshalb nach, wenn ein Programm das erste mal automatisch geöffnet wird. Was bedeutet das? Ein Programm manuell zu öffnen heisst, das Dock-Icon oder das Programm bzw. einen Alias davon doppelt anzuklicken. Damit weiss der Mac, dass der Benutzer dieses Programm ganz sicher öffnen will. Automatisch öffnen bedeutet, dass z. B. eine Datei aus dem Internet heruntergeladen oder ein Link angeklickt wird, der ein Programm öffnen will. Falls dieses Programm noch nie geöffnet war, weiss Mac OS X nicht, ob es ihm trauen kann, und blendet deshalb die Warnmeldung aus Abbildung 17-8 ein. Man sollte nur *Öffnen* klicken, wenn man sicher ist, dass kein Schaden entstehen kann.

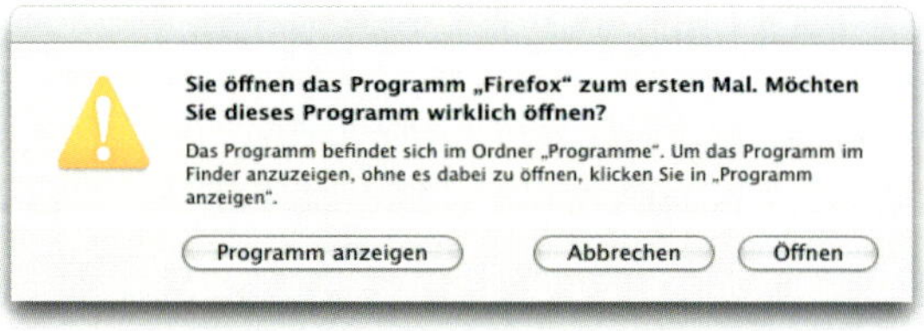

Abbildung 17-8 Programm wird zum ersten Mal automatisch geöffnet

Eine weitere Sicherheitseinstellung wird im Webbrowser *Safari* vorgenommen und betrifft das Herunterladen von Dateien. In den *Einstellungen...* (Menü *Safari*) sollte unter *Allgemein* der Punkt *„Sichere“ Dateien nach dem Laden öffnen* deaktiviert werden. Damit kann man heruntergeladene Daten zuerst prüfen, bevor man sie öffnet.

17.4.2 Firewall

Die Funktion einer Firewall ist im Kapitel „FireWall“ auf Seite 328 beschrieben, da sie einen Teil der Netzwerkfunktionalität darstellt. Mit der Firewall wird der Netzwerkzugriff eingeschränkt, sodass keine Angriffe von aussen mehr stattfinden können.

17.5 Schlüsselbund

Neben dem eigentlichen Benutzerpasswort hantieren wir heute mit vielen weiteren Passwörtern, einige davon sind dem Benutzer nicht immer präsent: während die Passwortabfrage beim Abrufen von E-Mails zwar bekannt ist, weiss kaum jemand, wo das E-Mail-Passwort denn gespeichert wird. Genauso bei Internetseiten, welche einen Login verlangen. In Safari wird das Feld *Dieses Kennwort in meinem Schlüsselbund sichern* aktiviert, und man muss es nie mehr eingeben. Auf die gleiche Weise werden auch Kennwörter für AppleShare- oder ftp-Server erfasst. Aber wo werden sie gespeichert?

Verwaltet werden diese Passwörter mit dem Programm *Schlüsselbund* in */Programme/Dienstprogramme*.

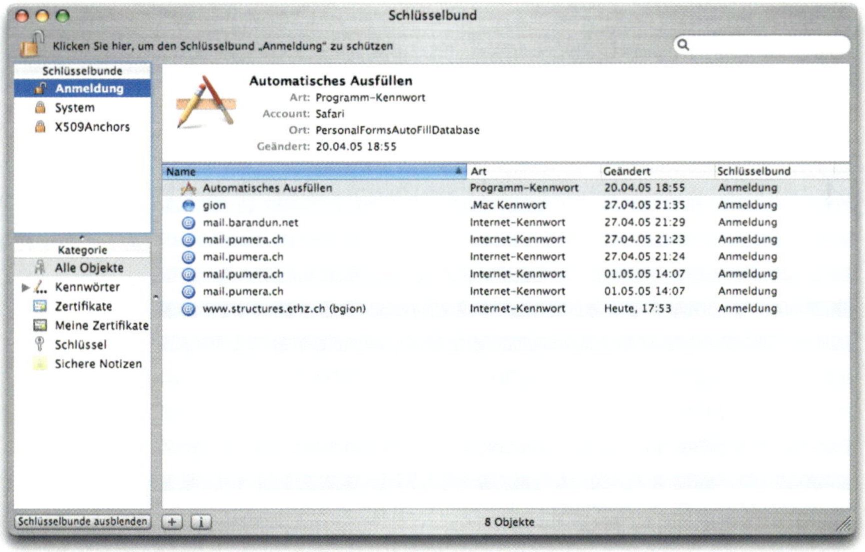

Abbildung 17-9 Schlüsselbund

Wird das Programm geöffnet, kann man die Schlüsselbunde mit *Schlüsselbunde einblenden* unten links im Fenster anzeigen (Abbildung 17-9). Meistens erscheinen nur drei Schlüsselbunde: *Anmeldung*, *System* und *X509Anchors*. Je nach Vorgeschichte des

Computers (Update von Panther) kann das aber auch anders aussehen. Ein Schlüsselbund verwaltet, gleichsam dem Ring, an dem verschiedene Schlüssel angemacht sind, verschiedene Zugänge. Wer im Besitz des Schlüsselbundes ist (sein Passwort kennt), dem öffnen sich alle Türen (Mailkonten, Internetseiten, Server-Verbindungen...), deren Schlüssel am Ring sind.

Daneben verwaltet das Programm auch Zertifikate, die beispielsweise den Inhalt von sicheren Internetseiten überprüfen oder mit denen man seine E-Mail-Adresse signieren kann. Wenn man in der Liste *Kategorie* den Eintrag *Alle Objekte* wählt, erscheinen sämtliche erfasste Zugänge und Zertifikate.

17.5.1 Schlüsselbund-Passwort ändern

Der Schlüsselbund *Anmeldung* wird standardmässig beim Einloggen geöffnet und bleibt offen. Das bedeutet, dass alle darin gespeicherten Passwörter ohne weitere Abfrage in den betroffenen Programmen verwendet werden. Diese Methode funktioniert dann, wenn das Login-Passwort und das Schlüsselbund-Passwort für den Schlüsselbund *Anmeldung* gleich sind (was standardmässig so ist). Falls nun aber das Benutzerkennwort von einem Administrator für einen anderen Benutzer geändert wurde (siehe „Nachträgliches Editieren eines Benutzers“ auf Seite 260), muss dieser andere Benutzer sein Schlüsselbund-Kennwort neu setzen, damit der Automatismus wieder funktioniert. Andernfalls wird beim ersten Zugriff nach dem Login auf den betreffenden Schlüsselbund das Schlüsselbund-Passwort (das alte Login-Passwort) abgefragt.

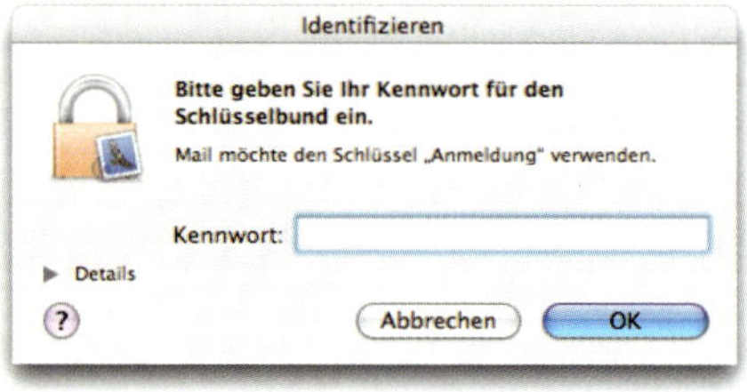

Abbildung 17-10 Login-Passwort und Schlüsselbund-Passwort sind unterschiedlich

Im Menü *Bearbeiten* wird dazu der Eintrag *Kennwort für den Schlüsselbund „Anmeldung“ ändern...* aufgerufen. Im folgenden Dialog muss einmal das alte und zweimal das neue Passwort eingegeben werden.

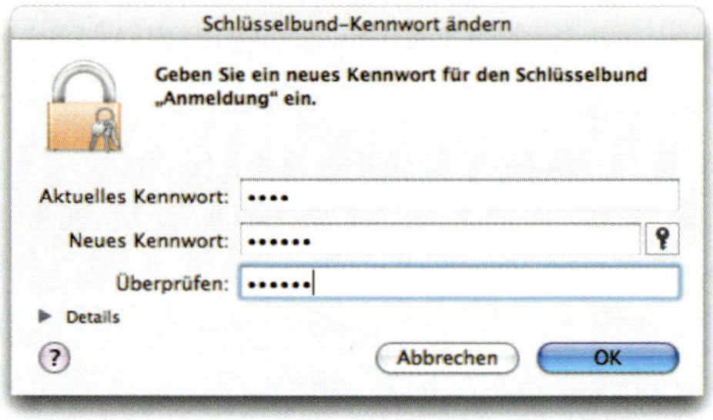

17.5.2 Erhöhte Sicherheit

Zur Erhöhung der Sicherheit kann man das Schlüsselbund-Passwort natürlich auch absichtlich unterschiedlich vom Login-Passwort wählen. Falls im Menü *Bearbeiten - Einstellungen für den Schlüsselbund „Anmeldung“ ändern...* die Optionen *Nach <Anzahl> Minuten Inaktivität schützen* und *Während des Ruhezustands schützen* aktiviert werden, muss aber nach der angegebenen Zeit bzw. nach dem Ruhezustand das Schlüsselbund-Passwort wieder eingegeben werden. Das funktioniert auch, falls das Benutzer- und das Schlüsselbund-Passwort übereinstimmen.

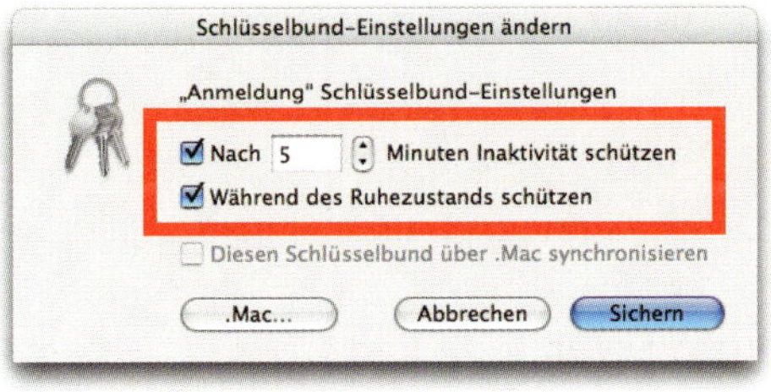

Abbildung 17-11 Sicherheit für den Schlüsselbund erhöhen

Alternativ kann man auch einen separaten Schlüsselbund nur für Mail oder andere Programme erzeugen.

Wenn man in den Voreinstellungen des Programms (Menü *Schlüsselbund - Einstellungen...*) im Register *Allgemein* die Option *Status in der Menüleiste anzeigen* aktiviert, hat man über den Menübalken Zugriff auf die Schlüsselbundeinstellungen. Somit kann man zu jedem Zeitpunkt einen *Schlüsselbund schützen* bzw. *öffnen*, sowie den *Bildschirm schützen* (der Bildschirmschoner wird aktiviert und verlangt zum Weiterarbeiten das Login-Passwort).

17.5.3 Schlüsselbunde importieren

Nach einer Systeminstallation mit *Löschen und Installieren* oder bei Datenverlust kann es sein, dass man den alten Schlüsselbund oder auch nur einige Objekte davon vom Backup in das neue System importieren möchte. Leider bietet das Programm keine Funktion an, das direkt zu tun. Es funktioniert aber sehr einfach mit den folgendenen Tricks:

Den kompletten (alten) Schlüsselbund importieren

Der Import des alten Schlüsselbundes ist normalerweise sehr einfach.

1. Der alte Schlüsselbund wird (falls er nicht schon so heisst) in *login.keychain* umbenannt und in den Ordner *~/Library/Keychains* kopiert. Der Dialog zum Ersetzen der schon vorhandenen Datei muss bestätigt werden.
2. Der (eben kopierte) Schlüsselbund *Anmeldung* ist nicht geöffnet – falls also eine Anwendung auf diesen Schlüsselbund zugreift, muss dessen Passwort eingegeben werden. Will man das nicht, muss man folgendes tun:
3. Das Schlüsselbund-Passwort für den (vorher kopierten) Schlüsselbund *Anmeldung* wird auf das Login-Passwort gesetzt (siehe „Schlüsselbund-Passwort ändern“ auf Seite 468). Damit wird der Schlüsselbund immer bei der Anmeldung am System freigegeben und kann wie der ursprüngliche Schlüsselbund genutzt werden.

Ein auf diese Weise vorgenommener Import funktioniert von Tiger nach Tiger, von Panther nach Tiger und von Jaguar nach Tiger. Wichtig: Schlüsselbunde in Jaguar hiessen noch *<kurzname>.keychain*. Sie müssen gemäss der oben stehenden Anleitung zwingend in *login.keychain* umbenannt werden!

Sollte diese Methode einmal versagen, kann man folgendes probieren:

1. Im Programm *Schlüsselbund* im Menü *Bearbeiten* den Eintrag *Schlüsselbundliste* wählen. Es erscheint ein neues Fenster mit allen vorhandenen Schlüsselbunden. In der Kategorie *Benutzer* (Auswahlmenü *Anzeigen:*) werden die aktuell dem Benutzer zugänglichen Schlüsselbunde gelistet.
2. Den im Moment aktiven Standard-Schlüsselbund wählen (den man ersetzen will), das Minus-Zeichen unten im Fenster drücken. Die Änderung mit *OK* bestätigen. Damit verschwindet der Schlüsselbund auch aus der Liste des Hauptfensters (evtl. muss das Programm dazu neu gestartet werden).
3. Im Finder zum Ordner *~/Library/Keychains* navigieren. Falls der eben entfernte Schlüsselbund dort noch vorhanden ist, bewegt man ihn aus dem Ordner heraus. Der alte Schlüsselbund vom Backup wird in diesen Ordner kopiert (meistens wird er *login.keychain* heissen).
4. Das Programm *Schlüsselbund* erneut starten und die Schlüsselbundliste wie oben erwähnt aufrufen. Mit Klick auf das Plus-Zeichen den eben kopierten Schlüsselbund auswählen und in der Benutzerliste hinzufügen und mit *OK* bestätigen. Falls der Schlüsselbund nicht sofort im Hauptfenster erscheint, das Programm beenden und wieder starten.
5. Im Hauptfenster den eben hinzugefügten Schlüsselbund auswählen und zum Standard machen (Menü *Ablage*, Eintrag *Schlüsselbund „Name“ als Standard setzen*). Zur

Erhöhung des Komforts kann man das Schlüsselbund-Passwort noch dem Login-Passwort anpassen.

Nur einige Objekte importieren

Wenn man ein E-Mail-Account plötzlich wieder benutzen möchte, das man beim alten Rechner noch gebraucht hat, aber das Passwort nicht mehr weiss, ist es nützlich, den alten Schlüsselbund noch zur Hand zu haben und nur gerade ein Objekt zu importieren.

1. Den alten Schlüsselbund auf den Desktop kopieren (die Schlüsselbund-Dateien befinden sich im Allgemeinen in *~/Library/Keychains*).
2. Den Schlüsselbund auf dem Desktop doppelklicken – er erscheint im Programm *Schlüsselbund* in der Liste *Schlüsselbunde*. Dazu muss unten im Fenster der Knopf *Schlüsselbunde einblenden* gedrückt werden.
3. In der linken Spalte wählt man den neu aufgetauchten Schlüsselbund aus und öffnet ihn mit Klick auf das Schloss in der Symbolleiste des Programms (das alte Schlüsselbund-Passwort muss eingegeben werden). Falls der alte Schlüsselbund auch *Anmeldung* hiess, tauchen zwei Schlüsselbunde mit diesem Namen auf, wobei der fett geschriebene der aktuelle (aktive) ist.

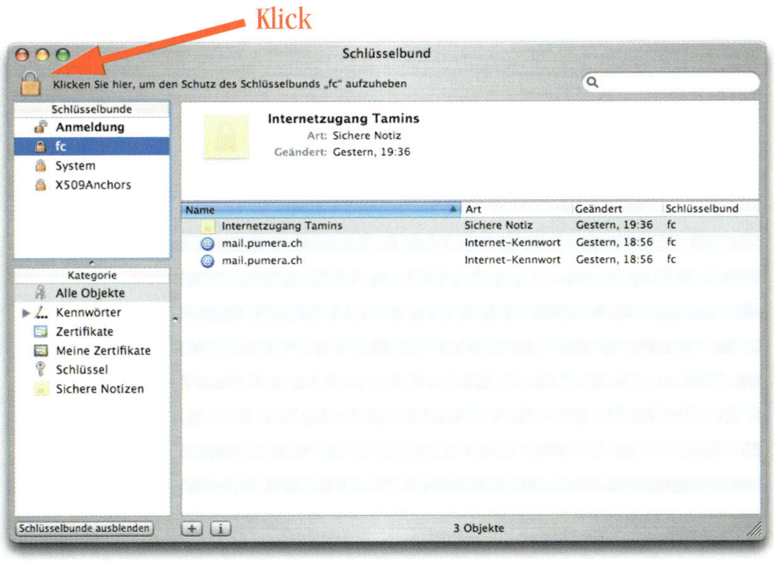

Abbildung 17-12 Schlüsselbund vom backup importieren

4. Die Objekte in der Liste können nun einfach via Drag & Drop auf den gewünschten Schlüsselbund gezogen werden (also auf den Schlüsselbund *Anmeldung*). Falls schon ein Objekt mit den gleichen Eigenschaften vorhanden ist, erscheint eine Fehlermeldung. Die anderen Objekte werden dem vorhanden Schlüsselbund hinzugefügt.

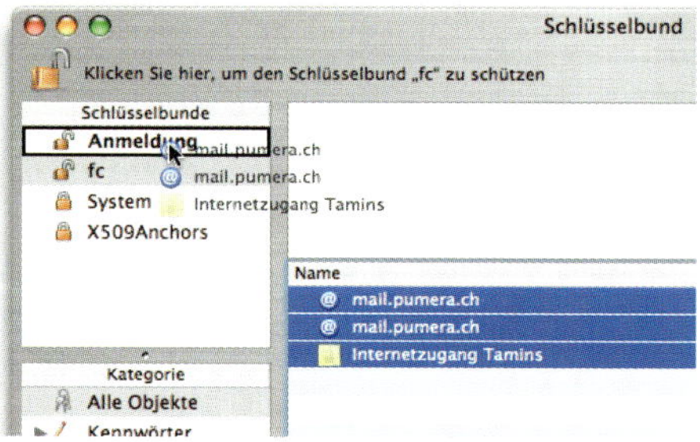

5. In den folgenden Dialogen muss jeweils für jedes Objekt das alte Schlüsselbund-Passwort eingegeben werden. Da dies je nach Anzahl Objekten eine Weile dauern kann, sollte man die Gelegenheit nutzen und sowieso nicht mehr gebrauchte Daten weglassen. Im Dialogfeld hat man die Möglichkeit, den Zugriff immer oder nur einmal zuzulassen (Abbildung 17-13, links).

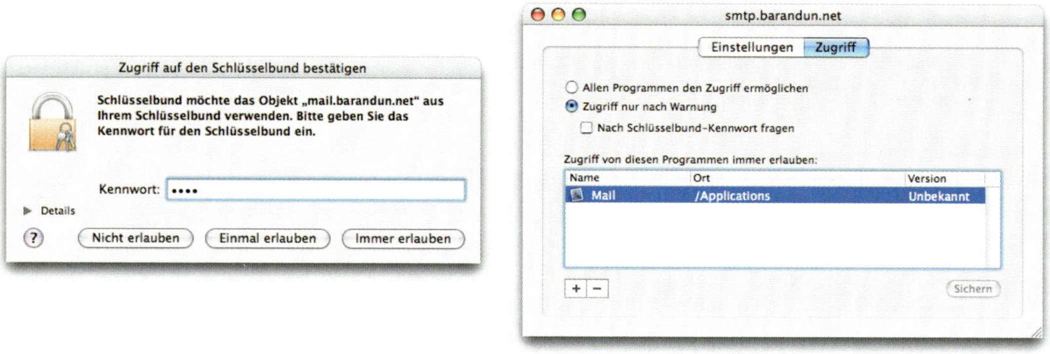

Abbildung 17-13 Zugriffssteuerung für Schlüsselbund-Objekte

Bei *Immer erlauben* wird man nachher nie mehr nach dem Schlüsselbund-Passwort gefragt – ansonsten jedesmal, wenn das importierte Objekt gebraucht wird. Die Option *Immer erlauben* kann über die Information (kleiner i-Knopf unten im Hauptfenster) zum Objekt wieder rückgängig gemacht werden. Dort muss im Register *Zugriff* die Anwendung in der Liste ausgewählt und mit Klick auf das Minus-Zeichen wieder entfernt werden (Abbildung 17-13, rechts).

6. Sind alle Objekte kopiert, kann im Menü *Ablage* der Eintrag *Schlüsselbund „Name" löschen* gewählt werden.

17.5.4 Passwörter im Klartext einblenden

Durch Klick auf das Informations-Symbol in der Statusleiste unten im Schlüsselbund-Fenster können weitere Informationen zu einem ausgewählten Objekt in der Liste angezeigt werden. Unter anderem kann auch das Passwort im Klartext angezeigt werden, falls es aus irgendeinem Grund benötigt und vergessen wurde. Nachdem das Häkchen im Markierungsfeld *Kennwort einblenden* aktiviert wurde, muss das Schlüsselbund-Passwort eingegeben werden (Abbildung 17-14, rechts). Mit Klick in *Einmal erlauben* wird der Zugriff auf dieses Passwort für einmal zugelassen. Es ist nicht empfehlenswert, den Zugriff immer zu erlauben! Falls dies doch geschehen ist, kann man es wie oben beschrieben rückgängig machen (über die *Information* zum Schlüsselbund im Register *Zugriff*).

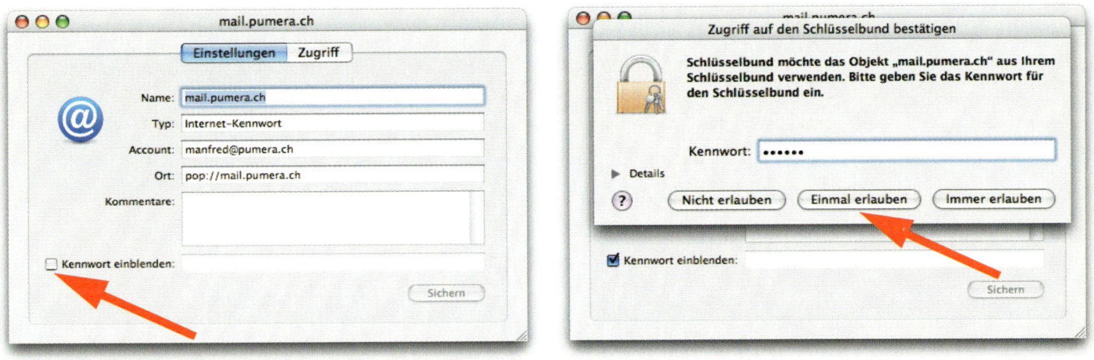

Abbildung 17-14 Passwort im Klartext anschauen

Das Passwort erscheint schliesslich im Klartext:

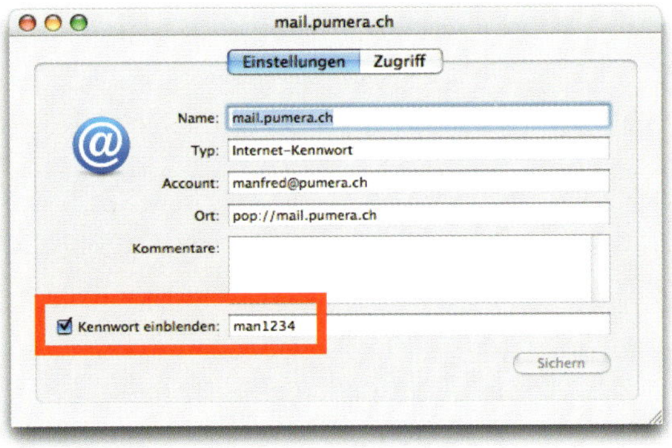

Abbildung 17-15 Passwort erscheint im Klartext

17.5.5 Sichere Notizen

Gerade mit der Einführung von Spotlight sollte man sich bewusst sein, dass Kennwörter oder PIN-Codes, die in einem (gut versteckten) File irgendwo auf der Festplatte gespeichert sind, keine ausreichende Sicherheit gewähren. Es bietet sich an, solche Daten in sicheren Notizen innerhalb des Programms *Schlüsselbund* zu speichern.

Im Menü *Ablage* wählt man den Befehl *Neue sichere Notiz...* . Im folgenden Dialogfeld kann man eine Bezeichnung (*Schlüsselname*) und die eigentliche *Notiz* erfassen. In Zukunft erscheint diese Notiz in der Kategorie *Sichere Notizen* im Programm *Schlüsselbund*. Wenn man sie doppelklickt, gelangt man (nach Eingabe des Schlüsselbund-Kennworts, falls der Schlüsselbund geschlossen ist) nach dem Aktivieren des Häkchens *Text einblenden* zur erfassten Notiz.

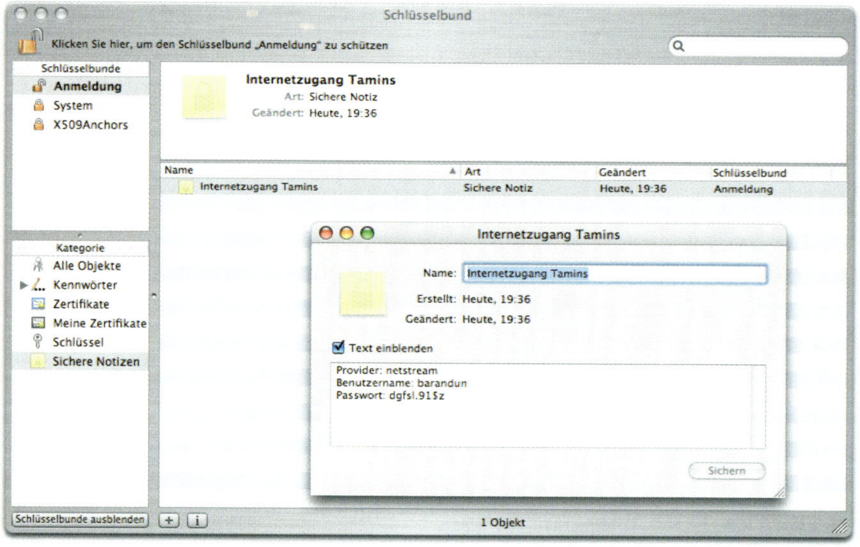

Abbildung 17-16 Sichere Notiz einblenden

17.5.6 Zugriff nach Updates

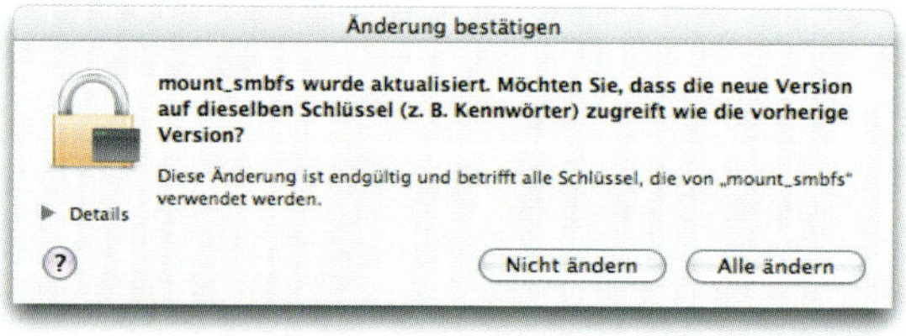

Nach Programm- oder Systemupdates kann es vorkommen, dass eine Warnmeldung erscheint, ein Programm sei aktualisiert worden und wolle nun auf einen Schlüsselbund zugreifen. Klickt man auf *Alle ändern*, so wird die Warnmeldung in Zukunft nicht mehr angezeigt und das neue Programm hat wieder Zugriff auf gespeicherte Passwörter.

17.6 Open Firmware-Passwort

Der einzige wirkliche Schutz vor unbefugten Logins besteht in der Vergabe eines Open Firmware-Passworts. Die Firmware ist eine Kombination aus Hard- und Software; ein Chip, auf den eine Software aufgespielt wurde. Hier sind verschiedene Daten gespeichert, welche der Rechner z. B. zum Aufstarten braucht.

Nicht alle Geräte unterstützen das Open Firmware-Passwort. Eine Liste mit kompatiblen Modellen zeigt Artikel 106482 im Support-Bereich von Apple[1] (alle neu erschienenen Geräte unterstützen die Funktion sowieso). Mit dem Programm *Open Firmware Kennwort* kann ein Passwort eingegeben und aktiviert werden. Eine mit Tiger kompatible Version des Programms (Version 1.1) befindet sich auf der System-DVD im Ordner */Applications/Utilities*. Die im Moment im Internet erhältliche Version 1.0.2[2] funktioniert unter Tiger nicht mehr. Am besten kopiert man die Anwendung in den Ordner */Programme/Dienstprogramme*. Nur ein Administrator kann das Open Firmware-Passwort setzen (nach der Eingabe im gleichnamigen Programm wird das Administrator-Passwort verlangt).

Um das Passwort zu aktivieren, startet man das Programm auf. Im ersten Dialog bestätigt man mit *Ändern* die Absicht, das Open Firmware-Passwort zu benutzen. Im folgenden Dialogfeld gibt man das Passwort ein, welches für Änderungen an der Open Firmware nachher eingegeben werden muss.

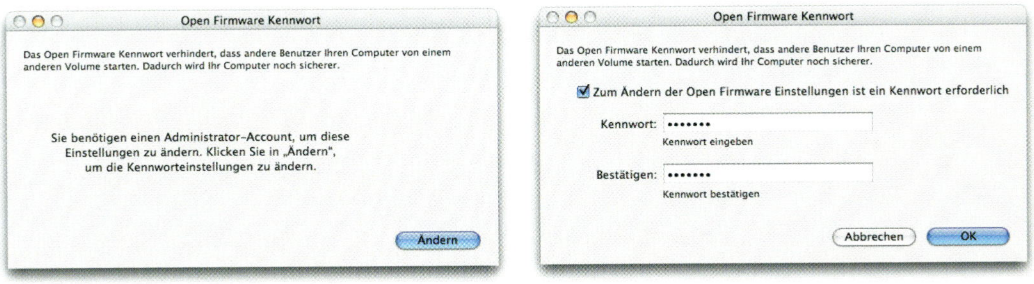

Abbildung 17-17 Open Firmware-Passwort aktivieren

Die Aktivierung muss nun mit einem Administrator-Passwort bestätigt werden – beim nächsten Neustart ist das Open Firmware-Passwort aktiv!

1. http://docs.info.apple.com/article.html?artnum=106482
2. http://www.apple.com/downloads/macosx/apple/openfirmwarepassword.html

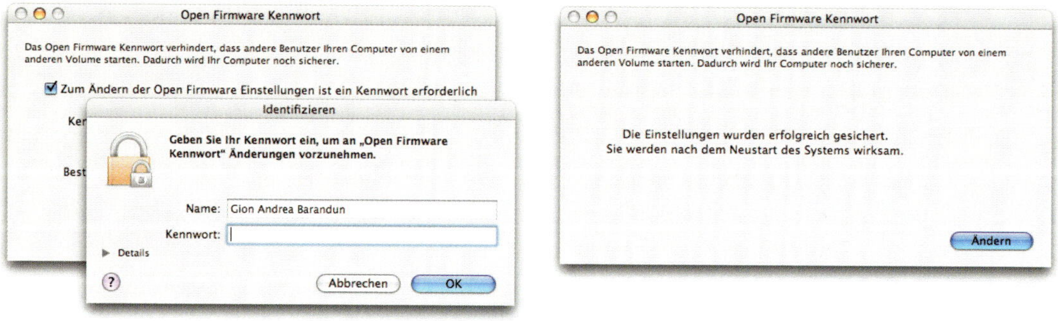

Abbildung 17-18 Open Firmware-Passwort wurde aktiviert

Wenn ein Open Firmware-Passwort vergeben ist, treten folgende Regeln in Kraft:

- Der Computer kann nicht mehr durch Drücken der C-Taste von einer CD gestartet werden.
- Der Computer kann nicht mehr durch Drücken der N-Taste von einem NetBoot-Server gestartet werden.
- Der Computer kann nicht mehr durch Drücken der T-Taste im FireWire Target Disk-Modus verwendet werden (siehe Seite 292).
- Der Computer kann nicht mehr durch Drücken von Apfel-V im Verbose-Modus aufgestartet werden (siehe Seite 523).
- Der Computer kann nicht mehr durch Drücken von Apfel-S im Single User-Modus aufgestartet werden (siehe Seite 525).
- Das P-RAM kann nicht mehr zurückgesetzt werden (durch Drücken von Apfel-alt-P-R beim Aufstarten).
- Das Passwort wird bei der Nutzung des Startup Managers (alt-Taste beim Einschalten drücken) verlangt, um das Startvolume zu wählen (siehe „Startvolume" auf Seite 478).
- Das Passwort wird beim Aufstarten in die Open Firmware verlangt (durch Drücken von Apfel-alt-O-F beim Aufstarten).

Detaillierte Auskunft gibt der oben erwähnte Artikel 106482 im Support-Bereich von Apple. Zusätzliche Sicherheit für sensible Daten bietet – wie schon erwähnt – die Option FileVault („FileVault" auf Seite 457).

Um das Open Firmware-Passwort zu deaktivieren, startet man das Programm *Open Firmware Kennwort* erneut, klickt im ersten Dialogfeld auf *Ändern* und entfernt im nächsten Dialog das Häkchen unter *Zum Ändern der Open Firmware Einstellungen ist ein Kennwort erforderlich*. Mit Klick auf *OK* wird der Vorgang abgeschlossen (Administrator-Passwort wird verlangt), der Kennwortschutz ist wieder entfernt. Bei der Wahl des Open Firmware-Passworts sollte man folgendes bedenken: Falls der Computer aufgrund eines Softwareproblems einmal nicht mehr startet und man gezwungen ist, von der System-DVD oder einem anderen Medium aufzustarten, muss das Open Firmware-Passwort eingegeben werden. Da zu diesem Zeitpunkt nur die amerikanische Tastaturbelegung geladen ist, sollte man möglichst auf exotische Sonderzeichen verzichten oder sich vergegenwärtigen, wo das Sonderzeichen auf der US-Tastatur liegt.

Ein alternatives Startvolume wird gewählt, indem man beim Starten die alt-Taste gedrückt hält und beim dann folgenden Dialogfeld das Sicherheitspasswort eingibt (Abbildung 17-19). Danach kann man die CD als Startvolume wählen.

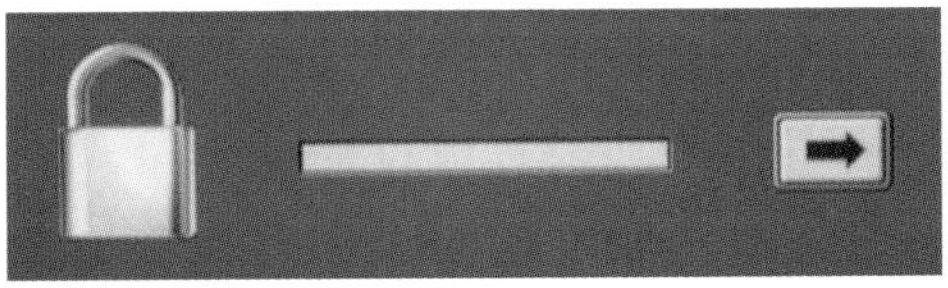

Abbildung 17-19 Abfrage des Open Firmware-Passworts

Sollte auch das nicht funktionieren, oder will man direkt in Single User Mode (siehe Seite 525) oder Verbose Mode (Seite 523) aufstarten, oder das P-RAM zurücksetzen („Standardmassnahmen" auf Seite 518), muss man in die Open Firmware starten. Dazu werden direkt nach dem Einschalten die Tasten Apfel-alt-O-F gedrückt. Es erscheint eine Art Eingabeprompt, wo folgendes eingegeben wird:

1. Apfel-alt-O-F beim Einschalten drücken
2. Im Eingabeprompt tippen: `reset-nvram`, Return-Taste drücken. Der Bindestrich - liegt in diesem Fall auf der schweizerdeutschen Tastatur unter dem Apostroph ‘.
3. Das Open Firmware-Passwort wird abgefragt – eintippen und Return drücken
4. Der Prompt sagt: `ok`
5. Im Eingabeprompt tippen: `reset-all`, Return-Taste drücken
6. Der Computer startet neu und kann von CD oder auf eine andere Methode gestartet werden.

Nach dieser Prozedur ist das Open Firmware-Passwort gelöscht und muss wieder neu gesetzt werden!

Natürlich ist es letztlich auch möglich, das Open Firmware-Passwort zurückzusetzen, wenn man es vergessen hat – dazu muss der Normalanwender allerdings einen Apple-Händler aufsuchen. Im Internet kursieren Informationen, wie ein Open Firmware Passwort entfernt werden kann. Absolute Sicherheit gibt es halt nie...

17.7 Startvolume

17.7.1 Wahl des Startvolumes

Mit diesem Kontrollfeld wird festgelegt, von welchem Volume aus der Mac beim nächsten Neustart aufstartet. Es ist sowohl für Mac OS 9 als Mac OS X wirksam. Solange nichts geändert wird, startet der Computer mit dem aktiven System auf. In Mac OS 9 wird das Startvolume mit dem gleichnamigen Kontrollfeld festgelegt (Abbildung 17-20, rechts). Seit der Einführung von Mac OS 9.1 und Mac OS X kann der Mac mehrere aktive Systemordner auf einer Festplatte verwalten (Abbildung 17-20).

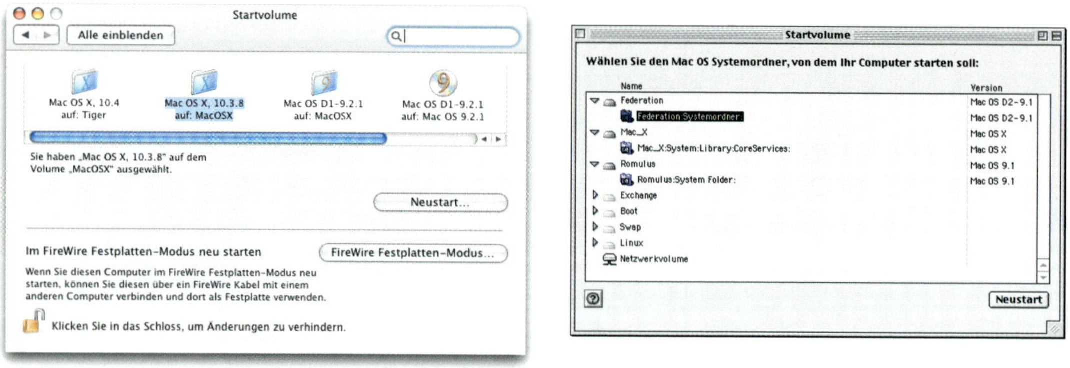

Abbildung 17-20 *Startvolume*-Kontrollfelder in X und 9

Neuere Rechner können nicht mehr direkt in Mac OS 9 aufstarten, sondern brauchen dieses nur noch für die Classic-Umgebung. In diesem Fall erscheint trotz installiertem Mac OS 9-Systemordner kein startfähiges Mac OS 9 in *Startvolume*.

Um das Startvolume beim Aufstarten zu ändern, kann man die alt-Taste drücken (der Startup Manager erscheint). Nun wählt man die Festplatte aus, von der man starten möchte. Dabei werden die Einstellungen im Kontrollfeld *Startvolume* nicht verändert – beim nächsten Systemstart gilt wieder das dort festgelegte Startsystem.

Falls Mac OS 9 als Startvolume eingestellt ist, kann man durch Drücken der Taste X das Starten von Mac OS X erzwingen. Voraussetzung ist, dass die Systeme sich auf der gleichen Partition befinden. Diese Einstellung wird auch im Kontrollfeld *Startvolume* übernommen (im Gegensatz zum Starten via alt-Taste).

17.7.2 FireWire Target Modus

Neu kann man mit Tiger den Computer auch von diesem Kontrollfeld im FireWire Festplatten-Modus (FireWire Target Mode) aufstarten. Bis jetzt war das nur durch Neustart und Drücken der Taste T beim Hochfahren des Rechners möglich (das funktioniert natürlich weiterhin). Ein Rechner, der im FireWire Target Mode gestartet und via FireWire-Kabel mit einem anderen Rechner verbunden wird, erscheint dort als externe Festplatte.

17.7.3 Schutzmassnahmen

In Zusammenhang mit der Sicherheit ist es wichtig, dass ein potentieller Übeltäter keinen Zugriff zu diesem Kontrollfeld erhält, da er damit den Rechner neu starten könnte. Das bedeutet, dass man den Rechner nie ungeschützt zurücklässt. Dazu aktiviert man immer den passwortgeschützten Bildschirmschoner bzw. den Ruhezustand, wenn man den Rechner verlässt. Zusätzlich kann *Kennwort verlangen für die Freigabe von geschützten Systemeinstellungen* (im Kontrollfeld Sicherheit, siehe „Sicherheitseinstellungen" auf Seite 464) aktiviert werden.

Eine Änderung im Kontrollfeld *Startvolume* wird auch durch ein gesetztes Open Firmware-Passwort nicht verhindert!

Classic

Die Kompatibilitätsumgebung Classic für Mac OS 9 (siehe Seite 377) kann auf Geräten, die noch direkt mit Mac OS 9 starten können, ein erhebliches Sicherheitsrisiko darstellen. Mac OS 9 kümmert sich nicht um die Benutzerrechte aus Mac OS X (es kennt sie gar nicht), weshalb das Passwort dort sinnlos wird. Falls also ein Bösewicht den (als Administrator und ohne passwortgeschützten Bildschirmschoner betriebenen) Computer in einem unbewachten Moment vorfindet, kann er das Startvolume ändern und direkt von Mac OS 9 starten (sofern das Gerät dies unterstützt), von wo aus er vollen Zugriff auf alle Dateien hat. Falls das Gerät mit zwei Partitionen betrieben wird und sich auf der Nicht-Mac OS X-Partition ein startfähiges Mac OS 9 befindet, kann der Bösewicht sogar durch einen Neustart (auch „unsanft" ausgelöst) mit gedrückter alt-Taste direkt mit Mac OS 9 aufstarten.

17.8 Viren

Wie schon unter Mac OS 9 existieren auch für Mac OS X praktisch keine wirklich gefährlichen Viren. De facto sind es sogar noch weniger, denn die klassischen Mac-Viren können nur der Classic-Umgebung gefährlich werden. Während Panther aktuell war, gab es zwar Meldungen über „neu entdeckte Mac OS X-Viren", diese stellten sich jedoch meistens als „Demonstrationen" von Herstellern von Antivirensoftware heraus, die damit ihre Verkäufe ankurbeln wollten... Was dennoch ein Problem darstellen kann, sind die Makro-Viren der Microsoft Office-Programme (Word, Excel, PowerPoint). Sie funktionieren plattformübergreifend und können relativ gefährlich sein (beschränkt auf die Office-Produkte). Wer häufig Office-Dokumente via E-Mail austauscht, sollte sich die Anschaffung eines Virenschutzprogrammes überlegen (in der .mac-Mitgliedschaft ist die Virenschutzsoftware Virex enthalten). Man muss aber bedenken, dass Virenschutzprogramme ständig im Hintergrund laufen und unter Umständen die Arbeitsgeschwindigkeit des Macs verringern. Mac OS X gilt als sehr sicheres System und Apple hat in der Vergangenheit auch immer sehr schnell auf Sicherheitslücken (z. B. im UNIX-Kern) reagiert. Anders als beim Konkurrenzprodukt eines bekannten Softwareherstellers ist Mac OS X nach der Grundkonfiguration auch nicht mit mehreren, kaum auffindbaren offenen Türen ins Internet versehen, sondern es ist dem Benutzer selber überlassen, welche Dienste er nutzen will – er muss die Türen selber öffnen.

17.9 Spuren beseitigen

Wenn man ein Gerät ausleiht oder verkauft, möchte man ungern, dass jemand Zugriff auf die früheren Benutzerdaten erlangen kann. Zwei Optionen stehen dazu zur Verfügung:

17.9.1 Papierkorb sicher löschen

Übergibt man ein Gerät, ohne die Festplatte zu löschen, kann man mit der Option *Papierkorb sicher entleeren* aus dem Menü *Finder* unerwünschten Datenzugriff durch Datenrettungs-Tools verhindern. Die Daten werden nämlich nicht nur gelöscht, sondern mehrmals überschrieben und sind so nicht wieder herstellbar.

17.9.2 Volume sicher löschen

Löscht man die Festplatte eines Geräts mit dem *Festplatten-Dienstprogramm* vor einem Verkauf, sollte man die *Sicherheitsoptionen* (im Register *Löschen*) aufrufen, bevor man ein Volume initialisiert. Dort stehen verschiedene Stufen von *Daten nicht überschreiben* bis *Löschen in 35 Durchgängen* zur Verfügung. Normalerweise werden lediglich die Verzeichnisinformationen gelöscht, die eigentlichen Daten werden aber erst nach und nach mit den neuen Daten überschrieben.

Synchronisierung und .mac 18

„Ich habe immer eine lokale Kopie des Internets auf meiner Festplatte." – schöne Vorstellung, oder..? Aber wenigstens ist die Synchronisation im kleinen Rahmen möglich...

(Leider) kann man den Mac nicht überall hin mitnehmen. Was beim PowerBook noch halbwegs möglich ist, wäre beim PowerMac doch schon etwas umständlich. Einige Informationen, die auf dem Computer gespeichert sind, hat man aber immer gerne griffbereit: Kontakte, Termine, Aufgaben, Notizen, ... Da heutzutage fast jeder ein Mobiltelefon (oder einen iPod...) hat, bietet es sich an, diese Informationen mit diesen Geräten abzugleichen.

18.1 Übersicht

Welche Informationen lassen sich überhaupt mit welchen Geräten austauschen? Tabelle 18-1 zeigt eine Übersicht der Geräte und Objekte, die synchronisiert werden können. Bis und mit Panther verwaltete das Programm *iSync* den Datenabgleich mit .mac, anderen Computern (via .mac), Exchange Server, Mobiltelefon, Palm und iPod. Mit Tiger ist dieses Konzept überarbeitet worden – „leider" ist man versucht zu sagen: Apple ist von der Logik abgekommen, den Synchronisationsvorgang als zentrales Element zu sehen. Stattdessen wird jetzt ins Zentrum gestellt, womit man synchronisiert. Die Einstellungen zur Synchronisation werden in den entsprechenden Programmen vorgenommen:

- Systemeinstellungen .mac: Synchronisierung von Adressbuch, Lesezeichen, iCal, Mail Accounts (nur Einstellungen, keine Postfächer!), Signaturen, Regeln, intelligenten Postfächern, Schlüsselbunden mit anderen Rechnern und .mac.
- Adressbuch: Synchronisierung mit Exchange Server
- iTunes: Kontakte und Kalender mit iPod abgleichen
- iSync: Synchronisieren mit mobilen Geräten wie Telefonen oder Palm Devices.

Tabelle 18-1 Synchronisierungsmöglichkeiten mit Richtungen

Sync Mac mit / Information	anderer Mac (via .mac)	.mac	iPod	Mobiltelefon	Palm-Handheld
Kontakte (Adressbuch)	←→	←→	→	←→	←→
Termine, Aufgaben (iCal)	←→		→	←→	←→
Lesezeichen (Safari)	←→	←→			
Notizen			(→)[a]		(←→)[b]
E-Mails (Einstellungen, intelligente Postfächer)	←→				
Schlüsselbunde	←→				

a. müssen manuell als Textfiles in den Ordner *Notes* auf dem iPod abgelegt werden

b. werden mit Palm Desktop synchronisiert

18.2 .mac

Wer mehrere Macs besitzt, sollte sich .mac[1] ($ 99 pro Jahr) anschauen, da es den Datenabgleich zwischen den Computern erheblich vereinfacht. Darüber hinaus kann man sich eine Internetseite unter http://homepage.mac.com/<benutzername> einrichten, bekommt eine prestigeträchtige E-Mail-Adresse <benutzername>@mac.com sowie 250 MB Speicherplatz (inkl. E-Mails und Webseite). Loggt man sich über einen Webbrowser an einem beliebigen Computer in .mac ein, dann stehen – falls man den Abgleich aktiviert hat – alle Kontakte des Adressbuchs und die Lesezeichen von Safari auch dort zur Verfügung.

Was kann alles über .mac zwischen mehreren Computern abgeglichen werden?

- Kalender

  Die Kalender können zwar über .mac zwischen mehreren Computern abgeglichen werden, sind aber online (in .mac) nicht einsehbar. Dazu müssten sie publiziert sein, dies würde sie aber für jeden sichtbar machen, der die Kalenderadresse (URL) kennt – dafür können andere Benutzer solche Kalender abonnieren und bleiben über Änderungen auf dem Laufenden (siehe „iCal“ auf Seite 402).

1. Anmeldung unter http://www.mac.com

- Kontakte (auch via Webzugang innerhalb von .mac zugänglich)
- Lesezeichen (auch via Webzugang innerhalb von .mac zugänglich)
- Mail Accounts

  Es werden lediglich die Account-Einstellungen (POP3-Server, SMTP-Server, Benutzername etc.) synchronisiert, nicht aber der Inhalt der entsprechenden Postfächer. Daher hat man nach der Synchronisation auf allen Geräten die gleichen E-Mail-Accounts definiert.

  Die Kennwörter der E-Mail-Accounts werden separat via Schlüsselbunde synchronisiert.
- Regeln, Signaturen, intelligente Postfächer

  Falls man mit den Regeln E-Mails in bestimmte lokale Postfächer verschiebt, müssen diese Postfächer manuell auf allen Computern erzeugt werden, wenn man die Regeln synchronisieren will.
- Schlüsselbunde

18.2.1 Aktivierung

Vor der allerersten Synchronisierung sollte man ein Backup der aktuellen Informationen machen, falls etwas schiefgehen sollte:

- Im Adressbuch wählt man *Sicherungskopie des Adressbuchs...* aus dem Menü *Ablage*.
- In iCal wählt man *Sicherungskopie der Datenbank...* aus dem Menü *Ablage*.
- In Safari wählt man *Lesezeichen exportieren...* aus dem Menü *Ablage*.

Mit den Befehlen *Zurück zur Sicherungskopie ...* (Adressbuch und iCal) bzw. *Lesezeichen importieren...* in Safari könnte man dann wieder zu den Ursprungsinformationen zurückkehren, sollte etwas schief gehen.

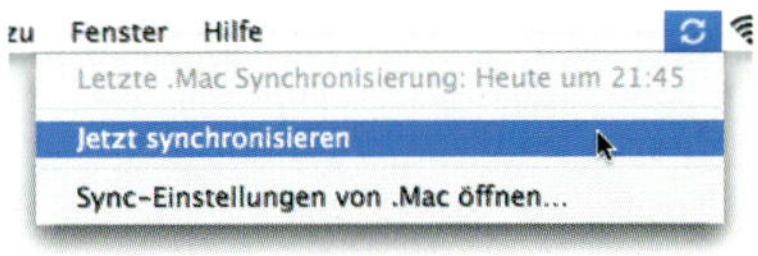

Im Programm *Systemeinstellungen* unter *.mac* muss zuerst einmal der .mac-Benutzername im Register *Account* eingegeben werden, sonst stehen die restlichen Informationen nicht zur Verfügung. Im zweiten Register, *Sync*, stellt man ein, was synchronisiert werden soll. Mit der Aktivierung des Häkchens bei *Synchronisieren mit .Mac* fügt man den Computer in die Liste der für den Datenabgleich erfassten Rechner ein, was ein paar Sekunden dauern kann. Neben der *manuellen* Synchronisation kann man den Prozess auch automatisch oder in bestimmten Zeitabständen (*Stündlich*, *Täglich*, *Wöchentlich*) durchführen lassen, entsprechend dem Eintrag in der Auswahlliste. Im Register *Sync* sollte man *Status in der Menüleiste anzeigen* aktivieren, damit das iSync-Menüleistensymbol angezeigt wird.

Unter dem Register *Weitere Optionen* werden alle aktiven Computer angezeigt – dort kann man ein Gerät auch wieder entfernen. Im Register *iDisk* konfiguriert man seinen Serverspeicherplatz sowie das Verhalten des öffentlichen iDisk-Ordners (näheres auf der .mac-Homepage[1]).

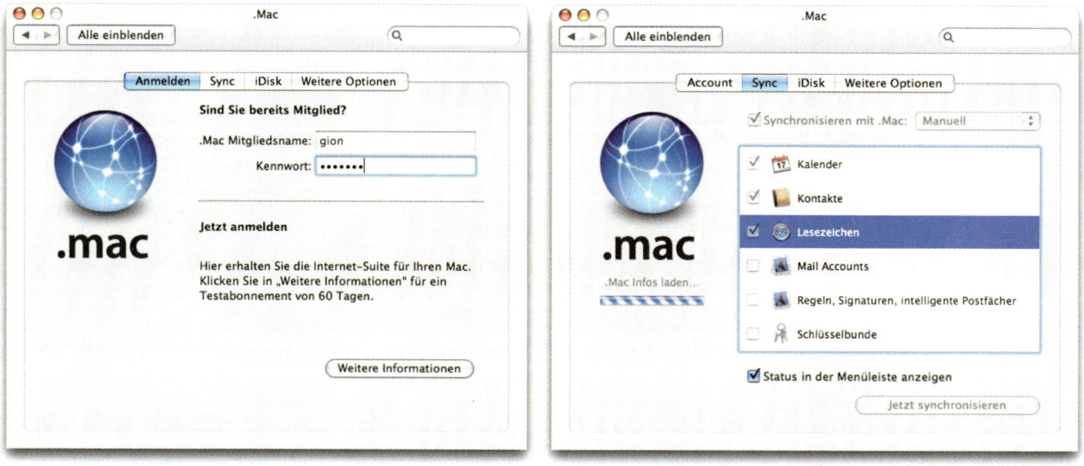

Abbildung 18-1 .mac Synchronisierung aktivieren

Je nach Vorgeschichte ist das Vorgehen nun unterschiedlich:

Noch keine .mac-Daten vorhanden

Das Vorgehen in diesem Fall ist sehr einfach, es sind aber zwei Möglichkeiten denkbar. Zuerst Variante 1, bei der die Daten aller Computer zusammengeführt werden:

1. Es muss eine Verbindung zum Internet bestehen.
2. Die Kategorien aktivieren, die man abzugleichen wünscht und *Jetzt synchronisieren* drücken (im Register *Sync*) oder auf die nächste automatische Synchronisierung warten – dann läuft der Prozess.
3. Mit seinen anderen Rechnern macht man das gleiche. Dabei erscheint jeweils eine Abfrage, ob die .mac-Daten und die Computerdaten zusammengeführt, oder ob die einen durch die anderen ersetzt werden sollen. Führt man die Daten zusammen, dann sind alle Informationen auf allen Computern (und auf .mac) vorhanden – evtl. muss deshalb noch ein bisschen „ausgemistet" werden: Adressen zusammenführen oder löschen, Termine kontrollieren, Lesezeichen aufräumen. Abschliessend löst man einen erneuten Sync-Vorgang aus.

Variante 2: Ausgehend von einem Computer („Master-Computer"), der die aktuellen Daten enthält, möchte man bei allen anderen Computern („Slave-Computer") die genau gleichen Daten einstellen. In diesem Fall geht man folgendermassen vor:

1. Es muss eine Verbindung zum Internet bestehen.

2. Der „Master-Computer" wird mit .mac abgeglichen. Die Informationen, die man auf den anderen Computern auch haben möchte, sind jetzt also auf .mac vorhanden.

3. Auf den anderen Computern wird im Kontrollfeld *.mac* im Register *Weitere Optionen* der Knopf *Sync-Daten zurücksetzen...* gewählt. Im nun erscheinenden Dialogfeld wählt man unter *Ersetzen:* den Eintrag *Alle Synchronisierungsinformationen*. Mit dem Pfeil wird die Richtung von rechts nach links ausgewählt, was bedeutet, dass die Daten *Auf diesem Computer mit Synchronisierungsinformationen von .Mac* ersetzt werden.

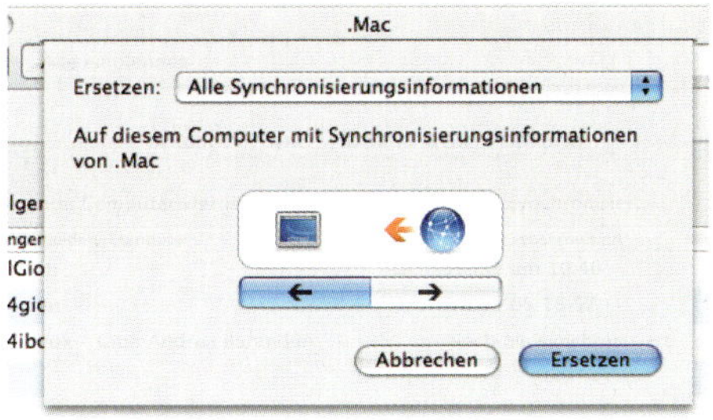

.mac enthält bereits Daten

Wer schon ein .mac-Account hatte und unter Panther verwendete, sollte die Inhalte auf .mac löschen und mit den Informationen von seinem Computer ersetzen – diese müssen natürlich aktuell sein! Das betrifft nur die Daten für Kalender, Kontakte und Lesezeichen (mit Panther war das Abgleichen von Mail und Schlüsselbund noch nicht möglich). Sind mehrere Computer vorhanden, wird dieser Prozess einmal mit dem „Master-Computer" durchgeführt, dann in die umgekehrte Richtung mit allen anderen Computern:

1. Es muss eine Verbindung zum Internet bestehen.

2. Im Kontrollfeld *.mac* wird im Register *Weitere Optionen* der Knopf *Sync-Daten zurücksetzen...* gewählt. Im nun erscheinenden Dialogfeld wählt man die Richtung von links nach rechts aus, also werden die Daten *Auf .Mac mit Synchronisierungsinformationen von diesem Computer* ersetzt (von links nach rechts). Das Auswahlfeld *Ersetzen:* wird dabei auf *Alle Synchronisierungsinformationen* gestellt.

3. Die Synchronisation wird mit Klick auf *Ersetzen* ausgelöst und muss zur Sicherheit nochmals bestätigt werden.

4. Zwei bis zehn Minuten warten und den .mac-Servern Zeit geben, die Informationen zu verarbeiten.

5. Auf .mac einloggen. Es erscheint in den zurückgesetzten Kategorien eine Meldung, ob die Informationen wirklich zurückgesetzt werden sollen (in Abbildung 18-2 für die

Kontakte). Mit Klick auf Reset werden alle in .mac gespeicherten Kontakte durch diejenigen aus dem Adressbuch auf dem Mac ersetzt. Danach meldet man sich von .mac ab.

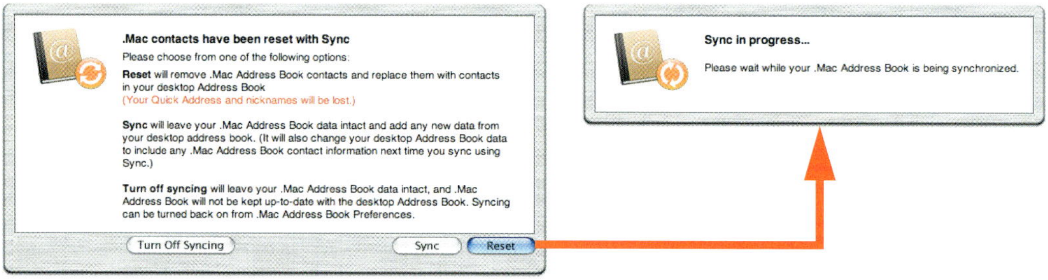

Abbildung 18-2 Kontakte auf .mac zurücksetzen

6. Nun synchronisiert man weitere Computer, indem die .mac-Daten als „Master" behandelt werden, wie unter „Noch keine .mac-Daten vorhanden" auf Seite 484 Variante 2, Punkt 3 beschrieben.

7. Erst jetzt sollte, falls gewünscht, auf allen Computern die automatische Synchronisation aktiviert werden.

Es ist möglich das Adressbuch, die Lesezeichen und die Kalender von Panther (iSync 1.x) und Tiger abzugleichen. Die anderen Informationen werden von iSync 1.x noch nicht unterstützt.

18.2.2 Schlüsselbund

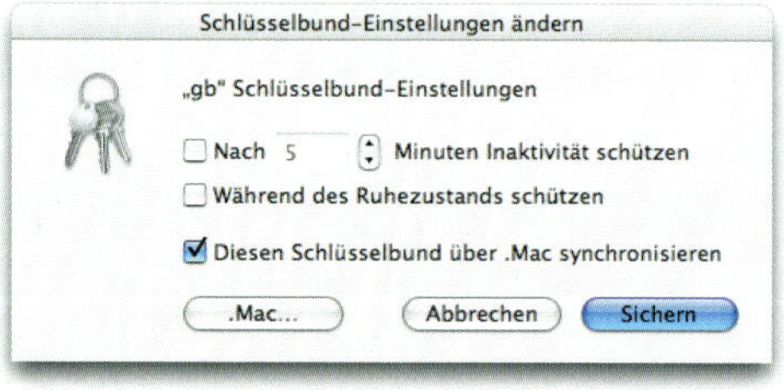

Neben der Einstellung im Kontrollfeld *.mac* muss man im Programm *Schlüsselbund* für jeden einzelnen Schlüsselbund angeben, dass er synchronisiert werden soll. Dazu selektiert man ihn in der Schlüsselbundliste und wählt dann *Einstellungen für Schlüsselbund <Name> ändern...* aus dem Menü *Bearbeiten*. Ein Dialogfeld erscheint – der Eintrag *Diesen Schlüsselbund über .Mac synchronisieren* muss aktiviert werden. Mehr zu den Schlüsselbunden im Kapitel Sicherheit auf Seite 467.

Im Schlüsselbund werden sicherheitsrelevante Daten (Passwörter, Zugänge) gespeichert. Obwohl diese Informationen verschlüsselt sind, sollte man sich überlegen, sie übers Internet zu übertragen – es gibt dort (wie anderswo...) keine absolute Sicherheit.

18.3 Exchange Server

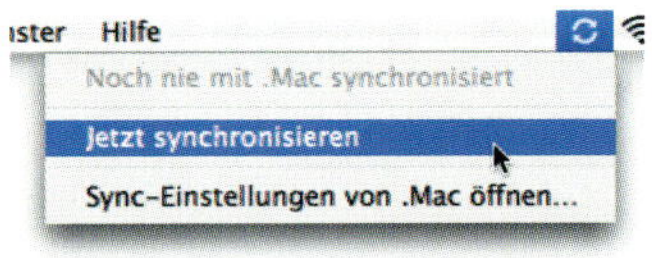

Der Abgleich mit einem Microsoft Exchange Server wird im *Adressbuch* eingerichtet (siehe „Synchronisierung mit Outlook (Exchange Server)“ auf Seite 399). Die Synchronisation findet jeweils automatisch statt, wenn die .mac-Dienste synchronisiert werden. Falls man kein .mac-Kunde ist, genügt es, den Abgleich mit Outlook im Adressbuch zu aktivieren und dann im Programm *iSync* in den *Einstellungen...* die Option *Status in der Menüleiste anzeigen* zu aktivieren. Auf diese Weise ist es möglich, im Menüleistensymbol *Jetzt synchronisieren* zu wählen, um den Abgleich auszulösen – natürlich kann man im Adressbuch auch die automatische stündliche Synchronisation aktivieren.

18.4 Mobiltelefone und Handhelds

Für diese Geräte wurde das „alte“ *iSync* noch beibehalten. Ausserdem taucht der .mac-Eintrag dort auch noch auf, die Konfiguration erfolgt aber wie oben beschrieben in den Systemeinstellungen.

18.4.1 Mobiltelefone via Bluetooth

iSync ist gedacht, um Telefone via Bluetooth oder USB zu synchronisieren. Bevor ein erster Abgleich stattfinden kann, müssen Mobiltelefon(e) und Mac gekoppelt werden. Das geschieht mit Hilfe des Bluetooth-Assistenten, wie in „Koppeln eines Bluetooth-Geräts“ auf Seite 335 beschrieben. Wenn die Kopplung der Geräte vom Computer aus geschieht, wird iSync automatisch gestartet und das Telefon hinzugefügt (sofern die Verwendung für iSync aktiviert wurde). Falls der Kopplungsvorgang vom Telefon aus gestartet wurde, wählt man in iSync den Eintrag *Gerät hinzufügen...* aus dem Menü *Geräte*. Es erscheint eine Liste verfügbarer Geräte – das Telefon wird mit Doppelklick ins iSync-Fenster hinzugefügt.

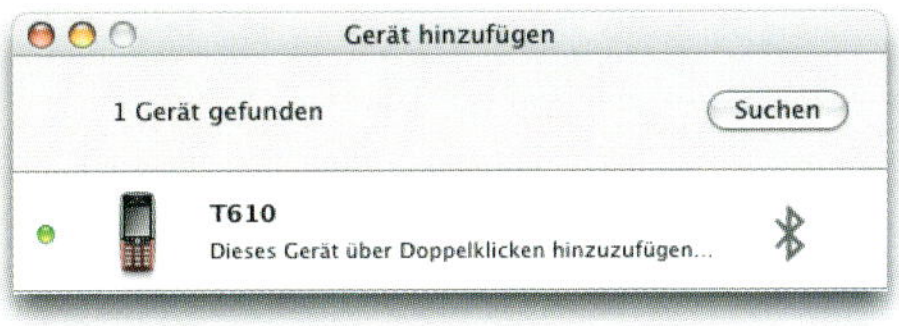

Abbildung 18-3 Bluetooth-Telefon hinzufügen (nach Koppelung vom Telefon aus)

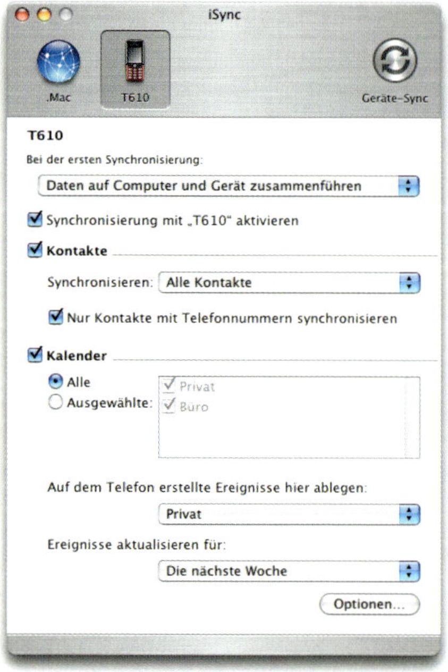

Durch Klick auf das Telefonsymbol öffnet sich eine Fläche, wo die Einstellungen detailliert vorgenommen werden können. Jedesmal, wenn ein Gerät neu hinzugefügt wird, muss angegeben werden, wie die erste Synchronisation ablaufen soll: Die oberste Option *Bei der ersten Synchronisierung* taucht deshalb nur das erste Mal auf. Hier muss man darauf achten, dass *Daten auf Computer und Gerät zusammenführen* gewählt ist, falls man die Daten auf dem Mobiltelefon noch braucht. Die andere Einstellung – *Daten auf Gerät löschen, dann synchronisieren* – entfernt dort sonst alle vorhandenen Einträge! Die Option *Bei der ersten Synchronisierung* verschwindet nach dem ersten Abgleich. Falls man sie erneut braucht, muss das Gerät aus iSync entfernt (Gerät auswählen, dann Menü *Geräte - Gerät entfernen*) und neu hinzugefügt werden (Menü *Geräte - Gerät hinzufügen...*).

Bei den Kontakten kann die Synchronisierung auf solche beschränkt werden, die eine Telefonnummer (egal ob Mobiltelefon, geschäftlich usw.) eingetragen haben.

Auch die Kalender müssen nicht alle abgeglichen werden. Falls man auf dem Telefon Ereignisse einträgt – was aufgrund der allenfalls für Kinder ergonomischen Tastaturen einiges an Geduld verlangt – werden diese in einen bestimmten, aber immer gleichen Kalender abgelegt. Besonders ganztägige Ereignisse können beim Abgleich Probleme bereiten – das hängt allerdings vom Mobiltelefonmodell ab. Wenn man Kalenderdaten abgleicht, sollte man in iCal unbedingt die *Unterstützung der Zeitzonen aktivieren* (in den *Einstellungen...* im Menü *iCal*, Register *Erweitert*).

Ob ein Telefon kompatibel ist, erfährt man bei Apple[1]. Die Liste ist allerdings nicht vollständig – absolute Sicherheit bringt nur ein Test. Nicht alle Mobiltelefone unterstützen die gleichen Funktionen, auch der Koppelungsvorgang kann sich je nach Gerät unterscheiden.

1. http://www.apple.com/macosx/features/isync/devices.html

18.4.2 Synchronisierung von Palm Devices

Bluetooth-fähige Palm Handhelds können in iSync abgeglichen werden. Auch hier muss das Gerät zuerst mit dem Bluetooth-Assistenten an den Mac gekoppelt werden. Eine detaillierte Anleitung zur Installation des Palm-Abgleichs liefert der Support-Bereich von Apple[1]. Wiederum gilt: die Funktionen und die auftretenden Probleme unterscheiden sich stark je nach verwendetem Gerät – einige Modelle verlangen Zusatzsoftware, damit sie richtig funktionieren. Ausserdem muss die Software Palm Desktop in Version 4.1 oder höher vorhanden sein. PocketPCs mit Windows Mobile können mit dem Tool The Missing Sync[2] abgeglichen werden (wird im Moment an Tiger angepasst).

18.5 iPod

Die Einstellungen für einen iPod werden in iTunes (Version 4.8 und höher) vorgenommen. Der iPod taucht nicht mehr wie früher in iSync auf! Unter *Einstellungen...* im Menü *iTunes* wählt man das Register *iPod* (nur bei angeschlossenem iPod möglich) und aktiviert unter *Kontakte* und *Kalender* die Synchronisation. Man kann wählen, ob jeweils alle Kontakte oder nur bestimmte Gruppen, bzw. alle oder nur bestimmte Kalender auf den iPod geladen werden sollen.

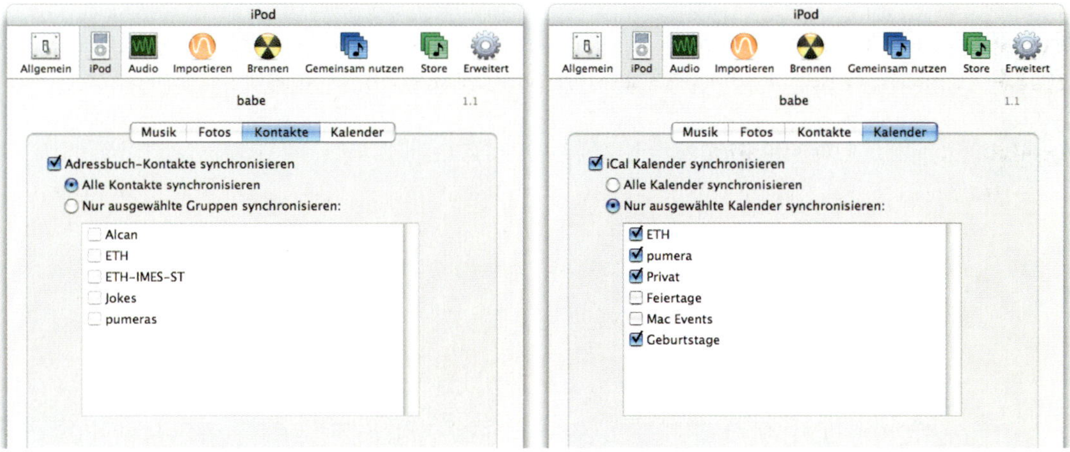

Abbildung 18-4 iPod-Abgleich konfigurieren

1. http://docs.info.apple.com/article.html?path=iSync/2.0/de/isc11.html; http://docs.info.apple.com/article.html?artnum=301371
2. http://www.markspace.com/missingsync_pocketpc.php

Der iPod wird automatisch synchronisiert, wenn er am Computer angeschlossen ist, und im iSync Menüleistensymbol *Jetzt synchronisieren* gewählt wird (Aktivierung über *Einstellungen...* in *iSync*) – weder iTunes noch iSync müssen dafür geöffnet sein. Falls iTunes beim Anschluss eines iPods automatisch geöffnet wird, startet die Synchronisierung aber auch dann. Da im iPod keine Änderungen an den Einträgen vorgenommen werden können, funktioniert der Abgleich nur in Richtung Computer zu iPod.

18.6 Gleichzeitiger Abgleich aller Geräte

Will man nur die .mac-Daten abgleichen, ist der Synchronisationsvorgang einfach: entweder aus den *Systemeinstellungen* oder über das iSync Menüleistensymbol den Befehl *Jetzt synchronisieren* wählen, und die Daten werden abgeglichen. Die Exchange-Daten und ein angeschlossener iPod werden dabei ebenfalls synchronisiert. Will man gleichzeitig auch Mobiltelefone und/oder Handhelds synchronisieren, muss beim Ausführen des Befehls *Jetzt synchronisieren* das Programm iSync geöffnet sein! Bei Palm-Geräten wird man zusätzlich darauf hingewiesen, den „HotSync"-Button am Gerät zu drücken. Drückt man den Knopf *Geräte-Sync* im Programm *iSync*, werden lediglich die dort konfigurierten Geräte, allerdings ohne Palm-Devices, abgeglichen (warum auch immer...). Auch die .mac-Synchronisation findet nicht statt.

Deshalb muss zum Synchronisieren aller vorhandener Geräte folgendermassen vorgegangen werden:

1. Alle gewünschten Geräte müssen verfügbar sein.
2. *iSync* öffnen (in */Programme*).
3. Im Symbolleistenmenü den Eintrag *Jetzt synchronisieren* wählen.
4. Falls Fehlermeldungen über Konflikte auftreten, muss man die Synchronisierung wiederholen (sofort oder zu einem späteren Zeitpunkt).

Synchronisationsvorgänge sind nicht unproblematisch. Falls Fehler auftreten, informieren die involvierten Programme im Allgemeinen darüber und bieten Lösungsmöglichkeiten an, den Konflikt zu beheben. Dabei muss meistens entschieden werden, welche Informationen man behalten will bzw. welche richtig sind. Zum Teil ist es aber auch nötig, gewisse Objekte zu löschen, falls etwa überflüssige Kalender während der Synchronisierung erzeugt werden. Hilft gar nichts mehr, kann man die Daten des einen Gerätes mit denen eines anderen, aktuellen überschreiben. Achtung – don't panic! Die Fehlermeldungen und Dialoge sollten immer in Ruhe durchgelesen werden – ein falscher Klick im falschen Moment kann zu irreversiblem Datenverlust führen!

Datensicherung & Backup 19

„Wie..., Backup?" – häufig gehörte Frage vieler Computerbenutzer nach Festplattendefekten, meist gefolgt von Schweissausbrüchen, Selbstvorwürfen und Besserungsversprechen.

Das wertvollste auf dem Computer sind die persönlichen Daten. Programme kann man neu installieren, einen Computer im Schadensfall ersetzen. Aber Texte, Berechnungen, Präsentationen und festgehaltene Gedanken sind unersetzlich. Zum Glück kann man Sicherungskopien davon anfertigen – auf CDs, DVDs, externen Festplatten oder einen Server.

Es gibt verschiedene Möglichkeiten, Datensicherungen anzufertigen. Ganz allgemein versteht man unter dem Begriff Backup das Kopieren von Daten (Benutzerdaten oder der ganze Festplatteninhalt) auf ein externes Medium. Neben der schon eingebauten Fähigkeit, CDs und DVDs zu brennen (sofern ein solches Laufwerk vorhanden ist), kann der Backup-Prozess mit Zusatzprogrammen automatisiert werden und es können Speichermedien wie externe Festplatten benutzt werden. Speziell in Firmen werden die Backups in einem anderen Raum als die Originaldaten aufbewahrt – ein Feuer im Büro würde so zwar den Computer zerstören, nicht aber die Datensicherung.

Grundsätzlich muss man zwischen Backup (Anfertigen einer Sicherheitskopie) und Synchronisieren (Abgleichen der Datenbestände auf zwei Systemen) unterscheiden. Der erste Prozess dient dazu, im Schadensfall eine Kopie der persönlichen Daten zu haben. Mit dem zweiten Prozess kann man z. B. zu Hause an einem PowerMac G5 und unterwegs mit einem iBook arbeiten. Dank der Synchronisation hat man stets an beiden Orten die aktuellen Daten.

19.1 Backups

Das Wort Backup bezeichnet typischerweise eine Sicherungskopie der persönlichen Benutzerdaten. Natürlich ist es auch möglich, eine startfähige Kopie des kompletten Systems auf einer externen Festplatte anzufertigen. Das bedeutet, dass der Rechner dann auch von dieser Festplatte aufgestartet werden kann. Dazu dient beispielsweise das Tool Carbon Copy Cloner, das in „Backup des vorhandenen Systems mit Carbon Copy Cloner" auf Seite 44 näher beschrieben wird. Der Vorteil liegt darin, dass man sehr schnell komplette Systeme kopieren und wiederherstellen kann, ohne die ganze System- und Programminstallation zu durchlaufen.

19.1.1 Vollbackup

Ein Vollbackup wird immer dann erstellt, wenn alle zu sichernden Daten neu kopiert werden, im Allgemeinen auf einen leeren Datenträger (oder zumindest in einen leeren Ordner). Dieses Verfahren ist insbesondere für kleine Datenbestände geeignet. In Zeiten von Digitalfotografie und -video ist es aber zunehmend mühsam, jede Woche 40GB kopieren zu müssen. Schliesslich wachsen die Datenbestände auch ständig an. Vollbackups werden häufig auf nur einmal beschreibbare CDs und DVDs durchgeführt.

19.1.2 Differentielles Backup

Bei einem differentiellen Backup wird nach der allerersten Sicherung (Vollbackup, bei der alle Daten neu kopiert werden) nur noch der Datenbestand neu kopiert, der seit der letzten Sicherung geändert hat. Dadurch wird die Datenmenge, die kopiert werden muss, erheblich verringert. Es wird jeweils nur die letzte Version der Daten aufbewahrt (das Backup entspricht nach der Durchführung exakt den Originaldaten), frühere Versionen der Daten werden also überschrieben. Wenn man für die Datensicherung externe Festplatten verwendet (siehe Seite 500), wird man dieses Verfahren anwenden. Auf jeden Fall muss bei dieser Methode mit wiederbeschreibbaren Medien gearbeitet werden.

19.1.3 Inkrementelles Backup

Ein inkrementelles Backup funktioniert im Prinzip wie das differentielle Backup, allerdings werden alle Versionen der Daten aufbewahrt (es wird ein Archiv geschaffen). Während diese Methode in Unternehmen häufig angewendet wird, spielt sie für Privatanwender keine grosse Rolle. Die Datenbestände können mit dieser Methode sehr schnell auf erhebliche Grösse anwachsen und dabei das Fassungsvermögen einer Festplatte sprengen. In Firmen werden für diese Art der Datensicherung Bänder (Tapes) verwendet.

19.1.4 Begriffe

Im Zusammenhang mit Backups und den dafür verwendeten Datenträgern werden häufig die folgenden Begriffe verwendet. Wem sie nicht klar sind, der sollte sie schnell im Glossar nachschlagen:

- Partition
- Volume
- Harddisk/Harddrive
- Mounten/Unmounten
- Image

19.2 CDs und DVDs für Vollbackups brennen

19.2.1 Systemeinstellungen für CDs und DVDs

Beim Einlegen von CDs oder DVDs können bestimmte Aktionen durchgeführt werden – abhängig davon, ob es sich um ein beschreibbares Medium (Rohling) oder ein Medium, welches bereits Daten enthält, handelt. Die Einstellungen werden im Kontrollfeld CDs & DVDs in den Systemeinstellungen vorgenommen:

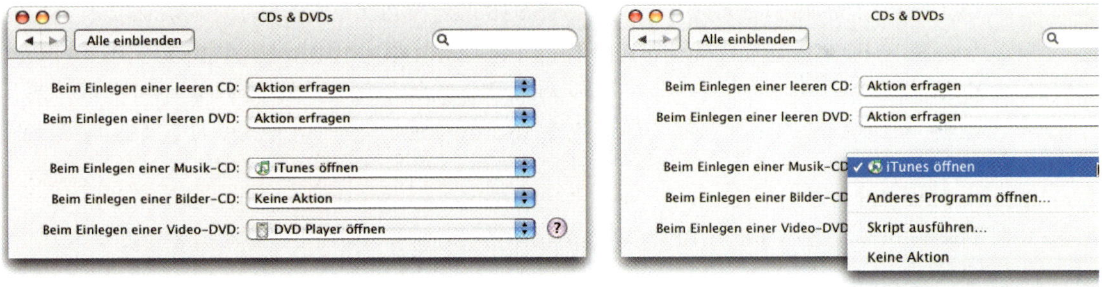

Abbildung 19-1 Kontrollfeld CDs & DVDs

Die drei unteren Felder aus Abbildung 19-1 beziehen sich auf CDs und DVDs, die nicht mehr verändert werden können, also bereits gebrannte CDs, gekaufte Audio- oder Daten-CDs und Video- oder Software-DVDs. Die Standardeinstellungen sind sinnvoll: beim Einlegen einer Audio-CD wird *iTunes* für die Wiedergabe geöffnet, beim Einlegen einer Bilder-CD öffnet sich *iPhoto* und zum Betrachten einer Video-DVD wird der *DVD Player* verwendet.

19.2.2 Rohlinge direkt brennen

Die beiden oberen Auswahlfelder betreffen das Einlegen von Rohlingen (CDs oder DVDs, auf die man Daten brennen kann). Wenn *Aktion erfragen* gewählt wird, zeigt Mac OS X einen Dialog beim Einlegen eines Rohlings und man kann dann entscheiden, ob man im Finder oder mit iTunes eine Audio- bzw. mp3-CD brennen will.

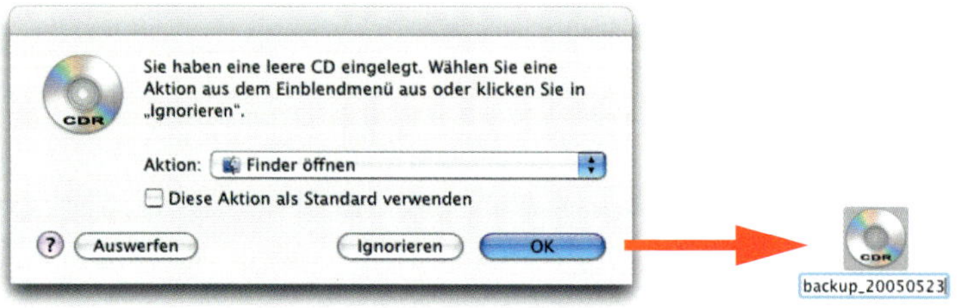

Abbildung 19-2 Dialog beim Einlegen eines CD-Rohlings

Will man beim Einlegen eines Rohlings ein anderes Programm verwenden (z. B. Toast[1]), kann man mit *Anderes Programm öffnen...* dieses Programm angeben. *Keine Aktion* kann dann sinnvoll sein, wenn man verschiedene Programme zum Brennen verwendet.

Falls man künftig alle CD-Rohlinge direkt im Finder verwenden möchte, muss man das Häkchen in *Diese Aktion als Standard verwenden* aktivieren (die entsprechende Systemeinstellung wird dann geändert) und auf *OK* klicken. Dann erscheint eine eingelegte beschreibbare CD (oder DVD) automatisch im Finder und wird einfach *Neue CD* bzw. *Neue DVD* genannt (der Name kann geändert werden). Noch nicht gebrannte Rohlinge werden im Finder immer auf dem Desktop angezeigt, auch wenn die Anzeigeoption für CDs und DVDs in den *Finder Einstellungen* (siehe Seite 96) nicht angekreuzt ist.

Mit Doppelklick auf das CD-Symbol öffnet sich ein Fenster, in welches nun die zu brennenden Daten hineinkopiert werden. Dabei werden noch keine Daten auf die CD geschrieben, sondern nur Aliase der zu brennenden Daten verlinkt. Bis und mit Panther wurde ein Image (ein virtueller Datenträger) erzeugt, das dann beim eigentlichen Brennvorgang auf die CD oder DVD gebrannt wurde – dieses Image belegte auf der Festplatte nochmals genau gleich viel Platz wie die Originaldaten, was insbesondere bei DVDs problematisch werden konnte. Mit der neuen Methode ist das Problem gelöst. In der Statusleiste des Fensters kann man zudem sehen, wie viel Platz auf der CD zur Verfügung steht und wie viel davon bereits belegt wird. Wenn man fertig ist, klickt man auf die Schaltfläche *Brennen* des *Neue CD* Fensters im Finder, oder zieht die CD auf den Papierkorb im Dock, der sich in ein Brennen-Icon verwandelt. Es erscheint der Dialog aus

1. http://www.roxio.com

Abbildung 19-3, rechts, wo man auf *Brennen* klicken muss (falls die CD keine Alias-Dateien enthält, wird sie ausgeworfen).

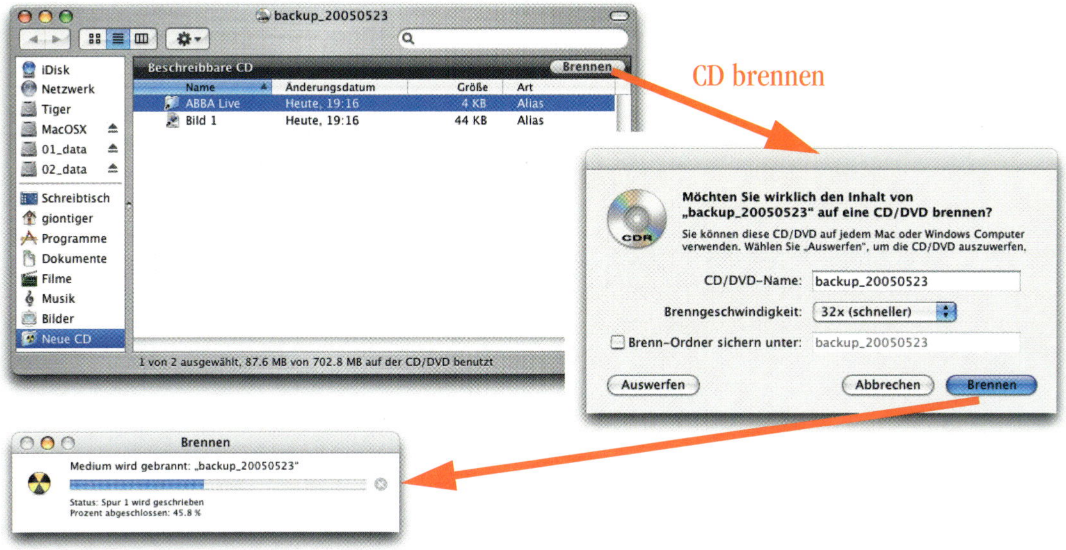

Abbildung 19-3 CD brennen

Hat man sich entschieden, die CD doch nicht zu brennen, kann man sie auch einfach wieder auswerfen (es werden keine Daten geschrieben, der Rohling bleibt unverändert). Sofern die CD Alias-Dateien enthielt, bleibt allerdings ein *Brenn-Ordner* auf dem Schreibtisch zurück und man kann die CD immer noch später schreiben (siehe Seite 496). Andernfalls lässt sich der Brenn-Ordner wie jeder andere Ordner in den Papierkorb legen.

Falls man eine CD mehrmals erstellen will, hat man im Dialogfeld aus Abbildung 19-3 auch gleich die Möglichkeit, einen *Brenn-Ordner* auf dem Schreibtisch zu sichern, der immer wieder als Vorlage für die CD benutzt werden kann (und der auch noch verändert werden kann). Natürlich lässt er sich in einen anderen Ordner verschieben, er muss somit nicht auf dem Schreibtisch liegen. Der *Brenn-Ordner* bleibt auch in der Seitenleiste erhalten (man kann ihn aber via Kontext-Menü entfernen).

Mit dem Finder kann man auf diese Art nur abgeschlossene CDs brennen. Diese Art CD wird Single Session genannt – eine CD wird also nur ein einziges Mal beschrieben, unter Umständen mit erheblich weniger Daten als eigentlich Platz hätten. Falls man Multisession-CDs brennen will, muss man dazu das *Festplatten-Dienstprogramm* verwenden (siehe „Brennen von Sessions mit dem Festplatten-Dienstprogramm" auf Seite 497). Bei

Multisession-CDs wird eine beschreibbare CD mehrmals verwendet, indem sie „häppchenweise“ bis zur gesamten Kapazität gefüllt wird. Noch besser geeignet dafür ist natürlich eine Software wie Toast[1], mit der man ausserdem eine Vielzahl weiterer Formate brennen kann.

19.2.3 Brenn-Ordner

Neben der oben beschriebenen Methode kann man mit Tiger die Daten zum Brennen vorbereiten, bevor man die CD einlegt. Dazu wählt man im Finder im Menü *Ablage* den Befehl *Neuer Brenn-Ordner* (auch via Kontextmenü verfügbar) und erhält einen Ordner mit „Brenn-Symbol“ (der umbenennt werden kann), in den man wiederum die zu sichernden Daten hineinbewegt (Abbildung 19-4).

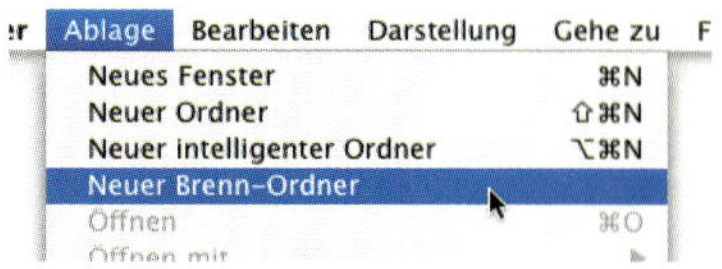

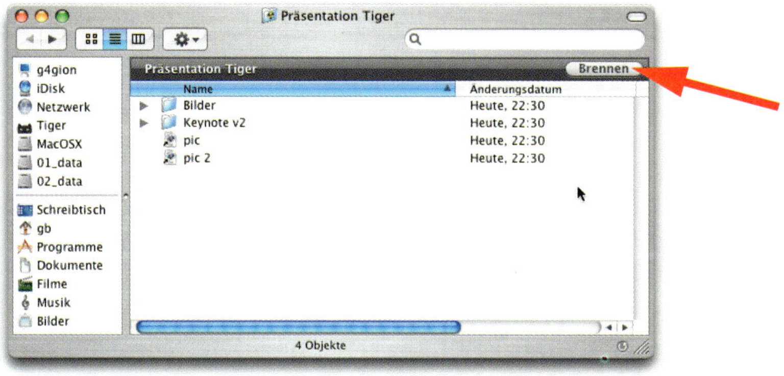

Abbildung 19-4 Erzeugen eines Brenn-Ordners

Um die Daten zu brennen, klickt man auf die Schaltfläche *Brennen* (Abbildung 19-4) innerhalb des Fensters. Dabei wird die Datenmenge angezeigt, die der Brenn-Ordner enthält und die natürlich nicht grösser als das Fassungsvermögen der CD bzw. DVD sein darf (Abbildung 19-5). Falls dem so ist, kann ein Rohling eingelegt und die CD geschrieben werden.

Die im Finder gebrannten CDs sind auch unter Windows lesbar. Mit einem Programm wie Toast hat man jedoch erheblich mehr Optionen (Formate, Datenstruktur, Kompatibilität).

1. http://www.roxio.com

Abbildung 19-5 Daten brennen (Kapazität kontrollieren!)

19.2.4 Brennen von Sessions mit dem Festplatten-Dienstprogramm

Falls man nicht einen ganzen CD-Rohling, der 700MB fasst, für wenig Daten verschwenden will, bietet sich das *Festplatten-Dienstprogramm* im Ordner */Programme/Dienstprogramme* an, um Multisession-CDs zu brennen. Es gibt verschiedene Möglichkeiten das zu tun, nachfolgend wird der einfachste Weg ohne Rechenaufwand für die Datenmenge beschrieben, der aber temporär mehr Festplattenplatz benötigt.

1. Neuen Ordner erstellen.

2. Alle zu brennenden Daten in den Ordner kopieren.

   Es ist am einfachsten, die Daten zu kopieren (alt-Taste beim Verschieben gedrückt halten, wenn sich die Daten auf dem gleichen Volume befinden!) – würde man sie nur bewegen, müssten sie nachher wieder an ihren ursprünglichen Platz bewegt werden („wo war doch gleich diese Datei schon wieder..?"). Wird alles kopiert, kann man nach dem Brennen der CD einfach den Ordner löschen.

3. Im *Festplatten-Dienstprogramm* ein Image vom Ordner erstellen.

Image im Finder

   Im Menü *Ablage* befindet sich der Befehl *Neu - Image von Ordner...*. Wählt man ihn aus, erscheint ein Dialogfeld, um den zu brennenden Ordner zu selektieren. Mit Klick auf *Image* gelangt man zu einem weiteren Dialog, um schliesslich das Image zu erzeugen. Die Option *Image-Format* kann man auf *Nur lesen* stellen – *Komprimiert* wäre dann interessant, wenn man das Image auf der Festplatte lassen würde, da es dann weniger Platz braucht, nicht aber, wenn die Daten auf CD gebrannt werden, wo sie in unkomprimierter Form vorliegen. Eine *Verschlüsselung* der Daten wird man im Allgemeinen nicht wünschen. Mit Klick auf *Sichern* wird das Image angelegt und es erscheint in der Volumeliste des *Festplatten-Dienstprogramms* (und im Finder als *.dmg-Datei).

4. Im Festplatten-Dienstprogramm wählt man das eben erzeugte Image aus und klickt auf die Brennen-Schaltfläche in der Symbolleiste (Abbildung 19-6). Ein Dialog zum Starten des Brennvorganges erscheint.

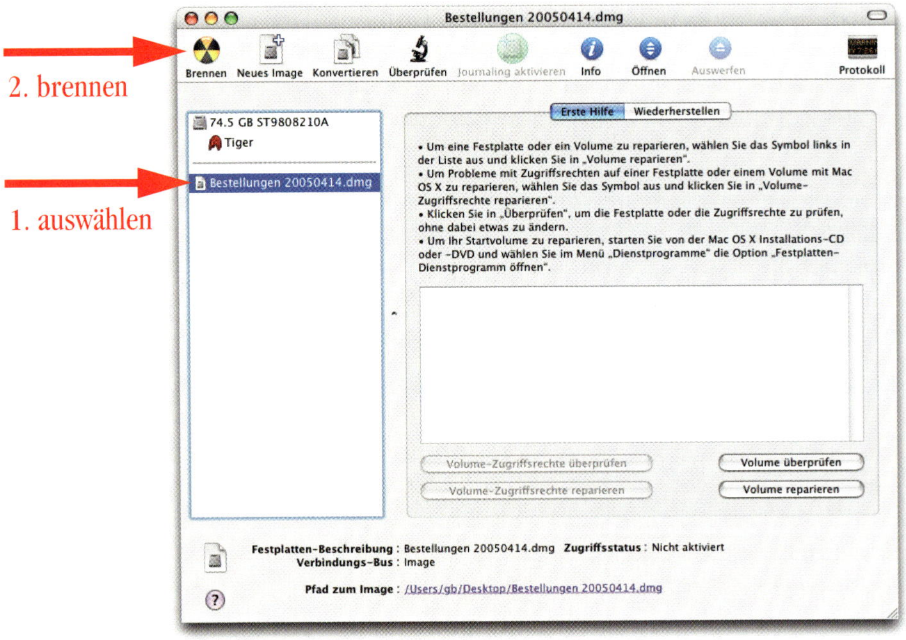

Abbildung 19-6 Image brennen

5. Eine beschreibbare CD oder DVD ins Laufwerk legen.

6. Bevor auf Brennen geklickt werden darf (erst aktiv, wenn ein beschreibbares Medium im Laufwerk vorhanden ist), muss mit Klick auf das Erweitern-Symbol der komplette Dialog sichtbar gemacht werden (falls das nicht schon der Fall ist) und das Häkchen bei *Später können weitere Daten hinzugefügt werden* aktiviert werden – damit wird nur eine Session gebrannt, die CD aber nicht abgeschlossen (Abbildung 19-7).

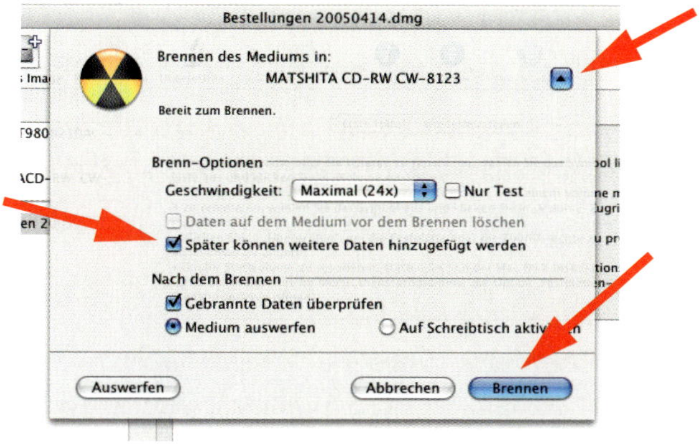

Abbildung 19-7 Brennvorgang starten

7. Für jede weitere Session werden die Schritte 1. bis 6. wiederholt. Bei Schritt 6 muss die Schaltfläche *Aktivieren* (statt *Brennen*) betätigt werden. Falls noch weitere Sessions folgen, muss wiederum *Später können weitere Daten hinzugefügt werden* aktiviert sein – dieses Markierungsfeld muss (falls gewünscht) bei jedem Brennvorgang erneut angekreuzt werden.

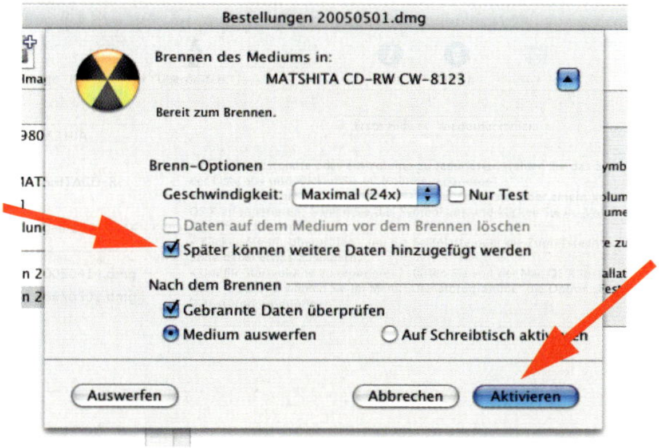

Abbildung 19-8 Zusätzliche Session brennen

Legt man eine Multisession-CD ins Laufwerk, erscheint jede Session als separates Volume im Finder. Die Image-Dateien bleiben in der Volume-Liste des Festplatten-Dienstprogrammes erhalten, bis sie im Finder gelöscht werden. Man kann sie auch manuell aus der Volume-Liste entfernen, indem man sie markiert und die Löschtaste drückt (im Finder sind die *.dmg-Dateien aber nach wie vor vorhanden).

19.2.5 Datensicherheit

Handelsübliche CD- und DVD-Rohlinge sind nicht für die Ewigkeit gemacht – es ist von einer durchschnittlichen Lebensdauer von ca. zwei bis zehn Jahren auszugehen, je nach Produktqualität und Lagerung. Die Datenträger sollten vor Staub und Schmutz geschützt und möglichst stehend in den üblichen Hartplastikhüllen, in kühler und dunkler Umgebung gelagert werden. Direkte Sonneneinstrahlung, Kratzer und Schmutz auf der Oberfläche sowie Beschädigungen der Reflexionsschicht (also der „Oberseite" der CD, die z. T. bedruckt ist) müssen vermieden werden. Dennoch ist die Lebensdauer beschränkt. Es gibt spezielle Rohlinge, die eine höhere Lebensdauer (typischerweise 100 oder 200 Jahre bei richtiger Lagerung) aufweisen. Sie sind meistens etwas teurer und können nicht immer mit der maximalen Geschwindigkeit des Laufwerks beschrieben werden. Für besonders wichtige Daten, die längere Zeit überdauern müssen, sollte man deshalb solche Datenträger verwenden.

Eine gute Übersicht zum Handling von CDs gibt die Webseite Care and Handling of CDs and DVDs[1] des National Institutes of Standards and Technology (englisch).

19.3 Backups auf externe Festplatten erstellen

Seit mit der Einführung des PowerMac G3 Yosemite der FireWire-Anschluss zum Standard wurde, sind externe Festplatten mit dieser Schnittstelle weit verbreitet. Seit einiger Zeit gibt es zusätzlich Festplatten mit USB2-Anschluss - insbesondere beim Mac ist aber aufgrund der in der Praxis höheren Geschwindigkeit FireWire immer noch vorzuziehen.

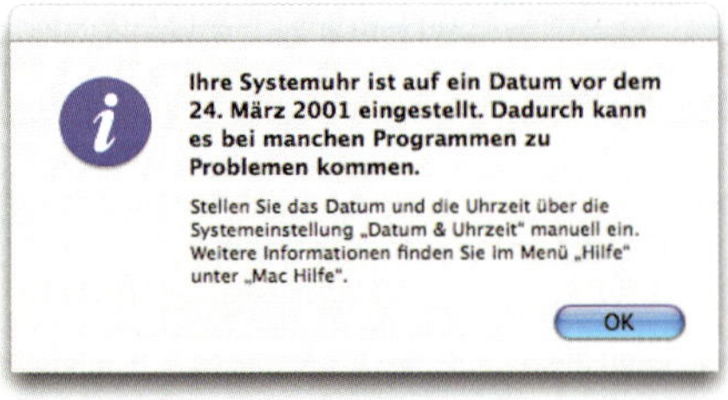

Wenn man regelmässig Backups durchführt, so wird bei fast allen Methoden der sich ändernde Datenbestand durch das Backup-Programm festgestellt. Eine wichtige Eigenschaft der Ordner und Dateien ist deshalb das Änderungsdatum. Darum ist es absolut notwendig, dass die Uhrzeit am Mac immer stimmt! Falls durch eine defekte Pufferbatterie oder andere unerwartete Ereignisse die Uhrzeit zurückgestellt wird (typischerweise auf 1904, 1956 oder 1970), muss sie unbedingt wieder richtig eingestellt werden. Am einfachsten funktioniert das, wenn der Mac immer über Internetzugang verfügt und im Kontrollfeld *Datum & Uhrzeit* die automatische Einstellung aktiviert ist. Andernfalls warnt der Computer, wenn das Datum auf einen

1. http://www.itl.nist.gov/div895/carefordisc/index.html, speziell die pdf-Checkliste: http://www.itl.nist.gov/div895/carefordisc/onepage.pdf

Zeitpunkt vor dem 24. März 2001 (dem Erscheinungstermin von Mac OS X 10.0) eingestellt ist – dann muss man aber sofort handeln!

19.3.1 Festplatten initialisieren und partitionieren

Einige Festplatten sind sofort nach dem Anschliessen betriebsbereit und werden sofort vom Computer gemountet. Andere müssen zuerst initialisiert und partitioniert werden. Das geschieht mit dem *Festplatten-Dienstprogramm* im Ordner */Programme/Dienstprogramme*.

Die Festplatte (oder Partition), die zur Sicherung verwendet werden soll, muss mindestens so gross sein wie der zu sichernde Datenbestand. Dabei sollte man beachten, dass im Laufe der Zeit meistens weitere Daten hinzukommen.

Im *Festplatten-Dienstprogramm* wählt man die Festplatte aus, die man einrichten möchte (in der Tabelle auf der linken Seite, wie in Abbildung 19-9). Falls die Festplatte noch nicht initialisiert wurde, erscheint lediglich eine Angabe über Kapazität und Hersteller, aber kein Name (da ja noch gar keine Partition existiert, die einen Namen tragen könnte). Zum Partitionieren muss man aber sowieso diese Angabe auswählen (sonst steht nur die Option *Löschen* zur Verfügung).

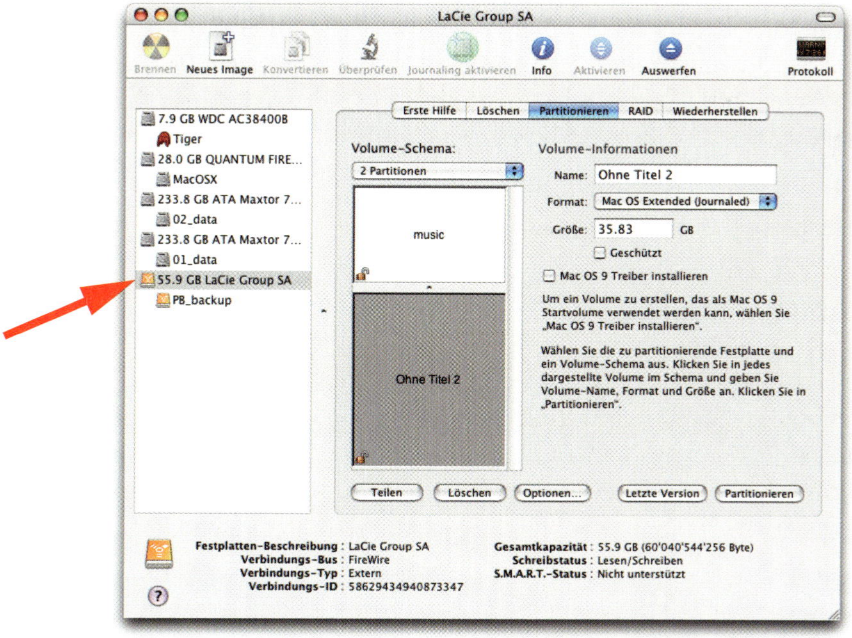

Abbildung 19-9 Festplatte partitionieren

Im Register *Partitionieren* kann man das *Volume-Schema* festlegen, das man für die Platte verwenden will. Bei der Wahl von *1 Partition* wird die gesamte Festplatte als ein logischer Datenträger initialisiert (die gesamte Kapazität wird auf ein Volume gelegt). Bei 2 oder mehr Partitionen wird die Gesamtkapazität auf diese Partitionen verteilt, deren Grösse man einfach durch Ziehen am Regler verändern kann. Die Bezeichnung der Festplatte im Finder legt man im Feld *Name* fest (dieser Name kann natürlich auch nachträglich noch geändert werden).

Falls man vor hat, ein startfähiges Mac OS 9 auf der Harddisk zu installieren, muss man die Option *Mac OS 9 Treiber installieren* ankreuzen.

Mit Klick auf Partitionieren wird der gesamte Festplatteninhalt gelöscht (also Vorsicht!) und das eingestellte Volume-Schema umgesetzt. Danach erscheinen das oder die Volumes im Finder und sind betriebsbereit.

Wie schon unter „Installation von Mac OS X" auf Seite 29 beschrieben, ist das Partitionieren der internen Festplatte nur sinnvoll, wenn noch mehrere Betriebssysteme eingesetzt werden oder mit sehr grossen Datenmengen (Bilder, Musik, Video) gearbeitet wird. Für externe Festplatten können andere Überlegungen gelten: bei einer internen Festplatte von 80GB Kapazität, von der ein Backup erstellt werden soll, kann die externe 250GB-Harddisk z. B. in drei Partitionen aufgeteilt werden:

- Partition 1: 80GB für das Backup (das ist zwar zu viel, wenn nur die Benutzerdaten gesichert werden sollen, aber es ist sicher immer genug, wenn der Datenbestand wächst)
- Partition 2: 80GB für weitere Daten
- Partiton 3: 90GB für weitere Daten

19.3.2 Manuelle Backups

Ein manuelles Backup kommt nur bei sehr geringen Datenbeständen und bei unregelmässig und selten durchgeführten Sicherungen in Frage. Bei einem manuellen Backup wird der zu sichernde Ordner einfach auf die externe Festplatte kopiert. Somit handelt es sich bei dieser Methode immer um ein Vollbackup.

Am besten wird auf der externen Festplatte ein Ordner für die Backups angelegt. Darin können weitere Ordner – bezeichnet mit dem Datum des Backups – erstellt werden. Wird dabei die Namenkonvention Jahr-Monat-Tag (z. B. 20050409) eingehalten, behält man immer den Überblick über die Daten. Nicht mehr benötigte Ordner können einfach gelöscht werden (andernfalls baut man ein Archiv auf).

19.3.3 Backup mit Plan

Wenn man die Datensicherung wirklich ernst nimmt, kommt man um ein Backup-Programm kaum herum. Zum Glück gibt es Freeware und Shareware-Lösungen, die sehr gut funktionieren und den Prozess völlig automatisieren können. Daneben gibt es auch kommerzielle Produkte, die noch weitergehende Funktionen bieten (z. B. Retrospect von Dantz[1]).

Produkte, mit denen man Backups automatisieren kann, sind:

- Synk von Ben Rister[2] (Shareware)
- Synchronize! von Qdea[3] (kommerziell)
- SilverKeeper von LaCie[4] (Freeware)
- Phew von Substance Software[5] (Freeware)
- RsyncX[6] (Freeware)
- Déjà Vu[7] (Bestandteil von Toast, kommerziell)
- ChronoSync von Econ[8] (kommerziell)

Natürlich gibt es noch weitere Tools, alle haben ihre Vor- und Nachteile. Auf den kommenden Seiten wird das Backup mit Synk beschrieben (gratis für den Education-Bereich, privat $20, geschäftlich $40). Synk ist besonders einfach zu bedienen und bietet die Möglichkeit, Backups vollautomatisch nach Zeitplan laufen zu lassen. Ausserdem bietet es sowohl differentielle und inkrementelle Datensicherung wie auch Synchronisation an und ist in deutscher Sprache erhältlich. Synk verfügt ausserdem über eine hervorragende Hilfe-Dokumentation.

Einrichten des Backups

Nach dem Start von Synk bietet sich ein übersichtliches Fenster mit sieben Ebenen. Im ersten Register (Ordner) müssen die beiden Ordner (Quell- und Zielordner) angegeben werden, die für das Backup verwendet werden sollen. Es sollen nur die persönlichen Benutzerdaten gesichert werden. Der Quellordner ist in diesem Fall das Verzeichnis „Privat“ des Benutzers „gb“ – es werden also alle Daten innerhalb des Ordners „gb“ kopiert.

1. http://www.dantz.com
2. http://www.decimus.net/synk/
3. http://www.qdea.com/
4. http://www.lacie.com/silverkeeper
5. http://www.substancesoftware.com/phew/
6. http://archive.macosxlabs.org/rsyncx/rsyncx.html
7. http://www.roxio.com
8. http://www.econtechnologies.com/site/Pages/ChronoSync/chrono_overview.html

Als Zielordner (dort landen die Daten des Backups) wird der Ordner „gb_home" auf der externen FireWire-Platte mit dem Namen „PB_backup" definiert (Pfad: „Volumes/PB_backup/gb_home"). Quell- und Zielordner können einfach auf die Icons von *Ordner A* und *Ordner B* im Fenster von Synk gezogen werden (Drag & Drop). Der komplette Pfad wird automatisch neben den Ordnern angezeigt.

Aufgrund der Mehrbenutzerstruktur von Mac OS X muss jeder eingerichtete Benutzer selber seine Backups definieren, da auch der Administrator keinen Zugriff auf die Daten der anderen Benutzer hat und deshalb ein Backup des gesamten *Benutzer*-Ordners fehlschlagen würde. In diesem Zusammenhang sei nochmals empfohlen, alle persönlichen Daten innerhalb des eigenen Homeverzeichnisses abzulegen, und nicht in alter Mac OS 9-Manier möglichst zufällig über die gesamte Festplatte zu verteilen... Falls man eine startfähige, komplette 1:1-Kopie von einer Festplatte erstellen will, sei nochmals das Tool Carbon Copy Cloner empfohlen.

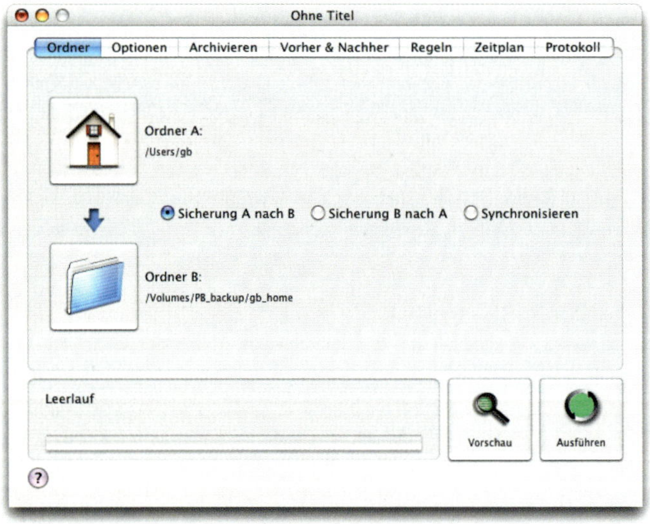

Abbildung 19-10 Register „Ordner" von Synk

Da *Ordner A* die Quelle und *Ordner B* das Ziel ist, muss mit den Auswahlknöpfen die Option *Sicherung A nach B* ausgewählt werden.

Im zweiten Register, *Optionen*, können verschiedene Einstellungen für das Feintuning des Backups vorgenommen werden. Die erste Option *Löschen im Quellordner erkennen und synchronisieren* wird man normalerweise aktivieren – eine Datei, die innerhalb des Quellordners gelöscht wurde, wird dann auch an ihrem Platz im Zielordner entfernt. Mit der Option *Dateien sofort löschen* werden geänderte oder gelöschte Daten des Zielordners sofort gelöscht und nicht erst in den Papierkorb verschoben (was natürlich Platz auf der Festplatte spart). Wenn diese Option nicht aktiv ist, sollte man nicht vergessen, von Zeit zu Zeit den Papierkorb zu leeren! Konflikte sollte man auf jeden Fall protokollieren (das *Protokoll* ist im gleichnamigen Register einsehbar). Falls sowohl Quell- und Zieldatei seit dem letzten Backup verändert wurden, kann man mit der Auswahl unter *Konflikte* einstellen, ob einfach die *neuere Datei behalten* werden soll, oder gar *Keine Aktion* erfolgt und der Konflikt nach dem Backup manuell behoben werden muss. Mit dieser Einstellung kommt es aber ganz sicher nicht zu Datenverlusten, da beide Dateien (Quell- und Zieldatei) unverändert bleiben. Diese Einstellung ist allerdings eher für Synchronisationsvorgänge von Belang (siehe Seite 512) und kann für reine Backup-Prozesse auf *Keine Aktion* belassen werden.

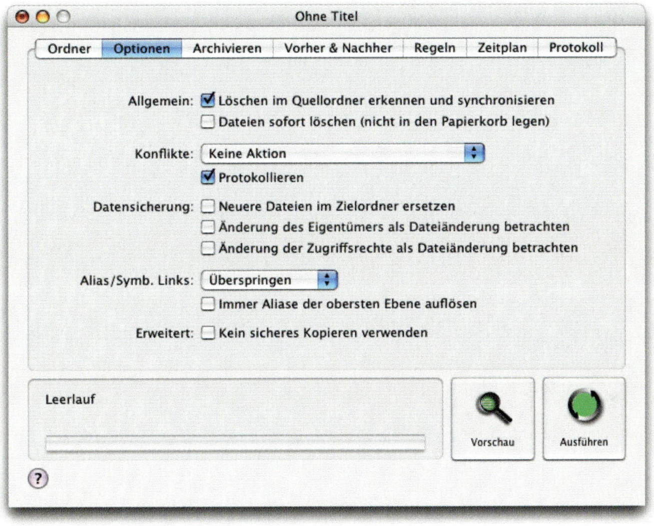

Abbildung 19-11 Optionen für das Backup festlegen

Zu den weiteren Optionen wird eine kleine Erklärung angezeigt, wenn sie mit der Maus überfahren werden. Es hängt von der persönlichen Arbeitsweise ab, ob man hier Veränderungen der Standardeinstellungen vornimmt.

Im dritten Register hat man die Möglichkeit, ein Archiv einzurichten (inkrementelles Backup). Dazu wählt man wiederum mittels Drag & Drop einen Ordner aus, der das Archiv enthalten soll. Geänderte oder gelöschte Dateien werden nun während eines Backups in diesen Ordner verschoben – dabei kann eingestellt werden, ob und wann jeweils ein Unterordner für die archivierten Dateien erstellt werden soll. Bei Namenskonflikten werden die Dateien entsprechend umbenannt. Als Privatanwender wird man die Archivierungsmöglichkeit allerdings kaum brauchen.

Abbildung 19-12 Archiv der geänderten Daten erstellen

Im Register *Vorher & Nachher* können Aktionen festgelegt werden, die vor und nach einem Backup ausgeführt werden.

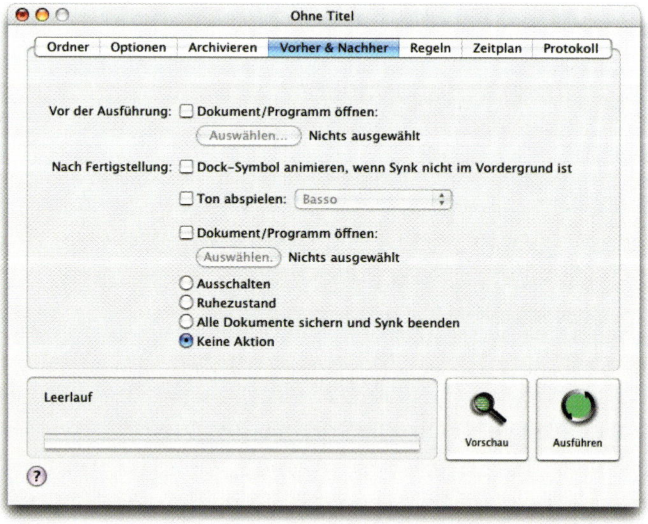

Abbildung 19-13 Aktionen festlegen

Die meisten Benutzer werden hier keine Einstellungen ändern – eine denkbare Anwendung wäre etwa, vor (oder auch nach) dem Durchführen der Synchronisation mittels eines Apple Scripts den Papierkorb zu leeren, um Daten zu löschen, die sich noch im Papierkorb befinden. Wieso kann dies sinnvoll sein? Daten, die auf der FireWire-Festplatte gelöscht werden, landen zwar im Papierkorb, sie belegen aber noch solange Platz auf der FireWire-Platte, bis der Papierkorb geleert wird! Jedes Volume verfügt über einen eigenen Papierkorb, der Inhalt wird aber quasi „virtuell“ in den Papierkorb im Dock kumuliert. Wenn also der Papierkorb nie geleert wird, wenn die externe Festplatte angeschlossen ist, dann belegen die gelöschten (aber noch im Papierkorb befindlichen) Dateien sehr bald einen beträchtlichen Teil des Speichers auf dieser Festplatte.

Mit den *Regeln* aus dem fünften Register kann man für bestimmte Ordner abweichende Einstellungen vornehmen. So ist es z. B. nicht sinnvoll, den Ordner ~/Library/Caches ins Backup mit einzubeziehen, da er keine relevanten Informationen enthält, aber trotzdem sehr gross werden kann. Mit Hilfe einer Regel (Klick auf *Neue Regel*) kann man ihn ausschliessen:

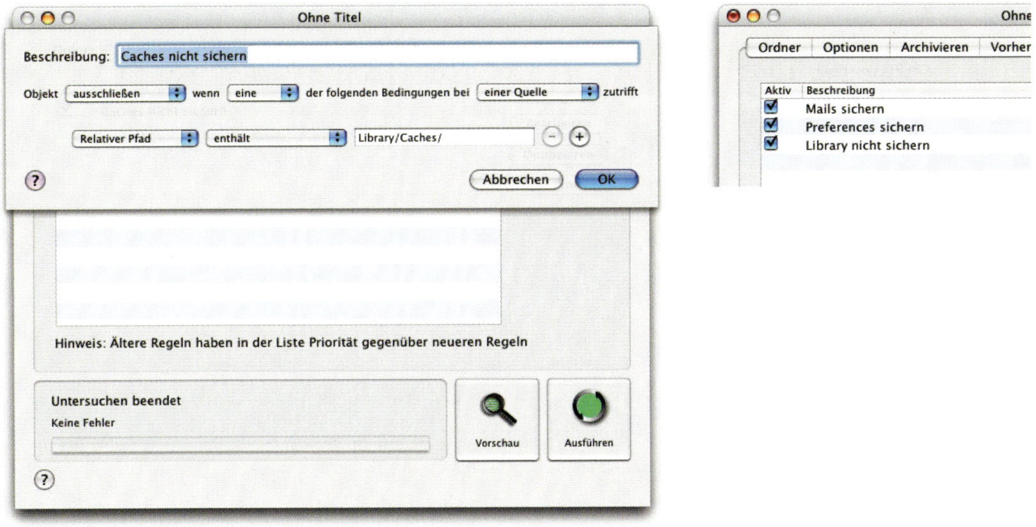

Abbildung 19-14 Regeln zum Backup hinzufügen

Der *relative Pfad* bezeichnet den Speicherort des Ordners – und zwar vom Quellordner (Ordner A) aus gesehen. Der relative Pfad zum Ordner *~/Library/Caches/* vom Benutzerverzeichnis „gb“ aus ist also *Library/Caches/*, wie in Abbildung 19-14 eingetragen.

Bei den Regeln gelten zwei Prinzipien:

1. Regeln sind hierarchisch: eine Regel für einen Ordner X gilt auch für den Ordner Y, der sich innerhalb von X befindet.
2. Ältere Regeln (die weiter oben in der Liste stehen, Abbildung 19-14, rechts) haben gegenüber neueren Priorität.

Ein Beispiel: falls man durch eine Regel den gesamten *~/Library*-Ordner vom Backup ausschliessen will, aber seine Maildaten und alle Voreinstellungen trotzdem sichern will, muss man drei Regeln definieren:

1. Sichere den Ordner *~/Library/Mail*
2. Sichere den Ordner *~/Library/Preferences*
3. Schliesse den Ordner *~/Library/* aus.

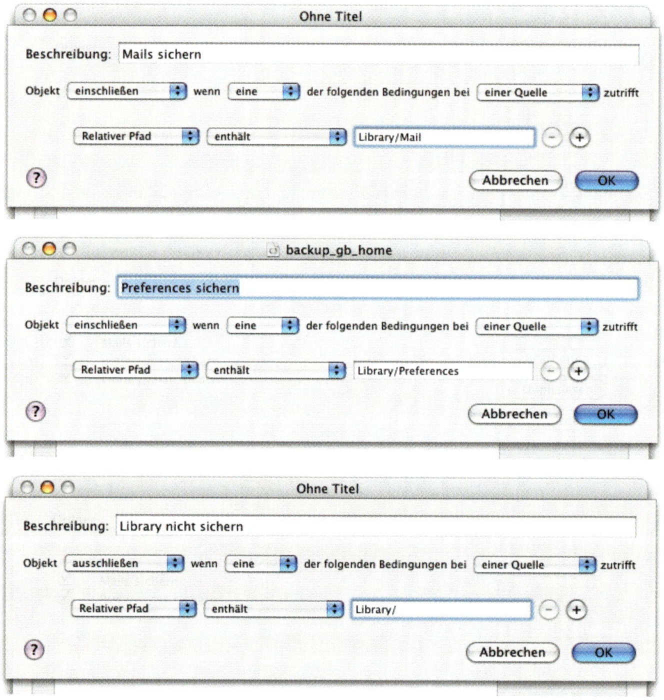

Abbildung 19-15 Definition komplexer Regeln

Bei der Definition ist auch auf die Schreibweise zu achten: Beim Ausschluss des Library-Ordners muss unbedingt der Schrägstrich / mitgenommen werden. Damit wird nur der

Inhalt des Library-Ordners ausgeschlossen, nicht aber der Ordner selber – sonst wäre es nicht mehr möglich, die beiden anderen Ordner einzuschliessen. Beim Mail- und beim Preferences-Ordner wiederum darf der Schrägstrich nicht geschrieben werden, weil ja der Ordner selber (mit allen darin befindlichen Ordnern und Dateien) und nicht nur dessen Inhalt gemeint ist (Abbildung 19-15).

Pfadangaben müssen ausserdem immer mit der englischen Notation erfolgen (Documents statt Dokumente usw.).

Synk ist das einzige Programm in diesem Preissegment, das solche Regeln beherrscht. Die Regeln müssen nun in der richtigen Reihenfolge im Fenster angeordnet werden (einfach durch Drag & Drop, Abbildung 19-16).

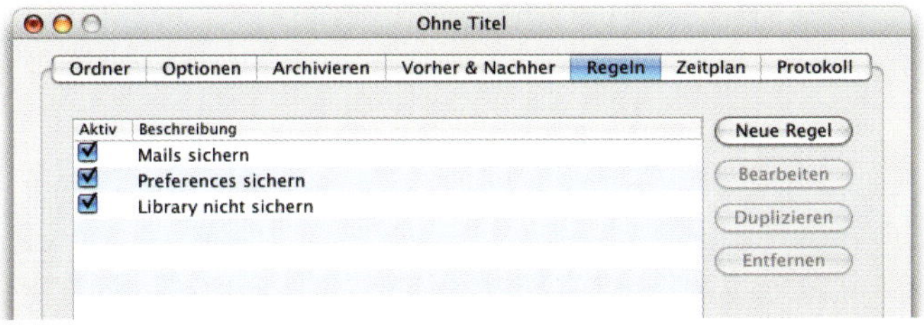

Abbildung 19-16 Anordnung der Regeln

Aufgrund der hierarchischen Struktur der Regeln funktioniert der Ausschluss und Einschluss von Ordnern bzw. Dateien nur auf zwei Ebenen. Es ist also nicht möglich, den ~/Library-Ordner auszuschliessen und z. B. den Ordner ~/Library/Preferences/Explorer einzuschliessen, da sich dieser bereits „unerreichbar" tief in der Ordnerhierarchie versteckt.

Damit hat man alle Einstellungen vorgenommen, die für das Backup nötig sind. Synk speichert solche Einstellungen in einer Datei – man kann also auch mehrere solcher Dateien für unterschiedliche Backups definieren (z. B. häufigere Backups von sehr wichtigen Ordnern, weniger häufig für das gesamte Benutzerverzeichnis).

Manuelles Durchführen des Backups

Wenn man die Backups nicht regelmässig, sondern nur sporadisch (aber mindestens einmal in der Woche) durchführt, dann kann man die gespeicherten Synk-Dateien manuell ausführen. Manuelle Backups sind auch dann sinnvoll, wenn der Computer nicht immer zu einem bestimmten Zeitpunkt eingestellt ist, so dass ein Backup automatisch ablaufen könnte.

Nach einem Doppelklick auf die Synk-Datei öffnet sich das Synk-Fenster wie in Abbildung 19-10. Ein Klick auf *Ausführen* startet das Backup sofort, mit Klick auf *Vorschau* können vorsichtigere Naturen sich zuerst noch die Dateien und Ordner anschauen, die kopiert werden (Abbildung 19-17).

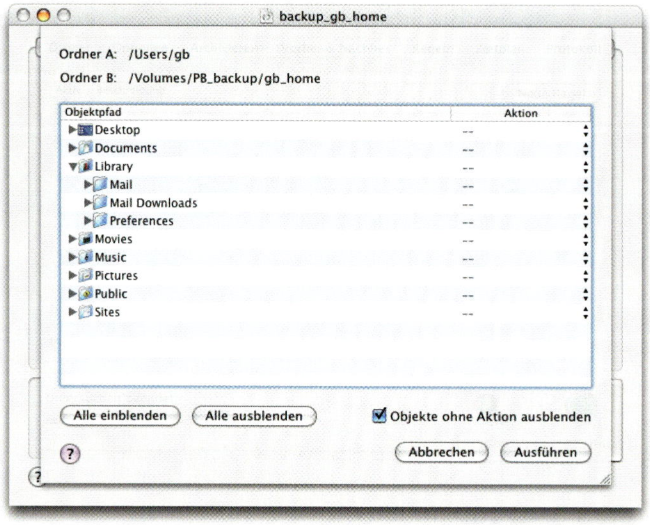

Abbildung 19-17 Vorschau von Synk

Mit Klick auf *Ausführen* wird auch hier der Kopiervorgang gestartet. Dabei ist wichtig, dass die externe Festplatte angeschlossen ist, bzw. das Volume für das Backup gemountet ist (sonst wird eine Fehlermeldung angezeigt).

Nach dem Backup-Vorgang findet man im Register *Protokoll* im Synk-Fenster Hinweise und Fehlermeldungen, die während des Kopiervorganges aufgetaucht sind (Abbildung 19-18). Besonders wenn Synk auf Fehler hinweist, sollte man sich die Zeit nehmen und das Protokoll schnell durchgehen. Unter Umständen konnte z. B. eine Datei wegen ungenügender Zugriffsrechte nicht kopiert werden – falls es sich um eine wichtige Datei handelt, ist der Fehler schnell behoben, indem man die Zugriffsrechte ändert (siehe „Zugriffsrechte“ auf Seite 183) und die Datei im Finder kopiert.

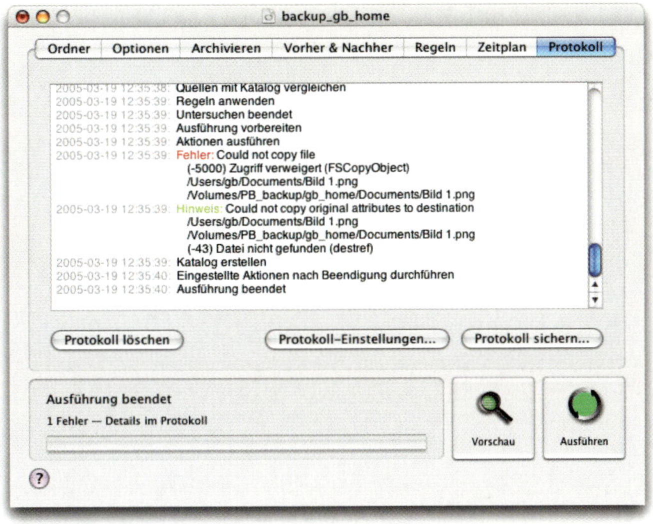

Abbildung 19-18 Protokoll von Synk

Vollautomatische Backups

Synk bietet die Möglichkeit, die Datensicherung zu automatisieren. Im Register *Zeitplan* kann dieser Automatismus gestartet werden. Wenn der Zeitplan zum ersten Mal aktiviert wird, muss ein Zusatzprogramm installiert werden, das immer im Hintergrund läuft (damit die Backups automatisch ausgeführt werden). Synk weist darauf hin und verlangt nach einem Administrator-Passwort. Nach der Eingabe bestätigt Synk die Installation des Hilfsprogramms (Abbildung 19-19).

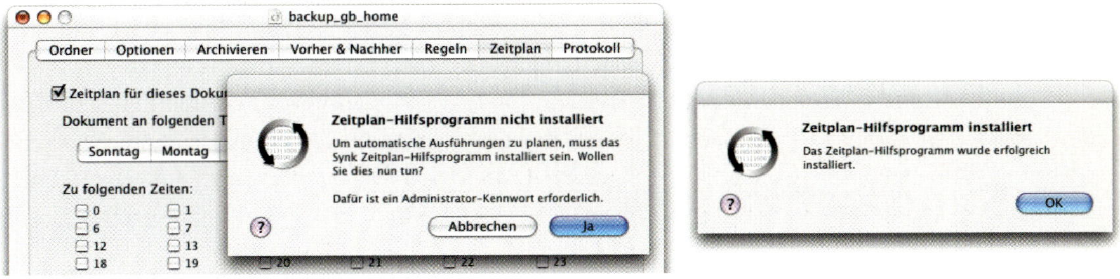

Abbildung 19-19 Zeitplan starten

Nun legt man den Zeitplan fest, an welchen Tagen und zu welchem Zeitpunkt gesichert werden soll (Abbildung 19-20). Sobald das Synk-Dokument gesichert wird, ist der Zeitplan aktiv. Zu diesen Backup-Terminen muss jeweils die externe Festplatte angeschlossen und gemountet sein, sonst funktioniert das Backup nicht! Ein beim Login automatisch gemounteter Server oder eine ständig angeschlossene externe Festplatte eignen sich deshalb besonders gut für automatische Backups.

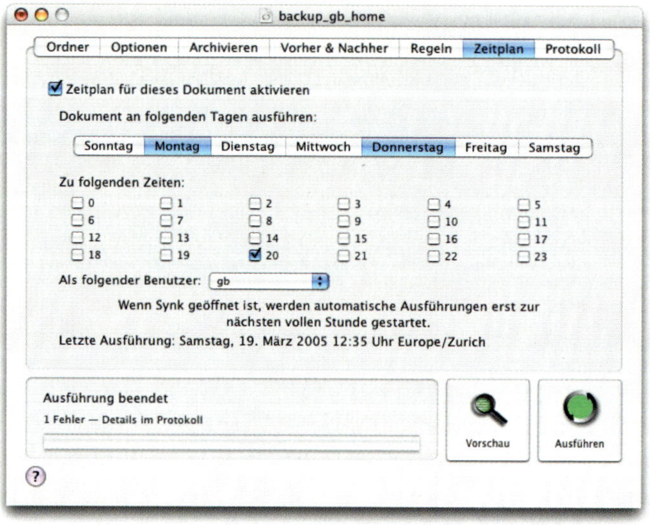

Abbildung 19-20 Zeitplan konfigurieren

19.3.4 Zurückkopieren nach Datenverlust

Während (teure) kommerzielle Programme meistens eine Option bieten, nach Datenverlusten die fehlenden Dateien und Ordner automatisch wiederherzustellen, muss Synk hier passen. Für den Privatanwender ist das allerdings kein grosses Problem – da bei den Backups die Datenstruktur nicht verändert wurde, können die Daten einfach im Finder zurückkopiert werden. Alle gesicherten Daten befinden sich schliesslich im angegebenen Zielordner. Falls nur eine oder wenige Dateien fehlen (etwa bei versehentlichem Löschen) ist das sowieso die einfachste Methode.

19.4 Synchronisation

Warnung! Dieses Kapitel sollte sorgfältig und ganz durchgelesen werden, bevor man einen Synchronisationsvorgang startet.

19.4.1 Funktionsweise einer Synchronisation

Beim Synchronisieren werden die Daten von zwei Computern miteinander abgeglichen. Das ist meistens nur für einige wenige oder einen einzigen Ordner sinnvoll – typischerweise trifft dies für den Ordner „Dokumente", in dem sich alle persönlichen Dokumente des Benutzers befinden, zu.

Mögliche Szenarien sind z. B.:

- Unterwegs wird ein PowerBook eingesetzt, das zu Hause mit dem PowerMac abgeglichen wird.
- Im Büro ist ein Server zur zentralen Datenspeicherung vorhanden. Die Daten werden für die Nutzung im Aussendienst mit einem Ordner auf dem iBook abgeglichen.

Die Synchronisation kann z. B. über ein Netzwerk erfolgen (das Benutzerverzeichnis des einen Rechners wird am anderen gemountet) oder über den FireWire Target Disk-Modus (siehe „Verbindung via FireWire Target Mode" auf Seite 292).

Innerhalb des Benutzerordners gehören grundsätzlich nur die Ordner in einen Synchronisationsvorgang, die als „Datenspeicher" dienen, aber keine Konfigurationsdateien oder gerätespezifische Daten und Einstellungen enthalten. Ein Beispiel: Wenn ein Benutzer den G5 zu Hause und das PowerBook unterwegs für E-Mail verwendet, so ruft er unterwegs zwar Mails ab, lässt aber eine Kopie jeder E-Mail auf dem Mailserver (einzustellen in den Voreinstellungen des E-Mail-Programmes). Damit kann er, zu Hause angekommen, mit dem G5 alle Mails nochmals abrufen (und erst dann vom Server entfernen). Andernfalls wären die Mails sowohl auf dem PowerBook wie auch auf dem G5 unvollständig! Eine Synchronisation des *Library*-Ordners würde diese Einstellungen aber überschreiben und zerstören (weil die ältere Voreinstellungsdatei des Mailprogrammes durch die neuere ersetzt würde!).

Eine Möglichkeit, Maildaten auf unterschiedlichen Geräten zumindest teilweise zu synchronisieren, bietet der .mac-Dienst, den Apple für $99 im Jahr anbietet (siehe „.mac" auf Seite 482). Damit lassen sich Mailkonten, intelligente Postfächer und Signaturen zwischen mehreren Geräten abgleichen. Diese Technologie umfasst aber nicht die komplette Synchronisation aller lokaler Postfächer!

19.4.2 Synchronisieren mit Synk

Das Konfigurieren der Synchronisation mit Synk verläuft grundsätzlich gleich wie für ein Backup. Im ersten Register *Ordner* wird aber statt *Sicherung A nach B* die Auswahl *Synchronisieren* aktiviert.

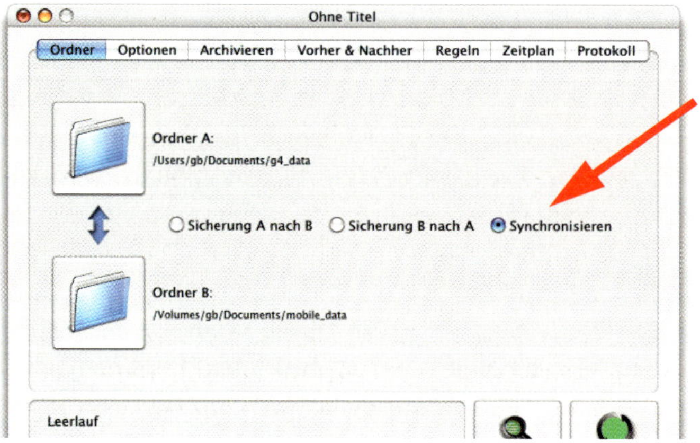

Abbildung 19-21 Synchronisieren mit Synk

Bei einem Synchronisationsvorgang wird immer die neuere Konfiguration verwendet – das bedeutet natürlich auch, dass gelöschte Objekte beim Synchronisieren entfernt werden (wie beim differentiellen Backup). Es ist wichtig, dass einem die Tragweite von Synchronisationsvorgängen klar ist! Auf dem einen Computer „nur eben schnell mal was löschen", weil die Festplatte an ihre Kapazitätsgrenze stösst, ist streng verboten: ein folgender Synchronisationsvorgang würde die gelöschten Daten als aktuellere Version erkennen und sie auch beim zweiten Computer entfernen. Bei Synk ist standardmässig das Erkennen und Synchronisieren von Löschvorgängen deaktiviert – das ist eine Vorsichtsmassnahme, die aber für Synchronisationsvorgänge keinesfalls sinnvoll ist. Deshalb sollte das Häkchen bei *Löschen im Quellordner erkennen und synchronisieren* aktiviert werden (Abbildung 19-22).

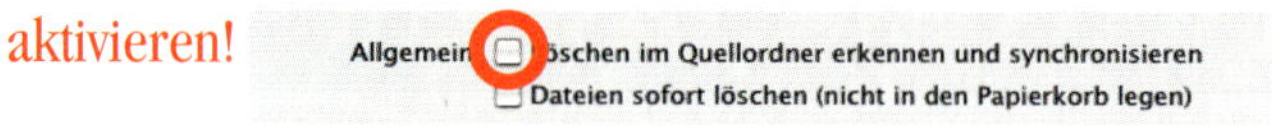

Abbildung 19-22 Löschen synchronisieren?

Falls sich beide Dateien (in Quelle, *Ordner A* und im Ziel, *Ordner B*) seit der letzten Synchronisation geändert haben, erkennt Synk dies als Konflikt und handelt je nach eingestellter Option unter *Konflikte* (im Register *Optionen*, Abbildung 19-23).

Abbildung 19-23 Konflikte

Falls *Zuletzt geändertes Objekt verwenden* aktiv ist, wird die neuere Datei kopiert und die ältere überschrieben (im Protokoll erscheint aber ein Eintrag über den Konflikt). Falls *Keine Aktion* gewählt wurde, bleiben beide Dateien unverändert. Dies bedeutet, dass kein eigentlicher Synchronisationsprozess stattfindet. Synk spricht dann zwar von einer fehlerlosen Synchronisation (im Statusfenster), im Protokoll taucht allerdings ebenfalls ein Eintrag über einen Konflikt auf („beide Dateien wurden verändert"). Wenn vor dem Ausführen der Synchronisation die Vorschau angezeigt wird, kann dort der Konflikt manuell behoben werden (nur bei der Einstellung *Keine Aktion*). Dies geschieht, indem man wählt, welche Datei verwendet werden soll. Diese Datei entspricht der aktuellen Version (Abbildung 19-24). Mit Klick auf *Ausführen* wird die Synchronisation dann gestartet.

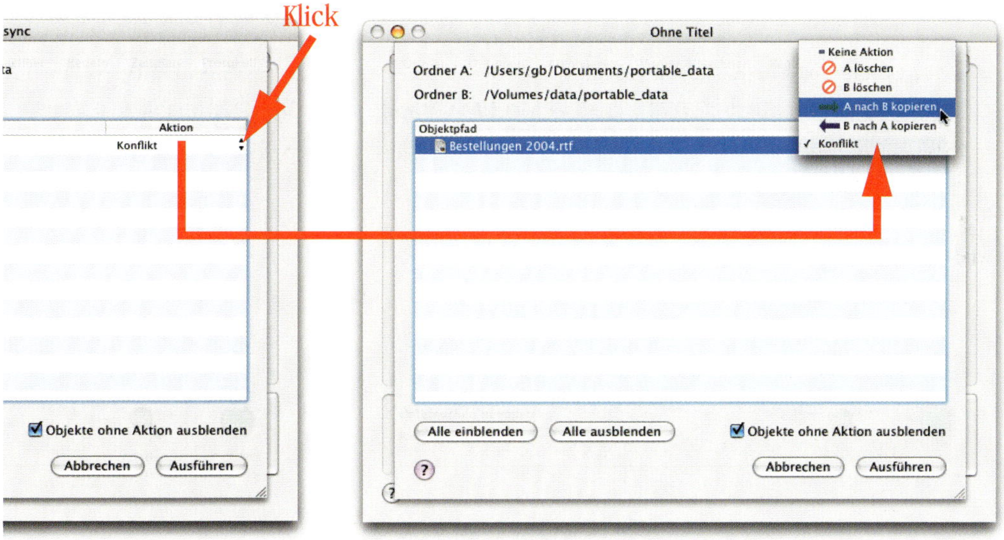

Abbildung 19-24 Konflikt in der Vorschau lösen

Die übrigen Einstellungen können wie unter „Backups auf externe Festplatten erstellen" auf Seite 500 beschrieben vorgenommen werden. Wiederum gilt: die Volumes, auf denen sich die Ordner A und B befinden, müssen vor dem Synchronisationsvorgang aktiviert werden.

Problembehebung 20

„The only trouble with troubleshooting is that sometimes trouble shoots back." – anonymer Computersupporter.

Nobody is perfect – auch Apple und Mac OS X nicht. In einer immer komplexer werdenden Computerwelt gibt es auch immer neuen Platz für Probleme. Dennoch können die meisten auftretenden Schwierigkeiten vom Benutzer gelöst werden. Wie überredet man widerwillige Programme zur Kooperation? Was tun, wenn der Rechner nicht mehr startet? Gibt es eine Methode, vergessene Passwörter zurückzusetzen. Lesen Sie weiter...

Troubleshooting ist unter Mac OS X – im Vergleich zu Mac OS 9 – schwieriger geworden. Während im alten System fast immer Systemerweiterungen für Probleme verantwortlich waren, sind die Übeltäter nun nicht mehr so einfach zu lokalisieren.

Generell kann man aber sagen, dass Mac OS X weniger Probleme in Bezug auf Systemkonflikte macht als Mac OS 9 – der eigentliche Systemordner (*System*) wird nämlich praktisch nicht mehr verändert. Falls solche Probleme aber auftreten, sind sie in Mac OS 9 generell leichter zu lösen als in Mac OS X.

20.1 Vorbeugende Massnahmen...

20.1.1 Backup

Die erste und wichtigste Regel, um seine Daten immer in Sicherheit zu haben, sind häufige Backups. Vor allem der eigene Benutzerordner sollte regelmässig auf CD gebrannt oder auf eine externe FireWire-Harddisk kopiert werden. Damit sind mindestens die persönlichen Dokumente gesichert. Mehr über dieses Thema findet man im Kapitel „Datensicherung & Backup" auf Seite 491.

20.1.2 Systemwartung

Mac OS X führt automatisch periodische Wartungs-Tasks aus, allerdings jeweils am Morgen früh um drei, vier oder fünf Uhr. Falls der Rechner zu diesen Zeiten nie eingeschalten ist, so verpasst er die Wartung ständig. Via Terminal löst man manuell mit folgenden Befehlen die Tasks aus:

```
sudo periodic daily

sudo periodic weekly

sudo periodic monthly
```

Nachdem eine neue Anwendung installiert wurde, führt Tiger einige Optimierungen durch. Falls der Computer langsam wird und Programme lang brauchen um zu starten, kann man die Optimierung manuell im Terminal auslösen.

```
sudo update_prebinding -root / -force
```

20.2 Probleme mit Programmen und dem System

20.2.1 Standardmassnahmen

Bevor man zu „härteren" Mitteln greift, sollte man folgende Massnahmen ausprobieren:

- Beenden und Neustarten des betroffenen Programms (siehe auch „Programmabstürze" auf Seite 429)
- Neustart der Classic-Umgebung bei Problemen mit Classic-Programmen
- Ausloggen und wieder einloggen
- Neustart (Mac OS X)
- Parameter-RAM (PRAM) löschen (beim Aufstarten Apfel-alt-P-R drücken)

Unter Umständen ist danach das Problem bereits behoben.

20.2.2 Preferences löschen

Wenn ein einzelnes Programm nicht mehr funktioniert, also wenn es nicht startet, sehr oft crasht oder gewisse Funktionen nicht zur Verfügung stehen, ist es immer einen Versuch wert, dessen Voreinstellungen zu löschen. Die persönliche Voreinstellungsdatei befindet sich im Ordner *~/Library/Preferences*. Unter Umständen kann sie sich in einem weiteren Unterordner – etwa mit dem Namen des betreffenden Programms – befinden.

Es gibt mindestens 2 (je nach Anzahl Benutzer) Preferences-Ordner:

- *~/Library/Preferences*
- */Library/Preferences*

Die meisten Programme legen ihre Voreinstellungsdateien nur in den Benutzer-Preferences-Ordner ab. Im anderen Ordner muss man deshalb nur in Ausnahmefällen etwas löschen (was lediglich der Administrator kann). Häufig funktionieren Programme nach dem Löschen der Preferences-Dateien wieder. Falls das Dock einmal Schwierigkeiten machen sollte: die Voreinstellungsdatei des Docks findet man in *~/Library /Preferences/com.apple.dock.plist*.

Einige Programme legen auch Voreinstellungen direkt in den Library-Ordner (meistens nochmals in einen Ordner mit dem Namen des Programms) oder in den Ordner *~/Library/Application Support* ab.

20.2.3 Programm neu installieren

Wenn das Löschen der Preferences-Dateien nichts bringt, sollte man das komplette Programm inkl. aller Bestandteile (Preferences und etwaige Libraries) löschen und neu installieren. Einige Programme speichern Informationen über installierte Bestandteile in sogenannten *Installer Log Files*. Diese werden nach der Installation (irgendwo...) auf der Festplatte abgelegt (meistens auf der obersten Hierarchiestufe) oder landen im Ordner */Library/Receipts*. Damit kann man nachvollziehen, welche Dateien gegebenenfalls entfernt werden müssen. Das Programm *Konsole* (in */Programme/Dienstprogramme*) erlaubt es ausserdem, alle Logfiles zu betrachten, unter anderem auch die Installations-Logfiles in */var/log*.

Die Frage „Was wurde zuletzt installiert?" sollte man immer beantworten können – häufig ist das zuletzt installierte Programm der Grund für plötzlich auftretende Schwierigkeiten. Ein Entfernen dieses Programms und seiner Bestandteile löst vielleicht schon das Problem.

20.2.4 Programm über das Netzwerk abschiessen

Wenn sich ein einzelnes Programm aufgehängt hat und den Mac OS X-Rechner so blockiert, dass keine Eingaben mehr möglich sind, kann man versuchen, den blockierten Prozess übers Netzwerk abzuschiessen. Voraussetzung dafür ist, dass beim Rechner mit dem abgestürzten Prozess in den *Systemeinstellungen* unter dem Kontrollfeld *Sharing* die Option *Entfernte Anmeldung* angekreuzt wurde („ssh-Zugang" auf Seite 325). Meistens beansprucht der hängende Prozess fast 100% CPU-Leistung und ist somit durch den `top -u` Befehl leicht zu finden. Unter Umständen kann aber dieser Befehl auch übers Netzwerk nicht mehr ausgeführt werden und der Rechner muss neu gestartet werden (mehr zum Terminal unter „Das Terminal“ auf Seite 154).

Das Abschiessen eines Prozesses über das Netzwerk funktioniert genau gleich wie für den lokalen Prozess (in „Prozesse“ auf Seite 430 beschrieben).

Mittels

`ssh Benutzername@IP-Adresse` (z. B. `ssh gabarandun@192.168.1.34`)

loggt man sich auf dem Rechner ein. Unter Umständen muss man den Rechner noch zur *list of known hosts* (Liste der bekannten Rechner) hinzufügen (Abbildung 20-1). Um das zu tun, muss man nach der entsprechenden Frage `yes` tippen (nicht nur `y`).

Der Befehl

```
top -u
```

liefert die Prozesse mit ihrer Prozessnummer (PID) und ihre CPU-Nutzung. Mit

```
sudo kill PID
```

schliesslich schiesst man den ausser Kontrolle geratenen Prozess ab (PID ist die Prozessnummer, also z. B. 584). `sudo` ist nur nötig, falls einem der Prozess nicht gehört – die Eingabe von `sudo` erfordert das Administrator-Passwort.

20.2.5 Neustart über das Netzwerk auslösen

Um einen Rechner über das Netzwerk neu starten zu können, muss wiederum die entfernte Anmeldung aktiviert sein. Um sich einzuloggen, tippt man im Terminal:

```
ssh Benutzername@IP-Adresse
```

Den Neustart kann man nur als root ausführen. Mittels `sudo` wird man kurzzeitig zum root – der Befehl:

```
sudo reboot now
```

löst sofort den Neustart aus (Abbildung 20-1).

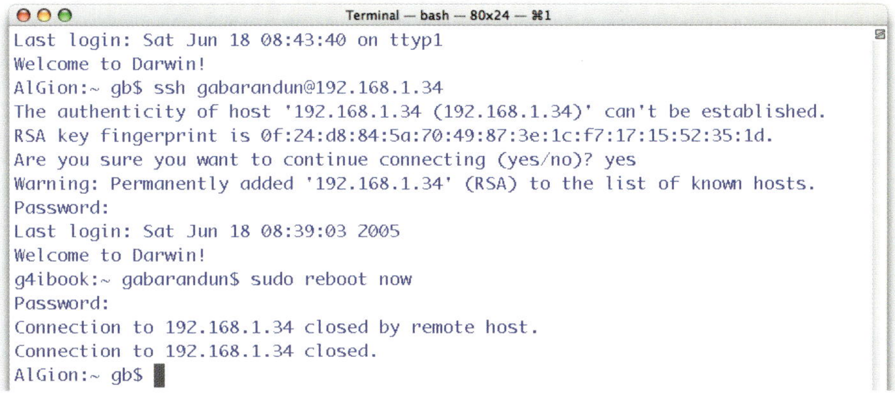

Abbildung 20-1 reboot über das Terminal

20.2.6 Neuinstallation (Daten erhalten)

Wenn alles nichts hilft und der Computer ständig abstürzt, oder ein Programm nicht mehr zum Laufen gebracht werden kann, ist es möglich, Mac OS X „aufzufrischen“. Dabei startet man von der Mac OS X Installer CD und installiert das System einfach nochmals (die Festplatte dabei natürlich nicht initialisieren). Der Installer schreibt nun alle Daten neu auf die Festplatte, ohne aber vom Benutzer angelegte Dateien oder Programme zu verändern. Falls originale Systembestandteile defekt waren, kann man den Fehler auf diese Weise beheben.

Problematisch wird dieser Vorgang, wenn man verschiedene Aktualisierungen, z. B. von 10.4 auf 10.4.2 ausgeführt hat – in einem solchen Fall braucht man eigentlich eine startfähige 10.4.2 CD, und nicht die 10.4 CD. Es ist nicht möglich, ein System mit einer älteren CD zu „aktualisieren“.

20.2.7 Zugriff von Mac OS 9

Wer nicht direkt ein frisches System über Mac OS X installieren möchte, kann auch versuchen, von Mac OS 9 aufzustarten, falls dieses für die Classic-Umgebung als startfähiges System vorhanden ist. Falls Mac OS X gar nicht mehr startet, besteht die Möglichkeit, die Dateien, welche Probleme verursachen, von Mac OS 9 aus zu finden und zu eliminieren (z. B. Preferences-Dateien löschen). Ausserdem können ggf. auch Daten gerettet werden (ebenfalls wenn kein Aufstarten von Mac OS X mehr möglich ist). Voraussetzung: das Gerät ist unter Mac OS 9 startfähig.

20.3 Verlorene Icons

Falls Programmpakete (z. B. OmniWeb) statt als Programm-Icon als Ordner dargestellt werden, kann man sie nicht mehr starten, da ein Doppelklick darauf nur den Ordner öffnen würde. Wenn dieses Problem auftritt, kann man folgende Dateien löschen:

- *com.apple.LaunchServices-xyz.csstore* im Ordner */Library/Caches/*
- *com.apple.LaunchServices.plist* im Ordner *~/Library/Preferences*

Das erste File (*xyz* steht für eine Zahlenkombination) muss man als root bzw. via Terminal löschen. Der Terminalbefehl lautet (gefolgt vom Administrator-Passwort):

```
sudo rm /Library/Caches/com.apple.LaunchServices-xyz.csstore
```

Diese Dateien sind mit der Schreibtischdatei aus Mac OS 9 vergleichbar. Nach einem Aus- und erneuten Einloggen sollten die Programme wieder die richtigen Icons haben – allerdings sind bei diesem Manöver auch alle benutzerdefinierten Zuordnungen verloren gegangen (d. h. die Regeln, welche Datei mit welchem Programm geöffnet werden soll).

20.4 Probleme beim Aufstarten

Falls das System beim Aufstarten hängen bleibt, kann das mehrere Ursachen haben:

- Beim Start tritt eine Kernel Panic auf. Das hängt meistens mit einem angeschlossenen Peripheriegerät zusammen – deshalb sollte man den Mac ausschalten, alle Geräte abhängen und nochmals aufstarten. Tritt das Problem nicht mehr auf, kann man ein Gerät nach dem anderen wieder anschliessen, bis man den Übeltäter gefunden hat. Es ist aber auch möglich, dass das System schliesslich mit allen angeschlossenen Geräten läuft – so sind Computer halt...
- Falls Systemdateien beschädigt sind, kann man versuchen, das System aufzufrischen (siehe „Neuinstallation (Daten erhalten)“ auf Seite 521).
- Es ist möglich, dass eine defekte Schrift im Mac OS 9-Ordner der Classic-Umgebung dazu führt, dass Mac OS X nicht mehr aufstartet. In diesem Fall sollte man von einer (Mac OS 9)-CD aufstarten und den ganzen Ordner *Zeichensätze* aus dem *Systemordner* vorübergehend auf den Schreibtisch ziehen. Falls der Computer nach einem Neustart normal startet, kann man die defekte Schrift durch ein Original ersetzen.

20.4.1 Verbose Mode

Wenn man genau sehen will, was beim Startvorgang alles abläuft, kann man im sogenannten Verbose Mode starten (verbose [engl.] = wortreich). Dazu drückt man nach dem Einschalten des Computers die Tastenkombination Apfel-V (das Open Firmware-Passwort darf nicht gesetzt sein). Es erscheint ein schwarzer Bildschirm mit weissem Text. Alle Vorgänge werden über diesen Prompt ausgegeben – ein Experte kann daraus erkennen, wo ein Problem liegen könnte. Nach Abschluss aller Startprozesse erscheint der normale Login-Bildschirm.

20.4.2 Open Firmware zurücksetzen

Falls Probleme nach dem Anschliessen neuer Peripheriegeräte auftauchen, kann man versuchen, die Open Firmware zurückzusetzen (eine Liste mit Geräten, die diese Funktion anbieten, findet man bei Apple[1]). Dazu startet man das Gerät mit der Tastenkombination Apfel-alt-O-F. Es erscheint der Eingabeprompt der Open Firmware. Mit:

```
reset-NVRAM
set-defaults
reset-all
```

kann man alle Einstellungen zurücksetzen. Falls man ein Open Firmware-Passwort vergeben hat, wird man nach der ersten Eingabe nach dem Passwort gefragt (siehe „Open-Firmware-Passwort" auf Seite 475). Nach Eingabe von `reset-all` wird der Computer neu gestartet.

20.4.3 Sicherer Systemstart

Wenn eine Software sogenannte Kernel Extensions in den Ordner */System/Library/Extensions/* ablegt, kann es vorkommen, dass der Computer nicht mehr startet (oder eine Kernel Panic auftritt). Falls das System nach der Installation von Softwarekomponenten nicht mehr so läuft wie erwartet, hat man seit Jaguar wieder die Möglichkeit, „ohne Systemerweiterungen" zu starten. Gemeint ist damit das Aufstarten nur mit der von Apple gelieferten Originalkonfiguration.

Der Startvorgang läuft dann nach folgenden Regeln ab:

- Im Ordner */System/Library/Extension* werden nur von Apple mitgelieferte Bestandteile geladen (nachträglich installierte Komponenten werden ignoriert)
- Der Ordner */Library/StartupItems* wird komplett ignoriert (Apple-Installationsprogramme legen niemals etwas in diesen Ordner ab)

1. http://docs.info.apple.com/article.html?artnum=106482

Um nur mit Apple-Erweiterungen zu starten, drückt man gleich nach dem Einschaltton die shift-Taste (Grossschreibetaste). Während des Startvorgangs erscheint die Meldung *Safe Boot* bzw. *Sicherer Systemstart*.

Nachdem man sich eingeloggt hat, kann man die Komponenten, die Probleme verursacht haben, entfernen (unter Umständen muss man dazu die Zugriffsrechte von Dateien und Ordnern ändern).

20.5 Datenträger

20.5.1 Festplattenstruktur reparieren

Das Tool *Festplatten-Dienstprogramm* (in */Programme/Dienstprogramme*) kann die Struktur von Festplatten überprüfen, allerdings nicht das aktive Startvolume. Wenn man von der System-DVD (bzw. System-CD) aufstartet, kann man zum *Festplatten-Dienstprogramm* wechseln (über das Menü *Dienstprogramme*) und eine Reparatur der Festplatte durchführen.

Man sollte nur Festplatten-Utilities (z. B. die Norton Utilities) einsetzen, welche ausdrücklich Festplatten reparieren können, auf denen Mac OS X installiert ist. Auf gar keinen Fall sollte man veraltete Versionen von diesen Programmen einsetzen, sondern immer nur die neuste! Vorsicht ist auch geboten, wenn ein Update für Mac OS X erschienen ist – Reparatur-Utilities müssen dann meistens ebenfalls mit einem Update angepasst werden.

20.5.2 Zugriffsrechte reparieren

Einige Installationsprogramme bringen die Zugriffsrechte von Mac OS X gehörig durcheinander. Im *Festplatten-Dienstprogramm* gibt es deshalb die Möglichkeit, die Zugriffsrechte zu überprüfen und zu reparieren. Das sollte man tun, falls man öfters die Meldung bekommt, man habe nicht genügend Zugriffsrechte, oder falls man das Gefühl hat, der Computer werde langsam und Programme sich nicht mehr starten lassen. Die Zugriffsrechte können nur für startfähige Volumes repariert werden. Im Gegensatz zur Festplattenstruktur können die Zugriffsrechte auch auf dem aktiven Startvolume geprüft bzw. repariert werden.

Um die Reparatur der Zugriffsrechte auszulösen, klickt man auf *Volume-Zugriffsrechte reparieren*. Während der Reparatur werden im Fensterbereich unter den Erklärungen Meldungen zu den reparierten Zugriffsrechten angezeigt (Abbildung 20-2).

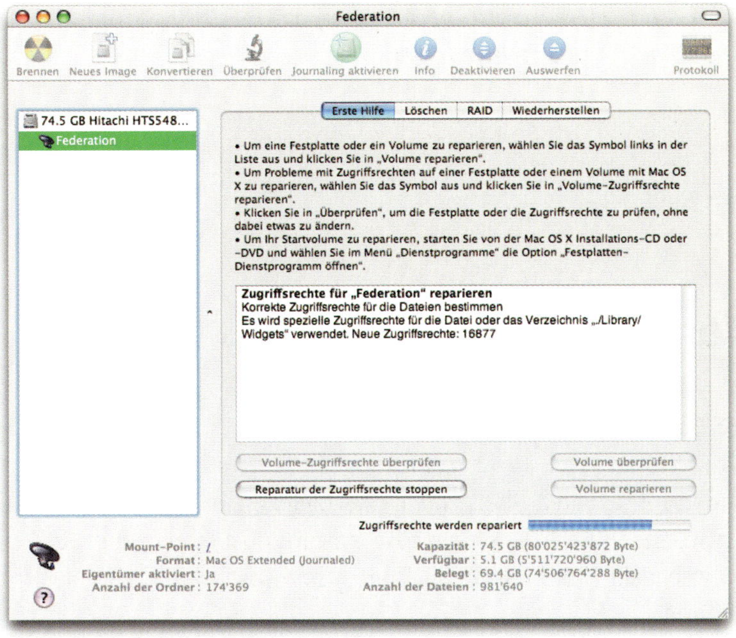

Abbildung 20-2 Volume-Zugriffsrechte

Da der Vorgang in Tiger erheblich schneller als früher läuft, sollte man nach Software-Installationen routinemässig die Zugriffsrechte reparieren.

Mit einzelnen Dateien, die man z. B. via E-Mail erhalten oder von einem anderen Computer kopiert hat, können ebenfalls Probleme auftreten. Kann man sie nicht öffnen oder sichern, sind meistens die Zugriffsrechte nicht korrekt gesetzt. Wie man sie in diesem Fall korrigiert, steht im Kapitel „Zugriffsrechte" auf Seite 183.

20.5.3 Single User-Modus

Durch Drücken der Tastenkombination Apfel-S beim Aufstarten kann man in den sogenannten *Single User Modus* starten, sofern kein Open Firmware-Passwort vergeben wurde. Der UNIX-Prompt nimmt dabei den gesamten Bildschirm ein – die Maus kann nicht benutzt werden und die Bedienung ist nur via Tastatureingabe möglich. Im Single User-Modus ist die Multiuser-Software von Mac OS X nicht geladen, weshalb kein Login erforderlich ist. Die normalen UNIX-Befehle wie `cp`, `rm` etc. stehen nicht zur Verfügung. Der Single User-Modus sollte nur in Ausnahmefällen, wenn eine Reparatur mit dem Festplatten-Dienstprogramm nicht möglich ist, verwendet werden.

Um die Festplatte zu reparieren, tippt man nach Erscheinen des Eingabeprompts (localhost:/):

```
localhost:/ fsck -f -y
```

`fsck` steht für *filesystem consistency check and interactive repair*, `y` bedeutet `yes`, d. h. es sollen alle Reparaturen ohne Rückfrage ausgeführt werden. Die Option `-f` ist nötig, da Mac OS X nun standardmässig das HFS+ Journaled Format verwendet. Achtung: da nur die amerikanische Tastaturbelegung geladen wird, befinden sich einige Zeichen nicht an ihrem gewohnten Ort:

- Den Bindestrich - findet man auf der Tastatur unter dem Apostroph ‘
- Der Schrägstrich / befindet sich unter dem Bindestrich -
  (diese Angaben gelten für das schweizerdeutsche Tastaturlayout)
- Für ein *y* muss die Taste *z* gedrückt werden

Nach der Ausführung dieses Befehls können zwei Meldungen erscheinen:

```
** The volume <Festplattenname> appears to be OK.
```

oder

```
***** FILE SYSTEM WAS MODIFIED *****
```

Im ersten Fall ist alles OK – die Festplatte ist in Ordnung. Im zweiten Fall wurden Reparaturen ausgeführt, der Befehl `fsck -y -f` muss aber erneut gestartet werden, und zwar solange, bis schliesslich die erste Meldung erscheint. Das hängt damit zusammen, dass `fsck` nicht immer alle Reparaturen in einem Durchgang ausführen kann.

Der Single User Modus wird schliesslich mit `reboot` (Neustart des Computers) oder `exit` (Start von Aqua) verlassen.

20.5.4 CD oder DVD wird nicht ausgeworfen

Manchmal kann es vorkommen, dass eine CD oder eine DVD nicht mehr ausgeworfen werden. In diesem Fall startet man den Rechner neu und drückt gleich nach dem Einschalten die Maustaste (gedrückt halten). Nach einiger Zeit wird die CD dann ausgeworfen.

Hilft auch das nicht, gibt es noch einen Weg über die Open Firmware. Beim Starten drückt man Apfel-alt-O-F und gelangt so zu einem Befehlsprompt. Dort tippt man (jeweils gefolgt von der Return-Taste):

`eject cd` (die CD wird ausgeworfen)
`mac-boot` (der Mac startet auf)

20.6 Kernel Panic

Die Kernel Panic tritt meistens beim Starten des Computers auf, weil eine Hardwarekomponente nicht erkannt wird oder nicht richtig funktioniert. Eine Kernel Panic produziert mehrere Zeilen (für den Laien unverständlichen) Text über den kompletten Bildschirm. Meistens kann man die Maus nicht mehr bewegen – nur noch ein Druck auf den Resetknopf hilft (Neustart).

Im Betrieb sind Kernel Panics äusserst selten (aber sehr lästig...). Meistens sind sie reproduzierbar, treten also immer beim gleichen Vorgang auf – den man dann tunlichst vermeiden und auf Nachbesserung seitens Apple oder des Softwarelieferanten warten sollte. Bei einer Kernel Panic erscheint ein Dialog, der einem zum sofortigen Neustart auffordert (Abbildung 20-3). In seltenen Fällen vermag der Mac aber auch diesen Dialog nicht mehr einzublenden und „überschwemmt" den Bildschirm mit kryptischen Zeilen.

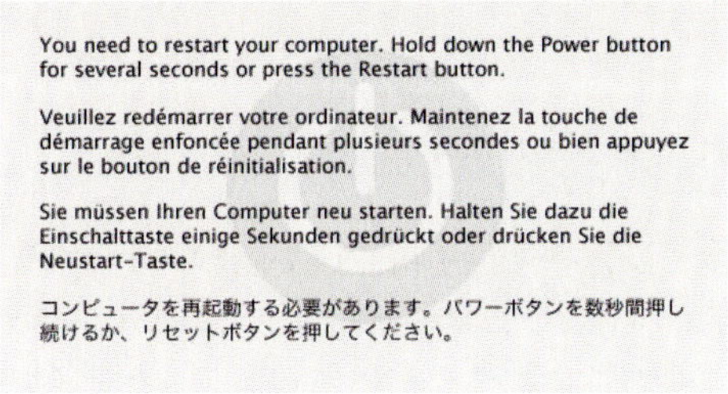

Abbildung 20-3 Kernel Panic

20.7 Passwort vergessen

Wenn man das Administrator- oder root-Passwort vergessen hat, kann man mit Hilfe der System-DVD ein neues Passwort vergeben. Dazu startet man von der DVD auf (nach dem Einschalten bei eingelegter DVD die Taste C drücken) und wählt dann im Menü *Dienstprogramme* den Eintrag *Kennwörter zurücksetzen*. Ein Programm startet, welches für jeden Benutzer erlaubt, das Passwort zu ändern (Abbildung 20-4).

Abbildung 20-4 Passwort mit der System-DVD ändern

Um für Nicht-Administratoren und Nicht-FileVault-Benutzer das Passwort zu ändern, genügt es, als Administrator das Kontrollfeld *Benutzer* der *Systemeinstellungen* zu öffnen und dort das Passwort neu zu setzen.

Falls ein Open Firmware-Passwort vergeben wurde, muss man es eingeben, um von der DVD starten zu können.

20.8 Systeminformationen

20.8.1 Über diesen Mac

Der *Über diesen Mac*-Dialog (im Apple-Menü) enthält Informationen über Prozessor, RAM und Version des Betriebssystems. Wenn man in die Betriebssystemversion klickt, erscheinen wie in Abbildung 20-5 gezeigt nacheinander Buildnummer (interne Bezeichnung der Version) und Seriennummer des Geräts (nicht bei allen Geräten möglich).

Abbildung 20-5 Über diesen Mac

Von hier aus kann man auch direkt die *Software-Aktualisierung* starten (suchen von Updates im Internet) oder den *System Profiler* aufrufen (durch Klicken auf *Weitere Informationen...*), um Details über die Hardware- und Softwarekonfiguration anzuzeigen.

20.8.2 Apple System Profiler

Dieses Programm (*/Programme/Dienstprogramme/System Profiler*) ist bereits aus Mac OS 9 bekannt. Mit Hilfe dieses Programms können Informationen über die Hardware und über installierte Softwareprodukte abgerufen werden. Besonders wichtig ist der Bereich *Hardware*, da man hier z. B. nachsehen kann, welche Geräte am USB-Bus hängen, oder ob die FireWire-Schnittstellen vom System überhaupt erkannt werden. Unter Umständen kann auch der Apple Support oder der Apple-Händler mit Informationen aus dem System Profiler ein Problem erkennen und lösen.

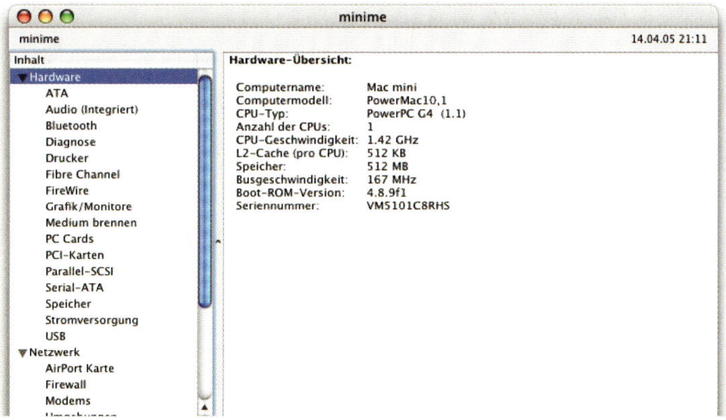

Abbildung 20-6 Apple System Profiler

20.9 Zusätzliche Tools und Hilfe

20.9.1 Systempflege und Optimierung

Es gibt einige sehr praktische Programme, die einem bei der Systempflege unterstützen. Sie bieten Optimierungs- und Problemlösungsroutinen an, verlangen aber keine UNIX-Eingaben oder genauere Kenntnisse. Dennoch sollte man unbedingt die beiliegende Dokumentation lesen, bevor man die Programme anwendet.

Solche Programme sind:

- Yasu[1] (Donationware, optimiert und leert Cache- und Logfiles)
- Xupport[2] (Shareware, bietet ausserdem noch weitere Funktionen)
- Onyx[3] (Freeware, umfangreiche Optimierungs- und Säuberungsoptionen)

Es gibt natürlich noch weitere Programme – man findet alle bei Versiontracker. Da es um die Systempflege und Problembeseitigung geht, sollte man die Benutzerkommentare auf Versiontracker schnell anschauen.

20.9.2 Bin ich allein..?

Ein bestimmtes Problem ist fast nie auf einen Computer beschränkt. Die meisten Fehler, die auftreten, werden sehr schnell in den Internetforen diskutiert und es findet sich meistens schnell eine Lösung. Eine gute Anlaufstelle ist die Knowledge Base von Apple[4], wo sich unzählige Artikel über Problembehebung und bekannte Bugs befinden.

Nützliche Links zum Thema Problembeseitigung findet man im Kapitel „Informationsquellen“ auf Seite 531.

1. http://www.jimmitchelldesigns.com/yasu.html
2. http://www.computer-support.ch/xupport/
3. http://www.titanium.free.fr/english.html
4. http://www.apple.com/support/tiger/

Informationsquellen

21

„Ich google das gleich!“ – das Internet ist eine fast unerschöpfliche Informationsquelle zu Mac OS X.

Nicht alle Probleme lassen sich mit dem Standardvorgehen lösen. Unter Umständen möchte man zu einem Thema auch einmal mehr erfahren. Mit solchen Ansprüchen ist man fast nie allein – überall auf der Welt diskutieren Mac-Anwender, was man wie bewerkstelligen kann.

21.1 Apple im Internet

Die erste Anlaufstelle ist Apple selbst. Unter http://www.apple.com/macosx/ (englisch) und http://www.apple.com/chde/macosx/ (Schweiz) finden sich schon jede Menge Informationen und Links zum Thema Mac OS X[1]. Unter http://connect.apple.com hat man die Möglichkeit, sich als Developer (Software-Entwickler) zu registrieren. Eine Registrierung als Online Developer ist gratis und ermöglicht einem den Zugriff auf die Entwicklungsumgebung, um Mac OS X-Applikationen zu schreiben. Die Developer Tools *Xcode* gehören zu den besten Programmierumgebungen überhaupt. Allerdings wird man sich wohl ein Buch kaufen müssen, um sich darin einarbeiten zu können. Ausserdem sollte man über eine schnelle Internetleitung verfügen, um die Software herunterladen zu können. Unter http://guide.apple.com/de findet man Hard- und Softwareprodukte für den Mac. Unter http://guide.apple.com/de/macosx/ findet man Produkte speziell für Mac OS X (ohne „/de“ landet man auf den englischsprachigen Seiten).

Die Support-Seiten von Apple enthalten eine riesige Datenbank mit Problembeschrieben und (hoffentlich) Lösungen dazu. Unter http://www.apple.com/support/ kann man ent-

1. für Deutschland: http://www.apple.com/de/macosx und
für Österreich: http://www.apple.com/at/macosx

weder durch die Artikel browsen oder nach bestimmten Begriffen suchen. Für einige Funktionen ist eine kostenlose Registrierung erforderlich. Nach (englischen) Anleitungen sucht man unter http://www.apple.com/support/manuals/.

Unter http://www.apple.com/macosx/feedback/ schliesslich kann man Apple Feedback zu Mac OS X geben und Wünsche anbringen.

21.2 Deutschsprachige Angebote zu Mac OS X

- Macnews: http://www.macnews.de

  Deutschsprachiger Informationsdienst rund um den Mac. Unterhält ein Forum und viele Mailinglisten, auch zum Thema Mac OS X. Sehr empfehlenswert!
- MacGadget: http://www.macgadget.de

  Deutschsprachiger Newsdienst mit Forum. Nicht ganz so umfangreich wie Macnews, aber ebenfalls empfehlenswert.
- MacPrime: http://www.macprime.ch

  News, Infos, Kommentare und Heimat der Swiss Dashboard Gallery.
- MacWeb: http://www.macweb.ch

  News und Informationen aus der Schweiz. Ebenfalls mit Forum.
- Mac OS X FAQ: http://www.macosx-faq.de/

  Tipps und Tricks rund um Mac OS X.

21.2.1 Begriffe, Fachjargon, ...

Die *Wikipedia* hat sich innerhalb kürzester Zeit zu einem der praktischsten und umfangreichsten Nachschlagewerke im Internet entwickelt. Die Idee ist, dass jeder Benutzer die Artikel nicht nur lesen, sondern auch ergänzen und ändern kann, sodass nicht nur das Wissen einiger Spezialisten, sondern möglichst viele Informationen mit einfliessen. Die Wikipedia ist mehrsprachig und entwickelt sich ständig weiter.

- http://www.wikipedia.org
- http://de.wikibooks.org/wiki/Hauptseite

21.3 Englischsprachige Angebote zu Mac OS X

- Macnn (Macintosh News Network): http://www.macnn.com

  Newsdienst mit Forum.

- Xlr8yourmac: http://xlr8yourmac.com
  News/Support und sehr gutes Forum.
- Macfixit: http://www.macfixit.com
  Angaben zu Problemlösungen, Fehlern. Mit Forum (z. T. kostenpflichtig).
- Macintouch: http://www.macintouch.com
  Newsdienst, viele Tipps und Tricks.
- http://www.macosxhints.com
  Sehr viele Tipps & Tricks rund um Mac OS X.

Viele der oben erwähnten Seiten verfügen auch über Diskussionsforen. Apple selbst bietet auch ein solches an:

- http://discussions.info.apple.com/

Weitere nützliche Links:

- http://www.bresink.de/osx/
- http://www.bombich.com/mactips/
- http://www.osxfaq.com/
- http://www.osxzone.com/

21.3.1 Software Development

- http://connect.apple.com
- http://www.cocoadevcentral.com/
- http://www.realsoftware.com

21.3.2 Der Mac und andere Plattformen

- http://filext.com/
- http://www.macwindows.com
- http://www.emulation.net

21.3.3 Software

- http://www.versiontracker.com/macosx
- http://www.macupdate.com
- http://www.macgimp.org/

21.3.4 Tutorials & How To's

- http://www.atomiclearning.com/index.shtml
- http://www.howstuffworks.com

21.4 Mailinglisten

Besonders empfohlen sei hier die Mac OS X-Mailingliste von Macnews (http://www.macnews.de). Seit der Lancierung von Mac OS X sind dort über 60'000 Nachrichten zu allen Themenbereichen rund um das neue System eingegangen.

21.5 Newsgroups

Es gibt deutschsprachige Newsgroups, die sich mit dem Mac beschäftigen:

- de.comp.sys.mac.internet
- de.comp.sys.mac.lokale-netze
- de.comp.sys.mac.misc
- de.comp.sys.mac.programmieren
- de.comp.sys.mac.soc

Daneben natürlich viele englischsprachige, alle unter:

- comp.sys.mac.<thema>

Als Newsreader-Programm für Mac OS X existiert z. B. der MT-Newswatcher 3.4[1].

1. http://www.smfr.org/mtnw/

Anhang A Glossar

Begriff	Erklärung
Airport	Drahtlose Netzwerktechnologie, für die Verbindung in lokalen Netzwerken gedacht.
Alias	Ein Verweis auf ein Objekt, ähnlich einem Internetlink. Beim Löschen des Alias bleibt die Originaldatei erhalten.
AppleTalk	Von Apple entwickeltes Netzwerkprotokoll, das auf höchste Benutzerfreundlichkeit ausgelegt war. Es ist selbstkonfigurierend, und vorhandene Netzwerkgeräte werden den einzelnen Benutzern im Netzwerk automatisch angezeigt.
Aqua	Name der grafischen Benutzeroberfläche von Mac OS X
Arbeitsspeicher (RAM)	Der Speicher, den Programme und Dokumente belegen, während sie geöffnet sind. RAM (Random Access Memory) ist flüchtig („volatil"). Dies bedeutet, dass die Daten beim Abschalten der Stromzufuhr gelöscht werden.
Auswahlmenü	Ein Menü, welches sich beim Anklicken öffnet, und aus welchem verschiedene Einträge ausgewählt werden können.
Backslash	der „Schrägstrich zurück" \
Backup	Sicherheitskopie auf einen Datenträger.
Beamer	Ein Projektor, mit dem bewegte Bilder an eine Leinwand projiziert werden können.
bewegen	Verschieben einer Datei auf dem gleichen Volume.
Bluetooth	Drahtlose Funktechnologie, für die Übermittlung kleiner Datenmengen über kurze Distanzen entwickelt.
Bonjour	Neue Netzwerktechnologie, die in Tiger enthalten ist. Ähnlich wie bei AppleTalk erscheinen die verfügbaren Geräte dabei automatisch bei den Benutzern und müssen nicht manuell konfiguriert werden.
bootable	siehe startfähig
Checkbox	Ein Kästchen, das mit einem Häkchen aktiviert werden kann. Damit wird eine Option ein- und ausgeschaltet.
Classic	Kompatibilitätsmodus für Programme, welche noch unter Mac OS 9 laufen.
Client	Ein Client nimmt in einem Netzwerk die Dienste eines Servers in Anspruch (siehe auch Server).
Codec	Eine Software, die einen Algorithmus zur Codierung und Decodierung von Multimedia-Inhalten (Bild und Ton) enthält. Meistens werden die Dateien dadurch stark komprimiert.
ctrl-Klick	siehe Kontextmenü
Datenträger	Ein Medium, auf dem sich Daten speichern lassen, z. B. Festplatten, CDs, Disketten.
Directory	siehe Verzeichnis
DNS	Domain Name Server: Sorgt dafür, dass eine Adresse wie www.pumera.ch über die zugehörige IP-Nummer gefunden und im Browser geladen wird.
Download	Daten auf den eigenen Computer laden (meistens vom Internet). Die Daten sind irgendwo im Netz gespeichert und werden auf die eigene Festplatte kopiert.

Begriff	Erklärung
Drag & Drop	„Ziehen und Loslassen“: Das Bewegen eines Objekts auf ein anderes, damit eine Aktion (z. B. Öffnen) ausgelöst wird. Abbrechen ist jederzeit durch Drücken der esc-Taste und Loslassen der Maus möglich.
Eingabeprompt	Eine Aufforderung, einen Befehl als Text einzutippen. Das Programm *Terminal* zeigt solche Eingabeprompts, um UNIX-Befehle einzugeben.
Emulation	Das Nachbilden eines Systems auf einem anderen. Dabei steht grundsätzlich die gleiche Funktionalität zur Verfügung, wie wenn das Originalsystem zum Einsatz käme.
Ethernet	Netzwerktechnologie, bei der die Verbindung normalerweise über Kabel mit sog. RJ-45 Anschlüssen stattfindet, die auch beim Mac Standard ist. Nebst dem Anschluss an ein Netzwerk gibt es auch die Möglichkeit, zwei Computer über ein gekreuztes Ethernetkabel zu verbinden. Bei einem solchen Kabel ist die interne Verdrahtung vertauscht, damit auch ohne weitere Netzwerkelemente eine Verbindung hergestellt werden kann.
FAT	Altes Festplattenformat unter Windows. Wird für den Datenaustausch mit Windows-Computern noch häufig gebraucht (z. B. für Memory Sticks).
Festplatte	Ein magnetischer Datenträger, auf dem Computerdaten (Programme, Dokumente, ...) dauerhaft gespeichert werden (im Gegensatz zum Arbeitsspeicher).
FileSharing	Daten auf einem Computer werden in einem Netzwerk anderen Benutzern zur Verfügung gestellt.
FireWire	Eine Hochgeschwindigkeitsschnittstelle, die zum Anschluss externer Geräte (Festplatten, Camcorder) dient.
Firmware	Eine Kombination aus Hard- und Software; ein Chip, auf den eine Software aufgespielt wurde. Hier sind verschiedene Daten gespeichert, welche der Rechner z. B. zum Aufstarten braucht
FTP	File Transfer Protocol: Ein Protokoll zum schnellen Austausch von Daten übers Netzwerk.
Harddisk/Harddrive	englische Bezeichnung für Festplatte
HFS, HFS+	Festplattenformat des Macs
Hierarchie	Die logische Strukturierung der Datei- und Ordnerablage auf einem Datenträger.
Home-Verzeichnis	Der Ordner, der einem Benutzer vom System zugeteilt wird. Hier hat nur dieser Benutzer vollen Zugriff und kann seine persönlichen Daten speichern. Wird in UNIX mit der Tilde ~ bezeichnet. Die Home-Verzeichnisse (Ordner Privat) bei Mac OS X befinden sich im Ordner */Benutzer*.
html	Hypertext Markup Language: Die bei Internetseiten verwendete Dokumentensprache, die es gestattet, sogenannte Hyperlinks zu verwenden.
Image	Unter einem Image versteht man ein virtuelles Volume, dessen Inhalt in einer Datei auf der Festplatte gespeichert wird und das gemountet werden kann.
Klonen (Clone)	Das Anfertigen einer exakten 1:1-Kopie eines Datenträgers.
Komprimierung	Verkleinerung der Datei über raffinierte Algorithmen. Man unterscheidet zwischen verlustbehafteter Komprimierung (z. B. JPEG) und verlustfreier Komprimierung (z. B. zip).
Konfigurieren	Einstellen von Werten und Parametern, damit die Hard- oder Software richtig funktioniert. Die Konfiguration kann „hardwaremässig“ ablaufen (Kabel einstecken, Schalter drücken) oder „softwaremässig“ (Werte in Dialogfeldern angeben).

Begriff	Erklärung
Kontextmenü	Ein Menü, das bei ctrl-Klick (oder Klick mit der rechten Maustaste) auf ein Objekt erscheint und das abhängig vom angeklickten Objekt unterschiedliche Optionen bietet (kontextsensitiv ist). Deshalb sind die angebotenen Funktionen je nach Programm ebenfalls unterschiedlich.
Kontrollfeld	Einzelne „Konfigurationsflächen" (z. B. Netzwerk, Energie sparen) innerhalb des Programms *Systemeinstellungen.*
kopieren	Verschieben einer Datei auf ein anderes Volume oder gezieltes Duplizieren einer Datei.
LAN	Local Area Network: Ein lokales Netzwerk, z. B. im Büro, über das man auf andere Computer und Netzwerkresourcen zugreifen kann. Über dieses Netzwerk wird meistens auch eine Verbindung zum Internet hergestellt.
Line-in	Audio-Eingang, um z. B. Mikrofone oder andere Tonquellen anzuschliessen.
Lokalisierung/lokalisierte Fassung	Version einer Software, die in einer bestimmten Sprache vorliegt. Meistens dauert es eine Weile zwischen der englischen Fassung und einer evtl. nachgeschobenen deutschen Fassung.
Mounten/Unmounten	Das Aktivieren eines Volumes am Computer, um darauf zugreifen zu können. Im Falle einer FireWire-Festplatte kommt das dem Anstöpseln gleich (die Festplatte wird dann automatisch aktiviert), bei Servervolumes muss man über den *Mit Server verbinden...*-Dialog zuerst eine Verbindung herstellen.
Partition	Partition: ein Teilbereich einer Festplatte, der mit Daten beschrieben werden kann. Eine Festplatte kann in beliebig viele Partitionen aufgeteilt werden. Die physikalisch als ein Datenträger vorhandene Festplatte wird dabei logisch (softwaremässig) in mehrere Unterteilungen gegliedert. Falls nur eine Partition angelegt wird, entspricht ihre Grösse gerade der Gesamtkapazität der Festplatte.
PDF	Portable Document Format: Ein heute sehr weit verbreitetes Dokumentenformat von Adobe, das den Austausch von nur lesbaren Dokumenten über verschiedene Plattformen gestattet. Es muss lediglich ein Programm zum Öffnen dieser Dateien vorhanden sein.
Peripheriegerät	Ein Gerät, das extern an den Computer angeschlossen wird, z. B. Drucker, Scanner, usw.
Pfad	Der „Weg" zu einem Ordner, entweder relativ vom momentanen Ort aus gesehen, oder absolut von der obersten Hierarchiestufe aus.
PostScript (PS)	PostScript ist eine Seitenbeschreibungssprache, die für die Ausgabe auf Drucker optimiert ist. Es sind alle Angaben enthalten, die für den korrekten Ausdruck erforderlich sind (z. B. Schriften).
PreferencePane	Kontrollfeld der Systemeinstellungen. Wenn man selber solche Kontrollfelder installiert, werden sie in den Ordner /Library/PreferencePanes oder ~/Library/PreferencePanes gelegt.
Preferences	Englisches Wort für Voreinstellungen. Hier werden die Einstellungen gespeichert, die man für ein Programm definiert (z. B. Schriftgrössen, Startfenster, ...).
Pulldown-Menü	Ein Menü, welches sich beim Anklicken nach unten öffnet.
RAM	siehe Arbeitsspeicher
Return-Taste	der Zeilenschalter auf der Tastatur
root-Benutzer	Der „Super-Administrator", der absolut alles darf: Er kann alle Dateien und Ordner verändern und hat Einsicht in die Objekte aller Benutzer.

Begriff	Erklärung
root-Verzeichnis	Die oberste Hierarchiestufe in UNIX wird als root bezeichnet (nicht zu verwechseln mit dem root-Benutzer!). Man verwendet den Schrägstrich / als Symbol dazu. Arbeitet man mit absoluten Pfaden, lässt sich der Weg bis zu einem gesuchten Objekt angeben, z. B. /Benutzer/hmeier/Dokumente.
Ruhezustand	Stromsparmodus, bei dem der Computer nicht abgeschaltet wird, sondern in einem Schlummermodus ist. Durch Drücken einer Taste sind alle Funktionen sofort wieder verfügbar (ohne dass der Aufstartvorgang abgewartet werden müsste).
Server	Ein Computer, der in einem Netzwerk Dienste zur Verfügung stellt. Diese Dienste können z. B. Datendienste sein (FileSharing), aber auch Druckdienste (gemeinsam genutzte Drucker) oder Verzeichnisdienste (netzwerkweites Adressbuch) sind denkbar.
Shortcut	Eine Tastenkombination, die man drücken kann, um einen Befehl auszuführen.
Slash	der Schrägstrich /
Sleep	siehe Ruhezustand
startfähig	Damit ein Computer von einem bestimmten Datenträger aufstarten kann, muss sich darauf ein startfähiges System befinden. Die Startfähigkeit hängt von der Systemversion (9.x, X 10.x) ab und ob der Computer vom gewählten Datenträger (Harddisk, CD, ...) aufstarten kann.
Startvolume	Das Volume, auf dem sich das aktive Startsystem befindet, bzw. von dem aus der Computer gestartet werden soll.
Subnet	Ein Subnet ist ein Teilnetz in einem Netzwerk. Es ist ein Netzwerk in einer Umgebung mit mehreren Segmenten, in der von einer einzigen Netzwerk-ID abgeleitete IP-Adressen verwendet werden.
TCP/IP	Transmission Control Protocol/Internet Protocol: Ein Netzwerkprotokoll, das für Verbindungen im Internet und im lokalen Netz zur Verwendung kommt. Es stellt eine Punkt zu Punkt-Verbindung her, bei der einzelne Datenpakete ausgetauscht und ständig geprüft werden.
UFS	Festplattenformat unter UNIX
Upload	Daten vom eigenen Computer aus auf einen anderen Computer übertragen (typischerweise via Internet).
USB	Universal Serial Bus: Eine Computerschnittstelle, die zum Anschluss von externen Geräten dient (Mäuse, Tastaturen, Scanner, Drucker, Speichermedien, ...).
vCard	Format zum Austausch von elektronischen Visitenkarten
Verzeichnis	andere Bezeichnung für Ordner (englisch: directory)
Volume	Im Prinzip ein Synonym für Partition, bezeichnet einen logischen Datenträger, der am Computer aktiviert ist. Gilt auch für Datenträger, die über ein Netzwerk verbunden sind („Servervolumes“).
Voreinstellungen	siehe Preferences
Web	Internet
Wireless LAN (WLAN)	Wireless Local Area Network: Drahtloses Netzwerk, bedient sich fast immer des Standards 802.11b/g, den auch Airport benutzt. Deshalb funktioniert die Verbindung meistens problemlos.

Anhang B Namensgebung (d/e) im Finder

Die folgende Tabelle zeigt die Namen der wichtigsten standardmässig vorhandenen Objekte in deutsch und in englisch. Ordner sind **fett** dargestellt.

Tabelle B-1 Namensgebung der Standardobjekte

Objekt(e)	kompletter Pfad	deutsch	englisch
Programmordner	/Programme	**Programme**	**Applications**
Dienstprogramme	/Programme/Dienstprogramme	**Dienstprogramme**	**Utilities**
vorinstallierte Programme	/Programme		
		Digitale Bilder	Image Capture
		Internet-Verbindung	Internet Connect
		Schriftsammlung	Font Book
		Systemeinstellungen	System Preferences
		Vorschau	Preview
Dienstprogramme	/Programme/Dienstprogramme		
		Aktivitäts-Anzeige	Activity Monitor
		Drucker-Dienstprogramm	Printer Setup Utility
		Festplatten-Dienstprogramm	Disk Utility
		Installationsprogramm	Installer
		Konsole	Console
		Schlüsselbund	Keychain Access
		Verzeichnisdienste	Directory Access
Benutzerordner	/Benutzer	**Benutzer**	**Users**
Standard-Benutzerordner	/Benutzer/~/		
		Schreibtisch	**Desktop**
		Dokumente	**Documents**
		Library	**Library**
		Filme	**Movies**
		Musik	**Music**
		Bilder	**Pictures**
		Öffentlich	**Public**
Briefkastenordner	/Benutzer/Öffentlich/Briefkasten	**Briefkasten**	**Drop Box**
		Web-Sites	**Sites**
Lokal gemeinsam genutzter Ordner	/Benutzer/Für alle Benutzer	**Für alle Benützer**	**Public**

Anhang C Liste der Tastaturbefehle (Auswahl)

Anhang C.1 Die wichtigsten Finder-Shortcuts

⌘ N	Neues Fenster
⌘ ⇧ N	Neuer Ordner
⌘ W	Schliessen
⌘ D	Duplizieren
⌘ E	Auswerfen (Eject)
⌘ A	Alles auswählen
⌘ C	Kopieren (Copy)
⌘ X	Ausschneiden
⌘ V	Einsetzen
⌘ I	Information
⌘ F	Suchen (Find)
⌘ K	Mit Server verbinden
⌘ ←	In den Papierkorb legen
⌘ ⇧ ←	Papierkorb entleeren

Anhang C.2 Rechnerstart

Diese Tasten beim Aufstarten gedrückt halten:

alt	Startvolume auswählen bei mehreren Partitionen
C	Starten von einer CD (mit startfähigem Mac OS 9 oder X)

shift	Schliessen von geöffneten Finder-Fenstern
Apfel-alt-shift-Löschtaste	Umgehen des Startvolumes beim Aufstarten

Anhang C.3 Problembehebung

Apfel-Punkt	Gerade aktiven Vorgang abbrechen
Apfel-alt-esc	Programm sofort beenden („abschiessen")
Apfel-alt-Einschalttast	Neustart erzwingen
Einschalttaste 5 Sekunden drücken	Ausschalten (funktioniert nicht immer)

Beim Aufstarten gedrückt halten:

Apfel-alt-P-R	Parameter-RAM löschen
Apfel-S	Im Single User-Modus starten
Apfel-V	Im Verbose-Mode aufstarten
Apfel-alt-O-F	In die Open Firmware starten
shift	Sicherer Systemstart

Anhang C.4 Arbeiten im Finder

Apfel-C	Kopieren (Name falls Text aktiv, sonst Objekt selber)
Apfel-V	Einsetzen (Text oder Objekt)
Apfel-D	Duplizieren
Apfel-A	Alles markieren
Apfel-T	Zur Seitenleiste hinzufügen
Apfel-L	Alias erstellen
Apfel-R	Original von Alias anzeigen
Apfel-I	Informationsfenster einblenden
Apfel-Z	Aktion rückgängig machen
Apfel-Löschtaste	In den Papierkorb bewegen
Apfel-shift-Löschtaste	Papierkorb entleeren
Apfel-shift-N	Neuen Ordner erzeugen

Pfeiltasten rechts bzw. links	In der Spaltenansicht nach rechts bwz. links

ctrl-Klick	Kontextmenü aufklappen
Apfel-Klick	Einzelne Objekte selektieren oder deselektieren
shift-Klick	Mehrfachauswahl (zusammenhängend)
Apfel-Doppelklick	Ordner in einem neuen Fenster öffnen

alt-Verschieben	Kopieren
Apfel-alt-Verschieben	Alias erzeugen
alt-Dreieck anklicken	alle Unterordner öffnen bei Listendarstellung
Apfel-alt-3	Bildschirmfoto (ganzer Bildschirm)
Apfel-alt-4	Bildschirmfoto (Auswahl mit Fadenkreuz markieren)

Anhang C.5 Fenster

Apfel-W	Fenster schliessen
Apfel-alt-W	Alle Fenster schliessen
Apfel-N	Neues Fenster öffnen
Apfel-alt-T	Symbolleiste ein- und ausblenden
Apfel-M	Fenster ins Dock minimieren
Apfel-Ziehen	Fenster verschieben (ohne es zu aktivieren)
Apfel-Klick auf Titel	Hierarchie bei Klick in den Fenstertitel anzeigen

Anhang C.6 Dock

Apfel-Symbol anklicken	Objekt im Finder anzeigen
Apfel-alt-Symbol anklicken	Dialog zum sofortigen Beenden anzeigen
alt-Programm anklicken	Programm wechseln und aktives Programm ausblenden
Apfel-alt-Programm ankl.	Programm wechseln und alle anderen ausblenden

Anhang D Spotlight-Bezeichnungen für Art und Datum

Tabelle D-1 Bezeichnungen der Art und des Datums

Kriterium	Bezeichnung	Erklärung
Art	Art:Programm, Art:Programme	
	Art:Kontakt, Art:Kontakte	
	Art:Ordner	
	Art:E-Mail, Art:E-Mails	
	Art:Ereignis, Art:Ereignisse	iCal Termine
	Art:Aufgabe, Art:Aufgaben	iCal Aufgaben
	Art:Bild, Art:Bilder	Bilder aller Art
	Art:Film, Art:Filme	
	Art:Musik	mp3, AAC und ander Musikdateien
	Art:Audio	
	Art:pdf, Art:pdfs	PDF-Dateien
	Art:Einstellungen	Systemeinstellungen
	Art:Lesezeichen	Lesezeichen von Safari
	Art:Schrift, Art:Schriften	
	Art:Präsentation, Art:Präsentationen	PowerPoint- und Keynote-Dateien
Datum	Datum:dieser Monat	
	Datum:diese Woche	
	Datum:dieses Jahr	
	Datum:heute	
	Datum:gestern	
	Datum:morgen	für Termine in iCal

Dieser Index ist auch als PDF-Dokument unter www.pumera.ch verfügbar. Das PDF-Dokument gestattet das Durchsuchen nach Begriffen.

Symbols

.DS_Store 148
.mac 481
.Spotlight-V100 217

A

Ablagestruktur 59
Abmelden 266
Abschiessen
  Anwendung 429
Absturz
  Classic 378, 432
Administrator 65
  einrichten 58, 65
  Passwort 527
  Rechte 66
Adobe
  Acrobat 412
  GoLive 416
  Illustrator 413
  Photoshop 413
  Reader 412
Adressbuch 394
  Landkarte 396
  SMS schicken 398
Airport 56, 281
  mit Netzwerk verbinden 282
  Netzwerk anlegen 295
Aktive Ecken 90, 419
Aktivitäts-Anzeige 430
Aktualisierung
  Mac OS 9 36
Alias erzeugen 122, 130
All Thumbs 416
Anschlüsse 275
Anwendung abschiessen 429
Apache 318
Apple Support 529
Apple System Profiler 529
AppleTalk
  Drucker 353
  FileSharing 288, 296
  Laserdrucker 279
  mehrere Schnittstellen 279
AppleWorks 412
Applications (Mac OS 9) 61
Aqua 24
AT&T 23
AtEase 257
ATM 341
Aufspringende Ordner 97, 122
Aufstarten
  externe Festplatte 45
  Problem 522
Automator 433
  Ablauf erstellen 434
  als Programm 443
  Skriptmenü 448

B

Backup 491, 517
  Archiv 505
  automatisch 511
  Carbon Copy Cloner 44, 504
  CD brennen 493
  differentiell 492
  externe Festplatten 500
  FileVault 461
  inkrementell 492
  manuell 502, 509
  Plan 503
  Regeln 507
  Synk 503
  Vollbackup 492
bash 154
Batterie
  Laufzeit optimieren 243
  rekalibrieren 242
  schonen 242
Batterieladezustand 242
Beamer 226
Benutzer 65, 245
  Anmeldung 262
  -authentifizierung 32
  Bild 248
  editieren 260
  einfacher Finder 256
  Kennwort ändern 260
  Kurzname 260
  löschen 260
  neu 245
  Rechte 67
  schneller Wechsel 267
  Startobjekte 261
  verwaltet 249
Benutzerrechte 479
Benutzte Objekte 81
BeOS 22
Bilder konvertieren 410
Bildschirmschoner 89
BitTorrent 417
Bluetooth 333
  koppeln 335
BMP 410
Bonjour
  Drucker 352
  Sharing 289
Bourne-Shell 154
Brenn-Ordner 496
Briefkasten 140
BSD 23
BSD-Subsystem 26

C

cal 181
Carbon 26, 387
Carbon Copy Cloner 44, 45, 504
CD
bei Systemstart auswerfen 526
Datensicherheit 500
Lagerung 500
Rohling 494
cd 162
CD brennen 418, 493
Session 497
chmod 190, 191
Classic 26, 387
Absturz 378, 432
Anwendungen 393
Apple-Menü 385
Benutzerrechte 378, 385
drucken 385
Kontrollfeld 381
Mac OS 9 Kontrollfelder 380
Netzwerk 333, 385
neue Geräte 393
Optimieren 378
PDF 394
Preferences 382
Sicherheit 385
Speicher 383
Start 379
Systemerweiterung 379
Treiber 377
Zeichensatzordner 340
clear 180
Cocoa 26, 387
Codec 68
Computer sperren 91, 464
Console Mode 265
cp 167–170
Creator 147
c-shell 154

D

Darwin 25
Dashboard 426
eigene Widgets 428
Widget konfigurieren 427
Datafork 147
Datei
löschen 136
Rechte ändern 190
unsichtbar 60, 63, 166
Dateiattribute 147
Dateiname
Doppelpunkt 144
Länge 143
Schrägstrich 144
Dateisuffix 98
Daten importieren
Adressbuch 50
Bookmarks 35, 42, 53
E-Mail 41, 49
iCal 50
iChat 50
Netzwerk 50
Office 41
Outlook 53
Schlüsselbund 49
Daten unsichtbar 64
Datenbanksoftware 412
Datenübernahme 33–34
Datum und Uhrzeit 58
Datumsformat 83
Desktop 62
Desktop Folder 62
Developer 531
dfont 342
Diashow 136
in Spotlight 205
Dictionary 410
Dienst
Erweiterung 424
Dienste 424
Digital Hub 405
Digitale Bilder 408
Digitalkamera 408
Diktionär
Dictionary 410
OmniDictionary 413
WordLookup 413
Disk Image 389
DiskCopy 388
DiskImageMounter 388
DNS 285
Dock 72, 76
anpassen 77
Grösse verändern 76
Navigation 78
Dokumente Ordner 61
Drag & Drop 119
Clipping 119
Drucker 364
öffnen mit 120
Programmumschalter 423
DragThing 423
Drucken
Classic 385
Dialog 364
Einstellungen speichern 365
Drucker
AppleTalk 353
Aufträge 367
-beschreibung 355
Bonjour 352
Dienstprogramm 358
Drag & Drop 364
einrichten 351
LocalTalk 351
Name 359
Netzwerk 352
Papierformat 360
Pool 361
Schreibtisch- 362
seriell 351
Standard 355
Standort 359
TCP/IP 354

Tintenstrahl- 357
USB 357
Warteschlange 367
Duplizieren 122

E

EasyFind 214, 220
echo 184
Einfacher Finder 256
Einfügen 122
Eingabeprompt 157
Einsetzen 122
Emulation 413
Entfernte Anmeldung 519
Entourage 41
Erscheinungsbild 80
Erweiterungen Ein/Aus 379
Ethernet 280
Etiketten 98, 109
exit 265, 526
Exposé 419
alle Fenster 420
Schreibtisch 422

F

Fast User Switching 267
Fax 371
empfangen 372
versenden 373
Fenster
Drag & Drop 118
Einstellungen 99
Hintergrundbild 100
Hintergrundfarbe 100
im Hintergrund verschieben 112
ins Dock minimieren 114
Listendarstellung 101
maximieren 114
Raster ausrichten 100
Reihenfolge 117
schliessen 110, 114
Spaltendarstellung 103
Standardeinstellung 101
Symboldarstellung 100
Symbolgrösse 100
Symbolleiste 106, 114
umschalten zwischen offenen 423
Fernseher 227
Festplatte
Dienstprogramm 501, 524
initialisieren 501
partitionieren 501
Reparatur 524
Struktur überprüfen 524
Festplattenaufbau 59
Fetch 322
FileMaker Pro 412
FileSharing 288
FileVault 457
Backup 461
Sharing 461
Spotlight 464
Finder
Einstellungen 96
Seitenleiste 98
Voreinstellungen 96
Firefox 415
Firewall 328
FireWire Target Mode 292, 479
Flachbildschirm 223
Font Book 343
Free Ruler 414
Freehand 414
fsck 526
FTP
anonymous 325
Benutzerrechte 323
Client 416
Programm 322
Server 321
Sicherheit 325
Zugriff 321
ftpchroot 324
ftpusers 325
Funktionstasten 237

G

GarageBand 406
Gerätename 288
Ghostscript 371
GIF 410
GoLive 416
GPRS 287
GraphicConverter 414
grep 180
groups 184

H

Hardware-Information 529
Hardwarekomponente
Kernel Panic 527
help 178
HFS Journaled 30
Hierarchie 59
Hilfe
UNIX 175
Hintergrundprozesse 430
Homedirectory 157
Home-Verzeichnis 62, 162
HSCSD 287

I

iApplications 405
iCab 415
iCal 402
iChat 404
Icon 151
ändern 151
verlorenes 522
ICQ 417
iDisk 484

iDVD 406
iLife 405
Illustrator 413
iMovie 406
Information 144
  Hardware 529
  mehrfach 146
Informationsquellen 531
Installation
  Aktualisierung 45
  Archive & Install 46
  Classic 38
  Drag & Drop 389
  Löschen & Install. 48
  Mac OS X 29
  Paket 390
  Programme 388
Installationsprogramm 388
Installer Log Files 519
Intelligente Ordner 214
  Mail 401
Interarchy 322, 416
Internet 56, 332
Internet Explorer 414
Internet Sharing 331
Internet-Verbindung 285
iPhoto 406
IP-Nummer
  manuell 278
  zugreifen 291
iPod 405
ISDN-Adapter 286
iTunes 406
  Music Store 406
iWork 412

J

Java 26, 388
JPEG 410

K

Kennwort-Assistent 247
Kernel 23
Kernel Panic 429, 522, 527
kill 429, 432, 520
KlickStarter 423
Klonen 45
Knowledge Base 530
Kontextmenü 123
Kontrollfeld
  Benutzer 245
  Bluetooth 333
  Classic 381
  Datum und Uhrzeit 91
  Internet 332
  Monitore 223
  Netzwerk 274
  QuickTime 407
  Sprache 95
Kopieren 121, 122

L

LAN 57, 278
Lautstärke 230
LDAP 399
Library 67
  Ordner 61
Linux 23
list of known hosts 327
Listendarstellung 101
Localhost 157
Löschen 136
ls 165

M

MacGhostView 371
MacGSView 371
Macintosh 21
Macps2pdf 371
Macromedia Freehand 414
MacSSH 325
Mail 400
man 175
Massstab 414
Maus
  Kontextmenü 234
  Scrollrad 234
Mehrbenutzer 35, 184
Mehrfachauswahl
  nicht zusammenhängend 102
  zusammenhängend 102
Menüleiste 71, 73
Microsoft Exchange 399, 402, 487
Microsoft Office 411
Migration
  Browser-Bookmarks 34
  Daten übernehmen 41
  Entourage 41
  Mail 42
  von Windows 52
Migrations-Assistent 50, 56
mkdir 172
Mobiltelefon
  Internet 286
Modem
  Account-Name 283
  -ADSL 57
  Bluetooth 286
  externes 286
  Internetzugang 283
  Kabel- 57
  Kennwort 283
  Land 285
  Lautsprecher 285
  Menüleiste 285
  Setup 283
  Wählart 285
Monitore
  anordnen 227
  anschliessen 223
  drehbare 229

Dual Video 226
mehrere 225
Synchronbetrieb 225
Mozilla 415
mplayer 417
MT Newswatcher 416
MTU 280
Multiprocessing 24
Multitasking 23, 28
Classic 378
Multithreading 23, 28
Multiuser 27, 65, 74
mv 171

N

Navigation
Dock 78
Fenster 99
mit der Tastatur 115
UNIX 162–167
NetBIOS 299
NetInfo Manager 311
Netscape 415
netstat 317
Netzwerk
Anschlüsse 275
Briefkasten 310
Classic 333, 385
Dateirechte 311
Drucker 352
Konfiguration 278
LAN 278
-name 59
Neustart 520
Offline 277
Ordner Öffentlich 308
-sicherheit 333
Umgebung 275
Netzwerkeinstellungen 274
Neuinstallation 521
Neustart
über Netzwerk 520
NeXT 22
NiftyTelnet 325
Norton Utilities 524

O

Objekte
bewegen 121
kopieren 121
Offene Standards 26
Öffentlich 309
Öffnen 132
anderes Programm 133
Datei 134
Dialog 133
Mehrfachauswahl 133
mit Programm 148
Öffnen mit 145
sortieren 125
Standardprogramm 149
Öffnen mit 134
OmniDictionary 413
OmniWeb 415
Open Firmware 32
Passwort 457, 475
Passwort deaktivieren 476
Passwortwahl 477
zurückzusetzen 523
Open Source 25
OpenGL 26
OpenOffice 412
OpenType 342
Opera 415
Ordner
Änderung anzeigen 140
aufspringend 97
einzelne freigeben 312
neu 97
Programmpaket 522
Schriften 339
spring loaded 97
unsichtbar 117
Ordneraktionen 140
Automator 445

P

Packages 63
Paketinstallation 390
Papierformat 360
Papierkorb 76
entleeren 98
sicher entleeren 136
Partition
Mac OS 9 31
Sicherheit 32
Video 30
zweite Mac OS 9 40, 377
zweite Mac OS X 31
Partitionieren 30–32, 40
Passwort
Administrator 527
Bildschirmschoner 89
definieren 247
FileVault 461
im Klartext anzeigen 472
root 527
Schlüsselbund 468
Sicherheit 247
vergessen 527
zurücksetzen 465
zurücksetzen (FileVault) 461
PDF 410
erzeugen 369, 412
Peripheriegerät 30
Kernel Panic 522
Pfad (offenes Fenster) 115
Photoshop 413
PID 432
pipes 180
PNG 410
PopChar 350
PostScript
Datei drucken 370
Datei erzeugen 369

PPD 355
PPP 283
PPPoE 278
Preferences löschen 518
Printer Sharing 328
Probleme
  Aufstarten 522
  Standardmassnahmen 518
Programm
  abschiessen übers Netzwerk 519
  Absturz 429
  löschen 392
  neu installieren 519
  -paket 522
Programmumschalter 423
Proxy-Server 279
Prozess 430
  beenden 519
  UNIX 174
PS 369
  umwandeln in PDF 371
ps 175
pwd 162

Q

QuickTime
  Aktualisierung 408
  Codec 68, 408
  Player 407

R

RCDefaultApp 332
reboot 265, 520, 526
Rechte
  anwenden 316
  vergeben 316
Resourcefork 147
rm 172, 522
Röhrenmonitor 223
Rollpfeile 80
Root 65, 269
  aktivieren 269
  Anmeldung als 271
  Home-Verzeichnis 65
  Passwort 527
  Rechte 65
  Sicherheit 271, 466
Roxio
  Jam 418
  Toast 418
Ruhezustand 238

S

Safari 403
  Web-Archiv 404
SAMBA 299
Schallplatten digitalisieren 232
Schlüsselbund 49, 467
  importieren 469
  Passwort ändern 468
Schreibtisch 71
Schreibtischbild 87
Schreibtischdatei 147
Schreibtischdrucker 362
Schreibtischhintergrund 86
Schriften 339
  Bibliothek 346, 348
  defekte 350, 522
  dfont 342
  Glättung 81
  installieren 340
  Konflikt 340
  Ordner 339
  PostScript 341
  Priorität 340
  TrueType 341
  Verwaltung 350
Schriftsammlung 343
scp 327
Secure FTP 327
Seitenleiste 112
Server-Verbindung 289
SFTP 327
SGI 410
SharePoints 305, 312
Sharing 288
  Administrator 306
  Airport 295
  AppleTalk 296
  beenden 311
  Benutzer 308
  Bonjour 289
  Dateinamen 297
  Ethernet 293
  FileVault 461
  FireWire 292
  Gast 309
  Internet 331
  Logfiles 315
  TCP/IP 289, 291
  Windows 300
  Zugriffskontrolle 316
  Zugriffsrechte 185, 305
Shell 154
Sichere Notizen 474
Sicherheit
  Classic 385
  Daten löschen 480
  Internet 466
  Netzwerk 328
  Open Firmware Passwort 475
  Partition 32
  Root 466
  Startvolume 478
  Viren 480
  virtueller Speicher 465
  Volume löschen 480
Sicherheitspasswort 477
Sicherheitsupdate 451
Sichern
  Dokument 124
  Format 131
  Optionen 131
  Pfad 129

schnell benennen 129
Suffix 129
Single User-Modus 525
Skriptmenü 448
SMB 299
Sofort beenden 430
Software-Aktualisierung 451
Probleme nach Update 451
Update archivieren 455
Update ignorieren 454
Sondertasten 233
Sonderzeichen 350
Spaltendarstellung 103
Spaltenbreite 105
Speicher
dynamische Speicherzuteilung 24
-management 174
-schutz in Classic 378
-verwaltung 432
virtuell 24
-zuteilung in Classic 378
Speicherschutz 24
Spotlight 197
boolsche Operatoren 208
Dateiname 214
Datenschutz 199
Einschränkungen 216
Fenster 202
FileVault 464
Indizierung 199
Menü 201
Metainformation 198
Privatsphäre 200
Problembehebung 219
Store 199
Suche 201
Suche einschränken 206
Suchraum erweitern 217
Voreinstellungen 199
Sprache
einstellen 82
Versionen installieren 55
ssh 325
Standarddrucker 355
StarOffice 412
Startobjekte 261
Startvolume 478
Schutz vor Änderung 479
Steve Jobs 22
Sticky Bit 188
Stuffit Expander 389
su 270
Suchen 201
Dateiname 214
im Finder 209
in Programm 220
Spotlight 197
sudo 270, 520
Suffix 98, 129, 147
-anzeige einschalten 150
Windows 149
SuperDrive 418
Support 529
Synchronisation 481, 512
.mac 482
alle Geräte 490
iPod 489
Mail 483
Mobiltelefon 487
Palm 489
Schlüsselbund 486
Synk 514
Synk 462, 503
System
auffrischen 522
-CD 32
-ordner 62
sicherer Start 523
-voraussetzungen 29
Systemeinstellungen 74
Systemoptimierung 518, 530

T

Tastatur 233
-befehle 540
-layout 83
Layout wechseln 86
-Shortcuts 236
Tastatursteuerung 235
TCP/IP
Drucker 354
lokales Netzwerk 278
tc-shell 154
Telnet 325
Terminal 154
Farbe 156
Namen ergänzen 164
pipes 180
Prozesse 431
root 269
Sonderzeichen 165
Startdatei 158
Syntax 161
Umlaute 144
Verbindung 326
wildcards 179
zurücksetzen 160
TIFF 410
Time Server 91
TinkerTool 95
Tintenstrahldrucker 357
top 174, 431, 519, 520
Trackpad 234
TV 227
Type 147

U

Über diesen Mac 528
UFS 30
Type und Creator 30, 148
Uhrzeit 91
Menüleiste 93
Umgebung 275
wechseln 277
UNIX 23, 26, 153, 388
Befehle 161

cal 181
cd 162
chmod 190, 191
clear 180
cp 167
echo 184
fsck 526
groups 184
help 178
Hilfe 175
kill 432, 520
ls 165
man 175
mkdir 172
mv 171
Navigation 162–167
netstat 317
Prozess 174
pwd 162
reboot 520
rm 172, 522
scp 327
ssh 325
su 270
sudo 270, 520
top 174, 431, 520
whoami 184
Update 454
USB-Drucker 357

V

Verbindung
Mac OS 9 296
Verbose Mode 523
Versiontracker 411
Viren 480
VirtualPC 413
VLC 417
Vollbackups 44
Volume 163
Volumes 62, 71

W

Warnton
eigener 230
Lautstärke 230
Web-Archiv 404
WebDesign 416
Webseiten speichern 370, 404
Webserver 319
WebSharing 318
whoami 184
wildcards 173, 179
Windows
Zeichensatz 342
WMA 417
WordLookup 413
Wörterbuch
OmniDictionary 413
WordLookup 413

Z

Zahlenformat 83
Zeichensatzordner 340
Zeitformat 83
Zeitzone 58, 92
zip 139
Zugriff
Mac OS 9 521
Windows 303
Zugriffsrechte 183
ändern 190
Dateien 189
im Finder ändern 192
im Terminal ändern 190
Mac OS X und UNIX 187
oktale Darstellung 191
Ordner 187
reparieren 524
Tools 195